Andreas Nachama / Walter Homolka /
Hartmut Bomhoff

Basiswissen Judentum

Mit einem Geleitwort von
Rabbiner Henry G. Brandt

bpb:
Bundeszentrale für
politische Bildung

Rabbiner Prof. Dr. Andreas Nachama ist langjähriger Direktor der Berliner Stiftung Topographie des Terrors.

Rabbiner Prof. Dr. Walter Homolka ist Rektor des Abraham Geiger Kollegs, Direktor der School of Jewish Theology der Universität Potsdam und des Ernst Ludwig Ehrlich Studienwerks.

Hartmut Bomhoff M.A. ist Wissenschaftlicher Mitarbeiter der School of Jewish Theology und am Abraham Geiger Kolleg der Universität Potsdam.

Diese Veröffentlichung stellt keine Meinungsäußerung der Bundeszentrale für politische Bildung dar. Für die inhaltlichen Aussagen tragen die Autoren die Verantwortung.

Bonn 2018
Sonderausgabe für die Bundeszentrale für politische Bildung
Adenauerallee 86, 53113 Bonn

© 2018 Verlag Herder GmbH, Freiburg im Breisgau

Umschlaggestaltung: Michael Rechl, Kassel
Umschlagfoto: © Tobias Barniske

Satz: SatzWeise GmbH, Trier
Herstellung: CPI books GmbH, Leck

ISBN 978-3-7425-0307-7
www.bpb.de

Andreas Nachama / Walter Homolka / Hartmut Bomhoff
Basiswissen Judentum

7|22

Schriftenreihe   Band 10307

Für Bundeskanzlerin
Dr. Angela Merkel

Trägerin des
Abraham-Geiger-Preises 2015

Zur Zitierweise:
Wir zitieren die Tora nach der revidierten Neuausgabe der Übersetzung von Ludwig Philippson (Freiburg i. Br. 2015) und die übrigen biblischen Bücher nach der Übersetzung von Leopold Zunz. Ferner werden Zitate aus dem Talmud nach der Übersetzung von Lazarus Goldschmidt wiedergegeben und Texte aus der Liturgie nach dem von Rabbiner Andreas Nachama und Rabbiner Jonah Sievers herausgegebenen Gebetbuch. Bei den älteren Übersetzungen (Zunz und Goldschmidt) sind die Texte außerdem in der Orthografie und bei der Schreibweise von Namen in der Regel an den Haupttext angeglichen.

Wenn die Transliteration hebräischer und aramäischer Wörter und Namen nicht immer nach einem streng einheitlichen Schema erfolgt, dann mag das auch als ein sinnbildlicher Ausdruck der Vielstimmigkeit der jüdischen Tradition angesehen werden.

Inhaltsverzeichnis

Inhaltsverzeichnis

Inhaltsverzeichnis

Inhaltsverzeichnis

Geleitwort

Die Tora zum Glänzen bringen

»Wer ist weise? Der von allen Menschen lernt«, heißt es in den Sprüchen der Väter. Lernen und Lehren ist gleichsam die Essenz des Judentums. Das deutsche Judentum war vor der Schoa so vielfältig wie die Menschen, die es lebten. Ich habe selbst erfahren müssen, wie dieses Judentum vernichtet wurde, und bin dankbar dafür, dass ich die allmähliche Erneuerung jüdischen Lebens begleiten kann. Im Zuge der Zuwanderung von Juden und Jüdinnen aus der früheren Sowjetunion ist immer wieder die Renaissance des deutschen Judentums beschworen worden. So beachtlich die Integrationsleistung der letzten 25 Jahre auch ist: Damit modernes und traditionsbewusstes jüdisches Leben in Deutschland wieder gelingt, ist vor allem Bildungsarbeit nötig. Dazu gehört der Religionsunterricht in unseren Gemeinden ebenso wie die Erwachsenenbildung.

Dass es mit dem Abraham Geiger Kolleg an der Universität Potsdam wieder eine akademische Rabbinerausbildung in Deutschland gibt, ist ein entscheidender Beitrag für die Konsolidierung unserer jüdischen Gemeinschaft. Um dem großen Interesse an jüdischer Religion, Geschichte und Kultur gerecht werden zu können, brauchen wir aber auch leicht zugängliche Informationen. *Basiswissen Judentum* ist ein verständlich geschriebenes und zugleich umfassendes Lehrbuch der jüdischen Religion für unsere Zeit. Es führt ein in die Geschichte des Judentums, erklärt seine bleibende Botschaft, stellt die jüdischen Feste und Gebräuche vor und erläutert, was es heute heißt, als Jude oder Jüdin in Deutschland zu leben. Aus liberaler Perspektive geschrieben, knüpft es an die große Tradition des deutschen Judentums an und bietet so gerade auch jüdischen Lesern und Leserinnen Gelegenheit zur Reflexion.

Das Judentum betrachtet die Taten eines Menschen als den wichtigsten Ausdruck seines religiösen Lebens und legt darauf mehr Wert als auf Glaubensbekenntnisse. Während die klassische jüdische Reformbewegung zu Beginn des 19. Jahrhunderts eher eine abstrakte ethische Verantwortung betonte, hat uns das 20. Jahrhundert gelehrt, dass ethische Pflichten ihre klare Verankerung und Konkretisierung im Alltag brauchen. Dieses Buch macht deutlich, dass dazu das Führen eines jüdischen Haushalts, das Studium der Tradition, das regelmäßige Gebet und das Halten von Schabbat und Feiertagen ebenso gehören wie die religiöse Gestaltung des Lebenszyklus und nicht zuletzt die aktive Beteiligung am jüdischen Gemeindeleben. Die Autoren zeigen dabei auf, dass zwischen den Geboten der Ethik und Sittlichkeit und dem Zeremonialgesetz in Bezug auf Bedeutung und Wandelbarkeit eine deutliche Abstufung besteht. Als aufgeklärte Juden unterziehen wir die Rituale als stark historisch gebundenes Phänomen immer wieder einer kritischen Bewertung, auch wenn im Laufe der über zweihundert Jahre währenden Geschichte des liberalen Judentums eine Rückbesinnung auf die Bedeutung dieser Rituale stattgefunden hat.

In seiner Mischung aus theologischem Wissen und alltagsbezogenem Realitätssinn kann *Basiswissen Judentum* auch wichtige Kenntnisse für das interreligiöse Gespräch vermitteln. Zum Dialog gehört schließlich zuallererst das Verstehen der eigenen Herkunft und ihrer Tradition. Wer einen Dialog führen möchte, muss auch Verbindendes und Trennendes klar benennen können.

Basiswissen Judentum ist Lesebuch und Nachschlagewerk zugleich, ein praktischer Leitfaden, der aus der jüdischen Binnenperspektive heraus Akzente setzt. Ob Juden oder Nichtjuden, ob religiös oder areligiös, ob Lehrer oder Schüler: In unserer modernen Gesellschaft suchen wir alle nach Kriterien, die uns Halt und Orientierung versprechen. Die Lehren des Judentums bieten uns mit dem sozialen Auftrag der Propheten die ethischen Grundsätze für die Verbesserung unserer Welt, für den *tikkun ha-olam*. Dieses Buch formuliert unsere jüdischen Lehren und Traditionen in einer zeitgemäßen Form und in einer uns geläufigen Sprache und trägt so hoffentlich dazu bei, die Tora in unseren Tagen zum Glänzen zu bringen.

Landesrabbiner em. Dr. Henry G. Brandt,
Vorsitzender der Allgemeinen Rabbinerkonferenz Deutschlands

KAPITEL 1: DIE LEHRE

1.1 Wer ist Jude?

Das Judentum hat viele Gesichter. Im Eingangsbereich des Diaspora-Museums in Tel Aviv treffen die Besucher in der Dauerausstellung auf eine Fotowand mit Porträts von Juden ganz unterschiedlicher Herkunft: Rothaarige, blonde und mediterrane Typen finden sich neben indischen und schwarzhäutigen äthiopischen Juden. Die israelische Gesellschaft ist ein Spiegelbild dieser ethnischen und kulturellen Vielfalt: In Israel sind heute Juden aus mehr als 120 Herkunftsländern zu Hause. Juden und Jüdinnen in aller Welt sind Angehörige eines Kollektivs, in dessen Wesen die Verschränkung des Ethnisch-Nationalen mit dem Ethisch-Religiösen zum Ausdruck kommt, wie es schon der jüdische Gelehrte Saadja Gaon (882–942, auch Saadja ben Joseph ha-Gaon) formuliert hat: »Unser Volk ist nur ein Volk durch seine Lehren.«

1. Judesein in der Geschichte

In der Bibel

In den fünf Büchern Mose kommt die Bezeichnung »Jude« als Verweis auf die Zugehörigkeit zu einer bestimmten Menschengruppe noch gar nicht vor.

Der Stammvater Abraham wird im Buch Genesis als *iwri* bezeichnet, als Hebräer: »Und ein Entronnener kam und berichtete es Awram, dem Iwri« (Gen 14,13). Dass diese Menschengruppe sich durch eine besondere religiöse Identität auszeichnet, kommt erstmals im biblischen Buch Jona zum Ausdruck: »Ein Iwri bin ich, und den Ewigen, den Gott des Himmels, fürchte ich, der das Meer und das Trockene geschaffen« (Jona 1,9). W. Gunther Plaut

Eine junge Familie aus dem Jemen in Rechovot, Israel (1993).

(1912–2012) bemerkt in seinem Torakommentar dazu: »Nachdem die eigentlichen Habiru [Halbnomaden, die von Mesopotamien bis Ägypten in Handel und Verwaltung Fuß fassten und sich dabei ihre Gruppenidentität bewahrten] verschwunden waren, wurde der Name *iwrim* mit dem nachsintflutlichen Ewer in Zusammenhang gebracht, der in der Abstammungsliste als legendärer Vorfahr oder Eponym eingeführt wurde (Gen 11,16). Die spätere volkstümliche Etymologie deutete *Ewer* im Sinne von ›jenseits‹ – vermutlich des Euphrats – und schuf so eine Verbindung zwischen den Israeliten und Awram (Abraham), der aus Ur kam.« Nach Plaut ist es möglich, dass zu bestimmten Zeiten der Begriff *iwrim* nur dann benutzt wurde, wenn die Mitglieder der israelitischen Stämme über sich zu anderen sprachen und wenn Außenstehende auf sie Bezug nahmen.

In der Tora wird nahezu durchgängig der hebräische Terminus für »Nachkommen Israels«, *bnei jisrael*, für diejenigen verwendet, die im Mittelpunkt der biblischen Offenbarung stehen. Diese Nachkommen Israels werden in den Bibelübersetzungen auch als »Israeliten«, als »Söhne Israels« oder als »Kinder Israels« bezeichnet. Die als Israeliten bezeichnete Gruppe war es, die Mose dem biblischen Bericht zufolge aus Ägypten führte. Sie empfingen die Zehn Gebote und die gesamte durch Mose verkündete Gesetzgebung und vollzogen unter Josua die Landnahme des ihnen verheißenen Landes, in dem Milch und Honig fließen.

Die Bezeichnung »Volk Israel« macht die Kontinuität der jüdischen Gemeinschaft durch die Geschichte hindurch deutlich. So hat die Central Conference of American Rabbis 1999 in Pittsburgh erklärt, dass das jüdische Volk durch den ewigen Bund Gottes unter den Völkern die Gegenwart Gottes bezeugt. Die Juden seien durch diesen Bund und durch ihre Geschichte an jedem Ort und zu jeder Zeit miteinander verbunden.

Die Bezeichnung »Jude« geht auf Jehuda zurück, den vierten Sohn von Lea und Jakob, dem Stammvater aus dem 1. Buch Mose. Seine Familie wurde der biblischen Erzählung zufolge in der ägyptischen Knechtschaft zu einem Stamm und war als ein solcher Verband unter der Führung des Mose aus Ägypten ausgezogen. Jehuda war Jahrhunderte später auch der Name des südlichen Königreichs, dessen Stämme Juda und Benjamin von den Babyloniern ins Exil verschleppt wurden. Ob die Bezeichnung »Juden« *(jehudim)* für diese in der Babylonischen Gefangenschaft befindliche Menschengruppe von dem Stamm oder von dem Königreich Jehuda abzuleiten ist, bleibt offen.

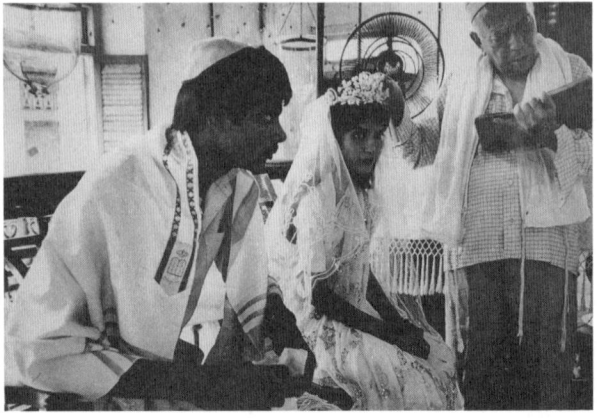

Jüdische Hochzeit im indischen Bundesstaat Maharashtra (1984)

Matrilinearität

Dem jüdischen Religionsgesetz zufolge ist jemand jüdisch, der eine jüdische Mutter hat oder formell ins Judentum aufgenommen worden ist. Folglich ist ein ehemaliger Sowjetbürger, in dessen Pass als Nationalität »jüdisch« eingetragen war, nach der Selbstdefinition des Judentums nicht unbedingt Jude, denn die patrilineale Herkunft, die Definition über den Vater, wird in traditionell ausgerichteten jüdischen Gemeinden nicht anerkannt.

Moses Maimonides (1135–1204, Akronym: Rambam), hat in seinem Werk *Mischne Tora* festgestellt, dass sich die Religionszugehörigkeit des Kindes nach der Mutter richtet (Keduscha, Hilchot Issurei Bi'ah, Kap. 16, Halacha 4). Diese Definition basiert auf dem Talmudsatz: »R. Jochanan sagte im Namen des R. Schimon bar Jochaj: [...] Dein Sohn von einer Israelitin heißt dein Sohn, dein Sohn von einer Nichtjüdin heißt nicht dein Sohn, sondern ihr Sohn« (bTKid 68b), und sie wird mit einem Bibelvers begründet: »und nicht verschwägere dich mit ihnen, deine Tochter gib nicht seinem Sohne und seine Tochter nimm nicht für deinen Sohn. Denn er würde abwendig machen deinen Sohn von mir, dass sie anderen Göttern dienen« (Dtn 7,3–4). Rabina folgert im Talmud: »Hieraus ist zu entnehmen, dass der Sohn deiner Tochter von einem Nichtjuden dein Sohn heiße«, also als Jude gilt (bTKid 68b).

Die Matrilinearität ist erst in talmudischer Zeit als Teil eines umfangreichen Reformwerkes von den Rabbinen eingeführt worden. Da die mündliche Tora aber nach orthodoxem Verständnis bereits von Mose an überliefert worden ist, wurde Mose mit ihr am Sinai auch die Regel offenbart, dass sich die Religionszugehörigkeit nach der Mutter richtet: Ist die Mutter jüdisch, sind auch die Kinder jüdisch. »Diese Halacha besteht seit jeher und hat sich zu keinem Zeitpunkt verändert«, konstatierte etwa der langjährige orthodoxe Berliner Gemeinderabbiner Yitzhak Ehrenberg im Sommer 2012.

Die Quellen zeigen aber, dass die matrilineare Abstammung (oder eine Konversion) nicht immer das alleinige Kriterium für eine Zugehörigkeit zur jüdischen Gemeinschaft gewesen ist. Die biblischen Geschlechterfolgen belegen, dass sich die Familienabstammung einst nach dem Vater richtete, und bis heute gilt: Ist der Vater ein Kohen oder Levi, also ein Nachfahre von Priestern oder Leviten, die einst im Jerusalemer Tempel Dienst taten, so sind es seine Söhne auch.

Für die Allgemeine Rabbinerkonferenz Deutschlands (ARK) ist klar, dass auch die Kinder jüdischer Väter *sera jisrael* (»Same Israels«) sind und in das Judentum eingebunden werden müssen. Anders als die jüdische Reformbewegung in Nordamerika, die seit 1983 die väterliche Herkunft als gleichberechtigtes Merkmal jüdischer Identität anerkennt, können jedoch auch in den nichtorthodoxen Gemeinden in Deutschland nur Personen Mitglied werden, die Juden gemäß der Halacha sind. Das Rabbinergericht der ARK ist aber darauf bedacht, Kindern jüdischer Väter den jüdischen Status und damit den Eintritt in die jüdische Gemeinschaft zu ermöglichen.

Das israelische Heimkehrgesetz

Im israelischen Heimkehrgesetz *(chok ha-schwut)* von 1950 hieß es
zunächst nur: »Jeder Jude ist berechtigt, in das Land einzuwan-
dern« – und gewissermaßen in Umkehrung der nationalsozialistischen Rassegesetze von 1935 schloss dies alle Personen mit ein,
die auch nur einen jüdischen Großelternteil hatten. Seit 1958 bestimmt die Frage »Wer ist Jude?« jedoch auch die israelische Diskussion um die Zugehörigkeit zur jüdischen Religion und damit
zur israelischen Nation. Die zunächst weit gefasste Regelung
»Jeder Mensch, der nach gutem Wissen und Gewissen erklärt,
dass er Jude sei, ist als Jude einzutragen, und keine anderen Beweise sind von ihm zu verlangen« wurde mehr und mehr dem
religionsgesetzlichen Verständnis angeglichen und schließlich
1970 auf Druck der religiösen Parteien überarbeitet. Nunmehr
gilt in Israel als Jude, wer von einer jüdischen Mutter geboren
wurde beziehungsweise nach halachischen Regeln zum Judentum
übergetreten ist und nicht einer anderen Religion angehört. Dass
die halachische Zugehörigkeit zum Judentum aber nicht Maßstab
für die Wirksamkeit des Heimkehrgesetzes ist, ist bemerkenswerterweise auch für Europa von Bedeutung. Denn die israelische
Regelung, wonach der Nachweis eines jüdischen Großelternteils
ausreicht, um als Einwanderer und Staatsbürger in Israel aufgenommen zu werden, ist heute in einer Reihe osteuropäischer Staaten das Kriterium für die Zugehörigkeit zur jüdischen Gemeinschaft als einer ethnisch oder sozio-kulturell gefassten Gruppe.
Anders als in Deutschland, wo die Zugehörigkeit zum Judentum
ausschließlich als Zugehörigkeit zur jüdischen Religionsgemeinschaft verstanden wird, steht etwa die Union jüdischer Reli-
gionsgemeinden in Polen allen offen, die einen jüdischen Großelternteil nachweisen können. Gemeindemitglieder, die keine halachischen Juden sind, können aber nicht zur Tora aufgerufen
werden und auch keine anderen rituellen Handlungen vollziehen
– dazu bedarf es dann gegebenenfalls einer formellen Aufnahme
ins Judentum durch ein Bet Din, ein Rabbinergericht.

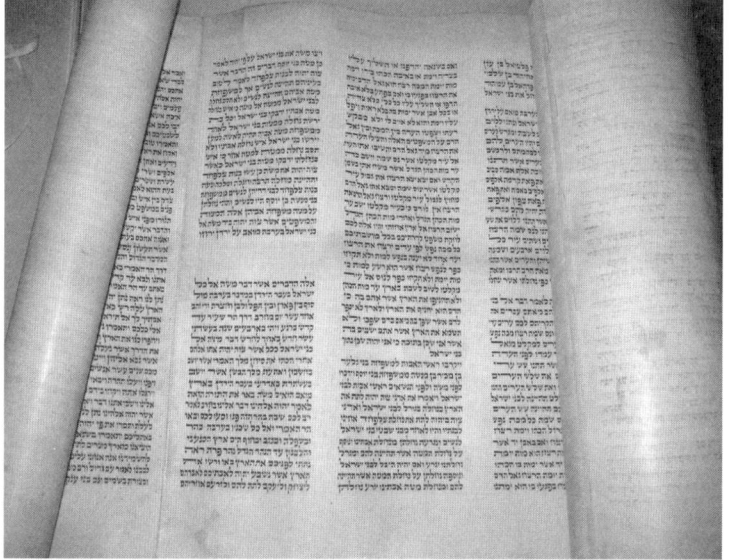

Jede Torarolle umfasst die auf Pergament handgeschriebenen fünf Bücher Mose.

Bund und Auserwähltheit

»Uns eint das jüdische Volk *(am jisrael);* in ihm lebt die jüdische
Religion und das kulturelle Erbe. Alle Juden sind miteinander
durch den am Sinai eingegangenen Bund *(brit)* mit dem Ewigen
verbunden. Gott ging mit unseren Vorfahren eine besondere Beziehung ein. Das jüdische Volk nahm mit der Tora am Sinai eine
besondere Verpflichtung für alle Zeiten an: Zeugen des Ewigen,
als Priestervolk ein Vorbild und nur so ›Licht der Völker‹ zu sein.
Für uns als Nachkommen entsteht daraus die Verantwortung,
Gott zu bezeugen, ihm verpflichtet zu sein und seinem Weg zu
folgen.« Aus diesem Grundsatz des liberalen Judentums wird
deutlich, dass die Rede von der Auserwähltheit Israels keinen
Vorzug, sondern vielmehr eine besondere Aufgabe meint. Rabbiner Leo Baeck (1873–1956) formuliert es in *Das Wesen des Judentums* so: »Nur in Israel hat es einen ethischen Monotheismus

gegeben, und wo er späterhin anderwärts zu finden ist, dort ist er mittelbar oder unmittelbar von Israel hergekommen. [...] Israel war damit eine der Nationen geworden, die einen Beruf zu erfüllen haben. Das ist es, was die Auserwählung Israels genannt wird. [...] Die Tatsache, dass diesem Volke seine besondere Stelle in der Welt zugewiesen war, dass es etwas vollbrachte, wodurch es sich von den anderen unterschied, ist damit bezeichnet. Es ist dem Genius der israelitischen Religion gemäß, dass dieser Partikularismus bald seinen bestimmten ethischen Ausdruck erhalten hat. [...] Die gebotene nationale Exklusivität wurde zur Forderung der sittlichen Exklusivität gestaltet, die Besonderheit der geschichtlichen Stellung als eine Besonderheit religiöser Pflichten erfasst. Das Gefühl der Würde erwachte, der Bund zwischen dem Volke und Gott wurde auf den Boden des Gebotes gestellt.«

Paradoxie eines Volkes
Israel ist ein Volk mit seiner Paradoxie und in ihrer Spannung: das verbundenste und das einsamste Volk, das konservativste sicherlich und vielleicht das radikalste, das geduldige und das ungeduldige, das gläubige und das kritische, das Volk der Väter und das Volk der Kinder, das lebensfrohe und das asketische, das Volk des aufnehmenden Humors und der abweisenden Ironie, das Volk des Weges und das Volk der »Hecke«, das Volk, das mehr als andere nach außen und weit mehr als andre nach innen horcht und blickt, fast möchte man sagen: Volk des Landes und der Wüste in einem.
Leo Baeck

Im liberalen Sinne bedeutet jüdisch zu sein, sich in der persönlichen Lebensumwelt für die Schöpfung, die Gerechtigkeit zwischen den Menschen und die Erhaltung des Friedens einzusetzen und für die ganze Welt Friedensliebe vorzuleben. In den 35 Grundsätzen der Union progressiver Juden in Deutschland heißt es dazu:

- »Als Jude oder Jüdin zu leben heißt traditionell, die kulturelle Tradition sowie die besonderen historischen Erfahrungen des jüdischen Volkes als Teil der eigenen Identität zu verstehen.«
- »Als religiöser Jude oder religiöse Jüdin zu leben heißt, die religiösen und ethischen Forderungen der mündlichen und schriftlichen Tora lernend anzunehmen und die Mizwot zu praktizieren. Dazu gehört auch die Aufgabe, diese Tradition zu bewahren und sie weiterzugehen.«
- »Als liberaler religiöser Jude oder liberale religiöse Jüdin zu leben heißt zusätzlich, in der Reflexion mit der im Schrifttum überlieferten Lehre ein jüdisches Leben zu führen, das den sozialen, kulturellen und ethischen Herausforderungen der Moderne entspricht. Unter Wahrung der Besonderheit des Judentums ist dabei das Bewusstsein von der Einheit aller Menschen als Gottes Geschöpfe zu vertiefen – entsprechend dem Ideal der Propheten: Gerechtigkeit und Liebe zu üben und im Dialog mit Gott weiterzugehen.«

Jüdische Identität in einer säkularen Gesellschaft

Im Zuge von Aufklärung und Emanzipation haben die religiösen Bindungen und die Bedeutung eines jüdischen Nationalgedankens stetig abgenommen und universellen Werten Platz gemacht. Die jüdische Zivilisation wird nun als liberal, demokratisch, pluralistisch und multikulturell verstanden. Für säkulare Juden ergibt sich ihre jüdische Identität durch die Zugehörigkeit zu einer besonderen Schicksalsgemeinschaft mit gemeinsamer Geschichte und einem religiösen Erbe, das in Bräuchen und Festen zum Ausdruck kommt.

Der Religionswissenschaftler und Rabbiner Arthur Hertzberg (1921–2006) hat jüdische Identität in der Moderne mithilfe von drei Grundbegriffen definiert: Erwähltheit, Nonkonformismus und Außenseitertum. Erwähltheit ist für Hertzberg ganz im

Sinne Leo Baecks das Gefühl einer gesteigerten Pflicht; der dem Judentum eigene Nonkonformismus komme darin zum Ausdruck, dass es nie dogmatisch sei, sondern vielgestaltig und durchaus widersprüchlich, während das Außenseitertum bedeute, gegenüber der Mehrheitsgesellschaft an einem »jüdischen Anderssein« festzuhalten. »Für mich ist der Jude, der Jude sein will«, dies aber im Einklang mit der jüdischen Ethik: »Judesein verlangt, dass wir bestimmte Dinge tun, weil sie richtig sind, und nicht, weil sie uns einen persönlichen Vorteil oder materiellen Nutzen bringen. [...] Judesein bedeutet, sein Zelt nach allen Seiten hin zu öffnen, damit jeder Fremde, der Nahrung und Obdach sucht, eintreten kann.«

Das Spektrum moderner jüdischer Selbst- und Fremdbilder gleicht einem Kaleidoskop. »Was habe ich mit dem Judentum gemeinsam? Ich habe kaum etwas mit mir selbst gemeinsam«, konstatierte Franz Kafka, während Mark Twain – von außen auf das Judentum schauend – befand, dass »Juden wie alle anderen [sind], nur in viel stärkerem Maße«. Kurz nach Ende des Zweiten Weltkriegs schrieb der nichtjüdische Philosoph Jean-Paul Sartre: »Weder ihre Vergangenheit noch ihre Religion noch ihr Boden vereinen die Söhne Israels. Wenn sie ein gemeinsames Band haben, wenn sie alle den Namen Jude verdienen, so weil sie eine gemeinsame Situation als Juden haben, das heißt in einer Gesellschaft leben, die sie für Juden hält. Mit einem Wort, der Jude ist durch die modernen Nationen völlig assimilierbar, aber er wird als derjenige definiert, den die Nationen nicht assimilieren wollen. Auf ihm lastet von Anbeginn, dass er der Mörder Christi ist. Der Antisemit macht den Juden [...] Der Jude ist ein Mensch, den die anderen Menschen für einen Juden halten.« Und doch: Der Gang durch die Geschichte zeigt, dass es einen ureigenen Charakter, einen unwandelbaren Kern des Judentums gibt. Arthur Hertzberg beschreibt dies so: »Judesein bedeutet, an *tikkun olam* zu glauben, daran, dass die Welt eines Tages erlöst wird. Judesein heißt, sich von der Strömung des uralten jüdischen Flusses, der immer weiter fließt, tragen zu lassen.«

Die Darstellung der Menora auf dem Titusbogen in Rom
erinnert an die Eroberung Jerusalems im Jahr 70 u. Z.

2. Diaspora: Heimat im Exil

Heute gibt es laut einer Studie des Jewish People Policy Institute von 2015 etwa 14,2 Millionen Juden und Jüdinnen auf der Welt (das sind rund 0,2 Prozent der Weltbevölkerung), von denen 5,7 Millionen in den Vereinigten Staaten und 6,1 Millionen in Israel leben. Andere Angaben sprechen von 16 Millionen beziehungsweise 17,5 Millionen Menschen weltweit. Diese weit auseinandergehenden Angaben ergeben sich beispielsweise aus unterschiedlichen Kriterien: Werden alle Personen jüdischer Herkunft gezählt, oder ist die Zugehörigkeit zu einer Synagogengemeinde oder dergleichen der Maßstab? In jedem Fall ist der Ballungsraum Tel Aviv heute mit 2,5 Millionen Juden der größte jüdische Siedlungskomplex der Welt.

Juden, die außerhalb des Landes Israel leben, leben in der Diaspora. Diaspora ist die griechische Bezeichnung für »Zerstreuung«; der neuhebräische Begriff dafür lautet *tefuza*. Jahrhundertelang befand sich die überwiegende Mehrheit der Juden fern von Israel: Um das Jahr 70 u. Z., das Jahr der Zerstörung des Zweiten Jerusalemer Tempels, gab es schätzungsweise zwei Millionen Juden in Palästina, aber rund vier Millionen Juden im Römischen Reich außerhalb Palästinas und etwa eine weitere Million außerhalb des Imperium Romanum. Es gab auch schon lange vor der ersten Tempelzerstörung durch die Babylonier im Jahr 586 v. u. Z. israelitische Handelsniederlassungen außerhalb des Landes Israel (1 Kön 20,34). Die erste große jüdische Zerstreuung erfolgte bereits im 8. Jahrhundert v. u. Z., als die Assyrer Samaria verwüsteten. Die Oberschicht der Israeliten wurde umgesiedelt (2 Kön 17,6) und verlor allmählich ihre Identität. Diese umgesiedelten Israeliten gelten seitdem als die »zehn verlorenen Stämme«, über deren Schicksal immer wieder spekuliert wird.

Diaspora ist, genau genommen, das freiwillige Exil. Der Begriff leitet sich vom griechischen Wort für »ausstreuen, sich zerstreuen, getrennt werden« ab und wurde von den jüdischen Übersetzern, die die Hebräische Bibel ins Griechische übertrugen, übernommen. Das Substantiv *diaspora* kommt in der griechischen Bibelübersetzung, der Septuaginta, zwölfmal vor, das Verb *diaspeirein* über 40-mal. Für diese Wörter gibt es allerdings keine hebräische Entsprechung: Die hebräischen Ausdrücke für Exil, Wegführung und Verbannung, *gola* und *galut*, werden nicht mit *diaspora* übersetzt. Unter Diaspora wird also überwiegend das freiwillige Leben außerhalb des Landes Israel verstanden, unter *galut* das unfreiwillige Exil der Juden, etwa die Verbannung nach Babylon, von der Ps 137 spricht. Im Jiddischen wurde *galut* zu *goles*: »dem goles shlepn« bedeutet »die Bürde des Exils auf sich nehmen«.

Durch verschiedene Emigrationswellen hat sich die Verteilung der Juden in der Welt in den letzten Jahrtausenden immer wieder verändert. Bemerkenswert ist, dass das Volk Israel seine Identität in den gut 2000 Jahren der Zerstreuung nicht aus einem Stück Land abgeleitet hat, sondern aus einem Buch, der Tora. Heinrich Heine (1797–1856) bezeichnete die Tora deswegen treffend auch als das »portative Vaterland« der Juden. Die jüdische

Religionsphilosophie und Theologie, die hebräische Dichtung, die Hauptströmungen jüdischer Mystik, die Entwicklung und Ausgestaltung der jüdischen Liturgie und schließlich die Entstehung der Wissenschaft des Judentums sind alles Errungenschaften der jüdischen Diaspora. Stolz auf die geistige und kulturelle Schöpfungskraft in der Diaspora spricht aus der Parodie auf den Bibelvers Jes 2,3, mit der der im 12. Jahrhundert in Frankreich lebende italienische Talmudgelehrte Rabbenu Jakob Tam zitiert wird: »Von Bari geht die Lehre aus / und das Wort des Herrn aus Otranto.« Ende des 19. Jahrhunderts übertrug man dies augenzwinkernd auf Berlin als Zentrum jüdischen Lebens: »Von Berlin geht die Lehre aus« und bezog dies ebenfalls auf Jes 2,3: »[…] von Zijon wird ausgehen die Lehre, und das Wort des Ewigen von Jeruschalajim.«

Das Verhältnis von jüdischer Diaspora und Heiligem Land entspricht nicht dem Verhältnis von Peripherie und Zentrum, sondern ist eine Wechselbeziehung ganz eigener Art. Das mag auch schon der im 2. Jahrhundert u. Z. lebende Rabbi Oschaja gemeint haben, als er sagte: »[…] der Heilige, gepriesen sei er, erwies Jisrael eine Wohltat, indem er sie unter die Völker zerstreut hat« (bTPes 87b). Traditionell gilt die Zerstreuung außerhalb des Heiligen Landes aber nach der klassischen Auslegung von Dtn 28,64 und Jer 32,37–38 als eine von Gott auferlegte Strafe: »So wird der Ewige dich zerstreuen unter alle Völker, vom Ende der Erde bis zum Ende der Erde«, hatte Mose dem Volk Israel angedroht, bevor es in das verheißene Land eingezogen war – für den Fall, dass »du nicht gehorchest der Stimme des Ewigen deines Gottes, zu beobachten, auszuüben all seine Gebote und Satzungen«.

Dieses Exil wird gewöhnlich als Folge der Zerstörung des Jerusalemer Tempels im Jahre 70 u. Z. verstanden, als es Juden auch verboten wurde, Jerusalem zu betreten. Eine kleine Gruppe ultraorthodoxer Juden meint auch heute noch, über 60 Jahre nach der Gründung des Staates Israel, dass Juden diese Strafe nicht eigenmächtig verkürzen dürften und deshalb im Exil leben müssten, bis Buße und verstärkte religiöse Observanz die Rückführung ins Heilige Land durch den Messias erwirkt hätten. Sie erkennen den Staat Israel daher nicht an.

In der jüdischen Diaspora haben sich über die Jahrtausende hinweg ganz unterschiedliche Lebenswelten ausgeprägt, namentlich

- das babylonische, das hellenistische und das römische Exil
- die mittelalterlichen Gemeinden unter christlicher und islamischer Herrschaft
- die jüdischen Zentren in der Neuzeit, insbesondere in Nordamerika.

Die drei großen jüdischen Gemeinschaften, die sich bis heute ethnografisch und in ihrer liturgischen Tradition voneinander unterscheiden, sind die aschkenasische, die sefardische und die misrachische Judenheit (vgl. Kapitel 4.2.). Zu den Misrachim (von hebr. *misrach*, »Osten«) zählen Juden aus Persien, dem Jemen und dem Irak sowie aus dem Maghreb.

Die jüdische Diaspora ist auch nach der Schoa, in der etwa sechs Millionen europäischer Juden und Jüdinnen ermordet wurden, und nach der Staatsgründung Israels im Jahr 1948 autonom geblieben. Seit dem 19. Jahrhundert sind es die USA, die neue Formen jüdischer Religiosität hervorgebracht haben, namentlich den Rekonstruktionismus und die Renewal-Bewegung. Ein beträchtlicher Anteil der Israelis betrachtet sich nicht als praktizierende Juden im religiösen Sinne, und viele israelische Bürger leben heute außerhalb des Landes. New York und nicht etwa Jerusalem oder Tel Aviv ist das Zentrum der institutionalisierten jüdischen Welt, und Jiddisch ist noch immer eine lebendige Sprache.

Die Diaspora, die »Zerstreuung«, gehört zu den Grunderfahrungen jüdischer Existenz und ist eine Ursache dafür, dass jüdische Identität und jüdische Kultur sich heute so vielfältig darstellen. Der Satz von Leo Baeck, dass sich das Land Israel und die Diaspora gegenseitig bedingten wie die beiden Pole einer Ellipse, hat nicht an Aktualität verloren.

3. »Eine erstaunliche Diversität von Orientierungen«

Die Vielfalt des Judentums kommt auch in seinem religiösen Pluralismus zum Ausdruck. Seit der Aufklärung hat sich das Judentum in mindestens drei religiöse Grundrichtungen differenziert (vgl. Kap. 1.6 und 4.12).

Ein wesentlicher Aspekt, der die liberale Mehrheit des Judentums von der orthodoxen Minderheit trennt, ist der Offenbarungsbegriff. Für das liberale Judentum ist der Offenbarungsprozess nicht abgeschlossen, er schreitet voran, so wie sich der Wille Gottes fortwährend entfaltet. Dieser Offenbarungsbegriff ermöglicht eine Relativierung der schriftlichen Tora durch das Korrektiv der mündlichen Tora, also interpretatorische Eingriffe seit der Zeit der frühen Rabbinen. So wird im Judentum die Brücke zwischen vernunftmäßiger Einsicht und dem Text der Hebräischen Bibel geschlagen. Die unterschiedlichen Richtungen innerhalb des Judentums unterscheiden sich in der Intensität, mit der sie diesen interpretatorischen Eingriff für die Moderne zulassen.

Eine aktuelle Darstellung der religiösen Orientierungen innerhalb der jüdischen Gemeinschaft in Deutschland findet sich in der Studie *Juden und jüdische Bildung im heutigen Deutschland*, die der L. A. Pincus Fund for Jewish Education in the Diaspora im Oktober 2010 veröffentlicht hat. Das Forschungsprojekt erstreckte sich über die Jahre 2008 und 2009 und beinhaltete eine deutschlandweite empirische Umfrage mit gut 1200 befragten Personen in- und außerhalb der jüdischen Gemeinden. Dabei bezeichnete sich nur eine Minderheit von 13,2 Prozent der Befragten als orthodox oder ultraorthodox. 22,3 Prozent fühlten sich dem liberalen Judentum (Reformbewegung oder konservatives Judentum) verbunden, während sich 32,2 Prozent als traditionell jüdisch, aber nicht religiös gebunden definierten. Ebenfalls fast ein Drittel der Befragten, nämlich 32,3 Prozent, bezeichneten sich als säkular, das heißt als Juden, die sich selbst als nichtreligiös und nichttraditionell verstehen, selbst wenn sie Teile der jüdischen Religion hochschätzen oder auch Mitglied einer jüdischen Gemeinde sind. Die Studie kommt zu dem Schluss, »dass es im heutigen Judentum in Deutschland keine Polarisierung zwischen Religiösen und Nichtreligiösen gibt, sondern eher einen ausgewogenen Pluralismus, der eine erstaunliche Diversität von Orientierungen anzeigt. Dennoch ist zu erkennen, dass eine deutliche Mehrheit sich als nicht religiös einschätzt.«

1.2 Das jüdische Gottesbild:
Vater und König

Unser Vater, unser König,
wir haben keinen König außer Dir.

Die Frage nach dem Gottesbild des Judentums wiegt schwer, schon wegen des Gebots »Du sollst dir kein Bildnis machen«. Und sie wirft weitere Fragen auf: Sind wir Menschen nun als Ebenbilder Gottes geschaffen, wie es in Gen 9,6 heißt, oder machen wir uns nicht vielmehr aus unserem eigenen Menschenbild heraus ein Bild von Gott?

Der biblische Prophet Hosea forderte im 8. Jahrhundert v. u. Z. die Verehrung des einen Gottes Israels und kritisierte damit zugleich, dass die Israeliten neben ihm noch andere Gottheiten verehrten. Die biblischen Schriften vermitteln uns sehr unterschiedliche Bilder von Gott und belegen so, dass der biblische Monotheismus nicht der Ausgangspunkt der israelitisch-jüdischen Religionsgeschichte ist, sondern das Ergebnis eines langen Entwicklungsprozesses. In diesem Kapitel wird beschrieben, wie sich mit der Entwicklung des Judentums auch die Rede von Gott verändert hat. Dabei soll auch deutlich werden, dass es nie eine einheitliche Interpretation der Gottesvorstellungen gegeben haben dürfte. Gott ist Vater und König, nah und fern zugleich. Der mittelalterliche Bibelkommentator und Philosoph Maimonides hat Gott aus jüdischer Sicht folgendermaßen beschrieben: Gott ist der einzige Schöpfer, unsichtbar, körperlos, ewig und einzigartig.

Der Grundsatz jüdischer Gotteserkenntnis ist im Bekenntnis zur Einheit Gottes festgeschrieben: »Höre, Jisrael, der Ewige, unser Gott, der Ewige ist einig« (Dtn 6,4).

1. *Gottes Name: unaussprechlich*

Dass wir uns von Gott kein Bildnis machen sollen, hat einem Midrasch zufolge schon Abraham gelehrt, indem er die Götzen seines Vaters zerstörte (Midrasch Bereschit Rabba 38,13 zu Gen 11,28). Der Gott Abrahams ist einzigartig und absolut. Er darf nicht bildlich dargestellt werden, wie es in den Zehn Geboten heißt.

Die Ehrfurcht vor der Heiligkeit Gottes zeigt die jüdische Tradition durch die Vermeidung des Gottesnamens: Er wird anders ausgesprochen, als er geschrieben steht, und der Schreiber *(sofer)*, der handschriftliche Kopien heiliger Texte anfertigt, hält stets einen Moment inne, bevor er einen Gottesnamen abschreibt. Auch die Beschreibung Gottes in menschlichen Maßstäben verbietet sich: »Wem wollt ihr mich vergleichen und verähnlichen und an die Seite stellen, dass wir glichen?«, heißt es in Jes 46,5. Und doch wissen wir, dass der Mensch nach dem Bilde Gottes geschaffen wurde: »Und Gott sprach: Wir wollen Menschen machen in unserm Bilde [*zelem*], nach unsrer Ähnlichkeit [*demut*] [...] Und Gott schuf den Menschen in seinem Bilde, im Bilde Gottes schuf er ihn; männlich und weiblich schuf er sie« (Gen 1,26–27). Der Ausdruck »Bild Gottes« kommt in der Hebräischen Bibel aber nur zwei weitere Male vor: Dort wird gesagt, dass alles auf Erden dem Menschen untertan ist, mit Ausnahme des menschlichen Lebens, und dass nicht nur die Seele, sondern auch der Körper des Menschen mit göttlicher Würde begabt ist.

Das Wesen Gottes entzieht sich unserem direkten Zugang und unserer direkten Beschreibung: Seine Umschreibungen sollen den wahren Namen Gottes verhüllen, den nur er selbst aussprechen kann und darf. Diese Ehrfurcht vor der Heiligkeit Gottes zeigt die jüdische Tradition durch die Vermeidung des Gottesnamens: Gott wird in der Hebräischen Bibel vor allem mit den Buchstaben JHWH benannt, und zwar über 6800-mal. Nur diese Konsonantenfolge steht für den Gottesnamen im engeren Sinn. Gott offenbarte sich Mose im brennenden Dornbusch zum ersten Mal mit dem vierbuchstabigen Namen (vgl. Ex 3,1–4,17), den religiöse Juden weder im Gottesdienst und im Gebet noch im Alltag aussprechen.

Das Tetragramm

Das Tetragramm (diese Bezeichnung – griech. für »Vierzeichen« – für den vierbuchstabigen Gottesnamen wurde von Philo von Alexandrien geprägt) erhält aus dieser Offenbarung auch seine Deutung: Gottes Antwort »Ich werde sein, welcher ich werde sein« (Ex 3,14) ergibt der Tradition nach für den unaussprechlichen Namen Gottes die Bedeutung »der Seiende« oder »der ewige Gott«. Nur den Priestern war es einst erlaubt, diese Bezeichnung im Allerheiligsten des Tempels von Jerusalem zu verwenden. Wegen der Unaussprechlichkeit des Eigennamens Gottes wurde seine Wiedergabe in der Hebräischen Bibel durch *adonai* (»mein Herr«) ersetzt. In christlichen Kreisen wurde die Vokalisierung dieses Wortes dann auf die Konsonantenfolge JHWH übertragen, was schließlich zu der verfälschten Lesart »Jehova« geführt hat.

Gottes Namen und Eigenschaften in der Bibel

Mit welchen Namen rufen Juden aber nun Gott an, um ihn zu loben und zu preisen? Es wurde schon erwähnt, dass bereits Mose nach Gottes Namen fragte und von Gott folgende Antwort erhielt: »So sprich zu den Söhnen Jisraels: ›Ich werde sein‹ hat mich zu euch gesendet« (Ex 3,14). Mendelssohn übersetzte diesen Vers folgendermaßen: »Das ewige Wesen, welches sich nennt ›Ich bin ewig‹ hat mich zu euch gesandt.«

Die zweithäufigste Bezeichnung in der Hebräischen Bibel (über 3000-mal) ist *elohim*, der Plural von *el*: Hier handelt es sich um einen im Vorderen Orient verbreiteten Titel für Gott, der in verschiedenen Wortverbindungen wie ein Name gebraucht wird und dadurch schließlich zum Namen wird. Solche Verbindungen und Zusätze sind etwa »Gott meines Vaters« und »Gott Abrahams, Isaaks und Jakobs«. Der Plural *elohim* spiegelt die Entmachtung des Polytheismus. Dabei wurden die verschiedenen Gottesbegriffe als Eigenschaften und Aspekte auf den einen, einzigen, mit dem Befreier Israels identischen Schöpfer übertragen. Daneben gibt es die Form *eloa*, die gewöhnlich als Singularbildung zu *elohim* angesehen wird und sich bis heute im arabischen Gottesbegriff *allah* (»der Gott«) erhalten hat. Dem Abraham ist Gott unter dem Namen *el schaddaj* erschienen, was so viel bedeutet wie »Gott der Allmächtige«. Einem weiteren Gottesnamen gleich kommt die *schechina*, die weiblich verstandene Präsenz Gottes in der Welt, etwa in der Form jüdischer Präsenz im Lande Israel. Im rabbinischen Verständnis ist die *schechina* auch beim Torastudium und bei der praktischen Befolgung der Lehre gegenwärtig. Einer kabbalistischen Formulierung nach machen all die Gottesnamen das Wesen der Schöpfung aus. Grundsätzlich gilt, dass sich Gottes Wesen nicht in Bilder und Worte fassen lässt.

Gottes Namen
- *Adonai* – Pluralform von »mein Herr«; die Anrede steht in der Regel für das Tetragramm.
- *El* – ein im Vorderen Orient verbreiteter Titel für »Gott«, oft in zusammengesetzter Form.
- *El chaj* – lebendiger Gott.
- *El eljon* – höchster Gott (wie griech. *hypsistos*).
- *El olam* – ewiger Gott.
- *El schaddaj* – allmächtiger Gott.
- *Eljon* – Höchster.
- *Eloa* – alte kanaanäische Gottesbezeichnung (wie *El*).
- *Elohim* – Pluralform von *Eloa*, traditionell mit Gottes Richterfunktion verbunden.
- *Elohim ha-zewaot* – Gott der Heerscharen.
- *Gewura* – Macht (wie griech. *dynamis*).

- *Go'el* – Erlöser, vor allem in exilischen und nachexilischen Schriften.
- *Ha-Makom* – der Ort [der Gottesgegenwart], dann Gott selbst.
- *Ha-Kaddosch* – der Heilige, oft in Formeln wie »Der Heilige, er sei gepriesen«.
- *Ha-Rachaman* – der Barmherzige (auch *Aw Harachamim*, Vater der Barmherzigkeit).
- *Ha-Schechina* – die Einwohnung, auch im Sinne von kultischer Präsenz der Gottheit.
- *Ha-Schamajim*, der Himmel, etwa in »die Herrschaft des Himmels«.
- *Ha-Schem* – der Name, auf Deutsch auch »der Ewige«.
- *Jah* – ursprünglich der Name einer Gottheit, dann als Kurzform von JHWH verstanden.
- *Pachad Jizchak* – Schrecken Isaaks.
- *Ribbono schel olam* – Herr von Zeit und Raum.
- *Schaddaj* – Starker, Allmächtiger.
- *Zur* – Fels, Metapher für Gott als Zuflucht, später auch für Gott als Bildner.

Eigenschaften Gottes?

Aus Ex 34,6–7 hat man dreizehn Verhaltensweisen Gottes herausgelesen. Es heißt dort wörtlich über Gott: »Und vorüberwallte der Ewige vor ihm [Mose] und rief aus: Der Ewige, der Ewige, Gott, barmherzig und gnädig, langmütig und voller Huld und Treue; bewahrend Huld den Tausenden, vergebend Sünde und Missetat und Schuld, lässt aber nichts unbestraft, ahnend Sünde der Väter an Kindern und Kindeskindern, am dritten und am vierten Geschlecht!« Eine dieser dreizehn Eigenschaften heißt »Treue« *(emet)*. Der Begriff »Treue« (Mendelssohn übersetzte ihn als »Wahrheit«) in »Huld und Treue« hat dabei die Qualität eines Bundesverhältnisses und bezeichnet das Verhältnis zwischen

Gott und den Menschen. (Von *emet* im Sinne von »Wahrheit« stammt übrigens unser Wort »amen«, das so viel bedeutet wie »fixiert, fest, verlässlich«.)

Der spanische jüdische Dichter Salomo ben Jehuda Ibn Gabirol (um 1021–1057/58) hat sein Gottesbild in einem Gedicht mit dem Titel *Krone des Königtums* beschrieben, das zugleich ein Gebet ist und von einem persönlichen Gott spricht. Es beginnt mit den Zeilen:

> *Du bist da*
> *Jedoch nur für Dich*
> *Wo wär für Andre neben Dir?*
> *Du bist da.*

Im Mittelalter wurde es zu einem religionsphilosophischen Problem, dass die biblische Redeweise Gott menschliche Eigenschaften und Verhaltensweisen zuschreibt (Anthromorphismus). Gottes Wesen galt nunmehr als unfassbar, und ihm wurden nur noch Wirkungsattribute zugestanden. Maimonides entwickelte in seiner negativen Theologie, in der er beschrieb, was Gottes alles *nicht* ist, die Vorstellung des namenlosen Gottes zum Gott ohne Wesensattribute: Der lebendige Gott ist und handelt. Die 13 Verhaltensweisen Gottes *(middot)* erfüllen in der jüdischen Ethik eine wichtige Vorbildfunktion als nachahmenswerte Eigenschaften. Sie werden in der Liturgie vielfach erwähnt. Gott ist in seiner Liebe auch Vorbild für den Menschen. In der rabbinischen Auslegung heißt es darum: »Wie kann der Mensch mit den Eigenschaften des Allgegenwärtigen benannt werden? Also: Wie der Allgegenwärtige barmherzig ist, sei du barmherzig, wie der Allgegenwärtige gnädig genannt wird, so sei auch du gnädig, [...] so wie der Allgegenwärtige gerecht genannt wird, sei auch du gerecht. Der Allgegenwärtige wird fromm genannt, darum sei auch du fromm.« Das Schöpfungswerk Gottes, so die rabbinische Überlieferung, gelang erst mit dem Ausgleich von absoluter Strenge *(middat ha-din)* und absolutem Erbarmen *(middat ha-ruchamim)*.

Gott als Vater

Die Vorstellung, Gott handle wie ein Vater, war bereits im Alten Orient verbreitet, hat sich im Judentum weiterentwickelt und ist dann auch zu einer der Grundvorstellungen des Christentums geworden. Viele Christen meinen, dass die Hebräische Bibel nur selten von Gott rede. Dabei sprechen Juden Gott mit »unser Vater« *(awinu)* an, und dieses Gottesbild stammt aus der Hebräischen Bibel. Die Rede von Gott als Vater umschreibt dabei sowohl seine Liebe und Barmherzigkeit als auch seine Autorität und Macht. Das »Vater unser« ist also der jüdische Begriff von Gott und keine christliche Idee.

2. Gott im Spannungsfeld von Vernunft und Offenbarung

Was den Gottesbegriff betrifft, so distanzieren sich die Juden von einem Gott der Spekulation. Das ist auch ein Grund dafür, dass das Judentum keine Theologie im Sinne der christlichen Theologie kennt. Im Vordergrund stehen traditionell das Leben mit Gott, das Studium der Tora und die Einhaltung der Gebote. Das Judentum kannte bis Anfang des 1. Jahrhunderts keine wissenschaftliche Theologie.

Kein Mensch allein kann vollständige Gotteserkenntnis erlangen. Um Gott näher zu kommen, bedarf es des Zusammenwirkens vieler Menschen, des Austausches ihrer Erkenntnisse und der darauf basierenden Formulierung von Recht (Halacha – wörtlich: »der zu gehende Weg«). Nach der Vorstellung des rabbinischen Judentums führt der Weg zu Gott nur über seine Offenbarung, die Tora. In ihr ist bereits alles Wissen der Welt enthalten, und sie befindet sich »nicht im Himmel«, sondern wurde den Menschen als einzige Quelle ihrer Auslegung und ihres Weltverstehens gegeben. Als religiöses Ziel des Judentums und

Sinn aller Geschichte wird die Errichtung des Reiches Gottes auf Erden begriffen – die Erlangung des Weltfriedens, der auf der wahren Gotteserkenntnis aller Menschen beruht. Die Halacha markiert hierbei nicht das Ziel, sondern einen Weg. Sie verlangt Handeln, die Selbstheiligung durch Gebotserfüllung, und nicht Glauben.

In der jüdischen Religionsphilosophie vom Mittelalter bis in die Moderne spielt besonders die Vorstellung vom Judentum als einer Vernunftreligion eine Rolle. Themen der jüdischen Philosophie, die sich in der Wechselbeziehung zu islamischen und christlichen Denkern entwickelte, sind die Attributenlehre und die negative Theologie, die historische Rolle der Verfolgung und der Begriff der Häresie, das Problem des Bösen, die Theodizee sowie die Bedeutung von Ritual und Gebet in der Vernunftreligion.

Die jüdische Religionsphilosophie ist ein Versuch, Gott im Spannungsfeld von Vernunft und Offenbarung zu erkennen. Schon im 1. Jahrhundert u. Z. setzte sich Philo von Alexandrien (um 20 v. u. Z. – ca. 40 u. Z.) als Jude mit dem frühen Christentum auseinander. Als Begründer der eigentlichen jüdischen Religionsphilosophie gilt aber Saadja Gaon (882–942). Er unternahm mit seinem Werk von den »Glaubens- und Erkenntnisdingen«, *Emunot we'deot*, als Erster den Versuch, Religion und Ethik des Judentums rational zu erfassen und systematisch zu bearbeiten.

Die mittelalterliche jüdische Religionsphilosophie

Die mittelalterliche jüdische Religionsphilosophie lässt sich in vier Abschnitte unterteilen:

* *Die erste Epoche,* für die Saadja Gaon steht, erstreckt sich bis ins 11. Jahrhundert. Zu dieser Zeit ging man bei der Begründung des Gottesbegriffes von der Endlichkeit der Welt aus und schloss von der Schöpfung aus dem Nichts auf einen Schöpfergott. Saadja postulierte die Rationalität des jüdischen Glaubens mit der Einschränkung, dass die Vernunft

immer dann kapitulieren muss, wenn sie in Widerspruch zur Tradition gerät.

- *Die zweite Epoche,* die auch noch das 12. Jahrhundert prägte, wurde vom Denken Salomo Ibn Gabirols bestimmt. Ibn Gabirol vertrat die sogenannte Emanationslehre, in der die Weltschöpfung als eine Art Ausströmen aus Gott verstanden wird. Der göttliche Wille ist dabei die Verbindung zwischen Ideen und Materie.

- *Die dritte Epoche* im 13. und 14. Jahrhundert stand ganz im Zeichen der rationalen aristotelischen Philosophie. Ihr Vordenker war Maimonides, dessen Ideen von seinem Nachfolger Gersonides (Raw Levi ben Gerson, 1288–1344) in Südfrankreich fortgeführt wurden. Zu dieser Zeit wurde nicht mehr die Schöpfung aus dem Nichts angenommen, sondern versucht, auf der Grundlage der Annahme einer Ewigkeit der Welt zu einem Gottesbeweis zu gelangen. Gersonides glaubte an den kontinuierlichen spirituellen wie moralischen Aufstieg des Menschen und betonte in seinem Torakommentar soziale, ethische und philosophische Aspekte.

- *Die vierte Epoche* fiel in das 15. und 16. Jahrhundert und folgte den Ideen von Chasdai Crescas (ca. 1340–1410/1411), dem Verfasser des Buches *Or Ha-Schem* (»Licht des Herrn«). Sein Ziel war die Loslösung vom Aristotelismus, der seiner Ansicht nach die Authentizität des jüdischen Glaubens zu verwässern drohte; er machte deswegen jüdische Lehrinhalte zum Ersatz für aristotelische Begriffe. Nach Crescas verzichtete man schließlich auf einen Gottesbeweis und stützte sich allein auf die Offenbarung. Mit Baruch Spinoza (1632–1677), der mit seinem Pantheismus das traditionelle Judentum hinter sich ließ, fand die mittelalterliche jüdische Religionsphilosophie ihren Abschluss: Spinoza galt als »Mose der modernen Freigeister und Freidenker«.

Kabbala

Im Gegensatz zu der Religionsphilosophie, die sich an der antiken griechischen Philosophie orientierte, verstand sich die Kabbala, die sich im ausgehenden 13. Jahrhundert als spekulativ-mystische Lehre in Südfrankreich und Nordspanien bildete, als ureigenen jüdischen Zugang zur Deutung des Schriftsinns der Bibel. Bis zum 17. Jahrhundert nahm die Kabbala als Umschreibung von Glaubensinhalten und als Weg zur geistigen Erkenntnis Gottes den Platz einer jüdischen Theologie ein.

Wissenschaftliche jüdische Theologie

Eine jüdische wissenschaftliche Theologie bildete sich im Gefolge der Aufklärung und analog zur modernen christlichen Theologie erst im 19. Jahrhundert heraus. Diese Entwicklung kommt auch in Namen von Fachzeitschriften und akademischen Einrichtungen zum Ausdruck, so etwa bei der *Wissenschaftlichen Zeitschrift für jüdische Theologie* (gegründet 1835) oder beim Jüdisch-theologischen Seminar in Breslau (gegründet 1854). Nachdem Vordenker des traditionellen Judentums, beispielsweise Rabbiner Joseph B. Soloveitchik (1903–1993), noch im 20. Jahrhundert den Theologie-Begriff als Ausdruck eines speziell christlichen Dogmensystems und damit als Gegensatz zum orthoprax verstandenen Judentum abgelehnt haben, ist der Begriff inzwischen auch in modern-orthodoxen Kreisen gang und gäbe. Im Judentum hat keine Lehrmeinung und keine Generation ein Monopol auf das Verständnis des Willens Gottes. Der in Europa einmalige Studiengang Jüdische Theologie an der Universität Potsdam spannt einen Bogen von der Hebräischen Bibel über die theologischen Werke des Mittelalters zu den Denkern und Diskursen der Moderne. Rabbiner Louis Jacobs (1920–2006) formulierte es so: Jüdische Theologie ist der Versuch, den tieferen Sinn der jüdischen Religion beständig neu zu durchdenken.

3. Der Mensch als Ebenbild Gottes

Und Gott sprach: Wir wollen Menschen machen in unserm Bilde [be'zalmenu, von hebr. zelem], nach unsrer Ähnlichkeit [ki'dmutenu, von hebr. demut] [...] Und Gott schuf den Menschen in seinem Bilde, im Bilde Gottes schuf er ihn; männlich und weiblich schuf er sie.

Gen 1,26–27

Die Gottesebenbildlichkeit des Menschen ist das entscheidende Argument dafür, das menschliche Leben in jedem Falle zu erhalten und den anderen zu respektieren: »Warum wurde nur ein einziger Mensch erschaffen? Um dich zu lehren, dass, wer einen Menschen vernichtet, so angesehen wird, als habe er alle Menschen vernichtet, und wer einen Menschen rettet, als habe er sie alle gerettet. Darüber hinaus war es um des Friedens willen, damit niemand zu seinem Mitmenschen sagen kann: ›Mein Vater war größer als dein Vater‹«, heißt es im Talmud (bTSanh 37a). Zugleich begründet die Heiligkeit des Menschen (seine Ebenbildlichkeit) seine Würde und seine Bestimmung als Partner Gottes. Der zweite Gerer Rebbe, Yehuda Leib Alter (1847–1905), lehrte, dass die Gottesebenbildlichkeit der gemeinsame Nenner für alle Menschen sei, dass aber nur das jüdische Volk dazu begabt sei, Gottes einsichtig zu werden. Diese Vorstellung ist uralt: Schon bei Ben Sira zur Zeit des Zweiten Tempels findet sich die Unterscheidung zwischen einer generell allen Menschen und einer speziell nur Israel verliehenen Erkenntnis. Die allen Menschen zugängliche Weisheit besteht darin, dass Gott ihnen allen Anteil an seiner Weisheit gibt, mit der er Himmel und Erde geschaffen hat. Für liberale Juden aber gilt das Verständnis, das im 19. Jahrhundert Abraham Geiger (1810–1874) formuliert hat: »Die Menschheit insgesamt aber ist geschaffen im Ebenbilde Gottes, nicht bloß der Stammvater dieses oder jenes Volkes, sondern der Stammvater aller, der auch die ganze Menschheit aus sich hervorgehen lässt als eine gleichberechtigte.«

Die Gottesebenbildlichkeit *(zelem elohim)* macht die Beziehung und die Beziehungsfähigkeit zwischen Gott und den Menschen aus, aber auch unter den Menschen selbst. Gott spricht in Ex 19,5 davon, dass das Volk Israel ihm ein Schatz sei unter allen Völkern. Rabbi Akiba resümiert diesen Gedanken in den *Sprüchen der Väter*, die im 2. Jahrhundert u. Z. niedergeschrieben wurden, folgendermaßen: »Er sagte ferner: Geliebt ist der Mensch, denn er ist im Ebenbilde erschaffen worden [Gen 1,27]; aus besonderer Liebe aber ist ihm kundgetan worden, dass er nach dem Ebenbild erschaffen worden sei, denn es heißt: ›Im Ebenbilde Gottes machte er den Menschen‹ [Gen 9,6]. Geliebt sind die Jisraeliten, denn sie heißen Kinder Gottes; aus besonderer Liebe ist ihnen kundgetan worden, dass sie Gottes Kinder heißen: denn es heißt [Dtn 14,1]: ›Ihr seid Kinder des Herrn, eures Gottes.‹ Geliebt sind die Jisraeliten, denn ein kostbares Gerät ist ihnen verliehen worden; aus besonderer Liebe ist ihnen kundgetan worden, dass ihnen ein besonderes Gerät verliehen worden ist, durch das die Welt erschaffen wurde, denn es heißt [Spr 4,2]: ›Denn eine gute Belehrung habe ich euch gegeben, verlasst meine Lehre nicht‹« (MAw 3,18). Das Gute in uns ist die Folge davon, dass wir im Bilde Gottes geschaffen wurden.

1.3. Die Hebräische Bibel: Der Tanach

Die Hebräische Bibel ist für das »Volk des Buches« die Basis seines Glaubens. Ihr Herzstück sind die fünf Bücher Mose, die Tora. In diesem Kapitel erläutern wir, was es mit der Hebräischen Bibel als der wichtigsten Quelle der jüdischen Überlieferung auf sich hat, wie sie aufgebaut ist, was die einzelnen Bücher zum Inhalt haben und auf welche Weise die Tora ausgelegt werden kann. Das Akronym Tanach setzt sich aus den hebräischen Initialen der drei Hauptteile zusammen, die die Hebräische Bibel bilden: *Tora* (»Weisung«), *Newi'im* (»Propheten«) und *Ketuwim* (»Schriften«, auch als »Hagiografen« bezeichnet).

1. Die Tora: Lehre und Gebot

Tora ist ein hebräisches Wort, das schon in den fünf Büchern Mose mit dem Sinn »Unterweisung« oder »Gesetz« benutzt wird. Damit ist auch die doppelte Rolle der Tora im jüdischen Leben erklärt. Die Tora ist zum einen durch den jährlichen Lesungszyklus, der das Fünfbuch, in ca. 50 Wochenabschnitte eingeteilt, über ein Jahr hinweg im Schabbatmorgengottesdienst laut vorgetragen durchliest, ein Unterweisungsbuch und zum anderen durch ihre 613 Ge- und Verbote auch ein Gesetzbuch. Die Benennung der Wochenabschnitte der Tora nach ihren Anfangsworten spiegelt ihren Gebrauch für die Lesung im Synagogengottesdienst wider. Die Schabbatot erhalten dadurch ihren jeweiligen Namen. Der jeweils erste Abschnitt eines Buches gibt auch dem einzelnen Buch seinen Namen. So erhält das 1. Buch Mose, also die Genesis, den hebräischen Namen Bereschit (»Im Anfang«), der zugleich auch der Name des ersten Schabbats im Lesungszyklus ist.

Das 1. Buch Mose: Genesis

Genesis oder Bereschit, das 1. Buch Mose, enthält zunächst den Schöpfungsbericht, sodann eine Frühgeschichte der Menschheit: Adam und Eva, Kain und Abel, Noach. Es folgt die Berufung des Erzvaters Abraham, mit der im Rückblick die Frühgeschichte der Israeliten beginnt, auch wenn sie erst im 2. Buch Mose deutlichere Gestalt annimmt. Die Lebens- und Familiengeschichten der Patriarchen Abraham, Isaak und Jakob bis zum Tod Josefs in Ägypten stellen den Ursprung des durch ihre Berufung auserwählten Volkes sowie seiner Gesetze, Bräuche und religiösen Vorstellungen unter dem Aspekt der göttlichen Erwählung und des Bundes mit Israel dar.

Noach: Auf die in der Generation Noachs festzustellende Sündhaftigkeit der Menschen antwortet Gott mit der Vernichtung aller Menschen mit Ausnahme Noachs und seiner Familie. Noach baut über lange Zeit vor aller Augen ein Schiff, die Arche, auf der er mit seiner Familie und einem Paar jeder Tierart (bestimmte Tiere auch sieben Paare) die folgende Sintflut überlebt. Gott erkennt, dass die überlebenden Menschen, Noach und seine Familie, immer noch die vorsintflutlichen Verderbtheiten in sich tragen, verspricht aber in einem Bund mit den Menschen, nie wieder alles Leben durch eine Sintflut zu tilgen. Der Regenbogen wird das Symbol dafür.

Abraham und Sara: Der Nomade Abraham (anfangs in der biblischen Geschichte Abram genannt) folgt dem Ruf Gottes aus seiner Heimat in das ihm und seinen Nachkommen verheißene Land Kanaan. Ihn begleiten seine Frau Sara (anfangs Sarai genannt) und seine Familie sowie sein Neffe Lot mit dessen Familie. Nach einem dürrebedingten Aufenthalt in Ägypten trennen sich Abraham und Lot, um Konflikte über Weidegründe zu vermeiden. Lot siedelt im Tal von Sodom. Abraham verhandelt mit Gott über dessen Plan, Sodom zu zerstören, und erreicht, dass die Stadt verschont wird, wenn wenigstens einige Gerechte in der Stadt sind. Sein erster Sohn Ismael und dessen Mutter Hagar müssen die Sippe Abrahams verlassen, nachdem Sara im hohen Alter nach dem Besuch von drei Engeln Isaak (hebr. *Jizchak*) als Sohn Abrahams geboren hat. Abraham wird geoffenbart, dass seine Nachkommenschaft unzählbar sein werde. In diesem Vertrauen befolgt er einen Befehl Gottes, seinen Sohn Jizchak auf dem Berg Moria zu opfern, was in letzter Minute durch eine göttliche Stimme und ein plötzlich sich einfindendes Opfertier verhütet wird. Er stirbt 175-jährig.

Josef und seine Brüder: Josef ist Jakobs Lieblingssohn und wird daher von seinen Brüdern gehasst. Sie verkaufen ihn als Sklaven an eine nach Ägypten ziehende Karawane und berichten dem Vater, er sei von wilden Tieren getötet worden. Josef wird in Ägypten als Sklave an einen Hofbeamten des Pharao verkauft. Dessen Ehefrau lässt Josef mit falschen Anschuldigungen ins Gefängnis werfen, als er sich weigert, mit ihr zu schlafen. Aufgrund seiner Fähigkeit, Träume zu deuten, kommt Josef jedoch wieder frei und wird zum einflussreichsten Mann in Ägypten. Als er sieben fette und sieben dürre Jahre in Ägypten richtig vorhersagt und das Land durch einen Vorratshaltungsplan vor der Hungersnot rettet, ist seine Position als Vertrauter des Pharao gesichert. Als seine Familie in Ägypten Getreide einkaufen will, weil sie in Kanaan unter einer Dürre leidet, kann er sie zu sich nach Ägypten holen. Er versöhnt sich mit seinen Brüdern und kann noch von seinem sterbenden Vater Jakob Abschied nehmen.

Das 2. Buch Mose: Exodus

Exodus oder Schemot (»Buch der Namen«), das 2. Buch Mose, schildert zunächst die Berufung des Mose zum Wegweiser und Propheten. Dann werden der Exodus, der Auszug der Israeliten aus Ägypten, die ägyptischen Plagen und der Durchzug durch das Rote Meer sowie die Wanderung durch die Wüste geschildert. Zentrales Thema des Buches ist der Bund Gottes mit dem Volk Israel. Gleichzeitig führt das Judentum viele seiner grundlegenden Glaubensinhalte auf Offenbarungen Gottes zurück, die im 2. Buch Mose zu finden sind. Zentrale Ereignisse in diesem Buch sind

- die Berufung des Mose
- der Auszug aus Ägypten
- das Durchschreiten des Schilfmeeres
- die Offenbarung Gottes gegenüber Mose im brennenden Dornbusch
- die Offenbarung des Tetragramms (des Gottesnamens)
- die Zehn Gebote
- der Tanz um das Goldene Kalb.

Mose (hebr. *Mosche*) ist der im 2., 3., 4. und 5. Buch Mose genannte »Prophet des Gottes Abrahams, Isaaks und Jakobs« und der Anführer der Israeliten auf ihrem Auszug aus der Sklaverei in Ägypten ins verheißene Land. Er ist im Judentum der höchste Prophet.

Das 3. Buch Mose: Levitikus

Levitikus oder Wajikra (»Und er rief«), das 3. Buch Mose, enthält die Opfergesetze, die Einführung des Priesterdienstes und des Jom Kippur (des Versöhnungstages) sowie Reinheitsvorschriften und überhaupt Gesetze für Alltag und Gottesdienst der Israeliten. Die traditionelle jüdische Sichtweise versteht das gesamte Buch als ein Diktat Gottes an Mose auf dem Berg Sinai. Die jüdisch-traditionelle Auslegung misst dem Buch aufgrund seiner Betonung des Opfergottesdienstes eine bedeutende Rolle bei.

Das 4. Buch Mose: Numeri

Numeri oder Bamidbar (»In der Wüste«), das 4. Buch Mose, hat als Grundthema die Wüstenwanderung mit ihren Beschwerlichkeiten. Das mobile Heiligtum wird eingeweiht. Weil die ausgesandten Kundschafter berichten, das verheißene Land Kanaan werde von einem starken Volk bewohnt, weigern sich die Israeliten weiterzuziehen. Nur durch die Intervention des Mose wird das Volk von einer vernichtenden Gottesstrafe verschont, doch sollen die zu dieser Zeit lebenden Menschen des Volkes das Gelobte Land nicht sehen, sondern erst ihre Nachkommen. So zieht das Volk 40 Jahre lang durch die Wüste. Da auch Mose nicht nach Kanaan darf, wird Josua als sein Nachfolger bestimmt. Es kommt zum Aufstand des Korach gegen Mose, doch Gott interveniert abermals, und Korach und seine engsten Anhänger stürzen in eine Erdspalte.

Miriam, Schwester des Mose und Prophetin, hatte nach dem im 2. Buch Mose beschriebenen Durchzug der Israeliten durch das Schilfmeer und dem Lied des Mose (Ex 15,1–19) zur Pauke gegriffen, »und alle Frauen zogen hinter ihr aus mit Pauken und Reigen« (Ex 15,20). Leider hat der Text ihres Liedes keinen Eingang in die Bibel gefunden, aber sie wurde damit im 20. Jahrhundert zur Symbolfigur feministischer Bibelinterpretation: *The Five Books of Miriam. A Woman's Commentary on the Torah* erschien 1996. Miriam hat aber auch gegen ihre Schwägerin, die Frau des Mose, die eine Farbige und die Tochter eines midianitischen Priesters war, intrigiert. Zur Strafe bekam sie Aussatz und musste das Lager verlassen. Allerdings wurde sie nicht in der Wüste zurückgelassen, sondern alle Israeliten warteten »eine Woche« bis zu ihrer Genesung. Miriam starb in der Wüste Zin, kurz vor der letzten Etappe auf dem Weg ins verheißene Land.

Das 5. Buch Mose: Deuteronomium

Deuteronomium oder Dewarim (»Worte«), das 5. Buch Mose, besteht im Wesentlichen aus Reden, die Mose kurz vor seinem Tode an die Israeliten richtete. Inhaltlich ist das Buch eine Fortsetzung des 2., 3. und 4. Buches Mose. Die erste Rede (Dtn 1–4) blickt auf die bedeutendsten Ereignisse der letzten 40 Jahre der Wüstenwanderung zurück. Die zweite Rede (Dtn 5–26) stellt den Hauptteil des Buches dar. Hier finden sich in einer fast wörtlichen Wiederholung die Zehn Gebote (aus dem 2. Buch Mose) und Regeln, die das Leben im verheißenen Land Kanaan betreffen, sowie Kriegsgesetze. Die abschließende Rede (Dtn 27–30) befasst sich mit den Konsequenzen, die sich aus dem Nichtbefolgen der Gebote ergeben, sowie mit dem Lohn des Gehorsams. Mit einer Erneuerung des Bundes zwischen Gott und den Israeliten sowie der Ernennung Josuas zum Nachfolger des Mose schließt der Hauptteil des Buches. Es folgen drei Nachworte: das Lied mit dem Titel *Ha-asinu* (»Höret!«), das Mose auf Gottes Anweisung verfasst hat (32,1–44), Segenssprüche für die Stämme Israels (Kap. 33) sowie der Bericht vom Tod (32,48–52) und der Beisetzung (Kap. 34) des Mose.

================ *2. Die Prophetenbücher: Newi'im* ================

»Propheten« (*Newi'im*, von *nawa*, »Mitteilung machen, verkünden«) heißt der nächste Abschnitt der Hebräischen Bibel. Er zerfällt nochmals in die bedeutenden Schriftpropheten und die zwölf anderen Propheten. Historisch gesehen spricht dieser Bibelteil von der Zeit der vorexilischen Gerichtsprophetie bis in die Epoche der nachexilischen Zeit.

Das erste biblische Buch nach der Tora ist das *Buch Josua*. Es schließt an das 5. Buch Mose an und ist in gewisser Weise dessen Fortsetzung im Handlungsrahmen der Landnahme. Josua (hebr.

Joschua), der Sohn Nuns, ist der Nachfolger des Mose (Dtn 31,7), der die Israeliten bei der Eroberung des Landes Kanaan anführt.

Im *Buch der Richter* wird die Zeit nach der Landnahme bis kurz vor Beginn der Königszeit unter Saul (ca. 1050 v. u. Z.) geschildert. In dieser Zeit wurde Israel durch sogenannte Richter regiert. Die bekanntesten sind die Richterin Debora und die Richter Gideon und Simson (Samson) sowie Samuel, mit dem die Richterzeit endet und die Königszeit beginnt.

Die beiden Bücher Samuel bilden eine Einheit. Sie haben ihren Namen nach dem Propheten Samuel, der ersten bedeutenden Persönlichkeit im ersten der beiden Bücher. Die im 1. und 2. Samuelbuch beschriebenen Ereignisse drehen sich um das Leben dreier bedeutender Personen, um den Propheten Samuel und die Könige Saul und David. David (hebr. »der Geliebte«) war gemäß dieser Überlieferung nach seinem Vorgänger Saul der zweite König von Israel und Juda und lebte um 1000 v. u. Z. Zunächst war er eine Art Guerillero, schlug sich als Bandenführer durch und wurde von Saul mit 3000 ausgewählten Soldaten gejagt. Später wurde David dann in Hebron zum König über den Südstamm Juda gesalbt. Nach der Festigung seiner politischen Macht brachte David die Bundeslade nach Jerusalem, die bis dahin in der Stiftshütte in Schilo aufbewahrt worden war, um die dortige Priesterschaft zu schwächen und seine Stadt nun auch zum religiösen Zentrum des Reiches zu machen. David wird als Weiberheld beschrieben und hatte vier Frauen. Trotz seiner Sünden blieb David in der Darstellung der Samuelbücher in der Gunst des Ewigen, auch wenn es ihm zur Strafe verwehrt blieb, den Tempel in Jerusalem erbauen zu dürfen. Dies blieb dem zweiten Kind vorbehalten, das Bathseba dem David gebar, nämlich Salomo. David gilt auch als der Verfasser zahlreicher Psalmen, die noch heute Eckpfeiler jüdischer Gottesdienste sind. Der Renaissancekünstler Michelangelo widmete ihm eines seiner schönsten Standbilder (das den biblischen Helden allerdings unbeschnitten zeigt).

Das *1. Buch der Könige* und das *2. Buch der Könige* bilden eine

Einheit. Sie erzählen die Geschichte vom betagten König David und seinem Sohn Salomo, der ihm auf den Thron Israels folgt, als weiser Richter »salomonische Urteile« fällt, dem Reich Wohlergehen und eine lange, 40-jährige Friedenszeit beschert und für Israel den (ersten) Tempel auf dem Berg Moria bauen lässt, auf dem der jüdischen Tradition nach Abraham beinahe seinen Sohn Jizchak (Isaak) geopfert hätte. Die jüdische Tradition schreibt Salomo die Autorschaft der biblischen Bücher Mischelej (Buch der Sprüche Salomos oder Buch der Sprichwörter), Schir Haschirim (Hohes Lied Salomos oder das Hohelied) und Kohelet (Prediger Salomo oder Ekklesiastes) zu. Nach dem Tode Salomos zerfällt das seit David bestehende Reich in das Nordreich Israel und das Südreich Juda. Könige kommen und gehen, die Propheten Elija und Elischa treten auf.

Die großen Schriftpropheten

Jesaja (hebr. *Jeschajahu*) ist der jüdischen Tradition zufolge ein großer Schriftprophet der Hebräischen Bibel. Er wirkte im Südreich Juda zwischen 740 und 701 v.u.Z., also in der Zeit der Bedrohung durch die Großmacht Assyrien. Er verkündete Juda, Israel und Assur Gottes Gericht, aber auch eine endzeitliche Wende zu universalem Frieden und Gerechtigkeit. Jesaja war der erste Prophet der Bibel, der den Israeliten einen zukünftigen Messias als gerechten Richter und Retter der Armen verhieß.

Jeremia (hebr. *Jeremijahu*) ist ebenfalls einer der bedeutenden Schriftpropheten. Im Kanon der jüdischen Schriftüberlieferung steht sein Buch nach Jeschajahu an zweiter Stelle. Jeremijahu wirkte etwa in den Jahren 627–587 v.u.Z. in Jerusalem. Er predigte Bekehrung und Umkehr und prophezeite jahrelang den Untergang der Tempelstadt Jerusalem, der dann im Jahre 586 v.u.Z. tatsächlich eintrat. Wenn heute umgangssprachlich von Jeremiaden die Rede ist, dann bezieht sich dies auf die Klagelieder dieses Propheten (vgl. unten).

Ezechiel (hebr. *Jecheskiel*, auch Hesekiel) war ein bedeutender Prophet der Hebräischen Bibel und lebte im 6. Jahrhundert v. u. Z. Jecheskiel war der Sohn eines Priesters sowie ein jüngerer Zeitgenosse des Propheten Jeremijahu und verfasste das Buch Ezechiel. Er gehörte zur ersten Gruppe der im Rahmen der Babylonischen Gefangenschaft im Jahre 597 v. u. Z. verschleppten Israeliten, die Nebukadnezar II. ins Exil führte.

3. Die Schriften: Ketuwim

Die sogenannten Hagiografen oder *Ketuwim* (»Schriften«) sind der dritte Teil der Hebräischen Bibel neben der Tora und den Prophetenbüchern. Sie umfassen die Psalmen, die Mischelej (Buch der Sprichwörter), das Buch Hiob (auch Ijob oder Job), die fünf Megillot (das sind die zu bestimmten Feiertagen von handgeschriebenen Rollen jeweils in einem Stück vorgelesenen biblischen Bücher: Ruth, Hohelied, Kohelet, Klagelieder Jeremijahus, Esther) sowie vier Geschichtsbücher: das Buch Daniel, die Bücher Esra und Nehemia und die zu einem Buch zusammengefassten beiden Bücher der Chronik.

Das biblische Buch der Psalmen

»Die Juden sind ein singendes Volk«: Kurz nach dem Auszug aus Ägypten standen die Israeliten tatsächlich mit dem Rücken an der Wand, denn hinter ihnen her kam eine gewaltige Streitmacht der Ägypter, und vor ihnen war das Schilfmeer. Auf wundersame Weise entkamen sie den Verfolgern trockenen Fußes durch die Flucht vorwärts durch das Meer. Am anderen Ufer angekommen, stimmten sie den ersten in der biblischen Chronologie verzeichneten Dankgesang an, das Mose-Lied (Ex 15), und daran anschließend tanzte Miriam, die Prophetin, zusammen mit den anderen

Frauen einen Reigen und sang (Ex 15,20–21). An diese und andere biblische Lieder knüpfen die 150 Psalmen an, die in fünf Abschnitte, Bücher genannt, gegliedert sind. Entstanden sind diese hebräischen Dichtungen über viele Jahrhunderte; die ältesten stammen ganz sicher aus der Vorkönigszeit, also aus der Zeit vor 1000 v. u. Z., ein Großteil wohl aus der Zeit vor dem Babylonischen Exil 586 v. u. Z., ein kleiner Teil ist nachexilisch. Im dritten vorchristlichen Jahrhundert war das Kompendium der Psalmen abgeschlossen. Es ist zusammengesetzt aus Einzeltexten und Psalmengruppen – Gebete oder Lieder, lyrische Texte, die an Gott gerichtet sind. Der Psalter ist also ein insgesamt vielgestaltiger jüdischer Lobpreis Gottes: Obwohl in ihm auch zahlreiche Klagen und Bitten vorkommen, ist der Grundton des Beters das Lob Gottes.

Das hebräische Wort *mismor* (von hebr. *semer*, »Gesang«) ist die meistgebrauchte Überschrift bei den Psalmen; sie erscheint 57-mal, davon 35-mal verbunden mit »von David«, den die Bibel auch an anderen Stellen als Harfenspieler zeigt (der griechische Begriff *psalterion* bezeichnet ein harfenähnliches Saiteninstrument). Im Judentum wird das Buch als *(sefer) tehilim* bezeichnet: (Buch der) Lobpreisungen. Dieser Name lässt sich seit dem 1. Jahrhundert v. u. Z. in den Schriftfunden von Qumran belegen.

Die Psalmenbücher sind keine willkürlich zusammengesetzte Sammlung von Einzeltexten, sondern wurden mit theologischem und dramaturgischem Sinn zusammengefügt. Am Anfang wird in Ps 1 der Weg des frommen und gottgefälligen Lebens beschrieben, zu dem der Psalter anleiten möchte, und in Ps 2 der Sieg der Gottesherrschaft versprochen; das gesamte Psalmenbuch mündet zuletzt in einen großen Lobpreis Gottes, das Halleluja, die letztgültige Antwort des Frommen auf seine Gebetserfahrungen mit Gott (Ps 146–150). Insgesamt ist das Psalmenbuch in fünf Teile gegliedert, deren Ende jeweils in einen Lobpreis mündet, so zum Beispiel in Ps 41,14: »Gepriesen sei der Ewige, Jisraels Gott, von Ewigkeit zu Ewigkeit. Amen und Amen« (vgl. auch Ps 72,18–19; 89,53; 106,48). Die Aufteilung des gesamten Psalters kann man wie folgt darstellen:

Ps 1–2	Vorspruch	Tora, Zion, Gottesherrschaft
Ps 3–41	1. Buch	Davidspsalmen (3–14; 15–24; 25–34; 35–41)
Ps 42–72	2. Buch	Korachpsalmen (42–49), Assafspsalm (50), Davidspsalmen (51–72)
Ps 73–89	3. Buch	Assafspsalmen (73–83), Korachpsalmen (84–85; 87–89), Davidspsalm (86)
Ps 90–106	4. Buch	Mosekomposition (90–92), Gottes Königtum (93–100), Davidskomposition (101–106)
Ps 107–145	5. Buch	Lobpsalm (Toda: 107) Davidspsalmen (108–109; 138–145), alphabetische Torapsalmen (111–112; 119), Pessach-Hallel (113–118), Wallfahrtspsalmen (120–137)
Ps 146–150	Nachspruch	Schluss-Hallel

Man kann die Psalmen auch nach ihren Inhalten, also nicht nach ihrer numerischen Reihenfolge, gliedern, nämlich in Lob, Dank, Bitte, Buße, Trauer, Klage, Freude, Trost, Fluch usw. Ebenso lassen sie sich nach ihrem ursprünglichen Sitz im Leben kategorisieren: Wallfahrtslieder, Lehrgedichte, Hochzeitslieder, Morgen- und Abendlieder.

Die Psalmen sind aber auch nach ihrer jeweiligen Widmung bzw. Verfasserangabe aufteilbar (le – »für« oder »von«). Neben Davidspsalmen gibt es beispielsweise die Korachitenpsalmen. Die Korachiten gehörten zum Stamm Levi und verrichteten sozusagen den Türsteherdienst im Tempel, indem sie die Pilger im Vorhof in Empfang nahmen, ihnen die Wartezeit mit Psalmgesängen verkürzten und sie so auf den Gottesdienst im Heiligtum einstimmten. Dieses Korachpsalmen waren wie viele Psalmen Wechselgesänge zwischen Solisten, Chor und Wallfahrern, was den sprachlichen Wechsel zwischen »ich« und »wir« innerhalb eines Psalmes erklärt. Es gibt auch Psalmen, die den »Söhnen

Assafs« zugeordnet sind. Auch die Söhne Assafs waren aus dem Geschlecht Levi und galten als Gilde von Tempelmusikern. Nicht alle Davidspsalmen stammen von David oder sind ursprünglich ihm zugeschrieben gewesen, sondern etliche wurden nachträglich »davidisiert«, das heißt mit der Psalmüberschrift »von/für David« bezeichnet.

Sprach- und Stilelemente der Psalmen: Das Wesen hebräischer Lyrik besteht im zwei- oder mehrgliedrigen Wiederholen einer Aussage. Man nennt das Parallelismus Membrorum. Ein Beispiel für eine solche zweigliedrige Variation ist Ps 95,1 mit der Grundaussage: »Kommt herzu, lasst uns dem Ewigen frohlocken« und der Variante der ersten Textzeile: »und jauchzen dem Hort unsres Wohlseins!«. Wie der Psalmist das vor mehr als 2000 Jahren vorgetragen hat, wissen wir nicht genau. Denkbar ist, dass die Variation in den parallelen Zeilen durch lauteres und etwas leiseres Lesen oder durch die musikalische Begleitung ausgeführt wurde.

Psalmen im Gottesdienst: Kein jüdisches Gebet ist ohne Psalmen, sei es individuell oder öffentlich. Im täglichen Morgengottesdienst werden neben Ps 100 die Ps 145–150 rezitiert. Zum Kabbalat Schabbat (Beginn des Schabbat) gehören neben den Ps 92 und 93 die Ps 95–99 sowie Ps 29. Zum Festgebet für die Wallfahrtsfeste Pessach, Wochenfest und Laubhüttenfest sowie zur Feier des monatlichen Neumonds gehört das Hallel, eine schon zu Zeiten des Tempels in Jerusalem kanonisierte Psalmenfolge (Ps 113–118).

Für das öffentliche Lesen der hebräischen Psalmen gibt es unterschiedliche Vertonungen. In einer sehr gebräuchlichen Form rezitiert der Vorbeter den ersten und jeweils die beiden letzten Verse eines Psalm, während die dazwischenliegenden »geflüstert« werden, das heißt, sie werden unhörbar gesprochen, etwa so, wie ein ungeübter kindlicher Leser beim Leiselesen die Worte mit dem Mund noch wahrnehmbar vokalisiert. Eine zweite Form ist, dass der gesamte Psalm nach komponierten Vorlagen vom Vorbeter allein, als Gemeindegesang von der Gemeinde oder vom Vorbeter und der Gemeinde im versweisen Wechselgesang vorgetragen werden. Auch bei Solovorträgen des Vorbeters oder beim Gemeindegesang werden Akklamationen (Ausrufe) wie »Halleluja«, »Sela«, »Amen« oder »Seine Güte währt ewiglich« musikalisch besonders hervorgehoben, etwa durch ein Fortissimo.

Eine dritte Form sind die *te'amim*, Kantillationszeichen, die etwa im 8. Jahrhundert u. Z. dem gesamten Text der Hebräischen Bibel unterlegt wurden. Sie sind eine Hilfe für das individuelle Lesen, denn sie geben eine Sprechmelodie vor und gliedern den Vers durch kommaähnliche Satzzeichen.

In der Reformbewegung des Judentums seit Moses Mendelssohn (1729–1786) ist eine besondere Hinwendung zur landessprachlichen Rezitation der Psalmen festzustellen. Mendelssohns 1783 veröffentlichte Psalmenübersetzung bildet auch für das neue Gebetbuch der Allgemeinen Rabbinerkonferenz Deutschlands die Grundlage. Psalmen werden in liberalen Gottesdiensten auch in der jeweiligen Landessprache und teilweise im Wechsel mit der gesamten Gemeinde gelesen.

Es gibt aber auch Empfehlungen der Rabbiner für die Psalmenrezitation in besonderen Lebenssituationen. So empfiehlt der Herausgeber des Psalmenkommentars der Rabbinerbibel *Mikraot Gedolot* (1524 von Daniel Bromberg in Venedig veröffentlicht) im Krankheitsfall das Beten der Psalmen 6, 30, 41, 88 und 103. Andere Psalmen werden zum Beispiel für Hochzeiten, bei Erfolg, für Reisen oder beim Besuch eines Friedhofs empfohlen.

4. Hebräische Bibel und »Altes Testament«

Die Hebräische Bibel ist nicht identisch mit dem christlichen »Alten Testament«. Die hebräischen Bücher des im Christentum als Altes Testament überlieferten Kanons sind zwar dieselben wie in der lutherischen Übersetzung, doch die Reihenfolge der Bücher ist unterschiedlich. Die katholische Bibelversion und auch neuere protestantische Übersetzungen überliefern auch jene jüdischen Schriften, die nicht auf Hebräisch, sondern in griechischsprachiger Übersetzung außerhalb des kanonisierten rabbinischen Textes erhalten sind. So gibt es für das Buch Esther im Schlusskapitel (10) noch zwölf weitere Verse, die auf Griechisch überliefert wurden, jedoch weder in der Luther-Übersetzung noch im hebräischen Original auftauchen. Die Bücher der Makkabäer, das Buch der Weisheit, das Buch des Jesus Sirach, das Buch des Baruch sowie die Bücher Tobit und Judit gehören ebenfalls nicht zur Hebräischen Bibel.

Tanach und christliches Altes Testament

Jüdische Bibeltradition	Lutherische Bibeltradition *Bücher des Alten Testaments*	Katholische Bibeltradition *Bücher des Alten Testaments*
TORA	GESCHICHTSBÜCHER	DIE FÜNF BÜCHER
Bereschit	1. Mose	MOSE
Schemot	2. Mose	Genesis
Wajikra	3. Mose	Exodus
Bemidbar	4. Mose	Levitikus
Dewarim	5. Mose	Numeri
DIE PROPHETEN	Josua	Deuteronomium
Joschua	Richter	DIE BÜCHER
Schoftim (Richter)	Das Buch Ruth	DER GESCHICHTE
1 Schmuel	1. Samuel	Josua
2 Schmuel	2. Samuel	Richter
1 Melachim (1 Könige)	1. Könige	Rut
2 Melachim (2 Könige)	2. Könige	1 Samuel
Jeschajahu	1. Chronik	2 Samuel
Jeremijahu	2. Chronik	1 Könige
Jecheskiel	Esra	2 Könige
Die zwölf Propheten	Nehemia	1 Chronik
Hoschea	Esther	2 Chronik
Joel	DIE LEHRBÜCHER	Esra
Amos	Hiob	Nehemia
Owadja	Psalter	Tobit

Jüdische Bibeltradition	Lutherische Bibeltradition *Bücher des Alten Testaments*	Katholische Bibeltradition *Bücher des Alten Testaments*
Jona	Sprüche Salomos	Judit
Micha	Prediger Salomo	Ester
Nahum	Hohelied Salomos	1 Makkabäer
Habakuk	DIE PROPHETISCHEN	2 Makkabäer
Zefanja	BÜCHER	DIE BÜCHER DER
Haggai	Jesaja	LEHRWEISHEIT
Sacharja	Jeremia	Ijob
Maleachi	Hesekiel	Psalmen
DIE HAGIOGRAFEN	Daniel	Sprichwörter
Tehilim (Psalmen)	Hosea	Kohelet
Mischelej (Sprich-	Joel	Hohelied
wörter)	Amos	Weisheit
Ijob (Hiob)	Obadia	Jesus Sirach
Schir Ha-Schirim	Jona	DIE BÜCHER DER
(Hoheslied)	Micha	PROPHETEN
Ruth	Nahum	Jesaja
Ejcha (Klagelieder)	Habakuk	Jeremia
Kohelet (Prediger)	Zephania	Klagelieder
Esther	Haggai	Baruch
Daniel	Sacharja	Ezechiel
Esra	Maleachi	Daniel
Nehemia		Hosea
1 Diwre Ha-Jamim		Joel
(1 Chronik)		Amos
2 Diwre Ha-Jamim		Obadja
(2 Chronik)		Jona
		Micha
		Nahum
		Habakuk
		Zefanja
		Haggai
		Sacharja
		Maleachi

5. Die Toralesung

All diejenigen, die aktiv am jüdischen Leben teilnehmen, werden ständig mit der Hebräischen Bibel konfrontiert. Im Mittelpunkt des Schabbatmorgengottesdienstes steht als Höhepunkt der gesamten wöchentlichen Liturgie die Lesung aus den fünf Büchern Mose, die im Laufe eines jüdischen Jahres, in Wochenabschnitte eingeteilt, einmal durchgelesen werden. Und darüber hinaus sollen keine drei Tage vergehen, ohne dass ein Abschnitt aus der Tora vorgetragen wird.

Jeder Schabbat hat einen Namen, meist nach den Anfangsworten dieser Abschnitte. Im Lesungsgottesdienst, der außer am Schabbat und an Feiertagen auch montags und donnerstags stattfindet, werden Schriftrollen aus Pergament verwendet, die nach festgelegten, jahrtausendealten Regeln von Spezialisten in bester Kalligrafie, nach einem strengen Schriftmuster und ohne jede Verzierung handschriftlich kopiert werden und die in reich verzierten Hüllen oder Kästen, die oft mit reichem Silberschmuck dekoriert sind, auf einer Stirnseite der Synagoge aufbewahrt und in einem liturgisch genau festgelegten Zeremoniell »ausgehoben« werden.

Zur Schriftlesung werden wochentags drei, zum Monatsbeginn (Neumond) vier, an Feiertagen fünf, an Jom Kippur sechs und am Schabbat sieben im Sinne des Religionsgesetzes mündige Personen – in orthodoxen Gemeinden ausschließlich Männer – zur Tora aufgerufen, um den Toravortrag durch einen von der Gemeinde beauftragten *ba'al koreh* (Vorleser) durch Segenssprüche ein- und auszuleiten sowie inhaltlich zu überwachen oder bei entsprechendem Können selbst die Lesung vorzunehmen. Es bedeutet eine große Ehre, zur Schriftlesung aufgerufen zu werden. An Feiertagen führt das zuweilen dazu, dass hohe Geldbeträge für wohltätige Zwecke gespendet werden, um in den Genuss einer solchen Ehre zu gelangen. In vielen Gemeinden ist es heute allerdings verpönt, sich den Aufruf zur Toralesung zu »erkaufen«.

Der Aufruf zur Toralesung wird *alija* genannt (»Aufstieg« oder »Aufruf«).

Die Tora ist in 54 Abschnitte *(paraschot)* eingeteilt, die im Laufe des jüdischen Jahres vollständig gelesen werden. Dieser einjährige Lesezyklus entspricht der babylonischen Tradition. Aus dem Babylonischen Talmud geht

Toralesung in der liberalen Berliner Synagogengemeinde Sukkat Schalom.

hervor, dass seinerzeit im Land Israel ein dreijähriger Lesezyklus üblich war, bei dem am Schabbat ein Drittel des jeweiligen Wochenabschnitts vorgetragen wurde. Dieser dreijährige Zyklus wurde im Laufe der Jahrhunderte verdrängt, im Zuge der jüdischen Reformbewegung aber Mitte des 19. Jahrhunderts wieder eingeführt und ist heute in liberalen Gemeinden üblich. Verbunden mit der Lesung aus den fünf Büchern Mose, also aus den Torarollen, ist für jeden Schabbat ein dem Abschnitt aus den fünf Büchern Mose von alters her zugeordneter kürzerer Abschnitt aus einzelnen Prophetenbüchern, der immer in einem inhaltlichen Bezug zum jeweiligen Tora-Abschnitt steht. Der hebräische Begriff dafür lautet *haftara*. Zu dieser Lesung wird in der Regel eine achte Person aufgerufen und dadurch ausgezeichnet.

Für die Schriftlesung gibt es (wie bereits erwähnt) ein System unterschiedlicher Tonstufen, ein sogenanntes Kantillationssystem. Für den Sprechgesang mit erhobener Stimme bei der Toralesung werden verbindliche Tonzeichen *(ta'amim)* benutzt, die gewissermaßen Vorläufer eines Notensystems sind; diese Tonzeichen, die die Tonhöhen und -folgen angeben und so die Struktur des Textes akzentuieren, sind allerdings nicht in den handschriftlichen Rollen eingetragen, sondern lediglich in gedruckten Büchern, die zur Vorbereitung der Schriftlesung dienen oder die den Gemeindemitgliedern helfen, der Toralesung zu folgen. Die Art und Weise, wie der Text vorgetragen wird, ist bereits eine erste Interpretation; deshalb legen jüdische Gemeinden größtes Gewicht darauf, einen wirklich Sachkundigen, einen »Vorleser« *(ba'al koreh)*, zu haben. Hingegen können die Lesungen aus den Prophetenbüchern in aller Regel von allen Gemeindemitgliedern direkt aus gedruckten und mit dem Kantillationssystem versehenen Büchern vorgetragen werden. Der Vortrag erfolgt in hebräischer Sprache, wobei in orthodoxen und konservativen Gemeinden davon ausgegangen wird, dass hebräisch vorgetragene Gebete auch von denjenigen erfolgreich dargebracht werden, welche diese Sprache nicht verstehen, und dass die Schriftlesung in hebräischer Sprache die Grundlage aller Schriftinterpretation ist.

Die Gemeinde verfolgt die Schriftlesung in gedruckten Büchern (die neben den Tonzeichen oder Akzenten für die Kantillation oft hebräische Kommentare und Übersetzungen beinhalten), und zwar oft so, dass sie sich in gebührendem Abstand – aber doch möglichst nah – um das Vorlesepult herumgruppiert. Die der Schriftlesung Kundigen begleiten die Lesung gegebenenfalls durch Zurufe bei Vorlesungsfehlern oder anerkennende Beifallskundgebungen (etwa vergleichbar mit den Fans eines Fußballclubs, die in größter Sachkunde die Bewegungen ihres Teams verfolgen und kommentieren). Da in der orthodoxen Synagoge die Frauen entweder auf der Empore oder hinter einer Sichtblende abgetrennt sitzen, bleibt es in der Regel dabei, dass das Privileg, die Schriftlesung ganz aus der Nähe verfolgen zu können, den Männern vorbehalten ist.

Auch zu den jüdischen Feiertagen gibt es ein festgelegtes Programm, also den jeweiligen Festen zugeordnete Texte aus den fünf Büchern Mose und den Propheten. Hier werden verschiedene Textstellen vorgetragen. Müssten sie aus einer Rolle gelesen werden, so wäre diese nach dem Vortrag noch während des Gottesdienstes auf diejenige Position zu rollen, wo sich dann die zweite Textstelle befindet. Dies ist anders als bei einem gebundenen Buch zeitraubend. Deshalb wird dann aus dem an der Stirnseite der Synagoge angebrachten Toraschrein mehr als eine Torarolle »ausgehoben«.

Es gibt zuweilen auch Schabbatot, die mit Feiertagen zusammenfallen, was dann ebenfalls zur Erhöhung der Zahl der zu benutzenden Torarollen führt. Zu dem Zeremoniell des »Aus- und Einhebens« der Torarolle gehört, dass die Rolle vom Vorbeter in einer Prozession durch die Synagoge getragen wird, wobei die Gemeindemitglieder sich beim Eintreffen auf ihrer Höhe verneigen und versuchen, soweit ihnen dies durch ihren Standort möglich ist, die Rolle mit den Quasten des (von den Männern in allen Lesungsgottesdiensten getragenen) Gebetschals (*tallit*) zu berühren und diese dann nach der Berührung zu küssen. Auch ist es üblich, denjenigen, die nach einem Aufruf zur Überwachung der Schriftlesung zu ihrem Sitzplatz zurückkehren, anerkennend die Hand zu schütteln, um damit in direkte Berührung mit demjenigen zu kommen, der beim Aufsagen seines Segensspruches die Schriftrolle an den beiden Handgriffen angefasst hat. Vor dem Aufsagen dieses Segensspruches wickelt der zur Tora Aufgerufene die Quasten seines Gebetschals um seinen Zeigefinger und berührt damit die Stelle, an der die Schriftlesung fortgeführt wird. In liberalen Synagogen gilt all dies auch für Frauen. In vielen Gemeinden ist es ebenfalls üblich, nach dem überwachten Abschnitt der Schriftlesung ein spezielles Gebet für den Aufgerufenen und all die, die er genannt haben will, zu sagen, wobei hier der Vorbeter mit einer Hand die Schriftrolle und mit der anderen die Person berührt, die die Schriftlesung gerade überwacht hat.

Der Torarolle kommt also eine nahezu heilige Position zu, durch die sie bereits durch Begegnung (bei der Prozession) beziehungsweise durch Berühren eine positive Wirkung hat. In der jüdischen Reformbewegung wird diese Art der Verehrung allerdings gelegentlich als Idolatrie, als eine Art Bilderkult, abgelehnt. An hohen Feiertagen wird bei wichtigen Gebeten der Toraschrein geöffnet, um so durch die Ausstrahlung der Rollen den Gebeten ein höheres Gewicht zu geben, ja durch die Hinwendung nach Jerusalem (deshalb sind Synagogen und Kirchen hierzulande geostet) auf der Skala der Heiligkeit, die auf dem Tempelberg in Jerusalem am höchsten und von dort aus abnehmend ist, selbst möglichst ein Stück höher zu gelangen. Sehr beliebt ist das Spenden einer Torarolle – ein Exemplar kostet etwa ein Jahr Entstehungszeit und ca. 20.000 Euro und mehr. Ebenfalls gerne gespendet werden Toramäntel, in die die Rollen eingehüllt sind.

Die inhaltliche Auseinandersetzung mit der Hebräischen Bibel ist so alt wie der Text selber. In der orthodoxen Tradition heißt Lesen immer lautes Lesen oder Vorlesen. Deshalb wird an einer Talmudschule *(jeschiwa)* das Bibelstudium mindestens immer von zwei Studenten vorgenommen, die sich die Texte meist mit den Kantillationsakzenten gegenseitig vorsingen. In der jüdischen Überlieferung gibt es im Kontext des Talmuds die erzählende Literatur *(midrasch)*, die mithilfe von Beispielen und Vergleichen den Text punktuell erschließt.

Die Wochenabschnitte der Tora und die Prophetenlesungen

Schabbat	Toraabschnitt	Prophetenlesung
Bereschit	Gen 1,1–6,8	Jes 42,5–43,10
Noach	Gen 6,9–11,32	Jes 54,1–55,5
Lech Lecha	Gen 12,1–17,27	Jes 40,27–41,16
Wajera	Gen 18,1–22,24	2 Kön 4,1–37
Chaje Sara	Gen 23,1–25,18	1 Kön 1,1–31
Toldot	Gen 25,19–28,9	Mal 1,1–2,7
Wajeze	Gen 28,10–32,3	Hos 12,13–14
Wajischlach	Gen 32,4–36,43	Hos 11,7–12,12
Wajeschew	Gen 37,1–40,23	Am 2,6–3,8
Mikez	Gen 41,1–44,17	1 Kön 3,15–4,1
Wajigasch	Gen 44,18–47,27	Ez 37,15–28

Wajechi	Gen 47,28–50,26	1 Kön 2,1–12
Schemot	Ex 1,1–6,1	Jes 27,6–28,13
Wa'era	Ex 6,2–9,35	Ez 28,25–29,21
Bo	Ex 10,1–13,16	Jer 46,13–28
Beschalach	Ex 13,17–17,16	Ri 4,4–5,31
Jitro	Ex 18,1–20,23	Jes 6,1–7,6
Mischpatim	Ex 21,1–24,18	Jer 34,8–22; 33,25–26
Teruma	Ex 25,1–27,19	1 Kön 5,26–6,13
Tezawe	Ex 27,20–30,10	Ez 43,10–27
Ki Tissa	Ex 30,11–34,35	1 Kön 18,1–39
Wajakhel	Ex 35,1–38,20	1 Kön 7,40–50
Pekude	Ex 38,2 1–40,38	1 Kön 7,51–8,21
Wajikra	Lev 1,1–5,26	Jer 43,21–44,23
Zaw	Lev 6,1–8,36	Jer 7,21–8,3; 9,22–23
Schemini	Lev 9,1–11,47	2 Sam 6,1–7,17
Tasria	Lev 12,1–13,59	2 Kön 5,1–19
Mezora	Lev 14,1–15,33	2 Kön 7,3–20
Achare Mot	Lev 16,1–18,30	Ez 22,1–16
Kedoschim	Lev 19,1–20,27	Am 9,7–15
Emor	Lev 2 1,1–24,23	Ez 44,15–31
Behar	Lev 25,1–26,2	Jer 32,6–27
Bechukotaj	Lev 26,3–27,34	Jer 16,19–17,14
Bemidbar	Num 1,1–4,20	Hos 2,1–22
Nasso	Num 4,2 1–7,89	Ri 13,2–25
Beha'alotcha	Num 8,1–12,16	Sach 2,14–4,7
Schelach Lecha	Num 13,1–15,41	Jos 2,1–24
Korach	Num 16,1–18,32	1 Sam 11,14–12,22
Chukat	Num 19,1–22,1	Ri 11,1–33
Balak	Num 22,2–25,9	Mi 5,6–6,8
Pinchas	Num 25,10–30,1	1 Kön 18,46–19,21

Matot	Num 30,2–32,42	Jer 1,1–2,3
Masse	Num 33,1–36,13	Jer 2,4–28; 3,4
Dewarim	Dtn 1,1–3,22	Jes 1,1–27
Waetchanan	Dtn 3,23–7,11	Jes 40,1–26
Ekew	Dtn 7,12–11,25	Jes 49,14–51,3
Re'eh	Dtn 11,26–16,17	Jes 54,11–55,5
Schoftim	Dtn 16,18–21,9	Jes 51,12–52,12
Ki Teze	Dtn 21,10–25,19	Jes 54,1–10
Ki Tawo	Dtn 26,1–29,8	Jes 60,1–22
Nizawim	Dtn 29,9–30,20	Jes 61,10–63,9
Wajelech	Dtn 31,1–30	Jes 55,6–13; 56,1–8
Ha'asinu	Dtn 32,1–52	2 Sam 22,1–51
Wesot Habracha	Dtn 33,1–34,12	Jos 1,1–18

In dieser Übersicht sind die Wochenabschnitte und Prophetenlesungen gemäß der aschkenasischen Tradition aufgeführt. In der sefardischen Tradition und in liberalen jüdischen Gemeinden gibt es bei den Prophetenlesungen eine Reihe von Abweichungen. Die ausgeschriebenen hebräischen Namen der Prophetenbücher finden sich in der Tabelle im Abschnitt 1.3.4 wieder.

Toraauslegung: Der vierfache Wortsinn

Die älteste zusammenhängende Interpretation der Tora ist wahrscheinlich der Targum Onkelos, eine Übersetzung ins Aramäische, die im 2. Jahrhundert u. Z. angefertigt wurde und noch heute in allen Rabbinerbibeln abgedruckt wird.

Grundlage aller traditionellen Bibelinterpretationen ist, dass die Tora mit ihren 304.805 Buchstaben keinen Fehler in der Überlieferung enthält. Auch dort, wo Widersprüche, Wiederholungen, Namensabweichungen oder scheinbare grammatikalische

Fehler auftreten, werden diese durch Interpretation aufgehoben. Auch gibt es in den fünf Büchern Mose keine historische Dimension im Sinne eines früher oder später. Grundmuster der traditionellen Interpretationstechnik ist das sogenannte *pardes:*

- Pa für »pschat«, gemeiner Wortsinn;
- R für »remes«, Interpretation durch die Zahlenwerte der Wörter;
- De für »drasch«, erzählende Interpretation;
- S für »sod«, Geheimnis.

Zur Erläuterung: Jeder Buchstabe des hebräischen Alphabets hat auch einen Zahlenwert. Bei der Interpretation des Namens »Abraham« über seinen Zahlenwert ergibt sich, dass er dem Zahlenwert aller Körperteile des Menschen nach der biblischen Überlieferung entspricht. *Sod* (Geheimnis) heißt, dass sich aus den Anfangs- und Schlussbuchstaben der Worte eines Verses neue Wortkombinationen ergeben. Ein Beispiel: Dtn 6,4 (»Höre Jisrael, der Ewige, unser Gott, der Ewige ist einig.«). Das Wort »höre« (hebräisch *schma*) endet mit dem hebräischen Buchstaben Ajin, und das letzte Wort dieses Bibelverses endet mit dem hebräischen Wort »einzig« *(echad),* dessen letzter Buchstabe ein Daled ist. Nun zieht die mystische Interpretation diese beiden Buchstaben zum hebräischen Wort *ed* zusammen, das mit »Zeuge« übersetzt werden könnte. Daraus schließt die Interpretation: Wer diesen Satz spricht, bezeugt die Einzigkeit Gottes.

Wie schon erwähnt, ergibt sich aus den Anfangsbuchstaben der vier Auslegungsweisen das hebräische Wort *pardes.* Es bedeutet »Paradies« – ein Hinweis darauf, wohin die Erkenntnis und die Befolgung der Tora führen mag.

Torakommentare

Über die Jahrtausende ist eine nahezu unübersehbare Auslegung zur Hebräischen Bibel entstanden. Der wohl bedeutendste Kommentar stammt von Raschi (Akronym für Rabbi Schlomo ben

Jizchak, der im 11. Jahrhundert in Troyes lebte und kurzzeitig auch in Worms wirkte). Raschi (1040–1105) kommentierte die gesamte Bibel und hatte den Anspruch, nach Möglichkeit seine Interpretation so anzulegen, dass er mit seinen Kommentaren etwa entstehende Widersprüche zwischen einzelnen Textstellen aufzuheben versuchte. Er bevorzugte den gemeinen Wortsinn *(pschat)*, verwendete keine Zahlenhinweise *(remes)*, erwähnte nur gelegentlich erzählende Interpretationen *(drascha)* und an ganz wenigen Stellen den *sod*, die mystischen Interpretationen. Sein Kommentar wird noch heute in allen gängigen kommentierten Bibeleditionen gedruckt und gilt als Standardwerk der jüdischen Exegese.

Raschi interpretiert zum Beispiel die berühmt-berüchtigte Textstelle »Auge um Auge« (Ex 21,24) folgendermaßen: Hat jemand das Auge eines anderen zerstört, so soll er ihm den Wert seines Auges erstatten. Der Wert ist auf dem Markt zu ermitteln, indem man feststellt, um wie viel ein Sklave im Preis verliert, wenn er nur ein Auge hat. So soll man in allen diesen Fällen verfahren, aber »nicht, dass man ihm wörtlich das Glied nimmt«.

Für das 21. Jahrhundert sind zwei in nahezu jedem jüdischen Haushalt vorhandene Kommentare zu den fünf Büchern Mose und zu den den Schabbatot zugeordneten Prophetenabschnitten zu nennen: zum einen der vom Oberrabbiner Großbritanniens, Joseph Herman Hertz (1872–1946), zusammengestellte Kommentar und zum anderen der von Rabbiner W. Gunther Plaut, der inzwischen auch auf Deutsch und Russisch vorliegt. Das Besondere an diesen beiden Ausgaben ist, dass sie zumindest teilweise auf die wissenschaftliche Bibelkritik des 19. und 20. Jahrhunderts eingehen und durch die Kommentare in den Landessprachen, also auf Englisch oder Deutsch, auch für diejenigen nachvollziehbar sind, die des Hebräischen nur wenig kundig sind. Hertz bemerkt in seinem Vorwort: »Jüdische und nichtjüdische Kommentatoren – des Altertums, des Mittelalters und der Neuzeit – habe ich weitgehend herangezogen. ›Nimm das Wahre an, aus welcher Quelle es auch stammen mag‹ lautet eine richtige rabbinische Lehre; zu der ich hinzufügen möchte: ›Nimm auch das Schöne an, aus welcher Quelle es auch kommen mag‹ – selbst wenn es aus den Werken eines frommen christlichen Kommentators oder eines radikalen jüdischen oder nichtjüdischen Gelehrten stammen sollte.« Bemerkenswert sind auch die Kommentare von Rabbiner Benno Jacob zu den Büchern Genesis und Exodus.

»Dies ist die Lehre …«

Am Ende des Lesungsgottesdienstes wird die Tora von einem Beter emporgehalten (die hebräische Bezeichnung dafür ist *hagba'a*), und die Gemeinde ruft aus: »Dies ist die Lehre, die Mose den Israeliten auf Befehl des Ewigen vorgelegt hat.« In der jüdischen Tradition der Schriftauslegung wird darauf hingewiesen, dass im Bibeltext über das die Offenbarung erwartende Volk gesagt wird: »Es stand« am Fuß des Berges Sinai. Nach der hebräischen Grammatik müsste es aber heißen: »Sie standen«. Die wissenschaftliche Bibelkritik hält dies für einen Abschreibfehler. Die gängige traditionelle Bibelinterpretation hingegen führt aus, dass der Singular deshalb angewendet wurde, weil das Volk vollständig eines Sinnes war und deshalb alle die Offenbarung wie ein einziger Mensch empfangen hätten. Der Schriftlesung in der Synagoge kommt also größte Bedeutung dafür zu, dass die Bibel im gelebten Judentum im wahrsten Sinn des Wortes ein Volksbuch und auch am Anfang des 21. Jahrhunderts das wohl meistgelesene und meistzitierte Werk der gesamten jüdischen Überlieferung ist. Die Hebräische Bibel, ihre Lesung und Interpretation sind das Rückgrat des gelebten jüdischen Lebens. Im liberalen Verständnis gilt freilich, dass der Tora mit all ihren Geboten und Verboten in unserem Leben eine wichtige Stimme zukommt, dass sie dabei aber kein Veto hat.

1.4 Halacha und Talmud: Gebot und Auslegung

Ben Bag Bag sagte: Wende und wühle in ihr, denn in ihr [der Tora] ist
alles; schaue in sie und und werde in ihr alt und verbraucht, und weiche
nicht von ihr, denn es gibt nichts Besseres als sie.
MAw 5,25

Nach der Epoche seiner biblischen Grundlegung ist die Zeit zwischen der Zerstörung des Zweiten Tempels (70 u.Z.) und dem Beginn des 3. Jahrhunderts für die Entwicklung des Jüdischen Rechts besonders bedeutsam. Der Komplex derjenigen Werke, die damals als Verschriftlichung mündlicher Überlieferungen, Gesetze und Sitten entstanden sind, wird auch als die »mündliche Tora« bezeichnet. Das tradierte Recht wurde in dieser Periode in einer neuen Weise geordnet und systematisiert, und dadurch bildete sich ein neuartiges Jüdisches Recht heraus, das seitdem als »Halacha« bezeichnet wird. Das Wort *halacha* ist eine Ableitung von dem hebräischen Verb *halach* (»gehen«). Dass es zu einer Bezeichnung für die Gesamtheit des Jüdischen Rechts geworden ist, gründet sich auf die metaphorische Deutung von Ex 18,20: »[...] und erläutere ihnen die Satzungen und Lehren, sodass du ihnen verkündest den Weg, den sie gehen, und die Tat, die sie tun sollen.« Die Halacha ist demnach »der zu gehende Weg«. Das Wort *halacha* (Pl. *halachot*) kann dann in der Folge, abhängig vom Kontext, ebenso das gesamte Jüdische Recht bezeichnen wie auch eine spezifische Vorschrift, ein auf eine bestimmte Sache bezogenes Gesetz.

Als Gesamtheit des jüdischen Normensystems umfasst die Halacha Rechtsfragen des Lebens in all seinen Erscheinungen, zum Beispiel das jüdische Eherecht. Bei der praktischen Anwen-

Die erste Seite des Talmud-Traktats Rosch Ha-Schana mit dem eigentlichen Talmudtext in der Mitte und einem Raschi-Kommentar sowie Tosafot darum herum.

dung des Jüdischen Rechts spielen zwei Faktoren eine besondere Rolle: zum einen die unterschiedlichen Auffassungen, die in den verschiedenen Strömungen innerhalb des Judentums über die Prinzipien der Rechtsanwendung bestehen, und zum anderen sein Verhältnis zum »Gesetz des Landes«, also zu dem jeweils geltenden Recht des Staates, in dem es praktiziert wird; seit dem Babylonischen Exil regelte das Prinzip »Das Gesetz des Königs ist Gesetz« (aram. »Dina de-malchuta dina«) die Rechtsbeziehungen der jüdischen Gemeinschaft zur jeweiligen Staatsmacht.

Das Jüdische Recht ruht als Ganzes auf einem biblischen Fundament. Seine erste und wichtigste schriftliche Quelle ist daher die Hebräische Bibel und in ihr insbesondere die Tora (auch Pentateuch, *chumasch* oder fünf Bücher Mose genannt). Die traditionelle jüdische Auffassung zählt in den fünf Büchern der Tora insgesamt 613 Rechtsvorschriften, sogenannte Mizwot; sie bilden die Basis aller späteren jüdischen Rechtskodifikationen und des jüdischen Rechtssystems überhaupt. Die ersten Texte, in denen eine Tora des Mose erwähnt wird (2 Kön 14,6, 2 Chr 25,4), beziehen sich auf König Amazja, der im frühen 8. Jahrhundert lebte. Es ist jedoch nicht sicher, ob das Gesetzbuch, an dem dieser König von Juda nach dem (wesentlich später niedergeschriebenen) biblischen Bericht sein Handeln ausrichtet, tatsächlich schon mit der Tora in ihrer späteren kanonischen Gestalt identisch ist. Spätestens in der ersten Zeit nach dem Babylonischen Exil, also in der Zeit Esras (5. Jahrhundert v. u. Z.), der als Priester und Schriftkundiger in der Tora des Mose geschildert wird, erscheint die Tora jedoch deutlich als niedergeschriebener Rechtskodex, der von Priestern ausgelegt und angewendet wird: »So lasen sie im Buche, in der Lehre Gottes, deutlich, mit Angabe des Sinnes, dass sie in das Gelesene Einsicht gewannen« (Neh 8,8). Man geht davon aus, dass die damals als »Tora des Mose« oder »Tora Gottes« bezeichneten Bücher mehr oder weniger mit dem Pentateuch in seiner heutigen Gestalt übereinstimmen.

Die Tora enthält nicht nur einzelne Gebote, sondern darüber hinaus verschiedene Sammlungen von Rechtsvorschriften. Beispiele dafür sind das sogenannte Bundesbuch (Ex 20,23–23,19), das sogenannte Heiligkeitsgesetz (Lev 17–26) oder die Zehn Gebote. Das Bundesbuch enthält kultische, ethische und rechtliche Regelungen; in Ex 21,1–22,16 stehen dabei (ähnlich wie beispielsweise in Dtn 15,12–18; 19,11–13; 21,1–25,13) Vorschriften im Vordergrund, die das Verhältnis zwischen einzelnen Individuen regeln. Die in Lev 17–26 gesammelten Gesetze lassen sich überwiegend, aber nicht ausschließlich dem sakralen Recht zuordnen. Die Zehn Gebote, die in zwei Erzählungen (Ex 20,1–17 und Dtn 5,6–21) erscheinen, sind moralische Forderungen an das Individuum und können nicht als »Gesetze« im eigentlichen Sinne bezeichnet werden, da sie keine Sanktionen bei Nichteinhaltung des Gebots vorsehen.

Die nächste autoritative literarische Quelle des Jüdischen Rechts sind die Propheten *(Newi'im)* und Hagiografen *(Ketuwim)*, auch wenn sie im Vergleich zur Tora nur wenige juristisch relevante Abschnitte enthalten. Dabei kann es um so unterschiedliche Dinge gehen wie das Erwerbsrecht (Ruth 4; Jer 32), das Königtum (1 Sam 8; 1 Kön 21), Fragen der Bürgschaft (Spr 6,1–5) oder die (individuelle bzw. kollektive) Haftung bei Rechtsverstößen (2 Kön 14,6).

Zum Kanon des »Volkes des Buches« zählt aber nicht nur die Hebräische Bibel. Auslegungen, Anwendungen und Weiterführungen der Tora sind im Talmud enthalten, der mit gut 10.000 Seiten in zwölf Bänden in der deutschen Übersetzung von Goldschmidt weitaus umfangreicher ist als die eigentliche Bibel. Der Talmud *(talmud* bedeutet »Studium«, »Belehrung«, »Lehre«) ist der umfassendste Religionskodex des Judentums. Er entstand infolge der Diskussionen der rabbinischen Gelehrten über die Mischna in den babylonischen Akademien, die zwischen 250 und 500 u. Z. zweimal jährlich in den Monaten vor Pessach und vor Rosch Ha-Schana in Susa und Pumbedita stattfanden. Die Mischna (wörtlich »Wiederholen«, »Einprägen«) wiederum ist das Hauptwerk der jüdischen mündlichen Lehre, die die schriftliche Lehre *(tora)* begleitet und ergänzt.

In der Epoche zwischen der Zerstörung des Zweiten Tempels (70 u. Z.) und dem Abschluss des Talmud (ca. 600 u. Z.) entstehen dann die klassischen Quellen des Jüdischen Rechts, von denen – bis zum heutigen Tage – das Studium desselben und jegliche praktische Rechtsfindung ausgeht: die Mischna, die Tosefta und die beiden Talmude, der Palästinische (oder Jerusalemer) und der Babylonische Talmud, sowie die halachischen Midraschim. Das Wort *midrasch* leitet sich von dem hebräischen Verb *darasch* her, das »suchen« und »fragen« bedeutet. Mit diesem Wort wird beispielsweise das Handeln Esras beschrieben: »Denn Esra hatte sein Herz darauf gerichtet, die Lehre des Ewigen zu erforschen und zu vollführen und zu lehren in Jisrael Gesetz und Recht« (Esr 7,10). Bereits in der Bibel wurde also eine Verbindung zwischen der Auslegung des biblischen Wortes und der Rechtsfindung hergestellt. *Midrasch* (Pl. *midraschim*) heißt demnach in erster Linie »Forschung, Studium«, aber auch »Auslegung« und »Lehre«. Der Begriff bezeichnet im engeren Sinne die Auslegung von Büchern der Hebräischen Bibel ganz allgemein und dann auch die verschiedenen Sammlungen dieser Interpretationen, die im Wesentlichen zwischen 70 und 300 u. Z. in Palästina entstanden sind. Als »halachische Midraschim« wird wiederum eine Untergruppe der Midraschim bezeichnet, nämlich diejenigen, die sich auf Texte aus der Tora beziehen, und zwar vornehmlich auf die Bücher Exodus, Levitikus, Numeri und Deuteronomium.

1. Die Mischna: Sammlung der mündlichen Lehre

Die Mischna ist eine Sammlung von Gesetzen beziehungsweise ein Gesetzeskodex in hebräischer Sprache, der um 200 u. Z. kompiliert worden ist. Das Wort *mischna* stammt von dem hebräischen Verb *schanah* ab, das »wiederholen, lernen« (aram. *matnita*) bedeutet. Was aber bedeutet »mündliche Lehre«? Nach jüdischer Auffassung empfing Mose im Offenbarungsgeschehen am Sinai von Gott nicht allein die Tora, also die »schriftliche Lehre«, sondern auch die »mündliche Lehre« zu ihrer Auslegung. Sie ist gleichsam der Schlüssel, der den Zugang zum vollen Verständnis der schriftlichen Lehre öffnet. Diese »mündliche Tora« wurde zunächst über viele Generationen hinweg in den Lehrhäusern mündlich tradiert – ganz im Sinne der Vorschrift, der schriftlichen Tora nichts abzuziehen und nichts hinzuzufügen.

Die einzelnen *halachot* wurden zunächst für lange Zeit mündlich tradiert. Der gewachsene religionsgesetzliche Stoff, der in

Form von Lehrsätzen *(mischnajot)* allein im Gedächtnis der Gelehrten bewahrt wurde, wurde später in den Akademien gesammelt und konnte schließlich doch verschriftlicht werden. Die Mischna ist somit ein enzyklopädisches Gesetzeswerk, in dem sämtliche Fragen der jüdischen Religion und des jüdischen Alltags unter den neuen historischen Gegebenheiten systematisch erörtert werden. Sie gewährleistete somit die Bewahrung religiöser Traditionen, dokumentiert aber auch grundlegende Veränderungen in der Zeit nach der Zerstörung des Tempels. Die Mischna entspricht dabei aber nicht modernen Vorstellungen von einem Gesetzeskodex, sondern bildet die damaligen religionsgesetzlichen Diskussionen an Akademien und Gerichten in ihrer ganzen Vielfalt, ja Widersprüchlichkeit ab. Man nimmt an, das die Klassifizierung der *halachot* und die Anordnung derselben nach einer thematischen Abfolge bereits vor der Zerstörung des Zweiten Tempels im Wesentlichen abgeschlossen war. Die endgültige Ausgestaltung der Mischna wird traditionell Jehuda ha-Nasi (ca. 135 – ca. 220 u. Z.) als Redaktor zugeschrieben. Nach ihrem Abschluss wurde die Mischna zum zentralen Bezugspunkt für die jüdische Rechtsfindungspraxis. Es war fortan nicht mehr möglich, ein Gesetz anzuwenden, ohne die Mischna zu Rate zu ziehen.

Die Rabbinen der mischnaischen Zeit werden als Tannaiten bezeichnet (aram. *tanna'im,* »Lehrer«). Namentlich bekannt sind über 250 Gelehrte, die alle in Palästina wirkten, angefangen von den Schulen Hillels und Schammais bis hin zu Jehuda ha-Nasi, dem Redaktor der Mischna. Die Überlieferer und Kommentatoren der rabbinischen Lehrtraditionen Palästinas und Babyloniens seit Abschluss der Mischna werden Amoräer genannt (»die Sagenden«).

Die sechs Ordnungen der Mischna

Die Mischna besteht aus sechs »Ordnungen« *(sedarim),* von denen jede einzelne einen Bereich des Gesetzes repräsentiert. Die Ordnungen sind wiederum in 63 Traktate *(masechtot)* unterteilt, die Traktate in Kapitel *(perakim)*, die Kapitel in *mischnajot* (Pl. von *mischna*) – die kleinste Einheit in der Mischna. Das Wort *mischna* kann demnach sowohl den gesamten Kodex als auch einen einzelnen Paragrafen darin bezeichnen. Diese Struktur der Mischna bestimmte die Systematisierung des Jüdischen Rechts für die kommenden Jahrhunderte.

Um einen Eindruck davon zu vermitteln, wie detailliert die Vorschriften der Mischna sind, führen wir an dieser Stelle für die erste Ordnung (»Saaten«) beispielhaft auch alle Traktate auf. Dabei ist anzumerken, dass sich dieses landwirtschaftliche Recht ausschließlich auf den Anbau im Land Israel bezieht.

1. »Saaten« *(sera'im)*. Inhalt sind die vorgeschriebenen Segenssprüche; Landwirtschaft; Pflichtabgaben von Bodenerzeugnissen an Priester, Leviten und Arme; das Brachjahr des Ackers und die Schonzeit der Früchte.

   1.1. »Segenssprüche« *(brachot)*.

   1.2. »Ackerecke« *(pe'ah)*, Armenrecht.

   1.3. »Zweifelhaftes« *(dammai)*, zweifelhaft verzehnte Früchte.

   1.4. »Mischungen« *(kilajim)*, die unerlaubte Vermischung von verschiedenen Arten einer Gattung, insbesondere bei Pflanzen (Mischsaaten) und Tieren (Tierkreuzungen), sowie das Verbot von Mischgewebe.

   1.5. »Siebtes« *(schewi'it)*, das siebte Jahr, also das Schabbat- oder Schmittajahr als Brachjahr für den landwirtschaftlich genutzten Boden: Es ist unter anderem verboten, den Boden im siebten Jahr zu bebauen, und in diesem Ruhejahr muss auch auf die Ernte von Getreide und Früchten verzichtet werden. Nach sieben siebenjährigen Zyklen findet einmal ein Jobeljahr statt (vgl. auch Kapitel 2.7).

   1.6. »Abgaben« *(trumot)*, Abgaben an Priester *(kohanim)* und Leviten.

1.7. »Zehent« *(ma'aserot)*, Steuerabgaben an die Leviten ohne Land.

1.8. »Zweiter Zehent« *(ma'aser scheni)*, Abgabe des zweiten Zehnten.

1.9. »Teig« *(challot)*, Absonderung der Erstlingsgabe vom Brotteig.

1.10. »Unbeschnittenes« *(orla)*, Baumbeschneidung und Schonzeit für Baumfrüchte.

1.11. »Erstlinge« *(bikkurim)*, Darbringung der Erstlingsfrüchte zu Schawu'ot.

2. »Festtage« *(mo'ed)*. Inhalt sind die Vorschriften über den Schabbat sowie Fest- und Fasttage.

3. »Frauen« *(naschim)*. Inhalt sind rituelle Gesetze für Frauen sowie Ehe und Eherecht.

4. »Schäden« *(nesikin)*. Inhalt sind das Zivil- und Kriminalrecht; halachische und aggadische Sprüche der Väter; Traditionen.

5. »Heiliges« *(kodaschim)*. Inhalt sind kultische Anweisungen, vor allem zum Opfer- und zum Schächtgesetz.

6. »Reinigungen« *(toharot)*. Inhalt sind die Vorschriften über rein und unrein und über die rituelle Reinigung.

2. Die Tosefta

Das nächste wichtige Werk des Jüdischen Rechts ist die Tosefta, die etwa zur selben Zeit wie die Mischna entstanden ist und deren Endredaktion wahrscheinlich in das späte 3. und frühe 4. Jahrhundert fällt. Das Wort *tosefta* ist von dem Verb *jasaf* abgeleitet und bedeutet »Sammlung, Hinzufügung«. Die Tosefta ist ebenfalls eine Sammlung von Gesetzen. Sie stimmt in ihrer Gesamtstruktur zum größten Teil mit der Mischna überein, und auch der Text weicht mitunter nur wenig von dem der Mischna ab. Die Gesetze sind aber innerhalb eines Kapitels anders angeordnet. Es gibt ferner Rechtsvorschriften und Themen, die in der Mischna nicht oder in einer anderen Version vorkommen.

Als Redaktoren der Tosefta gelten Rabbi Chija und Rabbi Oschaja, zwei der bedeutendsten Schüler von Rabbi Jehuda ha-Nasi. Die Tosefta nennt manchmal Autoritäten als Urheber von Gesetzen, die von der Mischna anonym überliefert werden, oder sie schreibt die Gesetze anderen Rabbinen zu, als die Mischna dies tut, oder widerspricht der Mischna darin, welches die geltende, anzuwendende Halacha sei. Sie enthält darüber hinaus zusätzliches erzählendes (aggadisches) und auslegendes (midraschisches) Textmaterial.

Das prinzipielle Verhältnis von Mischna und Tosefta zueinander wird noch diskutiert. Die Frage, ob es sich um zwei Gesetzessammlungen verschiedener, miteinander konkurrierender Rechtsschulen handelt oder ob die Tosefta eine zeitgenössische Ergänzung und Vervollständigung der kurz zuvor abgeschlossenen, bereits zu autoritativem Status gelangten Mischna darstellt, ist noch nicht entschieden. Die Tosefta lässt sich in jedem Fall wie eine Hilfs- und Vergleichsliteratur zur Mischna lesen.

3. Gemara und Talmud

In den drei Jahrhunderten, die der Redaktion der Mischna folgen, entstanden zwei weitere zentrale Werke des Jüdischen Rechts, die den Grundstein für alle spätere halachische Literatur legten. Dieses sind der Palästinische oder Jerusalemer Talmud, der im Land Israel geschaffen und im 5. Jahrhundert abgeschlossen wurde, sowie der Babylonische Talmud, den die Rabbinen Babylons im 6. Jahrhundert vollendeten. Das Wort *talmud* meint »Lehre, Belehrung, Studium«. Beide Talmude haben die Interpretation der Mischna zum Ziel und entstanden durch einen langen Prozess des Lernens und Lehrens der früheren halachischen Schriften und insbesondere der Mischna. Während die Mischna eine thematisch gegliederte Sammlung knapp formulierter Regeln darstellt, enthalten die Talmude diskursive Kommentare und Analysen zu ihnen, die als Gemara (von aramäisch *gemar*, »lernen«, »vollenden«) bezeichnet werden. Gemara ist die engere Bezeichnung für den Talmud; anders als die eher sachliche Mischna ist die vielstimmige Gemara voller Gleichnisse und Geschichten: ein dialogisches, dialektisches und dynamisches Gefüge.

Für beide Talmude stellt die Mischna das gemeinsame Fundament dar. Der Palästinische und der Babylonische Talmud unterscheiden sich jedoch deutlich hinsichtlich ihrer Sprache und ihres literarischen Charakters sowie in Bezug auf das aufgenommene Quellenmaterial, die kommentierten Mischna-Traktate und den Umfang dieser Kommentare. Die Feststellung derjenigen Gestalt der Mischna, die dem Palästinischen Talmud zugrunde liegt, ist schwierig; denn seine ursprüngliche Fassung enthielt keinen Mischna-Text, sondern nur Zitate und Anspielungen innerhalb der Gemara selbst. Erst in späteren Handschriften wurde der zuvor durchlaufende Text entsprechend den Texteinheiten der Mischna aufgebrochen, und der Mischna-Text wurde jeweils kapitelweise vor den der Gemara gesetzt. Somit stellt der Mischna-Text des Palästinischen Talmuds, so wie er in Handschriften und Drucken überliefert ist, nicht jenen Text dar, den die Rabbinen zur Zeit der Entstehung des Palästinischen Talmuds diskutierten.

Die Lehrsätze der Mischna wurden in einem vielstimmigen Kommentar durch Generationen von Rabbinen stets neu diskutiert und aktualisiert. Aus dem kompakten (hebräischen) Text der Mischna wurde so ein hochgradig polyfoner (aramäischer) Text, aus dem kanonischen Religionsgesetz ein ausgesprochen dialogisches, dialektisches und dynamisches Gefüge von Erörterungen. Ein lebendiges Beispiel dafür ist die Geschichte von Rabbi Elieser, der die anderen Gelehrten von der Richtigkeit seiner Meinung zu überzeugen versucht und dazu sogar auf Wunder zurückgreift; doch seine Kontrahenten pochen auf das Prinzip der Mehrheitsentscheidung und lehnen ein Eingreifen Gottes bei ihrer Entscheidungsfindung schlichtweg ab.

Es wird gelehrt: An jenem Tage machte Rabbi Elieser alle Einwendungen der Welt, man nahm sie aber von ihm nicht an. Hierauf sprach er: Wenn die Halacha wie ich ist, so mag dies dieser Johannisbrotbaum beweisen! Da rückte der Johannisbrotbaum hundert Ellen von seinem Orte fort; manche sagen: vierhundert Ellen. Sie aber erwiderten: Man bringt keinen Beweis von einem Johannisbrotbaume. Hierauf sprach er: Wenn die Halacha wie ich ist, so mag dies dieser Wasserarm beweisen! Da trat der Wasserarm zurück. Sie aber erwiderten: Man bringt keinen Beweis von einem Wasserarme. Hierauf sprach er: Wenn die Halacha wie ich ist, so mögen dies die Wände des Lehrhauses beweisen! Da neigten sich die Wände des Lehrhauses [und drohten] einzustürzen. Da schrie Rabbi Jehoschua sie an und sprach zu ihnen: Wenn die Gelehrten einander in der Halacha bekämpfen, was geht dies euch an! Sie stürzten hierauf nicht ein, wegen der Ehre Rabbi Jehoschuas, und richteten sich auch nicht gerade auf, wegen der Ehre Rabbi Eliesers; sie stehen jetzt noch geneigt. Hierauf sprach er: Wenn die Halacha wie ich ist, so mögen sie dies aus dem Himmel beweisen! Da erscholl eine Hallstimme und sprach: Was habt ihr gegen Rabbi Elieser; die Halacha ist stets wie er. Da stand Rabbi Jehoschua (auf seine Füße) auf und sprach: Sie ist nicht im Himmel. – Was heißt: Sie ist nicht im Himmel? Rabbi Jirmeja erwiderte: Die Tora ist bereits vom Berge Sinai her verliehen worden. Wir achten nicht auf die Hallstimme, denn bereits hast du am Berge Sinai in die Tora geschrieben: nach der Mehrheit zu entscheiden. Rabbi Natan traf Elija und fragte ihn, was der Heilige, gepriesen sei er, in dieser Stunde tat. Dieser erwiderte: Er schmunzelte und sprach: Meine Kinder haben mich besiegt, meine Kinder haben mich besiegt.

bTBM 59b

Während der Mischna-Teil also in beiden Talmuden identisch ist, weichen die beiden Fassungen der Gemara in beträchtlichem Maße voneinander ab. Der Talmud ist teils auf Hebräisch, teils auf Aramäisch verfasst. Da der Talmud in sechs Ordnungen (auf Hebräisch: *schischa sedarim*) eingeteilt ist, wird er im religiösen Sprachgebrauch auch mit der Kurzform *schass* bezeichnet.

Der Palästinische Talmud (*Talmud Jeruschalmi*)

Der Palästinische Talmud umfasst die ersten vier Ordnungen der Mischna – »Saaten« (*sera'im*), »Feste« (*mo'ed*), »Frauen« (*naschim*) und »Schäden« (*nesikin*) – sowie Teile des Traktats »Unreinheit« (*nidda*) aus der Ordnung »Reinheiten« (*toharot*). Er kommentiert damit 39 von 63 Traktaten der Mischna. Die These, dass es ursprünglich zu allen sechs Ordnungen Gemara gegeben habe, wird durch Fragmente des Palästinischen Talmuds widerlegt, die in der Genisa von Kairo gefunden wurden. Die Ordnungen »Heiliges« (*kodaschim*) und »Reinheiten« (*toharot*) waren wohl nie im Palästinischen Talmud enthalten, obwohl sie auch studiert wurden, wie aus Textstellen im Palästinischen Talmud und auch aus Zitaten palästinischer Gelehrter im Babylonischen Talmud hervorgeht. Das Fehlen einiger Traktate aus den vorhandenen Ordnungen wird hingegen späterem Textverlust zugeschrieben.

Traditionell gilt Jochanan bar Nappacha (gest. 279 u. Z.), ein Schüler von Rabbi Jehuda ha-Nasi, als Verfasser des Palästinischen Talmuds. Aber bereits spätmittelalterliche Gelehrte haben bemerkt, dass diese Datierung auf Schwierigkeiten stößt. Im Palästinischen Talmud werden nämlich Rabbinen des 4. Jahrhunderts und Ereignisse aus derselben Epoche erwähnt. Heute nimmt man als Zeit der Endredaktion des Palästinischen Talmuds die erste Hälfte des 5. Jahrhunderts und Tiberias in Galiläa als deren Ort an. Bei dieser Redaktion handelt es sich um eine systematische Überarbeitung des Textes, die jedoch nicht einheitlich und zentral vonstattengegangen ist. Wie man sich diese Redaktionstätigkeit im Einzelnen vorzustellen hat, ist noch nicht abschließend geklärt.

Der Babylonische Talmud

Auch der Babylonische Talmud (Talmud Bawli) basiert auf der Mischna und kommentiert 36 und einen halben von den 63 Traktaten der Mischna. In den Ordnungen »Saaten« *(sera'im)* und »Reinheiten« *(toharot)* gibt es nur für die Traktate »Lobpreisungen« *(brachot,* im Folgenden zitiert als *Br)* und »Unreinheit« *(nidda)* Gemara; in den anderen Ordnungen fehlt diese wiederum nur zu einzelnen Traktaten. Die traditionelle Erklärung für das weitgehende Fehlen von Gemara zu den beiden genannten Ordnungen ist, dass deren Gesetze mit Ausnahme der beiden tatsächlich kommentierten Traktate in der Praxis ihre Bedeutung verloren hatten: Die landwirtschaftlichen Gesetze waren vorwiegend an das Land Israel gebunden, die Reinheitsvorschriften aufgrund des fehlenden Tempelkultes nicht mehr durchführbar.

Obwohl der Babylonische Talmud weniger Traktate der Mischna behandelt als der Palästinische, ist er mit 2900 Blatt Folio um vieles umfangreicher als dieser. Er integriert sehr viel mehr Material als der Palästinische Talmud und enthält neben vielen Midraschim, die in Palästina eine eigene Literaturgattung bilden, zahlreiche narrative Texte (der aramäische Sammelbegriff lautet *aggada*) wie Sagen und Legenden, Erzählungen über Rabbinen und historische Erinnerungen. Weiterhin beinhaltet der Babylonische Talmud Wissensstoff aus verschiedenen naturwissenschaftlichen Bereichen. Man kann also mit Günter Stemberger sagen, dass er »weniger ein thematisch geschlossenes Buch als vielmehr eine im Aufbau an [der] M[ischna] orientierte Nationalbibliothek des babylonischen Judentums«[1] ist.

---

[1] Günter Stemberger, *Der Talmud. Einführung, Texte, Erläuterungen*, München [9]2011, 213.

Die traditionelle Auffassung führt den Babylonischen Talmud auf Raw Aschi (352–427) zurück, der ihn niedergeschrieben und noch einmal selbst überarbeitet habe. Dieser Text sei dann einige Jahrzehnte später endgültig abgeschlossen worden, sodass der Babylonische Talmud ab 500 u. Z. »versiegelt« gewesen sei. Tatsächlich ist aber davon auszugehen, dass sich die Entstehung des Textkorpus über einen längeren Zeitraum erstreckt, also bereits erheblich früher begonnen hat. Der Babylonische Talmud schöpft aus einer Vielzahl von Quellen, die in unterschiedlichen Vorformen bereits zur Verfügung standen. Der so gewachsene Text wurde wahrscheinlich noch im 6. und 7. Jahrhundert erheblich überarbeitet und ergänzt: Nachdem man die Beteiligung der Rabbinen dieser Epoche (der sogenannten Saboräer) an der Entstehung des Babylonischen Talmud zunächst auf die »Feinarbeit literarischer Endredaktion« beschränkt hatte, geht man inzwischen davon aus, dass sie einen wesentlichen Anteil an dessen Bearbeitung haben. Mit dem frühen 8. Jahrhundert gilt dann die Redaktionsgeschichte des Talmud Bawli als endgültig abgeschlossen, nicht jedoch seine Textgeschichte. Obwohl der Babylonische im Vergleich zum Palästinischen Talmud im Laufe der Zeit zum maßgeblicheren der beiden Talmude wurde, galt er lange als ein »offenes« Buch, dessen Text korrigiert, erklärt und mit Einfügungen versehen werden konnte.

Bereits die Vorsteher der Akademien in Babylonien (die sogenannten Geonim) legten fest, dass Rechtsfälle nach dem Babylonischen Talmud zu entscheiden seien. Moses Maimonides unterstrich diesen Lehrsatz, indem er erklärte, dass es die Pflicht eines jeden Juden sei, dem Babylonischen Talmud zu folgen, da sich ganz Israel diesem unterworfen habe. Seit dieser Zeit wird versucht, Begründungen für rechtliche Regelungen am Babylonischen Talmud auszurichten. Der Talmud Bawli entwickelte sich so zu dem von den Gelehrten am intensivsten studierten gesetzlichen Referenzwerk des Jüdischen Rechts überhaupt, während der im Vergleich weniger ausführliche und schwerer verständliche Palästinische Talmud nicht die gleiche Bedeutung erlangte.

Hillel und Schammai

In Jerusalem stritten bald zwei Jahrhunderte lang die rivalisierenden Schulen von Schammai dem Älteren und Hillel dem Alten um die Deutungshoheit; im Talmud finden sich 316 dieser Debatten. Während Schammai ein konservativer, legalistischer Richter war, der sich eng an den Bibeltext hielt, war Hillel eine Art liberaler und pragmatischer Philosoph. Seine Schule (Bet Hillel) hat sich in fast allen strittigen Fällen durchgesetzt.

> *Rabbi Abba sagte im Namen Schmuels: Drei Jahre stritten die Schule Schammais und die Schule Hillels: Eine sagte, die Halacha sei nach ihr zu entscheiden, und eine sagte, die Halacha sei nach ihr zu entscheiden. Da ertönte eine Hallstimme und sprach: [Die Worte] der einen und der anderen sind Worte des lebendigen Gottes; jedoch ist die Halacha nach der Schule Hillels zu entscheiden. – Wenn aber [die Worte] der einen und der anderen Worte des lebendigen Gottes sind, weshalb war es der Schule Hillels beschieden, dass die Halacha nach ihr entschieden wurde? – Weil sie verträglich und bescheiden war und sowohl ihre eigene Ansicht als auch die der Schule Schammais studierte; noch mehr, sie setzte sogar die Worte der Schule Schammais vor ihre eigenen.*
>
> bTEr 13b

Hillel der Alte wirkte von 30 v. u. Z. bis zum Jahr 10 u. Z. und war während der Herrschaft Herodes' des Großen das Haupt des Sanhedrins, des Großen Rates. Er stammte aus Babylon und galt der Tradition nach als ein Nachfahre König Davids. Er kam als Vierzigjähriger nach Jerusalem, wo er in großer Armut das jüdische Religionsgesetz studierte und bald aufgrund seines überragenden Wissens zum Vorsitzenden des Sanhedrins gewählt wurde – ein Amt, das er bis zu seinem Tod innehatte. (Der Überlieferung nach wurde er ebenso wie Mose 120 Jahre alt.) Hillel gilt als der bedeutendste Gesetzeslehrer seiner Zeit; auf ihn werden die sieben hermeneutischen Regeln für die Textauslegung zurückgeführt, die der willkürlichen Deutung ein Ende machten. Hillel wurde im Gegensatz zu seinem strengeren Zeitgenossen Schammai zum Inbegriff für Milde und Geduld. Johann Gottfried Herder (1744–1803) sprach von »Hillels Geduld«, was dann zur sprichwörtlichen Himmelsgeduld verballhornt worden ist. Schammai (um 20 v. u. Z.) war Hillels Stellvertreter im Sanhedrin und häufig auch sein Kontrahent. Anders als Hillel war er von größerer religiöser Strenge und erschwerte die Tradition dort, wo Hillel sie eher erleichterte:

> *Abermals ereignete es sich, dass ein Nichtjude vor Schammai trat und zu ihm sprach: Mache mich zum Proselyten unter der Bedingung, dass du mich die ganze Tora lehrst, während ich auf einem Fuße stehe. Da stieß er ihn fort mit der Elle, die er in der Hand hatte. Darauf kam er zu Hillel und dieser machte ihn zum Proselyten und sprach zu ihm: Was dir nicht lieb ist, das tue auch deinem Nächsten nicht. Das ist die ganze Tora, und alles andere ist nur die Erläuterung; geh und lerne sie.*
>
> bTSchab 31a

Die Goldene Regel aus dem Talmud lautet: »Was du nicht willst, dass man dir tu', das füg auch keinem andern zu.«

4. Halacha und Aggada

Die juristischen Teile des Talmuds werden *halacha* genannt (Pl. *halachot*), alle anderen *aggada* – dazu zählen moralische, poetische, allegorische und anekdotische Teile. »Die Halacha runzelt die Stirn, wo die Aggada lächelt«, beschrieb der Dichter Chaim Nachman Bialik (1873–1934) das Wesen beider Teile. Heinrich Heine fand dafür in seinen *Hebräischen Melodien* die Bilder von der Fechtschule und dem Garten.

Die Relativierung des Religionsgesetzes

»Geglaubt« werden kann nur das, was zuvor als Gebot erfahren und als Antwort auf die Fragen des eigenen Lebens gehört worden ist; hierin unterscheidet sich die jüdische Religionspraxis deutlich vom christlichen Glaubensbegriff. Die Relativierung des Religionsgesetzes zeigt sich vor allem in der talmudischen Zeit, in der die überkommenen religionsgesetzlichen Prinzipien kontrovers diskutiert und kritisch geprüft wurden. Bräuche, die etwa infolge der Zerstörung des Zweiten Tempels nicht mehr durchführbar waren, wurden durch die besondere Lesart der Rabbinen erfolgreich abgeschafft. Ebenso geschah es, dass der Wortsinn der Tora durch diesen Interpretationsprozess eine neue Bedeutung erfuhr. So wird etwa die Todesstrafe, die in der Hebräischen Bibel als gebräuchlich beschrieben wird, in talmudischer Zeit an derart viele Voraussetzungen geknüpft, dass es unmöglich wurde, sie zu vollstrecken. Einen ähnlichen Bedeutungswandel machten auch biblische Rechtssätze wie »Auge um Auge, Zahn um Zahn« durch: Anstelle körperlicher Vergeltung wurde ein finanzieller Ausgleich üblich.

> Als Mose in die Höhe stieg, traf er den Heiligen, gepriesen sei er, dasitzen und Kränze für die Buchstaben winden. Da sprach er zu ihm: Herr der Welt, wer hält dich zurück? Er erwiderte: Es ist ein Mann, der nach vielen Generationen sein wird, namens Akiba ben Josef; er wird dereinst über jedes Häkchen Haufen über Haufen von Lehren vortragen. Da sprach er vor ihm: Herr der Welt, zeige ihn mir. Er erwiderte: Wende dich um. Da wandte er sich um und setzte sich hinter die achte Reihe; er verstand aber ihre Unterhaltung nicht und war darüber bestürzt. Als jener zu einer Sache gelangte, worüber seine Schüler ihn fragten, woher er dies wisse, erwiderte er ihnen, dies sei eine dem Mose am Sinai überlieferte Lehre. Da wurde er beruhigt.
> *bTMen 29b*

Mündliches und schriftliches Recht

Im Jüdischen Recht wird zwischen dem mündlichen Recht *(tora sche'be'al'pe)* und dem schriftlichen Recht *(tora)* unterschieden. Der Begriff *tora sche'be'al'pe* bezeichnet das Recht, das außerhalb der Hebräischen Bibel niedergelegt ist, und umfasst nicht nur die Mischna, die halachischen Midraschim und beide Talmude, sondern die gesamte Halacha in allen ihren historischen Erscheinungsformen. Die Rabbinen leiteten aus Lev 26,46 (»Diese sind die Satzungen und die Rechte und die Unterweisungen [*torot,* Pl. von *tora*], die der Ewige festgestellt zwischen sich und den Söhnen Jisraels auf dem Berge Sinaj durch Moscheh«) ab, dass Gott Israel zwei Toras gegeben hat, eine schriftliche und eine mündliche. Diese Offenbarung beinhaltet die Feinheiten der Bibelexegese, die Interpretationen der Schriftkundigen und das, was diese später schufen. Demnach ist die Halacha eine Manifestation des am Sinai offenbarten Rechts, und Aufgabe der Rabbinen ist es, dieses stets aufs Neue zu beleuchten, zu ergänzen und in angewandtes Recht zu transformieren.

Biblisches und rabbinisches Recht

Eine weitere Unterscheidung zwischen zwei Arten von Halacha ist die zwischen der *halacha de-oraita* und der *halacha de-rabbanan.* Der aramäische Begriff *de-oraita* bezeichnet ganz allgemein Gesetze, die aus der Tora stammen, *de-rabbanan* Vorschriften, die den rabbinischen Gelehrten zugeschrieben werden. Die Trennlinie zwischen beiden Begriffen zu ziehen ist jedoch schwierig, weil die Kriterien dafür, welche Gesetze der Tora und welche den Rabbinen zuzuordnen sind, komplexer Natur sind. So umfasst *de-oraita* mit Einschränkungen nicht nur die Gesetze, die in der Tora zu finden sind, sondern auch solche, die mittels Midrasch aus der Tora abgeleitet werden. Gleichermaßen sind an einen Satz in der Tora angelehnte Gesetze als *halacha de-oraita* zu betrachten. Hierzu gehören auch einige *halachot*, die *halacha le'Mosche mi'Sinai* (»Halacha an Mose vom Sinai«) genannt werden. Zu dieser Kategorie gehören Gesetze, deren Interpretation auf einer Tradition beruht, die sich auf die Gesetzgebung an Mose am Sinai zurückführen lässt und die von den Rabbinen ausdrücklich als biblischen Ursprungs betrachtet wird. Zur Gruppe *de-rabbanan* werden Gesetze gezählt, die von Gelehrten durch Erlass oder auf andere Art geschaffen und erneuert wurden. Und auch wenn diese sich manchmal auf einen Satz in der Tora stützen, werden sie trotzdem keineswegs unbedingt als *de-oraita* eingeordnet.

Die Diskussion darüber, welche Vorschriften als *de-oraita* und welche als *de-rabbanan* anzusehen sind, gehört nicht nur der Vergangenheit an, sondern wird auch heute noch geführt; denn die Zuordnung zu einer der beiden Seiten ist für die praktische Rechtsfindung durchaus von Belang. Im Zweifelsfall folgt man beispielsweise der strengen Auslegung eines Gesetzes, weil es als biblisch eingestuft wird, und umgekehrt erlaubt der rabbinische Ursprung einer Vorschrift im Zweifelsfall eine mildere Auslegung derselben. Die Rabbinen selbst betrachteten ihre Gesetze allerdings generell als ebenso rechtskräftig bindend und wirkungsvoll wie das biblische Recht.

Die Karäer

Im 8. Jahrhundert entstand mit den Karäern (auch *Karaim, Karäim oder Karaiten*) eine jüdische Religionsgemeinschaft, die die rabbinische Tradition und die mündliche Tora ablehnt. Die Karäer beziehen sich als »Anhänger der Schrift« *(bnei mikra)* allein auf die Hebräische Bibel als autoritative Offenbarung. Die Karäer leben bis heute strikt nach der geschriebenen Tora und interpretieren die darin enthaltenen 613 Gebote auch ausschließlich aus der Tora selbst, was in der Geschichte zu einer besonderen Bibeltextpflege geführt hat. Das vom Talmud unabhängige karäische Religionsgesetz ist in einigen Fällen strenger als das jüdische;

daneben weicht auch der Kalender der Karäer vom traditionellen jüdischen Kalender ab. Heute leben etwa 25.000 Karäer im Staat Israel, der sie als nichtreligiöse Juden definiert; daneben gibt es noch vereinzelte karäische Gruppen und Gemeinden in der Türkei, auf der Krim, in Litauen und in Nordamerika.

▄▄▄ 5. *Talmudkommentare und -kodifikationen* ▄▄▄

Die nachtalmudische Phase des Jüdischen Rechts wird in drei historische Abschnitte unterteilt:

*   die Talmud-Kommentare und Responsen der Geonim (700 – ca. 1050 u. Z.)
*   die Kodifikationen der Rischonim (ca. 1050 – ca. 1600 u. Z.)
*   die Kommentare und Responsen der Acheronim (ca. 1600 u. Z. bis heute).

Die Zeit zwischen dem Abschluss des Talmuds und dem Auftreten der Rischonim, der »frühen« oder auch »ersten« Gelehrten im 11. Jahrhundert, wird als die gaonäische Zeit bezeichnet. Der Name ist von dem Titel *Gaon* (Pl. *Geonim;* wörtlich: »Exzellenz«) abgeleitet, der denjenigen Autoritäten vorbehalten war, die die Akademien von Sura und Pumbedita in Babylonien leiteten. Die gaonäischen Periode endet nach allgemeiner Auffassung im Jahr 1038 mit dem Tod des Raw Hai, der Gaon von Pumbedita war. Die Geonim brachten eine hinsichtlich ihres literarischen Charakters, der Fülle der behandelten Themen und der innovativen Ansätze ganz eigenständige Rechtsliteratur hervor, die man in vier Gattungen unterteilen kann, welche das Bild der nachtalmudischen Rechtsliteratur von den Geonim über die Rischonim bis zu den Acheronim, den späteren Gelehrten bis zum heutigen Tag, prägen: Kommentare zum Talmud, kodifizierende Arbeiten, Responsen und halachische Abhandlungen.

Kommentare

Aus der Zeit der Geonim seien das Werk *Sche'elot* (»Fragen«) von Achaj aus Schabbecha und die Gesetzessammlung *Halachot Gedolot* des Simon aus Kajara genannt. Der schon erwähnte Raw Hai hat besondere Werke über spezielle Rechtsgebiete (Kauf und Verkauf sowie den Eid) geschrieben. Zur gaonäischen Periode in Frankreich und Deutschland zählt die Tradition auch – wenngleich in einem gewissen Widerstreit zur genannten zeitlichen Klassifikation – Rabbi Schlomo ben Jizchak, der unter dem Akronym Raschi berühmt wurde. Sein Kommentar wurde zu einem Klassiker und nach Ansicht des israelischen Rechtsgelehrten Menachem Elon (geb. 1923) zu einem »unverzichtbaren Bestandteil des Talmuds«. Raschis Ziel war es, deutlich zu machen, wie die Texte der Mischna und der Gemara richtig zu lesen seien. Sein Talmudkommentar gewann den Charakter gültigen Rechts. Noch zu den Zeiten von Raschis Schülern wurde die Kommentarreihe der Tosafot (nicht zu verwechseln mit der Tosefta) begonnen, die dann über volle zwei Jahrhunderte hinweg – bis ins 13. Jahrhundert – fortgesetzt werden sollte. In heutigen gedruckten Talmudausgaben findet man jedoch neben dem Kommentar Raschis und den Tosafot auch noch weitere Kommentare. Einer davon stammt von Eliahu ben Schlomo Zalman (1720–1797), der als der »Gaon von Wilna« bekannt geworden ist. Er zählt neben Raschi zu den bedeutendsten Talmudgelehrten überhaupt.

Kodifikationen

Wann immer Kodifikationen unternommen wurden, setzte sofort eine rege Entwicklung der Rechtsliteratur ein. So inspirierte der *Sefer Halachot* des Rabbi Jizchak Alfasi (Akronym: Rif) aus dem 11. Jahrhundert Weiterentwicklungen wie die *Mischne Tora* des Moses Maimonides. Die *Mischne Tora* (»Wiederholung der Tora«) (nach Dtn 4,34 auch *Jad ha-chasaka* – »Die starke Hand«)

ist der erste große jüdische Rechtskodex nach der Mischna und den beiden Talmuden und entstand innerhalb von zehn Jahren, ungefähr zwischen 1170 und 1180. Er besteht aus 14 Büchern; die Zahl 14 hat im Hebräischen dasselbe Schriftbild wie das Wort *jad* (»Hand«). Obwohl bereits Zeitgenossen des Maimonides die große Bedeutung der *Mischne Tora* für die Systematisierung des Jüdischen Rechts anerkannten, kritisierten sie ebenso wie auch spätere Gelehrte das methodische Vorgehen des Verfassers: Sie warfen ihm vor, dass er die Rechtsvorschriften in apodiktischer Weise vorbringe, ohne seine Quellen zu nennen und die Lehrmeinungen früherer Autoritäten darzulegen. Nachvollziehbarkeit und Beweisführung seien aber für die praktische Rechtsfindung von zentraler Bedeutung. Trotzdem entwickelte sich die *Mischne Tora* zur autoritativen Quelle des Jüdischen Rechts, die wiederum zahlreiche Kommentare initiierte, von denen sich viele mit den von Maimonides benutzten talmudischen Quellen beschäftigen.

In Spanien wurde durch den bedeutenden Gelehrten Rabbi Ascher ben Jechiel (geb. ca. 1250 in Westdeutschland, gest. ca. 1327 in Toledo; Akronym: Rosch) ein weiteres klassisches Werk des Jüdischen Rechts verfasst: die *Piske ha-Rosch* (»Entscheidungen des Rosch«). In diesem Buch kommt die wichtige Auffassung zum Ausdruck, dass die Entscheidungen früherer Rechtsgelehrter nicht per se höhere Autorität besitzen als die Auslegungen der jeweiligen Zeit. Jeder Gelehrte habe das Recht, einer Meinung der vorangegangenen Autoritäten zu widersprechen. Die Arbeiten des Rosch, Rambam und Rif bildeten ihrerseits die Basis für den letzten großen Kodex des Jüdischen Rechts, den *Schulchan Aruch* (»Gedeckter Tisch«) des Josef Karo (1488–1575), der erstmals im Jahr 1565 in Venedig gedruckt wurde. Der *Schulchan Aruch* besteht aus vier Teilen. Karos Werk wurde mit der Zeit als abschließende Kodifikation des Jüdischen Rechts betrachtet. Gemeinsam mit den Glossen von Moses Isserles (ca. 1525–1572) wurde der *Schulchan Aruch* zum Leitfaden für das orthodoxe Judentum.

Responsen

Für die praktische Anwendbarkeit des Jüdischen Rechts war es unerlässlich, zwischen widersprüchlichen Lehrmeinungen zu entscheiden. Lokale Autoritäten waren vielfach nicht in der Lage, komplexe rechtliche Sachverhalte angemessen zu behandeln. Daher richteten Gemeinden, Rabbiner oder auch einzelne Personen ihre Fragen an die führenden Gelehrten ihrer Zeit. Die Fragen wurden in Heften oder kleinen Büchern gesammelt und verschickt und dann in ebensolcher Form beantwortet. So entwickelte sich über Jahrhunderte eine reichhaltige und umfangreiche Literatur, in der Antworten (»Responsen«) auf die rechtlichen und intellektuellen Fragen der jeweiligen Epoche zu finden sind. Die hebräischen Begriffe hierfür lauten *she'ela* (»Frage«) und *teschuva* (»Antwort«).

Hier ein Beispiel, bei dem es um ein Grundprinzip der Rechtsfindung geht: Bei Rabbi Jehoschua Falk Katz (1555–1614) heißt es in seiner Auslegung zu *Tur Choschen Mischpat* (»Reihe des Brustschilds des Rechts«): »›Er spricht wahrhaft Recht um der Wahrheit willen‹ (bTMeg 15b) – will sagen: Er spricht Recht entsprechend dem Ort, der Zeit und den Gegebenheiten, damit er zu einem wahren Urteil gelange […] Er spricht nicht immer ganz genau das Recht, wie es in der Tora steht, denn manchmal muss der Richter mildernde Umstände walten lassen, entsprechend dem Ort, der Zeit und den Gegebenheiten. Tut er dies nicht, so ist er zwar ein in der Wahrheit des Gesetzes kundiger Richter, aber seine Anwendung des Rechts auf den vorliegenden Fall entspricht nicht den wahren Gegebenheiten.«

Der Schulchan Aruch

Ab dem 16. Jahrhundert, mit dem Erscheinen des *Schulchan Aruch*, nahm die Kreativität und Vielfalt in dem kontinuierlichen Prozess der Erneuerung des Jüdischen Rechts ab. Infolge des Buchdruckes war dieser Kodex bald weit verbreitet und relativ leicht zugänglich. Von nun an wurde die Übereinstimmung mit dem *Schulchan Aruch* zum Kriterium dafür, was als Jüdisches Recht zu gelten habe. Dadurch tat sich allmählich eine Kluft zwischen dem jüdischen Gesetz und dem Alltagsleben auf, die in der Folge nicht zuletzt durch die etwa gleichzeitig einsetzende Aufklärung immer größer wurde. Im Wesentlichen wurden die Veränderungen im Jüdischen Recht durch folgende Faktoren beschränkt:

- durch die Überzeugung, dass es auf einer göttlichen Offenbarung beruht, weshalb es im Prinzip nicht verändert werden kann;
- durch den Umstand, dass das Jüdische Recht seit der Zerstörung des Tempels nur in Form eines »Präzedenzrechts« (also durch die Orientierung an den Entscheidungen einzelner Richter oder Gerichtshöfe auf der Grundlage ihrer Interpretation der relevanten autoritativen Quellen und Beispiele) voranschreiten konnte, weil es keine jüdisch geprägte Staatlichkeit mehr gab;
- durch die eher konservative Haltung, die bei den Vertretern des rabbinischen Rechts besonders während der letzten Jahrhunderte vorherrschte und die sich auf das Prinzip berief, wonach »ein späterer Gerichtshof die Entscheidung eines früheren Gerichtshofs nicht annullieren kann, es sei denn, er ist ihm an Weisheit und Anzahl überlegen«.

Die genannten Einschränkungen verhinderten jedoch nicht die Weiterentwicklung der Halacha. Auch wenn die Durchsetzung des *Schulchan Aruch* das Ende der klassischen Periode jüdischer Rechtskodifikation bedeutete, so setzte sich doch der jüdische Rechtsdiskurs in den unterschiedlichen Strömungen des modernen Judentums fort.

Der Talmud wurde im Mittelalter insbesondere in Süd- und Westeuropa immer wieder kommentiert, so etwa von Maimonides, und schließlich 1520 erstmals gedruckt. Er erscheint stets in Form von Kolumnen, also Textsäulen, in einheitlicher Blatt-, Seiten- und Wortzahl, die von kleiner gedruckten Kommentaren rechts und links von diesen Textsäulen begleitet werden. Bei dem Kommentar auf der Innenseite handelt es sich um den von Raschi, bei den Texten auf der Außenseite um die Erläuterungen von Raschis Schülern, den Tosafisten. Erste deutsche Übersetzungen erschienen erst im Zuge der Aufklärung im 19. Jahrhundert.

Talmudverbote und -verbrennungen

Auf kirchlicher Seite kam es im Mittelalter immer wieder zu einer polemischen Talmudkritik. Um 1200 setzte eine allgemeine kirchliche Zensur hebräischer Handschriften ein. Jüdische Literatur wurde dabei den Schriften sogenannter Ketzer gleichgestellt. Nach 1230 setzten dann christliche Prediger wie Berthold von Regensburg und Konrad von Würzburg die Juden mit den Ketzern gleich: Da die Juden am Talmud festhielten, seien sie alle zur Hölle verdammt. Der Vorwurf der Gotteslästerung führte schließlich zu einem Feldzug gegen die rabbinische Literatur überhaupt. 1239 zeigte der getaufte Jude Nikolaus Donin den Talmud bei Papst Gregor IX. an, worauf der Papst von den Königen von England, Frankreich, Portugal und Kastilien verlangte, alle Talmudexemplare zu konfiszieren und diejenigen christlichen Geistlichen, die hebräische Literatur behielten, zu exkommunizieren. Tatsächlich folgte nur Ludwig IX. von Frankreich dieser Aufforderung. Zur Klärung der Vorwürfe initiierte er zudem 1240 in Paris eine öffentliche Disputation, die zwar mit dem Sieg des jüdischen Vertreters endete, aber nicht verhindern konnte, dass am 29. September 1242 in Paris 24 Wagenladungen mit mehreren Zehntausenden Talmudbänden öffentlich verbrannt wurden. Diese Talmudverbrennung gilt als eines der größten Kulturverbrechen des christlichen Mittelalters. Rabbi Meir ben Baruch von Rothenburg (ca. 1215–1293) wurde ihr Zeuge und verfasste daraufhin ein Klagelied: »Frage, du im Feuer verzehrte, nach dem Frieden deiner um dich Trauernden.« Dieses Klagelied wird seitdem nach deutschem Ritus alljährlich am

Trauertag der Zerstörung des Tempels vorgetragen und wird inzwischen, nach der Schoa, auch zum Gedenken an die ermordeten Juden rezitiert.

1244 bekräftigte dann Papst Innozenz IV., dass Gott, Jesus und Maria im Talmud gelästert würden, dass die mündliche Lehre das biblische Gesetz, das bereits auf Jesus verweise, verfälsche und die Juden dazu erziehe, sich der wahren Lehre der Kirche zu verweigern. Auf die jüdische Stellungnahme hin, dass der Talmud für die Juden für das Verständnis der Hebräischen Bibel unverzichtbar sei, setzte der Papst eine Expertenkommission von 40 christlichen Gelehrten ein (darunter auch Albertus Magnus), die den Talmud aufs Neue verurteilten. Die Folge waren fortgesetzte Zensurmaßnahmen und die Konfiszierung und Verbrennung des Talmuds durch die Päpste, die französischen Könige und die Inquisition. Diese umfassende Ablehnung des Talmuds und die damit verbundene Inkriminierung führte auf jüdischer Seite schließlich zu einer Art Selbstzensur der beanstandeten Stellen (in der Regel Bemerkungen zum Römischen Reich, zum römisch-griechischen Heidentum, über den Übertritt zum Christentum oder über die Samaritaner). Eine durchgängige Wiederherstellung des unzensierten Talmudtextes erfolgte in Europa erst in den wissenschaftlich-kritischen Ausgaben zu Beginn des 20. Jahrhunderts.

Auch evangelische Theologen taten sich in der Neuzeit mit dem Talmud schwer. Für Johann Jacob Rabe, der die Mischna um 1760 ins Deutsche übersetzte, war das lange Leiden der Juden eine Strafe für ihre Ablehnung des Gottessohnes und für die Verweltlichung und »Verdunkelung« der göttlichen Gebote der Bibel durch das »pharisäische Judentum«.

1938 schließlich wurden von den Nationalsozialisten im Zuge der Reichspogromnacht in vielen Städten und Dörfern des Deutschen Reiches religiöse Schriften aus den Beständen jüdischer Synagogengemeinden verbrannt.

1.5 Jüdische Gelehrsamkeit: Lernen und Lehren

Wer ist weise? Der von jedem Menschen lernt.

MAw 4,1

Lernen und Lehren machen traditionell das Wesen jüdischer Existenz aus; sie bedingen und beeinflussen sich gegenseitig, was schon durch den gemeinsamen hebräischen Wortstamm der beiden Begriffe zum Ausdruck kommt: Lehren meint so die intensive Form des Lernens. Die Weitergabe der Lehre ist zu-

nächst Aufgabe der Familie und dann auch der formellen Erziehung. Eine besondere Form des lebenslangen Lehrens wird an den Talmudschulen geübt, den Jeschiwot. Die neuzeitliche Rabbinerausbildung verknüpft jüdische Traditionen mit zeitgemäßen Bildungsinhalten und -methoden. Das hohe Bildungsideal jüdischer Familien kommt oft auch jenseits von Frömmig-

Schüler in einer babylonischen Talmudakademie (Detail aus einem Relief)

keit und Talmudgelehrsamkeit in säkularen Kreisen zum Ausdruck, etwa heutzutage in den Familien russischsprachiger jüdischer Zuwanderer in Deutschland. Dieser Bildungseifer entspringt aber wohl auch dem alten Wissen darum, dass man sich als Minderheit in der Mehrheitsgesellschaft beweisen und behaupten muss.

1. Bildungswege: Vom Cheder zur Jeschiwa

Erziehung bedeutet im Judentum die Übertragung der jüdischen Kultur auf die nächste Generation. Einen Begriff für Erziehung oder Pädagogik kennt die Hebräische Bibel aber noch nicht. Jüdische Erziehung meint zunächst die Ausbildung des Kindes zum Träger der jüdischen Lehre sowie seine Eingliederung in die jüdische Gemeinschaft.

Ein Grundsatz der jüdischen Erziehung ergibt sich aus dem nach jüdischer Zählung fünften der Zehn Gebote: »Ehre deinen Vater und deine Mutter«. Im Judentum ist die Familie für die Erziehung verantwortlich; traditionell war die frühkindliche Erziehung bis zum dritten Lebensjahr Aufgabe der Mutter, während die Unterweisung in der jüdischen Lehre und die Ausbildung in einem Handwerk Aufgabe des Vaters war. Welch große Bedeutung die Weitergabe der Lehre an die Kinder hat, kommt in vielen Midraschim und Sprüchen aus der jüdischen Tradition zum Ausdruck. »Die Zukunft der Welt ruht auf dem Atem der lernenden Kinder«, heißt es beispielsweise, denn die Kinder sprechen die Texte aus der Tora laut, und indem sie Geschichten von Gottes Welt vortragen, transportiert ihr Atem dieser Vorstellung nach gleichsam die Welt von morgen. Eine andere rabbinische Überlieferung berichtet, dass Gott bei der Tempelzerstörung im 586 v.u.Z. nicht im Tempel, nicht bei den Priestern und auch nicht beim Kultgerät war, sondern bei den Kindern des Lehrhauses, die ins Exil gebracht wurden: Gott bindet seine Gegenwart an die Gegenwart der lernenden Kinder. Die Rabbinen verboten es jedem Juden, an einem Ort zu bleiben, an dem es keinen Lehrer für seine Kinder gab.

Seit talmudischer Zeit gibt es geschlechtsspezifische Erziehungsinhalte und -methoden: Mädchen wurden zunächst im Haushalt und für den Haushalt erzogen, Jungen besuchten die seit dem 1. Jahrhundert v.u.Z. nachgewiesenen Schulen. Der Talmud kennt bereits eine nach psychologischen Gesichtspunkten vorgenommene Unterscheidung der einzelnen Kinder, so wie später auch die Pessach-Haggada zwischen vier Typen unterscheidet.

Schon in der Antike war ein vielseitiges und umfassendes jüdisches Erziehungswesen bekannt. In hellenistischer Zeit bestanden die Volksschule und das *bet ha-midrasch*, das Lehrhaus, der Vorläufer der *jeschiwa*, der Talmudschule. Als Bildungsgrundsatz galt damals: *»Jafe talmud tora im derech erez«* (»Gut ist das Torastudium in Verbindung mit Allgemeinbildung [wörtlich: den Sitten des Landes]«) – ein Ideal, das Rabbiner Samson Raphael Hirsch (1808–1888) und Rabbiner Esriel Hildesheimer (1820–1899) im 19. Jahrhundert in ihrer orthodoxen Erneuerungsbewegung wiederaufleben ließen.

Das Wort *jeschiwa* ist von dem hebräischen Wort für »sitzen« abgeleitet. Noch vor der Zerstörung des Zweiten Tempels im Jahre 70 u. Z. erlaubte der römische Kaiser Vespasian dem Tannaiten Jochanan ben Sakkai, sich in der Hafenstadt Jawne niederzulassen und eine Jeschiwa zu gründen, die später von den Römern verschont bleiben sollte und so zu einem Zentrum jüdischer Gelehrsamkeit in Palästina werden konnte. Hier trat auch der Sanhedrin zusammen, der Rat der Rabbinen und Schriftgelehrten. Schließlich wurden Jeschiwot überall dort errichtet, wo es zu jüdischen Ansiedlungen kam, in Mesopotamien und Nordafrika ebenso wie in ganz Europa.

Ziel des traditionellen Bildungsprozesses war und ist es, ein *talmid chacham* zu werden, ein »gelehrter Lernender«. Zu den formellen Erziehungsinstitutionen gehören der *cheder*, die Elementarschule mit dem *melamed* als Lehrer, der *talmud tora*, die Gemeindeschule für Jungen aus ärmeren Familien, sowie der Privatunterricht. Die Jungen lernen dabei vom Alter von sechs Jahren an bis zu ihrer Bar Mizwa vor allem die Tora und den Kommentar des Raschi und erfahren eine Einführung in den Talmud. Diejenigen, die nicht ins Arbeitsleben eintreten, wechseln nach ihrer Bar Mizwa auf die Jeschiwa, wo sie in der Regel bis zu ihrem 18. Lebensjahr beziehungsweise bis zum heiratsfähigen Alter als *bachur* im Talmud unterrichtet werden, und zwar von einem Rabbiner oder *talmid chacham* als Lehrer. Die nächsten Studiengrade für verheiratete Männer sind der *chaver* (der mindestens zwei Jahre Studium nach der Heirat erfordert) und der *morenu* (»unser Lehrer«, der nach mindestens sechs Studienjahren nach der Heirat erworben wird); die letzte Stufe ist dann schließlich der Stand des *talmid chacham*.

Cheder ist das hebräische Wort für »Zimmer« und außerdem die Bezeichnung für die einfache jüdische Elementarschule, in der die Schüler zunächst im Lesen und Schreiben unterrichtet werden. Manche Jungen beginnen bereits mit drei Jahren mit dem Unterricht beim *melamed*, dem von den Eltern bezahlten Privatlehrer. Eine größere Gemeindeschule mit mehreren Klassen und Lehrern wurde *talmud tora* genannt – ein Name, der sich etwa in Hamburg bis heute erhalten hat. In Zeiten, in denen viele Christen Analphabeten blieben, konnten jüdische Jungen also lesen und schreiben, und schulische Bildung wurde den Jungen auch dann gewährt, wenn ihre Eltern arm waren. Der Elementarunterricht fand in der Regel sechs bis zehn Stunden lang an sechs Tagen in der Woche statt, und zwar auf Kosten der Gemeinden. Der Unterricht im *cheder* war oft mit Drill und Wiederholung verbunden; einziger Unterrichtsgegenstand war die Tora, die von den Schülern oft im Sprechchor rezitiert wurde. In Osteuropa war es Brauch, dass der Vater oder Lehrer den Jungen vor seiner Einschulung in die Synagoge trug und auf der Bima absetzte, so wie Mose auf dem Berg Sinai; man breitete die Tora aus und las dem Jungen die Zehn Gebote vor. Mithilfe honiggetränkter Buchstabentafeln, die die Jungen ablecken durften, oder mit Honigkeksen in Buchstabenform (Russisch Brot) wurde den Kindern das Lernen des Alef Bet und der Tora buchstäblich versüßt.

Im mittelalterlichen Spanien hatten die Jeschiwot auch weltliche Philosophie, Astronomie, Medizin und Mathematik gelehrt. In Osteuropa beschränkte man sich auf Bibel und Talmud, um die Frömmigkeit der Schüler nicht zu gefährden. Es ging dabei aber nicht nur um die Vermittlung umfassender Talmudkennt-

Religiöse Schriften aus der Bibliothek der Universität Potsdam.

nisse, sondern auch um diszipliniertes Denken und die Befürwortung einer asketischen Lebensweise.

Vom 18. Jahrhundert an machte sich in Mitteleuropa ein Verfall des jüdisches Bildungswesens bemerkbar. Das eigentliche Torastudium und das Allgemeinwissen wurden im Vergleich zum Talmudstudium vernachlässigt; Erinnerungsvermögen und Scharfsinn rückten in den Vordergrund, und der eigentlich hoch geschätzte Lehrerberuf verlor an Ansehen, weswegen vermehrt Talmudlehrer aus Polen und Ungarn in die deutschen Länder geholt wurden. Sieht man von den besoldeten Gemeinderabbinern und den Vorsitzenden des Bet Din und deren Beisitzern (den *dajanim*, also Richtern) ab, so handelte es sich in der frühen Neuzeit bei den Rabbinern in den Gemeinden um Privatpersonen, die ihren Lebensunterhalt nicht als Rabbiner erwarben oder die als Privatgelehrte, Stiftungsrabbiner oder Lehrende in Lern- und Betzirkeln tätig waren – ein geschlossenes Milieu, das sich bis heute in ähnlicher Weise noch in ultraorthodoxen Kreisen erhalten hat, etwa im Wohnviertel Mea Schearim in Jerusalem.

Im 19. Jahrhundert kam es in Osteuropa noch einmal zu einer Blüte des Jeschiwawesens, beispielsweise mit der Jeschiwa des

Moses Sofer (1762–1839) in Pressburg (Bratislava) und mit der Neugründung der Jeschiwa von Waloschyn in Litauen. 1921 wurde schließlich Jerusalem zum Sitz einer zentralen Jeschiwa, der Jeschiwa Merkasit Olamit. Heute besteht eine Vielzahl von Jeschiwot unterschiedlichster Ausrichtung in Israel und in den USA; die größte europäische Jeschiwa befindet sich in Gateshead in England. Die erste orthodox ausgerichtete jüdische Universität ist auch die bekannteste, nämlich die Yeshiva University in New York, die 1945 als Fortführung des Yeshiva College entstand.

Talmudismus

Der Begriff Talmudismus wurde im 19. Jahrhundert zur abwertenden Bezeichnung für Spitzfindigkeit und Rabulistik. Schon 1782 wandte sich der Aufklärer Naphtali Herz (Hartwig) Wessely in seinem Sendschreiben *Gegen den Rabbinismus* mit scharfen Angriffen gegen die herkömmlichen Erziehungsmethoden der Rabbiner: »Verborgen ist ihnen die Kunde von der Beschaffenheit der Erde, von geschichtlichen Ereignissen, und ebenso unbekannt sind ihnen die Moral- und Sittengesetze, die natürlichen wie die Erfahrungswissenschaften.« Die Talmudisten waren in ihrem Bestreben, das Leben ausschließlich im Sinne der Gebote zu heiligen, einer eigenen Lebenswelt verhaftet. Zwei Typen des Talmudgelehrten erfuhren dabei besondere Wertschätzung: der *charif* (der Scharfsinnige) und der *baki* (der Beschlagene, der das ganze weite Feld des talmudischen Schrifttums im Gedächtnis hat). Vor allem im 17. Jahrhundert beschränkte sich die talmudistische Methode auf Scharfsinn und *pilpul* (scharfe Untersuchung, von *pilpel*, »Pfeffer«), eine Art rabbinische Dialektik in Form einer Disputation. In Frankreich und in den deutschen Ländern kam es schließlich zum Niedergang der traditionellen Talmudschulen, die in einigen Staaten auch von der Obrigkeit verboten wurden. So wurde die berühmteste Jeschiwa Deutschlands, die von Fürth, 1829 behördlicherseits geschlossen, da die jüdische Gemeinde sie nicht im Sinne des bayerischen Judenedikts reformieren wollte.

Das am Ende des 18. Jahrhunderts sich neu formierende Erziehungswesen wurde zur Gegenbewegung zum inzwischen verpönten Talmudismus. Die traditionelle jüdische Erziehung trat zugunsten der Allgemeinbildung und säkularer Fächer in den Hintergrund. Getragen wurden die nun vorherrschenden Ideen allgemeiner Menschenbildung vom Geist der jüdischen Aufklärung, der Haskala. Bildung wurde jetzt zum Schrittmacher von Akkulturation und Emanzipation; das Jüdische beschränkte sich mit der zunehmenden Konfessionalisierung des Judentums nun auf den Religionsunterricht. Ziel war es, zu einer zeitgemäßen Lesart der jüdischen Überlieferung zu finden, ohne sich vom Judentum zu entfremden, und sich bei der Anpassung an eine christlich geprägte bürgerliche Gesellschaft eine religiöse und kulturelle jüdische Eigenständigkeit zu bewahren – oft eine schwierige Gratwanderung. 1778 wurde in Berlin die erste jüdische Freischule gegründet, in der neben traditionellen Lehrinhalten auch weltliche Bildung mit Fächern wie Deutsch, Französisch und Buchhaltung vermittelt wurde – ein Modell, das bald Schule machte.

Erst Ende des 19. Jahrhunderts kam es im Zuge von Zionismus, Sozialpädagogik und Jugendbewegung zu einer Rückbesinnung auf eine spezifisch jüdische Bildung, die neben dem verstandesmäßigen Lernen auch die Kreativität des Kindes fördert und sportliche Betätigungen einbezieht. Die Idee des Freien Jüdischen Lehrhauses brachte Anfang des 20. Jahrhunderts auch eine neue Form der jüdischen Erwachsenenbildung mit sich, die das Konzept des Lehrhauses als »Zeit und Ort für Aussprache« umsetzte. Franz Rosenzweig (1886–1929) prägte im Zusammenhang mit diesem Modell des lebensbegleitenden Lernens die Formel: »Bildung und kein Ende«.

Im »Dritten Reich« erlangte das jüdische Erziehungs- und Bildungswesen neue Bedeutung, da es all denjenigen Personen,

Studenten der orthodoxen Ronald S. Lauder Foundation in Berlin.

die wegen ihrer jüdischen Herkunft von staatlichen Einrichtungen ausgeschlossen wurden, eine alternative Infrastruktur und eine Form der Selbstbehauptung bot. Die entsprechenden Einrichtungen wurden aber spätestens Mitte 1942 von den Nationalsozialisten zwangsweise geschlossen.

Einen Menschen erziehen, ist das Künstlerischste, was ein Mensch vollbringen kann. Der Erzieher wie der Künstler will »bilden« und gestalten, sie beide wollen prägen, wollen eine Form geben. [...] Ein künstlerisches Vermögen ist auch alle Religiosität. Auch sie will bilden und formen, sie will einem Gegebenen, einem Stoffe, einen Sinn geben; sie will verwirklichen und erfüllen. [...] Sie sind beide in ihrem seelischen Zuge dasselbe. Religiosität ist eine nach innen gewandte Erziehung, Erziehung eine nach außen gerichtete Religiosität. [...] Gemeinsam in ihnen beiden ist der tiefere Grund alles Künstlerischen auch. Hinter dem Vergänglichen das Bleibende erfahren, das Einmalige und Unmittelbare als Symbol des Ewigen erfassen, das Endliche als Offenbarung des Unendlichen ergreifen, das macht den Künstler.

Leo Baeck, *Religion und Erziehung*, in: *Der Jude* 9/2 (1926)

Nach dem Ende des Zweiten Weltkriegs gab es in Westdeutschland bereits eine Reihe provisorischer Jeschiwot für Displaced Persons aus Osteuropa, und heute ist es die Ronald S. Lauder Foundation, die in der Bundesrepublik eine traditionelle Talmudausbildung anbietet. In der typischen Jeschiwa liegt das Hauptaugenmerk auf dem Studium und der Analyse des Talmuds. Das Studium des Talmuds erfolgt einerseits *be'ijun*, das heißt mit Betonung eines möglichst detaillierten und tiefgehenden Verständnisses der Talmudstelle, und andererseits *bekijut*, also mit einer Betonung des quantitativen Fortschritts beim Studium, sodass sich die Studenten ein möglichst umfassendes Talmudwissen aneignen können. Das Studium erfolgt in der Regel gemeinsam mit einem Studienpartner (*chawruta*, aram. »Freund«) oder in einem *schi'ur*, einem Lehrvortrag.

2. Raw, Rabbi, Rabbiner

Die aramäische Anrede »Rabbi« (»mein Herr«, »mein Meister«) wurde erst nach der Zerstörung des Zweiten Tempels im Jahr 70 u. Z. als Titel für ordinierte Gesetzeslehrer gebräuchlich. Die Bezeichnung geht auf das Wort *raw* (»groß«) zurück, so wie der Titel »Magister« auf das entsprechende lateinische Wort *magnus*. Die palästinischen Lehrer der Mischna-Zeit (300 v. u. Z. bis 200 u. Z.) heißen »Rabbi«, die der babylonischen Talmudperiode bis 638 u. Z. »Raw«. Im wissenschaftlichen Sprachgebrauch nennt man diese Lehrer Rabbinen – im Unterschied zu den Kultusbeamten des Mittelalters und der Neuzeit, den Rabbinern. Der Redaktor der Mischna, Jehuda ha-Nasi, wird auch als »Rabbenu ha-kadosch« (»unser heiliger Lehrer«) bezeichnet. Einer seiner bedeutendsten Schüler, Abba Aricha, der die Talmudschule von Sura in Babylonien begründete, wird im Talmud wiederum schlichtweg »Raw« genannt.

Im Mittelalter (bis etwa 1350) ist der Titel »Rabbiner« die Bezeichnung für einen Gelehrten, der ein Lehrhaus leitet und als Gemeinderichter *(dajan)* fungiert. Dass jüdische Gemeinden Rabbiner als Kultusbeamte anstellen, wird erst nach dieser Zeit üblich, und erst im 19. Jahrhundert wird der Rabbiner auch zum Seelsorger und zum Prediger im Gottesdienst, ähnlich einem kirchlichen Geistlichen, jedoch ohne dessen Weihe. Da-

Absolventen des Abraham Geiger Kollegs mit Gebetsschal (Tallit).

bei ist bemerkenswert, dass die jüdische Reformbewegung in Abgrenzung vom Rabbinismus und Talmudismus sich auch von dem Titel »Rabbiner« distanzierte und die Bezeichnung »Prediger« bevorzugte.

In chassidischen Kreisen (zuerst in Mittel- und Osteuropa und heute insbesondere in Nordamerika und Israel) wird die Bezeichnung »Rebbe« verwendet, oft in Verbindung mit dem Begriff des Wunderrabbis oder für die Führer chassidischer Gruppen: der Belser Rebbe, der Satmarer Rebbe, der Lubawitscher Rebbe. Der Titel eines sefardischen Rabbiners ist hingegen »Chacham« (»Weiser«), und der Oberrabbiner der Türkei heißt bis heute »Chacham Baschi«. Der sefardische Oberrabbiner von Israel trägt hingegen den 1921 im damaligen Palästina eingeführten Titel »Rischon Le'Zion« (»Erster für Zion«) – nicht zu verwechseln mit der gleichnamigen Stadt in Israel.

Auf Englisch ist ein Rabbiner ein »Rabbi«, was aber in der eingedeutschten Form ein unklarer Ausdruck bleibt und außer Acht lässt, dass es sich um einen ausgebildeten und ordinierten Rabbiner handelt, sei er nun Absolvent eines akademisch ausgerichteten Rabbinerseminars oder einer traditionellen Talmudschule, also einer Jeschiwa. »Reb« wiederum ist eine Art Allerweltsanrede, und wenn ein verheirateter Mann im Gottesdienst zur Toralesung aufgerufen wird, dann oft mit dem Titel »Reb«.

Rabbinerin Regina Jonas wurde 1942 nach Theresienstadt deportiert und 1944 in Auschwitz ermordet.

Wie sieht es mit der Bezeichnung für Rabbinerinnen aus? Die weltweit erste ordinierte Rabbinerin, Regina Jonas (1902–1944), ging 1935 noch als »Fräulein Rabbiner Jonas« in die Geschichte ein. Ihre erste Nachfolgerin in der Bundesrepublik, Bea Wyler (geb. 1951), bestand auf den Titel »Rabbiner« – wohl auch, um nicht mit einer Rebbetzin verwechselt zu werden, der Ehefrau eines Rabbiners. In Israel ist in jüngster Zeit auch in orthodoxen Kreisen die hebräische Bezeichnung »Rabba« für eine Rabbinerin gebräuchlich geworden.

Die Aufgaben des modernen Rabbinats umfassen Predigt und Seelsorge, Religionsunterricht, Jugendarbeit und Erwachsenenbildung, die Klärung religionsgesetzlicher Statusfragen und die Begleitung von Gemeindemitgliedern bei *life cycle events* sowie die Teilnahme am interreligiösen Gespräch und repräsentative Tätigkeiten.

3. Hebräisch

»Wenn Mose heute zurückkäme und um ein Stück Brot bitten würde, würde man ihn verstehen«, lautet ein Satz, der David Ben-Gurion zugeschrieben wird, dem ersten Premierminister Israels. Auch wenn sich Phonetik, Tempora und vor allem das Vokabular des Neuhebräischen deutlich vom klassischen Hebräisch unterscheiden – das Zitat besagt, dass es im 20. Jahrhundert ge-

lungen ist, das zur Sakral- und Gelehr-
tensprache gewordene Hebräisch der
Bibel als moderne Umgangssprache
neu zu etablieren.

Das Hebräische (Iwrit) gehört zur
Gruppe der semitischen Sprachen in
der afroasiatischen Sprachfamilie
und ist eng mit dem Ugaritischen,
Phönizischen, Moabitischen und Aramäischen verwandt; es ist als Schriftsprache seit etwa 1000 v. u. Z. in Inschriften und in der Bibel bezeugt.

*Alle 22 Buchstaben des hebräischen
Alphabets sind Konsonanten.*

Einer der ältesten erhaltenen Texte ist der auf eine Tontafel nie-
dergeschriebene Gezer-Kalender von 925 v. u. Z., der heute in
Istanbul aufbewahrt wird.

Hebräisch wird ebenso wie Arabisch von rechts nach links
geschrieben und gelesen. Das hebräische Alphabet hat 22 Buchstaben. Die Konsonantenschrift, in der es keinen Unterschied
zwischen Groß- und Kleinbuchstaben gibt, hatte zunächst keine
Vokalzeichen; um Missverständnisse in der Aussprache auszuräu-
men, legten die sogenannten Masoreten (die Überlieferer des Bibeltextes – *masora* bedeutet »Überlieferung«) in der nachtalmudischen Zeit, vom 7. bis 10. Jahrhundert, schließlich Vokalzeichen
fest. Mithilfe dieser Punktierung wurde eine einheitliche Aus-
sprachetradition insbesondere für die Toralesung geschaffen.
Der masoretische Bibeltext diente dann als Grundlage einer
Grammatik und Lexikografie des Hebräischen.

Zu dieser Zeit war das Hebräische als Alltagssprache längst
vom Aramäischen abgelöst worden. Aramäisch war Amtssprache
im Persischen Reich und wurde auch von den Juden als Umgangssprache übernommen, die nach der Zerstörung des Ersten
Tempels in Jerusalem im Jahre 586 v. u. Z. im Babylonischen Exil
waren. Die Siedler, die den Platz der aus dem Lande Israel wegge-
führten zehn jüdischen Stämme einnahmen, sprachen ebenfalls
Aramäisch. In hellenistisch-römischer Zeit wurde es schließlich

notwendig, auch die hebräischen Bibeltexte für den Synagogen-gottesdienst ins Aramäische zu übersetzen. Diese Bibelüberset-zungen werden *Targumim* genannt. Zu den westaramäischen Dia-lekten gehört das jüdisch-palästinische Aramäisch, das auch die Sprache Jesu von Nazareth war, das christlich-palästinische Ara-mäisch und das samaritanische Aramäisch. In Alexandria, einem jüdischen Zentrum dieser Zeit, wurde indes wie vielerorts in der Diaspora Griechisch gesprochen, bis das Hebräische in den »Nachfolgestaaten« des Römischen Reiches zur jüdischen Ver-kehrs- und Umgangssprache wurde. In Palästina hingegen wich das Aramäische im 9. Jahrhundert dem Arabischen.

Das rabbinische Hebräisch aus der Zeit der Tannaiten (bis ca. 200 u. Z.) und der Amoräer (bis ca. 600 u. Z.) wurde schließlich zu *laschon ha-kodesch*, zur heiligen Sprache von Gebet und Gottes-dienst. Der hebräische Textbestand aus dieser Zeit umfasst In-schriften, Handschriften und Kodizes sowie Funde aus Genisot, den Aufbewahrungsorten von für den Kultus unbrauchbar ge-wordenen religiösen Texten. Im islamischen Kulturkreis ent-wickelte sich das Hebräische zur Sprache einer Literatur hohen Ranges. Besonders bekannt ist die hebräische Poesie jüdischer Gelehrter aus Spanien, beispielsweise von Salomo Ibn Gabirol und Jehuda ha-Levi (um 1075–1141). Beispiele für das mittelalter-liche Hebräisch finden sich auch in jüdischen Grabinschriften und in den *pijutim*, der religiösen Poesie, die in die Liturgie auf-genommen wurde.

Die sogenannte Raschi-Schrift *(ktaw Raschi)* geht nur mittel-bar auf das Mittelalter zurück. Sie heißt zwar nach dem aschke-nasischen Rabbi Schlomo ben Jizchak (1040–1105), kurz Raschi, ist aber eigentlich eine sefardische Halbkursivschrift. Sie wird bis heute für Bibel- und Talmudkommentare benutzt, deren Schrift-bild sich somit von dem des Bibeltextes unterscheidet, und wurde für die ersten hebräischen Bibeldrucke mit Raschi-Kommentar verwendet.

Die aschkenasische Aussprache des Hebräischen, die sich deutlich von der reineren sefardischen Aussprache unterscheidet, hat sich an einigen wenigen Orten in der synagogalen Liturgie erhalten (und auch bei den Wörtern hebräischer Herkunft im Jiddischen). Die sefardische Aussprache wurde im 19. Jahrhundert von der jüdischen Reformbewegung in Deutschland im Gottesdienst eingeführt und im 20. Jahrhundert für das moderne Hebräisch als Nationalsprache des Staates Israels verbindlich.

Die jüdische Aufklärung, die Haskala, legte im ausgehenden 18. und im 19. Jahrhundert großen Wert darauf, die hebräische Sprache nicht länger auf den religiös-liturgischen Bereich zu beschränken, sondern sie als jüdische Nationalsprache zu etablieren. Das Hebräische sollte einerseits von als falsch empfundenen Einflüssen des rabbinischen Hebräisch bereinigt und andererseits an aktuelle Bedürfnisse angepasst werden. Als der Berliner Philosoph Moses Mendelssohn die Tora ins Deutsche übersetzte, tat er dies mit hebräischen Lettern. Sein Mitarbeiter Naphtali Herz (Hartwig) Wessely (1725–1805) war der bedeutendste hebräische Dichter seiner Generation. Die jüdischen Aufklärer begeisterten sich für das Studium des biblischen Hebräisch und der neueren hebräischen Literatur und setzten sich für die Einführung von modernen Fächern anstelle des traditionellen Talmudstudiums ein. Die Gesellschaft hebräischer Literaturfreunde begründete 1783 in Königsberg die Monatsschrift *Ha-Me'assef* (»Der Sammler«) und verherrlichte darin das biblische Hebräisch. Den Großteil der jüdischen Gemeinschaft, der an der deutschen Gesellschaft teilhaben und teilnehmen wollte, ließen diese Bestrebungen allerdings kalt. Sie wurden erst Jahrzehnte später von der jüdischen Tarbut-Bewegung (hebr. *tarbut* bedeutet »Kultur«) aufgegriffen, die insbesondere in der Zeit zwischen den Weltkriegen ein Netzwerk säkularer hebräischsprachiger Bildungseinrichtungen in Polen, Rumänien und Litauen verwaltete.

Für die Mehrheit der Juden Mitteleuropas war zu dieser Zeit aber das Deutsche zu ihrer Kultursprache geworden. So ging Theodor Herzl (1860–1904), der Begründer des politischen Zionismus, selbstverständlich davon aus, dass im zukünftigen »Judenstaat« Deutsch gesprochen würde: »Wir können doch nicht

Elieser Ben-Jehuda bei der Arbeit an seinem Wörterbuch (ca. 1912).

Hebräisch miteinander reden. Wer von uns weiß genug Hebräisch, um in dieser Sprache ein Bahnbillett zu verlangen?« Damals gebrauchten die Juden in aller Welt ihre jeweilige Landessprache; daneben waren Jiddisch und Ladino (sozusagen das spanische Pendant zum Jiddischen) als Umgangssprachen verbreitet.

Herzl schwebte für Palästina noch ein Sprachföderalismus nach Schweizer Vorbild vor. Den Grundstein für die Hebraisierung Palästinas legte dann Elieser Ben-Jehuda (1858–1922, eigentlich Eliezer Jitzchak Perlman), der 1881 aus Russland nach Erez Jisrael eingewandert war. Er war 1890 einer der Mitbegründer des Sprachenrats (Wa'ad Ha-Laschon), Geschäftsführer des Gründungskomitees der Hebräischen Universität in Jerusalem und Herausgeber der ersten hebräischen Tageszeitung in Palästina. Sein Lebenswerk, das erste moderne hebräische Lexikon, wurde allerdings erst 1959 abgeschlossen. 1927 war in Berlin und Wien bereits das deutsch-hebräische Wörterbuch von Simeon Menachem Laser (1864–1932) und Harry Torczyner (1886–1973) erschienen, das eine Vielzahl von Wortschöpfungen zur Wiedergabe neuzeitlicher Begriffe enthielt. Torczyner war Dozent an der Berliner Hochschule für die Wissenschaft des Judentums und wirkte später unter dem Namen Tur-Sinai viele Jahre lang als Präsident der 1953 eingerichteten Akademie für die Hebräische Sprache in Jerusalem.

Im Jahr 1914 wurde Iwrit bereits von gut 40 Prozent der Juden Palästinas als erste Umgangssprache benutzt. Zu Beginn der 1930er Jahre war Hebräisch neben Englisch und Arabisch eine der offiziellen Landessprachen Palästinas und diente als Motor bei der Herausbildung einer neuen säkularen jüdischen Kultur unabhängig von religiösen Codierungen. Achad Ha'am (1856–

1927, eigentlich Ascher Hirsch Ginsberg) wurde zum Schöpfer eines neuen hebräischen Stils für Publizistik und Wissenschaft und gilt als einer der wichtigsten Schriftsteller und Literaturkritiker seiner Zeit.

Zur Etablierung des Hebräischen gehörte auch die Entwicklung einer modernen hebräischen Typografie. So ließ Salman Schocken für seinen 1937 in Palästina gegründeten (zweiten) Verlag eine neue hebräische Schrift entwerfen, die »Schocken-Baruch«. Für die heute übliche hebräische Quadratschrift *(ktav merubba)*, deren Druckbuchstaben sich in ihrer Linienführung an einem Quadrat orientieren, gibt es eine Vielzahl von Schriftstilen. Die gebräuchliche hebräische Schreibschrift *(ktaw rahut* – »fließende Schrift«) geht unterdessen auf alte aschkenasische Schreibschriften zurück.

Iwrit ist heute (neben Arabisch) die Amtsprache des Staates Israel und wird weltweit von etwa fünf Millionen Menschen als Alltagssprache benutzt, von denen etwa 220.000 Personen in Nordamerika leben. Im Neuhebräischen finden sich viele Lehnwörter aus dem Russischen und Arabischen, aber auch aus anderen Sprachen wie Englisch, Jiddisch, Deutsch und Französisch. In den Medien erscheinen immer wieder Neubildungen hebräischer Worte, während in die Umgangssprache verstärkt Arabismen und Anglizismen einfließen. Der israelische Politiker Schimon Peres befand dazu 2005 in einer Feierstunde des israelischen Kabinetts zu Ehren Elieser Ben-Jehudas: »Wir nähern uns der Situation, in der die Pflege unserer Kultur und die Erhaltung unserer Sprache zu einer entscheidenden Herausforderung werden, nicht weniger als der Schutz unseres Landes.«

1.6 Das Jüdische Recht in der Moderne

Die Aufklärung und die auf ihr basierende rechtliche Gleichstellung (Emanzipation), die vom Ende des 18. Jahrhunderts an in den europäischen Staaten vollzogen wurde, brachten die Teilhabe und Teilnahme der Juden an der modernen europäischen Kultur mit sich. Die aktuellen Fragen und Herausforderungen führten zu heftigen Auseinandersetzungen unter den Juden Europas, aber auch Nordamerikas, die das ganze 19. Jahrhundert hindurch andauerten. Schließlich bildeten sich drei jüdische Grundströmungen heraus, die das Jüdische Recht unterschiedlich anwenden und weiterentwickeln sollten. Eine dieser Richtungen, das neoorthodoxe Judentum, nahm die Abnahme an jüdischer Observanz seit Beginn der Aufklärung zum Anlass, die Gesetze und Doktrinen des rabbinischen Judentums streng und in möglichst weiten Teilen zu befolgen. Die Bewegung, die die Lehren des rabbinischen Judentums zu überdenken und in der Praxis umzuarbeiten begann, wird als jüdische Reformbewegung oder auch als liberales oder progressives Judentum bezeichnet. Sie hat ihre Wurzeln im Deutschland des frühen 19. Jahrhunderts und breitete sich in den 1840er Jahren nach Nordamerika und Großbritannien aus. Heute gibt es auf allen Kontinenten liberale Gemeinden. Diese sind seit 1926 in der Weltunion für Progressives Judentum (World Union of Progressive Judaism) geeint. Ein konservativer und trotzdem nach Erneuerung strebender Zweig des Judentums bildete sich wenig später und ebenfalls in Deutschland in Form des sogenannten positiv-historischen Judentums heraus. Diese konservativen Gemeinden sind heute weltweit in der Masorti-Bewegung zusammengeschlossen (*masorti* ist die hebräische Bezeichnung für »traditionell«).

1. Die Halacha im orthodoxen Judentum

Die Tora und ihre Bedeutung für das jüdische Leben stehen im Zentrum des orthodoxen Judentums. Nach Auffassung der Orthodoxie ist die Tora das von Gott offenbarte Wort, das er vor über dreitausend Jahren am Berg Sinai gesprochen hat. Die Tora ist die *tora min ha-schamajim* (MSanh 10,1), die Tora vom Himmel. Sie enthält Gottes Worte, wie er sie Mose diktiert hat, und darf deshalb nicht verändert werden. Das Prinzip der Unantastbarkeit bezieht das orthodoxe Judentum auch auf das mündliche Gesetz, das nach wie vor mit der »mündlichen Tora« identifiziert wird, die Mose neben der »schriftlichen Tora« ebenfalls am Berg Sinai offenbart worden sei. Als solche enthalte sie den Schlüssel zum vollen Verständnis der »schriftlichen Tora«. Diese zweifache Tora beinhaltet demnach das von Gott direkt offenbarte schriftliche und mündliche Gesetz. Die Quintessenz dieser Auffassung besteht also darin, dass einerseits die Gesetze als unabänderlich gedeutet und gewertet werden und andererseits alle Entscheidungen, die sich auf neue Situationen in anderen Epochen beziehen, ihnen dennoch entsprechen sollen. Das orthodoxe Judentum lehnt die Auffassung ab, nach der das mündliche Gesetz es ermöglicht, den Wortlaut der Tora im dynamisch-geschichtlichen Wandel zu interpretieren und weiterzuentwickeln.

Orthodoxe Juden müssen daher der Tora wortgenaue Treue erweisen und daran festhalten, dass jedes Wort, jedes Gesetz und jedes Gebot der Bibel bindend ist. Und dasselbe gilt dann auch für die Vorschriften der mündlichen Tora, also der Interpretation des biblischen Textes in der jüdischen Tradition, denen die gleiche Bedeutung als göttliche Offenbarung und damit die gleiche Unantastbarkeit zukommt wie der schriftlichen Tora. Alle 613 Gebote und Verbote der Tora haben den gleichen Stellenwert, und kein Mensch hat das Recht, das eine Gebot über das andere zu stellen. So sind also Ritualgesetze, wie zum Beispiel die Speisegebote, und Moralgesetze wie das Gebot der Nächstenliebe von gleicher Wichtigkeit, und ein orthodox religiöser Jude muss beide gleich ernst nehmen und beherzigen. Ähnliches gilt auch für die rabbinischen Auslegungen dieser Gebote. Die Gesetze und Gebote der Tora sind bindend – und zwar genau so, wie sie die Rabbinen ausgelegt und erläutert haben.

Rabbiner Joseph B. Soloveitchik hat jeden Juden dazu aufgefordert, ein *isch halacha* zu werden, ein »Mann des Gesetzes«. Er glaubte, dass die Wichtigkeit der Halacha nicht bewiesen und begründet werden müsse, weil sie das Gesetz Gottes sei. Da sie unsere Gefühle und Instinkte im Zaum halte, bringe uns die Halacha näher zu Gott; sie lege Regeln fest, die wir aus eigenem Willen, Verlangen oder Wünschen nicht aufheben könnten.

Es gibt allerdings auch im orthodoxen Judentum Versuche, die wortgetreue Auslegung mit einer modernen Weltansicht zu verbinden. Soloveitchik war etwa der Hinweis wichtig, dass die Halacha sich mit Entdeckungen und Erkenntnissen über den Menschen und die Welt beschäftigt, sogar mit der Erd- und Weltraumforschung durch die moderne Naturwissenschaft. Ziel der Halacha sei es, unser schöpferisches Tun im Universum mit der Schöpferkraft Gottes zu vereinigen. Außerdem bestehen Ansätze, die buchstäbliche Deutung der Mizwot mit einem moralischen Idealismus in Verbindung zu bringen. Der Präsident der orthodoxen New Yorker Yeshiva University, Samuel Belkin (1911–1976), lehrte, dass alle Mizwot einen höheren moralischen Zweck verfolgten, auch wenn der Mensch diesen nicht immer erkennen könne. Das Verbot von Schalentieren in der jüdischen Küche klinge einfach, könne aber mit einer hohen moralischen Bedeutung verknüpft sein, die wir nicht sehen. Manchen orthodoxen Rabbinern gehen solche Erläuterungen der Sinnhaftigkeit von Vorschriften der Halacha allerdings schon zu weit. Für sie reicht es, zu wissen, dass diese Gesetze den Willen Gottes widerspiegeln. Das allein sei Grund genug, das Religionsgesetz zu ehren und ihm zu folgen. Zu Veränderungen des Gesetzes gebe es keinen Anlass. Auch die Abnahme an jüdischer Observanz in der Moderne weist nach orthodoxer Meinung nicht auf die Notwendigkeit hin, das Judentum auf einen modernen Stand zu bringen, sondern vielmehr darauf, dass die Juden zu ihren Pflichten zurückgeführt werden müssten. Nicht das System also, sondern das Volk sei im Irrtum. Gelegentliche Neuinterpretationen stünden nur den *gedole ha-dor*, den größten Weisen und Gelehrten einer Generation, zu. So kann das orthodoxe Judentum gemäß seiner eigenen Bestimmung wenig dafür tun, die Schwierigkeiten zu mildern, die beispielsweise das rabbinische Eherecht in einigen seiner Regelungen für moderne Juden darstellt. Einige orthodoxe Juden jedoch hoffen, dass eines Tages der Sanhedrin (Hoher Rat) wieder eingesetzt werden wird und dann mehr substanzielle Veränderungen im Gesetz möglich sein werden, als dies gegenwärtig der Fall ist.

2. Die Halacha im liberalen Judentum

Viele Juden glauben nicht nur an den Wert der Tradition, sondern ebenso an die Notwendigkeit von Änderungen, um die traditionelle Praxis mit der jeweiligen aktuellen Situation in Einklang zu bringen. Aus diesem Grund entstand im 19. Jahrhundert, als die Juden in Deutschland zum ersten Mal ihre Religion frei von Einschränkungen durch die Obrigkeit praktizieren konnten, das liberale Judentum. Das liberale Judentum versteht sich als Erbe der fast viertausend Jahre alten religiösen Erfahrung der *toldot*, der Geschichte als Kette der Überlieferung, die mit der Offenbarung am Sinai beginnt. Es strebt danach, die Tradition zu erhalten und zu entwickeln, also die Erkenntnisse aus der Vergangenheit mit der Wirklichkeit unserer Gegenwart zu verbinden. Das Judentum hat nämlich nicht nur eine reiche Geschichte, sondern es ist zugleich eine Herausforderung für heutige Jüdinnen und Juden, diese Tradition in moderne Bezüge zu stellen. Andere Ausdrucksformen des Judentums stehen gleichberechtigt daneben, denn sie verfolgen dasselbe Ziel, wenngleich auch auf andere Art und Weise.

Das wichtigste Merkmal des liberalen Judentums ist seine Einstellung zur Offenbarung am Berg Sinai. Zentral ist dabei die Überzeugung von der Geschichtlichkeit der göttlichen Offenbarung und der jüdischen Tradition, welche auch im liberalen Judentum jede halachische Entscheidung prägt. Das heißt: Die Tora enthält zwar das Wort Gottes, es ist jedoch in ihr in menschliche Worte gefasst. Ihre Heiligkeit besteht in dem, was sie bezeugt, nicht in der Art und Weise, wie sie es darstellt. Sie bezeugt die religiöse Botschaft, die von der damaligen und den später folgenden Generationen daraus gehört wurde und die jeweils neu ausgelegt werden muss. Daher ist dieses Buch eine immer neue Quelle inspirierender Texte und praktischer Anleitungen. Es gilt, sich eingehend mit ihr zu befassen und jeden ihrer möglichen Aspekte zu untersuchen. Doch die Tora bleibt eben ein von Menschen geschaffenes Buch, das Irrtümer und Kopierfehler in sich enthält, das infrage gestellt und revidiert werden kann und dessen Aussagen in einigen Aspekten durchaus veraltet sind. Es ist deshalb unvermeidlich, es kritisch zu prüfen. Nur so lässt sich herausfinden, welche Abschnitte einen göttlichen Wesenszug tragen und auch heute zu uns sprechen. Manche Teile sind weniger ergiebig als andere, und die Annahme der Unabänderlichkeit ist eine nicht zu rechtfertigende Beschränkung der rabbinischen Autorität. Die Tora ist aus liberaler jüdischer Sicht ein autoritativer Text, ihr gebührt Aufmerksamkeit und Würdigung, sie besitzt aber ohne das Verständnis der Menschen in ihrer Zeit keine letzte Autorität.

Der Prozess der Offenbarung ist im liberalen Judentum ein fortschreitender (also »progressiver«) Prozess, in dem Menschen beständig danach streben, Gottes Willen zu verstehen. Keine Generation hat das alleinige Anrecht auf das korrekte Verständnis des Willens Gottes, sondern jede hat ihre Einsichten, die von den folgenden Generationen vertieft und erweitert werden können. Auch die Hebräische Bibel ist das Produkt eines langen Prozesses religiöser Entwicklung, zu der sowohl die göttliche Offenbarung als auch das menschliche Denken etwas Wesentliches beigetragen haben. Der menschliche Anteil ist es, welcher den geistigen Horizont und die gesellschaftlichen Bedingungen der jeweiligen Zeit widerspiegelt. Daher widersetzt sich das liberale Judentum der traditionellen Sicht, wonach jedes Wort der Tora – sei es nun der schriftlichen oder der mündlichen – als etwas betrachtet werden soll, das in seinem Wortlaut eine zeitunabhängige göttliche Autorität besitzt. Für das liberale Judentum sind Bibel und Talmud, wie gesagt, zwar autoritative Quellen des Judentums, jedoch nicht jedes einzelne darin enthaltene Wort. Es wird von diesen Schriften geleitet, aber berücksichtigt auch das moderne Denken und die aktuellen Umstände. Es fühlt sich frei (und sogar wie die Rabbinen des Talmuds verpflichtet), alte Gebote abzuändern und, wo nötig, zu kürzen, wenn sie nicht mehr ihrem ursprünglichen Zweck gerecht werden oder mit dem modernen Wissen oder dem ethischen Gefühl der Gegenwart kollidieren.

Neben der Überzeugung vom historisch-progressiven Charakter der Offenbarung wird die liberal-jüdische Einstellung zur Halacha durch eine vergleichende und interdisziplinäre Herangehensweise bestimmt. Die Grundsätze des liberalen Judentums decken alle Gebiete jüdischen Lebens ab und berücksichtigen die Entwicklung der Halacha, sie führen aber nicht notwendigerweise zu den traditionellen Schlussfolgerungen. Das liberale Judentum zieht die Halacha stets in Betracht und sieht sie als wichtigen Ausgangspunkt für die Entscheidungsfindung. Absolut bindend ist die Halacha jedoch im liberalen Judentum nicht. Denn bei der Suche nach einer zeitgemäßen jüdischen Antwort werden in gleicher Weise auch andere erkenntnistheoretische Kriterien herangezogen: das Gewissen, die Vernunft, philosophisch-ethische Überlegungen, der heutige Wissensstand von Natur- und Gesellschaftswissenschaften und dergleichen mehr. Von all diesen Komponenten hängt es mit ab, ob das traditionelle Religionsgesetz auch im liberalen Judentum als Richtschnur Anwendung findet. Daher werden die Meinungen der Rabbinen zwar in aktuelle Überlegungen liberaler Rabbiner mit einbezogen, gelten aber nicht als verbindlich.

Die Methodik des liberalen Zugangs zur Halacha unterscheidet sich hierbei von den hermeneutischen Regeln der Orthodoxie, ist ihnen aber andererseits verwandt, und auch ihre Funktion ist ähnlich. Sie beruht auf dem Grundsatz, zuerst die jeweils traditionelle Sicht zu bedenken – auch dann, wenn man dieser letztlich nicht zustimmen kann, weil sie nicht der aktuellen Situation entspricht. Die Entscheidungen der heutigen Rabbiner müssen wie die der Rabbinen zur Talmudzeit auch die individuelle Situation berücksichtigen und wollen vermeiden, dass die Befolgung eines Gesetzes schädliche Auswirkungen hat. Dabei wird nach dem Prinzip der Priorisierung verfahren. Wichtigere Grundsätze werden über weniger wichtige gestellt. Zum Beispiel kann der Gebrauch des Telefons, mit dem man mit seiner Familie in Kontakt bleibt, das traditionelle Verbot außer Kraft setzen, am Schabbat Elektrizität zu nutzen.

Selbst wenn ein Gebot im liberalen Judentum in gleicher Weise beachtet wird wie in der Orthodoxie, so geschieht dies also oft mit einer anderen Begründung. Manche Regelungen werden nicht angewandt, wenn nach liberalem Verständnis eine andere Prioritätensetzung angemessen ist. So hält die orthodoxe Halacha in einem Zeitalter, in dem es selbstverständlich weibliche Staatsoberhäupter gibt, gemäß MSchab 4,1 daran fest, dass Frauen nicht als Zeuginnen geeignet seien. Ein anderes Beispiel ist beispielsweise das Verbot, einen Regenschirm zu öffnen, wenn es am Schabbat regnet. Nach orthodoxem Verständnis entspricht dies der am Schabbat verbotenen Errichtung eines Zeltes. Als gleichermaßen problematisch gilt es, eine gehbehinderte Person am Schabbat in einen Rollstuhl zu setzen, denn die Spuren, die die Räder auf dem Boden hinterlassen, seien dem Schreiben ähnlich (MSchab 7,2; bTSchab 49b) – und damit ist auch das Rollstuhlfahren am Schabbat eine verbotene Tätigkeit. Diese Beispiele erklären, warum so viele Juden seit dem Zeitalter der Emanzipation ganz im Sinne der traditionellen Dynamik der jüdischen Lehre darum bemüht sind, eine aktuelle Halacha zu entwickeln und damit dem jüdischen Auftrag zu folgen, sich in jeder Generation die Tora neu zu erschließen.

So hat das liberale Judentum die veraltete Definition der Arbeit am Schabbat revidiert, Frauen von allen Einschränkungen befreit, die Gebete um Erneuerung des Opferkultes gestrichen – um nur einige Beispiele zu nennen. Es geht bei alldem jedoch nicht darum, einfach ein Regelwerk durch ein anderes zu ersetzen. Trotz der allgemeinen Annahme, diese Reformen hätten lediglich dazu gedient, das Judentum zu modernisieren, liegt ihnen ein tieferer Sinn zugrunde: Es gilt, die ursprüngliche Situation wiederherzustellen, in der das jüdische Gesetz dem jüdischen Volk dient, seinen Bedürfnissen entspricht und ein Leitfaden für den Alltag ist. So werden die Lösungen der Vergangenheit mit den Anforderungen der Gegenwart verknüpft. Als man zum Beispiel in den 1980er Jahren erkannte, dass die Beerdigung eines totgeborenen Kindes ohne jegliches Trauerritual für die Eltern sehr schmerzlich sein kann, führte man auch für diesen Fall ein Bestattungsritual ein. Ein wesentliches Merkmal des liberalen Judentums ist also die Flexibilität im Hinblick auf menschliche Bedürfnisse und Gefühle, aber auch der Verzicht auf Hilfskonstruktionen, die helfen sollen, den orthodoxen Schein zu wahren. So können sich nämlich streng orthodoxe Juden beispielsweise einen *eruw* einrichten, einen abgegrenzten öffentlichen Bezirk, in dem das Verbot des Tragens am Schabbat aufgehoben ist.

Bei allem Konsenswillen ist das liberale Judentum bestrebt, die Individualität des Einzelnen anzuerkennen und zu fördern. So ist man zwar einerseits in Fragen von gemeinschaftlichem Interesse, etwa bei Statusfragen und Gottesdienstformen, auf Landesebene oder im Rahmen eines kulturellen Gefüges in der Regel um Einheit bemüht, was einer weitgehenden Übereinstimmung der Bräuche in allen liberalen Gemeinden eines Landes zugutekommt. Aber andererseits lässt das liberale Judentum doch Ausnahmen und Abänderungen zu, die besonders in persönlichen Angelegenheiten wichtig werden. So geben die Rabbiner Anleitungen bezüglich der individuellen Beachtung der Kaschrut oder des Schabbats, doch die eigentliche Gewissensentscheidung liegt beim Einzelnen selbst – nicht in erster Linie deshalb, weil es ja ohnehin unmöglich wäre, die Einhaltung der Vorschriften zu erzwingen, sondern weil letztlich jeder selbst die religiöse Verantwortung für sich trägt. Es ist die Pflicht des Einzelnen, sein Leben im Wissen um die jüdische Tradition, in persönlicher Integrität und in Verbundenheit mit der Gemeinschaft zu führen. Dies kann zu Unterschieden bei individuellen religiösen Handlungsweisen führen. Es gibt nach liberaler Auffassung keinen Grund, warum die religiöse Ausrichtung des Lebens innerhalb dieses Rahmens für alle und jeden identisch sein sollte, solange das religiöse Leben in einer anerkannten jüdischen Struktur geführt wird. Das Verhältnis von persönlicher Freiheit und gemeinschaftlicher Identität muss dabei immer wieder neu ausbalanciert werden. Jeder Jude hat das Recht darauf, seine Religiosität auf seine eigene Weise auszudrücken, aber auch die Pflicht, dem Regelwerk zu entsprechen, das das Volk Israel im übertragenen Sinne ausmacht.

Das liberale Judentum ist sich seit seiner Entstehung der Schwierigkeit bewusst, Gottes Willen im Alltagsgeschehen zu begreifen, und es betrachtet die menschlichen Bemühungen darum als heilige Aufgabe, der man nach besten Kräften nachkommen soll. Diese Aufgabe spiegelt sich in Leo Baecks Bemerkung »Liberal zu sein ist so viel schwerer« wider – schwerer, weil man eben anders als die Orthodoxie keine fertigen Antworten hat und im Hinblick auf die religiöse Lebensführung individuelle Gewissensentscheidungen treffen muss. Die Auseinandersetzung mit solchen Fragen zwingt den Einzelnen, Prioritäten zu setzen, und bringt Tag für Tag die Herausforderung mit sich, darüber zu reflektieren, wie man sich denn am besten verhält. Das liberale Judentum ist also weit davon entfernt, »bequem« zu sein, wie Kritiker oft behaupten. Stattdessen verkörpert es die wörtliche Bedeutung des Namens Israel – »der mit Gott ringt« (nach Gen 32,29) – und ist ein ständiger Versuch, die höchsten Ideale mit dem Alltag zu verbinden und inmitten der modernen Gesellschaft bewusst jüdisch zu leben. So konnte der bedeutende liberale Halachist Moshe Zemer (1932–2011) in seiner Arbeit *Jüdisches Religionsgesetz heute. Progressive Halacha* folgern: »Letztlich haben wir gelernt, dass es nicht nur ein Recht, sondern ein Gebot der Stunde ist, Neuerungen einzuführen, um unserem Volk seine vom Religionsgesetz herrührenden Leiden zu erleichtern. Die Dezisoren müssen sich der veränderten Lebensrealität unserer Generationen stellen, wie Rabbi Albo (um 1380 – ca. 1445) es schon vor über fünfhundert Jahren forderte: ›Die mündlichen Überlieferungen, die Mosche am Berg Sinai empfing, sind in der schriftlichen Lehre nur vage angedeutet, damit die halachischen Autoritäten jeder Generation entsprechend der jeweiligen Situation zu neuartigen Auslegungen gelangen können.‹«[1]

Die heute gültigen Grundsätze und Entscheidungen des liberalen Judentums sind weniger das Ergebnis einer systematischen Neuordnung jüdischen Glaubens und Lebens, sondern sie sind zumeist als Antwort auf eine konkrete Fragestellung entstanden. Ihr gemeinsamer Grund ist jedoch ein allgemeines Prinzip, im Lichte dessen das liberale Judentum an die Überlieferung herantritt: das Recht, die Tradition im Sinne der fortschreitenden Offenbarung zu verändern. Der große zeitgenössische Halachist des liberalen Judentums, Walter Jacob, hat die Aufgabe und Rolle der Beschäftigung mit der Halacha vonseiten der Zentralkonferenz amerikanischer Rabbiner und ihre religionsgesetzliche Kommission 1983 so beschrieben: »We have looked at Halacha in a different and, we believe, more creative way than other Jewish groups. We have not looked to the Orthodox for approval; rather, our response and the guides which we have written have linked the past to the present and sought to make Halacha meaningful to new generations [...] The roots of Reform Halacha lie partially in our nineteenth-century past, for we have been provided with firm halachic foundations through the efforts of Geiger, Frankel,

---

[1] Moshe Zemer, *Jüdisches Religionsgesetz heute. Progressive Halacha*, Neukirchen-Vluyn 1999, 210.

Loew, and others. They are, however, more deeply rooted in the distant rabbinic past. On occasion we may be as radical as those Tana'im and Amora'im who created Rabbinic Judaism, and thereby created [Judaism] anew. Frequently, we will find appropriate solutions within the tradition, broadly perceived. The authority of the Central Conference of American Rabbis and its Responsa Committee lies in its ability to persuade and reach a consensus. Halachic discussions will bring us closer to consensus and agreement on basic principles. As often in the past, we will proceed inductively, and specific statements will evolve into general principles.«

3. Die Halacha im konservativen Judentum

Das konservative Judentum sucht nach einem Mittelweg zwischen der orthodoxen Position der *tora min ha-schamajīm* und dem liberalen Judentum. Es hatte seinen Ursprung ebenfalls im Deutschland des 19. Jahrhunderts, wo es stark von dem aus Prag stammenden Dresdner Oberrabbiner Zacharias Frankel (1801– 1875) geprägt wurde. Mit einer Gruppe gemäßigter Reformer gründete dieser 1854 das Jüdisch-Theologische Seminar von Breslau und wurde dessen erster Rektor. Die dort gelehrte nichtorthodoxe Variante des traditionellen Judentums sollte bald unter dem Namen »positiv-historisch« bekannt werden. »Positiv« war sie, weil sie im Gegensatz zur damaligen klassisch-jüdischen Reformbewegung in Deutschland die Halacha und die Mizwot traditionell bewahren und Hebräisch als liturgische Gebetssprache in den Synagogen beibehalten wollte. »Historisch« war sie, weil sie anerkannte, dass sich das Judentum mit seinen Gesetzen und Institutionen über die Jahrhunderte hinweg entwickelt und verändert hat. Deshalb sei es für ein richtiges Verständnis des Judentums von entscheidender Bedeutung, diese historischen Entwicklungen zu studieren. So wenig Frankel die Möglichkeit der

Veränderung und Weiterentwicklung im Judentum ausschließen wollte, so entschieden lehnte er andererseits prinzipielle Eingriffe in die Tradition ab. Am Breslauer Jüdisch-Theologischen Seminar, das bis 1938 bestand, wurde die historisch-kritische Methode zwar im Umgang mit dem Talmud angewandt, nicht aber auf die fünf Bücher Mose selbst.

Trotz ihres historisch-positiven Ansatzes akzeptieren bis auf wenige Ausnahmen fast alle konservativen Denker die Vorstellung, dass das Volk Israel die Tora unmittelbar von Gott empfangen hat. Einige glauben, dass diese Offenbarung ein einmaliger Akt in der Geschichte gewesen ist, während andere die Offenbarung als einen andauernden Prozess betrachten, in dem jede Generation sich mehr und mehr das Wort Gottes erschließt. Jedoch wenden sich die meisten konservativen Juden gegen die orthodoxe Auffassung, jedes einzelne Wort in der Tora sei unabänderlich. Gleichwohl gelten sowohl die mündliche als auch die schriftliche Tora im Kern als göttlich inspiriert. Ohne diese Vorstellung hat der Glaube für konservative Juden keine Basis.

Im Gegensatz zu orthodoxen Positionen sind konservative Denker jedoch der Ansicht, dass die Offenbarung ein wechselseitiger Prozess ist, ein Dialog zwischen Gott und dem Menschen. Der Kern göttlicher Wahrheit darf nicht geleugnet werden. Doch die Art, in der wir über diese Wahrheit in Tora und Talmud nachdenken, ist zutiefst menschlich, birgt Irrtümer in sich und enthält Gedanken und Vorstellungen, die an die jeweilige Zeit gebunden sind. Auf dieser Ebene sind also sehr wohl Änderungen möglich. Aus konservativer Sicht sind die Bibel und die jüdischen Religionsgesetze unsere Antwort auf Gottes Willen, sich uns bekannt zu machen. Die Mizwa ist eine menschliche Interpretation und Anwendung göttlicher Prinzipien in der jeweiligen Gegenwart. Konservative Juden folgen ohne Weiteres solch grundlegenden und wesentlichen Prinzipien wie der Einhaltung des Schabbats und der Feiertage, den Kaschrut-Regeln, der jüdischen Eheschließung und Ehescheidung, der Notwendigkeit einer soliden jüdischen Ausbildung, dem Studium der hebräischen Sprache und der ethischen Glaubenslehren. Sie sind sich zugleich aber auch der Notwendigkeit bewusst, einige jüdische Regeln unserem Alltag anzupassen. Sie befürworten es, dass man die Synagoge besucht, und deshalb dürfen Gottesdienstbesucher dorthin auch fahren, wenn sie zu weit von der Synagoge entfernt wohnen, um zu Fuß zu gehen.

Außerdem haben konservative Rabbiner in den Eheschließungs- und Ehescheidungsgesetzen einige wichtige Änderungen durchgeführt. So fanden sie zum Beispiel eine Lösung für das Problem jener Frauen, deren Ehemann nicht in eine Scheidung einwilligen will oder kann. In einem solchen Fall stellt ein jüdisches Gericht *(bet din)* unabhängig von Ehemann den Get aus. Dazu gibt es bereits bei der Hochzeit Vereinbarungen wie die *Lieberman Clause*, mit denen der Ehemann sich verpflichtet, im Falle einer Zivilscheidung auch einen Get auszustellen. Falls der Ehemann sich später nicht daran halten beziehungsweise dies als Druckpotential nutzen will, kann das Bet Din sich so auf den erklärten Willen des Ehemannes beziehen.

Die Frage, wem das Recht zukommt, Gesetze zu ändern, und auf welcher Grundlage, ist aber auch für das konservative Judentum schwer zu beantworten. Rabbiner Salomon Schechter (1847–1915) war der Ansicht, dass das Religionsgesetz für das Judentum deshalb so wichtig sei, weil keine Bewegung überleben könne, die sich ausschließlich auf hehre Gedanken stützt. Aber er glaubte, dass die lebendige Gemeinschaft aller Juden – einschließlich der Propheten, Psalmisten, Weisen und Rabbinen – über die Generationen hinweg das letzte Wort haben müsse, was am jüdischen Gesetz geändert werden solle und was nicht: Das Volk als ganzes und seine Lebensform bestimmen die Interpretation der Tora. Schechter befasste sich auch mit dem Zeitgeist und mit säkularer Wissenschaft – gemäß dem Satz aus dem Traktat MAw 2,19: »Sei eifrig beflissen, die Tora zu lernen, was du dem Gottesleugner erwidern sollst.«

Auch der große Talmudgelehrte Louis Ginzberg (1873–1953), der Gründer der American Academy of Jewish Research, betonte, dass das jüdische Gesetz nie eine tote Materie oder eine starre Konstante war. Es entwickelte und änderte sich und hielt mit der jeweils neuen sozialen und wirtschaftlichen Situation Schritt. Gemäß Robert Gordis, einem Ginzberg-Schüler, ist »Wachstum das Gesetz des Lebens, und das Gesetz ist das Leben des Judentums«. Gordis (1908–1992) sieht die Offenbarung als einen Prozess und bietet dafür ein Bild an: Die heutige Tora geht auf Mose zurück, so wie eine Eiche aus einer Eichel hervorgeht. Auf diese Weise ermöglichen jene Regeln, die vor unserer Zeit entstanden sind, dass wir Regeln für unsere eigene Zeit festlegen. Gordis glaubte aus vier Gründen an die Notwendigkeit der Halacha:

- Sie verbindet den Menschen mit dem Universum, in dem er lebt.
- Sie lehrt ethische und soziale Werte.
- Sie macht das Leben schöner und reicher.
- Sie verbindet jeden Juden mit dem jüdischen Volk und der Gemeinschaft.

Im Allgemeinen steht in der konservativen Bewegung die Unantastbarkeit der Halacha und der Mizwot im Mittelpunkt. Über die Herangehensweise bei Änderungen und über deren Ausmaß gehen die Meinungen auseinander: Einige befürworten ein entschiedeneres Vorgehen, während andere das Vorgehen innerhalb der konservativen Bewegung als zu unsensibel kritisieren. Alle konservativen Rechtsausleger teilen aber die Ansicht, dass das jüdische Gesetz modulierbar sei. In der konservativen Bewegung ist es die Aufgabe des Committee on Jewish Law and Standards (CJLS) und der Rabbinical Assembly, diese Änderungen vorzunehmen.

4. Die Halacha als dialektischer Prozess

Betrachtet man alle drei Richtungen, so zeigt sich, dass sich die Auffassungen über das, was die Halacha ist, zu allen Zeiten verändert und fortentwickelt haben. Das ist nicht erstaunlich, wenn man bedenkt, dass sich darin ein Grundzug widerspiegelt, der die Geschichte des jüdischen Volkes von Anfang an prägt: Diese Gemeinschaft hat den Glauben der jüdischen Erzväter und Erzmütter mit der Lehre vom Sinai in Einklang gebracht, mit dem Idealismus der Propheten, mit den pragmatischen Einzelentscheidungen der Rabbinen. Sie hat die sozialen Bedingungen verschiedener Epochen berücksichtigt und auf zeitgenössische Lebensstile und Einstellungen reagiert, auch wenn sie sich ihnen nicht zwangsläufig angepasst hat. Dies zeigt sich vor allem in der talmudischen Zeit, in der halachische Prinzipien lebhaft diskutiert und kritisch geprüft wurden. Bräuche, die nicht mehr durchführbar waren, wurden erfolgreich abgeschafft, und zwar durch einen Interpretationsprozess, der dem Wortsinn des Toratextes andere Bedeutungen verlieh. So wurde die Todesstrafe, die in der biblischen Literatur für zahlreiche Delikte vorgesehen ist, schließlich an so viele Bedingungen geknüpft, dass es ob dieser Hürden unmöglich wurde, sie zu vollstrecken. In ähnlicher Weise löste man den Satz »Auge um Auge, Zahn um Zahn« (Ex 21,24) von jeglicher körperlichen Vergeltung ab und bezog ihn vielmehr auf einen rein finanziellen Ausgleich. Später wandte man rabbinische Beschlüsse an, um Gesetze außer Kraft zu setzen, die negative Auswirkungen für das Gemeinwesen haben. Zum Beispiel machte es Hillels Prosbul möglich, dass Kredite auch nach dem Schabbatjahr – das ist die Zeit des Brachliegens der Felder, die nach dem biblischen Text für jedes siebte Jahr vorgeschrieben ist – zurückgezahlt werden müssen und nicht verfallen, wie es die Bibel gebietet. Als weiterer Beleg dafür, wie sehr das traditionelle Judentum in der Vergangenheit Veränderungen gebilligt hat, sei darauf hingewiesen, dass im 2. Jahrhundert u. Z. die Schabbatgottesdienste nur eine Stunde dauerten, dass der Tora-Abschnitt in die Landessprache übersetzt wurde, dass die Gebete in jeder Gemeinde variierten, dass die Männer keine Kopfbedeckung trugen, dass es ihnen erlaubt war, mehr als eine Ehefrau zu haben, und dass sie im Gottesdienst offenbar nicht getrennt von ihren Frauen saßen.

Auch über Veränderungen bei der Befolgung des religiösen Rechts gab es über die Jahrhunderte immer wieder eine breite Debatte, die sich nach der Aufklärung zwischen den drei Grundströmungen des Judentums fortsetzte. Viele Entscheidungsträger berücksichtigten bei einem Rechtsentscheid ausdrücklich die realen Gegebenheiten. Für manche Situation gab es auch keine auf der Logik beruhende Herleitung mittels der halachischen Methode (also durch Rückgriff auf ein in der Tradition vorhandenes Gesetz). Dann wurden radikal neue Ansätze ins Jüdische Recht eingeführt. Jehuda ha-Nasi (ca. 135 – ca. 220) sah sich zum Beispiel gezwungen, die ganze halachische Grundlage der Gesetze zum Schabbatjahr zu verändern, um das Volk vor dem Verhungern zu bewahren. Moshe Zemer verweist darauf, dass vom Mittelalter bis zum heutigen Tag große Rechtsgelehrte wie Moses Isserles und David Zwi Hoffmann (1843–1921) aus halachischer Verantwortung heraus Gesetze modifizierten, die ihnen zu streng erschienen. Die buchstabengetreue Durchsetzung des Rechts war für sie eine Profanierung des göttlichen Namens. Daraus entwickelten sich zuerst geografische Unterschiede in der Observanz zwischen den Aschkenasim und den Sefardim und dann erst die genannten Unterschiede zwischen liberalen, konservativen und orthodoxen Juden.

»Gesetz des Landes« und Jüdisches Recht

Im 3. Jahrhundert v. u. Z. formulierte der babylonische Gelehrte Samuel das schon erwähnte Prinzip »Dina de-malchuta dina« (aram. »Das Gesetz des Königs [des Landes] ist Gesetz«). Es verdankt sich den historischen Gegebenheiten des Babylonischen Exils und hat vier klassische Belegstellen im Talmud (bTNed 28a, bTGit 10b, bTBK 113a, bTBB 54b–55a) Als biblische Belegstelle dafür, dass die Juden die Gesetze ihrer nichtjüdischen Obrigkeit beachten sollten, wird nachträglich Neh 9,37 herangezogen (vgl. auch Jer 29,4). Das Konzept »Dina de-malchuta dina« entfaltet sich in der rabbinischen Literatur und ist wesentlich vor allem auch für das Verständnis des jüdischen Eherechts. Denn es bedeutet, dass sich Juden in zivilen Angelegenheiten *(dinim)* – jedoch nicht bei rituellen Verboten *(issurim)* – der Rechtsprechung des Landes, in dem sie leben, unterwerfen, soweit es nicht im Widerspruch zu den religiös-sittlichen Gesetzen des Judentums steht. Diese Anerkennung der jeweiligen staatlichen Gesetze galt zunächst vor allem für das Vermögensrecht und insbesondere für die Steuergesetzgebung. Später weitete sich die Bedeutung des Grundsatzes »Dina de-malchuta dina« auf weite Bereiche des täglichen Lebens aus.

Einige Bemerkungen zur geschichtlichen Entwicklung dieses Grundsatzes: Die Juden besaßen abhängig von Raum und Zeit stets ein sehr unterschiedliches Maß an Rechtsautonomie. Das Spektrum des Geltungsbereichs des Jüdischen Rechts reicht von staatlicher Souveränität zu biblischen Zeiten über eine relative Rechtsautonomie als griechische oder römische Provinz in der Antike bis hin zu einer nur einige Teilbereiche umfassenden rechtlichen Eigenständigkeit in der Diaspora. Der Staat, der über ein institutionelles Monopol bezüglich der Rechtssetzung und Rechtsprechung verfügt, ist ein vergleichsweise junges Phänomen: In der Antike und in den muslimischen und christlichen Staatswesen des Mittelalters blieben eine Vielzahl von Rechtsbereichen den einzelnen religiösen, ethnischen, sozialen oder ökonomischen Gemeinschaften überlassen. Das änderte sich mit der Herausbildung des modernen Staates in der Neuzeit und dann vor allem mit der Französischen Revolution: In ihrem Gefolge trat auch außerhalb Frankreichs – freilich meist in einem längeren Prozess – die moderne bürgerliche Gesellschaft an die Stelle der alteuropäischen ständischen Gesellschaft.

Eine Konsequenz dieser Entwicklung bestand darin, dass die jüdischen Gemeinden, so wie andere Rechtspersonen auch, das Maß an juristischer Autonomie verloren, das sie zuvor genossen hatten. Rechtsbereiche, die zuvor nach dem Jüdischen Recht verhandelt wurden, gelangten unter die Gerichtsbarkeit des Staates. Dadurch, dass der moderne Staat im 19. Jahrhundert seinen ausschließlichen Anspruch auf die Gesetzgebung konsequent durchsetzte und – über die Einführung eines allgemeinen, für alle geltenden Zivilrechts hinaus – auch die rechtliche Gestaltung von Ehe und Familie mehr als bisher an sich zog, wurde das Jüdische Recht (ähnlich wie das kanonische Recht der katholischen Kirche) in seiner praktischen Anwendung und Anwendbarkeit stark zurückgedrängt.

Dennoch kommt das Jüdische Recht innerhalb der Gemeinden bis zum heutigen Tage zur Anwendung. Im Generalreglement für die Juden in Preußen, das Friedrich der Große 1750 erließ, war noch ausdrücklich vorgesehen, dass für bestimmte innerjüdische Angelegenheiten nach den Regeln zu entscheiden sei, wie sie sich aus den fünf Büchern Mose ergeben. Auch das Allgemeine bürgerliche Gesetzbuch Österreichs (ABGB) sowie das frühere russische Gesetzbuch sahen die Anwendung des Jüdischen Rechts vor, etwa auf dem Gebiet des Eherechts. Damals wie heute galt jedoch: Die Mitglieder der jüdischen Gemeinschaft können keine Ehe absegnen, die mit dem Landesgesetz im Widerspruch steht. Auch in Scheidungsfällen können jüdische Gerichte nur dann Urteile fällen, wenn die fragliche Ehe bereits zivilrechtlich geschieden ist. In anderen Worten: Das jüdische Eherecht kann nur innerhalb der Grenzen angewandt werden, die das Landesgesetz setzt. Und selbst innerhalb dieser Grenzen kann es nicht zwangsweise durchgesetzt werden.

Die jüdischen Autoritäten können keinen Juden dazu zwingen, eine jüdische Ehe einzugehen oder einen jüdischen Scheidebrief auszustellen beziehungsweise zu akzeptieren. Sie können niemanden davon abhalten, zivilrechtlich zu heiraten oder sich scheiden zu lassen. Lediglich *ex negativo* ist das jüdische Eherecht durchsetzbar, indem die zuständige jüdische Autorität sich im Einzelfall entweder einer jüdischen Ehe widersetzt oder eine jüdische Scheidung verweigert. In diesem Sinne können jüdische

Gerichte zurückweisen, was das Landesgesetz erlaubt; sie können aber nicht gestatten, was das Landesgesetz verbietet. Infolge der gesellschaftlichen Umbrüche und politischen Entwicklungen seit der Aufklärung und besonders im Laufe des 19. Jahrhunderts hat das rabbinische (Ehe-)Recht also einen erheblichen Teil seiner praktischen Wirksamkeit verloren – teils dadurch, dass sein Anwendungsbereich beschnitten wurde, teils dadurch, dass der alternative Rückgriff auf das staatliche Recht auch für Mitglieder der jüdischen Gemeinschaft zur Option gemacht wurde.

Das jüdische Recht im Staat Israel

Davon unabhängig zu betrachten ist die Situation in den Gebieten des heutigen Israel von der osmanischen Zeit bis in unsere Gegenwart. Während für ausländische Staatsangehörige deren nationale Gesetze Gültigkeit haben, unterliegen israelische Staatsangehörige in Familienrechtsfragen den Gesetzen ihrer jeweiligen Religionsgemeinschaft. Diese Rechtslage wurde aus der Zeit der osmanischen Herrschaft über das heutige Israel (1517–1917) übernommen. Als Palästina britisches Mandatsgebiet wurde, änderte sich an dieser Rechtslage nichts. Die *King's Order in His Council* von 1922, praktisch die Verfassung Palästinas während der Mandatszeit, unterstellte Personenstandsfragen dem persönlichen Recht der Parteien. Die Gründung des Staates Israel 1948 hat diese Regelung aus der Mandatszeit nicht grundlegend verändert. Im heutigen Staat Israel gilt also das Familienrecht der jeweiligen Religionsgemeinschaft der Parteien. Besonders das Gesetz über die Gerichtsbarkeit der Rabbinatstribunale betreffend Ehe und Scheidung von 1953 stellt klar, dass das Jüdische Recht in allen Eheschließungs- und Scheidungsangelegenheiten von Juden mit Wohnsitz im Staat Israel als persönliches Recht anzuwenden sei: von Rabbinatsgerichten ebenso wie von Zivilgerichten. Dennoch spielt das englische Recht in die Behandlung von Personenstandsfragen hinein, zum Beispiel bei Klagen über Schadensersatz bei Verlöbnisbruch.

5. Das Recht als Inbegriff jüdischer Ethik und Gerechtigkeitssuche

Diese historische Skizze soll jedoch nicht den Eindruck erwecken, als sei das Verhältnis des Jüdischen Rechts zum staatlichen Recht in jüngerer Zeit bloß defensiv und durch einen stetigen Rückzug gekennzeichnet. Vielmehr ergibt es sich aus der eingangs beschriebenen Eigenart des Jüdischen Rechts, dass es sich auch – nach einer Formulierung, die wir Leo Baeck verdanken – allein aus ethischer Pflicht heraus den staatlichen Regelungen widersetzen kann und unter Umständen sogar muss. Das Jüdische Recht muss kraft seiner eigenen Fundamente in der Lage sein, etwaigen Missbräuchen oder Perversionen des staatlichen Rechts, wie sie etwa zur Zeit des NS-Regimes gegeben waren, standzuhalten und ihnen etwas entgegenzusetzen.

Leo Baeck machte beispielsweise in *Fragen des jüdischen Ehegesetzes* (1929) auch deutlich, dass die jüdische Ehe in erster Linie eine göttliche Institution ist. Ihre Geltung ist, wie die des Jüdischen Rechts im Allgemeinen, religiös begründet. Der Glaube, nicht der staatliche Zwang ist entscheidend, wenn es darum geht, die Durchführung des Rechts zu sichern. Es beansprucht absolute Anerkennung und findet seinen Halt in Gott selbst als dem Gesetzgeber. Seine Verbindlichkeit wird dadurch noch verstärkt, dass die in ihm gründende Pflicht selbst dort noch wirkt, wo der weltlichen Macht die Mittel zu ihrer Durchsetzung fehlen. Demgemäß kann auch, falls eine Bestrafung vor dem »menschlichen Gericht nicht erlaubt« ist *(patur be'dine adam)*, noch eine Bestrafung vor dem »himmlischen Gericht« *(be'dine schamajim)* eintreten.

Diese Rückbeziehung des Rechts auf Gott hat auch inhalt-

liche Konsequenzen, und zwar im Sinne einer harmonischen Verbindung von Strenge und Milde. Das Jüdische Recht will die
Mittellinie finden zwischen strengem Anspruch und gütigem
Nachgeben – eine Mittellinie, die das formalere, sozusagen ethik-
fernere staatliche Recht nicht unbedingt in derselben Weise zu
treffen vermag. Dies bedeutet auch, dass die Einstellung zum
Recht, die in der lateinischen Sentenz »Fiat iustitia, pereat mun-
dus« (»Das Recht geschehe, mag dabei auch die Welt unterge-
hen«) zum Ausdruck kommt, dem Jüdischen Recht fremd ist.
Hier gilt vielmehr der Grundsatz, dass das Recht um des Menschen willen da ist, nicht aber der Mensch um des Rechts willen.
An die biblische Mahnung »So haltet meine Satzungen und meine Rechte. Welcher Mensch sie tuet, lebt durch sie« (Lev 18,5)
knüpfte ein Rechtsgelehrter die Bemerkung, dass die Anwendung des Rechts zum Leben führen soll, nicht aber zu seinem
Untergang (bTSanh 74a). So enthalten die Bestimmungen über
die Arbeiter und den Arbeitsvertrag sowie über das Darlehen, das
Pfandrecht und das Erlassjahr *(schemitta)* eine Fülle von sozialen
Gedanken, welche die Tendenz zeigen, bei Interessenkollisionen
einen Ausgleich zugunsten der wirtschaftlich Schwachen herbeizuführen.

Dieser von frühester geschichtlicher Zeit an sich zeigende
Sinn für soziale Gerechtigkeit wurde dann von den Propheten
neu belebt. Späterhin hat der Talmud das Recht in diesem Geiste
vielfach erweitert und den Anforderungen einer neuen Zeit angepasst. Die Tatsache, dass die Rechtskenntnis sich nicht auf
einen kleinen Kreis von Kundigen beschränkte, sondern zum
geistigen Eigentum weiter Volksschichten gehörte, begünstigte
die Ausgestaltung dieses sozialen Rechts zusätzlich. Der besondere Wert, den das Judentum auf die Pflege des Rechts legt, ergibt
sich im Übrigen auch aus dem Umstand, dass das Studium der
Tora den Juden generell zur religiösen Pflicht gemacht wird. Bei
alldem gilt: Einmal dem Volk gegeben, ist das Recht, wenngleich
göttliches Recht, sozusagen auch der Gottheit selbst entzogen – es
soll nun an die Nachkommen weitertradiert werden: »Und du

sollst sie einschärfen deinen Kindern und davon reden, so du sitzest in deinem Hause und so du gehest auf dem Wege und so du dich niederlegst und so du aufstehest« (Dtn 6,7; 11,19). Eine Intervention der Gottheit hinsichtlich der Anwendung des Rechts kennt das Judentum nicht, sondern es soll durch den Menschen allein verwirklicht werden. Das jüdische Prozessrecht kennt keine übernatürlichen Beweise. (So wurde einem Rechtslehrer, der sich in einem Rechtsstreit auf eine übernatürliche Stimme berufen wollte, erwidert: »Sie [die Halacha] ist nicht im Himmel« – bTBM 59b.) Mit anderen Worten: Die Wirklichkeit des Jüdischen Rechts ist göttlich, aber sie ist keine *tora min haschamajim*, keine Tora vom Himmel. Alle Menschen sind in gleicher Weise dem religiösen Recht unterworfen, womit jeder staatlichen und nichtstaatlichen Gewalt und Willkür vorgebeugt ist.

Diese sehr besondere Verbindung von religiösem und weltlichem Recht hat bisweilen, zum Beispiel im Recht der Vertretung, eine Beeinflussung des weltlichen Rechts herbeigeführt, wie sie etwa im Römischen Recht, das zwischen *ius* und *fas* scharf trennt, nicht möglich gewesen wäre. Sie prägte außerdem in erheblichem Maße auch die Entwicklung des Jüdischen Eherechts, für das seit jeher sein sittlich-religiöser Zweck eine wesentliche Rolle gespielt hat. Dieser Zweck als Quelle der gesamten jüdischen Normenwelt und die gemeinsame Pflege des gesamten Kulturgutes bewirkten, dass die peinliche Genauigkeit beim Vollzug des Rituals sowie die detaillierte Regelung des Kultus auch die juristische Technik formen und der Ausgestaltung des Rechtssystems starke Impulse verleihen konnten.

Der Einfluss, den ethische Gesichtspunkte auf das Jüdische Recht ausgeübt haben, zeigt sich auch in der Auffassung, dass das Beharren auf Ansprüchen gemäß dem strengen Recht der Tora *(din tora)* nicht als das zu erstrebende Ideal betrachtet wird, sondern dass noch höher der nachgebende Verzicht steht. Im Talmud (bTBM 30b) wird sogar behauptet, dass die Zerstörung Jerusalems darauf zurückzuführen sei, dass man das strenge Tora-Recht angewandt habe, statt Milde zu üben. Neben der Rechts-

linie *(schurat ha-din)* findet sich deshalb eine Sphäre der Billig-
keit, welche jedoch »innerhalb der Rechtslinie« *(bifnim mi-schurat
ha-din)* liegt. »Das Recht soll nicht den Berg durchbohren«, sondern es soll stets unter Einhaltung der von Treu und Glauben
diktierten Einschränkungen angewandt werden.

Eine grundlegende Einsicht stand also stets im Zentrum des
jüdischen Glaubenslebens: die ethisch-sittliche Aufgabe der Jüdinnen und Juden, sich in einem stetigen Prozess der Läuterung
Gottes Anforderungen zu stellen und sein Reich auf Erden Wirklichkeit werden zu lassen. Denn die Verbindung des Menschen
mit Gott wird begründet und gefestigt durch die Einhaltung
der Weisungen, der Mizwot, die Gott in seiner Tora aufgestellt
hat. Gerechtigkeit ist demgemäß die Gnadengabe Gottes, mit
der er die Welt nach seinem Willen ordnet. Der Prozess der fort-
laufenden Interpretation dieses göttlichen Willens und die aktuelle Anwendung der daraus entstandenen Rechtsnormen sind
die traditionell vornehmsten Aufgaben des Rabbiners als des jüdischen Rechtsgelehrten. Der Rabbiner handelt in der Einsicht,
dass selbst göttlich inspiriertes Recht nicht unabänderlich zu sein
braucht, sondern die Offenbarung sich weiter entfaltet im Dis-
kussionsprozess über diese Normen und ihre Gültigkeit heute.
Der spanische Religionsphilosoph Josef Albo formuliert dies so:
Weil die Tora Gottes unmöglich so vollständig ist, dass sie für alle
Zeiten ausreichen könnte, und weil es so viele Einzelheiten gibt,
die sich im Leben der Menschen und in den Gesetzen ändern, und
weil zu viele Kräfte wirken, als dass sie alle in ein Buch passten –
deshalb sind die mündlichen Überlieferungen, die Mose am Berg
Sinai empfangen hat, in der schriftlichen Lehre nur vage angedeutet, damit die halachischen Autoritäten jeder Generation der
jeweiligen Situation entsprechend zu neuartigen Auslegungen
gelangen können *(Sefer ha-ikkarim* 3,23).

Die Grundlage jüdischer Ethik ist das Gebot der Nachfolge,
das *zelem elohim.* Weil der Mensch im Abbild Gottes geschaffen
ist, hat er die Verantwortung und auch die Möglichkeit, zu ihm
erhoben zu werden (Dtn 28,9). Wir sollen uns nicht einbilden,

wir seien Gott und könnten, gewissermaßen in einer Art Allmachtswahn, unseren Willen zum Gesetz erheben – obwohl wir das praktisch oft genug tun. Aber wir haben den Auftrag, Gottes Gerechtigkeit, Barmherzigkeit und Liebe durch unser Handeln in die Welt zu bringen. Dabei sind diese Begriffe nicht als Gegensätze zu verstehen, sondern sie sind im Gegenteil geradezu synonym: In der jüdischen Auffassung ist Gerechtigkeit Barmherzigkeit und Liebe und der Weg zu Gott.

> *Wie lieb' ich deine Lehre, den ganzen Tag ist sie mein Gespräch. […] Durch deine Befehle hab' ich Einsicht, darum hass' ich jeglichen Pfad der Lüge. Eine Leuchte meinem Fuße ist dein Wort, und ein Licht für meine Bahn. Ich schwöre, und werd' es erfüllen, zu beobachten deine gerechten Vorschriften. Ich bin gar sehr gebeugt, Ewiger, erquicke mich nach deinem Worte. Die freiwilligen Gaben meines Mundes nimm gnädig an, o Ewiger, und deine Vorschriften lehre mich.«*
> Ps 119,97.104–108

Es ist also von entscheidender Bedeutung, dass Halacha und Ethik nicht auseinandergerissen, sondern in eine fruchtbare gegenseitige Beziehung zueinander gesetzt werden. Der ethische Imperativ des *zelem elohim* ist die eigentliche Basis der Halacha und der hauptsächliche Berührungspunkt zwischen göttlicher und menschlicher Sphäre. Diese für das Judentum wesentliche Korrelation von Ethik und Halacha macht es also erforderlich, die Tradition immer wieder auf den Prüfstand zu stellen und Lösungen zu finden für ethische Fragen, die sich aus der Anwendung des Religionsgesetzes ergeben. Manche Probleme bleiben zwischen den verschiedenen Richtungen des Judentums strittig. Ein klassisches Beispiel ist das Problem der *aguna*, der »gebundenen Frau«, das sich mit der Möglichkeit der Eheannullierung durch ein Rabbinergericht lösen ließe. Diesbezüglich hat sich bisher jedoch keine allgemeingültige Regelung finden lassen. Zwei Punkte sind festzuhalten:

Zsfassg.

- Es gibt zwar sehr wohl ein Jüdisches Recht, das heißt die Halacha, welche für alle Juden gleichermaßen Geltung hat. Aber es gibt nicht nur einen Weg, sie zu deuten. Das Judentum lebt von der Vielfalt der Auffassungen, die in ihm vertreten werden. Es gibt viele richtige Interpretationen und viele Wege, die Halacha zu verstehen. Nicht zuletzt aus der unterschiedlichen Interpretation des Jüdischen Rechts ergibt sich die Auffächerung des Judentums in die verschiedenen Strömungen mit ihrer jeweiligen Deutung der Halacha.

- Im Unterschied zum »positiven« (das heißt positivistischen) Recht ist das Jüdische Recht kein festes Regelwerk, in dem die Frage der Gerechtigkeit einen Problembereich darstellen würde, der streng genommen jenseits der Sphäre des »positiven« Rechts läge. Vielmehr steht im Jüdischen Recht die Frage der Gerechtigkeit im Ursprung allen Fragens nach dem Recht. Sie geht grundsätzlich mit dem Recht einher: *Zedek u'mischpat* – »Gerechtigkeit und Recht« (Spr 2,9) – sind im Judentum seit jeher als Einheit gesehen und gemeinsam gefordert worden. Der verbindende Charakter der jüdischen Rechtstradition von Abraham über die Propheten bis zu den Rabbinen und heutigen Gelehrten des Jüdischen Rechts ist gerade die unaufhörliche Suche nach Gerechtigkeit. Jeder Rabbiner und jede Rabbinerin soll für sich nach bestem Wissen und Gewissen versuchen, den göttlichen Willen so auszulegen, dass das Psalmwort sichtbare Gestalt gewinnt:

Die Lehre des Ewigen ist vollkommen, erquickt das Leben; das Zeugnis des Ewigen ist wahrhaft, macht weise den Einfältigen. Die Befehle des Ewigen sind gerade, erfreuen das Herz; das Gebot des Ewigen lauter, erleuchtet die Augen.

Ps 19,8–9

KAPITEL 2: DAS LEBEN

»Es geziemt sich, zum Schöpfer zu beten und zu keinem anderen Wesen sonst«, heißt es in den Glaubensartikeln des mittelalterlichen jüdischen Religionsphilosophen Maimonides. Gebete entsprechen unserem menschlichen Bedürfnis nach Beistand und Trost in Krisenzeiten und nach einem Adressaten, wenn uns »das Herz übergeht«.

Wir kennen Bittgebete für uns selbst und für andere, Gebete zum Dank und zum Lob, Sündenbekenntnisse und die Bitte um Vergebung. Das Judentum kennt keinen Mittler. Wir richten unsere Gebete direkt an Gott in der Erwartung, dass sich die Antwort darauf in Segenswirkungen erweist, in Verständnis und in innerem Frieden. In der Hebräischen Bibel finden sich zahlreiche Beispiele leidenschaftlichen Gebets, so etwa bei Jona, Hiob, Jeremia und Habakuk, bei den Psalmisten und bei vielen anderen Propheten.

Im Tanach gibt es dabei aber kein ausdrückliches Gebot zum Gebet. Seit der Zeit des Zweiten Tempels haben sich jedoch feste Gebetszeiten und Gebetsformeln ausgeprägt, die für Juden und Jüdinnen weltweit verbindlich sind, unabhängig von ihrer religiösen Ausrichtung. Viele dieser Pflichtgebete finden sich bereits in der Mischna und im Talmud. Gebetet wird dreimal täglich: am Morgen das Schacharit, am Nachmittag das Mincha und am Abend das Ma'ariw; dazu kommen noch das Gebet beim Aufstehen am Morgen und das Nachtgebet vor dem Schlafengehen. Der Gottesdienst zu Schabbatbeginn, *kabbalat schabbat*, beginnt mit dem Mincha-Gebet. In unserer heutigen säkularisierten Gesellschaft beschränken sich viele Juden und Jüdinnen auf den Gottesdienst am Schabbat und zu den Feiertagen.

Von dem jüdischen Weisen Schimon dem Gerechten, einem Hohepriester zur Zeit des Zweiten Tempels, sind in den Sprüchen der Väter die Prioritäten für das Alltagsleben überliefert (MAw 1,2).

Das hebräische Wort für Gebet lautet *tefilla* und ist von der Wurzel *palal* für »spalten, scheiden, durchprüfen« abgeleitet. Wer betet, geht also mit sich selbst ins Gericht und bittet Gott als Richter für sich selbst um Recht. Im Gebet findet man zu einem besseren Verständnis seiner selbst, und man kann sich darin spirituell weiterentwickeln. Das Besondere dabei ist, dass die menschlichen Bittgebete zum Lob Gottes werden. So erklärt sich auch ein Satz aus dem Talmud, nämlich dass »[…] der Heilige, gepriesen sei er, nach dem Gebet der Frommen verlangt« (bTJew 64a).

1. Vom Opferdienst zur Gebetsordnung

Heute bezeichnet der hebräische Begriff *awoda* (»Dienst«) ebenso wie *tefilla* (Ps 80,5; 1 Kön 8,38) das Gebet durch Worte; er weist aber ursprünglich auch auf den Tempeldienst hin, also auf die regelmäßigen Tieropfer im Tempel von Jerusalem. Solche Opfer waren seinerzeit bei allen Völkern der Region üblich. Die Ursprünge des jüdischen Gottesdienstes liegen somit in vorisraelitischer Zeit. Der Tempelkult wurde schon während der Zeit des Zweiten Tempels um Gebete der Leviten und der im Tempel versammelten Gläubigen (vgl. Ps 150) erweitert und dann mit der Zerstörung des Tempels durch die Römer im Jahre 70 u. Z. abrupt beendet.

Anstelle der Opfer traten die festen Gebetszeiten: die Bezeichnung für das Morgenopfer, Schacharit, wurde auf das Morgengebet übertragen, während das nachmittägliche Mincha-Gebet dem Nachmittagsopfer entspricht. Das dritte tägliche Gebet, das Abendgebet Ma'ariw, hat kein Pendant im Opferdienst und ist eine Erweiterung der Tradition. Das Zusatzopfer am Schabbat und an Festtagen, Mussaf, hat sich wiederum im Namen des Zusatzgebets für eben diese Tage erhalten. Das Gebet, das an die Stelle des Opfers getreten ist, wird »Gottesdienst des Herzens« genannt, auf Hebräisch *awoda sche'ba'lew*.

Der Opferdienst wurde genau genommen nicht abgeschafft, sondern von den Rabbinen lediglich ausgesetzt. Gemäß der Tora dürfen Opfergottesdienste nur auf dem Tempelberg in Jerusalem stattfinden. Die Rabbinen haben entschieden, dass erst der Messias in messianischer Zeit den Dritten Tempel in Jerusalem errichten dürfe und dass wegen kultischer Unreinheit kein Jude den Tempelberg betreten solle – eine Anordnung, die von orthodoxen Juden und Jüdinnen in der Regel bis heute befolgt wird: Da es nur dem Hohepriester am Jom Kippur gestattet war, das Allerheiligste zu betreten, könnte man auf dem heutigen Tempelplateau womöglich diesen Ort betreten und ihn entweihen.

Die frühesten Versuche, den jüdischen Gottesdienst zu standardisieren, erfolgten am Ende des 1. Jahrhunderts u. Z. unter Leitung des Rabban Gamliel II. in Jamnia. Diese Stadt zwischen Jaffa und Aschdod war nach der Zerstörung Jerusalems der Sitz des Sanhedrins und der berühmten Akademie von Jawne. Die erste Gebetsordnung wurde wahrscheinlich im 9. Jahrhundert niedergeschrieben. Daraus hat sich die Liturgie für den Synagogen-Gottesdienst entwickelt (vgl. Kapitel 2.3).

Das Morgengebet

Das Morgengebet *(schacharit)* ist eines der drei täglichen Pflichtgebete. Die Zeit dafür beginnt mit der Morgendämmerung und endet mit dem ersten Tagesviertel. Zur Vorbereitung wäscht sich der Beter die Hände. Auf das Eingangsgebet »Wie schön sind deine Zelte, Jakob, deine Wohnungen, Israel« folgen die morgendlichen Segenssprüche, Meditationen und Reflexionen. Diese Morgenandacht vermittelt dem Beter gewissermaßen die Grundlehren des Judentums, nach denen er seinen Tag ausrichten soll.

Die ersten drei Segenssprüche *(brachot)* loben Gott dafür,

dass »Du mich nicht zum Nichtjuden machtest, nicht zum Sklaven, nicht zur Frau«. Frauen sollen stattdessen beten: »Gesegnet, der Du mich nach Deinem Willen erschaffen hast«. Diese Formeln sind heute mit Blick auf die Zurückstellung der Frau zu Recht umstritten und widersprechen eigentlich dem Verständnis der jüdischen Ethik. An diesem Beispiel lassen sich daher auch die andauernden Überarbeitungen des Gebetbuchs (siddur) nachvollziehen: In frühen orthodoxen Gebetsbüchern finden sich bereits andere, positiv gefasste Lesarten wie »der Du mich zum Juden machtest«. Die konservative Formel lautet »der Du mich in Deinem Ebenbild erschufst, der Du mich zu einem freien Menschen machtest, der Du mich zu einem Juden machtest«, während die Reformbewegung die drei Aspekte in zwei Brachot zusammengezogen hat: »der Du mich zu Israel machtest, der Du mich zu einem freien Menschen machtest«. In dem in den liberalen Gemeinden in Deutschland gebräuchlichen *Jüdischen Gebetbuch* von 2009 heißt es: »Gelobt seist du, Ewiger, unser Gott, Gebieter der Welt, du gibst dem Verständigen Einsicht, zwischen Tag und Nacht zu unterscheiden. […] du hast mich nach deinem Bild geschaffen. […] du hast mich als Kind Jisraels geschaffen. […] du hast mich als Kind der Freiheit geschaffen.«

Die Brachot werden im Morgengebet von Meditationen über die menschliche Lage abgelöst, etwa zu den Themen Not und Versuchung, gute und schlechte Gefährten, menschliche Nichtigkeit und menschliche Größe, Gottes Gnade gegenüber Israel und Israels Pflicht als »Söhne des Bundes«. Darauf folgt dann das *Schma Jisrael*, das Bekenntnis zum einzigen Gott. Die Meditationen vermitteln auch eine genauere Vorstellung von der Entwicklung der Liturgie, denn viele Gebete, die ursprünglich Privatgebete waren, sind längst zum Bestandteil des öffentlichen Pflichtgebets geworden.

Nach dem Segen über die Tora und dem Tora-Lernen werden Gebetsschal und Gebetsriemen, *tallit* und *tefillin*, angelegt – als Zeichen, dass jetzt der eigentliche Gemeindegottesdienst mit Psalmen als Vorbereitung auf das morgendliche Hauptgebet

*Ein Morgengottesdienst mit Tefillin (Gebetsriemen)
in der Synagoge des Abraham Geiger Kollegs.*

(tefillat ha-schachar) beginnt. Kernstück ist das 18-Bitten-Gebet,
auch »Amida« genannt.

Das 18-Bitten-Gebet (Amida)

Das 18-Bitten-Gebet ist das Hauptgebet und der Mittelpunkt
jedes Gottesdienstes; da es (wie der Name sagt) ursprünglich aus
18 Lobpreisungen und Bitten bestand, heißt es *Schmone Esre*
(»achtzehn«). Nach der Zerstörung des Zweiten Tempels im Jahr
70 u. Z. wurde eine 19. Bitte um die Wiederherstellung Jerusalems
hinzugefügt. Eine andere geläufige Bezeichnung für dieses Gebet
lautet »Amida« (»Stehen«), denn die Bitten werden von den Betern stets stehend gesprochen – zunächst leise, dann vom Vorbeter laut wiederholt. Diese Wiederholung fällt im Abendgebet
weg.

Den eigentlichen Bitten gehen drei Segenssprüche zum Lob
Gottes voraus: »Du waltest über das All [...], Gebieter, Beistand,
Retter und Schild«, »Du bist für immer mächtig, Ewiger, belebst
die Toten« und »Heilig bist du, und heilig ist dein Name«. Die

letzten drei Segenssprüche sprechen ebenfalls Dank aus, auch wenn sie Bitten enthalten, so etwa: »Den Spross deines Gottesdienstes lass sprießen« oder »Lass Frieden, Glück und Segen, Gunst, Gnade und Erbarmen über uns und ganz Jisrael, dein Volk, kommen«.

Die ersten sechs Bitten zwischen diesen Eingangs- und Schlussformeln sind persönlicher Art:

- »Du zeichnest den Menschen mit Verstand aus und lehrst den Menschen Einsicht. Zeichne uns aus mit Verständnis, Einsicht und Verstand. Gelobt seist du, Ewiger, der du mit Verstand auszeichnest.«
- »Bringe uns zurück, unser Vater, zu deiner Tora. Bringe uns näher, unser Gebieter, zu deinem Gottesdienst und lass uns zurückkehren in vollständiger Umkehr zu dir. Gelobt seist du, Ewiger, der an Umkehr Gefallen findet.«
- »Vergib uns, unser Vater, denn wir haben gesündigt, verzeih uns, unser Gebieter, denn wir haben übel getan. Denn verzeihend und vergebend bist du. Gelobt seist du, Ewiger, der du die Sünden verzeihst.«
- »Blicke auf unsere Not. Führe unseren Streit und erlöse uns bald um deines Namens willen, denn du bist ein starker Erlöser. Gelobt seist du, der erlöst.«
- »Heile uns, Ewiger, dann werden wir geheilt. Hilf uns, dann wird uns geholfen. Unsere Lobpreisungen gelten dir. Und bringe vollständige Genesung auf all unsere Verletzungen. Denn ein Gott und Herrscher, der heilt, bist zu, wahrhaft und erbarmend zugleich. Gelobt seist du, der Kranke heilt.«
- »Segne uns, Ewiger, unser Gott, dieses Jahr und allen seinen Ertrag zum Guten. Gib Tau und Regen zum Segen auf die Oberfläche der Erde und sättige uns mit deinen Wohltaten. Und segne unser Jahr wie die besten Jahre. Gelobt seist du, der du die Jahre segnest.«

Die weiteren Segenssprüche beziehen sich auf das ganze Volk Israel:

- »Lass das große Schofar zum Zeichen unserer Befreiung tönen und erwirke ein Wunder, um uns zu befreien von den vier Enden der Erde. Gelobt seist du, Ewiger, Beistand seines Volkes Jisrael.«
- »Setze gerechte Richter ein und lass Schalom walten, und halte uns fern von Kummer und Leid. Herrsche du allein in Gnade und Erbarmen über uns, Ewiger. Und lass uns Gerechtigkeit im Rechtsspruch angedeihen. Gelobt seist du, Ewiger, der du Gerechtigkeit und Rechtsspruch liebst.«
- »Der Verleumdung sei keine Hoffnung. Lass alle Bosheit verschwinden, die Boshaftigkeit möge in unseren Tagen ausgelöscht werden. Gelobt seist du, Ewiger, der das Böse zerbricht und die Boshaftigkeit auslöscht.«
- »Den Gerechten, den Frommen und den Weisen und den wenigen Schriftgelehrten, denen, die sich uns bewusst angeschlossen haben, und auch uns wende deine Liebe zu, Ewiger, unser Gott. Und gib guten Lohn allen, die deinem Namen fest vertrauen. Möge unser Teil dem ihrigen gleich sein, damit unser Vertrauen zu dir nicht beschämt wird. Gelobt seist du, Ewiger, Stütze und Zuversicht aller Gerechten.«
- »Nach Jerusalem, deiner Stadt, lass Liebe zurückkehren und errichte sie wieder, wie es verheißen ist. Gelobt seist du, Ewiger, der du Jerusalem berufen hast.«

Der dreizehnte Segensspruch in dieser Reihe ist eine Zusammenfassung dieser sechs persönlichen und der sechs allgemeinen Bitten:

- »Höre unsere Stimme, Ewiger, unser Gott, sei gnädig und erbarme dich über uns und nimm unser Gebet barmherzig und wohlgefällig auf. Denn du erhörst die Gebete und Bittgebete. Und vor dir, unser Gebieter, ist kein leerer Ort für unsere Umkehr. Denn du erhörst die Gebete deines Volkes Jisrael, die Gebete in allen Sprachen barmherzig. Gelobt seist du, der du die Gebete erhörst.«

An dieser Stelle kann jeder dann auch seine ganz persönlichen Gedanken und Probleme einfügen, die zuvor noch nicht zum Ausdruck gekommen sind.

Zu besonderen Anlässen werden dem 18-Bitten-Gebet noch weitere Verse angefügt, beispielsweise der »Segensspruch des Wissens«, der Vers »Du bist uns gnädig« am Schabbatende oder der Vers »Es steige empor« bei Neumond und an Halbfeiertagen. Zu den zehn Bußtagen zwischen Rosch Ha-Schana und Jom Kippur, den Jamim Nora'im, werden sechs Änderungen und Ergänzungen vorgenommen.

Am 18-Bitten-Gebet lässt sich auch eine grundsätzliche theologische Frage festmachen: Wie kann man einem allwissenden Gott überhaupt besondere und ausführliche Bitten vorlegen?

Das Schma Jisrael

Das *Schma Jisrael* (»Höre Israel«) ist kein Gebet im gewöhnlichen Sinne, sondern vielmehr eine Proklamation: ein Bekenntnis zu Gott, eine Verpflichtung auf das Bündnis mit diesem einzigen Gott und eine Bejahung des Judentums. Der Text setzt sich aus drei Teilen zusammen – Dtn 6,4–9, Dtn 11,13–21 und Num 15,37–41 – und beginnt im liberalen Siddur mit den Sätzen:

> *Höre Jisrael: Der Ewige ist unser Gott, der Ewige ist einzig! Gelobt sei sein Name: Die Herrlichkeit seines Reiches ist für immer und ewig. Du sollst den Ewigen, deinen Gott, lieben von ganzem Herzen, von ganzer Seele und von ganzem Vermögen. Die Worte, die ich dir jetzt befehle, sollen dir stets im Herzen bleiben. Du sollst sie deinen Kindern einschärfen und immer davon reden, wenn du zu Hause sitzt oder auf Reisen bist, wenn du dich niederlegst und wenn du aufstehst. Binde sie zum Zeichen an deine Hand. Trage sie als Stirnbinde zwischen deinen Augen und schreibe sie auf die Pfosten deines Hauses und deiner Tore.*

Das *Schma Jisrael* wird traditionell schon kleinen Kindern beigebracht. Es wird nach dem Aufstehen am Morgen und vor dem Schlafengehen in der Nacht gesagt, denn es heißt ja: »wenn du dich niederlegst und wenn du aufstehst«. Es soll auch im Moment des Sterbens gesprochen werden. Im Laufe der Jahrhunderte wurde das *Schma Jisrael* so auch immer wieder zu den letzten Worten jüdischer Märtyrer. Ein legendäres Beispiel dafür ist Rabbi Akiba, der nach dem Bar-Kochba-Aufstand im Jahr 135 u. Z. von den Römern eben in dem Moment zur Hinrichtung geführt wurde, als es Zeit war, das *Schma Jisrael* zu rezitieren.

Das Kaddisch

Kein Gebet wird im Gottesdienst so häufig gesprochen wie das *Kaddisch*. Das *Kaddisch* ist also neben dem 18-Bitten-Gebet und dem *Schma Jisrael* von zentraler Bedeutung. Es stammt in seinen Ursprüngen aus der Zeit des Zweiten Tempels und ist auf Aramäisch formuliert, der Umgangssprache seiner Entstehungszeit, jedoch mit hebräischen Einschüben. Es dient dazu, Gottes Namen zu preisen, ihn zu heiligen und Gott anzurufen, dass sein Reich und der Messias kommen mögen. Der Inhalt der ersten Bitte, die Heiligung des Namens Gottes, gab dem ganzen Gebet seinen Namen. Das *Kaddisch* wird in leicht variierenden Fassungen als Abschluss des Gebets gesprochen, insbesondere nach dem 18-Bitten-Gebet, und außerdem nach der Tora-Lesung und zum Abschluss der Hauptteile der Gebete sowie nach einem Lehrvortrag oder einer Lesung aus dem Talmud. Es soll nach der Tradition nur mit einem Minjan im gemeinschaftlichen Gottesdienst gesagt werden. Auf die einzelnen Verse des Gebets, die vom Vorbeter gesprochen werden, antwortet die Gemeinde mit »Amen«.

Seit dem 13. Jahrhundert ist es Brauch, dass das *Kaddisch* auch als Gebet der Trauernden gesagt wird, um so selbst im größten Schmerz Gottes Größe und seine Gerechtigkeit öffentlich zu bekennen: am Grab, während der Trauerwoche sowie für die verstorbenen Eltern im Laufe des elfmonatigen Trauerjahres sowie an deren Jahrzeit, also wenn sich der Todestag jährt. Die Tradition gestattet es, dass auch Töchter im Synagogengottesdienst das *Kaddisch* sprechen, und sei es in orthodoxen Gemeinden auch nur still.

Erhoben und geheiligt werde sein großer Name in der Welt, die er nach seinem Willen geschaffen, und sein Reich erstehe in eurem Leben und in euren Tagen und dem Leben des ganzen Hauses Jisrael, schnell und in naher Zeit. Sprecht: Amen! Sein großer Name sei gepriesen in Ewigkeit und Ewigkeit der Ewigkeiten! Gepriesen und gerühmt und verherrlicht und erhoben und erhöht und gefeiert und hoch erhoben und hochgelobt sei der Name des Heiligen – gelobt sei er! – hoch über jedem Lob und Gesang, Verherrlichung und Trostverheißung, die je in der Welt gesprochen wurde. Sprecht: Amen! Die Fülle des Friedens möge vom Himmel herabkommen, Leben für uns und ganz Jisrael! Sprecht: Amen! Der Frieden stiftet in den Himmelshöhen, stifte Frieden unter uns und ganz Jisrael! Sprecht: Amen!

Kaddisch der Leidtragenden *(kaddisch jatom)*

Lob und Dank: Die Segenssprüche

Am 18-Bitten-Gebet wird bereits deutlich, was auch für den Siddur, also für die Gebetsordnung für den Alltag, überhaupt gilt: Wirkliche Gebete machen den geringeren Teil des Textes aus. Der Großteil besteht aus Lob, Huldigung und Dank sowie aus allgemeinen Reflexionen. Traditionsgemäß soll jeder Jude am Tag einhundert Segenssprüche sprechen. Das klingt nach einem Übermaß, ist aber für einen Beter, der die Pflichtgebete mit all ihren Brachot spricht, ein durchaus machbares Pensum.

In Ps 24,1 heißt es: »Des Ewigen ist die Erde und was sie erfüllet [...]« Daraus folgerten die Rabbinen, dass die Menschen erst dann über all diese Gaben verfügen dürfen, wenn sie sich zuvor Gottes Erlaubnis eingeholt haben. Die entsprechenden Brachot, die etwa über die Früchte des Bodens und der Erde oder über das Wasser zu sprechen sind, finden sich bereits in der Mischna. Segenssprüche sind aber nicht nur für Gottes Gaben nötig, die den Lebensunterhalt sichern, sondern auch für Naturereignisse und andere Besonderheiten: Blitz und Donner, den Anblick von Bergen, des Meeres oder eines Regenbogens, die Begegnung mit besonders begabten Menschen. Man bekennt sich aber auch bei frohen Nachrichten ebenso wie bei tragischen Ereignissen, etwa bei der Nachricht von einem Todesfall, mit einem Segensspruch zu Gott. Daneben geht jeder Erfüllung einer Mizwa, etwa dem Anzünden der Kerzen zum Schabbat, eine Bracha voraus, ja man dankt Gott auch für die sieben besonderen Fruchtarten, mit denen das Heilige Land ausgezeichnet ist. Besonderer Dank gebührt der Gabe des Brotes als Quelle der Lebenskraft, und so endet jede Mahlzeit, bei der Brot verzehrt wurde, mit einem besonderem Tischgebet, der *birkat ha-mason*, die es in verschiedenen Fassungen gibt.

Gelobt seist du, Ewiger, unser Gott, Gebieter der Welt, der du die Welt mit Güte, Gnade und Barmherzigkeit nährst, jedem Geschöpf Unterhalt gibst, ewig währt deine Güte. Durch deine Güte fehlt uns keine Speise und wird uns auch keine fehlen. Du nährst alles und alle Geschöpfe, die du hervorgebracht hast. Gelobt seist du, Ewiger, der du alle nährst.
Tischgebet aus dem *Gebetbuch für die Neue Synagoge in Berlin*

2. Beten in Gemeinschaft

Jude soll man nicht allein sein. Und innerhalb der jüdischen Gemeinschaft werden traditionell bestimmte Unterscheidungen getroffen, die auch für die Gebetspraxis von Bedeutung sind. Sie betreffen zunächst die Konstitution eines Minjan als Betergemeinschaft, dann die Gliederung des jüdischen Volkes in Kohanim (Priester), Leviten und – als das allgemeine Volk – Israel und schließlich die Differenzierung zwischen Männern und Frauen.

Der Minjan

Der Minjan, die Versammlung von zehn Betern, ist traditionell für einen öffentlichen Gottesdienst erforderlich. Diese Gemeinde wiederum vertritt das Volk; der Ort, an dem sie sich versammelt, spielt dabei keine Rolle, solange es sich um einen würdigen Ort handelt. Nur innerhalb dieser Zehnergemeinde dürfen traditionell »Heiligkeitsdinge« gesagt werden, darunter auch das *Kaddisch*. In den Sprüchen der Väter (MAw 3,7) heißt es zu dieser Zahl: »Wenn zehn beisammen sitzen und sich mit der Tora befassen, so weilt die Göttlichkeit unter ihnen, denn es heißt [Ps 82,1]: *Gott steht in der Gottesgemeinde*.« An dieser Stelle finden sich aber noch weitere Erläuterungen: »Woher, dass auch wenn fünf? Es heißt: *Seinen Bund hat er auf der Erde gegründet [Am 9,6]*. Woher, dass auch wenn drei? Es heißt: *Inmitten von Richtern hält er Gericht* [Ps 82,1]. Woher, dass auch wenn zwei? Es heißt: *Damals besprachen sich die Gottesfürchtigen miteinander, und der Herr merkte auf und hörte [Mal 3,16]*. Und woher, dass auch wenn einer? Es heißt: *An jeder Stätte, da ich meines Namens gedenken lasse, werde ich zu dir kommen und dich segnen [Ex 20,21]*.«

Woher wissen wir aber, dass es gerade zehn Männer sind, die eine Gemeinde bilden? Der biblischen Überlieferung nach sandte Mose eine Rotte (hebr. *eda*) von zwölf Kundschaftern aus, um das Gelobte Land zu erkunden. Zwei von ihnen versicherten dem Volk, dass Gott es zum Sieg führen werde; die übrigen zehn berichteten, selbst mit Gottes Hilfe könne das Land nicht gewonnen werden. Über diese zehn entrüstete sich Gott. Und wie es zehn waren, die nach Num 14,26 murrten – die zwölf Kundschafter mit Ausnahme von Josua und Kaleb –, so sollen nach rabbinischer Erklärung zehn Männer die Gemeinde des Gehorsams bilden (bTSanh 2a).

Die Gemeinschaft, in die man sich mit seinen Gebeten stellt, hat aber noch eine weitere Dimension: Indem das Gebet an »unseren Gott und den Gott unserer Väter, Gott Abrahams, Gott Isaaks und Gott Jakobs, Gott Sarahs, Rachels, Rebekkas und Leas« richtet, stellt man sich in die Gotteserfahrung zahlloser Generationen hinein und wird so selbst Teil einer Gemeinschaft, die auch Zeit und Raum umfasst. Abraham J. Heschel (1907–1972) sagt es so: »Der Jude steht vor Gott nicht allein […] Niemals beten wir als Einzelne, ohne in Beziehung zur übrigen Welt zu stehen. Die Liturgie ist eine Ordnung, in die wir nur als Teil der Gemeinschaft von Israel eintreten können. Jede gottesdienstliche Handlung ist Teilnahme an einem ewigen Gottesdienst, an dem Gottesdienst aller Seelen aller Zeiten. Jeder Akt der Anbetung wird in Gemeinschaft mit der ganzen Geschichte und mit allen Wesen droben und hier vollzogen.«[1]

Die jüdische Reformbewegung in Nordamerika verlangt für das Rezitieren des *Kaddisch* keinen Minjan mehr; die liberalen Gemeinden in Mitteleuropa neigen jedoch dazu, an diesem Erfordernis festzuhalten. Auch für einen Gottesdienst selbst ist ein Minjan zwar wünschenswert, aber nicht erforderlich, heißt es in den Responsen der Central Conference of American Rabbis. Begründet wird dies damit, dass wir aus einem Traktat Esras des Schreibers (*Massoret le-Esra ha-Sofer* 10,8) wissen, dass im alten Palästina auch Gottesdienste mit nur sechs oder sieben Personen üblich waren. Walter Jacob hat 1989 in einem Responsum zu der Frage, ob man in Privaträumen einen Gottesdienst auch dann durchführen dürfe, wenn kein Minjan zustande gekommen ist, diese Frage zwar bejaht, aber auch darauf gedrängt, dass sich die Gemeinden besser darum bemühen sollten, mehr Beter und Bete-

---

[1] Abraham Joshua Heschel, *Der Mensch fragt nach Gott*, Neukirchen-Vluyn, ³1993, 31.

rinnen zum gemeinsamen Gottesdienst in der Synagoge zu bewegen.

Kohanim, Leviten, Israel

Die Unterteilung des Volkes in Kasten ist seit der Zerstörung des
Zweiten Tempels im Jahr 70 u. Z. und dem damit verbundenen
Ende des Tempeldienstes von Priestern und Leviten hinfällig. Die
Nachfahren der Priester oder Kohanim unterliegen aber bis heute
bestimmten Reinheitsgeboten. Sie führen sich ebenso wie die Leviten in patrilinearer Linie auf ihre Vorfahren zurück. Diese Herkunft spricht bis heute aus typischen Familiennamen wie Cohn
oder Levy. In orthodoxen Synagogen kommt die alte Rangfolge
noch als Ehrenbezeugung in der Reihenfolge beim Aufruf zur
Tora-Lesung zum Ausdruck. Es gibt außerdem den Priestersegen,
den Segen der Nachkommen der Kohanim über die Gemeinde,
als Relikt aus dem Tempeldienst: »Unser Gott und Gott unserer
Väter, segne uns mit deinem dreifachen Segen, geschrieben
durch Moses, deinen Knecht, gesprochen durch Aaron und seine
Söhne, die Priester, dein heiliges Volk: Es segne dich der Ewige
und behüte dich! Es lasse der Ewige sein Antlitz leuchten über
dir und sei dir gnädig! Es wende der Ewige sein Antlitz dir zu
und gebe dir von seinem Frieden«, heißt es in der vorletzten Bracha des 18-Bitten-Gebets. Diese Bracha wird in der Diaspora an
Feiertagen, in Israel auch am Schabbat und in Jerusalem täglich
gesprochen. Die Kohanim wiederholen dabei singend die Segens-
worte, die ihnen der Vorbeter vorgibt, und zwar mit erhobenen
Händen, wobei jeweils zwei Finger zusammen gespreizt werden,
Mittel- und Ringfinger also getrennt bleiben. Ist kein Kohen anwesend, so wird der Segen von einem Leviten erteilt, ansonsten
von einem Laien (»Israel«). In liberalen jüdischen Gemeinden, die
das Kastensystem des antiken Judentums nicht mehr anerkennen,
wird dieser feierliche Priestersegen vom Vorbeter oder Rabbiner
erteilt.

Männer und Frauen

Traditionell sind es die Männer, die zum regelmäßigen Gebet verpflichtet sind. Für die Frauen gilt diese Verpflichtung zum öffentlichen Gebet, also zur Teilnahme am Gottesdienst in der Synagoge, nicht: Gemäß der Halacha sind Frauen von allen Geboten befreit, die an eine bestimmte Zeit gebunden sind. Ein Grund dafür war, dass Schwangeren, Wöchnerinnen und stillenden Müttern die Beteiligung am öffentlichen Gebet nicht möglich war, sodass man den Frauen die Erfüllung dieser Gebote förmlich untersagte. Dies gilt auch für das Tragen des Tallit oder der Tefillin. Zu den wichtigsten Bestimmungen der liberal ausgerichteten Rabbinerversammlung, die 1846 in Breslau stattfand, gehörten diejenigen, dass auch Frauen zu zeitgebundenen Geboten wie dem Gebet verpflichtet wurden und dass sie bei dem für den Gemeindegottesdienst vorgeschriebenen Minjan mitgezählt wurden.

In konservativen und liberalen Gemeinden wird heute überhaupt kein Unterschied mehr zwischen Männern und Frauen gemacht; sie haben dieselben religiösen Rechte und Pflichten.

3. Das persönliche Gebet

Individuelle Gebete ergänzen das Gebet in der Gemeinschaft. Mose selbst gibt uns Beispiele dafür, dass auch ein freies Gebet wirksam sein kann, ganz unabhängig von festen Gebetsordnungen und von Gebetsbüchern. Auch die Ausführlichkeit oder Dauer dieser persönlichen Gebete kann variieren. So verbringt Mose einmal, als er für sein Volk Fürbitte einlegt, gleich »vierzig Tage und vierzig Nächte« damit, und sein Gebet wird erhört (Dtn 9,18). Als Mose ein anderes Mal für seine kranke Schwester Miriam betet, da umfasst dieses Gebet ganze fünf Worte und wird ebenfalls erhört (Num 12,13). Spontane Gelegenheitsgebete können gesprochen werden, wann immer das Bedürfnis danach besteht. Einige dieser Zusatzgebete aus talmudischer Zeit sind längst Teil der festgeschriebenen Liturgie. Bekannt sind diese Gebete als Anschluss an die *Amida:*

> *Rabbi Eleasar pflegte zu beten: »Möge es Dein Wille sein, o Herr, unser Gott, Liebe, Brüderlichkeit, Frieden und Freundschaft in unserer Gemeinschaft wohnen zu lassen. Mögest Du unsere Grenzen reich machen an Schülern.«*
>
> *Rabbi Chija pflegte zu beten: »Möge es Dein Wille sein, o Herr und Gott, dass unsere Tora unsere Beschäftigung sei, dass unser Herz nicht erkranke und unsere Augen sich nicht trüben.«*
>
> *Raw pflegte zu beten: »Möge es Dein Wille sein, o Herr, unser Gott, uns langes Leben zu verleihen, ein Leben des Friedens, ein Leben des Guten, ein Leben des Segens, ein Leben des Unterhalts, ein Leben der körperlichen Gesundheit, ein Leben voll Furcht vor der Sünde, ein Leben frei von Schmach und Schande.«*

Konzentration und Routine

100 Segenssprüche am Tag, davon viele in der *Amida*, die alles in allem in einer Woche 37-mal gesprochen werden soll, und dies jahraus, jahrein: So etwas kann schnell zur Routine werden. Schon aus der biblischen Geschichte von Hanna im Tempel (1 Sam 1,1–18) wissen wir, das im Gebet Herz und Lippen im Einklang sein müssen. Die Andacht und Konzentration, die es dafür braucht, wird *kawana* genannt.

Das Gebet ohne *kawana* gleicht gewissermaßen einem Körper ohne Seele: »Wer sein Gebet als etwas Festgesetztes betrachtet, dessen Gebet ist kein Flehen« (Rabbi Elieser, MBr 4,4). Ein Nachhall persönlicher, ganz spontaner Gebete voller *kawana* findet sich in den Psalmen. Die Gefahr, dass die ständige Wiederholung des 18-Bitten-Gebets zur Erstarrung führen kann, haben schon die frühen Rabbinen erkannt. So sagte Rabbi Simeon: »Sei achtsam auf das Lesen des ›Schma‹ und auf das Gebet; wenn du betest, betrachte dein Gebet nicht als eine festgelegte Routine, sondern es sei Inbrunst und ein Flehen vor dem Allgegenwärtigen, gelobt sei Er.«

Landessprache

Die Gefahr wiederkehrender Formelhaftigkeit lässt sich mindern, wenn man einen Teil der nach der Gebetsordnung vorgesehenen Gebete nicht auf Hebräisch, sondern in der jeweiligen Landessprache spricht. Schon die Mischna benennt das *Schma Jisrael*, das 18-Bitten-Gebet und das Tischgebet als diejenigen Teile der Gebetsordnung, »die in jeder Sprache gesprochen werden können«. Und auch Maimonides lehrte: »Alle Segenssprüche können in irgendeiner Sprache gesprochen werden, solange man sie in ihrem wesentlichen Charakter, wie er von den Weisen festgelegt worden ist, spricht. Selbst wenn man von der Formel abweicht, so hat man dennoch seiner Pflicht Genüge getan, solange man den Namen Gottes, seine Herrschaft und das Thema des Segenspruches erwähnt, sogar in der Landessprache.«

Der *Schulchan Aruch* als letzte maßgebliche Kodifizierung des Religionsgesetzes schließt das Aramäisch gemäß bSota 33a aus; eine Ausnahme ist aber das Kaddisch. Fest steht, dass das Hebräische als verbindende Gebetssprache des jüdischen Volkes trotz dieser Freiheiten nie aufgegeben wurde – wohl auch deswegen, weil jede Übersetzung zwangsläufig zur Interpretation wird, die den ursprünglichen Bedeutungsgehalt beschränkt. In der Diaspora werden heute (infolge der Reformen des 19. Jahrhunderts) Teile der Gebete, insbesondere Psalmen und Segenssprüche, in der Landessprache gesprochen. Mit der Gründung des Staates Israel gibt es aber auch wieder eine durchgängige Verbindung von Land, Volk und hebräischer Sprache.

4. Gebetshaltung und -symbolik

Die Konzentration auf den Bedeutungsgehalt der Gebete und Segenssprüche im Gottesdienst wird auch durch leibliche Gesten – wie Verbeugungen, ein angedeutetes Niederknien oder auch Schritte vor und zurück – deutlich. Unter orthodoxen Juden ist auch das sogenannte Schaukeln gebräuchlich, das rhythmische Hin- und Herbewegen des Oberkörpers, das die Konzentration fördert. Im Hinblick auf das Gebet und den Gottesdienst sind außerdem folgende Kleidungsstücke und Symbole wichtig, die das Bewusstsein des eigenen Judeseins im Alltag und die Konzentration beim Gebet unterstützen können: *arba kanfot, tallit, kippa* und *tefillin* (vgl. auch Kap. 3.4.1).

Arba kanfot

Arba kanfot ist die Bezeichnung für eine Art viereckige Weste, die von den Rabbinen eingeführt wurde, um so das biblische Gebot zu erfüllen, an den vier Ecken seines Gewandsaumes Quasten oder *zizit* zu tragen (Num 15,38; Dtn 22,12). Eine Alternative dazu ist der *tallit katan,* ein kleiner hemdartiger Überwurf. Eigentlich ist es nur dann verpflichtend, *zizit* zu tragen, wenn man auch ein viereckiges Kleidungsstück als Oberbekleidung trägt; in orthodoxen Kreisen sind die *arba kanfot* oder der *tallit katan* aber als Ausdruck von Frömmigkeit in jedem Fall verbindlich.

Der Tallit (Gebetsschal)

Der Tallit wird als Gebetsschal im Morgengottesdienst getragen. Laut der Tora sollen alle rechteckigen Gewänder speziell geknotete Quasten an ihren Enden haben. Dadurch soll sich der Träger dazu angehalten fühlen, nicht von Gottes Wegen abzuweichen (Num 15,37–41). In der Moderne begnügen sich orthodoxe Juden jedoch, wie gesagt, mit den *arba kanfot* oder dem *tallit katan*. Der Tallit ist zu einem Symbol für das Gottesgebot geworden, in das sich der Beter gleichsam einhüllt.

In der Praxis finden sich unterschiedliche Regeln und Bräuche: In manchen orthodoxen Synagogen tragen alle Jungen und Männer einen Tallit, in anderen erst mit 13 Jahren, also als mündige Gemeindemitglieder nach der Bar Mizwa, und in manchen auch nur die verheirateten Männer. Nach sefardischem Brauch ist der Gebetsschal aus Seide und blau-weiß gestreift, nach aschkenasischem Brauch aus Wolle und schwarz-weiß gestreift.

In talmudischen Zeiten haben auch Frauen einen Tallit tragen können (bTMen 43a), bis sich dies schließlich für sie erübrigte, als sie von zeitlich gebundenen Geboten generell befreit wurden. In liberalen Gemeinden tragen Frauen heute insbesondere dann einen Tallit, wenn sie innerhalb des Gottesdienstgeschehens eine Mizwa erfüllen, etwa bei der Tora-Lesung. Der Vorbeter trägt im Gottesdienst als Zeichen seiner Würde als Vertreter der Gemeinde *(schaliach zibbur)* stets einen Gebetsschal.

Die Kippa (Kopfbedeckung)

Kippa ist der Name für die »typisch jüdische« Kopfbedeckung (eine Art Käppchen), die so typisch aber gar nicht ist. In der Bibel wird eine Kopfbedeckung lediglich als Teil der priesterlichen Kleidung (Ex 28,4) oder als Zeichen der Trauer (2 Sam 15,30) aufgeführt; im Talmud wird sie lediglich als eine Möglichkeit für Männer während des Gebetes genannt (bTNed 30b, bTSchab 118b, bTBr 60b). Die Kippa ist also weder in der Bibel noch im Talmud vorgeschrieben. Vereinzelte Vorbilder für diese Kopfbedeckung finden sich in Babylon und im orientalischen Judentum, und durchgesetzt hat sie sich als Brauch erst im 19. Jahrhundert im orthodoxen Judentum, nicht zuletzt als Reaktion auf die bürgerlich-liberale Sitte, im Gottesdienst Hut zu tragen (damals oft einen Zylinder).

Heute tragen orthodoxe Juden ständig einen Hut oder eine Kippa, während liberale Juden diese Praxis in der Regel auf den Gottesdienst und rituelle Handlungen beschränken. Die Entscheidung der klassischen jüdischen Reformbewegung, auch im Gottesdienst auf eine Kopfbedeckung zu verzichten, wird heute nur noch in wenigen Reformgemeinden durchgehalten. Dafür greifen in egalitär ausgerichteten Gemeinden immer mehr Frauen zu diesem Symbol, das überdies auch in areligiösen Kreisen zu einer Art identitätsstiftendem Zeichen geworden ist.

Die Tefillin (Gebetsriemen)

Tefillin ist die Bezeichnung für die Gebetsriemen, schwarze Lederriemen, die an zwei schwarzen Pergamentwürfeln (oder Gebetskapseln) befestigt sind. Der Name ist von *tefilla* (»Gebet«) abgeleitet (und zwar durch Bildung einer maskulinen Pluralform von diesem an sich femininen Wort). Der Brauch ist eine wörtliche Umsetzung der Verse aus Dtn 6,8, in denen es heißt: »Und binde sie [die Worte Gottes] zum Zeichen an deine Hand, und sie seien zur Stirnbinde zwischen deinen Augen.« Auf den Pergamenten stehen vier biblische Texte, nämlich Dtn 6,4–9, Dtn 11,13–21, Ex 13,1–10 und Ex 13,11–17. Die Gebetskapseln mit diesen Versen werden in den Morgengottesdiensten am rechten Arm und auf der Stirn getragen, jedoch nicht am Schabbat und nicht an Feiertagen. Der Grund dafür ist, dass der Schabbat selbst ein Zeichen ist (Ex 31,17) und dass dieses Symbol das Übergewicht hat und genügt.

Gebetbücher

»Des vielen Büchermachens nehme kein Ende«, heißt es in Koh 12,12. Gerade für jüdische Gebetbücher gilt dies. Die Liturgie der Synagoge war seit ihren Anfängen in den letzten Jahrhunderten

des Zweiten Tempels zunächst
über ein Jahrtausend hinweg
als Teil der mündlichen Tradition von Mund zu Mund weitergegeben worden. In der Mischna und im Talmud werden die
für die Liturgie maßgeblichen
Regeln aufgeführt, und viele
ihrer Gebete sind dort erwähnt
oder gar zitiert – allerdings oft
nicht in voller Länge. Daher
liegt die Textgeschichte so manches Mal im Dunkeln. Auch war
die genaue Formulierung der

*2007 brachte die amerikanische Union
of Reform Judaism ihr neues Gebetbuch
Mishkan T'filah heraus.*

Gebete bis zu einem gewissen Grad dem Vorbeter überlassen.

Das kleine Traktat *Soferim* (»Schreiber«) aus dem 8. Jahrhundert erhellt die Dunkelheit ein wenig, vor allem im Hinblick auf
die Toralesungen. Auch durch die Funde aus der Kairoer Genisa
haben wir viel über die liturgischen Gewohnheiten der Juden im
Lande Israel bis zum 9. Jahrhundert erfahren. Aber es dauerte bis
in die zweite Hälfte des 9. Jahrhunderts, bis ein Buch erschien,
das sowohl die Texte als auch die Ordnung der Synagogenliturgie
vollständig wiedergab: der *Seder Raw Amram* von Amram ben
Scheschna, dem Gaon der Akademie von Sura in Babylonien. Er
hatte es als Antwort auf eine Anfrage einer jüdischen Gemeinde
in Spanien geschrieben.

Während der nachfolgenden Jahrhunderte wurden weitere
derartige Kompendien verfasst: in der ersten Hälfte des 10. Jahrhunderts durch Saadja Gaon (ebenfalls in Sura), am Ende des
11. Jahrhunderts durch Raschi in Nordfrankreich und durch seinen Schüler Simcha ben Samuel, dessen Werk unter dem Titel
Machsor Vitry bekannt geworden ist, gegen Ende des 12. Jahrhunderts durch Maimonides in Kairo und in der ersten Hälfte des
14. Jahrhunderts durch David Abudarham von Sevilla. Ein Vergleich dieser frühen Gebetbücher legt eine verblüffend große

Ein Machsor, ein Gebetbuch für den Festzyklus des gesamten jüdischen Jahres.

Anzahl von Textvarianten offen, nicht zuletzt bei den grundlegendsten Gebeten, wie beispielsweise der *Amida*, dem 18-Bitten-Gebet. Dies beweist die Offenheit der vorausgegangenen mündlichen Traditionen und spiegelt die Entstehung verschiedener Riten wider, und zwar vor allem der aschkenasischen und sefardischen Riten mit ihren jeweiligen regionalen Verschiedenheiten.

Durch die nachtalmudische und mittelalterliche religiöse Dichtung *(pijut)* schwoll die jüdische Liturgie mehr und mehr an, weil sie kaum jemals etwas verwarf, was einmal aufgenommen worden war. Mystische und pietistische Strömungen trugen durch die Jahrhunderte das ihre dazu bei, den Reichtum an Gebetstexten zu vermehren. Die Erfindung des Buchdrucks sorgte schließlich für eine weite Verbreitung der sich auffächernden Gebetsliteratur. Die *Jewish Encyclopedia* von 1970 zählt nicht weniger als 64 verschiedene Gebetbücher auf, die zwischen 1486 und 1798 gedruckt wurden. Bald war der gedruckte Siddur, der die Gottesdienste und Gebete für den Alltag, den Schabbat und verschiedene Anlässe enthielt, im persönlichen Besitz nahezu eines jeden Juden.

Die Aufklärung am Ende des 18. Jahrhunderts und die sich anschließende Herausbildung verschiedener jüdischer Strömungen im Verlauf des 19. Jahrhunderts brachte eine lebendige Weiterentwicklung der bisher schon vielfältigen Formen des Synagogengottesdienstes mit sich. Die Eröffnung des Jacobstempels in Seesen 1810 war ein Markstein der Liturgiereform in Deutschland, ebenso wie das Gebetbuch des Neuen Tempels in der Hamburger Poolstrasse von 1819. Der sich daraus entwickelnde »Hamburger Tempelstreit« setzte über lange Jahre hinweg die Akzente im Ringen um die Prinzipien einer angemessenen Gestaltung des jüdischen Gottesdienstes.

1870 äußerte sich Abraham Geiger zu den Qualitäten eines Einheitsgebetbuches: »Das Gebetbuch soll im Ganzen und Großen den bisherigen Charakter beibehalten, seinen Zusammenhang mit der ganzen Geschichte des Judentums auch weiter in scharfem Gepräge ausdrücken. Der Gottesdienst bleibt daher, seinen wesentlichen Bestandteilen nach, hebräisch; der hebräische Ausdruck, wenn auch hie und da nicht frei von einer gewissen orientalischen Überschwänglichkeit, bleibt im Ganzen unangetastet. Dennoch muss der Gottesdienst, namentlich an den ausgezeichneten Tagen, einzelne kurze deutsche Gebete und fromme Betrachtungen enthalten; ferner muss der hebräische Text von einer deutschen Bearbeitung begleitet sein, welche nicht in steifer Ängstlichkeit unserer vaterländischen Sprache das hebräische Kolorit aufdrängt, sondern, die ursprüngliche Innigkeit bewahrend, durch den heimischen Ton dem Gemüte sich anschließt.«

Das Ringen darum, welche Form das »Herzensopfer« haben soll, das man guten Gewissens vor Gott bringen will, setzt also zu jeder Zeit neu an. Die rechte Abwägung von Tradition und Moderne ist dabei ein Grundanliegen der geistigen Auseinandersetzung.

Das Gebet

Das Gebet ist die Gabe Gottes. Die Fähigkeit zu beten ist die größte Auszeichnung, die Gott dem Menschen zuteilwerden ließ. Alles Dasein ist gegenseitige Beziehung zwischen Mensch und Gott. Da Gott uns das Beste geschenkt hat, so bestimmt das Beten, die Erwiderung, das Sein des Menschen, es ist eine »ontologische Notwendigkeit«. Das Gebet erlöst den Menschen von seiner Selbstsucht und erlaubt ihm, die Welt aus Gottes Sicht zu sehen. Der fromme Mensch strebt danach, sein Leben der Sicht Gottes würdig zu machen. Er sagt zu ihm: »Hier bin ich, sieh in mein Herz, meine Hoffnungen und meine Reue.« Der äußere Beweg-

grund für das Gebet kann die Bitte um Gottes Hilfe sein.
Der wahre, innere Grund ist jedoch die Kawanna, der
Wunsch, die Kraft zu haben, sich Gott zuwenden zu kön-
nen. Das Gebet ist eine geistliche Ekstase, in der all unser
Denken zu Gott strömt. Es ist beten für die Begabung zum
Beten.

Abraham Joshua Heschel[2]

[2] Abraham Joshua Heschel, *Der Mensch fragt nach Gott*, Neukirchen-Vluyn ³1993.

2.2 Schabbat: Den Feiertag heiligen

Ein Jude, der eine wirkliche Verbindung zum Leben seines Volkes verspürt, wird es gänzlich unmöglich finden, sich Israels Existenz ohne den Sabbat vorzustellen. Man kann ohne Übertreibung sagen: Mehr als Israel den Sabbat bewahrt hat, hat er Israel bewahrt.

Achad Ha-Am, *Al Paraschat Darkim* (»Am Scheideweg«)[1]

Der Schabbat ist Woche für Woche der wichtigste jüdische Feiertag. Er wird auch *jom menucha* (»Tag der Ruhe«) und *jom kedduscha* (»Tag der Heiligkeit«) genannt. *Schabbat* bedeutet wörtlich »aufhören«, »einstellen«: Am siebten Tag hielt Gott in seinem Schöpfungswerk inne. Die Einsetzung des Schabbats geht auf die Schöpfungsgeschichte zurück, in der es heißt: »Und Gott vollendete am siebenten Tage sein Werk, das er gemacht, und er ruhte von all seinem Werk, das er gemacht. Und Gott segnete den siebenten Tag und heiligte ihn, denn an ihm ruhte er von all seinem Werk, das Gott geschaffen, indem er es machte« (Gen 2,2–3). Im jüdischen Gebetbuch heißt es zu der Heiligkeit des Tages:

> *Du hast den Schabbat eingesetzt zu seiner Heiligung,*
> *dass er uns ein Tag der Ruhe und des Friedens,*
> *ein Tag der Sammlung und Erhebung sei.*
> *Du hast deine Liebe und Gnade für uns erwiesen*
> *durch dein Schabbatgebot,*
> *das du uns am Sinai gegeben hast:*
> *Gedenke des Schabbattages, damit du ihn heiligst.*
> *Sechs Tage sollst du arbeiten und all dein Werk verrichten,*
> *aber der siebente Tag ist ein Ruhetag*

---

[1] Achad Ha-Am, *Am Scheideweg. Gesammelte Aufsätze*, Berlin 1923–1925.

dem Ewigen deinem Gott.
Freuen werden sich deines Reiches diejenigen,
die den Schabbat beachten und ihn eine Wonne nennen.
Das Volk, das den siebenten Tag heiligt, sättigt
und vergnügt sich an deinen guten Gaben;
denn am siebenten Tag fandest du Wohlgefallen,
du hast ihn geheiligt
und nanntest ihn den lustvollsten Tag,
ein Andenken an das Schöpfungswerk.

1. Die Schabbatvorschriften

Der Schabbat gilt als ein Zeichen des Bundes zwischen Gott und dem Volk Israel (Ex 31,16–17) und ist gleichsam ein Vorgeschmack auf die erlöste Welt in messianischen Zeiten. Er wird durch das Entzünden von Kerzen zu Beginn und an seinem Ende – also bei Sonnenuntergang am Freitag und beim Eintritt der Nacht am Samstagabend – als heilige Zeit gekennzeichnet. Die Heiligung des Schabbats wird bereits in den Zehn Geboten eingefordert und in Ex 20,10–11 mit der Schöpfungsordnung und in Dtn 5,14–15 mit dem Auszug aus Ägypten begründet. Das Gebot wird an anderen Stellen in der Tora noch vertieft (Ex 16,23; 23,12–13; 34,21; 35,1–3; Num 15,32–36). Die Tora bezieht in das Gebot der Schabbatruhe auch Fremde, Knechte und Mägde sowie die Arbeitstiere ein. Daran erinnern sich Familien und Gemeinden Woche für Woche, wenn sie beim *Kiddusch* das vierte Gebot (Ex 20,10) rezitieren: »Du sollst keinerlei Werk verrichten, du und dein Sohn und deine Tochter, dein Knecht und deine Magd und dein Vieh und dein Fremder, der in deinen Toren. Denn sechs Tage machte der Ewige den Himmel und die Erde und Meer und alles, was darinnen, und ruhte am siebenten Tag, deswegen segnete der Ewige den Schabbat, indem er ihn heiligte.«

Die Beachtung des Schabbats ist zu einem entscheidenden

verbindenden Element zwischen den Juden in aller Welt geworden. Der hebräische Begriff für seine Einhaltung lautet *schmirat schabbat;* diejenigen, die ihn einhalten, sind die *schomrej schabbat* (im Singular *schomer/schomeret schabbat*).

Was aber bedeutet es, des Schabbats zu gedenken *(sachor)* und ihn zu hüten *(schamor)*, wie es die Tora fordert? Im Mischna-Traktat Schabbat nehmen die Schabbatvorschriften über 24 Kapitel hinweg breiten Raum ein: Behandelt werden die Vorschriften für den Vorabend, das Schabbatlicht, die Speisen und das Ausgehen am Schabbat, die am Schabbat verbotenen Haupttätigkeiten, das Tragen am Schabbat, der Umgang mit Geburtshilfe und Beschneidung am Schabbat sowie die Verwendung von Flüssigkeiten, das Tragen von Belastetem (Gegenstände, die nicht Teil der Kleidung sind) und die Frage von Dienstleistungen am Schabbat. Im Traktat Eruwin wird dieses Thema noch weiter fortgeführt.

Zur Heiligung des Schabbats als Tag der Ruhe fordert die Tradition, dass jegliche produktive Arbeit unterlassen werden soll. Die Mischna listet 39 Tätigkeiten auf, die nicht gestattet sind. Es bricht die Schabbatruhe, »wer sät, wer pflügt, wer erntet, wer garbt, wer drischt, wer worfelt, wer verliest, wer mahlt, wer siebt, wer knetet, wer backt, wer Wolle schert, wer sie bleicht, wer sie schwingt, wer färbt, wer spinnt, wer Kettfäden an den Kettenbaum des Webstuhls einspannt, wer zwei Maschen macht, wer zwei Fäden webt, wer zwei Fäden trennt, wer verknotet, wer losknüpft, wer zwei Nähte näht, wer auftrennt, wer eine Gazelle einfängt, wer schlachtet, wer Fell abzieht, wer einsalzt, wer zurichtet, wer abschabt, wer Fleisch zuschneidet, wer zwei Buchstaben zeichnet, wer abschabt, um zwei Buchstaben zu zeichnen, wer baut, wer einreißt, wer auslöscht, wer anzündet, wer mit einem Hammer schlägt, wer etwas von einem Gebiet in ein anderes trägt« (MSchab 7,2). Diese 39 Arbeiten werden von denjenigen Tätigkeiten abgeleitet, die der Überlieferung nach einst für die Errichtung des *mischkan*, des Stiftszeltes, notwendig waren. Darüber hinaus darf auch keine Trauer den Schabbat beeinträchtigen. Gegenstände, die am Schabbat nicht berührt werden sollen, weil sie im weitesten Sinne mit den 39 verbotenen Arbeiten zu tun haben, werden als *mukze* (»das Abgesonderte«) bezeichnet.

Für Rabbiner Samson Raphael Hirsch (1808–1888) verkörperten die ersten 38 Arbeiten, die die Mischna auflistet, die Herrschaft des Menschen über die materielle Welt. Das Gebot, am Schabbat nichts zu tragen, unterscheidet sich aber von dieser Kategorie. Dass der Prophet Jeremia ebenfalls ausdrücklich zwischen dem Verrichten von Arbeit und dem Heraustragen von Lasten aus den Häusern unterschied, als er die unzureichende Einhaltung der Schabbatruhe in Jerusalem beklagte (Jer 17,19–27), brachte Hirsch dazu, das Tragen als Symbol für sozialen Austausch und gesellschaftliche Prozesse zu verstehen: So wie der Verzicht auf die genannten 38 Tätigkeiten die Anerkennung des Schöpfungswerkes Gottes zum Ausdruck bringe, so sei der Verzicht auf das Tragen die Anerkennung dessen, dass sich im Auszug aus Ägypten das Einwirken Gottes auf die Geschichte der Menschen gezeigt habe.

Aus den Vorschriften im Mischna-Traktat Schabbat sind weitere Verbote abgeleitet worden. So müssen am Schabbat nach orthodoxem Verständnis alle produktiven und körperlich anstrengenden Tätigkeiten vermieden werden. Der Handel mit Gut und Geld ist ebenso wenig gestattet wie jede Transporttätigkeit außerhalb des Hauses, jede Haus- und Gartenarbeit und auch der Abschluss von Arbeitsprozessen (zum Beispiel ein Richtfest bei Neubauten). Auch auf den bloßen Kontakt mit Werkzeug und Arbeitsinstrumenten im Haushalt soll verzichtet werden, um gar nicht erst einen Anreiz für die damit verbundenen Tätigkeiten zu schaffen.

Das Entzünden von Feuer ist ebenfalls nicht gestattet. Daraus ergibt sich in streng traditioneller Auslegung auch, dass das Einschalten von Elektrizität – und sei es die Benutzung von Lichtschaltern – verboten ist. Es hat sich aber gerade in orthodoxen Kreisen durchgesetzt, diesem Verbot mithilfe von Zeitschaltuhren und Wärmeplatten sowie anderen automatischen Einstellungen zu begegnen: Ein Beispiel dafür sind die sogenannten Schabbatfahrstühle, die automatisch auf jeder Etage eines Hotels oder Wohnhauses halten, sodass es keinen Knopfdruck zu ihrer Betätigung braucht.

Der Transport von Gegenständen ist grundsätzlich dann erlaubt, wenn ein Haus, ein Wohnviertel oder auch eine Stadt von einer Mauer oder von einem Fluss umgeben ist – das hat dazu geführt, dass die Wohnbezirke orthodoxer Juden mit künstlichen Abgrenzungen umgeben werden, die einen *eruw* (hebr. »Mischung«) darstellen, der am Schabbat mehr Bewegungsfreiheit erlaubt. Der Begriff bezeichnet drei Verfahren, um bestimmte Aktivitäten zu erlauben, die die Halacha ansonsten verbietet. Meist ist damit ein *eruw* als symbolisch umzäunter Bezirk für das Tragen gemeint, daneben gibt es aber auch einen *eruw* für das Kochen und einen *eruw* für das Reisen am Schabbat. Im Talmud ist diesen Fragen unter anderem der Traktat Eruwin gewidmet.

Liberale Juden und Jüdinnen bringen die Schabbatregeln mit einer zeitgemäßen Lebensführung in Einklang. Sie betonen am Schabbat, ebenso wie die orthodoxen Juden auch, die Abkehr von der wöchentlichen Routine. Man sollte unnötige und überhaupt jede Arbeit vermeiden, das sich auch auf einen anderen Tag in der Woche verschieben lässt. Nach liberalem Verständnis soll man sich aber keinen physischen Beschränkungen unterwerfen, die dem Schabbat seinen Charakter als Tag der Ruhe, Entspannung und Wonne nehmen. Diese den Menschen zugewandte Auffassung spricht auch aus dem Talmud, wo es heißt: »[…] er [der Schabbat] ist euch anvertraut, nicht aber ihr ihm« (bTJoma 85b). Das liberale Judentum legt großen Wert auf die Einübung von persönlicher Verantwortung und individueller Gewissensentscheidung. Wir müssen selbst im Wissen um die Tradition abwägen, was uns mit Bezug auf die Gebote wichtiger ist, der Besuch des Gottesdienstes am Schabbat oder das Verbot des Autofahrens. Was ist wichtiger, das Anzünden der Kerzen zu einer fixierten Stunde oder die Tatsache, das wir am Schabbat über-

haupt zur Ruhe kommen, und sei es erst am späteren Freitagabend? Das Hören des Schofars in den Wochen vor den Hohen
Feiertagen oder die Einhaltung des Verbotes, am Schabbat nichts
hinein- und hinauszutragen, also auch kein Schofar?

Alle Arbeitsverbote am Schabbat sind nichtig, wenn es um
die Rettung von Leben *(pikuach nefesch)* geht, sei es nun bei einer
Krankheit oder einem Unfall, bei einer Geburt oder in Kriegs-
gefahr. Analoges gilt auch für die Beschneidung, wenn der achte
Tag nach der Geburt eines Jungen auf einen Schabbat fällt.

Der Sabbat
Die Bedeutung des Sabbats ist, die Zeit zu feiern und nicht
den Raum. Sechs Tage der Woche leben wir unter der Ty-
rannei der Dinge des Raums; am Sabbat versuchen wir uns
einzustimmen auf die Heiligung der Zeit. An diesem Tag
sind wir aufgerufen, Anteil zu nehmen an dem, was ewig
ist in der Zeit, uns vom Geschaffenen dem Geheimnis der
Schöpfung selbst zuzuwenden, von der Welt der Schöpfung zur Schöpfung der Welt.
Abraham Joshua Heschel[2]

2. Beginn und Ende des Schabbats

Der Schabbat beginnt (mit Bezug auf den biblischen Schöpfungsbericht) bereits am Vorabend – so wie alle anderen Tage
im jüdischen Kalender auch, denn es heißt: »Da ward Abend, da
ward Morgen, ein Tag« (Gen 1,5). Damit es nicht zu Verzögerun-
gen kommt, wird der genaue Beginn des Schabbats etwa 50 Minuten vor dem Eintreten der Nacht angesetzt und analog das
Ende des Schabbats am Samstagabend gut 50 Minuten nach Sonnenuntergang – nach der Tradition dann, wenn die ersten drei

---

[2] Abraham Joshua Heschel, *Der Sabbat*, Neukirchen-Vluyn 1990, 79.

»Freitagabend«. Druckgrafik aus der Mappe »Bilder aus dem altjüdischen Familienleben« von Moritz Daniel Oppenheim (1800–1882), um 1870.

Sterne am Himmel stehen. Man bereitet sich auf den Schabbat zu Hause vor, so wie bei anderen Feiertagen auch. Dazu gehört es, dass man die Wohnung herrichtet, das Schabbatessen zubereitet und angemessene Kleidung auswählt.

Der Schabbatbeginn wird in der Familie ebenso wie in der Synagoge durch das Anzünden der beiden (traditionell weißen) Schabbatkerzen markiert. In der Regel zündet die Frau des Hauses die Kerzen an, doch dies kann im Familienkreis ebenso gut auch eine Tochter oder im frauenlosen (Single-)Haushalt auch jeder andere tun. Dazu wird der Segensspruch gesprochen: *»Baruch ata Adonaj elohejnu melech ha-olam, ascher kidschanu be-miz-*

Kidduschbecher aus der Jerusalemer Silberschmiede Yemini.

wotaw we-ziwanu le-hadlik ner schel schabbat.« – »Gelobt seist du, Ewiger, unser Gott, Gebieter der Welt, der du uns geheiligt hast durch deine Gebote und uns geboten hast, das Schabbatlicht zu entzünden.«

Wenn irgend möglich, gehen die Familien oder die Lebenspartner am Freitagabend gemeinsam in die Synagoge, um den Schabbat dort als Teil einer großen Gemeinschaft zusammen mit der Gemeinde zu begrüßen (zum Ablauf des Freitagabendgottesdienstes vgl. Kap. 2.3) Früher war es üblich, dass die Frauen am Freitagabend wegen der Vorbereitung des Schabbatessens und des pünktlichen Lichteranzündens nicht in die Synagoge gingen und stattdessen zu Hause beteten; heutzutage lassen sich die Vorbereitungen aber oft so arrangieren, dass einem gemeinsamen Gottesdienstbesuch nichts im Wege steht. Auf dem Heimweg und bei der Ankunft zu Hause und auch schon in der Synagoge grüßt man sich mit den Worten: »Schabbat schalom!« oder auch »Gut Schabbes!«

Nach der Rückkehr aus der Synagoge kommt die Familie zum Abendessen zusammen, das mit dem *Kiddusch* beginnt, dem Segen über Brot und Wein, den traditionsgemäß der Familienvater als Haushaltsvorstand spricht, der aber auch von der Familie oder der ganzen Tischrunde gemeinsam gesagt beziehungsweise gesungen werden kann. Der Segen über den Wein als Symbol der Freude des Tages beginnt mit dem Satz:

Baruch ata Adonaj, elohejnu melech ha'olam, bore p'ri ha'gafen. – Gelobt seist du, Ewiger, unser Gott, Gebieter der Welt, der die Frucht der Rebe erschaffen.

und wird fortgesetzt mit:

*Baruch ata Adonaj elohejnu melech ha'olam, ascher kid'schanu b'miz-
wotaw w'raza wanu, w'schabbat kodscho b'ahawa uw'razon hinchilanu
nu sikaron l'ma'asse wreschit, ki hu jom t'chila l'mikrej kodesch, secher
lizi'at mizrajim, ki wanu wachartaw'otanu kidaschta mi'kol ha'amim,
w'schabbat kodsch'cha b'ahawa uw'razon hinchaltanu. Baruch ata
Adonaj m'kadesch ha'schabbat.* – Gelobt seist du, Ewiger, unser Gott,
Gebieter der Welt, der uns geheiligt durch deine Gebote und er-
wählt und deinen heiligen Schabbat in Liebe und Wohlgefallen
zum Anteil gegeben hast zum Gedenken des Schöpfungswerkes.
Er ist der erste Tag der heiligen Feste, der an unseren Auszug aus
Ägypten erinnert. Uns hast du auserwählt, uns hast du geheiligt
vor allen Nationen. Deinen heiligen Schabbat hast du in Liebe und
Wohlgefallen uns zum Anteil gegeben. Gelobt seist du, Ewiger,
der du den Schabbat geheiligt.

Nachdem im Anschluss an den Segen über den Wein alle einen
Schluck davon genommen haben, folgt gegebenenfalls das rituelle Händewaschen, bei dem erneut ein Segensspruch gesagt
wird. Darauf sagt man den Segensspruch über die zwei Schabbat-
brote (traditionell zwei geflochtene Hefeweißbrote), die *challot*,
die an alle Anwesenden verteilt und gesalzen werden (Salz war
früher der Inbegriff von Wohlstand):

*Baruch ata Adonaj, elohejnu melech ha'olam, ha-mozi lechem min ha-
aretz.* – Gelobt seist du, Ewiger, unser Gott, Gebieter der Welt, der
das Brot aus der Erde hervorkommen lässt.

In eher orthodox ausgerichteten Familien ist es üblich, dass der
Ehemann am Freitagabend das traditionelle Loblied für die
»tüchtige Hausfrau« *(»eschet chajil«)* anstimmt – das aber im Zuge
der Emanzipation der Frau hinterfragt wird und in liberalen
Kreisen weitgehend ungebräuchlich geworden ist. Es ist aber jedenfalls Tradition (bei Orthodoxen wie Liberalen), dass der Vater
oder auch beide Eltern zu Schabbatbeginn die Kinder segnen.
Dazu legt man die Hände auf deren Kopf. Mädchen wird ge-

wünscht, dass Gott sie machen möge »wie Sara, Riwka [Rebekka], Rachel und Lea«, Jungen, dass er sie mache »wie Efraim und wie Menasche«, bevor der Priestersegen (Num 6,24–26) über beide gesprochen wird:

J'warech'cha Adonaj w'jisch'mrecha, ja'er Adonaj panaw elecha wichuneka, jissa Adonaj panaw elecha w'jassem l'cha schalom. – Der Ewige segne dich und behüte dich! Der Ewige lasse dir leuchten sein Antlitz und sei dir gnädig! Der Ewige wende sein Antlitz dir zu und gebe dir Frieden!

Auf den *Kiddusch* folgt das Essen im Familien- oder Freundeskreis, das traditionell mit dem Tischgebet *(birkat ha-mason)* und mit religiösen Tischliedern *(smirot)* abgeschlossen wird. Derselbe Ablauf wiederholt sich, wenn man am Samstag vom Schabbatmorgengottesdienst in der Synagoge nach Hause zurückgekehrt ist.

Der Schabbatnachmittag wird mit Spaziergängen, einem Mittagsschlaf oder auch mit einem *schi'ur*, einem Lehrvortrag zu religiösen Themen, verbracht. (Ehe-)Paare nutzen den Schabbat für Zweisamkeit; am Schabbatnachmittag findet insbesondere im Sommer eine dritte Mahlzeit statt, die *se'uda schlischit*, auf die dann der Mincha- und der Ma'ariw-Gottesdienst und schließlich die Hawdala-Zeremonie zum Schabbatausklang folgen.

Die Zeremonie zum Schabbatausgang: Die Hawdala

Zum Schabbatausgang – *mozej schabbat* – wird der Schabbat im Anschluss an das Abendgebet mit einer besonderen Zeremonie, der *hawdala*, verabschiedet. »Hawdala« bedeutet Unterscheidung, nämlich die Unterscheidung zwischen der Heiligkeit des Schabbats und der profanen Arbeitswoche. Dabei wird zuerst eine geflochtene Kerze angezündet. Sie ist das Zeichen dafür, dass nun wieder mit alltäglichen Tätigkeiten wie dem Feuermachen begonnen werden kann, aber auch ein Symbol für den ersten Tag der Schöpfung, die nach Gen 1,3 mit Licht begann. Danach wird ein Becher mit Wein gefüllt, bis er als Ausdruck reichen Segens überfließt, und man spricht die folgenden Worte:

Hine el j'schuati, ewtach w'lo efchad, chi osi w'simrat ja Adonaj, waj'hi li lischua. Usch'awtem majim b'ssasson m'-ma'anej ha'j'schua. La'Adonaj ha'j'schua al am'cha wirchatecha ssela. Adonaj zwa'ot imanu missgaw lanu elohej Ja'akow ssela. La'j'hudim hajta ora w'ssimcha w'ssasson wikar. Ken tihje lanu, koss j'schuot essa, uw'schem Adonaj ekra. Baruch ata Adonaj, elohejnu melech ha'olam, bore p'ri ha'gafen. –
Siehe, der Allmächtige ist mein Beistand, ich bin voll Zuversicht und ängstige mich nicht. Denn mein Trumpf und mein Sang ist Gott, der Ewige, er ist mein Wohl. Dankt dem Ewigen, ruft seinen Namen an. Und so schöpfen wir mit Freude aus den Quellen des Guten. Beim Ewigen ist das Wohl, auf dein Volk komme dein Segen. Der Gott der Himmelsmächte ist mit uns, eine Burg ist der Gott Jakobs. Wie du unseren Vorfahren Freude und Ruhm gewährt hast, so erhebe ich den Kelch des Wohles und rufe an den Namen des Ewigen. Gelobt seist du, Ewiger, unser Gott, Gebieter der Welt, der die Frucht der Rebe erschaffen.

Man nimmt ein Gefäß mit wohlriechenden Gewürzen, die Bessamim-Büchse, riecht daran und reicht sie herum, damit alle Anwesenden noch einmal den Geruch dieser Gewürze in sich aufnehmen können, stellvertretend für die Schabbatwonne, und sagt dazu den Segensspruch:

Baruch ata Adonaj, elohejnu melech ha'olam, bore p'ri ha'gafen. –

Bessamimdose mit Gewürzen für die Hawdala-Zeremonie am Schabbatausgang.

Gelobt seist du, Ewiger, unser Gott, Gebieter der Welt, der die Frucht der Rebe erschaffen.

Anschließend wird der Segensspruch über das Licht der Hawdalakerze gesprochen:

Baruch ata Adonaj, elohejnu melech ha'olam, bore m'orej ha'esch. – Gelobt seist du, Ewiger, unser Gott, Gebieter der Welt, der du das Licht geschaffen.

Nun nimmt man wieder den Becher mit Wein in die Hand und sagt den eigentlichen Segensspruch zur Hawdala:

Baruch ata Adonaj, elohejnu melech ha'olam, ha'mawdil bejn kodesch l'chol, bejn or l'choschech, bejn jom ha'sch'wi'i, l'scheschet j'mej ha'ma'asse. Baruch ata Adonaj, ha'mawdil wejn kodesch l'chol. – Gelobt seist du, Ewiger, unser Gott, Gebieter der Welt, der du geschieden hast zwischen Heiligem und Profanem, zwischen Licht und Finsternis, zwischen dem siebten Tag und den sechs Werktagen. Gelobst seist du, Ewiger, der du geschieden hast zwischen Heiligem und Profanem.

Man trinkt vom Wein, gießt den Rest davon in einen Teller und löscht darin die Kerze, um dann einander »Schawua tow!« (»eine gute Woche!«, auf Jiddisch »a gite Woch!«) zu wünschen.

Unmittelbar danach kann wieder jede Arbeit aufgenommen werden, die über Schabbat ruhen musste. In Israel öffnen beispielsweise am Samstagabend zahlreiche Geschäfte und Lokale, die über Schabbat geschlossen haben. Chassidische Gruppen, die diesen Wechsel in den Alltag noch ein wenig herauszögern wollen, haben dazu die Tradition der *melawe malka* geschaffen, also die Feier »zur Begleitung der Königin [Schabbat]«, bei der leichte Speisen verzehrt werden und gesungen und auch getanzt wird.

»Und Gott segnete den siebenten Tag und heiligte ihn, denn an ihm ruhte er von all seinem Werk, das Gott geschaffen, indem

»Schabbat-Ausgang«. Druckgrafik aus der Mappe »Bilder aus dem altjüdischen Familienleben« von Moritz Daniel Oppenheim, um 1870.

er es machte«, lautet eine wörtliche Übersetzung aus der Hebräischen Bibel (Gen 2,3), anders als in der Luther-Bibel, wo es heißt: »Gott […] ruhte von allen seinen Werken, die Gott geschaffen und gemacht hatte.« Der mittelalterliche Bibel-Kommentator Abraham Ibn Esra erklärt diese Stelle so, dass Gott unterbrach, was er zu fertigen gewillt war. Demnach ist der Mensch dazu aufgerufen, das Schöpfungswerk Gottes, in dessen Ebenbild er geschaffen ist, fortzuführen. Wenn aber Gott in seinem Schöpfungswerk eine Pause eingelegt hat, soll das der Mensch dann nicht auch tun? Den Schabbat zu heiligen, ihn zu etwas Besonderem zu machen liegt dabei in der Kraft eines jeden Menschen.

Am Schabbes

Zwei Juden treffen sich am Schabbat auf der Promenade.

»Cohn, ich hab' gehört, du bist geworden ein Ungläubiger?« – »Ja.«

»Sag: Glaubst du noch an Gott?«

»Nu, lass uns von was anderem reden.« Die beiden begegnen einander am Sonntag wieder.

»Cohn, es hat mir keine Ruh' gelassen die ganze Nacht: Glaubst du noch an Gott?«

»Nein.«

»Nu, das hättest du nebbich schon gestern antworten können.«

»Bist du meschugge?! Am Schabbes?!«

2.3 Der Freitagabendgottesdienst

Im Folgenden wird der Ablauf des Freitagabendgottesdienstes nachgezeichnet, so wie er in liberalen jüdischen Gemeinden üblich ist. Dieser Verlauf weicht in einigen Abschnitten von der traditionellen Gottesdienstordnung ab. Es handelt sich dabei aber vor allem um Kürzungen; Inhalt und Struktur des Gottesdienstes sind in allen jüdischen Denominationen grundsätzlich gleich. Zwei Standardwerke zu diesem Thema, *Der jüdische Gottesdienst in seiner geschichtlichen Entwickelung* von Ismar Elbogen (1913) und *Der jüdische Gottesdienst – Gestalt und Entwicklung* von Leo Trepp (1992), geben weitere detaillierte Einblicke und beschreiben auch den Gottesdienst am Schabbatmorgen und an den Feiertagen. (Eine Erläuterung der Toralesung findet sich bereits in Kap. 1.5.)

1. Kabbalat Schabbat

Dem eigentlichen Abendgebet ist am Freitag als erster Teil die *kabbalat schabbat* vorangestellt, der »Empfang des Schabbats«. Der Gottesdienst beginnt mit einer Hymne, die vom Chor oder der ganzen Gemeinde gesungen wird und deren Text aus einer Reihe von Bibelzitaten besteht. So stammt die Eingangszeile aus Num 24,5. Dieses Gebet, das den freitagabendlichen Gottesdienst einleitet, wird mit Bezug auf die ersten Zeilen als Eintrittsgebet in die Synagoge begriffen. Eine andere Tradition besagt, dass diese Verse einst auf dem Weg zur Synagoge gebetet wurden, wenn man die Häuser oder Wohnungen anderer Juden passierte.

Der Hymnus beginnt mit den Worten: »Ma towu ohalecha Ja'akow, mischkenotecha Jisrael«. Die Vertonung von Louis

Lewandowski (1821–1894) dürfte die weltweit bekannteste Version dieses Eingangsliedes sein und wird längst auch in orthodoxen Synagogen gesungen. Heute sind aber auch zeitgenössische Melodien sehr populär, so etwa die des amerikanischen Kantors und Komponisten Danny Maseng (geb. 1950).

> *Wie gut sind deine Zelte, Jakob, deine Wohnstätten, Jisrael.*
> *Durch die Fülle deiner Gnade darf ich dein Haus betreten,*
> *beuge mich ehrfurchtsvoll in deinem Tempel.*
> *Ewiger, ich liebe die Stätte deines Hauses, den Ort,*
> *wo deine Ehre thront.*
> *Ich will beten und verbeuge mich.*
> *Ich knie vor dem Ewigen, meinem Schöpfer.*
> *Möge mein Gebet zur Zeit der Gnade vor dich kommen,*
> *Ewiger, in der Fülle deiner Gnade*
> *erhöre mich mit deiner treuen Hilfe.*

Ein anderes Eingangslied ist *Jedid Nefesch, Aw Ha-Rachaman,* das oft auch nach dem Lichter-Anzünden gesungen wird:

> *Innigster Freund, barmherziger Gott,*
> *bring deinen Diener deinem Willen näher.*
> *Gleich einem Hirsch eilt dein Diener*
> *um sich vor deiner Majestät zu bücken,*
> *köstlich sei ihm deine Freundschaft, süßer als Honig.*
> *Du, Majestät, Schöner, Weltenglanz,*
> *aus Liebe zu dir ist meine Seele krank.*
> *Bitte, Gott, heile sie, zeige ihr deinen holden Glanz,*
> *dann wird sie gestärkt und wird gesund,*
> *dann wird sie dir eine ewige Magd sein.*
> *Du, der von jeher schon gewesen, wecke dein Erbarmen,*
> *erbarme dich über das Kind, das dich liebt.*
> *Denn vor Sehnsucht schmachte ich,*
> *dich bald zu sehen in der Pracht deiner Stärke.*
> *Bitte, mein Gott, den mein Herz begehrt, eile doch,*

verbirg dich nicht.
Erscheine doch; breite, mein Lieber,
über mich die Hütte deines Friedens.
Erleuchte die Erde mit deiner Herrlichkeit, dann werden wir
jubeln, uns mit dir freuen. Schnell, Geliebter,
die Zeit ist gekommen, und begnade uns für ewig.

Dieses Lied ist im 16. Jahrhundert in den chassidischen Kreisen von Safed in Galiläa entstanden und gehört in der sefardischen Tradition zum Morgengebet. Sein Text, in dem sich Bilder aus dem Hohelied wiederfinden, stammt von Elieser Mosche Asikri (1533–1600), auch Askari genannt, dem Verfasser des *Sefer Chare-dim*. Aus den Anfangsbuchstaben seiner vier Verse ergibt sich als Akrostichon der unaussprechliche Gottesname *j-h-w-h;* die zwölf Zeilen verweisen auf die zwölf Stämme Israels.

Segensspruch beim Lichter-Anzünden

Die Schabbatlichter werden von einem Mädchen oder von einer Frau angezündet. Dabei wird der folgende Segensspruch gesagt:

Baruch ata Adonaj elohejnu melech ha'olam, ascher kidschanu b'miz-wotaw w'ziwanu l'hadlik ner schel schabbat. – Gelobt seist du Ewiger, unser Gott, Gebieter der Welt, der du uns geheiligt hast durch deine Gebote und uns geboten hast, das Schabbatlicht zu entzünden.

Psalm 95

Nun wird Ps 95 abwechselnd vom Kantor und vom Chor gesungen. Der Text ist als Aufruf zum Gebet zu verstehen: »Auf! lasset uns jauchzen dem Ewigen, jubeln dem Hort unseres Heils [...]«
Auf die Aufforderung, Gott zu loben, folgt die Warnung vor

dem Ungehorsam der Vorfahren zur Zeit der Wüstenwanderung. In einigen liberalen Gemeinden spricht nun der Rabbiner ein Gebet in der Landessprache, in anderen folgt dieses Gebet erst später, nach den folgenden fünf Psalmen (Ps 96, 97, 98, 99 und 29). Die insgesamt sechs Psalmen entsprechen den sechs Tagen der Arbeitswoche und haben Gottes Gerechtigkeit, seine Majestät als König und seine Beurteilung seines Schöpfungswerkes zum Inhalt.

Der Ps 29, der als einer der ältesten überlieferten Psalmen gilt, preist Gottes Allmacht und Herrlichkeit und wird von der Gemeinde traditionell im Stehen gesungen.

> *Gebet des Rabbiners*
> Vorüber sind die Tage der Arbeit und es naht der gottgeweihte Tag, den du, o Gott, eingesetzt hast, dass er uns ein Tag der Ruhe und Sammlung sei, ein Tag der Veredlung und Beseligung. Mit innigem Dank schauen wir zurück auf die Wohltaten, die wir Tag für Tag aus deiner Hand empfangen haben. Möge nun mit dem Sabbat Erleuchtung und Heiligung einziehen in unsere Seelen, Kraft und Ruhe in unsere Herzen, Weihe und Frieden in unsere Häuser, Frömmigkeit und Eintracht in unsere Gemeinden. Amen!
> *Aus: Gebetbuch für das ganze Jahr, Erster Teil, Ausgabe für Berlin, Frankfurt am Main 1931*

Das Schabbatlied von Schlomo Alkabez

Rabbi Schlomo Alkabez ha-Levi (1505–1576) war ein Kabbalist und mystischer Dichter, der aus Spanien stammte. Im osmanischen Adrianopel (heute Edirne) wurde er von einer Gruppe kabbalistischer Asketen gebeten, sie in die jüdische Mystik einzuweihen. In Nikopol im heutigen Bulgarien traf er offenbar auf Josef Karo (1488–1575), den Verfasser des *Schulchan Aruch;* um

1535 traf er dann in Safed in Galiläa (einer Hochburg der Kabbala) ein. Er gilt als Haupt der Jeschiwa von Meron, der Grabstätte von Schimon bar Jochaj, und soll als Rabbiner in Safed gewirkt haben. Sein Lied *Lecha Dodi* entstand um 1540 und wurde von Isaak Luria (1534–1572), der größten Autorität der Kabbalisten von Safed, ganz besonders geschätzt. Die Anfangsbuchstaben der ersten acht Strophen bilden als Akrostichon die Konsonanten des Namens Schlomo ha-Levi; die insgesamt achtzehn Zeilen entsprechen wiederum dem Zahlenwert des Wortes *cha* (»Leben«). Das Lied beschreibt, wie der Schabbat als Braut empfangen wird, und bezieht sich damit auf bTSchab 119a: »R. Chanina pflegte sich am Vorabend des Schabbats anzuziehen und gegen Abend zu sprechen: Kommt, wir wollen der Königin Schabbat entgegengehen. R. Jannai pflegte am Vorabend des Schabbats seine Gewänder anzuziehen und zu sprechen: Komm, o Braut, komm, o Braut.« In der neunten Strophe kommt die Braut Schabbat der Gemeinde entgegen. Die Gemeinde wendet sich dazu zur Tür hin, die in aller Regel dem Toraschrank gegenüber, also nach Westen ausgerichtet ist. Die Gemeinde verneigt sich bei den Worten »Bo'i chala, bo'i chala« (»Kehre ein, Braut, kehre ein, Braut!«), um sich dann wieder dem Toraschrein zuzuwenden. In Safed war es einst Brauch, auf die Felder herauszuziehen, um den Schabbat beim Sonnenuntergang symbolisch heimzuholen.

Das Lied *Lecha Dodi* wird heute in aller Welt am Freitagabend gesungen, um den Schabbat zu begrüßen: »Auf, mein Liebster, der Braut entgegen, das Antlitz des Schabbats wollen wir empfangen!« Die Gemeinde stimmt dabei bei jeder Strophe in den Refrain ein. Heinrich Heine hat mit *Prinzessin Sabbat* eine Nachdichtung geschaffen: »Komm, Geliebter, deiner harret schon die Braut, die dir entschleiert ihr verschämtes Angesicht.«

Psalmen 92 und 93

Der erste Teil des Gottesdienstes, die *kabbalat schabbat*, endet mit den Psalmen 92 und 93, die entweder vom Kantor gesungen oder von der Gemeinde in stiller Andacht gelesen werden, wobei der letzte Vers jeweils laut vorgetragen wird.

Abschluss

Auf die *kabbalat schabbat* folgt das *Kaddisch der Leidtragenden*, das *kaddisch jatom*. Es entspricht dem aramäisch-hebräischen Wortlaut des allgemeinen *Kaddisch*, ist aber um den Satz gekürzt: »Möge das Gebet und die Bitte von ganz Jisrael vor seinem Vater im Himmel Erhörung finden. Sprecht: Amen!« Es handelt sich bei diesem Gebet um einen Lobpreis Gottes, den auch ein Leidtragender mit ganzem Herzen beten soll: Es geht darum, die Erkenntnis zum Ausdruck zu bringen, dass alles, was Gott tut, richtig ist und dass er dafür in jeder Lage zu preisen ist.

Geschichte und Rezeption der *kabbalat schabbat*

Bemerkenswerterweise hat die *kabbalat schabbat* erst verhältnismäßig spät Eingang in die Liturgie gefunden. Der Brauch, der auf den Kreis um Isaak Luria zurückgeht, stieß in Mitteleuropa zunächst auf Ablehnung. Ismar Elbogen schreibt dazu: »Ein dem Mittelalter noch fremdes Element leitet den Sabbatgottesdienst ein, *kabbalat schabbat*; es stammt aus dem kabbalistischen Kreise, der in Safed gegen Ende des 16. Jahrhunderts ebenso nachhaltig wie verhängnisvoll auf das jüdische Leben einwirkte.« So ist überliefert, dass dieser Teil in Frankfurt am Main zwar zögernd aufgenommen, in Worms und Mainz aber zunächst nicht im Gottesdienst gesprochen wurde. Mit dem *Lecha*

Dodi übernahm der deutsche Ritus auch die von den Kabbalisten in Safed rezitierten Psalmen 95–99 und 29 zur Begrüßung des Schabbats (im sefardischen Ritus wird traditionell nur Ps 29 rezitiert). In liberalen Gottesdiensten ist in der Regel auch die Psalmenrezitation verkürzt; vom *Lecha Dodi* werden oft nur die zweite, die mittlere und die letzte Strophe gesungen. Die abschließenden Psalmen 92 und 93, die zum eigentlichen Abendgebet überleiten, waren schon vor der Einführung der *kabbalat schabbat* Teil der Liturgie.

2. Das Abendgebet für Schabbat

Nach dem Kaddisch geht man mit dem Aufruf zum öffentlichen Gebet unmittelbar zum Abendgottesdienst über, der mit dem Lob Gottes beginnt: »Lobt den Ewigen, den Hochgelobten. Gelobt sei der Ewige, der Hochgelobte, immer und ewig.« Zu diesem Aufruf erhebt sich die Gemeinde, erwidert den Aufruf des Vorbeters und verneigt sich.

Zwei weitere Segenssprüche leiten über zum *Schma Jisrael*. Die erste Bracha preist Gott als Schöpfer von Licht und Dunkelheit, die zweite die Auserwählung Israels. Sie endet mit den Worten: »Baruch ata Adonaj, ohew amo Jisrael« – »Gelobt seist du, Ewiger, der du dein Volk Jisrael liebst«. Das eigentliche Abendgebet teilt sich wiederum in zwei Hauptabschnitte: das *Schma Jisrael* mit den es umgebenden Segenssprüchen und das Hauptgebet, die *Amida*. (Da die Segenssprüche, die das *Schma Jisrael* umrahmen, der jeweiligen Tageszeit angepasst sind, zu der sie gesagt werden, unterscheidet sich ihr Wortlaut am Freitagabend geringfügig von dem beim Morgengebet.)

Das Schma

Das *Schma* ist kein Gebet *(tefilla)*, sondern eine dreiteilige Proklamation *(keria)*, die aus einer Reihe biblischer Gebote besteht. Es bekennt in seinem ersten Vers die absolute Einheit und Unteilbarkeit Gottes (Dtn 6,4–9). Dieser Satz kommt im Judentum, das keine Dogmen hat, einem Glaubensbekenntnis gleich. Seine Verbindlichkeit wird durch das öffentliche und laute Aussprechen des Satzes bezeugt: »*Schma Jisrael, Adonaj elohejnu, Adonaj echad [...]*« Der folgende Satz wird dann leise gesprochen.

Manche Beter folgen dem Brauch von Jehuda ha-Nasi aus dem 3. Jahrhundert u. Z. (bTBr 13b) und bedecken mit der rechten Hand ihre Augen, wenn sie diesen Vers sprechen, um sich so besser sammeln und auf Gottes Einheit konzentrieren zu können. Dieser Brauch wurde von Jakob ben Ascher (1283–1340), dem Verfasser von *Orach Chajim*, aufgegriffen und später im *Schulchan Aruch* fixiert.

> Höre Jisrael, der Ewige, unser Gott, der Ewige ist einig. Und du sollst lieben den Ewigen, deinen Gott, mit deinem ganzen Herzen und mit deiner ganzen Seele und mit deinem ganzen Vermögen. Und es sollen diese Worte, die ich dir heute gebiete, in deinem Herzen sein, und du sollst sie einschärfen deinen Kindern und davon reden, so du sitzest in deinem Hause und so du gehest auf dem Wege und so du dich niederlegst und so du aufstehest. Und binde sie zum Zeichen an deine Hand, und sie seien zur Stirnbinde zwischen deinen Augen, und schreibe sie auf die Pfosten deines Hauses und an deine Tore.
>
> *Dtn 6,4–9*

> Da wird es geschehen, wenn ihr gehorchet meinen Geboten, die ich euch heute gebiete, zu lieben den Ewigen, euren Gott, und ihm zu dienen mit eurem ganzen Herzen und mit eurer ganzen Seele: So werd' ich den Regen eures Landes

geben zu seiner Zeit, Frühregen und Spätregen, dass du einsammelst dein Getreide und deinen Most und dein Öl, und
werde Gras geben auf deinem Felde für dein Vieh, sodass
du essest und dich sättigst. Hütet euch, dass euer Herz nicht
betört werde und ihr abweichet und anderen Göttern die-
net und euch vor ihnen verbeuget: So würde entbrennen
der Zorn des Ewigen über euch, dass er den Himmel ver-
schließt und kein Regen ist und die Erde ihren Ertrag nicht
gibt und ihr bald umkommt, von dem schönen Lande hinweg, das der Ewige euch gibt.

  Dtn 11,13–17

Und der Ewige sprach zu Moscheh, indem er sagte: Rede zu
den Söhnen Jisraels und sprich zu ihnen, dass sie sich
Schaufäden machen an den Zipfeln ihrer Kleider bei ihren
Geschlechtern und an die Schaufäden des Zipfels eine
Schnur von tiefblauer Wolle setzen. Dies soll euch zu
Schaufäden sein, dass ihr es anschaut und eingedenk seid
aller Gebote des Ewigen und sie vollziehet und nicht nach-
spüret eurem Herzen und euren Augen, denen ihr nach-
buhlet – auf dass ihr gedenket und vollziehet all meine
Gebote und heilig seid eurem Gotte.

  Num 15,37–41

In der Liturgie der jüdischen Reformbewegung entfällt der mittlere Teil (Dtn 11,13–17). Der dritte Teil des *Schma Jisrael* bringt
fünf wesentliche Gedanken zusammen, die das Ideal der Heiligkeit zum Ausdruck bringen:
- das Gebot der *zizit*
- den Auszug aus Ägypten
- das Joch der Mizwot
- die Ablehnung der Gottesleugnung
- die Ablehnung sündhafter Gedanken.

Die letzten drei Worte dieses dritten Abschnittes des *Schma Jisrael*
verbinden sich mit dem ersten Wort des folgenden Segensspru-

ches zu einem neuen Satz: »Ani Adonaj elohejchem emet« – »Ich der Ewige, euer Gott, wahr«. *Emet* (»wahr«, »Wahrheit«) wiederum ist nach Jer 10,10 einer der Namen Gottes. Auf das *Schma* folgt ein langer Segensspruch namens *Ge'ula* (»Erlösung«), in dem von Gott als Erlöser die Rede ist. Dazu wird eine Reihe von Bibelstellen zitiert, darunter die Geschichte von der Errettung Israels am Schilfmeer mit dem Moseslied: »Wer gleicht dir unter den Götzen, Herr! Wer gleicht dir, herrlich in Heiligkeit, furchtbar an Ruhme, Wundertäter!« (Ex 15,11) und »Dein Reich schauten deine Kinder, als du das Meer vor Moses spaltetest. Er ist mein Gott, riefen sie aus und sprachen: Der Ewige regiert immer und ewig!« (vgl. Ex 14,31). Der nächste Segensspruch, *Ha-Schkiwenu*, bekennt Gott als den Hüter Israels, der sein Volk von allem Bösen fernhalten möge: »Geleite uns in Frieden zur Ruhe.«

Der Chor oder die Gemeinde singen nun im Stehen die beiden Verse Ex 31,16–17, die das Schabbatgebot, die Schöpfung und den Ruhm Gottes zum Thema haben. Anschließend spricht der Vorbeter das halbe *Kaddisch*, worauf dann schließlich das Hauptgebet folgt.

Die Amida als Siebenergebet

Nach dem *Kaddisch* spricht die Gemeinde leise und nach Osten gewandt das eigentliche Hauptgebet, die *Amida*. Dieses 18-Bitten-Gebet wird am Schabbat aber zum Siebenergebet, denn am Schabbat, der voll des Segens ist, sollen keine Bitten geäußert werden.

Den Auftakt macht eine Formel, die der Tradition nach im 3. Jahrhundert u. Z. von Rabbi Jochanan an den Beginn des stillen 18-Bitten-Gebets gestellt worden sein soll: »Gott, öffne meine Lippen, und mein Mund verkünde dein Lob.« Man macht bei diesem Vers traditionell drei Schritte zurück und dann wieder nach vorn, um sich so sinnbildlich Gott zu nähern. Das eigentliche Gebet wird dann stehend und leise gesprochen. Danach folgen eine als

Hymne gesungene Wiederholung des ersten Textes über Schabbat (Gen 2,1–3) und eine Zusammenfassung der *Amida* durch den Vorbeter.

1. *Vorfahren*
   Gelobt seist du, Ewiger, unser Gott und Gott unserer Väter und Mütter, Gott Abrahams, Gott Isaaks und Gott Jakobs, Gott Sarahs, Gott Riwkas, Gott Rachels und Gott Leahs, großer, mächtiger und erhabener Gott!

2. *Macht*
   Du bist für immer mächtig, Ewiger, belebst die Toten, bist stark im Helfen. Du lässt Wind wehen und Regen fallen. Du erhältst die Lebenden in Gnade. In großem Erbarmen belebst du die Toten, du stützt die Fallenden, heilst die Kranken, befreist die Gefesselten und hältst selbst denen die Treue, die im Staub schlafen. Wer ist wie du, Allmächtiger? Wer gleicht dir, Gebieter, der du über Tod und Leben gebietest und wohl gehen lässt?

3. *Heiligkeit Gottes*
   Heilig bist du, und heilig ist dein Name. Alle Tage preisen dich die Frommen. Sela. Gelobt seist du, Ewiger, heiliger Gott.

4. *Heiligkeit des Tages*
   Am Schabbat tritt an die Stelle der Bitten 4–16 der alltäglichen *Amida* ein besonderer Einschub, der wiederum aus drei Teilen besteht:
   Du hast den siebenten Tag deinem Namen geheiligt, er war das Ziel der Erschaffung von Himmel und Erde. Du hast ihn vor allen Tagen gesegnet und ihn geheiligt vor allen Zeiten. So steht es in deiner Tora.

Es folgen die Verse Gen 2,1–3, die die Vollendung von Gottes Schöpfungswerk und die Heiligung der Schabbatruhe beschreiben:

Nun waren vollendet der Himmel und die Erde und all ihr Heer. Und Gott vollendete am siebenten Tage sein Werk, das er gemacht, und er ruhte von all seinem Werk, das er gemacht. Und Gott segnete den siebenten Tag und heiligte ihn, denn an ihm ruhte er von all seinem Werk, das Gott geschaffen, indem er es machte.

Der dritte Teil preist ebenfalls Gott und lautet:

Unser Gott und Gott unserer Väter, finde Wohlgefallen an unserer Ruhe, heilige uns durch deine Gebote, gib uns Anteil an deiner Lehre, sättige uns durch deinen Segen, und erfreue uns durch deine Hilfe. Reinige unser Herz, damit wir dir in Wahrheit dienen. Ewiger, unser Gott, gib uns in Liebe und Gefallen deinen heiligen Schabbat als Anteil. An ihm ruhe Jisrael und heilige deinen Namen. Gelobt seist du, Ewiger, der du den Schabbat heiligst.

5. *Gottesdienst*
Habe Gefallen, Ewiger, unser Gott, an deinem Volk Jisrael und seinem Gebet. Bringe den Gottesdienst wieder in das Innerste des Tempels. Das Gebet Jisraels und die Opfer nimm mit Gefallen in Liebe auf. Zum Gefallen für immer sei der Gottesdienst deines Volkes Jisrael.

6. *Danksagung*
Gott anerkennend, verbeugt man sich, während man sagt:

Wir bekennen uns zu dir, denn du bist der Ewige, unser Gott und der Gott unserer Väter für immer und ewig. Der Fels unseres Lebens, der Schild unseres Heils bist du von Generation zu Generation [...]

7. *Frieden*
Fülle des Friedens lege auf dein Volk Jisrael für immer, denn du bist unumschränkter Gebieter allen Friedens. Wohlgefällig sei es deinen Augen, dein Volk Jisrael zu jeder Zeit und jeder Stunde mit deinem Frieden zu segnen. Gelobt seist du, Ewiger, der sein Volk Jisrael mit Frieden segnet.

Auf diese siebte Bracha, die mit dem Wort *schalom* beginnt und endet, folgen wieder die biblischen Verse Gen 2,1–3, die auch im Einschub nach der dritten Bitte zitiert werden und nun gemeinsam im Stehen gesungen werden:

Nun waren vollendet der Himmel und die Erde und all ihr Heer.

Alsdann wird der Gott unserer Vorfahren angerufen. Der letzte Satz dieser Lobpreisung ist aus Gen 14,22 genommen.

Die Zusammenfassung der *Amida: Magen Awot*

Magen Awot (»Schild der Väter«) ist eine Zusammenfassung der jeweiligen Schlussverse der vorhergegangenen sieben Brachot durch den Vorbeter und war ursprünglich wohl als Gebet für Beter gedacht, die sich verspätet hatten. Das Gebet wird laut und im Stehen gesprochen beziehungsweise als Gemeindelied gesungen.

Kaddisch

Der Vorbeter trägt erneut das ganze *Kaddisch (kaddisch schalem)* vor. Der Rabbiner hat Gelegenheit, an dieser Stelle eine kurze Predigt zu halten, bevor der *Kiddusch* folgt.

Kiddusch durch den Vorbeter
Der Segen über einen Becher Wein wird gesprochen oder besser gesungen:

Baruch ata Adonaj, elohejnu melech ha'olam, bore p'ri ha'gafen [...] – Gelobt seist du, Ewiger, unser Gott, Gebieter der Welt, der die Frucht der Rebe erschaffen [...]

Darauf folgt eine Bracha als Lobspruch für den Tag:

Baruch ata Adonaj elohejnu melech ha'olam, ascher kid'schanu b'miz-
wotaw w'raza wanu, w'schabbat kodscho b'ahawa uw'razon hinchila-
nu sikaron l'ma'asse wreschit, ki hu jom t'chila l'mikraej kodesch, secher
lizi'at mizrajim, ki wanu wacharta w'otanu kidaschta mi-kol ha'amim,
w'schabbat kodsch'cha b'ahawa uw'razon hinchaltanu. Baruch ata
Adonaj m'kadesch ha'schabbat. – Gelobt seist du, Ewiger, unser Gott,
Gebieter der Welt, der uns geheiligt durch deine Gebote und er-
wählt und seinen heiligen Schabbat in Liebe und Wohlgefallen
zum Anteil gegeben hat zum Gedenken des Schöpfungswerkes.
Er ist der erste Tag der heiligen Feste, der an unseren Auszug aus
Ägypten erinnert. Uns hast du auserwählt, uns hast du geheiligt
vor allen Nationen. Deinen heiligen Schabbat hast du in Liebe und
Wohlgefallen uns zum Anteil gegeben. Gelobt seist du, Ewiger,
der du den Schabbat geheiligt.

Nachdem so der besondere Status des Schabbat und seine Verbindlichkeit erklärt und bestätigt wurden, folgt das Schluss-
gebet.

Preis Gottes: *Alenu*

Das nach seinem Anfangswort benannte Alenu-Gebet bildet den
Abschluss des Freitagabendgottesdienstes. Es wurde ursprünglich
nur zu Rosch ha-Schana gesprochen, ist seit dem 14. Jahrhundert
dann aber Teil der täglichen Gebete geworden. Es wird im Allgemeinen stehend gesprochen; bei »so knien wir nieder« geht
man in die Knie und verbeugt sich, um so seine Demut gegenüber Gott zu bezeugen.

An uns ist es, den Schöpfer des Alls zu preisen, die Größe von Gottes
Schöpfungswerk auszurufen, der uns wirklichen Anteil an seinem
Schöpfungswerk zusammen mit allen Gottgläubigen auf dieser Welt
gegeben hat. Und so knien wir nieder, verneigen uns und stehen vor
dem Gebieter der Gebieter, dem Heiligen, gelobt sei er! Er wölbte den

Himmel und gründete die Erde, der Sitz seiner Ehre ist der Himmel oben, die Stätte seiner Macht in den höchsten Höhen. Er ist unser Gott, keiner sonst [...]

Das Gebet bekräftigt die Pflicht, die Herrschaft Gottes anzuerkennen, zu bestätigen und zu bezeugen, und es gibt der Hoffnung und der Überzeugung Ausdruck, dass der Tag kommen werde, an dem alle Menschen die Einheit Gottes anerkennen werden.

Leopold Zunz hat in seinem Buch *Die synagogale Poesie des Mittelalters* (1855) darauf aufmerksam gemacht, dass die jüdischen Märtyrer des Mittelalters, etwa 1171 in Blois, bei ihrer Verbrennung das *Alenu* anstimmten. 1703 wurde das *Alenu* nach Denunziationen wegen angeblicher antichristlicher Blasphemie für ganz Preußen verboten.

Abschluss

Auf das *Alenu* folgen das *Kaddisch der Leidtragenden* und das Schlusslied *Adon Olam* (»Herr der Welt«). Der Text dieses Liedes wird Salomo Ibn Gabirol zugeschrieben, stammt womöglich aber aus Babylon. Es wurde zunächst nur in der Nacht von Jom Kippur rezitiert, ist seit dem 14. Jahrhundert Teil des deutschen Ritus und wird heute zu Beginn des Morgengebetes, als privates Nachtgebet und zum Abschluss der Gottesdienste am Schabbat und an Feiertagen gesagt beziehungsweise gesungen:

Herr der Welt, der herrschte, bevor ein Ding erschaffen war. Jetzt, da alles nach seinem Willen erschaffen war, wird sein Name Gebieter genannt [...]

Eine der beliebtesten Vertonungen stammt von Shalom Secunda (1894–1974), der übrigens auch den Schlager *Bay mir bistu sheyn* (1932) komponierte.

O Herr der Welt
O Herr der Welt, der du geschaltet,
eh' noch ein Wesen ward gestaltet!
Da auf dein Wort das All erstand,
da wardst zum Kön'ge du ernannt.
Und wenn zerfällt das Weltenganze,
du herrschest dann allein im Glanze,
du warst und bist seit Ewigkeit
und du wirst sein in Herrlichkeit.
Du Einig-Einz'ger ohne Zweiten,
dir stellet keiner sich zur Seiten.
Ohn' End' und Anfang in der Zeit,
dein ist die Macht, die Herrlichkeit.
Der ewig lebt, mein Gott, mein Heil,
in Drang und Not mein Hort, mein Teil!
Du meine Zuflucht, mein Panier,
mein Kelch, mein Teil, – ruf' ich zu dir.
In deine Hand ich stets befehle,
schlaf' ich und wach' ich, – meine Seele,
und meinen Leib vertrau' ich dir.
Ich bange nicht, Gott ist mit mir!
Nachdichtung von Rabbiner Michael Sachs (1808–1864)[1]

In einigen Gemeinden ist es auch üblich, zum Abschluss des Freitagabendgottesdienstes das Gemeindelied *Schalom alejchem, malachej ha-scharet* (»Friede sei mit Euch, Engel des Dienstes«) zu singen, mit dem die Engel begrüßt werden, die einer talmudischen Überlieferung nach die Betenden auf dem Heimweg begleiten. Der Text stammt aus den kabbalistischen Kreisen von Safed, wo er im 16. oder 17. Jahrhundert entstanden sein dürfte. Der Altonaer Rabbiner Jacob Emden beanstandete 1745 den In-

---

[1] Aus: *Tefillah Vetachanunim. Das Gebetbuch der Israeliten.* Vollständiger, sorgfältig durchgesehener Text mit deutscher Übersetzung von Dr. Michael Sachs, Rödelheim 1906, 13.

halt dieser Hymne und ihren Gebrauch, was aber nichts an der Popularität dieses Liedes änderte. Die heute bekannte getragene Melodie wurde 1918 von dem amerikanischen Rabbiner Israel Goldfarb komponiert.

2.4 Glaubenslehren: Die dreizehn *Ikkarim* des Maimonides

1935 schrieb Leo Hirsch in seiner *Praktischen Judentumskunde:* »Es ist nicht Pflicht, aber guter Brauch, dass jeder Jude an jedem Tage die biblischen Zehn Gebote und die dreizehn Glaubensartikel, in welche der große Maimonides den Extrakt des jüdischen Glaubens fasste, lese.«

Glaubensartikel? Moses Mendelssohn hat die Formel vom »Dogma der Dogmenlosigkeit« des Judentums geprägt. Mit ihr erklärte er, dass das Judentum eine dogmenlose Religion sei, weil in ihm aller Nachdruck auf den Geboten liege und nirgendwo in der Hebräischen Bibel ein »Du sollst glauben« anklinge. Religionsphilosophische Versuche zur Aufstellung von Dogmen hätten im Judentum niemals ungeteilte Zustimmung gefunden. Tatsächlich sind dem Judentum Dogmen, wie sie die katholische Kirche kennt oder wie sie Martin Rade definierte als »Lehrsatz, hinter dem obrigkeitliche Gewalt steht, gleichviel ob von staatlicher oder kirchlicher Obrigkeit« (*Glaubenslehre*, 1924), von Grund auf fremd. Dazu fehlte auch »die Glaubensbehörde«, wie Leo Baeck es nannte. Das Judentum beruht aber ohne Frage auf Grundlehren, nur dass diese anders als in der Kirche nicht eindeutig sind. Diese Vorstellung teilte auch Abraham Geiger, der Mendelssohns Rede vom dogmenlosen Judentum folgte, aber dabei doch die grundlegende Bedeutung der Lehre als Idee betonte. Geiger schrieb 1862 in seinem Aufsatz *Jüdische Philosophie* in der *Jüdischen Zeitschrift für Wissenschaft und Leben:* »Das Judentum hat nämlich keine Dogmen, das heißt es hat keine Glaubenssätze, die von einer die Gesamtheit mit rechtsverbindlicher Kraft vertretenden Versammlung feierlich als ewige, unverbrüchliche Wahrheit verkündet worden [sind], deren Verleugnung oder Anzweiflung den, welcher sie in Abrede stellt, außer dem Schoße der kirchlichen Gemeinschaft versetzt. Eine solche feierliche Übereinkunft hat im Judentum nicht stattgefunden.«

Moses Maimonides befand in Bezug auf die jüdische Lehre: »Das Verbot des Götzendienstes wiegt so viel wie alle Gebote zusammen, es ist das Prinzip aller Gebote« (*Ikkar Kol Ha-Mizwot Kulan, Hilchot Akum* II, 4). Der Rambam (wie er kurz genannt wird) war der Erste, der die allgemein verbindlichen Ideale des Judentums in 13 *ikkarim* (»Prinzipien«) systematisch zusammenfasste. In seinem Kommentar zum Mischna-Traktat Sanhedrin 10 heißt es: »Ganz Israel hat Anteil an der kommenden Welt [...] Aber die Folgenden haben keinen Anteil an der kommenden Welt: Der, welcher sagt: Die Tora spricht nicht von der Auferstehung der Toten! Die Tora ist nicht vom Himmel! Und der Epikuräer! R. Akiba sagt: Auch der, welcher in den draußen stehenden Büchern liest, wer über eine Wunde Besprechungen macht [...] und Abba Scha'ul sagte: Auch der, welcher den Gottesnamen gemäß seinen Buchstaben ausspricht.« Für den Rambam war ein Epikuräer aber nicht allein ein Anhänger des griechischen Philosophen Epikur (341–271 v. u. Z.), sondern ein jeder, der nicht an die Fundamente der Tora glaubt. In diesen 13 *ikkarim* oder allgemeinen Glaubenswahrheiten heißt es:

Ich glaube mit einem vollkommenen Glauben:

1. *Dass es einen Gott gibt,*
2. *dass Gott einzig,*
3. *unkörperlich,*
4. *ewig ist.*
5. *Dass nur Gott allein verehrt werden darf.*
6. *Dass die Worte der Propheten wahr sind.*
7. *Dass Mose der größte aller Propheten war.*
8. *Dass die Tora göttlichen Ursprungs ist.*
9. *Dass sie nie abgeändert oder durch eine andere ersetzt werden könnte.*

10. *Dass Gott allwissend ist.*
11. *Dass er die Guten belohnt und die Bösen bestraft.*
12. *Dass ein Messias kommen wird.*
13. *Dass die Toten wiederauferstehen werden.*
Und wenn der Mensch all diese Fundamente glaubt [...], dann gehört er zur Gemeinschaft Israels, ihn muss man lieben und sich seiner erbarmen [...] Auch wenn er sündigt aus Begierde und aus der Macht der Natur, dann wird er bestraft gemäß seinen Sünden, aber er hat Anteil an der kommenden Welt [...] Wenn aber der Mensch eines dieser Fundamente ablehnt, dann hat er die Gemeinschaft Israels verlassen und hat die Hauptsache geleugnet und er wird Minäer und Epikuos genannt. [...] dann ist es Pflicht, ihn zu hassen und zugrunde gehen zu lassen.

Maimonides hat mit seinen *Ikkarim* gewissermaßen das Minimum an Erkenntnis definiert, das auch ein philosophisch ungebildeter Jude aufbringen muss, um Anteil an der Wahrheit des Judentums zu haben und damit auch Anteil am ewigen Leben. Er markiert damit gleichsam den Wechsel von einem ethisch definierten Judentum hin zu einem dogmatischen Judentum. Bald jeder mittelalterliche jüdische Denker hat fundamentale Wahrheiten des Judentums formuliert. Vor Maimonides waren das beispielsweise der Karäer Jehuda ha-Dasi (um 1150), der zehn Glaubensartikel formulierte, außerdem Jehuda ha-Levi (um 1075–1141) und Abraham Ibn Daud (1110–1180). Maimonides aber nahm erstmals eine Systematisierung vor. Sein Kritiker Chasdai Crescas (ca. 1340–1410/11) stellte acht Grundlehren auf, ohne die es kein Judentum gebe, und Josef Albo legte in seinem *Sefer Ha-Ikkarim* lediglich drei Aussagen fest: Gottes Existenz, die Göttlichkeit der Tora sowie Lohn und Strafe. Kritiker machten geltend, dass man die Gebote der Tora in ihrer Wertigkeit nicht differenzieren dürfe. So stellte Isaak Abravanel (1437–1508) fest, dass die Aufstellung von Grundlehren unnötig sei, weil alles, was in der Tora enthalten ist, ohnehin von gleicher grundlegender Bedeutung sei. Von David Ibn Abi Zimra (1479–1589), genannt Radbaz, ist dieses Urteil überliefert: »Unsere Weisen sagen: Wer behauptet, dass die ganze Tora mit Ausnahme eines einzigen Verses vom Himmel sei, der ist ein Häretiker.«

Dass die autoritative Lehre des Maimonides sich bald durchsetzte, beweisen die beiden Formen des Glaubensbekenntnisses, die Teil der Liturgie geworden sind: das schon erwähnte poetische *Jigdal* und das prosaische *Ani Ma'amin*, die bis heute in allen traditionell ausgerichteten Gebetbüchern stehen; die Verse des *Ani Ma'amin* sind erstmals in einem aschkenasischen Gebetbuch aus Mantua von 1517 belegt. Das *Jigdal* (»Groß sei er«), das zu Beginn des Morgengebets gesungen wird, stammt von Daniel ben Jehuda Dajan aus Rom (um 1300) und wurde erstmals 1578 in Krakau in einem Siddur gedruckt. Ismar Elbogen schrieb dazu in *Der jüdische Gottesdienst in seiner geschichtlichen Entwicklung* (1913): »In der Synagoge wurde das Stück ursprünglich nur am Eingange des Sabbats oder am Schluss des Morgengebets verwendet; der deutsche Ritus übernahm es zuerst für den täglichen Morgengottesdienst und auch für den Eingang des Versöhnungstages. So wurde es auch nach Sepharad übertragen, in Italien hingegen ist es auf den Freitagabend beschränkt geblieben.«

Eine deutsche Nachdichtung des *Jigdal* lautet:

Ihn grenzt nicht Raum, ihn grenzt nicht Zeit.
Er ist der Einzige, dem nichts gleicht in seiner hehren Einzigkeit.
Er ist nicht Form, ist nicht Gestalt, »der Heilige«, sich gleichend bloß.
Der Urbeginn, vor allem Sein: Anfang, der selber anfangslos.
So waltet er als Herr der Welt, von dessen Macht das All erzählt.
Mit dessen Geist erfüllte er Gottkünder, die er auserwählt.
Nie stand, wie Mosche, einer auf, der je so klar sein Bild erschaut.
Die wahre Torah gab uns Gott durch ihn, der seinem Haus vertraut.
Und nie verwirft Gott sein Gesetz, nie gibt er es für ein anderes hin.
Er schaut in unser Herz und weiß das Ende schon beim Anbeginn.
Von ihm wird nach Verdienst und Schuld uns Lohn und Strafe einst
zuteil.

Die Zeit des Gottesreiches kommt und bringt den Harrenden das Heil.
Die Toten weckt er auf zur Zeit. Gelobt sei Gott in Ewigkeit.

In liberalen Gebetbüchern kommen die 13 Grundlehren des Maimonides zumeist nur noch in Form des *Jigdal* vor, zum Beispiel als Abschluss des Abendgebets der drei Pilgerfeste. In orthodoxen Siddurim ist es ganz enthalten und fester Bestandteil des täglichen Gebets. Die prosaische Form des *Ani Ma'amin*, die am Ende des Morgengebetes gesagt wird, lautet in der traditionellen deutschsprachigen Fassung:

1. *Ich glaube mit voller Überzeugung, dass der Schöpfer, gelobt sei Sein Name, alle Geschöpfe erschaffen hat und sie leitet, nur allein alle Werke vollbrachte, vollbringt und vollbringen wird.*

2. *Ich glaube mit voller Überzeugung, dass der Schöpfer, gelobt sei Sein Name, einzig ist, dass es keine Einzigkeit gleich der Seinen in irgendeiner Art gibt, dass nur Er allein unser Gott war, ist und sein wird.*

3. *Ich glaube mit voller Überzeugung, dass der Schöpfer, gelobt sei Sein Name, kein Körper ist, keinem körperlichen Begriff unterliegt, und nichts mit Ihm Ähnlichkeit hat.*

4. *Ich glaube mit voller Überzeugung, dass der Schöpfer, gelobt sei Sein Name, der Erste war und zuletzt noch sein wird.*

5. *Ich glaube mit voller Überzeugung, dass nur der Schöpfer, gelobt sei Sein Name, allein würdig ist, dass man zu Ihm bete, und sonst nichts anderes angebetet werden darf.*

6. *Ich glaube mit voller Überzeugung, dass alle Worte der Propheten wahr sind.*

7. *Ich glaube mit voller Überzeugung, dass die Prophetie unseres Lehrers Mosche, Friede sei ihm, wahrhaft war, dass er (im Rang) der Vater aller Propheten vor ihm war und derer, die nach ihm kamen.*

8. *Ich glaube mit voller Überzeugung, dass die ganze Tora, die sich jetzt in unseren Händen befindet, die ist, die einst dem Mosche, unserem Lehrer, Friede sei ihm, gegeben wurde.*

9. Ich glaube mit voller Überzeugung, dass die Tora niemals ausgewechselt wird und dass es keine andere Tora vom Schöpfer, gelobt sei Sein Name, geben wird.

10. Ich glaube mit voller Überzeugung, dass der Schöpfer, gelobt sei Sein Name, alle Handlungen und alle Gedanken der Menschen kennt, wie es heißt: Er, der allein ihr Herz gebildet, auf alle ihre Werke merkt [Ps 33,15].

11. Ich glaube mit voller Überzeugung, dass der Schöpfer, gelobt sei Sein Name, Gutes vergilt denen, die Seine Gebote befolgen, und die bestraft, die Seine Gesetze übertreten.

12. Ich glaube mit voller Überzeugung an das Kommen des »Maschiach«; obwohl er säumt, warte ich trotzdem jeden Tag, dass er komme.

13. Ich glaube mit voller Überzeugung, dass die Toten wiederbelebt werden zur Zeit, da es der Wille des Schöpfers, gelobt sei Sein Name, sein wird. Seine Allgegenwart sei erhoben für immer und in alle Ewigkeit.

Auf Deine Hilfe hoffe ich, Ewiger. Ich hoffe, Ewiger, auf Deine Hilfe. Ewiger, auf Deine Hilfe hoffe ich.

Auf Deine Hilfe hoffe ich, Ewiger. Ich hoffe, Ewiger, auf Deine Hilfe. Ewiger, auf Deine Hilfe hoffe ich.

Aus: *Siddur Schma Kolenu*

In der Neuzeit hat sich die Wissenschaft des Judentums intensiv mit den Glaubenslehren des Maimonides und mit dem *Sefer Ha-Ikkarim* von Josef Albo auseinandergesetzt. In einer Zeit, in der im Zuge der jüdischen Reformbewegung das Religionsgesetz an Bindungskraft verlor, kam der Frage nach den ethischen Grundlehren des Judentums und nach einem gemeinsamen Bekenntnis – auch in deutlicher Abgrenzung vom Christentum – neue Bedeutung zu: Man war eher bereit, eine Verpflichtung zum Glauben zuzugestehen.

Leo Baeck schrieb in seinem Aufsatz *Besitzt das überlieferte Judentum Dogmen?* (1926): »An den Platz, den anderwärts die Dogmatik einnimmt, ist im Judentum die Haggada – jene vermeintlich dogmatischen Sätze der Mischna sind in Wirklichkeit haggadische Sätze – und dann die Religionsphilosophie getreten. Das Forschen erstreckte sich immer auch auf die Lehre. Und es durfte so sein, denn die Prinzipien galten immer mehr als der Ausdruck. Man ertrug nicht nur nebeneinander den Rambam und den Rabed [Rabbi Abraham ben David aus Posquières, ca. 1125–1198], sondern stellte sie unmittelbar zueinander; man machte ihrer beider Buch wie zu einem Buche. Vielleicht ist es der stärkste Erweis für die innere Kraft des Judentums, dass in allem Forschen und Suchen, in allem Wandel der Zeiten, obwohl die Glaubensbehörde fehlte, die Glaubensprinzipien doch immer aufgerichtet blieben, dass man an ihnen sich immer wiederge-funden hat. Ohne die äußeren Stützen standen sie fest. Die Lehre trug in sich, ganz wie die Gemeinde des Judentums, um ein viel-genanntes Wort abzuwandeln, das starke Ferment der Kom-position.«

Ganz ähnlich kommentierte Max Dienemann (1875–1939), der Geschäftsführer der Vereinigung der liberalen Rabbiner Deutschlands, 1930 in der *Encyclopaedia Judaica* die Glaubensleh-ren des Maimonides: »Bei diesem ersten Versuch einer quasi dog-matischen Fixierung tritt der Unterschied der jüdischen Grund-lehre vom katholischen Dogma klar zutage. Obwohl hier eine Reihe von Lehren aufgestellt sind, deren Bekenntnis Maimonides für jeden Juden für unerlässlich hält, ist eine verschiedene Deu-tung der einzelnen Sätze möglich. In dem Satz von der Göttlich-keit der Tora (8) ist nichts darüber gesagt, wie man sich die Offenbarung zu denken habe und wie das Verhältnis der münd-lichen zur schriftlichen Lehre zu denken sei. Die Unsterblichkeit wird in der Lehre von der Wiederauferstehung als selbstverständ-lich in ihr enthalten vorausgesetzt, aber ihr Inhalt bleibt so labil, dass sie im Sinne der Ewigkeit des erworbenen Intellekts gedeutet werden konnte. Wiederum hat, wie seine späteren Kritiker her-vorgehoben haben, Maimonides unter den Grundlehren zum Bei-spiel die Willensfreiheit nicht benannt, obwohl er sie anerkann-te.« Max Dienemann schließt mit der Feststellung, dass in der

Grundlehre vom einzig-einen Gott insbesondere die Einheit gegenüber der Dreieinigkeit der christlichen Lehre betont werde, und kam zu dem Schluss: »Die Subjektivität, die in den Versuchen zur Aufstellung bestimmter Grundlehren zutage tritt, ist der Ausdruck des undogmatischen Charakters des Judentums, innerhalb dessen die in den Einzelnen stets neu sich bildende Gemeinde Trägerin und Schöpferin der Lehre ist.«

2.5 Die Synagoge: »Haus der Versammlung«

Das Judentum kennt keine »geweihten« oder »heiligen« Orte. Eine Ausnahme ist das Areal des Allerheiligsten des im Jahre 70 u. Z. zerstörten Tempels in Jerusalem, dessen Lage inzwischen nicht mehr genau lokalisiert werden kann, sodass sich ein Besuch des Tempelbergs heute für orthodoxe Juden generell verbietet.

Jüdischer Gottesdienst ist an keinen besonderen Platz gebunden. Jeder Ort, an dem sich ein Minjan, das traditionell notwendige Quorum, zum Gebet zusammenfindet, ist im weiteren Sinne eine Synagoge. Zur Toralesung braucht es eine Gemeinde, aber kein bestimmtes Gebäude. Man kann eine Synagoge in seinem Wohnzimmer gründen, denn eine Synagoge ist keine Kirche, sondern ein »Haus der Versammlung« – ein *bet ha-knesset*. (Dieses Wort ist heute in anderem Sinn auch die Bezeichnung des israelischen Parlaments, der Knesset.) Auch das griechische Wort *synagoge* bedeutet »Zusammenkunft, Versammlung« und entspricht damit den biblisch-hebräischen Begriffen *eda* und *kahal* (»Versammlung«). Die Bezeichnung *knesset* wurde erst später eingeführt. Das Wort *eda* wiederum hat sich bis heute (in Zusammensetzungen) als Name von Synagogengemeinden erhalten, so bei der Israelitischen Synagogengemeinde *Adass Jisroel* (»Versammlung Israels«) in Berlin. Die Synagoge diente und dient traditionell auch als Lehrhaus. »Lernen kann man nur in Gesellschaft«, heißt es beispielsweise im Talmud-Traktat Brachot 63.

Im christlichen Sprachgebrauch wurde *synagoga* als Gegenstück zu *ecclesia* (»Kirche«) auf die jüdische Gemeinde wie auch auf das Judentum insgesamt angewendet, und sie wurden häufig auch als allegorische Gestalten einander gegenübergestellt. In der jüdischen Tradition wird die Einzel- oder Ortsgemeinde *kahal* oder *kehilla* genannt, während *knesset Jisrael* (»Versammlung /

*Die Innenansicht der liberalen Neuen Synagoge
in der Oranienburger Straße (1896).*

Gemeinde Israels«) die jüdische Gemeinschaft an sich bezeichnet. Die Synagoge wird auch in weiblicher Gestalt personifiziert und vertritt Israel gegenüber Gott. In der Kabbala wird sie mit einer der *sefirot* gleichgesetzt.

1. Ursprünge

Für die Zeit bis zur Zerstörung des Zweiten Tempels im Jahr 70 u. Z. ist kein hebräischer Fachbegriff für das Synagogengebäude belegt. Der Ausdruck *bet ha-knesset* wird erst in der rabbinischen Literatur zur festen Bezeichnung für das Versammlungshaus der Juden. In der griechischsprachigen jüdischen Diaspora waren dafür verschiedene Bezeichnungen in Gebrauch, so zunächst auch *proseuche* (»Gebetsstätte«). »Gott zieht von Synagoge zu Synagoge und von einem *bet midrasch* (Lehrhaus) zum anderen, um Israel Seinen Segen zu geben«, heißt es dann im Talmud, und Philo von Alexandrien sagte, dass die Synagoge die Juden zu Philosophen gemacht habe. Gemäß dem Bibelvers »An jeglichem Orte, wo ich meines Namens gedenken lasse, da werde ich zu dir kommen und dich segnen« (Ex 20,24), errichteten Juden überall dort, wo sie ihren Wohnsitz nahmen, Bethäuser.

»[…] so werd' ich ihnen ein wenig zum Heiligtum« *(»mikdasch meat«)*, heißt es in Ez 11,16: ein biblischer Satz, der immer wieder auf die Synagoge übertragen wird, gelegentlich auch auf den Esstisch im jüdischen Haus. Ob es eine direkte institutionelle Verbindung zwischen dem Tempel und der Synagoge gibt und ob die Einrichtung von Synagogen eine Folge der Zerstörung des Ersten oder Zweiten Tempels ist, ist wissenschaftlich nicht abschließend geklärt. Der Legende nach nahmen diejenigen Juden, die 586 v. u. Z. von Nebukadnezar nach Babylonien verschleppt wurden, einen Stein des zerstörten Tempels mit ins Exil und bauten in der Stadt Nehardea ein Gebetshaus. Nach dieser ersten Tempelzerstörung bestand für siebzig Jahre kein Zentrum für die Opferrituale mehr, und an die Stelle dieses Kultes trat der »Dienst des Herzens«, also der mündliche Gottesdienst. Damit ersetzte die Rezitation der Tora und ihrer Vorschriften erstmals den Opferdienst (bTMeg 31b). Das Konzept dieses opferlosen Synagogengottesdienstes wäre dann von den unter Esra und Nehemia heimkehrenden Exilanten nach Palästina mitgebracht worden.

In der Tora kommt noch kein Begriff für »Bethaus« vor, und auch nach der ersten Tempelzerstörung galt vor allem das Wort des Propheten Jesaja aus seiner Vision von den Engeln: »Heilig, heilig, heilig ist der Ewige der Heerscharen, voll ist die ganze Erde seiner Herrlichkeit!« (Jes 6,3). Doch es wurde auch das Bedürfnis laut, die Gebete an einem dafür bestimmten Ort zu verrichten. Dies wurde von den Rabbinen dann bestätigt (bTBr 6b). Bauten aus dem 2. bis 6. Jahrhundert weisen Merkmale auf, die über den Gebrauch als Versammlungsraum auch auf eine gottesdienstliche Nutzung schließen lassen, so etwa ein gesonderter Platz, eine Nische oder ein Schrein für die Torarollen und ein Podium *(bima)* für den Vorleser bei der Toralesung. Synagogen werden auch im Neuen Testament erwähnt. Ein besonderes Merkmal dieser Epoche sind Fußbodenmosaiken im Stil der Zeit und Inschriften. In der Diaspora sind frühe Synagogenbauten ebenfalls archäologisch wie literarisch bezeugt, etwa auf Delos und anderswo im Mittelmeerraum; eine Besonderheit stellt die Synagoge von Dura Europos (im Osten des heutigen Syrien) mit ihrem reichen figürlichen Freskenschmuck dar, dessen zentrale Motive denen des üblichen Mosaikschmucks entsprechen. Allmählich wurde die Synagoge auch zum Lehr- und Studienhaus der Gemeinde, zum *bet midrasch.* Das Studium der Tora galt dabei wie der Gottesdienst des Herzens als Äquivalent für die früheren Opfer im Tempel.

══════ 2. Entwicklungsgeschichte ══════

Für die Antike sind viele private Synagogenstiftungen belegt, oft durch einflussreiche Gemeindemitglieder, gegen die sich die Rabbinen erst durchsetzen mussten. Rabbinisches und synagogales Judentum sind deswegen anfangs nicht deckungsgleich, und wir wissen von frühen Rabbinen, die es vorzogen, in ihren Akademien oder Lehrhäusern zu beten. Für das Beispiel Tiberias ist beispielsweise im Talmud bezeugt, dass es dort 13 Synagogen gab, dass einige Rabbinen jedoch nie in die Synagoge gingen, um dort zu beten. Sie beteten vielmehr mit ihren Studenten dort, wo sie studierten, da es Gott besser gefalle, dort zu beten, wo man studiert, als in die Synagoge zu gehen (bTBr 8a).

Die Kompetenzen der in den antiken Inschriften aufgeführten Funktionsträger sind dabei nicht immer nachvollziehbar, weil ihr Bezug zur Gemeinde nicht wirklich klar wird und weil Ehrentitel und tatsächliche Aufgabenbereiche nicht deutlich zu unterscheiden sind. Der *archisynagogos* scheint aber dem Amt des *rosch ha-knesset*, des obersten Funktionärs der Gemeinde, zu entsprechen. Der *diakonos*, der Synagogendiener, ist ein Vorläufer des heutigen Schammes – so wie der antike Vorbeter oder Vorsänger heute als *chasan* beziehungsweise Kantor amtiert. Das Funktionieren einer Synagoge ist nicht von einem Rabbiner abhängig, denn Gottesdienste können auch von entsprechend gebildeten Laien geleitet werden. Es gibt keinen jüdischen Klerus mehr, und der synagogale Gottesdienst ist ein Gottesdienst des Volkes und für das Volk. Der Tradition nach dient der Rabbiner der Gemeinde, nicht der Synagoge. Die Synagoge blieb aber bis zu den innerjüdischen Reformen im 19. Jahrhundert Inbegriff und wesentlicher Ausdruck des rabbinischen Judentums.

In Psalm 74,8 heißt es: »Sie [die Feinde] verbrannten alle Gottesstätten [*kol moadej-el*] in dem Lande.« Ist das als ein Verweis auf frühe Synagogen zu deuten? Das dritte Makkabäerbuch, das im frühen 1. Jahrhundert v. u. Z. entstanden sein dürfte, enthält vier Stellen, die möglicherweise als Hinweise auf Synagogen zu verstehen sind. Das Neue Testament, Philo von Alexandrien, Flavius Josephus und auch die frühen rabbinischen Schriften bezeugen bereits für das 1. Jahrhundert u. Z. Synagogen in Palästina. Für Ägypten lassen sich archäologische Belege sogar bereits für die zweite Hälfte des 3. Jahrhunderts v. u. Z. nachweisen. Philo beschreibt die Verfolgung der Juden durch die Römer vor allem am Beispiel Alexandrias, und da sich diese Angriffe insbesondere gegen Synagogen richteten, sind uns so auch Informationen über diese Stätten jüdischen Lebens in Ägypten überliefert. Flavius Josephus erwähnt unter anderem Synagogen in Caesarea Maritima, Dora in Phönizien, Tiberias und Antiochia, und dem Apostel Paulus dienten Synagogen als Stätten seiner Predigttätigkeit. In vielen großen Städten im Osten des Imperium Romanum führte

Die Geruş-Synagoge im heute türkischen Bursa wurde Anfang des 16. Jh. mit Erlaubnis Sultan Selims II. von jüdischen Flüchtlingen aus Mallorca gebaut.

die Christianisierung in der Spätantike zu einer Profilierung von jüdischer Identität: Kirche und Synagoge wurden zu direkten Gegenpolen, und im Zuge dieses Konflikts wurden die Versammlungsstätten der jüdischen Gemeinden oft zu Kirchen umgewidmet.

Architektonisch lassen sich verschiedene Typen von Synagogen unterscheiden. Der erste Typus entstand wohl in Galiläa. Bei ihm ist die Fassade des Baus nach Jerusalem ausgerichtet. Eine Apsis oder Nische war noch nicht vorhanden; die Schriftrollen wurden in einem Nebenraum aufbewahrt und nur zum Gottesdienst hereingebracht. An der Rückwand der dreischiffigen Halle sowie an den Seitenwänden waren Steinbänke angebracht. Eine Treppe in einem turmartigen Anbau führte zur Frauenempore, die oberhalb eines Säulenumgangs lag. Der zweite Bautypus ist der Breithaustyp: Der Eingang lag nun an einer der beiden Schmalseiten des Gebäudes, und die nach Osten gerichtete Längs-

seite erhielt eine Apsis oder Nische als ständigen Platz für den
Toraschrein. Eine dritte Form übernahm im Prinzip den Grund-
riss der griechisch-römischen Basilika. Man gelangte durch eine
Vorhalle oder ein Atrium in den Hauptraum, der durch zwei
Säulenreihen in drei Schiffe geteilt war. Die Steinbänke für die
Beter befanden sich an den Seitenwänden. Die geostete Schmal-
seite lag dem Eingang gegenüber und hatte die Form einer Apsis.
In ihr befand sich der Toraschrein. Warum die Ostung? »Von
Zion geht die Lehre aus«, heißt es – und Lehre und Licht entspre-
chen einander und kommen somit beide von Osten.

Die mittelalterlichen Synagogen entsprechen in Architektur
und Dekor dem jeweiligen Umfeld: Synagogen im islamischen
Kulturkreis ähneln Moscheebauten, Synagogen im aschkenasischen Raum greifen als gewölbte Hallen mit zwei Säulen das Vorbild öffentlicher Gebäude auf. Bei italienischen und sefardischen
Synagogen ist die Distanz zwischen Toraschrein und Bima auf-
fällig. Für Polen sind auch zahlreiche Holzsynagogen belegt.

Im *Schulchan Aruch* finden sich auch Regeln für den Synagogenbau und das Verhalten in der Synagoge: Die Synagoge soll an einem erhöhten Punkt der Stadt gebaut werden.
In der Synagoge darf niemand schlafen, nicht einmal für
ein kurzes Nickerchen; im *bet midrasch* ist dies hingegen
erlaubt. Um die Synagoge zu ehren, werden die Böden ge-
kehrt und gewischt. Wenn eine Synagoge zwei Türen hat,
ist es ungebührlich, sie als Durchgang zu benutzen.

Die Eröffnung des Seesener Jacobstempels im Jahr 1810 (vgl.
Kap. 4.6) ist ein bedeutendes Datum in der Geschichte der jüdischen Reformbewegung: Mit der Errichtung des ersten als Re-
formtempel gedachten und entsprechend gestalteten Synagogen-
bauwerks brachte Israel Jacobson (1768–1828) seine Auffassung
von einem zeitgemäßen Judentum zur Anschauung. Im 19. und
frühen 20. Jahrhundert baute man in Mitteleuropa gerne histori-
sierend, etwa in einem byzantinischen oder maurischen Stil, sel-

tener im neoromanischen (»deutschen«) oder neogotischen (»kirchlichen«) Stil. Der orientalisierende Stil bedeutet einen absichtlichen Gegensatz zur christlichen Sakralarchitektur und markierte das neu erwachende jüdische Selbstbewusstsein nach der Emanzipation, aber auch einen Bezug auf das »goldene Zeitalter« in Spanien, also auf die Zeit der *convivencia*, des friedlichen Zusammenlebens der Religionen, die zum verklärten Vorbild für das gesellschaftliche Miteinander in der Moderne wurde. Die bekanntesten erhaltenen Beispiele für diese Synagogen im maurischen Stil befinden sich heute in Berlin und Budapest. »Der Gesamtausdruck ist, wie ich glaube, der einer weihevollen Ruhe und Würde – nicht mehr des

Die Kuppel der 1866 eröffneten Neuen Synagoge in der Oranienburger Straße in Berlin: Inbegriff für die erfolgreiche Emanzipation im 19. Jahrhundert und für jüdische Präsenz heute.

sonst gewohnten Prunkraumes, sondern des feierlichen Ortes der Versammlung, der inneren Sammlung«, schrieb der Architekt Fritz Landauer 1930 anlässlich der Einweihung der Synagoge im sächsischen Plauen, eines Gebäudes im Bauhaus-Stil.[1]

Bis zur Reichspogromnacht vom 9./10. November 1938, der sogenannten Reichskristallnacht, waren jüdische Ritualbauten ein integraler Bestandteil des typischen Stadtbildes in Deutschland. Fast alle der über 3000 Lehr- und Bethäusern wurden unter der nationalsozialistischen Diktatur zerstört, abgerissen oder umgebaut und zweckentfremdet – manche auch erst nach 1945, als es nach der Schoa keinen Bedarf mehr für sie zu geben schien. Das älteste erhaltene beziehungsweise rekonstruierte Synagogen-

---

[1] Fritz Landauer, *Moderner Synagogenbau. Gemeindehaus und Synagoge in Plauen*, in: *Bayerische Israelitische Gemeinde-Zeitung* 1931, 149.

gebäude in Deutschland ist das in Worms. Vom ältesten Bau (1034) ist dabei lediglich die Stiftungstafel aus Stein erhalten. Nach den Verwüstungen bei den Kreuzzügen des 11./12. Jahrhunderts wurde 1174/75 ein Neubau in den romanischen Formen der Dombauschule errichtet. An diese sogenannte Männersynagoge wurde 1212/13 die Frauensynagoge angebaut. Der gesamte Komplex wurde in den Jahren von 1938 bis 1942 niedergebrannt und abgerissen, in der Nachkriegszeit aber teilweise mit Originalbauteilen wiedererrichtet und schließlich 1961 wiedereröffnet.

In den USA, in Österreich und Ungarn sowie in Italien erinnert die Bezeichnung »Tempel« anstelle von »Synagoge« heute noch daran, dass die innerjüdische Reformbewegung im 19. Jahrhundert mit diesem Begriff deutlich machen wollte, dass ein jedes jüdische Gotteshaus, wo auch immer auf der Welt es sich befindet, das einstige Jerusalemer Heiligtum ersetzt.

»A shul with a pool«
In den meisten Synagogen geht es ungezwungen zu; die einzelnen Betenden folgen in orthodox ausgerichteten Synagogen ihrem eigenen Rhythmus, sodass ein lebendiges Stimmengewirr entsteht. (Daher wohl die oft abfällige Redensart »laut wie in der Judenschule«.) Genau genommen verweist der Ausdruck »Judenschule« aber auf die *bet midrasch*. Die volkstümliche Bezeichnung *schul* mag aber auch Verweis auf den verbindlichen Unterricht der Kinder sein: Schon im 1. Jahrhundert v. u. Z. ordnete Rabbi Schimon ben Schetach in Palästina die Anstellung von sogenannten Kinderlehrern und die allgemeine Schulpflicht an. In Nordamerika ist *shul* auch eine populäre Bezeichnung für die Synagoge. So werden die amerikanischen Gemeindezentren aus den 1960er Jahren, die oft auch über Freizeitanlagen verfügen, gerne als »a shul with a pool« bezeichnet – oder wo die kulturellen, nicht die religiösen Aktivitäten im Vordergrund stehen, als »a pool with a shul«.

3. Aufbau und Ausgestaltung der Synagoge

Es ist allgemein üblich, dass Synagogenbauten nach Osten ausgerichtet sind. Diese Ausrichtung wurde im Laufe der Zeit architektonisch immer deutlicher ausgestaltet. Daraus ergibt sich, dass der Eingang im Westen liegt, sodass der Blick beim Eintreten auf den Toraschrein an der Ostseite, der sogenannten Misrachwand, fällt.

Dieser Toraschrein, die Heilige Lade *(aron ha-kodesch, hechal)* zur Aufbewahrung der Torarollen, ist das zentrale Objekt im Inneren der Synagoge. Er befindet sich traditionell entweder freistehend oder in einer Nische. Meist führen Stufen zur Heiligen Lade hinauf. Die Heilige Lade selbst wird von einem Vorhang *(parochet)* verhüllt. Ist die Lade geöffnet, dann erblickt man die Torarollen. Auf den Köpfen ihrer beiden Holzstangen tragen sie getriebene Knäufe aus reinem oder vergoldetem Silber, die *rimonim*, oder aus gleichem Stoff, in gleicher Arbeit durchbrochene Kronen, die *keter tora*, über den Mänteln (in die die Torarollen eingehüllt sind) an silbernen Ketten das Schild *(tas)* und den Zeiger in Form einer Hand *(jad)*. Mit ihm folgt man während der Toralesung den Zeilen.

Das traditionell hölzerne Lesepult *(almemor, bima)* für die Toralesung gleicht einem Podest oder einem Tisch und ist zumeist über Stufen von zwei Seiten her zu erreichen und von einem Geländer umgeben. Das Vorbild dafür war sicherlich das Podium im Tempel, von dem aus der Priester den täglichen Segen erteilte. Die Bima ist der Einrichtungsgegenstand, der das Synagogeninnere prägt. In orthodoxen aschkenasischen Synagogen befindet sich die Bima ganz im Sinne des Gebotes »Du sollst meine Lehre unter das Volk tragen« auf der Ost-West-Achse mitten in der Synagoge, in liberalen Synagogen an der Ostseite, in sefardischen Synagogen hingegen auf der Seite gegenüber dem *aron ha-kodesch*. Sie ersetzt nicht nur den Altar, der einst in der Mitte des Tempels stand, sondern erinnert auch an die Bundeslade der Wüstenwanderungszeit: Die Lade war im Zentrum des Wüsten-

*Die orthodoxe Münchner Synagoge Ohel Jakob (»Zelt Jakobs«)
am St.-Jakobs-Platz wurde 2006 eröffnet.*

lagers ausgestellt, sodass die Tora auf die dort versammelten
Stämme ausstrahlen konnte. Das Lesepult ist oft mit samtenen
Decken geschmückt, die ebenso wie die Toramäntel und der Tora-
vorhang aufwendig bestickt sein können.

In sefardischen Synagogen leitet der Chasan (Kantor) den
ganzen Gottesdienst von der Bima aus, während es in aschkenasischen Synagogen üblich ist, dass der Kantor den zweiten Teil
der Andacht, den *mussaf*, von der Bima aus leitet, nicht aber das
Schacharitgebet. In konservativen und liberalen Synagogen befindet sich die Bima in Form eines Podiums direkt vor dem Toraschrein, und der Gottesdienst wird von dort aus geleitet.

Zur weiteren Ausstattung gehören Sitzbänke oder Stühle (in
der Spätantike saß die Gemeinde in der Regel noch auf dem Boden oder auf umlaufenden Steinbänken an der Wand), Lesepulte
und im Vorraum ein Waschbecken zum Händewaschen. Zum
Dekor zählt in nichtorthodoxen Synagogen der siebenarmige

*Toravorhang (*Parochet*), den Zwi Hirsch Todesco*
1833 dem Wiener Stadttempel gestiftet hat.

Leuchter, die Menora. Meist findet man auch einen Ständer mit Angaben zur Erinnerung an die Jahrzeit von Verstorbenen. Außerdem finden sich in jeder Synagoge eine Lampe mit dem Ewigen Licht, die vor der Heiligen Lade niederhängt *(ner tamid)*, Kidduschbecher für den Segensspruch am Schabbatbeginn, Utensilien für die Hawdala, die Verabschiedung des Schabbat, diverse Leuchter und dergleichen mehr.

Die Synagogenausstattung im Detail

Aron ha-kodesch: Die Heilige Lade birgt die Torarollen und damit den eigentlichen sakralen Bestandteil der Synagoge. Der Toraschrein wird als Abbild der Bundeslade begriffen, die nach der Tora bereits die Wüstenwanderung des Volkes Israel begleitete. Wie dieser *aron ha-brit* als Platz der Offenbarung Gottes einst aussah, ist allerdings unbekannt. Der Überlieferung nach handelte es sich um einen vergoldeten hölzernen Schrein mit massiver goldener Deckplatte, auf der zwei goldene Cherubim standen. Dieser Schrein barg die steinernen Gesetzestafeln. Ob die Bundeslade bei der Eroberung des Ersten Tempels entwendet oder zerstört wurde, wird nicht berichtet; im Zweiten Tempel wurde sie in jedem Fall nicht mehr aufgestellt. Die frühesten erhaltenen Darstellungen der Bundeslade finden sich auf einem Fresko der Synagoge von Dura Europos (245 u. Z.) und im Fries der Synagoge von Kapernaum in Galiläa.

In der Mischna wird für die Bundeslade der Begriff *tewa* benutzt, der auch die Arche Noah bezeichnet, die ebenfalls aus Holz und beweglich war. Die sefardischen Juden benutzen diesen Begriff bis heute für den Toraschrein. Unter aschkenasischen Juden ist, wie erwähnt, die aus 2 Chr 35,3 entlehnte Bezeichnung *aron ha-kodesch* üblich. Heute gleicht der *aron ha-kodesch* in seiner Gestaltung einer aufwendig gerahmten Nische oder einem in einer Apsis aufgestellten soliden Schrank. Die Torarollen werden in jedem Fall hinter einem Vorhang aufbewahrt.

Parochet: Der Vorhang vor dem Toraschrein entspricht dem Schleier vor dem Allerheiligsten im Tempel. Üblich sind Toravorhänge aus Samt und Seide, auf Leinen aufgenäht und mit Ornamenten und Schriftzügen versehen, oft auch mit Glöckchen oder eingenähten Schmucksteinen. Typisch sind zwei goldene Löwen, die die Gesetzestafeln halten, und eine Krone als Mittelstück. Bei den Goldstickereien handelt es sich oft um kostbare Handarbeiten. Für Farbe und Dekor gibt es keine Beschränkungen; es ist aber Brauch, zu den Wallfahrtsfesten, den Hohen Feiertagen, insbesondere zu Jom Kippur, einen Parochet aus weißem Stoff zu verwenden. In der Regel sind auf dem Vorhang auch die Namen der Stifter und die entsprechende Jahreszahl untergebracht. Um das Vorhanggestänge und die Zugvorrichtung zu kaschieren, versieht man den Parochet oft noch mit einem ebenfalls reich dekorierten Querbehang oder *kapporet*.

Bima: Für die Toralesung wurde bereits früh nach dem Vorbild der griechischen Basilika ein erhöhter Platz eingerichtet. Dieser Almemor (eine Verballhornung von arabisch *al-minbar*, »Moscheekanzel«), auf Hebräisch nach Neh 8,4 auch *migdal* (»Turm«) genannt, wurde auch mit dem griechischen Lehnwort *bema* bezeichnet und war bereits in den alten galiläischen Synagogen vorhanden. Von dieser Estrade aus, die nach talmudischer Vorschrift um nicht mehr als sechs Stufen erhöht sein darf, konnte auch vorgebetet werden. Durchgesetzt hat sich aber eine Zweiteilung, nämlich die Trennung von Vorbeterpult (*ammud*, »Säule«) und Almemor. In den mitteleuropäischen Gemeinden wurde es üblich, das Vorbeterpult vor dem Toraschrein aufzustellen und den Almemor in der Mitte der Synagoge zu platzieren, oft samt einem Überbau aus Holz, Stein, Schmiede- oder Gusseisen und mit einer Brüstung aus demselben Material oder auch aus Marmor. Im Zuge der jüdischen Reformbewegung wurde in liberalen Synagogen auf den Almemor als räumlichen Mittelpunkt verzichtet; in sefardischen Synagogen rückt er oft ganz an die Westwand. Der Tisch für die Toralesung, der auf diesem Podest steht, muss groß genug sein, um die Rollen auch ausbreiten zu können; traditionell sollte er so wie die Kanzel, von der Esra das Gesetz Moses verlas, aus Holz sein (Neh 8,4) und nicht aus Stein wie einst der Altar des Tempels. Nach posttalmudischem Brauch kann man den Boden um die Bima herum vertiefen, sodass die Gebete (nach Ps 130,1) »aus der Tiefe« hervorsteigen. Es war Israel Jacobson, der die Bima 1810 als erster Reformer im deutschsprachigen Raum an die Ostseite der Synagoge rückte.

Ner tamid: Das »ewige Licht« gab es schon im Stiftszelt auf der Wüstenwanderung als Lampe »vor dem Vorhang« (Lev 24,2–3), und es hat auch Eingang in die katholische Kirche gefunden. Es wird traditionell mit Öl gespeist, kann heute aber auch ein elektrisches Licht sein. Dieses immerwährende Licht ist ein Verweis auf die unentwegt brennende Menora im Tempel, so wie die Synagoge selbst quasi ein kleines Abbild dieses Tempels ist. Der *ner tamid* wird auch als Gottes Präsenz inmitten des Volkes Israel oder als spirituelles Leuchten, das einst vom Tempel ausging, gedeutet. Es gilt als besonderes Verdienst, für das Brennen des Ewigen Lichts Sorge zu tragen; diejenigen, die sich darum bemühen, werden in dem Gebet »Mischeberach« erwähnt. Während die Menora einst an der Westwand des Tempels stand, hängen die Ewigen Lichter in der Regel an Ketten oberhalb des Toraschreins. In Polen war es üblich, sie in gemauerten Nischen unterzubringen, wohl aus Gründen des Brandschutzes.

Lesepult: Das Lesepult, von dem aus der Vorbeter oder Kantor diejenigen Texte vortragen, die nicht Teil der Toralesung sind, ist seit dem 5. oder 6. Jahrhundert u. Z. als Teil der Synagogenausstattung überliefert, hat sich aber in den aschkenasischen Synagogen erst im 18. Jahrhundert durchgesetzt. Es handelt sich in der Regel um ein schlichtes Holzmöbel mit einfachem Dekor (Davidstern, Löwe von Juda). In liberalen Synagogen ist das Lesepult in das Ensemble von Almemor und Toraschrein einbezogen, während es in sefardischen Gemeinden, in denen der gesamte Gottesdienst vom Almemor aus geleitet wird, gar nicht vorhanden ist.

Toraschmuck: Zu den Textilien, mit denen die Torarollen geschmückt werden, gehören zunächst der Toramantel *(me'il* oder *mappa)*, dann seit dem 18. Jahrhundert insbesondere in Südwestdeutschland der Torawimpel, der zur Befestigung wie ein Band um die Tora geschlungen wird, und schließlich der Toravorhang. Bei den Wimpeln handelt es sich um bestickte Bänder, die aus den in Streifen geschnittenen Windeln von der Beschneidung jüdischer Jungen gefertigt werden; die Familie des Jungen spendet diesen Wimpel in der Regel anlässlich seines ersten Synagogenbesuchs am ersten Geburtstag. Bestickt ist der Wimpel mit dem Namen des Jungen und dem seines Vaters und mit dem hebräischen Spruch: »Er trete ein zur Tora, zur Chuppa und zu guten Werken.«

Der Toramantel zur Bedeckung und zum Schutz der Torarolle besteht aus einem Kopfstück mit zwei Löchern zum Durchstecken der beiden Rollenstäbe sowie aus dem eigentlichen Mantel aus Samt, Brokat oder Seide, der in Farbe und Material oft dem Toravorhang entspricht. Der Toramantel ist häufig mit Gold- und Silberfäden durchwirkt, mit Kronen, Löwen und den Gesetzestafeln geschmückt und mit Schmucksteinen dekoriert. Die ältesten erhaltenen Toramäntel stammen aus dem 16. Jahrhundert.

Die Toraaufsätze werden als *rimonim* (»Granatäpfel«) bezeichnet – ein Motiv, das schon in biblischer Zeit Verwendung fand. Sie dienen als Aufsätze für die beiden Holzstangen, um die die Torarolle gewickelt wird, und werden bereits bei Maimonides erwähnt. Es handelt sich dabei meist um kunstvoll gestaltete silberne Hohlkörper, die manchmal auch noch mit Glöckchen oder Schellen versehen werden. Der Granatapfel mit seinen zahllosen Kernen ist im Judentum ein beliebtes Symbol für die 613 Gebote der Tora. Die zwei gedrechselten Holzstäbe wiederum werden auch als *ez chajim* (»Baum des Lebens«) bezeichnet.

Aus Metall, zumeist aus Silber, ist die Torakrone *(keter tora)*, die je nach lokalem Brauch an bestimmten Tagen anstelle der *rimonim* auf die Torarolle gesetzt wird und deren königliche Lehre symbolisiert. Ist die Krone zu schwer, um mit der Tora herumgetragen zu werden, so kann sie neben dem Toraschrein zur Schau gestellt werden. In Italien wird eine oben offene Krone zusammen mit den *rimonim* aufgesetzt. Die Kronen sind häufig mit den Namen ihrer Stifter und der entsprechenden Jahreszahl versehen.

Bei dem ebenfalls zumeist silbernen Toraschild (*tas*, »Platte«) handelt es sich um ein rein dekoratives Zierschild, das mit silbernen Ketten an die gedrechselten Holzstäbe der Torarolle gehängt wird und den Toramantel zum Teil überdeckt. Es kann mit Häkchen zur Aufhängung des Torazeigers versehen sein. Das Schild

Das Toraschild ist reiner Schmuck,
während der jad als Zeiger für die Toralesung dient.

ist in der Regel rechteckig oder kartuschenförmig und hat in seiner unteren Hälfte eine Einschubvorrichtung für Täfelchen, die den jeweiligen Feiertag bezeichnen. Als Schmuckmotive dienen unter anderem Zeremonialobjekte aus dem Tempel, Festtagssymbole, die Bundestafeln, die Säulen Jachin und Boas (so wurden die beiden Säulen genannt, die am Eingangstor des Salomonischen Tempels standen) oder auch Löwen und Kronen. Hin und wieder finden sich auch biblische Gestalten wie Aaron und Mose.

Der Torazeiger wird *jad* (»Hand«) genannt und dient dem Vorbeter dazu, demjenigen Gemeindemitglied, das zur Toralesung aufgerufen wurde, den Verlauf der jeweiligen Textzeilen zu bezeichnen. So wird auch vermieden, dass das empfindliche Pergament mit den eigenen Händen berührt wird. Üblicherweise ist der in der Regel silberne Zeiger in Form einer kleinen Hand mit ausgestrecktem Zeigefinger gestaltet. Oft wird der *jad* mit dem Namen seines Spenders versehen.

Menora: Der siebenarmige Leuchter, der zum offiziellen Emblem des Staates Israel geworden ist, gehörte schon zum Kultgerät des Stiftszeltes und stand der Überlieferung nach auch an der Westseite des Zweiten Tempels in Jerusalem. Der Tempelleuchter war schon in der Antike ein verbreitetes Symbol für das Judentum und erscheint auf Münzen, als Dekor von Gebrauchsgegenständen wie Lampen, Flaschen und Gläsern, auf Steinreliefs und in den Mosaikböden von Synagogen sowie auf Grabmälern, wobei die brennende Menora das ewige Leben symbolisiert. In traditionell ausgerichteten Synagogen findet man heute – aus dem Gedanken heraus, dass die Synagoge den Tempel nicht imitieren darf – keine siebenarmigen Leuchter, sondern stattdessen sechsarmige. Liberale Synagogengemeinden gebrauchen indes siebenarmige Leuchter auch als bewussten Hinweis darauf, dass sie in der Diaspora zu Hause sind.

Die Zeremonialobjekte werden in ihrer Gesamtheit auch *kle kodesch* (»heiliges Gerät«) genannt – ein Begriff, der symbolisch auch für die mit dem Kultus betrauten Personen im Gottesdienst verwendet wird.

Geschlechtertrennung und Orgelstreit

Nach der Tradition sitzen Männer und Frauen im Gottesdienst getrennt – schon im Jerusalemer Tempelareal gab es einen abgeteilten Frauenbereich, die *esrat naschim* –, und orthodoxe Synagogen verfügen bis heute über eine abgetrennte Frauenabteilung. Diese »Frauenschule« (oder »Weiberschule«) war früher vollkommen von der »Männerschule« abgesondert, vergittert oder verhängt. Orthodoxe Synagogen verfügen auch heute noch über eine entsprechende Abtrennung oder *mechiza;* in traditionell ausgerichteten Synagogen sitzen die Frauen heute auf einer unvergitterten Empore oder Galerie. Die Reformbewegung hat die Geschlechtertrennung im Gottesdienst aufgehoben, während sie im liberalen Judentum in Deutschland noch bis in die 1930er Jahre gang und gäbe war. Eine Ausnahme machten manche Privat- und Vereinssynagogen, die etwa in Berlin neben den Gemeindesynagogen bestanden. »Dass in der von Hermann Falkenberg 1923 in Berlin gegründeten »Liberalen Synagoge Norden« Frauen und Männer zumindest zusammen sitzen konnten, kam fast einer Revolution gleich. Viele Frauen erklärten, »hier hätte sie zum ersten Male eine wahrhafte Jaumtowstimmung [Feiertagsstimmung] erfasst, da sie an der Seite von Mann und Kind das Gotteswort vernommen hätten«.[2]

Neben der Frage nach der Teilnahme der Frauen am Gottesdienst war es die Orgelfrage, an der sich im 19. Jahrhundert die Geister schieden und die mehr als die liturgischen Reformen den Unterschied zwischen orthodoxen und liberalen Synagogengemeinden, altem und neuem Ritus markierte. Die Hauptargumente der Orthodoxie gegen Musik im Gottesdienst waren und sind:

- Musik verstoße gegen das Musizierverbot, das Zeichen der Trauer um die Tempelzerstörung sei.
- Musik verstoße gegen das Arbeitsverbot am Schabbat.
- (Orgel-)Musik sei eine verbotene Nachahmung nichtjüdischer Gottesdienstformen.

Der Synagogenbau war immer wieder Beschränkungen durch die Obrigkeit ausgesetzt, nicht zuletzt auf Drängen der Kirche: So tadelte der heilige Ambrosius Kaiser Theodosius I., weil dieser um 388 u. Z. die Zerstörer der Synagoge von Kallinikum zu deren Wiederaufbau aufforderte. Der Codex Theodosianus legte fest, dass es nur eine Synagoge am Ort geben dürfe, und zwar an versteckter Stelle und nicht in der Nähe von Kirchenbauten. Nach den Kreuzzügen bestätigten die Dekrete von Papst Gregor IX. (1227–1241) und von Nikolaus III. (1277–1280) sowie die Synoden

---

[2] Lara Dämmig, *Ein kämpferisches Gespann. Bertha und Hermann Falkenberg leisteten Bedeutendes für die Erneuerung jüdischen Lebens in Berlin*, in: *Kescher* 8/4 (Juli 2003), 2–3.

von Breslau und Wien (1267) das Synagogenbauverbot. In vielen Ländern mussten sich die Juden bis zur Emanzipation auf die Abhaltung von Gottesdiensten in Privathäusern beschränken. In Wien wurde beispielsweise 1811 erstmals die Errichtung einer Betstube gestattet, und die erste reguläre Synagoge durfte dort erst 1823 eröffnet werden.

4. Synagogenbauten im Nachkriegsdeutschland

Mit der Konsolidierung jüdischen Lebens im Nachkriegsdeutschland entstanden insbesondere in der Bundesrepublik wieder kleine Synagogen und jüdische Gemeindezentren. Doch erst die Zuwanderung von Juden aus der früheren Sowjetunion hat zu einer neuen Blüte der Synagogalarchitektur in Deutschland geführt, so zum Beispiel in Dresden, Bamberg und München. Diese aufwendig gestalteten repräsentativen Bauten dürfen aber nicht darüber hinwegtäuschen, dass sich derzeit noch viele kleine jüdische Gemeinden mit Gottesdiensträumen auf Büroetagen, in umgestalteten Wohnhäusern oder in den Räumlichkeiten von Kirchengemeinden und sozialen Einrichtungen begnügen müssen, die ihren sozialen und religiösen Bedürfnissen kaum gerecht zu werden vermögen.

Das neue Jüdische Zentrum am Münchner St.-Jakob-Platz, das 2007 als größtes jüdisches Gemeindezentrum Europas fertiggestellt wurde, markiert mit seinen drei gegeneinander verschobenen Baukörpern einen Höhepunkt in einer architektonischen Entwicklung, die in der Nachkriegszeit begonnen hatte und die mit dem halbkugelförmigen Synagogenbau von Dieter Knoblauch und Heinz Heise in Essen (1959) sowie dem halbovalem Synagogenbau von Hermann Guttmann in Hannover (1963) und der Darmstädter Doppelturmfassade von Alfred Jacoby (1988) erste Meisterwerke hervorgebracht hat.

1988, fünfzig Jahre nach der Reichspogromnacht von 1938, in

der der größte Teil der Synagogen im Deutschen Reich zerstört worden war, formulierte der Frankfurter Architekt und Gemeindefunktionär Salomon Korn seine Theorie des zeitgenössischen aschkenasischen Synagogenbaus. Darin konstatiert er, dass es zwar keine besondere jüdische Bauweise gebe, wohl aber eine »originär-räumliche Anordnung«: Die zentral positionierte Bima und der in die Ostwand eingelassene Toraschrein verlangten nach einem spannungsvollen Raumkontinuum im Sinne eines zentralisierten Langhauses oder eines longitudinalen Zentralbaus. Dieser räumliche Widerspruch sei mit einer geschickt positionierten Frauenempore oder durch die architektonische Inszenierung des Gegensatzes von »provisorischem« Stiftszelt und »dauerhaftem« Tempel zu lösen. Die klassischen synagogalen Elemente müssten in eine zeitgenössische Architektursprache übersetzt und bei Neubauten in Deutschland zudem Aspekte des Erinnerns berücksichtigt werden. Interessant ist, dass kürzlich in Bielefeld und Hannover auch entwidmete evangelische Kirchen zu jüdischen Gemeindezentren umgebaut worden sind. Allen zeitgenössischen Bauvorhaben ist gemeinsam, dass sie die traditionelle dreifache Funktion der Synagoge umsetzen: Sie ist ein Haus des Gebetes, ein Haus der Gemeinschaft und ein Haus des Lernens.

Bei der Großzügigkeit der Synagogenneubauten in Deutschland darf nicht vergessen werden, dass die jüdische Tradition für die Gebetsstätten innere Werte anstelle von äußerlichem Prunk verlangt. *»Ele pekude ha-mischkan ha-edut ...«* heißt es dazu in Ex 38,21: »Dies sind die Berechnungen der Wohnung, der Wohnung des Zeugnisses«, also der Bundestafeln. Mehr als die architektonische und künstlerische Verschönerung der Gebote *(hidur mizwa)* ist die Beachtung der geistigen Werte von Bedeutung. So wird vom ersten Belser Rebbe, Rabbiner Schalom Rokach (1779–1855), berichtet, wie er zunächst 800 Nächte durchwachte und Tora lernte, um sich auf die Errichtung seiner Synagoge vorzubereiten. Diejenigen Synagogen, die diese besondere Spiritualität verkörpern, werden der Überlieferung nach auch in der kommenden Welt fortbestehen.

2.6 »So singet uns von Zions Sang!« – Die Synagogalmusik

»Wenn die Geschichte des Judentums einstens in späteren Tagen all die Namen ihrer verdienten Glaubensmitglieder verzeichnet, so wird in goldenen Lettern auch hell und rein erstrahlen der Name Louis Lewandowski.« Diese enthusiastischen Worte des früheren Berliner Oberkantors Aron Friedmann (1855–1936) haben durchaus ihre Berechtigung: Die mehrstimmigen hebräischen Gebetsgesänge für Orgel, Solisten und Chor, die Louis Lewandowski geschaffen hat, sind heute in aller Welt verbreitet. Der Name dieses Komponisten mag vielen unbekannt sein, doch die von ihm notierten Melodien sind wohl allen Synagogenbesuchern vertraut und haben auch in orthodoxen Kreisen Einzug gehalten.

Die Synagogalmusik, für deren Erneuerung der Name Lewandowski steht, hat ihre Wurzeln in den liturgischen Gesängen der Leviten im Jerusalemer Tempel. Ein Nachhall ihrer Vortragsweise findet sich in den Tropen der Toralesung wieder, aber auch in den gregorianischen Gesängen und im christlichen Gebetsrezitativ. Bis ins 19. Jahrhundert hinein wurde die psalmodierende, melismatische Vortragsweise, in der der Chasan (»Kantor«) als Vorbeter seiner Gemeinde den Gottesdienst gestaltete, in der Regel nur mündlich weitergegeben. Für die Spätantike und das Mittelalter finden sich somit kaum Hinweise auf die religiöse Poesie, die in den Synagogen gesungen wurde. Einer der wenigen uns namentlich bekannten Sänger war der syrisch-jüdische Dichter Romanos, auch »Melodos« genannt, der in der zweiten Hälfte des 6. Jahrhunderts u. Z. über tausend Lieder verfasst haben soll, die auf Bibelversen beruhten. In den jüdischen Gemeinden, die

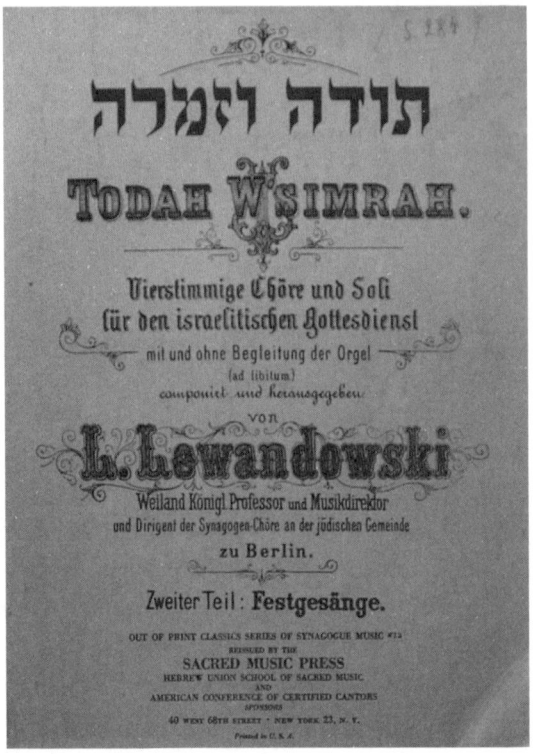

Louis Lewandowski (1821–1894) entwickelte eine neue, durchkomponierte Liturgie mit Orgelbegleitung für den jüdischen Gottesdienst.

im Mittelalter auf der Iberischen Halbinsel bestanden, wurden die *pijutim* – so die hebräische Bezeichnung für diese poetischen Einschaltungen in die Liturgie – oftmals zu arabischen Versmaßen und Melodien gesungen. Diese Gesänge müssen auch unter Christen so beliebt gewesen sein, dass es Priestern und Studenten von der Kirche untersagt wurde, sich in jüdischer Lehre und jüdischem Singen unterrichten zu lassen. Einer der bedeutendsten jüdischen Gelehrten seiner Zeit, Jehuda he-Chassid, verbot wiederum seinen Glaubensgenossen, den Christen hebräische Melodien beizubringen oder sich deren Gesänge anzueignen.

Das früheste Fragment eines hebräischen *pijut*, das uns über-

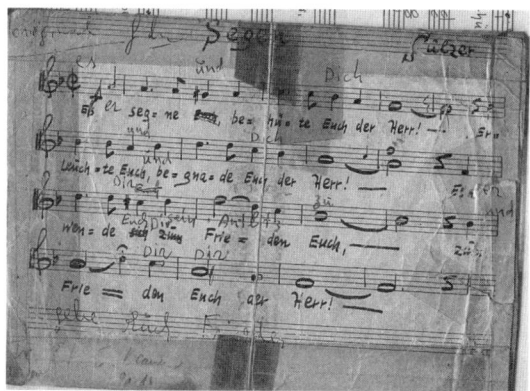

»Segen« von Salomon Sulzer mit Anmerkungen des
Berliner Oberkantors Estrongo Nachama (1918–2000).

liefert ist, stammt von einem normannischen Edelmann aus Apu-
lien, Jean Drocos, der 1102 zum Judentum übergetreten war, fortan Obadja ha-Ger hieß und sich in Bagdad niederließ. Seine Melodie weist Anklänge an gregorianische Gesänge und an die
orientalische Mikrotonik auf. Der erste Jude, der sich in der europäischen Musikgeschichte einen Namen als Komponist machte,
war jedoch Salomone Rossi Ebreo (ca. 1570–1630), der Gründer
der herzoglichen Hofkapelle von Mantua. In seinen ganz dem
italienischen Zeitgeist verpflichteten religiösen Gesängen wollte
er die Lieder König Davids nach allen Regeln der musikalischen
Kunst verherrlichen und ausschmücken.

Salomone Rossi, der die synagogale Tradition mit dem Musik-
geschmack seiner Epoche verband, ist in vielfacher Weise mit den
beiden großen Erneuerern der Synagogalmusik des 19. Jahrhunderts verwandt, mit Salomon Sulzer und Louis Lewandowski. Sulzer (1804–1890) war als Kantor der neuen Synagoge von Wien der
Erste, der die bislang eindimensionalen Gesänge nach den Regeln
von Tonsatz und Kadenz, Harmonik und Kontrapunkt modi-
fizierte und erweiterte. Sein Ziel war es, jüdische Tradition mit
zeitgenössischen Formen zu verbinden; dabei setzte er sich der
heftigen Kritik orthodoxer osteuropäischer Juden aus. Lewan-

dowski führte Sulzers Werk, namentlich sein *Schir Zion* (»Zionslied«), in Berlin fort. Er schrieb die traditionellen Melodien, die er in der dortigen Alten Synagoge in der Heidereuthergasse vorfand oder von aus dem Osten zugewanderten Chasanim übernahm, im klassischen Stil nieder und führte dabei eine freie Orgelbegleitung ein, die aber nicht zwingend war, sodass sein Werk auch in orthodoxen Synagogen von den Vorbetern verwendet werden kann. Seine Bearbeitungen für Chöre weisen Parallelen zu den Oratorien und Chorwerken von Felix Mendelssohn Bartholdy auf und trugen ihm bald die Bezeichnung »Mendelssohn der Synagogalmusik« ein. Lewandowskis Hauptwerke sind *Kol Rina Utefilla* (1871), *Toda Wesimra* für vier Solisten und Orgel (1876–1882) sowie *18 Gottesdienst-Psalme für Kantor, Chor und Orgel* – Letztere hatte der Königlich Preußische Musikdirektor kurioserweise »Sr. Majestät dem Könige von Bayern Ludwig II. in tiefster Ehrfurcht zugeeignet«.

Die Reform der Synagogalmusik ging in Europa mit der Erneuerung des jüdischen Gottesdienstes im Zuge der Aufklärung sowie mit neuen Formen der Synagogalarchitektur einher. Das Bedürfnis nach mehr Erbauung und nach einer Ästhetisierung des Gottesdienstes, das zunächst im Königreich Westphalen, in Hamburg, Leipzig und Berlin, bald aber auch im österreichischen Teil von Galizien auftrat, führte zu einer neuen Gottesdienstordnung, die sich an sefardischen Vorbildern, aber auch am allgemeinen Zeitgeist orientierte. An die Stelle des in aschkenasischen Synagogen und Betstuben bisher üblichen Gebetssingsangs, der gewissermaßen die Summe des lauten individuellen Gebets aller war, trat ein organisiertes Singen unter Leitung eines geschulten Kantors, das von Chor und Orgel begleitet wurde. Der Gemeindegesang beschränkte sich nunmehr auf einige Gebete unisono. Bis dahin war in den meisten Synagogen mit symbolischem Bezug auf König David allenfalls Harfenmusik üblich gewesen. Orgelmusik war zwar nicht grundsätzlich verboten, galt aber seit der Zerstörung des Tempels im Jahre 70 u. Z. vielen als unstatthaft. Dem Chasan standen im Gottesdienst allenfalls ein Bass und ein

Knabensopran, ein »Singerl«, zur Seite, um seine Phrasen zu begleiten oder zu variieren.

Gerade weil die Einführung der Orgel mit traditionellen talmudischen Leitsätzen gerechtfertigt werden musste, wurde sie in Mitteleuropa und in den USA zum Gegenstand erbitterter Diskussionen. Nicht die veränderte Liturgie, sondern die Orgel wurde schließlich zum Prüfstein dafür, ob sich eine Synagogengemeinde als orthodox oder als liberal definierte. Reformer wie Israel Jacobson verwiesen zu Recht darauf, dass bereits der Tempel in Jerusalem über eine Art Orgel verfügt hatte. Und im Talmud (bTAr 10b–11a) wird von der sogenannten Magrefa berichtet, einem Instrument, dessen zehn – nach anderer Lesart auch tausend – Töne über den Ölberg hinweg bis nach Jericho zu hören waren. In Frankreich und Italien war es im 19. Jahrhundert gar nicht erst zum Orgelstreit gekommen, denn dort hatte das Instrument auch in orthodox ausgerichteten Synagogen seinen Platz: In der Rue de la Victoire, dem Sitz des französischen Großrabbiners, war Orgelbegleitung noch bis Mitte des 20. Jahrhunderts gang und gäbe – und wer weiß heute schon, dass der Schabbat in der Prager Altneuschul bereits um 1678 mit Orgelklängen empfangen wurde? Wer sich mit der Geschichte der Synagogalmusik beschäftigt, muss feststellen, wie haltlos auch die Meinung ist, Orgelmusik in der Synagoge verbiete sich allein schon deshalb, weil es sich um eine unstatthafte Nachahmung christlicher Gottesdienstformen handele. So hat Rabbiner Nathan Peter Levinson darauf hingewiesen, dass der Talmud lehrt, dass jeder würdige Brauch, wo immer er auch zu finden ist, von Juden übernommen werden darf (bTBr 28b und bTSanh 39b). Dazu gehört auch das Orgelspiel, das die *kawana*, die Andacht und religiöse Einkehr, fördert – so wie auch die Übertragung vieler Gebete in die Landessprache, das Aufgeben antiquierter oder sinnentleerter Formeln und die regelmäßige Predigt in liberalen Synagogen zu Verständnis, Konzentration und Anteilnahme der Gemeinde beitragen. Besonders in den Synagogengemeinden der Großstädte, in denen sich Beter ganz unterschiedlicher Herkunft zusammen-

Porträtfoto von Joseph Schmidt aus dem Photo-Atelier Jacobi, um 1930.

fanden, galt der altfromme Stil schon aus akustischen Gründen als nicht länger zeitgemäß. Man folgte nunmehr dem liberalen Ritus und pflegte die neue Musikkultur: So hatte die 1867 fertiggestellte liberale Münchner Hauptsynagoge eine besonders große Orgel mit 1500 Pfeifen und 25 Registern. Das Beispiel machte auch in Osteuropa Schule, etwa in der um 1840 errichteten und ebenfalls mit einer Orgel ausgestatteten Brody-Synagoge in Odessa, wo David Nowakowsky (1848–1921) als Kantor und Komponist wirkte.

Im Verlauf der vergangenen zweihundert Jahre ist jüdische liturgische Musik zu einer wirklichen Bereicherung der Musikkultur geworden. Die vielfältigen gegenseitigen Einflüsse und Anregungen zeugen von der bürgerlichen Emanzipation der Juden ebenso wie vom Wiederaufleben der jüdischen Kultur als gleichberechtigter Bestandteil des europäischen Geisteslebens. Ein frühes Beispiel für solch gegenseitige Bereicherung ist Franz Liszt, der an der Orgel der Budapester Dohány-Synagoge musizierte. Die Kantate, die Beethoven zur Eröffnung des Wiener Stadttempels komponieren sollte, kam schließlich doch nicht zustande. Der Protestant Max Bruch (1838–1920) komponierte aber 1880 sein bekanntes *Kol Nidrei*, der Katholik Maurice Ravel (1875–1937) *Kaddish* und *Hebräische Volkslieder*, und auch Strawinskij und Prokofjew schufen Beiträge zur »hebräischen« oder »jüdischen« Musik. Der Dessauer Kantorensohn und Busoni-Schüler Kurt Weill (1900–1950) wiederum schöpfte mit Kompositionen wie seinem *Kiddusch* gleich Ernest Bloch, Arnold Schönberg und Leonard Bernstein aus der eigenen jüdischen Tradition. Herbert Fromm (1905–1995), der aus Kitzingen stammte und in die USA emigrieren konnte, gilt als wichtigster Komponist für Synagogalmusik des 20. Jahrhunderts, ist aber hierzulande so gut wie unbekannt.

Nicht nur Komponisten, auch Kantoren haben immer wieder bewiesen, dass sie in ihrer eigenen Domäne und in der allgemei-

Kantor Danny Maseng (geb. 1950) gehört zu den populären amerikanischen Komponisten und Interpreten von Synagogalmusik unserer Zeit.

nen Musikkultur gleichermaßen zu Hause sind: Der Berliner Kantor Abraham Jacob Lichtenstein (1806–1880) war ein gefeierter Tenor, der auch in christlichen Oratorien sang und Max Bruch auf die jüdische liturgische Musik aufmerksam machte. Israel Alter (1901–1979), der bis 1935 als Oberkantor an der Synagoge in Hannover tätig war, feierte auf der Opernbühne Erfolge. Joseph Schmidt (1904–1942), der mit Arien und Schlagern wie *Ein Lied geht um die Welt* ein Millionenpublikum begeisterte, hatte seine Karriere als Chasan begonnen und amtierte in der Berliner Reformgemeinde und auch bei der Eröffnung der liberalen Synagoge Prinzregentenstraße 1930 in Berlin.

Heutzutage ist es in der mehrheitlich liberalen jüdischen Welt selbstverständlich, dass auch Frauen als ausgebildete Kantorinnen in Gottesdiensten wie Konzerten Kantoralmusik *(chasanut)* zu Gehör bringen. Seit 2008 bietet das Abraham Geiger Kolleg an der Universität Potsdam auch eine Kantorenausbildung an.

2.7 Der Jahreskreis: Zeit und Ewigkeit

Ein erster Blick in einen jüdischen Kalender führt vielleicht zu Irritationen: Der erste Monat des Kalenders ist genau genommen der Frühjahrsmonat Nissan, doch das jüdische Neujahrsfest wird im Herbst gefeiert, im Monat Tischri. Auch die Jahreszählung ist eine ganz andere als die des gregorianischen Kalenders. Dieses Buch etwa wurde im jüdischen Jahr 5776 zum ersten Mal gedruckt. In diesem Kapitel wird erläutert, wie der jüdische Kalender aufgebaut ist. Daneben werden die Festtage mit ihrer Bedeutung und ihrem Brauchtum beschrieben. Zu diesen Festtagen gehören die Hohen Feiertage mit dem Neujahrsfest (Rosch Ha-Schana) und dem Versöhnungstag (Jom Kippur), die drei biblischen Wallfahrtsfeste Pessach, Schawuot (Wochenfest) und Sukkot (Laubhüttenfest) sowie Freuden- und Trauertage, die aus nachbiblischer Zeit stammen und sich auf historische Ereignisse beziehen. (Eine ganz besondere Rolle spielt außerdem der wöchentliche Ruhetag, der Schabbat, der in Kap. 2.2 behandelt wird.)

1. Der jüdische Kalender: Alles hat seine Zeit ...

Im antiken Judentum gab es zweierlei Zeitverständnisse: Das Wort *seman* bezeichnet Terminbestimmungen in der messbaren Zeit, der Begriff *olam* eine sehr lange Zeit und schließlich auch die Ewigkeit. Bereits im frühen Judentum bestand eine Geschichtsauffassung, die voraussetzte, dass die Zeit auf ein gottgegebenes Ziel zulief, dessen Erreichung (oder Verfehlung) vom Gehorsam beziehungsweise Ungehorsam des Volkes Israel gegenüber Gott abhängig gemacht wurde. Erst im Mittelalter kam es zu einem Zeitverständnis, das bewusst zwischen messbarer und unermesslicher Zeit unterschied. Die üblich gewordene Jahreszählung von der Schöpfung der Welt an diente zunächst nicht bloß zu Datierungszwecken, sondern auch zur Berechnung der Endzeit.

Die Hohen Feiertage (Rosch Ha-Schana und Jom Kippur) sowie die drei Wallfahrts- und Erntefeste Pessach, Schawuot und Sukkot sind bereits in der Tora festgelegt. Der hebräische Begriff für diese Feste, *regalim*, wird gewöhnlich von *regel* (»Fuß«) abgeleitet, was damit zusammenhängt, dass sich das Volk Israel in biblischen Zeiten dreimal jährlich nach Jerusalem begab, um dort gemeinsam diese Feste zu begehen (Ex 23,14).

Der Charakter der Wallfahrtsfeste hat sich über die Jahrhunderte stark verändert. Ursprünglich waren es Erntedankfeste, die mit dem Tempelkult in Jerusalem verbunden waren. Aber schon seit biblischer Zeit haben sie durch den Bezug auf die Geschichte Israels – den Exodus aus Ägypten (Pessach), die Wüstenwanderung (Sukkot) und die Offenbarung am Sinai (Schawuot) – vor allem eine erinnernde Funktion, die das Volk Israel über alle Generationen hinweg verbindet.

Das Neujahrsfest Rosch Ha-Schana und der Versöhnungstag Jom Kippur betonen dagegen die ethischen Dimensionen des jüdischen Glaubens. Der Jom Kippur gilt als der bedeutendste Tag im liturgischen Jahr, doch genau genommen ist der allwöchentliche Schabbat der höchste Feiertag, denn Gott selbst ruhte dem Schöpfungsbericht zufolge an diesem Tag. »Und Gott segnete den siebenten Tag und heiligte ihn«, heißt es dazu in Gen 2,3.

Architektur der Zeit

Man kann das jüdische Ritual als die Kunst charakterisieren, der Zeit gültige Formen zu geben, als Architektur der Zeit. Seine meisten Begehungen – der Sabbat, der Neumond, die Festzeiten, das Sabbatjahr und das Jobeljahr – hängen an einer bestimmten Stunde des Tages oder der Jahreszeit. So bringt zum Beispiel der Abend, der Morgen oder der Nachmittag die Aufforderung zum Gebet mit sich. Die Grundtatsachen des Glaubens liegen im Bereich der Zeit. Wir gedenken an den Tag des Auszugs aus Ägypten, an den Tag, als Israel am Sinai stand, und unsere messianische Hoffnung ist die Erwartung eines Tages, des Endes der Tage.

Abraham Joshua Heschel[1]

Im Staat Israel wurden neben dem Unabhängigkeitstag (Jom Ha-Azma'ut) drei Gedenktage eingerichtet, die auch in der Diaspora Beachtung finden: der Holocaustgedenktag (Jom Ha-Schoa), der Gedenktag für die in den Kriegen gefallenen Israelis (Jom Ha-Sikaron) und der Jerusalemtag (Jom Jeruschalajim) zur Erinnerung an die Wiedervereinigung der geteilten Stadt im Jahr 1967.

Der Aufbau des jüdischen Kalenders

Der jüdische Kalender ist ein lunisolarer Kalender: Die Monate werden nach dem Mond, die Jahre nach der Sonne berechnet. Der Monatsbeginn wurde dabei ursprünglich mit dem Neumond (hebr. *rosch chodesch*) gleichgesetzt, der von zwei Männern vor dem Jerusalemer Gericht bezeugt werden musste und dann öffentlich proklamiert wurde – nicht immer ein verlässliches Unterfangen. Als sich die höchste rabbinische Instanz, der Sanhedrin, unter der römischen Herrschaft auflöste, richtete der Patriarch Hillel II. schließlich um 358 u. Z. einen exakt berechneten jüdischen Kalender ein, der bis heute gilt.

Die Namen der Kalendermonate sind über das Aramäische aus dem Babylonischen entlehnt und lauten: Nissan, Ijar, Siwan, Tammus, Aw, Elul, Tischri, Marcheschwan, Kislew, Tewet, Schwat und Adar. Dabei gibt es keine Übereinstimmungen mit den

---

[1] Abraham Joshua Heschel, *Der Sabbat*, Neukirchen-Vluyn 1990.

Monaten des gregorianischen Kalenders. Das jüdische Jahr beginnt im Frühling mit dem ersten Monat Nissan.

Jeder Mondmonat hat entweder 29 oder 30 Tage und ist damit entweder »mangelhaft« oder »voll«. Mit 354 Tagen ist das jüdische (Mond-)Jahr somit um elf Tage kürzer als das Sonnenjahr. Damit die jüdischen Feste nicht »wandern« und als Erntefeste nicht etwa ihren Bezug zu den Jahreszeiten verlieren, wurde ein Schaltmonat eingeführt, der in einem Zyklus von 19 Jahren sieben Mal zur Anwendung kommt, nämlich im 3., 6., 8., 11., 14., 17. und 19. Jahr.

Praktisch bedeutet dies, dass der Adar, der Monat vor dem Nissan, von dem es heißt: »der erste [sei er euch] unter den Monaten des Jahres« (vgl. Ex 12,2) und in dem auch das Pessach-Fest gefeiert wird, verdoppelt wird. Dieser »Adar II« ist aber nicht die einzige Besonderheit im jüdischen Kalender. Bemerkenswert ist auch die (schon erwähnte) Tatsache, dass der Monat Nissan im Frühjahr zwar der »erste Monat der Monate des Jahres« ist, das jüdische Neujahrsfest Rosch Ha-Schana aber im siebten Monat Tischri im Herbst gefeiert wird.

Tatsächlich haben die Rabbinen im Talmud zwei weitere Jahresanfänge anerkannt: Das sind der erste Tag des Monats Elul für den Zehnten vom Vieh und der erste beziehungsweise der fünfzehnte Tag (so nach der Schule Hillels) des Monats Schwat als das Neujahrsfest der Bäume. All diese Jahreszeiten beziehen sich selbstverständlich auf die nördliche Hemisphäre, in der das Judentum seinen Ursprung hat. Das biblisch-religiöse jüdische Jahr begann mit dem Monat Nissan (Pessach), das bürgerliche jüdische Jahr beginnt mit dem 1. Tischri, dem ersten Tag des Neujahrsfestes Rosch Ha-Schana im siebten Monat. Rosch Ha-Schana hat als Thema die Krönung Gottes als Herrscher der Welt. Heute gilt für alle religiösen Belange im Staat Israel wie in der jüdischen Diaspora der letztere Jahreskreis (mit Schaltmonaten).

Die Jahreszählung »seit Erschaffung der Welt«

Jahreszählungen gaben einst die Herrschaftszeit des Königs wieder; mit Gott als König gründet die jüdische Jahreszählung auf der Erschaffung der Welt. Sie beruht auf den Zeitangaben in der Tora und wurde von den Rabbinen mit Bezug auf die Weltchronik SOR berechnet. SOR ist die Kurzform von *seder olam rabba*, die »große Weltchronik«, die nach 200 u. Z. redigiert und später um ein Vielfaches ergänzt wurde. Sie umfasst die wichtigsten Ereignisse von der Erschaffung der Welt bis zur Zerstörung Jerusalems durch Nebukadnezar, die Perserzeit und die Zeit zwischen Alexander dem Großen und dem jüdischen Aufstand gegen die Römer in den Jahren 132–135 u. Z.

Vor dieser Festlegung wurde in biblischen Zeiten nach den Regierungsjahren der Könige von Israel und Juda gezählt. Später, ab 312 v. u. Z., war die seleukidische Zeitrechnung in Gebrauch, im Zuge des Bar-Kochba-Aufstands gegen die Römer 132–135 u. Z. wurde vorübergehend auch »nach der Erlösung« gezählt. Ein weiterer Unterschied zum christlich geprägten Zeitverständnis ist, dass der jüdische Tag am Abend beginnt. Dies kommt insbesondere bei der Begrüßung des Schabbats am Freitagabend zum Ausdruck. Der jüdische Tag hat traditionell 24 Stunden mit je 1080 »Teilen« *(chalakim)*, die wiederum jeweils 76 »Augenblicke« *(regalim)* zählen – eine Einteilung, die heutzutage aber ungebräuchlich ist.

In der Jahreszählung ist der jüdische Kalender dem gregorianischen Kalender um 3760 Jahre voraus (ab dem Monat Tischri, der im September oder Oktober beginnt, muss man bis Ende Dezember 3761 Jahre addieren).

Fest- und Feiertage im Jahreskreis

Die wichtigsten Fest- und Gedenktage
Nissan (März/April)
>   15.: 1. Tag Pessach
>   16.: 2. Tag Pessach
>   21.: 7. Tag Pessach
>   22.: 8. Tag Pessach (nicht in Israel und liberalen Gemeinden)
>   27.: Jom Ha-Schoa (Holocaustgedenktag)

Ijar (April/Mai)
>   5.: Jom Ha-Azma'ut (israelischer Unabhängigkeitstag)

Siwan (Mai/Juni)
>   6.: 1. Tag Schawuot (Wochenfest)
>   7.: 2. Tag Schawuot (nicht in Israel und liberalen Gemeinden)

Tammus (Juni/Juli)
Aw (Juli/August)
>   9.: Tischa Be'Aw (Gedenktag der Tempelzerstörung)

Elul (August/September)
Tischri (September/Oktober)
>   1.: 1. Tag Rosch Ha-Schana (Neujahr)
>   2.: 2. Tag Rosch Ha-Schana
>   10.: Jom Kippur (Versöhnungstag)
>   15.: 1. Tag Sukkot (Laubhüttenfest)
>   16.: 2. Tag Sukkot
>   22.: 8. Tag Sukkot (Schemini Azeret, in Israel Simchat Tora)
>   23.: Simchat Tora (nicht in Israel und liberalen Gemeinden)

Kislew (November/Dezember)
>   25.: 1. Tag Chanukka (Lichterfest)

Tewet (Dezember/Januar)
>   3.: 8. Tag Chanukka

Schwat (Januar/Februar)
15.: Tu Bi'Schwat (Neujahr der Bäume)
Adar (Februar/März)
14.: Purim (Losfest)

Viele christliche Feste leiten sich von jüdischen Feiertagen ab. So fällt Ostern in die zeitliche Nähe von Pessach, Pfingsten fünfzig Tage später in die des Wochenfestes Schawuot. Das Lichterfest Chanukka wird wie Weihnachten im Winter gefeiert. Die zeitliche Nähe hat aber keine inhaltliche Übereinstimmung der Feste zur Folge, ganz im Gegenteil.

Talmudsätze zur Beachtung des Feiertags
»R. Elieser sagte, am Festtag tue man nichts als nur essen und trinken, oder nur sitzen und lernen; R. Jehoschua sagte, man teile ihn: die Hälfte für das Essen und Trinken und die Hälfte für das Lehrhaus. R. Jochanan sagte: Beide folgern sie es aus denselben Schriftversen; ein Schriftvers lautet: *eine Festversammlung für den Herrn, deinen Gott* [Dtn 16,8], dagegen lautet ein anderer: *eine Festversammlung für euch* [Num 29,35]; R. Elieser erklärt: entweder ausschließlich für den Herrn oder ausschließlich für euch; und R. Jehoschua erklärt: man teile ihn, die Hälfte für den Herrn und die Hälfte für euch.«
btPes 68b

2. Rosch Ha-Schana: »Wähle das Leben!«

Das jüdische Neujahrsfest Rosch Ha-Schana (hebr. für »Kopf des Jahres«), das auf den 1. Tischri fällt, ist kein Freudenfest mit Feuerwerk und Tanz, sondern der Auftakt für die zehn Tage der Umkehr hin zum Versöhnungstag Jom Kippur. In Num 29,1 heißt es dazu: »Und im siebenten Monat, am Ersten des Monats, soll euch eine heilige Zusammenberufung sein, keine Dienstarbeit dürft ihr verrichten, ein Tag des Jubelklangs soll es euch sein.« Die Mischna legt diesen Tag um 200 u. Z. zudem als Jahresbeginn und als Grundlage für die Berechnung von Kalenderjahren fest.

Rosch Ha-Schana gilt als der Tag des Gerichts *(jom din)*, Tag der Erinnerung *(jom ha-sikaron)*, Tag der Herrschaft Gottes *(mal-chujot)* und Tag der Posaune *(jom trua)*, auf den man sich bereits die vier Wochen zuvor, im Monat Elul, vorbereitet: »[...] sei gefasst, Jisrael, deinem Gotte entgegen« (Am 4,12). Vom 1. Elul an pflegt man nach dem werktäglichen Morgengebet das Schofar zu blasen. Dem durchdringenden Schofarton wird ein aufrüttelnder Effekt zugeschrieben, der die Menschen zur Umkehr, zur *teschuwa*, bewegen soll: »Oder wird in die Posaune gestoßen in der Stadt, und das Volk sollte nicht erschrecken?« (Am 3,6). Jeder mündige Jude ist verpflichtet, den Schofarton zu hören. Dieses Gebot gilt nur dann als erfüllt, wenn man sich dabei dieses Gebotscharakters auch bewusst ist. Sowohl der Schofarbläser als auch seine Zuhörer sollen an dem Bewusstsein teilhaben, ein Gebot zu erfüllen.

Rosch Ha-Schana ist die Schwelle zu einem neuen Jahr, ein Tag, an dem sowohl die Erschaffung der Welt gefeiert als auch der Gerichtsbarkeit Gottes über die Menschen gedacht wird. Man lässt das vergangene Jahr Revue passieren und geht in sich. Es gilt, aus den Fehlern des letzten Jahres zu lernen, um das kommende Jahr positiver zu gestalten. Der jüdischen Vorstellung zufolge sitzt Gott während der »ehrfurchtsvollen Tage«, der *jamim nora'im*, von Rosch Ha-Schana bis Jom Kippur als Richter über die Menschen zu Gericht und entscheidet mit Blick auf das kommende Jahr über Leben und Tod, Gesundheit und Krankheit. Im letzten Abschnitt aus der Toralesung für Rosch Ha-Schana heißt es (Dtn 30,19–20):

Zum Zeugen hab' ich wider euch den Himmel und die Erde gerufen: Das Leben und den Tod leg' ich euch vor, den Segen und den Fluch, so wähle das Leben, auf dass du lebest, du und dein Same, zu lieben den Ewigen, deinen Gott, zu hören auf seine Stimme und ihm anzuhängen;

denn er ist dein Leben und deiner Tage Verlängerung, um zu wohnen auf dem Erdboden, den der Ewige geschworen deinen Vätern, Awraham, Jizchak und Ja'akow, ihnen zu geben.

Zu Rosch Ha-Schana werden laut Talmud von Gott drei Bücher geöffnet, die die Menschen in drei Kategorien einteilen:
- *Zaddikim* – die vollkommen Gerechten, die sofort ins Buch des Lebens eingeschrieben werden;
- *Rascha'im* – die vollkommen Bösen, die vom Buch des Lebens ausgeschlossen werden und das Siegel des Todes erhalten;
- *Benonim* – die Mittelmäßigen, denen für zehn Tage, also bis zum Versöhnungstag, eine letzte Chance zu Buße und Reue gegeben wird.

In sefardischen Gemeinden beginnt man schon am 1. Elul mit den *slichot*, mit besonderen Bußgebeten, in denen Gott um die Vergebung der Sünden gebeten wird. In aschkenasischen Gemeinden geschieht dies erst in der Woche vor Rosch Ha-Schana. Diese Bittgebete, die bis Jom Kippur jeweils morgens gesprochen werden, entstanden teils nach der Zerstörung des Zweiten Tempels im Jahr 70 u. Z., teils unter dem Eindruck der Judenverfolgungen im Mittelalter. Es ist ein Brauch, im Monat Elul die Gräber verstorbener Angehöriger zu besuchen und gegebenenfalls die Grabsteine zu reinigen und deren Inschriften zu erneuern.

Zu Rosch Ha-Schana kommen bei aller Ernsthaftigkeit auch Zuversicht und eine gewisse Freude zum Ausdruck. Zu den Neujahrsbräuchen gehört es etwa, sich gegenseitig ein gutes neues Jahr zu wünschen: »Le'schana towa tikatew wetechatem« (»Mögest du für ein gutes neues Jahr eingetragen und besiegelt werden«). Zu den Mahlzeiten bietet man Speisen an, die symbolische Zeichen für ein gutes neues Jahr setzen. So taucht man Apfelspalten in Honig, auf dass das neue Jahr so süß wie Honig werde, und isst Honigkuchen oder auch Granatäpfel. Der Granatapfel ist ein Symbol der Vollkommenheit. Es heißt, dass der perfekte Granatapfel 613 Kerne enthält – so viele, wie die Tora Gebote (Mizwot) hat. Die Rabbinen verwendeten im Talmud (bTBr 57a) den Ausdruck »voll wie ein Granatapfel« für jemanden, der viele Gebote hält. Man wünscht sich daher: »Möge es Dein Wille sein, unser ewiger Gott, und der Gott unserer Väter, dass unsere guten Taten sich vermehren wie die Kerne des Granatapfels.« Ein Fischkopf auf der Tafel ist ebenfalls ein Symbol für Fruchtbarkeit, Fülle und Vermehrung.

Teller für Apfelspalten und Honig für ein sprichwörtlich süßes Rosch Ha-Schana aus der Jerusalemer Silberschmiede Yemini.

Der umgangssprachliche »gute Rutsch« dürfte aus dem Judendeutschen entlehnt sein und ursprünglich den Wunsch für einen guten Jahresbeginn, einen »guten Rosch«, zu Rosch Ha-Schana bezeichnen.

Teschuwa: Rückkehr zu Gott
Teschuwa bedeutet Rückkehr, Rückkehr zu Gott. Sie wird vom Menschen zwar immer verlangt, vor Rosch Ha-Schana und Jom Kippur jedoch doppelt und dreifach. »Wenn ins große Schofar gestoßen wird«, »dann wird ein Ton von ganz leiser Stille vernehmbar«, heißt es an Rosch Ha-Schana im Gebet *Unetane tokef*, das diese beiden Bibelverse miteinander verknüpft. Dieses nach seinen Anfangsworten benannte Gebet (»Lass uns Nachdruck verleihen« [nämlich der Heiligkeit des Tages]) ist ein zentrales Gebet für Rosch Ha-Schana und Jom Kippur und bereits in Gebetbüchern aus dem 13. Jahrhundert enthalten. Die Tradition schreibt es einem im 11. Jahrhundert lebenden Rabbi Amnon aus Mainz zu. Es handelt sich dabei um eine Hymne auf die unbedingte Gottesherrschaft und auf die Macht der Umkehr, des Gebetes und guter Werke, die ein negatives Gottesurteil umwandeln können. Hier ist von der *teschuwa* die Rede. Sie bezeichnet eine Abkehr von der Sünde und die Bereitschaft des Menschen, seine eigenen Sünden als solche zu

erkennen, zu bereuen und schließlich hinter sich zu lassen. Die *teschuwa* wird nur dann als vollständig angesehen, wenn der vormalige Sünder in derselben Situation, mit derselben Versuchung ringend, dieselben Kräfte und Mittel zur Verfügung habend, diesmal einen anderen Weg einschlagen würde als den zuletzt von ihm gewählten, den er mittlerweile jedoch als schlecht erkannt hat. Doch selbst wenn ein reuiger Mensch diese Bedingungen nicht erfüllt und erst auf seinem Sterbebett aufrichtige *teschuwa* leistet, wird sie von Gott angenommen. Auf anderer Ebene bedeutet *teschuwa* auch die Rückkehr der sich selbst entfremdeten Seele zu ihren Ursprüngen, so wie es Gott dem Menschen als Aufgabe stellt: »[…] so du zurückkehrest zu dem Ewigen, deinem Gotte, mit deinem ganzen Herzen und mit deiner ganzen Seele. Denn dieses Gebot, das ich dir heute gebiete, nicht zu rätselhaft ist es für dich und nicht fern ist es. Nicht im Himmel ist's, um zu sprechen: Wer steiget für uns in den Himmel hinauf und holet es uns und verkündigt es uns, dass wir es tun? Und nicht jenseits des Meeres ist's, um zu sprechen: Wer ziehet für uns jenseits des Meeres und holet es uns und verkündigt es uns, dass wir es tun? Sondern sehr nahe ist dir das Wort, in deinem Munde und in deinem Herzen, um es zu tun.«

Dtn 30,10–14

3. Jom Kippur: Der Tag der Sühne

Der Jom Kippur, der Versöhnungstag am 10. Tischri, ein ernster Fest- und strenger Fast- und Bußtag, ist der wichtigste Feiertag im jüdischen Kalender. Er wird auch als *schabbat schabbaton*, als Tag heiligster Ruhe, bezeichnet (Lev 23,3.32) und beschließt die zehn Tage der Umkehr und Selbstbesinnung, die *asseret jemei teschuwa;*

»Am Vorabend des Sühnetages« [Jom Kippur]. Druckgrafik aus der Mappe
»Bilder aus dem altjüdischen Familienleben«
von Moritz Daniel Oppenheim, um 1870.

an diesem Tag wird das göttliche Urteil besiegelt. Die Tora fordert
für diesen Tag: »Und am Zehnten dieses siebenten Monats soll
euch eine heilige Zusammenberufung sein, und ihr sollet euch
kasteien, keine Dienstarbeit dürft ihr verrichten« (Num 29,7).
Diese Kasteiung wird traditionell als Fasten (einschließlich sexueller Enthaltsamkeit und des Verzichts auf Körperpflege) verstanden, das vom Abend bis zum Abend dauert und nicht Selbstzweck ist, sondern Anstoß zur Reflexion und zur inneren Umkehr.

Ziel ist die Versöhnung mit Gott und mit den Mitmenschen.
Dementsprechend werden als Prophetenlesung im Morgengottesdienst zu Jom Kippur Auszüge aus dem Buch Jesaja vorgetragen,
wo vom Fasten als Weg zur Mitmenschlichkeit die Rede ist. So
heißt es dort: »Ist nicht das (vielmehr) ein Fasten, an dem ich

Gefallen habe: Öffne die Schlinge der Bosheit, löse die Bande des Joches, frei entlasse Unterdrückte und jegliches Joch zerbrechet! Ist es nicht so? Brich dem Hungrigen dein Brot, unglückliche Verfolgte bring in's Haus, so du einen Nackten siehst, bekleide ihn [...]« (Jes 58,6–7). Am Rüsttag, vor dem Vorabend von Jom Kippur, gibt man Spenden, und es ist noch einmal Gelegenheit, sich bei all denen, die man absichtlich oder versehentlich beleidigt hat, zu entschuldigen. Am Vormittag ist es in manchen orthodoxen Kreisen noch üblich, »Kappores zu schlagen« (von *kapparot*, »Büßen«), das heißt, ein Huhn dreimal über den Kopf zu schwingen und die Formel »Dies ist mein Ersatz, dies ist meine Auslösung, dies ist meine Buße« zu sagen. Das Geflügel wird anschließend geschlachtet und verzehrt oder an Bedürftige verschenkt. Der Brauch ist seit dem 9. Jahrhundert in Babylonien belegt und wurde von Rabbiner Moses Isserles gebilligt und so im deutschsprachigen und polnischen Raum eingeführt. Er geht auf den Aberglauben zurück, dass Unbill auf ein lebendiges oder auch totes Objekt abgeleitet werden könne, und kommt einem Opfer gleich. Aber schon Josef Karo, der Verfasser des *Schulchan Aruch*, hat den Brauch abgelehnt, und es ist längst üblich, anstelle der Kapparot-Zeremonie Geld für wohltätige Zwecke zu spenden.

Im Familienkreis wird vor Feiertagsbeginn eine letzte festliche Mahlzeit eingenommen. Die Eltern segnen ihre Kinder, und für Verstorbene werden Gedenkkerzen angezündet. Zum Jom Kippur, der zum großen Teil in der Synagoge verbracht werden soll, kleiden sich Männer wie Frauen in weiße Gewänder, die Reinheit symbolisieren. Traditionell ist das Tragen von Lederschuhen als Luxusgut zu Jom Kippur verpönt. Da Lederschuhe heutzutage aber gang und gäbe und keine Luxusartikel mehr sind, nehmen viele nichtorthodoxe Juden von diesem Brauch Abstand.

Der Gottesdienst zu Jom Kippur

Zu Beginn des Abendgottesdienstes wird dreimal das *Kol Nidre* (aram: »alle Gelübde«) gesungen. Es ist eine formale Befreiung von allen unerfüllten Gelübden, vor allem jenen, die Gott gegenüber arglos oder unter Zwang geleistet wurden und die durch Nichterfüllung auch eine Entweihung des Gottesnamens mit sich bringen können. Es handelt sich dabei also nicht um Gelübde, durch die man sich einem anderen Menschen gegenüber verpflichtet hat. Die Missverständlichkeit von *Kol Nidre* hat in der nichtjüdischen Umwelt oft antijüdische Ressentiments geschürt, denn man meinte, den Satz »Unsere Gelübde seien keine Gelübde, unsere Schwüre keine Schwüre« als Vertragsbruch gegenüber den nichtjüdischen Mitmenschen deuten zu können. Das hat dazu geführt, dass stattdessen in manchen Gemeinden seit dem 19. Jahrhundert der 130. Psalm (»Aus den Tiefen ruf' ich Dich«), der schon im alten Palästina am Vorabend von Jom Kippur vorgetragen wurde, zur Melodie von *Kol Nidre* gesungen wird, und zwar nicht nur in liberalen Synagogen: Der Vordenker der jüdischen Neo-Orthodoxie, Samson Raphael Hirsch, schaffte das *Kol Nidre* beispielsweise als Gemeinderabbiner von Oldenburg dort ab.

Das von der ganzen Gemeinde laut gesprochene Sündenbekenntnis *(widdui)* ist eine lange Liste von Sünden und Fehlern; man schlägt sich bei ihrer Auflistung (*al chet*, »für die Sünde«) mit der rechten Hand auf die Brust, ebenso bei dem Gebet *Aschamnu* (»Wir haben uns verschuldet«). Das Morgengebet enthält zu Jom Kippur *slichot*, Bittgebete, darunter auch die Lesung der »dreizehn Eigenschaften göttlicher Gnade« (Ex 34,6–7), denen große sühnende Kraft zugeschrieben wird: »Sooft die Kinder Jisrael sündigen werden, mögen sie vor mir nach dieser Ordnung verfahren, und ich vergebe ihnen«, denn, so heißt es im Talmud, »es ist ein geschlossenes Bündnis, dass die dreizehn Eigenschaften [Gottes] nicht erfolglos bleiben« (bTRH 17b).

Unser Vater, unser Gebieter, gedenke unserer zum Guten vor dir!
Unser Vater, unser Gebieter, schreibe uns ins Buch des guten Lebens!
Unser Vater, unser Gebieter, schreibe uns ins Buch der Befreiung und
Rettung!
Unser Vater, unser Gebieter, schreibe uns ins Buch der Ernährung und
Erhaltung!
Unser Vater, unser Gebieter, schreibe uns ins Buch der Verdienste!
Unser Vater, unser Gebieter, schreibe uns ins Buch der Verzeihung und
Vergebung!
(aus dem Gebet *Awinu Malkenu* – »Unser Vater, unser König«)

In der Toralesung nach dem Morgengebet, bei dem auch mit dem *Jiskor* der verstorbenen Verwandten gedacht wird, kommt der für Jom Kippur vorgeschriebene Tempelgottesdienst in Jerusalem zur Sprache, der *seder awoda* (Lev 16): Zur Zeit des Tempeldienstes betrat der Hohepriester einzig am Versöhnungstag das Allerheiligste, um dort ein Opfer aus Rauchwerk darzubringen, für sich, seine Familie und das ganze Volk um Vergebung zu bitten und sich dabei mehrfach im Gebet niederzuwerfen. In biblischer Zeit wurde auch ein in symbolischer Weise mit den Sünden Israels beladener Bock, der sprichwörtliche Sündenbock, in die Wüste geschickt (Lev 16,8–10).

Auf die Toralesung im Nachmittagsgebet folgt als Prophetenlesung das Buch Jona, das die Rückkehr der Stadt Ninive zu Gott beschreibt, also dem Thema *teschuwa* gewidmet ist. Das letzte Gebet an Jom Kippur heißt *Ne'ila* (»Schließung«). Gemeint ist konkret die Schließung der Tempeltore im damaligen Jerusalem, im abstrakten Sinne aber die Schließung der Himmelstore. Beides wird im Gebet verbunden: »Öffne uns die Himmelspforten jetzt, da sich die Tore schließen«, heißt es, bevor der Fasttag mit einem langgezogenen Schofarton ausklingt. Nach dem regulären Abendgebet bricht man das Fasten mit einem Festmahl im Familien- und Freundeskreis, das im jiddisch-deutschen Sprachgebrauch volkstümlich auch als »Anbeißen« bezeichnet wird.

Jiskor Elohim: Gott möge gedenken
»*Jiskor Elohim*« (»Gott möge gedenken«), so lautet der Anfang eines der zentralen Gebete zu Jom Kippur, das zwar
nicht zu den Pflichtgebeten zählt, aber schon im 11. Jahrhundert Eingang in die Liturgie gefunden hat. Zu seiner
Rezitation bedarf es keines Beterquorums, keines Minjans,
und niemand ist verpflichtet, dieses Gebet mehrmals zu
hören oder zu sprechen. Dennoch berührt es die Menschen
und ihre Vorstellungen von der Unsterblichkeit der Seele:
»Möge Gott gedenken der Seele meines Vaters [...], der in
die Ewigkeit eingekehrt ist, da ich verspreche, Wohltätigkeit in seinem Andenken zu spenden. In diesem Verdienst
sei seine Seele im Bunde der Lebenden aufgenommen, bei
den Seelen von Abraham, Jitzchak und Jakob, Sarah, Riwka,
Rachel und Lea und denen der anderen frommen Männer
und frommen Frauen des Garten Eden, und wir sprechen
›Amen‹.«
Es wird so der verstorbenen Verwandten gedacht, und man
erfreut sich gleichsam des göttlichen Gedenkens der Seelen.
Es ist, als ob die Seelen der Verwandten zu einer Festtags-
tafel eingeladen würden. Das ist auch am letzten Feiertag
von Pessach und Schawuot so, außerdem an Schemini Azeret, dem achten Tag von Sukkot, wenn das Gebet ebenfalls
gesprochen wird. An Jom Kippur soll das *Jiskor* den Beter an
seine eigene Hinfälligkeit erinnern; es ist somit ein Gebet
nicht nur für die Verstorbenen, sondern auch für die Lebenden.
Das *Jiskor* ermahnt auch zur Wohltätigkeit, zur *zedaka*. Es
bedeutet kein passives Sich-Erinnern, sondern eine aktive
Handlung und verbindet die Bitte um ein heilsames Eingreifen Gottes mit dem Appell an die Menschen, aller mit
Wohlwollen zu gedenken: der Lebenden und der Verstorbenen. Das Andenken bleibt dabei nicht auf nähere Verwand-
te beschränkt: Seit dem 13. Jahrhundert sind sogenannte
Memorbücher bekannt, die die Namen der bei Pogromen

oder anderen antijüdischen Ausschreitungen umgekommenen Juden enthalten. Ihrer wurde gleichfalls mit dem *Jiskor* gedacht. Nach der Staatsgründung Israels formulierte das israelische Oberrabbinat ein *Jiskor*-Gebet für die in der Schoa ermordeten Juden. Das Andachtsgebet *Jiskor Elohim* gründet mit auf der Vorstellung, dass die Lebenden durch ihre *zedaka* zum Seelenheil der Verstorbenen beitragen können. Fromme Taten bewirken zudem, dass auch die Lebenden in das Buch des Lebens eingeschrieben werden – für ein Jahr.

▬ *4. Sukkot und Simchat Tora: Zeit unserer Freude* ▬

Dieweil am fünfzehnten Tage des siebenten Monats, da ihr einsammelt den Ertrag des Landes, feiert ihr das Fest des Ewigen sieben Tage. Am ersten Tage eine Feier und am achten Tage eine Feier. Und nehmet euch am ersten Tage Frucht des Baumes Hadar, Palmzweige und Äste vom Baume Awot und Bachweiden und freuet euch vor dem Ewigen, eurem Gotte, sieben Tage. Ihr sollt es feiern als Fest dem Ewigen sieben Tage im Jahre: eine ewige Satzung für eure Geschlechter, im siebenten Monat sollt ihr es feiern. In Hütten sollt ihr wohnen sieben Tage, alle Einheimischen in Jisrael sollen wohnen in Hütten, damit eure Geschlechter wissen, dass in Hütten ich habe wohnen lassen die Söhne Jisraels, als ich sie herausgeführt aus dem Lande Mizrajim: Ich bin der Ewige, euer Gott. Und Mosheh teilte die Feste des Ewigen den Söhnen Jisraels mit.
Lev 23,39–44

Sukkot, das achttägige Laubhüttenfest, ist wie Pessach und Schawuot eines der drei in der Tora genannten Wallfahrtsfeste. Als *chag ha-asif*, Fest des Einsammelns, war Sukkot zunächst ein Erntedankfest, das nach dem Babylonischen Exil eine zusätzliche Bedeutung erhalten hat: die Laubhütten *(sukkot,* Sing. *sukka)*, in denen die Bauern und Winzer einst während der

»Am Laubhüttenfest«. Druckgrafik aus der Mappe »Bilder aus dem altjüdischen Familienleben« von Moritz Daniel Oppenheim, um 1870.

Erntezeit auch auf weit vom Dorf entlegenen Feldern unterkamen, symbolisieren auch die provisorischen Wohnstätten während der vierzig Jahre dauernden Wüstenwanderung des Volkes Israel auf seinem Weg von Ägypten ins Gelobte Land (Dtn 16,13–17).

Der siebte Tag wird als Hoschana Rabba (»das große Hoschana«) herausgehoben. Das Ende des Laubhüttenfests wird durch gleich zwei Feiertage bezeichnet: Schemeni Azeret, das Schlussfest am achten Tag (Lev 23,36), und Simchat Tora, das Fest der »Freude an der Tora«, das in nachbiblischer Zeit entstand. In der Diaspora wird Simchat Tora heute in orthodoxen Gemeinden am Tag nach Schemini Azeret begangen; in Israel und in liberalen Gemeinden fallen beide Feste auf einen Tag. Die vier Mittelfeiertage werden analog zu Pessach als *chol ha-mo'ed* bezeichnet. Nach

Dtn 16,14 wird das Laubhüttenfest auch *sman simchateinu* (»Zeit unserer Freude«) genannt.

In der Hebräischen Bibel findet sich eine ganze Reihe von Verweisen auf das Laubhüttenfest: So fand nach 1 Kön und den Chronikbüchern die Einweihung des Salomonischen Tempels zu Sukkot statt, wodurch das Laubhüttenfest zum ersten der drei Wallfahrtsfeste wurde. Im 1. Buch der Könige wird auch beschrieben, wie sich Jeroboam gegen Salomos Nachfolger Rehoboam erhob und das Datum für Sukkot eigenmächtig veränderte. In den Büchern Esra und Nehemia wird von der Wiederaufnahme von Sukkot-Feiern nach dem Babylonischen Exil berichtet. Der Prophet Sacharja spricht von einer Zeit, in der alle Völker einen Gott anbeten und gemeinsam Sukkot feiern. Diese Vision einer universalen Verbundenheit wurde von den Rabbinen in einer Textsammlung aus dem 8. Jahrhundert u. Z., im Midrasch Tanhuma, bekräftigt: »Zu Sukkot opferten die Israeliten siebzig Ochsen für die siebzig Nationen der Erde.«

Die Laubhütte

Wesentliches Kennzeichen von Sukkot ist der Bau einer Laubhütte, einer *sukka,* im Hof, im Garten oder auf dem Balkon, um darin während der acht Tage zu essen und der Tradition nach auch zu nächtigen. Die Chassidim beginnen unmittelbar nach Jom Kippur mit der Errichtung der Laubhütten, um so von einer Mizwa zur nächsten überzugehen. Die *sukka* soll unter freiem Himmel stehen, aus pflanzlichem Material errichtet werden und so abgedeckt werden, dass mehr Schatten als Licht im Raum ist, nachts aber noch die Sterne zu sehen sind. Die *sukkot* werden gerne mit Girlanden, Bildern und Früchten aus dem Land Israel dekoriert. Der Zanzer Rebbe, Chaim Halberstam (1793–1876), einer der Gelehrten der osteuropäischen Chassidim, sagte dazu: »Wir müssen die Sukka verehren und schmücken. Welchen schöneren Schmuck kann es geben, als jenen, die keine Mittel haben, sich an der Jahreszeit der Freude zu beteiligen, Wohltaten zu erweisen?«

Wenn in den Laubhütten gemeinsam gegessen wird, lädt man sich auch himmlische Gäste dazu ein. Diese *uschpisin* (aram.: »Gäste«) sind traditionell Abraham, Isaak, Jakob, Josef, Mose, Aaron und David. In liberalen Gemeinden und Haushalten kommen heute Sara, Riwka, Rachel, Lea, Miriam, Abigail und Esther dazu. Man kann auch weitere symbolische Gäste einladen, indem man sich an sie erinnert und von ihnen erzählt. Der Brauch bezieht sich auf den Vers: »Wenn jemand in der Sukka sitzt, dann sind Abraham und sechs ausgezeichnete Besucher seine Gesellschaft.«

Der Feststrauß für Sukkot

Ein zweites Symbol ist der *lulaw*, der Feststrauß, der aus den in Lev 23,40 genannten »vier Arten« gebunden wird, den *arba minim*. Genau genommen ist der *lulaw* der Palmwedel, dessen Bezeichnung hier symbolisch auf den Feststrauß übertragen wird: Die eigentliche Bezeichnung für diesen lautet *aguda*. Im hebräischen Bibeltext ist nur von »schönen Bäumen« *(ezej hadar)* und »Zweigen von Laubbäumen« *(anaf ezej awot)* die Rede. Die Weisen haben dies als die Zitrusfrucht Etrog und als Myrte interpretiert. Zusammen mit zwei Bachweidenzweigen und dem besagten Palmwedel soll jeder Jude zu Sukkot drei Myrtenzweige in der rechten Hand halten und segnen lassen. Der

Behälter aus der Jerusalemer Silberschmiede Yemini für einen Etrog (eine Zitrusfrucht) für das Laubhüttenfest.

Etrog als die wichtigste der »vier Arten« wird dabei in der linken Hand gehalten und ans Herz gedrückt.

Beim Hallel-Gebet schwingt man den *lulaw* in alle Richtungen: jeweils dreimal nach Osten, Norden, Westen und Süden, dann zum Himmel und zur Erde. Das ist ein Hinweis darauf, dass die Bauern einst im Herbst Gott, der überall ist, um Regen anflehten.

Wie eine Zitrusfrucht sowohl Geschmack hat als auch einen lieblichen Geruch, so gibt es in Israel Menschen, die sowohl gelehrt sind als auch ihren Glauben leben.

Wie die Früchte eines Palmzweigs zwar Geschmack haben, aber geruchlos sind, so gibt es in Israel Menschen, die zwar gelehrt sind, aber ihren Glauben nicht leben.

Wie Myrtenzweige zwar einen lieblichen Geruch haben, aber ungenießbar sind, so gibt es Menschen, die gute Werke tun, aber keinerlei Gelehrsamkeit besitzen.

Wie Weidenzweige weder essbar sind noch einen angenehmen Geruch verbreiten, so gibt es Menschen, die weder gelehrt sind noch gute Werke tun.

Gott, die Heiligkeit Gottes sei gepriesen, sagt: Damit Israel nicht untergeht, lasst sie alle zusammengebunden sein, wie die Pflanzen zu einem Bund zusammengebunden sind, sodass die Gerechten unter ihnen für die anderen Sühne bewirken.

Midrasch Pesikta Rabbati 51,2

Beim Sukkot-Gottesdienst findet eine Art Umzug in der Synagoge statt, eine Erinnerung an die Prozession im Tempel, bei der die Ernteopfer dargebracht sowie Etrog und Palmwedel um den Altar getragen wurden und man Ps 118,25 sang: »Ach, Ewiger, so hilf! Ach, Ewiger, so beglücke!« Heute geht man um die Bima, auf der dann eine Torarolle liegt, die gewissermaßen den Altar im Tempel ersetzt. Für die Zeit des Tempeldienstes ist auch ein Wasserschöpf-Fest belegt, bei dem Wasser aus der Jerusalemer Schilo-Quelle als Opfer dargebracht wurde: »Wer die Freude beim Wasserziehen nicht erlebt hat, hat sein ganzes Leben lang keine wirkliche Freude gesehen«, heißt es dazu im Talmud. Eine weitere Prozession findet am letzten Tag von Sukkot, am

Feiertag Hoschana Rabba, statt, der den Beginn der Regenzeit markiert und deshalb auch »Tag des Gerichts für den Regen« genannt wird. Die Propheten Haggai, Sacharja und Maleachi haben ihm besondere Bedeutung zugewiesen. So wie einst im Tempel der Altar, so wird heute in der Synagoge siebenmal die Bima mit der Tora umkreist und »Hoschana« gesagt (»O, hilf uns«). Dabei wird immer wieder der *lulaw* geschüttelt und mit zusätzlichen Weidenzweigen auf den Boden geschlagen, um so die Bitte des Volkes um Regen zu bekräftigen.

Im jüdischen Volksglauben ist die Nacht von Hoschana Rabba der Höhepunkt des göttlichen Gerichts, an dem das Urteil vollstreckt wird, das zu Rosch Ha-Schana gesprochen und zu Jom Kippur besiegelt worden ist. Zur Zeit des Jerusalemer Tempels, also bis zum Jahr 70 u. Z., wurde das Volk alle sieben Jahre zu Sukkot zusammengerufen, »um zu hören und zu lernen«. Dabei wurde das Buch Deuteronomium in öffentlicher Lesung vorgetragen. Nach der Zerstörung des Tempels und mit dem Exil fiel diese Zeremonie weg. Sie wurde im Staat Israel aber wieder eingeführt und fand erstmals 1952 vor der Westmauer in Jerusalem statt.

Schemini Azeret: Das Schlussfest

Das Schlussfest am achten Tag des Laubhüttenfests ist inhaltlich ursprünglich nicht direkt mit Sukkot verbunden. Es heißt: »Am achten Tage sei euch eine heilige Zusammenberufung [...], keine Dienstarbeit dürft ihr tun« (Lev 23,36). Die Tradition lehrt, dass Sukkot die materielle Erhaltung des Volkes Israel erst während der Wüstenwanderung und dann über die Jahrhunderte hinweg in der Diaspora symbolisiert, während Schemini Azeret zusammen mit Simchat Tora die geistig-moralische Erhaltung bezeichnet. Nach Meinung der Rabbinen hätte Schemini Azeret analog zu Pessach und Schawuot (Symbole der materiellen Befreiung und der geistigen Erschaffung des Volkes Israel) auf den 49. Tag nach Sukkot fallen müssen, doch Wallfahrten während der Regenzeit galten im damaligen Palästina als zu gefährlich.

Simchat Tora, das Torafreudenfest

Zu Simchat Tora, dem Tag der Tora-Freude (auch »Tag der Gesetzesfreude«), endet und beginnt der jährliche Zyklus der Toralesung. Die Hebräische Bibel kennt noch kein Torafreudenfest. Vermutlich hat dieser Tag mit der Einführung des einjährigen Lesezyklus im 9. Jahrhundert diese Bedeutung erhalten. Im Talmud ist vom »zweiten Tag von Schemini Azeret« die Rede. Feiern zu Ehren der Tora waren seinerzeit jedenfalls schon bekannt. Der Überlieferung nach lud König Salomon seine Dienerschaft zu einem Festmahl ein, als ihm bewusst geworden war, dass Gott ihn mit Weisheit begabt hatte. Der Midrasch folgert daraus: »Daher ist, wie R. Eleasar meint, die Sitte entstanden, dass, wenn man die Tora durchgelesen hat, man ein Gastmahl veranstaltet« (*Midrasch Rabba, Schir Ha-Schirim* I,1,9).

Simchat Tora wird nur in traditionellen Kreisen in der Diaspora als gesondertes Fest gefeiert; in Israel und in liberalen Gemeinden weltweit fällt es mit Schemini Azeret zusammen. Es ist üblich, beim Gottesdienst auch alle nichtmündigen Jungen – in nichtorthodoxen Gemeinden selbstverständlich auch Mädchen – zur Toralesung aufzurufen, wobei der letzte Abschnitt der Tora (Dtn 33–34) mehrfach wiederholt wird. Derjenige, der zuletzt aufgerufen wird, heißt *chatan tora*, Bräutigam der Tora, derjenige, der das Buch Genesis zu lesen beginnt, ist der *chatan bereschit*, der Bräutigam der Genesis.

Der Brauch, unmittelbar nach dem Abschluss des Torazyklus von Neuem zu beginnen, wurde erst im 12. Jahrhundert fixiert. Aus dem 16. Jahrhundert entstand in Safed in Galiläa der Brauch, zu Schemini Azeret beziehungsweise Simchat Tora *hakafot* zu unternehmen, rituelle Prozessionen. Dazu werden alle Torarollen aus dem Schrein genommen und sieben Mal um die Bima getragen. Dies findet erstmals während des Abendgottesdienstes und dann vor der Toralesung am Morgen statt. *Hakafot* sind auch bei traditionellen Hochzeitsfeiern üblich, wenn die Braut sieben Mal den Bräutigam umkreist. Zu Simchat Tora wird mit den Torarollen getanzt, und Kinder tragen Wimpel oder Fähnchen, die beispielsweise mit Äpfeln dekoriert sind. Um die Kinder in das Geschehen einzubinden, werden traditionsgemäß *kol ha-ne'arim* (»alle Kinder«) gemeinschaftlich zur Tora aufgerufen und gesegnet. Die ganze Gemeinde spricht den Segen Jakobs für Ephraim und Menasse (Gen 48,14–16). In Jerusalem werden zu Simchat Tora Torarollen unter einem Baldachin (entsprechend der *chuppa* bei einer Hochzeit) unter Beteiligung der Oberrabbiner und von Regierungsvertretern Israels singend und tanzend zur Westmauer begleitet.

5. Chanukka: Das Lichterfest

Diese Lichter zünden wir an wegen der Wunder, Siege und allmächtigen Taten, die du für unsere Väter durch deine heiligen Priester vollbracht hast.

Das Lichterfest Chanukka (hebr. »Weihe«) kennzeichnet die Paradoxie der jüdischen Existenz und ist wahrscheinlich das merkwürdigste Fest im jüdischen Festkalender. Es erinnert in seinem historischen Kern an den Freiheitskampf der Makkabäer und an die Wiedereinweihung des Tempels in Jerusalem. Die Herrscherdynastie der Seleukiden wollte nach dem Tod Alexanders des Großen (323 v.u.Z.) und dem Zerfall seines Reiches das Land Israel gewaltsam hellenisieren. König Antiochos IV. nannte sich selbstherrlich *Epiphanes* (»der Erschienene«, also »der sichtbare Gott«) und ließ Standbilder von sich aufstellen, für die er göttergleiche Verehrung forderte. Das war in den Augen frommer Juden eine Aufforderung zum Götzendienst. Die Familie des Pries-

»Freitag Abend«. Druckgrafik aus der Mappe »Bilder aus dem
altjüdischen Familienleben« von Moritz Daniel Oppenheim, um 1870.

ters Mattatias, namentlich seine Söhne Jochanan, Judas, Simon,
Eleasar und Jonathan, rief 167 v. u. Z. zum Kampf gegen die hellenistische Fremdherrschaft einerseits und gegen assimilationswil-
lige Juden andererseits auf. Die Familie wurde »die Makkabbäer«
genannt – nach dem aramäischen Wort für »Hammer«. Im Jahr
164 gelang es ihnen, den Tempel wieder in ihre Gewalt zu bringen. Zugleich begründeten sie das königliche und hohepriester-
liche Geschlecht der Hasmonäer.

Die Überlieferung der Makkabäergeschichte

Um die Menora, den siebenarmigen Leuchter im Tempel, wieder
anzuzünden, brauchten die Makkabäer rituell reines Öl. Der

Legende zufolge fanden sie nur ein kleines Gefäß mit Öl, dessen Menge eigentlich nur für einen Tag gereicht hätte. Wundersamerweise brannte das Licht aber acht Tage – so lange, bis neues Öl bereitstand. Deshalb hat der Chanukka-Leuchter anders als die Menora acht Arme, mit einem zusätzlichen neunten Arm, dem »Diener«, der den anderen Lichtern Feuer gibt.

Der Aufstand und der Sieg der Makkabäer werden in zwei wichtigen Büchern beschrieben, die sich aber nicht im Kanon der Hebräischen Bibel finden. Dennoch hat das jüdische Volk die dem Chanukka-Fest zugrunde liegenden Ereignisse als eine wichtige Periode seiner Geschichte empfunden, ja tut dies bis heute, und nationalistisch-orthodoxe Kreise zitieren gerne die Geschichte vom Martyrium Eleasars, des Mannes, der lieber starb, als Schweinefleisch zu essen, wie es in 2 Makk 6,18–31 überliefert ist.

Tatsächlich wurden die Makkabäerbücher von der Kirche bewahrt, und zwar unter den Büchern, die als »deuterokanonische Schriften« Teil der katholischen Bibelausgaben geworden sind und in den evangelischen Kirchen als »Apokryphen« bezeichnet werden. Die Rabbinen der Antike, die eher den spirituellen Aspekt des Festes betonten, hatten kein Interesse an einer Glorifizierung einer priesterlichen Familie und an der blutrünstigen Erzählung von der Frau und ihren sieben Söhnen (2 Makk 7), die sich, losgelöst von den historischen Makkabäern, zu einer Märtyrergeschichte verselbstständigte. Für die frühen Christen, die selbst als Märtyrer unter Verfolgungen litten, waren diese Geschichten so etwas wie ein Identifikationsmodell, und so wurden sie in den christlichen Kanon aufgenommen, der 1546 auf dem Konzil von Trient bestätigt wurde.

Die Rabbinen hatten den Märtyrerkult um die Makkabäer, deren Schrein in Antiochien verehrt wurde und deren Gedenktag aufgrund eines syrischen Martyrologiums von 412 auf den 1. August gelegt wurde, bald der Kirche überlassen. Infolge ihrer sogenannten Translation in die Kirchen San Pietro in Vincoli in Rom und St. Andreas in Köln sind die christlichen Reliquien der makkabäischen Märtyrer bis heute erhalten. Die Kirche sah in diesem Sinnbild religiöser Standhaftigkeit in der Verfolgung eine Vorausdeutung des Martyriums Jesu und aller späteren christlichen Märtyrer.

Das eigentliche Familiengrab von Jehuda Ha-Makkabi (Judas Makkabäus) und seinen Brüdern befindet sich jedoch in Modi'in zwischen Jerusalem und Tel Aviv. Jehudas Heldenmut wird in den Apokryphen in den höchsten Tönen gepriesen: »Er glich dem Löwen in seinen Taten, und war wie ein junger Leu, der dem Raube entgegenbrüllt. [...] Und er ward genannt bis ans Ende der Erde, und er sammelte die Zerstreuten« (1 Makk 3,4–9).

Der älteste schriftliche Hinweis auf die Makkabäer-Geschichte findet sich jüdischerseits erst im Talmud-Traktat Schabbat 21a, der aus dem 2. Jahrhundert unserer Zeitrechnung stammt, und mittelbar in der *Megillat Ta'anit*, einer Liste, in der diejenigen 36 Tage aufgeführt sind, an denen wegen bedeutender Siege und glücklicher Ereignisse nicht gefastet wird. Darunter fällt auch Chanukka, und wir erfahren, dass es feierlich mit der Rezitation von Psalmen und Lobpreisungen begangen wurde.

Die Botschaft der Makkabäergeschichte

Der Sieg der Makkabäer gegen die Seleukidenherrscher ist einer der relativ wenigen Fälle in nachbiblischer Zeit, bei dem Juden einen Sieg über eine übermächtige Umwelt errangen. Hinzu kommt, dass das Problem, um das es bei dem Chanukka-Fest geht, in der jüdischen Geschichte stets aktuell geblieben ist: Es handelt sich um die ständige geistig-kulturelle Bedrohung einer Minderheit durch eine Mehrheit, also um Fragen von Assimilation oder auch Akkulturation. Chanukka erinnert daher an den Zusammenprall der verschiedenen Formen des Universalismus mit dem Partikularismus, oder modern gesagt: Es geht um die Erhaltung der jüdischen Identität. Damals war der Hellenismus, die allumfassende griechische Kultur der Spätantike, für alle

Menschen und gesellschaftlichen Gruppen offen. Die Tradition und Einzigartigkeit der Juden stand dem im Wege, allein schon wegen der für die Griechen absonderlichen Beschneidung.

Die Makkabäer behaupteten, dass ein Universalismus, der die Rechte des Individuums auf sein Anderssein bestreitet, in Wahrheit eine totalitäre Ideologie sei. Insofern spiegeln die Ereignisse in der Zeit der Makkabäer den permanenten Kampf des Judentums um sein Überleben wider. Dennoch haben die Rabbinen in ihren talmudischen Diskussionen diese Feier mit einer Art Fragezeichen versehen. Sie haben sie zwar nicht aus dem Festkalender gestrichen, aber die Erwähnung von Chanukka im Talmud ist im Grunde eine Polemik gegen die Makkabäer und gegen manches, was das jüdische Volk mit diesem Fest verbindet. Der knappe Text im Talmud-Traktat Schabbat 21b ist in seiner Tendenz sehr eindringlich:

Was bedeutet das Chanukkafest? Die Rabbinen lehrten: Am 25. Kislew beginnen die Tage des Chanukkafestes; es sind ihrer acht, an denen man keine Trauerfeier abhalten noch fasten darf. Als nämlich die Griechen in den Tempel eindrangen, verunreinigten sie alle Öle, die im Tempel waren. Nachdem die Herrscher des Hauses der Hasmonäer sich ihrer bemächtigt und sie besiegt hatten, suchte man und fand nur ein einziges mit dem Siegel des Hohenpriesters versehenes Krüglein mit Öl, das nur so viel enthielt, um einen Tag zu brennen. Aber es geschah ein Wunder, und man brannte davon acht Tage. Im folgenden Jahr bestimmte man, diese Tage mit Lob- und Dankliedern als Festtage zu feiern.

Um ja keinen Zweifel aufkommen zu lassen, was mit dieser talmudischen Legende gemeint sei, bestimmten die Rabbinen für die Haftara, die mit dem Toratext korrespondierende Prophetenlesung, einen Abschnitt aus dem Buch Sacharja, der aber auch an einem anderen Schabbat im Jahr vorgetragen wird. Diese Lesung mündet in folgenden Vers: »Nicht durch Macht und nicht durch Kraft, allein durch meinen Geist, spricht der Herr der Scharen«

(Sach 4,6). Und das ist die Paradoxie jüdischer Existenz: Das Makkabäerbuch findet sich nicht im biblischen Kanon. Der Talmud besitzt keinen Traktat über Chanukka, wie er ihn etwa über Purim hat, den anderen vermeintlich historischen jüdischen Feiertag. Der Talmud berichtet von einem Ölwunder, von dem sich in den Makkabäerbüchern selbst gar nichts findet, und die Rabbinen setzen dem die Krone auf, indem sie indirekt sagen, dass die militärische Kraft und Macht der Makkabäer nicht das Entscheidende sei. Natürlich ist dieser ganze geistige Prozess auf schmerzvollen Erfahrungen gegründet. Die späteren Hasmonäer kamen mit dem pharisäischen Judentum, den Vorgängern der Rabbinen, in schwere Konflikte. Sie nahmen für sich das Hohepriestertum in Anspruch, das ihnen nicht zukam, sowie ein Königtum, das traditionell dem davidischen Geschlecht vorbehalten war. Das alles mag zu der reservierten Haltung gegenüber den Hasmonäern im Talmud beigetragen haben.

Die Hasmonäer haben immerhin bewiesen, dass Juden nicht nur beten, sondern auch kämpfen können. Die Rabbinen haben im Talmud dargestellt, dass dieser Kampf sinnlos ist, wenn er dazu führt, das Gesetz Israels, unter dem es einst angetreten war, zu negieren. Tora und nationaler Chauvinismus schließen sich aus. Auch heute wird immer wieder deutlich, wie die Tora missbraucht und manipuliert werden kann. So hat Chanukka in unseren Tagen wieder eine neue aktuelle Bedeutung erhalten: als ein Fest, in dem man sich wiedererkennt und dessen Problematik längst noch nicht antiquiert oder überwunden ist. In diesem Sinne spiegelt der jüdische Festkalender immer wieder existenzielle Fragen jüdischer Gegenwart, etwa die Konstruktion jüdischer Identität. Dabei liest jede Generation die Geschichte anders und entsprechend ihren eigenen Bedürfnissen. Als die Rabbinen in talmudischer Zeit fragten: »Was ist Chanukka?«, konzentrierten sie sich auf das Ölwunder und auf das Überleben des jüdischen Geistes in dunkler Zeit. Die frühen Zionisten sahen in Chanukka eine Widerspiegelung ihres eigenen Programms, die Feier nationaler Unabhängigkeit. Für liberale Juden ist Chanukka ein Fest religiöser Freiheit, ein Sieg über religiöse Verfolgung, ein Sieg der religiösen Toleranz.

»Weihnukka«

»Wie es sich christelt, so jüdelt es sich«, lautet eine jüdische Redensart. 1814 gab es in Wien das erste große, ausgelassene »Weihbaum- oder Christbaumfest« mit Kasperle-Liedern, Baum, Punsch und Geschenken, und zwar im Haus der Jüdin Fanny von Arnstein, einer gebürtigen Berlinerin. Das Spektakel wurde von Metternichs Geheimpolizei beobachtet und als »Fest nach Berliner Sitte« identifiziert. Was also ist typisch jüdisch, was typisch christlich? Im deutschsprachigen Raum hat man die Verquickung jüdischen und christlichen Brauchtums als »Weihnukka« bezeichnet, in Nordamerika ist oft vom »december dilemma« die Rede.

6. Tu Bi'Schwat, das Neujahrsfest der Bäume

Tu Bi'Schwat wird als das »Neujahrsfest der Bäume« bereits in der Mischna erwähnt, doch der 15. Tag im Monat Schwat (Januar/ Februar) spielte im religiösen Festkalender lange Zeit keine Rolle: In Leon de Modenas *Jüdische Riten, Sitten und Gebräuche* von 1638 findet der Tag beispielsweise keine Erwähnung. Es waren die Kabbalisten von Safed, die dem Tag im 16. Jahrhundert neue Bedeutung beimaßen, einen Tu-Bi'Schwat-Seder einrichteten und dies als *tikkun* begriffen, als Möglichkeit zur Neuausrichtung des eigenen Lebens. Der große jüdische Mystiker Isaak Luria Aschkenasi machte den Tu Bi'Schwat, den »Tag des Obstessens«, zum Symbol der festlichen Anteilnahme des Menschen an der Freude der Bäume. Der Midrasch bemerkt, dass die Bäume zum Genusse des Menschen geschaffen wurden und man sich an ihnen erfreuen soll (*Midrasch Bereschit Rabba* 13). In der Mischna heißt es zu diesem Neujahr der Bäume:

Es gibt vier Jahresanfänge: Der erste Nissan ist Jahresanfang der Könige und der Feste. Der erste Elul ist Jahresanfang für den Viehzehnten; R. Eleasar und R. Schimon sagen, der erste Tischri. Der erste Tischri ist Jahresanfang des Kalenderjahres, des Erlassjahres und des Jobeljahres sowie der Pflanzungen und Kräuter. Der erste Schwat ist nach der Schule Schammais Jahresanfang der Bäume; die Schule Hillels sagt, der fünfzehnte desselben.

MRH 1,1

Religionsgesetzlich ist dieses Datum, der 15. Tag im Monat Schwat, der Maßstab für die Bestimmung des Alters eines Baumes, für die Zeitgrenze für die alljährliche Verzehntung der Früchte *(ma'asser)*, also die Abgabe des zehnten Teils der Ernte, sowie für die Ansetzung des *ma'asser ani*, des Zehnten für die Armen. Im traditionellen Schrifttum heißt es über Tu Bi'Schwat mit Bezug auf Erez Jisrael zudem, dass bis zu diesem Tag der meiste Regen des Landes bereits gefallen ist; dass am Tu Bi'Schwat der Saft in die Bäume zu steigen beginnt; dass dann der größte Teil des Winterquartals vorüber ist und die Bäume bis zu diesem Datum vom Regen des Vorjahrs gespeist werden, von nun an jedoch vom neuen Regen. Wie an anderen Festtagen ist es verboten, zu fasten, eine Trauerrede auf Verstorbene zu halten oder bestimmte Bitt- und Flehgebete zu sagen.

Der Tu-Bi'Schwat-Seder

In Anlehnung an den Pessach-Seder trinkt man auch zu Tu Bi'Schwat vier Gläser Wein, stellt vier Fragen, isst besondere Speisen und erzählt sich Geschichten zum Feiertag. Das erste Glas enthält Weißwein: Symbol für die Kargheit des Winters. Im zweiten Glas wird dem Weißwein etwas Rotwein beigemischt: Symbol für den kommenden Frühling. Im dritten Glas überwiegt der Rotwein den Weißwein: Symbol für den Frühling. Das vierte Glas ist voller Rotwein: Symbol für den Sommer. Dazu werden traditionell die sieben Früchte des Landes Israel verzehrt, also gemäß Dtn 8,7–8 Weizen, Gerste, Weintrauben, Feigen, Granatäpfel, Oliven und Datteln, mancherorts auch 15, 30 oder gar 50 Früchte aus vier Kategorien: erstens Früchte mit einer harten äußeren Schale (Mandeln, Wal- und Pekannüsse), zweitens Früchte mit einem inneren Kern (Datteln, Oliven, Pflaumen, Kirschen), drittens Früchte mit einer äußeren Schale und einem inneren Kern (Avocados, Granatäpfel, Orangen und Johannisbrot) und schließlich viertens Früchte ohne hartem Kern und ohne feste Schale (etwa Feigen, Trauben, Rosinen, Beeren). Die Früchte können auf einer besonderen Platte dargeboten werden, ähnlich dem Sederteller für Pessach, und ebenso wie für Pessach ist der Verlauf dieses Abends in einer speziellen Ordnung festgeschrieben. Diese »Ordnung« wurde erstmals in dem Buch *Chemdat Jamim* genannt und 1753 als *Sefer Pri Ez Hadar* in Saloniki und anschließend auch in Venedig, Livorno und Amsterdam gedruckt.

Üblicherweise gibt es eine Person, die den Tu-Bi'Schwat-Seder leitet, die angibt, welche Frucht zu essen ist und welches Glas Wein getrunken werden soll, und die den jeweiligen Segensspruch spricht. Wie am Pessach-Seder kann auch an Tu Bi'Schwat jeder Anwesende reihum eine Passage aus der Haggada, der Textsammlung für diesen Feiertag, vortragen. Im Zuge der zionistischen Bewegung und insbesondere seit der Staatsgründung im Jahre 1948 hat der Feiertag eine neue Bedeutung bekommen: Man betont nun die Verbundenheit mit dem Lande Israel, die Idee der Wiedergeburt des Staates und seines Aufbaus – und heute treten dabei auch mehr und mehr Umweltfragen in den Vordergrund. Als die Knesset an Tu Bi'Schwat 1949 eröffnet wurde, sagte der erste israelische Staatspräsident Chaim Weizmann: »Jeder Jude hat eine Verbindung zu Israel. Wir hoffen, dass das Einsammeln der in der Diaspora Lebenden mehr und mehr Leute nach Israel bringen wird, die Wurzeln schlagen und mit uns allen zusammenarbeiten werden, um den Staat Israel aufzubauen und die Wüste zum Erblühen zu bringen.«

In der Diaspora isst man zu Tu Bi'Schwat nach Möglichkeit

Früchte, die aus Israel stammen, und ebenso wie in Israel werden an diesem Tag Bäume gesetzt, frei nach Lev 19,23: »So ihr aber in das Land kommet und irgendeinen Baum zur Speise pflanzet [...]« Besonders populär ist zu Tu Bi'Schwat der Mandelbaum, der in Israel um diese Zeit herum blüht. 1942 hat der aus München stammende israelische Religionsphilosoph Schalom Ben-Chorin (1913–1999) diesem Baum als Lebens- und Friedenszeichen ein Denkmal gesetzt: »Freunde, dass der Mandelzweig sich in Blüten wiegt, bleibe uns ein Fingerzeig, wie das Leben siegt.« Am 15. Tag des Monats Schwat 5709, also im bürgerlichen Jahr 1949, trat zum ersten Mal das israelische Parlament zusammen, und es ist zu einem Brauch geworden, zu Tu Bi'Schwat Neueinwanderer in die Knesset einzuladen.

Im Adar mehrt sich die Freude
Das Tierkreiszeichen des zwölften Kalendermonats Adar sind die Fische, die sich zu dieser Zeit vermehren und so Symbol des Segens sind. Der Tradition nach mehrt sich das Glück Israels so wie der Fischbestand. Dazu heißt es im Segen Jakobs für seine Enkel Ephraim und Menasse: »Sie sollen mehren sich zur Füll' im Lande« (Gen 48,16), und zwar »fischgleich«. In der Mischna findet sich ein rechtlicher Hinweis auf den Monat Adar: »Am ersten Adar werden Bekanntmachungen in Bezug auf die Tempelsteuer und die gemischten Arten erlassen«, heißt es im Traktat Schekalim (mit den »gemischten Arten« ist das Verbot zufälliger Mischpflanzungen in Feld und Garten gemeint). Heute ist wichtiger, was die Weisen im Babylonischen Talmud sagten, nämlich: »Im selben Maße, in dem man im Anfang des Monats Aw die Freude vermindert, bringt der Beginn des Monats Adar eine Steigerung der Freude mit sich.« Von Raw Papa, einem der im Talmud genannten Gelehrten (gest. 375 u. Z.), der gerne Volksweisheiten zitierte, ist überliefert: »Wenn ein Jude mit einem Nichtjuden in Streitigkeiten verwickelt ist, sollte er es vermeiden, sie im Monat

Aw zu führen, da es eine ungünstige Zeit ist. Der Monat Adar hingegen ist eine eher günstige Zeit. Denn der Himmel erteilt Verdienste am Tage des Verdienstes und Freude am Tage der Freude.« Als Haman, ein Minister des persischen Königs, um 500 v. u. Z. durch astrologische Berechnungen herausfinden wollte, welcher Monat wohl für das Volk Israel der verhängnisvollste sein könnte, warf er Lose, um diesen Monat zu finden, und das Los fiel auf den Monat Adar. Für die Juden, deren Vernichtung abgewendet werden konnte, verwandelte sich der Monat von einem Trauermonat in einen Monat der Freude und der Festlichkeiten, so wie es in der Textrolle mit der Purimgeschichte, der Megillat Esther, steht: »Und der Monat, der für sie vom Trauermonat zum Freudenmonat wird« (Est 9,22).

Purim wiederum liegt vier Wochen vor Pessach, und beide Feste spannen den Bogen von existenzieller Angst, Bedrohung und Versklavung hin zu Errettung und Erlösung. Früher waren Adartafeln in jüdischen Haushalten als Wandschmuck oder auch als Tablett beliebt. Der zitierte Talmudspruch vergegenwärtigt dem Betrachter dabei die Freude; oft erinnert auch der Satz »*Mazal adar dagim*« (»Glück, Adar, Fische«), daran, dass die Fische das Sternzeichen dieses Monats sind. Motive wie Kanne, Kelch und Flasche sind dabei Symbole für Festmahl und Feier und Löwen das Symbol für das Haus Juda.

7. Purim: Das Losfest

Das zentrale Ereignis des Purimfestes ist die Verlesung der Purimgeschichte am Vorabend und am Tag des 14. Adar aus der Megillat Esther. Die Esthergeschichte spielt am Hof des persischen Königs Ahaschveros (mit diesem Namen ist vermutlich Xerxes I. gemeint, der von 486 bis 465 v. u. Z. regierte), dessen

»Das Purim-Fest«. Druckgrafik aus der Mappe »Bilder aus dem
altjüdischen Familienleben« von Moritz Daniel Oppenheim, um 1870.

Minister Haman sich an einem Juden rächen will und dies zum
Anlass nimmt, allen Juden des Landes nach dem Leben zu trachten. Die jüdische Gemeinde wird aber durch die kluge Initiative
von Esther (ihr hebräischer Name ist Hadassa), die aus dem jüdischen Volk stammt, ihr Judentum aber verborgen hält und den
König von Persien heiratet, vor diesem Schicksal bewahrt. Der
Name des Festes kommt von den Wort *pur,* einem Wort persischen Ursprungs, das »Los« bedeutet; in Est 9,31 heißt es *jome
purim* (»Lostage«), und der Plural *purim* allein kommt in Est 9,29
und 9,32 vor.

Purim gehört heute neben Chanukka zu den populärsten Festen im jüdischen Kalender, und es gibt ein vielfältiges Brauchtum
dazu. »Ein froh bescheid'nes Fest«, nannte es Martin Buber (1878–
1965) in seinem Purim-Prolog von 1903, »ein Fest des Frohsinns
und der bunten Farben«. Wann immer der Name Hamans in der
Esthergeschichte fällt, schlagen die Kinder in der Synagoge
Krach. Dieser Brauch wird auf den Befehl Gottes zurückgeführt,
den Namen von Hamans Vorfahr Amalek auszulöschen, der das

Aufwendig verzierte Estherrolle des italienisch-jüdischen Kupferstechers
Salom Italia aus Amsterdam, um 1641.

Volk Israel auf dem Weg ins verheißene Land behindert hatte und dessen Name zum Inbegriff der Judenfeindschaft geworden ist (Ex 17,14). Traditionell gehören zu diesem Fest die sogenannten Hamantaschen, ein dreieckiges Gebäck, das mit Pflaumenmus, Honig oder Mohn gefüllt wird.

Bei dem Buch Esther, in dem die Purimgeschichte erzählt wird, handelt es sich um das einzige Buch in der Hebräischen Bibel, in dem Gott keine Erwähnung findet.

Brauchtum zu Purim

Da die Rettung des jüdischen Volkes in Persien durch eine Frau geschah, wird im Talmud festgelegt: »Frauen sind zum Lesen der Estherrolle verpflichtet, denn sie waren an diesem Wunder beteiligt« (bTMeg 4a). Es gibt inzwischen auch zahlreiche feministische Lesarten, die sich kritisch mit der Rolle von Vaschti, der ersten Frau des Königs, mit Esther und mit dem Status der Frau im Judentum auseinandersetzen. So werden Vaschti und Esther als dynamische Gegensätze verstanden, die zwei Stadien feministischen Bewusstseins verkörpern, nämlich Widerstand und politische Strategien. Rabbinerin Lynn Gottlieb (geb. 1949) erinnerte daran, dass Esther Hoffnungsträgerin für die zwangsgetauften Juden im mittelalterlichen Spanien und Portugal, die sogenannten Marranen, war. Viele Marranen praktizierten ihr Judentum im Geheimen. »Die Frauen der Marranen-Gemeinden sahen sich als Königin Esther«, indem sie versteckt ein jüdisches Leben führten, während sie nach außen als Christinnen lebten. »Sie leiteten Gemeindegebete, führten Trauungen durch und entwickelten Rituale rund um das Fasten Esthers, welches zu einem Hauptfeiertag der ›conversos‹ wurde.«

Liberale Juden haben die Purimgeschichte, die mit einer umfassenden Racheaktion endet, oft kritisiert. So schrieb Schalom Ben-Chorin 1938: »Ich schlage vor, das Purim-Fest vom jüdischen Kalender abzusetzen und das Buch Esther aus dem Kanon der Heiligen Schriften auszuschließen. Fest und Buch sind eines Volkes unwürdig, das gewillt ist, seine nationale und sittliche Regeneration unter ungeheuren Opfern herbeizuführen; stellen sie doch eine Verherrlichung der Assimilation, des Muckertums, der hemmungslosen Erfolgsanbeterei dar.«

In Israel ist Purim Anlass für einen Karnevalsumzug, bekannt als *adlojada*, eine Zusammenfassung des aramäischen *ad d'lo jada* (»bis niemand mehr weiß«). Selbst das sogenannte Cross-Dressing, das von der Tora verbotene Kostümieren als das jeweils andere Geschlecht, war zu Purim in denjenigen Gemeinden erlaubt, die vom italienischen Karneval beeinflusst waren. So wie der Karneval Ostern vorausgeht, so geht Purim der einen Monat dauernden Vorbereitung auf Pessach voraus. Einen Tag nach Purim beginnen religiöse Juden traditionell damit, ihren Haushalt für die Feier der Befreiung aus der ägyptischen Sklaverei zu kaschern, also im Sinne der Religionsgesetzes rein zu machen. Der jüdischen Tradition zufolge wird Purim das einzige Fest sein, das noch in messianischen Zeiten gefeiert werden dürfte – wohl weil mit der veränderten sozialen und politischen Ordnung im Zuge der kommenden Erlösung alle aktuellen Grenzen und Beschränkungen außer Kraft gesetzt sind, die die Entfaltung der Seele, der *neschama*, beeinträchtigen. So wie Purim unübliche Kleidung und unkonventionelles Benehmen erlaubt, so wird das messianische Zeitalter die Überwindung der repressiven Normen und des Drucks bringen, den tyrannische Führer ausüben, um die intellektuelle und spirituelle Fortentwicklung ihrer Völker zu verhindern. Vielleicht schätzten die Kabbalisten Purim deswegen so sehr, dass sie im Namen von Rabbi Isaak Luria feststellten, dass Purim und Jom Kippur in ihrer Bedeutung vergleichbar seien.

Purim als Symbol
»Es ist das ewige Wunder in der Geschichte Israels: Immer ist es in der Minderheit, immer ist es umdroht, immer ist es am Rande der Vernichtung, immer steht es vor dem Ende; wenn es auf seine Kraft sich verlassen wollte, es wäre sicherlich verloren, wenn es auf Menschen sich stützen müsste, sie wären ohnmächtig. Dass es bleibt und dauert, ist immer das Walten Gottes, seine Lenkung der Geschichte. Von Purim geht für alle Betrachtung jüdischer Geschichte und jüdischen Erlebens die Erkenntnis aus: ein Wunder nicht zu begreifen, nicht zu errechnen. Purim ist der Tag der Erinnerung daran, dass Gott Sorgen und Furcht von unseren Schultern nehmen kann.«
Rabbiner Max Dienemann[2]

———— *8. Pessach, Zeit unserer Freiheit* ————

Pessach beginnt am 14. Nissan gegen Abend, also am Vorabend des 15. Nissan (dieser Frühlingsmonat wird in den Büchern Exodus und Deuteronomium auch Awiw genannt) und dauert sieben

---

[2] Max Dienemann, *Purim*, in: *Der Morgen*, Heft 9 (März 1934).

*»Der Oster-Abend« [Sederabend]. Druckgrafik aus der Mappe »Bilder aus
dem altjüdischen Familienleben« von Moritz Daniel Oppenheim, um 1870.*

Tage. Besondere Bedeutung hat der Vorabend, der Erew Pessach,
an dem der Seder gehalten wird – ein symbolträchtiges Festmahl,
das man in der Diaspora am folgenden Abend gewöhnlich wiederholt. Außerhalb Israels wird traditionell ein achter Pessach-
Tag angefügt. Die ersten und die letzten beiden Pessach-Tage sind
volle Feiertage, die Tage dazwischen *chol ha-mo'ed*, also Halb-
oder Zwischenfeiertage, an denen das Arbeitsverbot erleichtert
und die Liturgie verändert ist. Während der Pessach-Tage ist der
Genuss von Brot und anderen gesäuerten Speisen verboten; stattdessen isst man in dieser Zeit *mazzot* (ungesäuerte Mehlfladen).
Historisch gesehen haben das »Fest der ungesäuerten Brote« und

270   KAPITEL 2

das »Pessach-Fest« zwei verschiedene Ursprünge. Sie wurden erst während des Babylonischen Exils miteinander verbunden.

Pessach war zunächst ein Frühlingsfest nomadisierender Viehzüchter, bei dem ein Pessach-Lamm geschlachtet und mit ungesäuertem Brot und bitteren Kräutern gegessen wurde. Es etablierte sich mit der Zentralisierung des Tempelkults zur Zeit des Königs Joschija (um 621 v. u. Z.) als Wallfahrtsfest, als eines der drei Pilgerfeste oder *schalosch regalim:* »Sondern im achtzehnten Jahre des Königs Joschija wurde dieses Pesach gefeiert dem Ewigen, in Jeruschalajim« (2 Kön 23,23). Die Bedeutung von Pessach als Überschreitungsfest, das sich auf das Überspringen der israelitischen Haushalte beim Töten der Erstgeburt in Ägypten (vgl. Ex 12) bezieht, wurde dem Fest erst nachträglich zugewiesen. Der Begriff *passach* (»springen«) kann sich auch auf die jungen Lämmer beziehen, die zu diesem Frühlingsfest geschlachtet wurden. Die Hirten strichen damals zur Abwehr des Bösen Blut an die Zeltstangen.

Das Mazzot-Fest dürfte aus dem Kult der Kanaaniter übernommen worden sein, ebenso wie das Omer-Zählen, das Zählen der Tage zwischen Pessach und dem Wochenfest Schawuot: Die sesshaften Bauern feierten damals die Gerstenernte mit frischen, ungesäuerten Fladen. Beide Traditionen verbanden sich zu einem neuen Fest: »Im ersten Monat, am Vierzehnten des Monats, gegen Abend, ist Pesach dem Ewigen. Und am fünfzehnten Tage dieses Monats ist das Fest der ungesäuerten Brote dem Ewigen: Sieben Tage sollt ihr ungesäuerte Brote essen« (Lev 23,5–6). Die Erinnerung an die Befreiung des Volkes Israel aus Ägypten entwickelte sich schließlich zum vorherrschenden Motiv, das alle anderen Traditionen überdeckte: »[…] sieben Tage sollst du dabei Ungesäuertes essen [zum Schlachtopfer], Brot des Elends, denn in Hast bist du aus dem Lande Mizrajim [Ägypten] gezogen, damit du gedenkest des Tages deines Auszuges aus dem Lande Mizrajim alle Tage deines Lebens« (Dtn 16,3). In Dtn 26,5–10 wird dieses Auszugserlebnis dann als universale Formel benutzt, die untrennbar mit dem Landgabemotiv verbunden ist und deren Konnota-

Betende Samaritaner am Berg Garizim;
sie sind israelische Bürger, aber keine Juden.

tion bis hin zum Tempelbau reicht. Pessach ist nun vor allem die Erinnerung an den Exodus: In jeder Generation soll der Mensch sich betrachten, als sei er selbst aus Ägypten gezogen.

Opfer waren seit der Zeit Joschijas nur noch im Tempel erlaubt, was naturgemäß ein zusätzliches Motiv für die Wallfahrt nach Jerusalem war; mit der Zerstörung des Zweiten Tempels im Jahr 70 u. Z. fiel dieser Opferdienst ganz fort. Zur Zeit des Tempels fand im Folgemonat, am 14. Ijar, ein zweites Pessach-Fest *(pessach scheni)* für diejenigen statt, die am ersten Fest nicht hatten teilhaben können. Die Mischna stellt im Traktat Pesachim schließlich eine verbindliche Ordnung für die Feier im häuslichen Rahmen auf, aus der sich dann der heutige Sederabend entwickelt hat *(seder* bedeutet ursprünglich »Ordnung«). Die Samaritaner, die viele Bräuche des antiken Judentums beibehalten haben, bringen auf ihrem heiligen Berg Garizim bis heute Lämmer als Pessach-Opfer dar.

Dem Pessach-Fest gehen fünf besondere Schabbate voraus, nämlich:

- Der Schabbat Schekalim, eine Zeit persönlicher Sühne und zur Zeit des Tempels der Zeitpunkt für die Entrichtung eines halben Schekels Sühnegeld pro Person für den Tempeldienst.
- Der Schabbat Sachor (»Gedenke!«) vor Purim, eine Erinnerung an die tödlichen Bedrohungen, aus denen Gott das Volk Israel befreit hat.
- Der Schabbat Para, ein Verweis auf Reinigung und Läuterung.
- Der Schabbat Ha-Chodesch zu Beginn des Frühlingsmonats, an dem die Vorschriften für das bevorstehende Pessach-Fest genannt werden.
- Der letzte Schabbat vor Pessach ist schließlich der Schabbat Ha-Gadol, der »große Schabbat«, an dem davon die Rede ist, dass Gott den Propheten Elija senden wird, bevor der Tag des Ewigen kommt.

Die Bedeutung des Sederabends

Am Sederabend, dem Vorabend von Pessach, erinnert sich die Hausgemeinschaft durch Belehrung, Lobgesang und rituelles Mahl an die Befreiung der Vorfahren aus Ägypten durch Gottes eigenen Machterweis. Dabei wird der Bogen geschlagen vom *pessach mizrajim* zum *pessach ledorot*, vom Exodus aus Ägypten zum Pessach der Zukunft, auch *pessach l'atid* genannt: Erzählt wird vom einstigen wie künftigen Befreiungshandeln Gottes. Es wird auch das Verlangen nach Erlösung laut, und der schicksalhafte Zug des Pessach-Ereignisses erhält eine messianische Wendung. In der Sedernacht wird die Ankunft des Messias besonders intensiv erwartet. Die Frage nach dem Ursprung dieses Rituals und die belehrende Erzählung führen zurück in die Zeit vor der Tempelzerstörung im Jahre 70 u. Z. Im Mischna-Traktat Pesachim 10 findet sich der erste schriftliche Beleg für das Sederritual. Dennoch wird oft genug der Eindruck erweckt, beim Seder handle es sich um eine Institution, die schon vor der Zerstörung des Tempels existierte. Dies ist das Anliegen auch der Mischna selbst gewesen und ein Phänomen, das auch für andere jüdische Feiertage und Bräuche gilt. Die Erzählung von der Errettung der Voreltern aus der Hand der Ägypter bietet jeder Generation ein Identifikationsmuster im Spannungsbogen des »wie damals, so auch jetzt und allezeit«. Der Kern der Pessach-Haggada ist die Botschaft vom rettenden Gott »hier, jetzt, für dich« auf der Basis des Bundes und der Treue Gottes zu seinem Volk.

In der Geschichte finden sich weitere Motive, die mit dem Pessach-Ereignis in Verbindung gebracht wurden. So ist die berühmte Rothschild-Haggada (15. Jahrhundert) mit einer Illustration zum Hallel-Gebet geschmückt: Eine starke Frau, Judith, rettet das jüdische Volk, indem sie den Feldherrn Holofernes tötet und damit unnötiges Blutvergießen vermeidet. Auch hier ist Gottes rettende Hand am Werk, wie einst beim Auszug aus Ägypten. »Ich danke dir, denn du bedrängtest mich und wardst mir dann zur Rettung«, wird dazu Ps 118,21 zitiert. An die Stelle des Pessach-Opfers ist also infolge der Tempelzerstörung das Sederritual mit der Botschaft der Befreiung getreten, und so wird Pessach auch als *seman cherutenu* bezeichnet, als die »Zeit unserer Freiheit«. In der jüngsten Vergangenheit wurde dieser Freiheitsbegriff unter dem Stichwort »Exodus« unter anderem zum Motiv für das politische Engagement für die jüdischen »Refusniks« in der früheren Sowjetunion, denen in den 1970er und 1980er Jahren die Ausreise nach Israel verweigert wurde. Bekannt geworden ist auch das Schiff »Exodus«, mit dem Holocaust-Überlebende aus Europa 1947 illegal nach Palästina zu gelangen versuchten.

Im Mittelalter wurde Pessach im christlichen Europa regelmäßig zum Anlass für gewalttätige Verfolgungen der Juden. Man verbreitete Ritualmordlegenden, um antijüdische Ausschreitungen zu begründen. Daher wurde es gestattet, das traditionelle Öffnen der Haustür auf einen kurzen Moment zu beschränken, um die Festgemeinschaft nicht leichtfertig zu gefährden. Heinrich Heine hat ein derartiges Ereignis 1840 in seinem *Rabbi von Bacharach* beschrieben.

Der Ablauf des Sederabends

Kein jüdischer Feiertag benötigt so umfangreiche Vorbereitungen wie Pessach. Zunächst findet ein großer Hausputz statt. Dabei wird alles *chamez*, also alles von einer Getreideform stammende Gesäuerte, vernichtet. Mose hatte die Israeliten in aller Eile aus Ägypten geführt. Ihre *mazza*, das hastig gebackene Brot, das zu säuern keine Zeit geblieben war, ist als »Brot der Trübsal« bis heute Zeichen der Erinnerung an diesen Auszug aus Ägypten.

Auch alle Hülsenfrüchte, Bier sowie Reis müssen aus dem Haushalt verschwinden. Für Brot ist die Vernichtung vorgeschrieben, die anderen Nahrungsmittel müssen aus dem Haus, also etwa in den Keller, gebracht werden. Während im selbstverantworteten liberalen Judentum dies Sache des Haushaltsvorstands ist, verkaufen orthodoxe Juden die so an einen unzugänglichen Ort außerhalb der Wohnung gebrachten Lebensmittel an den Rabbiner. Dieser verkauft sie dann an einen Nichtjuden weiter, um nach Pessach diesen Vorgang wieder rückgängig zu machen. So soll auch der bloße Besitz von Gesäuertem formal ausgeschlossen werden. Kein verantwortungsbewusster Mensch vernichtet aber mutwillig Brot oder Getreide. Also hat sich der Brauch eingebürgert, sich so einzurichten, dass man zu Pessach über keine entsprechenden Vorräte mehr verfügt. Symbolisch wird eine Handvoll Brotkrumen in die offene Flamme des Küchenherdes geworfen oder in unseren modernen Haushalten im Elektrogrill oder Backofen verbrannt. Alles Geschirr, alle Töpfe, aller Hausrat, die mit gesäuertem Getreide in Berührung gekommen sind, sollen gegen reines Geschirr ausgewechselt werden, das *kascher le'pessach* ist, also den religionsgesetzlichen Vorschriften entspricht. Dafür haben religiöse jüdische Familien auf dem Dachboden oder Keller einen kompletten zweiten Satz zur Verfügung. Es besteht auch die Möglichkeit, das Alltagsgeschirr zu kaschern, also rein zu machen, indem man es für eine bestimmte Zeit in siedendes Wasser legt.

Am sogenannten Rüsttag, dem Vortag des Festes, darf man

nur noch morgens Gesäuertes essen. Die erstgeborenen Söhne sollten fasten – zum Gedenken daran, dass die Israeliten bei dem von Gott über die Ägypter verhängten Sterben der Erstgeborenen verschont blieben. Für die restlichen Familienmitglieder wird dieser Tag in aller Regel zum Obsttag. Von der *mazza*, also dem ungesäuerten Brot, darf man erst am Abend nach dem Segensspruch essen (wobei aber etwa Eiermazza wegen der eingebackenen Rühreier nicht als *mazza* betrachtet wird und auch schon am Rüsttag gegessen werden darf). Sollte Pessach einmal am Schabbatausgang beginnen, so werden für diesen Schabbat beispielsweise Eiermazzot als *challot* (Schabbatbrote) benutzt; so kann bereits vor Schabbat alles koscher für Pessach sein.

Wie an jedem anderen jüdischen Festtag sind zwei Becher Wein obligatorisch, einer vor dem Essen, einer nach dem Tischdankgebet. (Der Wein für Pessach muss ebenso wie die *mazzot* unter besonderer Kontrolle hergestellt worden sein und ist damit *kascher le'pessach*.) Am Vorabend von Pessach kommen zwei weitere Becher hinzu. Mittelalterliche Exegeten haben dafür diesen Zusammenhang hergestellt: In Ex 6,6–7, der Ankündigung der Erlösung Israels aus der ägyptischen Knechtschaft, werden vier verschiedene Ausdrücke für Gottes Eingreifen verwendet:

- *we'hozeti:* ich will euch herausbringen;
- *we'hizalti:* ich will euch erretten;
- *we'ga'alti:* ich will euch erlösen;
- *we'lakachti:* ich will euch zum Volk nehmen.

»Wir waren Sklaven in Ägypten«

Für den Abend gibt es eine umfassende Ordnung, eben den *seder*, der ihm den Namen gibt. Zwei Grundgebote liegen dieser Ordnung zugrunde: Der Spannungsbogen des Berichts vom Pessach-Ereignis soll sich vom Schlechten zum Guten wenden: »Nach dem Verständnis des Kindes lehre ihn sein Vater. Man beginne mit der Schmach und schließe mit dem Ruhme« (bTPes 116a). Und jeder

KAPITEL 2

Anwesende soll sich mit den israelitischen Vorfahren identifizieren, so als sei er selbst beim Exodus mit dabei gewesen, und sagen: »Auch ich bin aus Ägypten ausgezogen.«

Zu Beginn dieses Sederabends beträufelt der Hausherr sich aus einer Kanne die Hände mit Wasser, nimmt aus einer vor ihm stehenden Schüssel Petersilienstränge, verteilt diese auch an die anderen Tischgenossen und taucht seinen in ein Schälchen mit Salzwasser. Dazu spricht er einen Segensspruch. Dieser Brauch soll an den Ysop erinnern, ein grünes Gewächs, das einst im Opferkult eine besondere Rolle

Sederteller mit Anweisungen zum Verlauf des Sederabends in Raschi-Schrift aus der Jerusalemer Silberschmiede Yemini.

spielte. Vor dem Hausherrn liegen in einer dreifach unterteilten Tasche, die normalerweise aus Samt ist, drei *mazzot*. Von der mittleren bricht der Hausherr ein Stück ab und legt es beiseite. Die Exegeten erklären diesen Brauch damit, dass arme Menschen sich immer etwas Brot für spätere Zeiten zurücklegen. Dieses Stück wird nach dem Essen als Nachtisch und letztes Stück Nahrung vor dem Sonnenaufgang unter den Tischgenossen verteilt. Sollte es verloren gehen, muss das ganze Mahl wiederholt werden. Dieser Brauch führte dazu, dass die am Mahl teilnehmenden Kinder versuchen, in einer unbeobachteten Minute dieses Stück *mazza*, den *afikoman*, zu entwenden, um sie später, wenn der Hausherr nach dem Essen die Lesung fortsetzen will, gegen ein Geschenk auszulösen.

Als Nächstes hält der Hausherr die Sederschüssel hoch, eine Art Platte, auf der alle für den zeremoniellen Teil wichtigen Speisen angerichtet werden. Den Kindern ist in erster Linie die Erörterung und Erzählung des Auszugs aus Ägypten gewidmet. Dazu gehört, dass der traditionelle Text die Kinder Fragen stellen

*Die »Vier Fragen« in der von Arthur Szyk (1894–1951)
illustrierten Haggada von 1935.*

lässt, die im Laufe des Abends durch die Rezitation des Textes beantwortet werden.

Die bekannteste Weise ist das *Ma nischtana:* »Was unterscheidet diese Nacht von all den anderen Nächten?« Wann immer während der Lesung der Pharao erwähnt wird, der die unterdrückten Israeliten erst dann ziehen ließ, als sein Volk von den zehn Plagen heimgesucht worden war, ist es üblich, dass bei jeder Nennung einer dieser Plagen ein Tropfen Wein aus dem vor jedem Anwesenden stehenden Becher auf Teller oder Tischtuch gesprengt wird. Eine Erklärung dieses Brauches ist, dass man das erwähnte Unheil weit von sich sprengen will, eine andere, dass das Schicksal der Ägypter die eigene Freude mindert. Anschließend werden die Namen der Pessach-Symbole vom Hausherrn und den Tischgenossen gemeinsam ausgesprochen, während der

Hausherr die entsprechenden Speisen den Kindern zeigt und erklärt, darunter *pessach* (Lammknochen), *mazza* und *maror* (Bitterkraut, zum Beispiel Meerrettich). Das Aussprechen dieser drei Begriffe ist die Mindestanforderung an jeden Juden am Pessach-Abend.

Der Erzählung vom Auszug aus Ägypten, der Hagadda, schließt sich ein gottesdienstähnlicher Teil an. Vor der Mahlzeit wird der erste Teil des Hallel (Ps 113, 114), des Lobpreises Gottes, im Wechselgesang zwischen Hausherrn und Tischgenossen rezitiert – eines der ältesten Teile jüdischer Gebetspoesie. Nach einem darauf folgenden Segensspruch trinken Hausherr und Tischgenossen, auf die linke Seite gelehnt (so wie einst bei einem griechischen Festmahl üblich), den zweiten Becher Wein. Alle waschen sich jetzt symbolisch erneut die Hände. Dann nimmt der Hausherr die beiden noch nicht angebrochenen *mazzot* aus der vor ihm liegenden Tasche, spricht einen Segensspruch über sie, bricht sie und verteilt die mit Salz bestreuten Stücke an alle Tischgenossen, die sie in angelehnter Haltung verspeisen. Nun nimmt er den *maror*, das Bitterkraut, aus der Sederschüssel, taucht sie in ein aus Äpfeln und Zimt bereitetes Mus *(charosset)*, das in Farbe und Konsistenz an den Lehm erinnern soll, den die Israeliten in der Sklaverei verarbeiten mussten, und verteilt auch davon an die Tischgenossen. Dann teilt der Hausherr jedem Tischgenossen ein zweites Mal Bitterkraut mit *mazza* zu, und es beginnt die eigentliche Mahlzeit.

Am Ende der Mahlzeit wird das sorgsam zu Beginn beiseitegelegte Stück *mazza* gebrochen, verteilt und gegessen, sofern es nicht vorher von den Kindern ausgelöst werden muss, die es vor dem zufälligen Verspeistwerden bewahrt haben.

Das anschließende Tischdankgebet, an dessen Ende der dritte Becher Wein getrunken wird, wird in traditionell-jüdischen Haushalten in aller Regel nach jeder Mahlzeit gebetet. Jetzt folgt ein Brauch, der erst im Spätmittelalter Eingang in die jüdische Tradition gefunden hat: Die Haustür wird geöffnet, und ein fünfter Becher Wein, der von Beginn der Zeremonie an auf dem

Tisch stand, wird in die Mitte der Tafel gerückt. Dieser Brauch bedeutet, dass die Juden die Ankunft des Propheten Elija erwarten, »in der Mitte dieser Nacht«: Elija ist der Prophet, der nach der geläufigen Vorstellung das Kommen des Messias verkündet. Dann wird die Tür wieder geschlossen, und der zweite Teil des Hallel wird rezitiert (Ps 115, 116, 117 und 136). Darauf folgt das Schlusskapitel der klassischen Pessach-Geschichte mit den Worten »Le'schana haba be'Jeruschalajim« (»Nächstes Jahr in Jerusalem«) – Ausdruck der Hoffnung und der Beschwörung. Anschließend wird der vierte Becher Wein getrunken. Es folgen folkloristische Lieder, die allesamt größte Popularität genießen und etwa zwischen dem 14. und dem 17. Jahrhundert im mitteleuropäischen Raum entstanden. Da es üblich ist, mit diesen Liedern die einzelnen Passagen der Haggada den Anwesenden zu erklären, geht der Sederabend auf diese Weise lehrreich und fröhlich zugleich zu Ende. »Je mehr einer vom Auszug aus Ägypten erzählt«, heißt es in der Haggada, »desto lobenswerter ist es.«

Ein feministischer Zugang zu Pessach
Susannah Heschel (geb. 1952) ist eine gefragte Rednerin, hat etliche Bücher herausgebracht und für den Feminismus und die Frauenforschung im Judentum neue Akzente gesetzt. Die Tochter des berühmten Rabbiners und Theologen Abraham Joshua Heschel und der Konzertpianistin Sylvia Straus ist Professorin für Jüdische Studien. Die von ihr herausgegebene Aufsatzsammlung *On Being a Jewish Feminist: A Reader* ist in den USA ein Standardwerk. Sie hat immer wieder neue Formen der Liturgie gefordert für Einschnitte im Leben, die Frauen ganz besonders berühren. Eines der Rituale, die Susannah Heschel mit etabliert hat, ist die Orange auf dem Sederteller.
»Anfang der 1980er Jahre lud mich die Hillel Foundation zu einer Podiumsdiskussion am Oberlin College ein. Auf dem Campus stieß ich auf eine Haggada, die von einigen Studentinnen in Oberlin verfasst worden war, um ihre fe-

ministischen Anliegen zum Ausdruck zu bringen. Sie regten unter anderem an, eine Brotrinde mit auf den Sederteller zu legen – als Ritual, um Solidarität mit jüdischen Lesben zu zeigen. (›Das Judentum bietet Lesben so viel Raum wie der Sederteller für ein Stückchen Brot‹, war ihre Haltung.) Beim nächsten Pessach legte ich eine Orange auf den Sederteller unserer Familie. Während des ersten Abschnitts des Sederabends bat ich alle Anwesenden, eine Orangenspalte zu nehmen, einen Segensspruch, die *bracha*, über die Frucht zu sagen und sie als bewusstes Zeichen der Solidarität mit jüdischen Schwulen und Lesben und mit anderen Randgruppen in unserer jüdischen Gemeinschaft zu essen. Brot auf dem Sederteller macht Pessach zunichte – dadurch wird alles zu *Chometz*. Und diese Symbolik bringt die Vorstellung mit sich, dass Lesben Grenzen überschritten und das Judentum verletzten. Ich fühlte, dass die Orange ein anderes Bild vermittelt: dass es quasi für alle Juden Früchte bringt, wenn Lesben und Schwule ihren aktiven Beitrag zum jüdischen Leben leisten. Und darüber hinaus waren in jedem Orangenspalt Kerne, die man ausspucken musste – und diese Geste stand für unsere Ablehnung der Homophobie, die so viele Juden vergiftet.«

Zu den neuen Ritualen, von denen Susannah Heschel spricht, gehört auch Miriams Becher neben dem Becher für Elija. Der *kos Miriam* wird mit Verweis auf die *majim chajim*, das »lebendige Wasser« von Miriams Quelle zur Zeit des Exodus (bTTaan 9a), nicht mit Wein, sondern mit Wasser gefüllt. Dieser Brauch entstand in einer Rosch-Chodesch-Gruppe in Boston in den späten 1980er Jahren, in der sich Frauen zum Neumondtag (Rosch Chodesch) trafen. Nach dem Sedermahl, bei dem man zunächst an den Propheten Elija erinnert, der für die Hoffnung auf messianische Erlösung steht, wird dann der Becher für die Prophetin Miriam, die Schwester des Mose, erhoben – als Symbol der Hoffnung und der Erneuerung zu unserer Zeit.

Dazu wird auch Ex 15,20–21 mit Miriams Lied rezitiert: »Da nahm Mirjam, die Prophetin, die Schwester Aharons, die Pauke in ihre Hand und alle Frauen zogen hinter ihr aus mit Pauken und Reigen. Und Mirjam antwortete jenen: Singet dem Ewigen, denn hoch erhaben, Ross und seine Wagen stürzt er ins Meer!« In Susannah Heschels Familie entwickelte sich ein weiterer Brauch, der von der engen Verbundenheit ihrer Eltern mit Martin Luther King und der amerikanischen Bürgerrechtsbewegung zeugt. An den Sederabenden singt man gemeinsam die hebräische Version von *We Shall Overcome: Anu nitgaber, anu nitgaber / Anu nitgaber b'vo hajom / Ani ma'amin, b'emunah schlema / Sche'anu nitgaber ha-jom.*

Die Pessach-Haggada

Um die ersten allgemeinen Vorschriften für Pessach hat sich im Laufe der Zeit eine ausgearbeitete Agende, die Haggada, entwickelt, die aus Texten der Bibel, der Mischna und des Midrasch entstanden ist. Die Pessach-Haggada eröffnet die Reihe der geschichtlichen Midraschim aus der mischnaisch-talmudischen Epoche (140–500 u. Z.). Die heute noch gebräuchliche Sederordnung folgt dem Ritual der Akademien von Sura und Pumbedita in Babylonien, die vom 3. bis zum 11. Jahrhundert u. Z. bestanden. Hier wie in der Frage, welcher Talmud verbindlich sei, wurde Babylon zum Modell für die jüdischen Gemeinden außerhalb Israels. Die Haggada, die in Israel anfangs üblich war, unterschied sich von ihr vor allem durch das Fehlen mehrerer Textstücke im erzählenden Teil. Zur Zeit Jesu von Nazareth dürfte es noch keine feste Form des Sederabends gegeben haben, wenn auch einige Bestandteile der Haggada schon damals oder sogar früher in Gebrauch gewesen sein könnten. Im zweiten Drittel des 2. Jahrhunderts ist das Sederritual dann in wesentlichen Zügen fixiert. Beredtes Zeugnis davon gibt die Mischna im Traktat Pesachim (in der Ordnung Mo'ed). Der Mischna-Text steht am Anfang der Verschriftlichung des Gesamtrituals in seiner heutigen Form. Der Midrasch zu Dtn 26,5–8 ist darin schon als Kernstück bezeichnet. In der Folge setzt sich dann eine Tendenz zur Anreicherung des Textbestands immer mehr durch. Der Talmud erweitert zum Beispiel den Erzählteil um die Texte Dtn 6,21 und Jos 24,2 und stellt sie als Vorbereitung dem Kerntext voran. In gaonäischer Zeit (7.–8. Jahrhundert) lag die eigentliche Haggada über das bloße Ritual hinaus auch als Buch zusammengestellt vor.

Interessant ist, dass Mosche, der Macher des Exodus, in der Erzählung nicht ein einziges Mal Erwähnung findet, stattdessen aber betont wird, dass Gott allein mit starker Hand die Israeliten aus Ägypten führte. Das ist eine rabbinische Antwort auf die christliche Trinität und auf Jesus von Nazareth: Hier ist Moses kein Helfer Gottes, sondern der Allmächtige handelt allein.

Die Haggada wurde teilweise als selbstständiges Werk, teils innerhalb der allgemeinen Gebetssammlungen überliefert. Vor dem 13. Jahrhundert sind selbstständige Haggadot nicht bekannt.

Der poetische Anhang zur Haggada, die Tischlieder, entstand speziell innerhalb des deutschen Ritus. Motive und Melodien lassen dies heute noch erkennen. Von Deutschland nahmen sie ihren Weg nach Italien (erster Beleg 1269) und Spanien (14. Jahrhundert). Im orientalischen Ritus haben sie keine Verwendung gefunden. Seit dem 15. Jahrhundert hat die Pessach-Haggada mehr als 2700 Ausgaben erfahren. Vollkommen abgeschlossen war der Text aber eigentlich nie, auch wenn erst die jüdische Reformbewegung im 19. Jahrhundert größere Veränderungen im Textbestand einleitete. Diese wiederum von Deutschland ausgehende Bewegung ließ verschiedene Ausgaben entstehen, die zum Teil karäischen Tendenzen folgen. Nach der Befreiung 1945 entstanden in Deutschland in den Camps der *Displaced Persons* nichttraditionelle Haggadot, die die Erfahrung von Verfolgung und Schoa mit aufnahmen. In den USA reicht die Bandbreite nichttraditioneller Haggadot heute von feministischen und schwul-lesbischen über vegetarische und säkulare Haggadot bis hin zu buddhistischen und christlichen Veröffentlichungen, die die unterschiedlichsten Interpretationen bieten. Zu den kostbarsten Haggadot gehört die Sarajewo-Haggada, die um 1350 in Saragossa oder Barcelona geschrieben wurde und mit der Vertreibung der Juden aus Spanien im Jahre 1492 nach Sarajewo gelangte, einem der Zufluchtsorte der sefardischen Juden. In der Neuzeit haben auch viele Künstler Haggadot in ihrem eigenen Stil aufwendig illustriert, so etwa Otto Geismar, Arthur Szyk oder Arik Brauer.

Die Omer-Zeit und Lag Ba'Omer

In Erinnerung an die Tötung der Erstgeburten Ägyptens sollen die Erstgeborenen, wie schon erwähnt, am Vortag von Pessach fasten; ansonsten wird das Fasten im Monat Nissan vermieden. Dieses Fasten der Erstgeborenen kann im Übrigen auch durch Lernen ersetzt werden. Ab dem zweiten Pessach-Tag beginnt dann das »Omer-Zählen«. Ein Omer war ein Getreidehohlmaß. Man brachte einst von diesem Tag an die Gerstenernte ein, von der ein Omer geopfert wurde. Sieben Wochen (50 Tage) später erntete man den ersten Weizen und brachte ihn zum Tempel. Dies ist die ursprüngliche Bedeutung des Wochenfestes Schawuot. In Israel ist das Mimuna-Fest zum Ende von Pessach das zentrale Fest der Juden marokkanischer Herkunft geworden.

Der 33. Tag des Omer-Zählens heißt Lag Ba'Omer. Er ist zunächst ein freudiger Tag während der Trauerzeit zwischen Pessach und Schawuot und heutzutage ein Anlass für ein Familienpicknick samt Lagerfeuer, für Hochzeiten und für das erstmalige Haareschneiden bei kleinen Jungen. Historisch gesehen ist Lag Ba'Omer jedoch der Jahrestag eines Pogroms in Jerusalem nach der Zerstörung des Zweiten Tempels, der den Anfang einer langen Reihe jüdisch-römischer Auseinandersetzungen markiert. In Israel nehmen die Kinder deshalb beim geselligen Familienpicknick zur Erinnerung an den Freiheitskampf gerne Gummipfeile und Bogen mit.

Nach dem Talmud hatte im Jahr 135 u. Z. an Lag Ba'Omer das große »Schülersterben« ein Ende. Damals dauerte der Aufstand der Juden unter Bar Kochba gegen die römische Besatzung bereits drei Jahre an. Der Aufstand wurde niedergeschlagen und auch Rabbi Akiba, eine seiner Leitfiguren, getötet. Eine mysteriöse Pest wütete anschließend unter seinen Schülern und raffte 24.000 von ihnen hinweg, angeblich weil sie es an gegenseitiger Achtung fehlen ließen. Erst an Lag Ba'Omer endete diese Epidemie. Darüber hinaus ist Lag Ba'Omer auch der Todestag des Akiba-Schülers Schimon bar Jochaj. Er starb um 150 u. Z. in Meron in Galiläa und gilt als Begründer der Kabbala und als Verfasser des *Sohar*, der bedeutendsten Schrift der jüdischen Mystik. Einer seiner Schüler war der Patriarch Jehuda ha-Nasi, der die Mischna kodifizierte. Seine Anhänger, so wollte es Schimon bar Jochaj, sollten seinen Tod nicht in Trauer begehen. Als Metapher für seine erleuchtenden Worte entzündeten sie zum Gebet ein Feuer neben seinem Grab. Da nach kabbalistischem Verständnis die Seele eines Frommen jedes Jahr am Todestag erneut aufersteht, feiert man diese Jahrzeit noch heute mit Ausflügen zu den Gräbern, Picknicks und großen Lagerfeuern. Wer kann, pilgert nach Meron und folgt dort vielleicht dem Beispiel von Rabbi Isaak Luria. Der große Interpret der kabbalistischen Lehre lebte im 16. Jahrhundert. Er führte seinen dreijährigen Sohn der Überlieferung nach zum Grab des weisen Kabbalisten und schnitt ihm dort die Haare, um ihn gemäß der Tora im Sinne der *orla* (eigentlich das Verbot des Erntens von Früchten eines Baumes, der jünger als drei Jahre ist) nicht länger »ungelöst« zu lassen. Für Samson Raphael Hirsch, den Vordenker der deutschen Neo-Orthodoxie im 19. Jahrhundert, bedeuteten *orlat harosch* und der erste Haarschnitt das symbolische Entfernen all dessen, was das Verständnis der Tora beschränken könnte.

▬▬▬ 9. Schawuot: Das Fest der Tora-Übergabe ▬▬▬

Und ein Fest der Wochen sollst du dir machen, der Erstlinge der Weizenernte.

Ex 34,22

Schawuot, das Wochenfest, ist wie Pessach und Sukkot eines der drei Wallfahrtsfeste. Es fällt in dem Monat Siwan, war zunächst ein Erntedankfest, an dem die Bauern die Erstlingsfrüchte im Tempel darbrachten, und hat wie Pessach einen entscheidenden Bedeutungswandel erfahren. Die Tora stellt noch gar keinen Bezug zwischen Schawuot und der Offenbarung Gottes auf dem Berg Sinai her. Dies geschieht erst im Talmud, wo von *seman matan toratenu*, der »Zeit der Gabe unserer Tora«, die Rede ist. Nun erinnert Schawuot zunächst an die Offenbarung der Zehn Gebote am Berg Sinai, weswegen für die Toralesung auch Ex 19–20 bestimmt worden ist; die Zehn Gebote werden dabei von der Gemeinde stehend vernommen. Der Tradition nach wurde die Tora im Jahr 2448 nach der Erschaffung der Welt gegeben.

Der Bedeutungswandel von Schawuot

Zu Schawuot beendete das Volk Israel die Gerstenernte und begann mit der Ernte des Weizens. Der Bedeutungswandel des Festes hat fünf verschiedene Bezeichnungen für das Fest mit sich gebracht:

In der Tora heißt das Fest *chag ha-schawuot* (»Wochenfest«), nämlich nach den sieben Wochen zwischen Pessach und Schawuot: »Sieben Wochen zähle dir: Von dem Beginn der Sichel unter der Saat beginne zu zählen sieben Wochen, und feiere ein Fest der Wochen dem Ewigen, deinem Gotte, je nach Verhältnis der freiwilligen Gabe deiner Hand, die du gibst, je nachdem, wie der Ewige, dein Gott, dich segnen wird« (Dtn 16, 9–10). Die Tora nennt kein spezifisches Datum für Schawuot, da das Fest auf

*»Das Wochen- oder Pfingst-Fest« [Schawuot]. Druckgrafik aus der Mappe
»Bilder aus dem altjüdischen Familienleben« von
Moritz Daniel Oppenheim, um 1870.*

den 50. Tag des Omer-Zählens fällt (Lev 23,16), also auf den sechsten Tag im Monat Siwan.

Da den Kindern Israels zu Schawuot die Tora übergeben wurde, wird das Fest auch *chag matan tora* (»Fest der Tora-Gabe«)
genannt. Die Rabbinen betonen, dass die Israeliten erst durch
die Tora ein freies Volk wurden. Sie empfingen die Tora freiwillig
und bewusst (Ex 24,7), und ohne die Annahme des »Jochs des
himmlischen Königreichs« wäre die Befreiung aus der auch geistigen Knechtschaft zu Pessach nicht vollendet worden.

Ein dritter Name ist *chag ha-kazir* (»Fest der Ernte«) nach Ex
23,16: »Und das Fest der Ernte, der Erstlinge deiner Arbeiten, was
du gesäet auf dem Felde, und das Fest der Einsammlung beim
Ausgang des Jahres, wenn du einsammelst deine Arbeiten vom

Felde.« Der Termin des Festes entspricht, wie schon gesagt, dem Ende der Gerstenernte und dem Beginn der Weizenernte.

Unmittelbar damit verbunden ist der vierte Name *chag bikkurim* (»Fest der ersten Früchte«): »Und ein Fest der Wochen sollst du dir machen, der Erstlinge der Weizenernte« (Ex 34,22). So wie zu Pessach das Omer der neuen Gerste während des Festes »seiner ersten Ernte« geopfert wurde, so wurden zu Schawuot, dem Ende der Gerstenernte, die beiden Schaubrote dargebracht. Diese Opfer, die einst im Tempel dargebracht wurden, sind religiöse Pflichten, die nicht den Einzelnen, sondern das Volk im Ganzen verpflichten. Heute ist es in Israel üblich, Erstlingsfrüchte – Obst und Gemüse – an Arme zu verteilen.

Die fünfte Bezeichnung für Schawuot ist schließlich *azeret* (»Versammlung«). Mischna und Talmud kennen Schawuot unter diesem Namen als festliche Versammlung des Volkes in Erinnerung daran, dass die Pilger, die nach Jerusalem kamen, das Fest dort gemeinsam begingen. Schawuot ist der letzte Tag der Pessach-Periode, so wie der Tag Schemini Azeret das Laubhüttenfest im Herbst beschließt.

Brauchtum zu Schawuot

Zu den drei Wallfahrtsfesten schreibt die Tora vor, nicht zu arbeiten und sich am Fest zu erfreuen. Die drei Tage vor Schawuot, also der 3., 4. und 5. Siwan, werden Tage der *hagbala* (»Tage der Beschränkung«) zur Heiligung und Vorbereitung auf den Empfang der Tora genannt: »Grenze aber das Volk ab ringsum [...]« (Ex 19,12). Es ist Brauch, in der Schawuot-Nacht wach zu bleiben und gemeinschaftlich Kapitel aus der Tora, anderen biblischen Büchern, der Mischna, der Gemara und dem *Sohar* zu lesen. Dieser Brauch *(tikkun leil schawuot)* hat seinen Ursprung in der Mischna, die erzählt, dass die Israeliten die Übergabe der Tora vernachlässigt hätten, weil sie in der Nacht zuvor schliefen und Mose sie mehrmals wecken musste.

In aschkenasischen Gemeinden wird zu Schawuot vor der Toralesung die *akdamut* (»Vorbereitung«) als eine Art Eröffnung eingeschaltet, ein aramäisches liturgisches Gedicht aus dem 11. Jahrhundert, das dem Wormser Vorbeter Meir bar Jizchak zugeschrieben wird. Es schildert die Verfolgung der Juden zur Zeit der Kreuzzüge und ihr Sterben zur Heiligung Gottes und ist so im Sinne von Schawuot Ausdruck von Israels Treue zur Tora. Sefardische Gemeinden bezeichnen den Schabbat vor Schawuot als »Schabbat der Braut«: Die Tora wird mit einer Braut verglichen, und das jüdische Volk ist der Bräutigam. Daher schufen die Dichter Hochzeitslieder und eine spezielle Version der Ketubba, des Ehevertrages, die in der Synagoge vorgelesen wird, wenn man die Tora aus dem Schrein herausnimmt, so wie bei Eheschließungen die Ketubba unter dem Hochzeitsbaldachin gelesen wird.

Es ist Brauch, zu Schawuot Haushalt und Synagoge mit Blumen und grünen Pflanzen zu schmücken, denn die Aggada erzählt, dass der Berg Sinai bei der Übergabe der Tora plötzlich voller Blumen, Bäume und Gras gewesen sei. Die Pflanzen erinnern zudem an den Brauch, zur Zeit des Tempeldienstes die Erstlinge der »sieben Arten« (Gerste, Weizen, Trauben, Feigen, Granatäpfel, Oliven, Datteln) als Erntedankopfer darzubringen. Und jeder Feiertag hat seine traditionellen Speisen, auch Schawuot. Es ist Brauch, milchige Speisen zu essen, da die Tora für jeden die Quelle des Lebens ist, wie die Milch für den Säugling. Ebenfalls üblich sind hohe Kuchen zur Erinnerung an die Übergabe der Tora am Sinai und Obst, vor allem wiederum von den »sieben Arten«.

Wir essen Milchiges an Schawuot, um die Gabe der Tora mit Demut zu feiern. Milchiges: das zeigt, dass wir uns als kleine Kinder sehen, die noch zu jung sind, um Fleisch zu essen.
    Der Koretzer Rebbe

Die Schawuot-Lesung: Das Buch Ruth

Zu Schawuot wird die Megillat Ruth gelesen, das Buch Ruth, das sich auf das ursprüngliche bäuerliche Fest bezieht: Es spielt zwischen der Gersten- und der Weizenernte. Der Überlieferung nach starb König David zu Schawuot. Die Megilla erzählt den Beginn der Dynastie Davids, denn Ruth war die Mutter von Davids Großvater. Daher ist es zu Schawuot auch Brauch, das Grab König Davids am Zionsberg in Jerusalem zu besuchen. Dass das Volk Israel die Tora zu Schawuot empfing und Ruth der biblischen Erzählung nach während der Erntezeit die jüdische Religion annahm, schafft eine weitere Verbindung. Israel erhielt 613 Mizwot, die nichtjüdischen Völker nur sieben. Als Ruth zum Judentum übertrat, hielt sie zunächst die sieben Mizwot, um dann die zusätzlichen 606 Gebote auf sich zu nehmen. 606 ist wiederum der Zahlenwert für das Wort »Ruth« gemäß der Gematrie. Die Moabiterin Ruth, die sich aus Liebe zu ihrer Schwiegermutter Noemi dem Volk Israel und seiner Religion anschloss, gilt als Muster für Glaubenstreue, und Israel, das sich am Berg Sinai ebenfalls in freiwilliger Entscheidung zu Gott bekannt hat, soll sich Ruth immer wieder zum Vorbild nehmen. Der wohl bekannteste Satz aus dem Buch Ruth lautet: »[…] denn wohin du gehest, will ich gehen« (Rut 1,16).

Während orthodoxe Juden davon ausgehen, dass die Tora am Sinai wortwörtlich übergeben wurde, haben liberale Juden ein anderes Verständnis vom Offenbarungsgeschehen und stehen damit in einer langen Tradition. So bezieht sich der im 14. Jahrhundert wirkende Rabbi Jom Tow ben Awraham Ischbilly aus Sevilla, »Ritba« genannt, in seinem Talmudkommentar auf bTEr 13b: »Als Moses auf die Höhe stieg, um die Tora in Empfang zu nehmen, wurden ihm im Zusammenhang mit einer jeden Sache 49 Gründe gezeigt, warum es erlaubt sein sollte, und 49 Gründe, warum es verboten sein sollte. Als Moses den Heiligen – gepriesen sei er! – um endgültige Entscheidungen bat, wurde ihm gesagt, dass derartige Entscheidungen den Weisen Israels in jeder einzelnen

Generation vorbehalten seien und dass die Entscheidungen, die sie dann jeweils träfen, die gültigen Entscheidungen seien.« Dem Menschen wird also bei der Offenbarung des Willens Gottes ein hohes Maß an Mitwirkung gegeben. Der andauernde Prozess menschlicher Interpretation wird so zum stetigen Offenbarungsprozess, der weit über das Sinaigeschehen hinausgeht. Bisher verborgene Wahrheiten und Ansichten werden entdeckt und die alten Gebote ständig in neue Bezüge gesetzt. Damit verändert und wandelt sich das Judentum, so wie es zu jeder Zeit geschah: Es hat den Glauben der Erzväter mit der Gesetzgebung am Sinai in Einklang gebracht, mit dem Idealismus der Propheten, mit den praktischen Anliegen der Rabbinen. Im liberalen Verständnis ergibt sich aus dem Offenbarungsgeschehen so eine innere Entdeckungsreise des Einzelnen, um den Willen Gottes zu erfassen. Das ist auch ein Grund dafür, dass jüdische Jugendliche im Alter von 15 oder 16 Jahren seit Ende des 19. Jahrhunderts in liberalen Gemeinden als Alternative oder Ergänzung zur Bar beziehungsweise Bat Mizwa auch *kabbalat tora*, den Empfang der Tora, als Konfirmation am Schawuot feiern.

10. Vom 17. Tammus zum 9. Aw: Drei finstere Wochen

Der 17. Tag im Monat Tammus ist der erste der in der Bibel aufgezählten Fasttage: »So spricht der Ewige der Heerscharen: das Fasten des vierten und das Fasten des fünften und das Fasten des siebenten und das Fasten des zehnten [Mondes] wird dem Hause Jehuda zu Wonne und Freude und zu fröhlichen Festen werden« (Sach 8,19). Er wird im Gedenken an den zweifachen Abriss der Jerusalemer Stadtmauer begangen, erst durch Nebukadnezar im Jahre 586 v. u. Z., danach durch Vespasian im Jahr 70, drei Wochen vor der Zerstörung des Zweiten Tempels am 9. Aw. Der 9. Tag im Monat Aw ist wiederum ein Gedenk- und Fasttag zur

Erinnerung an die Zerstörung des Ersten Tempels in Jerusalem durch die Babylonier und an die Zerstörung des Zweiten Tempels durch die Römer.

Zwischen beiden Fasttagen liegen die »drei Wochen«: Erinnerung an drei Wochen der Furcht, als die Unverzagten in Jerusalem im Kampf gegen die Römer ihre letzten Kräfte einsetzten. »Darum wanderte Jehuda vor Elend und schwerer Knechtschaft; es weilt unter den Völkern, findet keine Ruhestatt; all' seine Verfolger finden es mitten in Drangsalen« (Klgl 1,3). Auf Aramäisch heißt diese Zeit »drei Wochen der Bestrafung« und gilt als allgemeine Trauerzeit, strenger noch als die während der Omer-Tage. So zieht man in traditionsbewussten Kreisen keine neuen Kleider an, isst kein Frühobst und vermeidet jede persönliche Freude. Es finden keine Hochzeiten statt. Man verzichtet auf Musik und beschränkt sich in der Körperpflege auf das Nötigste. Zu Beginn des Monats Aw verstärkt sich die Trauer noch. Während der neun Tage werden dann weder Fleisch- noch Fischgerichte gegessen, sondern nur milchige Speisen, und man verzichtet auf den Genuss von Wein.

In der Woche von Tischa Be'Aw, dem neunten Aw, werden die Torarollen nicht geschmückt. In aschkenasischen Gemeinden enthält die Liturgie mittelalterliche Klagelieder, die die Not und das Morden während der Kreuzzüge beschreiben, unter anderem in Speyer, Worms und Mainz. Andere schildern das Leiden der Juden von Lemberg und Krakau während des Kreuzzugs gegen die Türken von 1463. Im Talmud heißt es: »Wer am neunten Tag von Aw isst oder trinkt, muss als ebenso schuldig gelten wie der, der zu Jom Kippur isst.« Als Zeichen der Trauer sitzt man zu Tischa Be'Aw auf niedrigen Schemeln und zieht seine Schuhe aus; im Gottesdienst werden die Klagelieder des Propheten Jeremia über Zerstörung und Exil vorgelesen.

11. *Rosch Chodesch: Feiertag der Frauen*

Rosch Chodesch (wörtlich »Kopf des Monats«) ist der erste Tag des jüdischen Monats, der am Neumond beginnt, genau genommen mit dem Sichten des *molad*, des »Neulichtes«, also gleich nach der finsteren Phase des Neumondes. Der Rosch Chodesch ist bereits in der Tora erwähnt. Die Praxis, den Rosch Chodesch im Gottesdienst des vorangehenden Schabbat anzukündigen, hat sich bis in unsere Zeit erhalten. In einigen jüdischen Gemeinschaften – besonders im Jemen – werden dann in der Synagoge und zu Hause Kerzen angezündet. Der Rosch Chodesch, an dem Num 28,11–15 gelesen wird, ist kein Feiertag innerhalb des synagogalen Jahreszyklus. Beim Wiedererscheinen des Mondes wird ein spezieller Segensspruch, die *birkat ha-lebana*, rezitiert. Der Brauch, vor dem Neumondfest (als einer Art »kleinem Versöhnungstag«) zu fasten, kam erst in der Neuzeit unter kabbalistischem Einfluss auf. Die jüdische Tradition sagt, dass der Rosch Chodesch den Frauen als Belohnung gegeben worden ist, weil sie sich geweigert hatten, Aaron ihren Schmuck für das goldene Kalb zu geben. In Ex 32,3 heißt es dazu: »Da nahmen sich alle im Volk die goldenen Ringe ab, die in ihren Ohren, und brachten sie zu Aharon.« Im Hebräischen steht »ihren« hier in der maskulinen Form, was impliziert, dass die Frauen daran nicht teilnahmen. Rosch Chodesch war traditionell – auch in nachbiblischen Zeiten – für die Frauen ein arbeitsfreier Tag; sie waren jedenfalls von allen Aufschub duldenden typischen Tätigkeiten wie Spinnen und Weben befreit.

In den letzten Jahrzehnten haben jüdische Frauen diesen Feiertag mit seiner besonderen Tradition wieder für sich entdeckt und Rosch-Chodesch-Gruppen gegründet, um diesen Feiertag gemeinsam zu begehen und dafür neue Liturgien oder Rituale zu entwickeln, miteinander zu singen, zu lernen und zu erzählen. Der thematische Schwerpunkt liegt dabei oft auf Frauen, die der Überlieferung nach mit diesem Monat in Verbindung stehen, beispielsweise Esther im Monat Adar oder Ruth und Noemi im Monat Siwan.

12. *Die Dauer der Feiertage*

Die Bibel sagt eindeutig, dass man Pessach sieben Tage lang feiern soll – vom vierzehnten Tag des ersten Monats an (Lev 23,5–6) –, Schawuot einen Tag lang – am sechsten Tag des dritten Monats (Lev 23,21) –, Rosch Ha-Schana einen Tag lang – am ersten Tag des siebten Monats (Lev 23,24) – und Sukkot wiederum sieben Tage lang – vom fünfzehnten Tag des siebten Monats an (Lev 23,34). Zu der Zeit, als der Neumond noch durch das oberste rabbinische Gericht in Jerusalem, das Sanhedrin, verkündet wurde, verbreitete man diese Nachricht durch Leuchtfeuer und Boten. Für die wachsende jüdische Diaspora in Babylon und Ägypten brachte dies Kalenderunsicherheiten mit sich. Um zu gewährleisten, dass die Feiertage auch außerhalb des Landes Israel zum korrekten Zeitpunkt begangen werden konnten, wurde deshalb in der Diaspora ein zusätzlicher Tag eingeführt,

Mit der Einführung des zweiten Feiertags dauerte Pessach nun acht Tage, Schawuot zwei Tage, Rosch Ha-Schana zwei Tage und Sukkot acht Tage. Weil es selbst im Land Israel schwierig war, den Termin für Rosch Ha-Schana, den ersten Tag des Monats Tischri, rechtzeitig zu verkünden, wurde dieser Festtag ausnahmsweise auch dort verdoppelt. Diese Regelung wurde auch nach der Einführung des festen Kalenders beibehalten, denn es heißt im Talmud, dass man die Bräuche seiner Vorfahren bewahren solle. Heutzutage, da es keine Terminunklarheiten mehr gibt, sind liberale jüdische Gemeinden weltweit zu der Praxis zurückgekehrt, die Feste gemäß den biblischen Zeitangaben zu begehen. Das hat zur Folge, dass das Fest Simchat Tora in liberalen Gemeinden einen Tag früher als in orthodoxen Synagogen stattfindet, weil diese nach wie vor acht Tage lang Sukkot feiern, Simchat Tora dort also am neunten Tag stattfindet. Eine weitere Konsequenz ist, dass das Schlussfest von Sukkot, Schemini Azeret, in allen liberalen und in einigen konservativen Gemeinden in der Diaspora am selben Tag gefeiert wird wie in Israel. Dies ist der einzige größere Unterschied in der Feiertagsordnung zwischen orthodoxen und nichtorthodoxen Synagogengemeinden weltweit. Die Frage, ob man auch in der Diaspora analog zur Praxis in Israel auf den zweiten Neujahrstag verzichten sollte, wird innerhalb der liberalen jüdischen Gemeinden unterschiedlich gehandhabt.

13. Feiertage des Staates Israel

Nach der Errichtung des Staates Israel im Jahr 1948 wurden einige staatliche Feiertage eingerichtet, die zum Teil religiöse Motive oder Rituale aufgreifen und aus Verbundenheit mit dem jüdischen Staat auch in jüdischen Gemeinden und Haushalten in der Diaspora Beachtung finden.

Der Jom Ha-Schoa ist der Gedenktag für die Opfer des Holocaust am 27. Nissan, acht Tage vor dem israelischen Unabhängigkeitstag. Er wurde 1959 eingeführt. Bei der Eröffnungszeremonie am Abend werden üblicherweise sechs Fackeln als Symbol für die sechs Millionen jüdischen Opfer des Holocaust entzündet. Am nächsten Morgen finden Gedenkveranstaltungen in Yad Vashem statt. Um 10 Uhr heulen im ganzen Land für zwei Minuten die Sirenen; der öffentliche Nahverkehr stoppt, die Menschen halten schweigend inne.

Der Jom Ha-Sikaron, der Gedenktag an die gefallenen israelischen Soldaten und Opfer des Terrorismus, findet am 4. Ijar statt, am Vortag des israelischen Unabhängigkeitstages. Geehrt werden alle Veteranen und die Gefallenen der israelischen Armee, außerdem die Zivilisten, die Opfer von Terrorakten geworden sind.

Der Jom Ha-Azma'ut, der israelische Unabhängigkeitstag, fällt auf den 5. Ijar und wurde 1949 als Erinnerung an die Proklamation des jüdischen Staates durch David Ben-Gurion am 1. Mai 1948 eingeführt.

Der Jom Jeruschalajim, der Jerusalem-Tag, findet am 28. Ijar statt und erinnert an die Wiedervereinigung der Stadt nach dem Sechstagekrieg von 1967 unter israelischer Kontrolle.

2.8 Der Lebenskreis

Er sagte ferner: Mit fünf Jahren für [das Studium der] Schrift, mit zehn für [das Studium der] Mischna, mit dreizehn für [die Pflicht der] Gesetzesübung.

MAw 5,24

Zu den wichtigen Ereignissen im Laufe des Lebens zählen im Judentum – so wie auch in anderen Kulturen und Religionen – die Geburt, die religiöse Mündigkeit, die Eheschließung und der Tod: Lebensstationen, die mit bestimmten religiösen Zeremonien verbunden sind. Was es mit diesen Ritualen auf sich hat, wird in diesem Kapitel geschildert. Dabei wird gegebenenfalls auch auf die Unterschiede zum christlichen Brauchtum hingewiesen. Für Statusfragen, die sich etwa durch Heirat oder Scheidung ergeben und die Zugehörigkeit zum Judentum betreffen, ist das Jüdische Recht maßgeblich, das an dieser Stelle am Beispiel des jüdischen Eherechts kurz vorgestellt werden soll.

Ehe und Familie

Das Judentum konzentriert sich anders als etwa das Christentum auf das Diesseits. Der Mensch muss sich im Hier und Jetzt bewähren, und sein Leben kommt der Aufgabe gleich, Gottes Gebote zu befolgen. Das biblische Fortpflanzungsgebot – »Seid fruchtbar und mehret euch« (Gen 1,28) –, das sich aber lediglich auf den jüdischen Mann bezieht, hat den besonderen Stellenwert der Familie im Judentum zur Folge.

Ehe und Familie gelten im Judentum als die Grundlage der Gesellschaft. »[…] und [ein Mann wird] anhängen seiner Frau, dass sie werden zu einem Fleische«, heißt es in Gen 2,24. Die Se-

xualität ist nach traditionellem Verständnis die schöpfungs-
gemäße Anlage zur Erfüllung dieses Gebots in der Ehe; das Konzept der Ehelosigkeit oder des Zölibats, wie es die katholische
Kirche für ihre Kleriker kennt, ist dem Judentum fremd. Kinder-
losigkeit gilt wegen des Fortpflanzungsgebots traditionell als Makel. Die religiöse Pflicht ist aber bereits dann grundsätzlich erfüllt, wenn ein Mann einen Sohn und eine Tochter gezeugt hat
(im Idealfall mit besonderer Andacht in der Schabbatnacht).

Ein Kind, das von einer jüdischen Mutter geboren wurde, gilt
nach jüdischem Recht als Jude, wobei es gleichgültig ist, ob die
Mutter selbst in die jüdische Gemeinschaft hineingeboren wurde
oder aber durch einen formellen Übertritt ins Judentum aufgenommen wurde. In biblischer Zeit scheint hingegen der Vater
der bestimmende Faktor gewesen zu sein. Ein Beispiel ist Rehoboam, der König von Juda, der einen jüdischen Vater hatte –
Salomon – und eine ammonitische Mutter – Na'ama. Genauso
hatten Ahasja und Jehoram, zwei Könige von Israel, in Ahab
einen jüdischen Vater und in Jesebel eine phönizische Mutter.

Die Rabbinen haben festgelegt, das ein Kind in seinem Status
der Mutter folgt. Das Prinzip, dass Jude ist, wer eine jüdische
Mutter hat, wird von einem Vers in Dtn 7,4 abgeleitet: »Denn er
würde wegtreiben deinen Sohn von mir, dass sie anderen Göttern
dienen, sodass der Zorn des Ewigen über euch entbrennet und er
dich schnell vertilget.« Möglicherweise ging man davon aus, dass
der Einfluss der Mutter auf ein Kind stärker sei als der des Vaters.
Und vielleicht spielte auch die schwerer zu bestimmende Vater-
schaft eine Rolle. Heute spielt die patrilineale Abstammung nur
bei den Nachfahren des Priesterstands eine Rolle, also für die
Leviten und die Kohanim, für die im orthodoxen Judentum noch
besondere Reinheitsvorschriften und Ehehindernisse gelten.

Zu den traditionellen Pflichten des Vaters zählt, dass er seinem Sohn die Tora und eine toragemäße Lebensführung sowie
einen Beruf vermittelt, während die Erziehung der Töchter Sache
der Mutter ist.

Die wichtigen Lebensstationen

Als die wichtigsten Zäsuren im Leben gelten im Judentum:
- die *brit mila*, die Beschneidung als Zeichen des Bundes
- die Namensgebung
- der Loskauf des Erstgeborenen
- die religiöse Mündigkeit: Bar Mizwa und Bat Mizwa
- die Eheschließung und evtl.
- die Scheidung.

1. Beschneidung: Zeichen des Bundes

Und zwar acht Tage alt soll beschnitten werden bei euch jegliches Männliche, für eure Geschlechter.
　　Gen 17,12

Die Geburt eines Kindes ist für die Eltern immer ein ganz besonderer Augenblick – so auch im Judentum, das diesen Moment mit einer Reihe von Ritualen begleitet. Die jüdische Identität des Kindes wird bezeichnet, es wird von der jüdischen Gemeinde willkommen geheißen und in die Gemeinschaft aufgenommen. Ein neugeborener Junge wird traditionsgemäß am ersten Freitagabend nach der Geburt im Familien- und Freundeskreis begrüßt. Die Ursprünge dieser »Schalom Sachar« genannten Feier liegen in der Kabbala; unter sefardischen Juden ist es Brauch, diese Feier erst in der Nacht vor der Beschneidung des Jungen zu begehen, um damit mögliches Übel abzuwehren.

　　Durch die Beschneidung der Vorhaut des Gliedes wird der Junge in diesen Bund aufgenommen: »Beschneiden sollt ihr das Fleisch eurer Vorhaut, und das sei zum Zeichen des Bundes zwischen mir und euch« (Gen 17,11). Sie ist ein äußerliches Zeichen der Zugehörigkeit des Einzelnen zur jüdischen Gemeinschaft und findet am achten Tag nach der Geburt statt (der Tag der

Geburt zählt als der erste Tag), selbst wenn dieser Tag ein Schabbat oder ein Festtag ist. Als wichtigste aller Pflichten hat die Beschneidung Vorrang vor allen anderen Geboten. Ein Aufschub ist traditionell nur dann vorgesehen, wenn die Gesundheit oder das Gewicht des Jungen Anlass zur Sorge geben: Das Kindeswohl hat also Vorrang. Da die Genesung des Neugeborenen seinem Geburtstag gleichkommt, findet die Beschneidung in einem solchen Fall wiederum am achten Tag danach statt.

Vorgenommen wird die Beschneidung von einem entsprechend ausgebildeten Spezialisten, dem Mohel, oder von einem jüdischen Arzt. Nach traditionellem Verständnis kann aber jeder chirurgisch versierte Jude eine Beschneidung ausführen. Ist der Vater des Neugeborenen dazu befähigt, so ist dies seine Pflicht: Beispiel dafür ist Abraham, der seinen Sohn Isaak beschnitt (Gen 21,4). Für die Beschneidung werden spezielle Utensilien verwendet, darunter ein Skalpell und eine Klammer. Nach alter Tradition wurde das Beschneidungsblut einst mit dem Mund abgesaugt – ein Brauch, der aus hygienischen Gründen inzwischen aber weitestgehend aufgegeben wurde. Er soll wohlmöglich noch in streng orthodoxen Kreisen befolgt werden.

Die *brit mila* fand ursprünglich im Familienkreis zu Hause statt. Seit dem Mittelalter ist es üblich, die Zeremonie nach dem Morgengebet in der Synagoge durchzuführen. Mehr und mehr Familien bevorzugen aber eine Beschneidung im Krankenhaus, wo sie dann als religiöse Zeremonie beispielsweise von einem Kantor begleitet wird. Es ist eine besondere Ehre für einen Freund oder Bekannten der Familie, den Jungen bei der Beschneidung in seinem Schoß zu halten. Derjenige, dem diese Ehre zuteilwird, wird »Sandak« genannt; die Bezeichnung kommt aus dem Griechischen und bedeutet so viel wie Pate.

Unter aschkenasischen Juden gibt es den Brauch, zwei weitere Personen auszuzeichnen, die der Familie zur Seite stehen: den Kvater und die Kvaterin. (Das jiddische »Kvater« entspricht dem deutschen »Gevatter«.) Der Junge wird der Mutter in der Regel von der Kvaterin abgenommen und von ihr dem Kvater übergeben, der ihn wiederum dem Mohel überreicht. Da sich die Mutter acht Tage nach der Geburt gemäß Lev 12,1–5 noch im Zustand der Unreinheit befindet, kann sie ihr Kind nicht selbst in die Arme des Mohels geben. Traditionell ist die Mutter wegen ihres wahrscheinlichen Mitleids mit ihrem Kind bei der Zeremonie auch gar nicht anwesend; heutzutage ist es aber gerade in nichtorthodoxen Kreisen üblich, dass auch die Mutter und andere Frauen bei der *brit mila* zugegen sind.

Während der Mohel die Vorhaut des Jungen entfernt, rezitiert dessen Vater Segenssprüche, auf die die anderen Anwesenden mit folgenden Worten antworten: »Wie das Kind in den Bund eingegangen ist, so möge es auch zum Torastudium, zur Ehe und zu guten Werken eingehen!« Der Mohel erhebt darauf einen Becher Wein, dankt Gott dafür, dass er »den Menschen von Geburt an geheiligt und sein Fleisch mit dem Zeichen des heiligen Bundes gesiegelt hat«, und bittet ihn, das Kind zu beschützen. Der Sandak sitzt während der Zeremonie neben einem leeren Platz, der für den Propheten Elija freigehalten wird (der ja auch am Sederabend zu Pessach eine Rolle spielt). Traditionell heißt es, dass der Prophet Elija in den Tagen, in denen das Kommen des Messias verkündet wird, Zeugnis dafür ablegen wird, dass das jüdische Volk auch in schweren Zeiten den Bund der Beschneidung bewahrt hat und bewahrt (Mal 3,23). Deswegen wird Elija bei jeder *brit mila* um seine Zeugenschaft und seinen Schutz gebeten. Das geflossene Blut aber soll dem beschnittenen Jungen zum Leben gereichen (Ex 4,25ff), und so heißt es nach Ez 16,6: »In deinem Blute lebe!«

Der Mohel ist als Kultusbeamter verpflichtet, ein Register der von ihm vorgenommenen Beschneidungen zu führen, das bis in die Neuzeit hinein ähnlich den Kirchenbüchern einem Personenstandsregister gleichkam. In einigen jüdischen Gemeinden pflegt man noch den Brauch, die bei der Beschneidung benutzten Windeln zu Torawimpeln umzuarbeiten. Diese *mappot* werden dann mit Segenssprüchen und dem Namen und Geburtstag des Jungen bestickt oder bemalt und dienen als Toraschmuck.

Können Frauen eine Beschneidung vornehmen?
Dem Vorbild Abrahams folgend, soll der Mohel traditionsgemäß ein Mann sein. Dem steht die biblische Geschichte
von Zippora entgegen, der Frau von Mose, die ihre Söhne
laut Ex 4,25 selbst beschnitten hat. In heutiger Lesart ist
Zippora dadurch zu einem Beispiel für weibliche Initiative,
Emanzipation und religiöse Pflichterfüllung geworden.
Nach patriarchalisch-rabbinischem Verständnis aber war
es Mose, der die Beschneidung seiner Söhne zu Ende brachte, sodass der väterlichen Pflicht doch Genüge getan wurde.
Spätere rabbinische Auslegungen gehen aber dahin, dass
eine Frau immer dann eine Beschneidung ausüben darf,
wenn kein geeigneter jüdischer Mann zur Stelle ist. In der
amerikanischen Reformbewegung ist es längst gang und
gäbe, dass auch Moheliot (so der weibliche Plural von Mohel) eine *brit mila* vollziehen, und inzwischen gibt es auch
in Deutschland entsprechend ausgebildete Frauen.

Männer, die nicht schon als Kleinkind beschnitten wurden, müssen dieses religiöse Ritual nachholen, wenn sie im vollen Sinne
Mitglied der jüdischen Religionsgemeinschaft sein wollen. Das
gilt nicht nur für Männer, die zum Judentum übertreten, sondern etwa in Deutschland auch für die Mehrheit der russischsprachigen Zuwanderer aus der früheren Sowjetunion, von denen
aber längst nicht alle diesen auch seelisch einschneidenden Akt
vornehmen lassen. Ist jemand bereits aus medizinischen oder kulturellen Gründen beschnitten, bevor er formell zum Judentum
übertritt, so wird bei seiner Aufnahme ins Judentum noch eine
symbolische Beschneidung praktiziert, bei der zumindest ein
Tropfen Blut fließt. Genau genommen gilt aber, dass der jüdische
Status des Jungen allein schon durch eine jüdische Mutter gewährleistet ist; die Beschneidung macht den Neugeborenen also
nicht zum Juden, ist kein konstitutives Moment. Auch in anderen
Kulturkreisen ist es üblich, Jungen zu beschneiden, so etwa im
Islam und in Nordamerika. Die männlichen Angehörigen des

britischen Königshauses werden einer eigenen Tradition folgend von einem Londoner Mohel beschnitten.

Der kleine Eingriff hat nichts mit Verstümmelung oder körperlicher Beeinträchtigung zu tun. Heutzutage werden vielmehr auch hygienische, medizinische oder ästhetische Gründe zugunsten der Beschneidung geltend gemacht. Für die *brit mila* als religiöse Verpflichtung spielen derartige Argumente allerdings keine Rolle. Die jeweilige öffentliche Diskussion darüber spiegelt aber den Stellenwert der jüdischen Gemeinschaft und ihre Akzeptanz in ihrer jeweiligen Umwelt wider.

Namensgebung

Die Namensgebung erfolgt für Jungen während der Beschneidungszeremonie. Der jüdische Name, den der Junge dabei neben seinem modernen bürgerlichen Vornamen erhält, ist auch der Name, mit dem er als 13-Jähriger als Bar Mizwa (Sohn der Pflicht) erstmals zur Tora aufgerufen wird.

In allen religiösen Zusammenhängen, insbesondere in Heiratsurkunden und Scheidungsbriefen, wird allein der jüdische Name benutzt, den man traditionell mit dem Vatersnamen zusammensetzt. In nichtorthodoxen Kreisen wird auch der Name der Mutter hinzugefügt. Wenn das Kind einen nichtjüdischen Vater hat, so kann man zusätzlich zum Namen der jüdischen Mutter eine hebräische Entsprechung des väterlichen Vornamens beifügen oder stattdessen den jüdischen Vornamen des Großvaters mütterlicherseits verwenden oder einfach den Namen Israel wählen. Konvertiten, die zum Judentum übertreten, erhalten anstelle des Vatersnamens in der Regel den Zusatz »ben Abraham«, »Sohn Abrahams«.

Der jüdische Vorname wird oft an das Klangbild des bürgerlichen Vornamens angelehnt oder entspricht ihm in seiner Bedeutung. Zur Auswahl stehen traditionell die Namen biblischer und rabbinischer Personen. Im aschkenasischen Judentum ist es üblich, die Namen lebender Verwandter zu meiden und stattdessen einen Verstorbenen, etwa den Großvater, mit der Wahl seines Namens zu ehren. Im sefardischen Judentum hingegen zeichnet man lebende Angehörige mit der Weitergabe ihres Vornamens aus. Während Vornamen wie Mose und David in der Antike unüblich waren, sind sie seit dem Mittelalter sehr populär. Priesterliche Vornamen wie Aaron und Pinchas weisen darauf hin, dass der Vater des Neugeborenen ein Kohen ist, so wie der Vorname Levi sich auf eine levitische Herkunft bezieht. Vornamen biblischer Gestalten, mit denen sich ein schweres Schicksal verbindet, sind ungebräuchlich, so etwa Hiob. Zu den jüdischen Vornamen zählen auch griechische Namen, die an positive historische Erfahrungen erinnern, etwa Alexander. Im Staat Israel ist es inzwischen zu ganz neuen Namensschöpfungen gekommen, beispielsweise mit Bezug auf die Landschaft und auf die Natur. »Tal« etwa heißt »Tau«, »Scharon« ist eine Küstenebene.

Bei einem Mädchen ergibt sich die erste Gelegenheit zur Namensgebung am ersten Schabbat nach seiner Geburt. Der Vater des Mädchens wird im Schabbatmorgengottesdienst mit einem Aufruf zur Tora geehrt. Alternative Termine sind der Montag und Donnerstag sowie Rosch Chodesch, der Neumondstag, da an diesen Tagen ebenfalls aus der Tora gelesen wird. Traditionell pflegt der Vater, der einen Aufruf zur Tora erhalten hat, an die Lesung des entsprechenden Tora-Abschnittes und den darauffolgenden Segensspruch noch einen weiteren Segensspruch als Dank für die Errettung der Mutter aus Lebensgefahr anzufügen (*birkat ha-gomel* oder »Gomel benschen«). Der Vorbeter oder Rabbiner sagt dann einen Segen für das Kind und seine Mutter und nennt dabei den Namen des Kindes. Das Kind ist dabei in orthodoxen Synagogengemeinden in der Regel nicht anwesend, ebenso wenig die Mutter: Sie gilt nach der Geburt eines Mädchens zwei Wochen lang als unrein, und nach sefardischem Brauch verlässt sie in dieser Zeit auch das Haus nicht. Für die Namensgebung bei Mädchen gibt es weniger strenge Richtlinien als bei Jungen. Neben den Vornamen von Verwandten kommen auch

Modenamen und die in der Umgebungsgesellschaft gebräuchlichen Namen in Betracht.

In nichtorthodoxen Synagogengemeinden ist es bei der Namensgebung üblich, dass beide Eltern zum Toraschrein gerufen werden und ein Dankgebet sprechen. Die Mutter sagt beispielsweise: »Während sie wächst an Körper und Geist, lass Worte der Wahrheit auf ihrer Zunge sein und Liebe zur Gerechtigkeit in ihrem Herzen. Lass sie ein Segen sein für alle um sie herum und lass sie Israel vor allen Menschen zu Ehren bringen. Gott, sei mit mir und meinem Ehepartner; möge unsere Liebe zu unserer Tochter uns noch enger verbinden in Hilfsbereitschaft und Vertrauen.« Ist nur der Vater beziehungsweise nur ein Elternteil anwesend, so sagt er: »Während sie wächst an Körper und Geist, lass Worte der Wahrheit auf ihrer Zunge sein und Liebe zur Gerechtigkeit in ihrem Herzen. Lass sie ein Segen sein für alle um sie herum und lass sie Israel vor allen Menschen zu Ehren bringen. Gott, sei mit mir in den vor uns liegenden Jahren. Gib mir die Kraft, für meine Tochter zu sorgen, und lass mich die nötige Unterstützung meiner Familie und Freunde erfahren.« Im Anschluss daran spricht der Vorbeter oder Rabbiner einen Segensspruch über das Kind. Im Falle einer Adoption wird anstelle dieser elterlichen Gebete ein besonderer Segensspruch gesprochen, der die Zuneigung zu diesem Kind zum Thema hat. In liberalen Gemeinden ist es üblich, dass der Segen über einen neugeborenen Jungen im Schabbatmorgengottesdienst zusätzlich zu seiner Beschneidung erfolgt und ebenso wie bei der *birkat banot*, dem Segen für Mädchen, mit einem Kiddusch, einer leichten Mahlzeit nach dem Segen über Wein und Brot, für die Gemeindemitglieder verbunden wird.

Pidjon ha-ben: Loskauf des Erstgeborenen

Nach Ex 13,1–2 wird der Erstgeborene einer Mutter wie alle Erstlingsfrucht Gott geweiht: »Heilige mir alles Erstgeborne, was jeden Mutterschoß öffnet, unter den Söhnen Jisraels, an Menschen und an Vieh, mein ist es.« Diese Verpflichtung wurde noch dadurch verstärkt, dass Gott die Erstgeborenen der Israeliten bei den Plagen, mit denen er die Ägypter überzog, verschont hatte.

Der Tempeldienst der Erstgeborenen, insbesondere die Darbringung der Opfer im Jerusalemer Tempel (bis zu seiner Zerstörung im Jahre 70 u. Z.) erübrigte sich aber aufgrund der Tatsache, dass der Stamm Levi diese Aufgabe übernahm. Die Verpflichtung, den erstgeborenen Sohn dem Tempeldienst zu weihen (Num 3,40–51), konnte einst durch die Zahlung einer bestimmten Summe an die Priesterschaft abgelöst werden. Nach der Tempelzerstörung ist ein Kohen als Nachfahre der Tempelpriester der Empfänger dieser Summe: Der Vater bringt dazu seinen 31 Tage alten erstgeborenen Sohn zu einem Kohen und kauft ihn mit fünf Schekeln los. Diese Auslösung gilt nicht für die Erstgeborenen von Kohanim und Leviten als Nachfolger der Tempelpriester und -diener und wird auch dann nicht angewandt, wenn das Kind per Kaiserschnitt zur Welt kam oder die Mutter zuvor bereits einmal eine Fehlgeburt erlitten hatte.

Da die Auslösung mit einem Geldgeschäft verbunden ist, kann der Loskauf nicht am Schabbat stattfinden. Der Auslösungsbetrag von fünf Silberschekeln entspricht etwa 96 Gramm Silber und muss dem Kohen in Münzen geleistet werden. Da es sich hierbei um einen Akt rein symbolischen Charakters handelt, kann der Kohen den Geldbetrag dem Vater zurückgeben. Eine andere Möglichkeit ist es, mit diesem Geld ganz bewusst einen bedürftigen Kohen zu unterstützen. Die Auslösung der Erstgeborenen ist heute ein rein symbolisches Ritual.

Im liberalen Judentum findet die Zeremonie des *pidjon ha-ben* (auch *pidjon ha-bechor*) schon deswegen nicht statt, weil hier einerseits der Unterschied zwischen Kohanim, Leviten und Israel aufgehoben wurde und das Ritual andererseits die nachfolgenden Geschwister benachteiligen würde. Zudem beabsichtigt kein Vater, seinen Sohn wirklich wegzugeben, sodass der Vorgang längst ohne rechtliche Grundlage ist. Dazu kommt, dass die Tora

von vielen Geschwisterpaaren erzählt, bei denen Gott den Erstgeborenen nicht bevorzugte, so etwa bei Kain und Abel, Esau und
Jakob, Ruben und Juda, Menasche und Efraim. Für diejenigen
Erstgeborenen, die auf traditionelle Weise ausgelöst wurden,
bleibt eine Verpflichtung bestehen: Sie sollen am Rüsttag vor
Pessach, am 14. Nissan, fasten, und zwar aus Respekt vor den Erstgeborenen Ägyptens, die anders als die Erstgeborenen Israels von
Gott vor dem Auszug aus Ägypten getötet wurden. Dieses Fasten
der Erstgeborenen ist allerdings eine erst von den Kabbalisten
neu eingeführte Tradition.

2. Bar und Bat Mizwa: Religiöse Mündigkeit

Nach jüdischer Auffassung endet die Kindheit von Jungen mit
Vollendung des 13. Lebensjahrs, die von Mädchen entsprechend
ihrer früheren Reife mit zwölf Jahren. Vom Tag ihrer religiösen
Mündigkeit an sind sie als Bar Mizwa (»Sohn der Pflicht«) beziehungsweise Bat Mizwa (»Tochter der Pflicht«) gebotspflichtig.
Ein jüdischer Junge wird als Bar Mizwa erstmals zur Tora aufgerufen und von nun an mitgezählt, wenn es darum geht, ob
ein Minjan zustande kommt.

Als religionsgesetzlicher Lebensschritt ist das Erreichen der
religiösen Mündigkeit bereits in den Sprüchen der Väter erwähnt
(MAw 5,1 sowie bTJoma 82a). Eine eigenständige Zeremonie entwickelte sich daraus aber erst im 14. Jahrhundert – sodass schließlich der Ausdruck »Bar Mizwa« auch zur Bezeichnung für die
Feier selbst geworden ist. Damals wurde dem Bar Mizwa im
Schabbatmorgengottesdienst eine zusätzliche *alija* aufgetragen,
nämlich die des *maftir* (»Abschluss«). Er wiederholt die beiden
letzten Verse des Toraabschnittes der siebten regulären *alija* und
trägt anschließend die Haftara vor, die Prophetenlesung. Im Allgemeinen werden die Jugendlichen von einem Rabbiner, einem
Kantor oder einem Religionslehrer auf die Zeremonie vorbereitet.

Dazu gehören nicht nur das Einstudieren der Tora- und der Prophetenlesung, sondern auch eine Anleitung dafür, die Verse gemäß den Tonzeichen zu »leinen«, wie die traditionelle Bezeichnung für den Toravortrag lautet. Darüber hinaus lernen sie, wie man die Tefillin legt und den Tallit trägt, und werden mit den Mizwot (also den Geboten) vertraut gemacht.

Im nichtorthodoxen Judentum gibt es selbstverständlich auch entsprechende Einsegnungsfeiern für Mädchen. In liberalen Synagogengemeinden ist es heute sogar möglich, dass der Bar Mizwa oder die Bat Mizwa am Schabbatvormittag den gesamten aktuellen Wochenabschnitt aus der Tora vorträgt, nicht nur die letzten Verse des Wochenabschnitts, also den Maftir (sei es nun gesungen, gelesen oder auch gelesen und in die jeweilige Landessprache übersetzt). Die Jugendlichen tragen auch die Segenssprüche vor und nach der Lesung vor und lesen dann die Haftara samt den dazugehörigen Lobsprüchen. Darüber hinaus legen die Jugendlichen in manchen Gemeinden auch den jeweiligen Tora-Abschnitt aus, halten einen kurzen Vortrag oder übernehmen einen anderen Part im Gottesdienst. Dem Anlass entsprechend sagen sie oft auch ein besonderes Gebet.

Häufig wird dieses Gebet vor dem geöffneten Toraschrein an der Seite der Eltern gesprochen. Manchmal übergibt der Vater seinem Kind eine Torarolle – als Symbol dafür, dass die Tradition von Generation zu Generation fortgeführt wird. Der Lobspruch des Vaters »Gepriesen sei Er, der mich von meiner Verantwortung für dieses Kind befreit hat«, der in orthodoxen Gemeinden üblich ist, wird im liberalen Judentum vermieden. Man weiß schließlich, wie abhängig ein zwölf- oder dreizehnjähriges Kind, das in seiner Pubertät steckt, noch von seinem Elternhaus ist. Seit Ende des 19. Jahrhunderts feiern deswegen in liberalen Gemeinden jüdische Jugendliche im Alter von 15 oder 16 Jahren zu Schawuot auch *kabbalat tora*, den Tora-Empfang, als eine Art bewusstes Glaubensbekenntnis – als Alternative oder Ergänzung zur Bar und Bat Mizwa.

Im Anschluss an die Zeremonie richtet die Familie des Bar

Mizwa oder der Bat Mizwa gewöhnlich einen *Kiddusch* (Segens-spruch über Wein und Brot) für die ganze Gemeinde aus, der oft mit einem Büffet verbunden wird. Aufwendige Feiern sind ver-pönt, doch zuweilen ist es so, dass die Familien ähnlich wie bei Hochzeitsfesten keine Kosten und Mühen scheuen, um für ihr Kind eine ganz besondere Party zu organisieren. Manche Fami-lien ziehen eine Bar-Mizwa- beziehungsweise Bat-Mizwa-Feier in Israel vor. Die Zeremonie findet dann in der Regel an der Kotel statt, an der Westmauer des Tempelberges in Jerusalem.

3. Die Ehe: Der Bund fürs Leben

Die Ehe ist im Judentum eine religiöse Institution, die göttlicher Satzung unterliegt. Für die Propheten war sie sogar ein Gleichnis für die enge Verbindung Gottes mit Israel. Deshalb hat das Ju-dentum die Ehe stets als gut und wünschenswert sowie als gött-lich sanktioniert betrachtet und hat – von wenigen Ausnahmen abgesehen – in der Ehelosigkeit nie einen höheren Stand gesehen. Die jüdische Ehe ist kein Sakrament im christlichen Sinn, sie ist eine Mizwa, die Erfüllung eines religiösen Gebots.

Die Ehe bringt als *brit*, heiliger Bund, auch heilige Pflichten mit sich. Die Ehepartner sind einander, der Allgemeinheit und Gott gegenüber verpflichtet, ihre Beziehung treu sowie in Liebe und gegenseitigem Respekt zu gestalten und ihr Heim zu einem »kleinen Heiligtum« zu machen, das erfüllt ist von der Schönheit des Heiligen. Für die Ehe können drei Ziele formuliert werden: Erstens dient sie der menschlichen Fortpflanzung, zweitens dem Leben in glücklicher Gemeinschaft, denn »es ist nicht gut, dass der Mensch allein sei« (Gen 2,18), und schließlich dem Familien-leben an sich.

Die Mischna empfiehlt Männern für die Eheschließung das Alter von 18 Jahren; der Talmud erwähnt die Zeit »von 16 bis 22«, »von 18 bis 24« oder »unter 20« als ideales Heiratsalter. Die Ehe minderjähriger Mädchen wurde bereits in talmudischer Zeit abgelehnt und schließlich verboten. Grundsätzlich verboten sind auch Ehen zwischen nahen Verwandten. Besondere Einschränkungen gelten nach wie vor – mit Ausnahme des liberalen Judentums – auch für *mamserim*. Ein *mamser* (volkstümlich auch als »Bastard« bezeichnet) ist eine Person von »illegitimer« Geburt, nämlich ein Kind aus einer religionsgesetzlich verbotenen Beziehung zwischen zwei Juden, etwa aus einer ehebrecherischen Beziehung eines Mannes mit einer verheiraten Frau oder aus einem Inzest. Der *Mamser*-Status ist über zehn Generationen und darüber hinaus erblich: Wessen Vater oder Mutter *mamser* ist, der gilt ebenfalls als *mamser*. *Mamserim* gelten als Juden, dürfen aber keine Juden heiraten, es sei denn andere *mamserim*.

Eine Besonderheit ist auch die Leviratsehe (hebr. *jibbum*). So bezeichnet man die Ehe einer kinderlosen Witwe mit dem Bruder ihres verstorbenen Mannes. Sie gilt seit biblischer Zeit als eine Bestimmung mit dem Ziel, dem Verstorbenen posthum erbberechtigte männliche Nachkommenschaft zu verschaffen, und kommt beispielhaft erstmalig in Gen 38 vor, als Gesetz in Lev 18,16 und 20,21 sowie in Dtn 25,5–10. Der *jibbum* wird dann ausführlich in der Mischna behandelt. Falls der nächste Bruder nicht in der Lage war, die Schwägerin zu heiraten, ging die Pflicht auf den folgenden Bruder über. Wenn der einzig mögliche Bruder noch nicht heiratsfähig war, musste die Witwe bis zu dessen Volljährigkeit warten.

Ziel dieser Ehe war es, einen männlichen Nachkommen zu zeugen, der Namen und Rechtsstellung des verstorbenen Gatten erhielt und rechtlich als dessen Sohn galt. Sollte einer der beiden Beteiligten nicht einwilligen, wurde die *chaliza* (nach Dtn 25,9) vollzogen. *Chaliza* heißt so viel wie »[das] Ausziehen [des Schuhs]«: eine im nichtorthodoxen Judentum inzwischen abgeschaffte Zeremonie, mit der ein Mann seine Weigerung bekundet, die kinderlose Witwe seines verstorbenen Bruders im Sinne der Leviratsehe zu heiraten.

Heute sind religionsverschiedene Ehen, also die Ehe zwischen einem jüdischen und einem nichtjüdischen Partner, weit verbreitet. Solche Eheschließungen sind aber traditionell verpönt und bereiten Rabbinern und Demografen oftmals Kopfschmerzen. Die Vorliebe für Eheschließungen innerhalb der jüdischen Gemeinschaft erscheint vielleicht als weltfremd, ist im Judentum aber tief verwurzelt: Die religionsverschiedene Ehe wurde als Bedrohung des Judentums betrachtet. Schon das Buch Deuteronomium verbietet Ehen mit den sieben kanaanäischen Nationen. Während es auch Ammoniter und Moabiter als Ehepartner ausdrücklich ablehnt, ist die damalige Haltung den Edomitern und Ägyptern gegenüber eine andere: »Verabscheue nicht den Edomi, denn er ist dein Bruder; verabscheue nicht den Mizri, denn Fremder warst du in seinem Lande: Kinder, die ihnen geboren werden als drittes Geschlecht, mögen ihnen kommen in die Versammlung des Ewigen« (Dtn 23,8–9).

Die Propheten Esra und Nehemia erweiterten in der Zeit nach dem Exil das Eheverbot auf alle nichtjüdischen Nationen. Tatsächlich war nach dem Babylonischen Exil eine neue Situation entstanden, weil es nun zunehmend geschah, dass einzelne Nichtjuden den jüdischen Glauben annahmen. Durfte ein Jude nun einen konvertierten Nichtjuden heiraten? Esra meinte: Nein. Doch der Autor des Buches Ruth, das vielleicht aus Protest gegen Esras Politik geschrieben ist, meinte: Ja. Ist Ruth eine Konvertitin? Das Buch Ruth ist eine kurze Erzählung über eine Moabiterin, die einen Juden heiratet, Witwe wird und dann zu ihrer Schwiegermutter Naomi spricht: »Dein Volk sei mein Volk, und dein Gott sei mein Gott« (Ruth 1,16). Sie wird als Jüdin angenommen und heiratet anschließend Boas, einen Verwandten Naomis. In nachbiblischer Zeit dominierte im Hinblick auf die Ehe mit Nichtjuden Esras Sichtweise. Die Ehe mit Konvertiten war jedoch – außer für Priester (Kohanim) – erlaubt. Das zeigt noch einmal, dass die Bedenken gegenüber der sogenannten Mischehe rein religiöser Natur waren und ihre Relevanz verloren, sobald der Nichtjude konvertierte. Zwischen Juden und Nichtjuden kann es aber keine jüdische Ehe geben. Die Zivilehe eines jüdischen Partners mit einem nicht konvertierten Partner ist aus jüdischer Sicht ungültig.

Monogamie – Das Dekret von Rabbenu Gerschom aus Mainz
Seit dem Mittelalter ist im aschkenasischen Judentum die Monogamie festgeschrieben. Das war nicht immer so: Die Polygynie (Vielweiberei) ist in Bibel und Talmud ebenso erlaubt wie in den Kulturen, mit denen das Volk Israel zu dieser Zeit Kontakt hatte. Jakob, der Stammvater des Volkes Israel, war mit zwei Frauen verheiratet, Lea und Rachel, und dasselbe gilt für Mose. Andere biblische Personen, die mehr als eine Frau heirateten, sind beispielsweise Gideon, Elkana, Salomon und Jojada.
Vor allem aber gehen einige der Gesetze in der Tora offenbar davon aus, dass ein Mann zwei oder mehr Frauen ehelichen konnte. Daraus lässt sich jedoch nicht ableiten, dass die Polygynie üblich gewesen wäre. Denn zum einen konnten sich nur Wohlhabende mehr als eine Frau leisten, und zum anderen gab es ethische Vorbehalte gegen die Polygamie. Außerdem scheinen viele berühmte Passagen der Bibel die Monogamie vorauszusetzen, wie die Schöpfungsgeschichte oder das »Lob der tüchtigen Frau« *(eschet chajil)* in den Sprüchen (Spr 31,10–31). Und schließlich ist es beachtenswert, dass der Hohepriester, zumindest nach der rabbinischen Auslegung des betreffenden Verses, verpflichtet war zu heiraten – aber nur eine einzige Frau. Neben der Ehe kennt das biblische Recht auch das Konkubinat als besondere Form der Polygamie. Rabbinische Diskussionen zum Eherecht gehen fast immer von der Monogamie als der Regel aus. In Palästina – allerdings nicht in Babylon – war Bigamie sogar ein Scheidungsgrund. Und im *Targum Rut,* der aramäischsprachigen Übertragung des Buches Ruth, wird argumentiert, dass Bigamie Unfrieden im Hause stifte.

In den mittelalterlichen jüdischen Gemeinden des Orients wurde die Polygamie jedoch weiterhin akzeptiert. Maimonides gestattete einem Mann, bis zu vier Frauen zu heiraten, aber nicht mehr – eine Regel, die auch im Islam gültig ist. Im Westen – außer in Spanien unter muslimischer Herrschaft – war die Praxis jedoch eine andere. Dass sich im Judentum eine Tradition der Monogamie entwickelte, ist auch auf den Einfluss der griechischen und römischen Kultur und der christlichen Kirche zurückzuführen, die die monogame Ehe bevorzugten. Der oströmische Kaiser Justinian verbot die Polygamie bereits im 6. Jahrhundert. Spätestens seit dieser Zeit war die Monogamie unter den Juden im christlichen Herrschaftsbereich die übliche Praxis. Trotzdem muss es im Mittelalter hinsichtlich der Polygamie einige Fragen gegeben haben, denn die spätere jüdische Rechtsliteratur berichtet, der Rabbiner Gerschom ben Juda aus Mainz (ca. 960–1028/40) habe um 1000 einen Rat einberufen, der eine *takkana* (»Verordnung«) erlassen habe, durch die die Vielehe den Juden in Europa unter Strafe des Bannes verboten worden sei. Das wurde in der jüdischen Tradition als Cherem (Banndekret) des Rabbenu Gerschom bekannt und hat später auch in weiten Teilen des sefardischen Judentums Geltung gewonnen. Leider ist der Text nicht erhalten, und daher besteht über die zeitliche und räumliche Geltung dieser *takkana* (Verordnung) keine Einigkeit. Zuletzt dürfte dieses Thema 1807 umfassend diskutiert worden sein: Unter dem Vorsitz des Straßburger Oberrabbiners, des aus Trier gebürtigen Joseph David Sintzheim, hatte das von Napoleon einberufene Grand Sanhédrin zwölf Fragen der jüdischen Tradition zu erörtern, von Polygamie bis Wucher, um so die Integrationsfähigkeit des Judentums zu beweisen.

Wie kommt aber nun eine Ehe zustande, die dem jüdischen Recht entspricht? Bei der Eheschließung handelt es sich genau genommen um einen Erwerbsakt, der seit der talmudischen Zeit aus drei aufeinanderfolgenden Rechtsakten besteht:

- dem *schidduchin* (Verlobung),
- dem *kidduschin* (Antrauung) und
- dem *nissuin* (der eigentlichen Heirat und Heimführung der Braut).

Schidduchin: Die Verlobung

Der zentrale Inhalt des *schidduchin* ist die beidseitige Verabredung von Mann und Frau, miteinander die Ehe einzugehen, wobei traditionell auch ein Heiratsvermittler, der *schadchan*, die Beziehung herstellen konnte – und dies in streng orthodoxen Kreisen auch immer noch tut. Zwischen dem *schidduchin* und der tatsächlichen Heimführung der Braut lagen früher mitunter Jahre, nicht zuletzt auch wegen der Restriktionen der nichtjüdischen Obrigkeit noch bis ins 19. Jahrhundert hinein. Beim *schidduchin* werden auch die Familien beider Parteien mit einbezogen. Der Begriff umfasst genau genommen zwei verschiedene Arten von Versprechen: zum einen das Versprechen des Mannes, die Frau zu heiraten, und zwar zu einem bestimmten Zeitpunkt oder zu einer noch festzulegenden Zeit, und zum anderen das Versprechen der Eltern oder anderer Verwandter der Parteien, durch das die zukünftige Eheschließung einschließlich Mitgift und Hochzeitskosten vereinbart wird. Heutzutage fällt der formelle *schidduchin* in nichtorthodoxen Kreisen oft weg. Das Paar verlobt sich stattdessen nach weltlichen Brauch.

Kidduschin und *nissuin*: Antrauung und Heirat

Auf die Verlobung folgt als zweiter Rechtsakt und als zweite Phase des Prozesses der Verehelichung nach dem Jüdischen Recht der *kidduschin* (»Heiligung«), der Vorgang der Antrauung der

Frau durch den Mann. Er geht einher mit einem konkreten Akt, dem *erussin*, in dem die rechtswirksamen Antrauungsversprechen verkündet werden. Eine grundsätzliche Unterscheidung zwischen *kidduschin* und *erussin* ist dabei nicht gegeben; der *kidduschin* schließt den *erussin* in sich ein, sodass hier von ein und demselben Vorgang die Rede ist. Diesem folgt sodann der dritte und letzte Rechtsakt, der *nissuin* (»Zu-sich-Erhebung« der Frau), die eigentliche Heirat, die auch durch die *schewa brachot*, die »Sieben Segenssprüche«, besiegelt wird. Anstelle von *nissuin* verwenden Literatur und Alltagssprache auch die Ausdrücke *chatuna* und *chittunim* (von *chatan*, »Bräutigam«) sowie *pars pro toto* den Begriff *chuppa*, der heute eigentlich nur den Hochzeitsbaldachin bezeichnet. Der Ausdruck *nissuin* ist jedoch der einzige Terminus, der den Rechtsakt der Heirat in all seinen Bezügen umfasst.

Auch *kidduschin* und *nissuin* haben sich im Laufe der Geschichte gewandelt. In der Antike lag etwa, wie aus der Mischna (MKet 5,2) hervorgeht, zwischen *kidduschin* und *nissuin* normalerweise eine Mindestzeitspanne von zwölf Monaten, wenn die Braut noch Jungfrau war, und mindestens ein Monat, wenn die Frau geschieden oder verwitwet war. Nur ausnahmsweise fanden beide Zeremonien am gleichen Tage statt. Diese Praxis hat sich erst seit dem 11. und 12. Jahrhundert allmählich durchgesetzt und ist dann seit dem 16. Jahrhundert allgemeiner Brauch geworden. Über die Gründe, die im Laufe der Jahrhunderte dazu geführt haben, dass die beiden Rechtsakte nunmehr zusammenfallen und in einer gemeinsamen Zeremonie vollzogen werden, lässt sich nur spekulieren. Dabei soll aber nicht vergessen werden, dass es sich um zwei verschiedene Rechtsakte handelt, von denen jeder für sich nach Gesetz und Tradition vollzogen werden muss. Im zeremoniellen Ablauf getrennt werden die beiden den Trauungsvorgang bestimmenden Rechtsinstitute *kidduschin* und *nissuin* durch das Verlesen der *ketubba*, des Ehevertrags.

Was genau der Begriff *chuppa* ursprünglich bezeichnete, ist nicht eindeutig geklärt. In Joel 2,16 steht er in Parallele mit *cheder*

(»Kammer«) (»herausgehe der Bräutigam aus seiner Kammer, und die Braut aus ihrem Gemach [*chuppa*]«), meint also ein Hochzeitsgemach oder Zelt. Schließlich muss mit *chuppa* auch der Vollzug der Ehe gemeint gewesen sein, denn sowohl Maimonides wie auch Rabbenu Nissim beziehen die *chuppa* auf die Vereinigung von Bräutigam und Braut bei Entfernung von Zeugen. So war es in talmudischer Zeit üblich, dass der Bräutigam die Braut vom Haus ihres Vaters in sein eigenes Haus führte, also in seinen Rechtsraum (*reschut*, eigentlich: »Gewalt«). Dieser Eintritt der Frau in die *chuppa*, ein Vorgang analog zur *deductio in domum mariti* im Römischen Recht, nahm allerdings zunehmend symbolische Gestalt an. Im Mittelalter, wo es sich in Mittel- und Osteuropa für ein jungvermähltes Paar ohnehin geziemte, im Elternhaus der Braut zu leben, verlor die *chuppa* ihre ursprüngliche Bedeutung als das neue Heim, in das der Bräutigam die Braut nahm. Verschiedene Bräuche, die sich in der Regel auf Bibelstellen beziehen, rückten an ihre Stelle. Beispielsweise breitete man einen Schleier oder einen Gebetsschal über die Häupter von Braut und Bräutigam. Schließlich wurde es üblich, dass das Brautpaar während der Hochzeitszeremonie unter einem tragbaren Baldachin oder Trauhimmel stand. Eine ähnliche Entwicklung nahm das Hochzeitsmahl, das mit der Wiederholung der *schewa brachot* abgeschlossen und so Teil der Zeremonie wird. Der gesamte Vorgang entwickelte sich also zu jenem Akt, den man heute als endgültige Heirat, als *nissuin*, versteht. Jedenfalls führte die Vereinigung von Antrauung und Hochzeit dazu, dass beide Vorgänge vollständig in die Hochzeitszeremonie integriert wurden.

Diese Zeremonie wird in der Regel im Anschluss an den Nachmittagsgottesdienst von einem Rabbiner oder Kantor vorgenommen, jedoch nie am Schabbat. Sie kann überall stattfinden, traditionell auch im Freien. Ein Minjan, der Öffentlichkeit gewährleistet, ist in Anlehnung an die Hochzeit von Boas und Ruth (Ruth 4,2) erwünscht, aber nicht verpflichtend. Die Synagoge bietet einen würdigen Rahmen, ist aber nicht als Ort vorgeschrieben. Im späten Mittelalter wurden Hochzeitsfeiern aus dem häuslichen Rahmen oft in den Synagogenhof verlegt, und im aschkenasischen Raum finden sich aus dieser Zeit noch die sogenannten Hochzeitssteine, so etwa in Höchberg und Altenkunstadt. Sie verweisen auf den alten Brauch, in Erinnerung an die Zerstörung des Tempels ein Glas gegen die Synagogenwand zu werfen.

Kurz: Wenn wir heute vom jüdischen Hochzeitsgottesdienst bzw. vom Vorgang der jüdischen Trauung sprechen, dann meinen wir ein kombiniertes Antrauungs- und Hochzeitsritual. Beide Teile der Hochzeitszeremonie, Antrauung *und* Heirat, sind einerseits die Erfüllung einer Mizwa (eines Gebots) durch den Bräutigam und andererseits eine *simcha*, eine fröhliche Angelegenheit (nach Hld 3,11). Die entsprechenden *brachot* (Segenssprüche) sind wiederum wesentliche Bestandteile der beiden institutionellen Rechtsakte *kidduschin* und *nissuin*. Die umfangreichen Hochzeitsbräuche variieren nach Zeit und Ort und sind oftmals von den Gepflogenheiten der nichtjüdischen Umgebungsgesellschaft abhängig, haben aber keine Bedeutung für den eigentlichen Rechtsakt. Zu diesen *minhagim* gehören im aschkenasischen Kulturkreis der Aufruf des Bräutigams zur Toralesung im Schabbatgottesdienst vor der Hochzeit, das rituelle Bad der Braut in der Mikwe vor der Hochzeit, das Fasten des Paares am Hochzeitstag oder auch der Besuch der Familiengräber. Es ist mit Bezug auf Gen 24,65 und auf die Mischna (MKet 2,1) auch üblich, dass der Bräutigam das Gesicht der Braut mit einem Schleier bedeckt. Das Fasten am Hochzeitstag verweist auf den Versöhnungstag Jom Kippur.

Geruschin: Die Auflösung der Ehe

Im Idealfall ist die Ehe ein Bund fürs Leben: »Wer eine Frau fand, fand ein Glück, hat vom Ewigen Gnade erworben« (Spr 18,22). Die Propheten nehmen das Verhältnis zwischen Mann und Frau als Metapher für den Bund zwischen Gott und Israel, und dieser

ist unzerstörbar. Diese Metapher kommt beispielsweise zur Anwendung in Maleachis Klage über Israels Untreue gegenüber
Gott, die er dem Betrug eines Mannes gegenüber »dem Weibe
deiner Jugend« gleichsetzt. Besonders beachtenswert ist Vers 16:
»Denn er hasset das Scheiden, spricht der Ewige, Jisraels Gott«
(Mal 2,16). Auch die Rabbinen sahen die Scheidung, wenn es dazu kam, als Tragödie. In einem Kommentar zum eben zitierten
Satz sagen sie: »Wenn jemand sich von seiner ersten Frau scheiden lässt, so vergießt sogar der Altar Tränen über ihn« (bTGit
90b). Sie betrachteten die Institution der Ketubba als ein Mittel,
die Männer von der Scheidung von ihrer Frau abzuhalten. Sie
verkomplizierten teils die rechtlichen Scheidungsvorgänge, um
durch die Verzögerung Gelegenheit zur Versöhnung zu schaffen.
Sie betrachteten es als ihre Pflicht, die Männer von der Scheidung von ihren Ehefrauen abzubringen. Und sie priesen die Versöhnung, wenn sie stattfand.

Der ethische Vorbehalt gegen die Scheidung ist, dass das Aus-
einanderbrechen der Familie den Kindern schadet und die Stabi-
lität der Gesellschaft unterminiert. Rabbiner Israel I. Mattuck
(1884–1954) gibt in seinem Buch *Jewish Ethics* aber auch Folgendes zu bedenken: »Sie [die Scheidung] ist auch ein spirituelles
Übel. Sie bricht eine geheiligte Verbindung und beeinträchtigt
in der Folge die Heiligkeit der Ehe, was, wie befürchtet werden
kann, oftmals die allgemeine Wertschätzung der Heiligkeit im
Leben des Menschen schwächt.« Dennoch erkennt das Judentum
die Notwendigkeit der Scheidung an. Es tue dies teils deshalb, so
Mattuck, »weil die Gesamtsicht des Judentums auf das Leben
auch die Vorstellung umfasst, dass Gott möchte, dass seine Kinder glücklich sind«. Auf einer niedrigeren Ebene erlaubt es die
Scheidung – paradoxerweise – zugunsten der Heiligkeit der Ehe.
»Die Ehe ist heilig. Sie aber aus formellen Gründen zu erhalten,
wo sie ihre spirituelle Essenz verloren hat, verletzt ihre Heiligkeit.« Des Weiteren könne ein Haus, »das physisch intakt, jedoch
spirituell zerbrochen ist, ein Haus, das aufrechterhalten wird, obwohl Mann und Frau einander nicht mehr lieben – sich womög-

lich inzwischen sogar hassen – den Kindern auf drastischere Weise schaden, als dies durch Scheidung geschehen würde«, so Roland B. Gittelsohn in seinem Buch *Consecrated Unto Me – A Jewish View of Love and Marriage* (1965).

Wie der Scheidungsvorgang in Zeiten der Bibel ausgesehen hat, wissen wir aus einem Gesetz im Buch Deuteronomium, das besagt: »So ein Mann eine Frau nimmt und ehelicht sie, so geschehe, wenn sie nicht Gunst findet in seinen Augen, weil er an ihr etwas Unziemliches [*erwat dawar*] gefunden, schreibe er ihr einen Scheidebrief und lege ihn in ihre Hand und entlasse sie aus seinem Hause. Und sie gehe aus seinem Hause und gehe hin und mag eines anderen Mannes werden. Hasset sie aber der andere Mann und schreibt ihr einen Scheidebrief und legt ihn in ihre Hand und entlässt sie aus seinem Hause, oder es stirbt der andere Mann, der sie sich zur Frau genommen: so darf ihr erster Mann, der sie entlassen, sie nicht wieder nehmen, ihm zur Frau zu sein« (Dtn 24,1–4). Weil dies die einzige Passage in der Bibel ist, die Details zum Scheidungsgesetz nennt, unterzogen die Rabbinen ihren Wortlaut einer minutiösen Untersuchung und entwickelten aus ihr die gesamte Struktur des rabbinischen Scheidungsrechts. Der Vorgang an sich und auch die Scheidungsgründe mussten darauf aufbauen.

Unter welchen Bedingungen konnte ein Mann seinerzeit seine Frau wegschicken? Die Antwort hängt an der Auslegung des Begriffs *erwat dawar*. Wörtlich ist damit »die Nacktheit einer Sache« gemeint. Nach Lev 18 und 20 und Dtn 27,20 impliziert *erwa* auch sexuelle Unmoral einschließlich Ehebruch. Es ist daher möglich, dass die Scheidung zunächst nur aufgrund von Ehebruch denkbar war. Diese Sicht wurde von der Schule Schammais aufgenommen. Die Schule Hillels legte den Ausdruck *erwat dawar* jedoch etwas allgemeiner aus, und zwar in dem Sinne, dass sie jegliches verwerfliche Verhalten einschließen soll – »selbst wenn sie ihm die Suppe versalzen hat« (bTGit 90a); ob dies auch als euphemistische Metapher für sexuelle Inkompatibilität verstanden werden kann, sei dahingestellt. Rabbi Akiba ging sogar noch weiter. Er unterstrich die Worte »wenn sie nicht Gunst findet in seinen Augen« und schloss daraus, dass ein Mann sich von seiner Frau scheiden lassen konnte, »sogar wenn er eine andere Frau schöner findet« (bTGit 90a).

Die Papyri von Elephantine belegen, dass es bereits in vortalmudischer Zeit im jüdischen Heiratsvertrag feste Formeln für den Scheidungsfall gab. In der Entwicklung des rabbinischen Scheidungsrechts setzte sich schließlich die Sichtweise der Schule Hillels durch, und sie wurde so frei interpretiert, dass es in der Praxis der Meinung Rabbi Akibas gleichkam. Das heißt: Ein Mann konnte rein rechtlich – auch wenn ihm stark von der Scheidung abgeraten wurde – seine Frau aus jedem Grund verlassen. Dennoch wurden viele Einschränkungen angewandt. Zwei davon sind bereits explizit in der Bibel angeführt: Wenn ein Mann eine Jungfrau verführt, muss er sie heiraten und darf sich niemals von ihr scheiden lassen (Dtn 22,28–29). Ebenso verliert ein Mann, der seine Frau fälschlich der vorehelichen Unkeuschheit beschuldigt, für immer das Recht, sich von ihr scheiden zu lassen. Diesen Einschränkungen fügten die Rabbinen viele weitere hinzu.

Die wichtigste Veränderung im rabbinischen Scheidungsrecht wird traditionell Rabbi Gerschom ben Juda aus Mainz zugeschrieben. Er soll als Grundregel angeordnet haben, dass ein Mann bei Strafe des Bannes sich nicht mehr ohne die Zustimmung seiner Frau von ihr scheiden lassen konnte. Da die Bereitschaft des Mannes zur Scheidung generell vorausgesetzt wird, aber nun auch die Frau dazu bereit sein musste, diese zu akzeptieren, bedeutete dieses Dekret faktisch, dass im Mittelalter das Prinzip des gegenseitigen Einvernehmens Einzug in das rabbinische Scheidungsrecht hielt.

Wie sieht nun der eigentliche Scheidungsvorgang nach rabbinischem Recht aus? Im Wesentlichen geht es darum, dass der Mann der Frau eine Scheidungsurkunde überreicht. Die Bibel kennt dieses Dokument als *sefer kriut* (Dtn 24,1.3), und das rabbinische Recht bezeichnet es als *get*. Dieser Begriff bedeutet einfach »Dokument« und ist ein Kürzel für *get kriut* (Scheidungsurkunde) oder *get naschim* (»Frauendokument«). Im Altertum war sein Wortlaut sehr einfach. Der wesentliche Satz war: »Du bist frei, einen anderen Mann zu heiraten.« Später, besonders an den rabbinischen Akademien Babyloniens, wurden dazu detaillierte Regeln ausgearbeitet. Dieses Dokument muss nach genau festgelegten Regeln von einem Schreiber *(sofer)* verfasst sein, den der Mann hierzu angewiesen hat. Die Schreibmaterialien müssen durch den Mann erworben sein. Den Get, wie der Scheidebrief heute allgemein genannt wird, müssen zwei Zeugen bestätigen. Bevor er geschrieben wird, muss der Mann das Sündenbekenntnis *(widdui)* sprechen, um sich den Ernst der Angelegenheit zu vergegenwärtigen. Ist er geschrieben, übergibt der Mann den Get der Frau. In ihm müssen die Namen der Ehepartner, ihr Wohnsitz usw. aufgeführt werden, um die Möglichkeit einer Namensverwechslung, die zur Ungültigkeit der Scheidung führen könnte, auszuschließen. Von dem Moment an, in dem die Frau den Get von ihrem Mann freiwillig entgegennimmt, hört sie auf, seine Frau zu sein.

Dieser Akt der Übergabe verlangt ebenfalls zwei Zeugen und auch die Gegenwart des Rabbiners, des Schreibers und traditionsgemäß eines Quorums von zehn Männern. Der Get wird dann dem Rabbiner zurückgegeben, der ihn überkreuz zerreißt und an seiner Stelle ein einfaches Zertifikat herausgibt, das bestätigt, dass die Scheidung vollzogen worden ist. Dadurch wird einer eventuellen späteren Infragestellung der Gültigkeit des Gets vorgebeugt.

Die Scheidung nach dem Jüdischen Recht ist also ein Vertrag, der als ein religiöses Institut religiösen Vorschriften unterliegt, die auf bestimmten Traditionen beruhen und von Personen mit spezieller Qualifikation und Ausbildung, die wiederum den Rabbinergerichten unterstehen, streng und detailliert beachtet werden. Für die Scheidung als Rechtsakt zwischen zwei Partnern gilt heute eine Vielzahl von Regeln und Ausnahmen. Dabei bestehen grundsätzliche Unterschiede zwischen den Scheidungsregeln des Jüdischen Rechts und denen der meisten anderen Rechtssysteme in der Welt. Dort setzt meist das Gericht der Ehe ein Ende. In diesen Systemen ist es möglich, eine Scheidung *ex parte* zu vollziehen wie in jedem anderen Zivilprozess. Die Entscheidung des Gerichts schafft einen neuen rechtlichen Zustand: Es erlässt eine konstitutive Entscheidung, nach der die rechtliche Situation, die vor dieser Entscheidung bestand, aufhört zu existieren und die Parteien frei sind und wieder heiraten können.

Anders ist die Regelung nach dem Jüdischen Recht. Hier wird die Scheidung wie oben beschrieben von den Parteien selbst vollzogen und nicht vom Gericht beziehungsweise durch einen behördlichen Akt. Es ist zwar möglich, dass das Gericht entscheidet, der Ehemann beziehungsweise die Ehefrau müsse den Get geben oder annehmen. Eine solche Entscheidung bedeutet aber noch nicht die Scheidung. Solange die vorgeschriebenen Handlungen durch die Parteien nicht vorgenommen worden sind, besteht die Ehe weiter.

Im Jüdischen Recht besteht die Möglichkeit, den Ehemann zur Scheidung zu zwingen, vor allem durch die heutige israelische Familiengerichtsbarkeit. Diese Möglichkeit ist unter dem Namen *kefiat get* (»Erzwingen des Scheidebriefs«) bekannt. Dennoch besteht eine große Gefahr, dass die Ehefrau zur *aguna* wird, zu einer verheirateten Frau, die ohne Scheidung entlassen wurde. Der Ehemann hat ihr keinen Scheidebrief gegeben oder ist verschollen. Dadurch ist es möglich, dass sie zur »Gebundenen« *(aguna)* ihres Ehemanns wird. Nach orthodoxer Praxis kann nämlich nur der Ehemann die Ehescheidung initiieren. Lässt er sich dazu nicht bewegen, ist er geisteskrank und damit nicht geschäftsfähig oder sind seine Bedingungen für die andere Seite inakzeptabel, so ist ein Scheidebrief für die Frau in der Realität außerhalb jeder Reichweite, und sie kann sich nicht erneut verheiraten. Allerdings gibt es Beispiele in der orthodoxen Rechtsliteratur seit dem 19. Jahrhundert, in der für die auf biblischem Gesetz beruhende und somit für das Gericht unantastbare Institution der Ehe eine Eheannullierung erreicht wurde. Das konservative Judentum hat vorgeschlagen, bereits in der Ketubba Vorsorge zu treffen oder das Rabbinergericht zu ermächtigen, Ehen auch ohne Mitwirkung des Ehemanns aufzulösen.

Auf der Ersten Israelitischen Synode von Leipzig (1869) fasste die Mehrheit der anwesenden Rabbiner, darunter Abraham Geiger, die folgenden Beschlüsse: Die religiöse Scheidung müsse vereinfacht werden. Sie solle gleich im Anschluss an die Zivilscheidung erfolgen, vor der Zivilscheidung sollten Rabbiner den Versuch der Versöhnung machen, der Scheidebrief solle kurz und in der Landessprache verfasst sein, und es solle eine Ausfertigung für beide Parteien erstellt werden. Die religiöse Scheidung solle auch bei Widerstand einer Partei

Die Vorstandsmitglieder der Leipziger Synode von 1869: Joseph von Wertheimer, Moritz Lazarus und Abraham Geiger.

ausgesprochen werden können. Eine Wiederverheiratung der Frau sei auch ohne religiöse Scheidung möglich. Eine Witwe und eine Konvertitin könnten einen Kohen heiraten. Heute erkennt das liberale Judentum die Zivilscheidung weitgehend als gültige Auflösung der Ehe an.

Wichtig ist die rechtsgültige Scheidung von Ehen vor allem auch für den Nachwuchs aus einer weiteren Verbindung. Das Kind einer Frau, die sich ohne religiöse Scheidung wiederverheiratet, wird als *mamser* betrachtet. *Mamserim* können innerhalb der jüdischen Gemeinschaft keine Ehe eingehen. In zwei Fällen hat das Jüdische Recht die Möglichkeit der Ehescheidung ausgeschlossen: Erklärt der Ehemann fälschlich, seine Frau sei nicht im Zustand der Jungfräulichkeit in die Ehe eingetreten, so muss er diese Verleumdung durch eine Zahlung von hundert Schekeln an seinen Schwiegervater sühnen. Die Scheidung von seiner Frau ist ihm auf ewig verwehrt (Dtn 22,19). Verführt jemand eine Jungfrau, so muss er dem Vater des Mädchens fünfzig Schekel

Strafe bezahlen, ist zur Eheschließung verpflichtet und darf sich niemals von seiner Ehefrau scheiden (Dtn 22,29). Die Gründe, die ein Scheidungsbegehren der Frau rechtfertigen, lassen sich in zwei Gruppen teilen: objektive Gründe und Gründe, die mit dem Verhalten des Ehemannes zusammenhängen.

Eine weitere Frage ist, ob Geschiedene einander jemals wieder heiraten dürfen. Nach der Bibel ist das nicht erlaubt, wenn die Frau nach der Scheidung von ihrem ersten Mann ein weiteres Mal geheiratet hat, selbst wenn dieser zweite Mann dann gestorben ist oder sich seinerseits von ihr geschieden hat. Wenn sie ihren ersten Mann trotz dieses Verbots erneut heiratete, galten die danach geborenen Kinder jedoch nicht als *mamserim*. In anderen Fällen erlaubt und favorisiert das rabbinische Recht jedoch die erneute Heirat eines geschiedenen Paares. Eine solche Heirat ist auch in den Tagen zwischen Pessach und dem Laubhüttenfest erlaubt, und sie kann unmittelbar nach der Scheidung stattfinden, ohne die übliche Wartezeit.

Der Zusammenbruch einer Ehe ist eine Tragödie. Wenn also die ehemaligen Partner selbst nach einer Scheidung gewillt sind, ihre Ehe wiederzubeleben, ist dies ein Akt, den man begrüßen und erleichtern sollte – denn die Ehe ist für das Judentum ein Zustand, der Heiligkeit und Glück herstellt. Eine heilige und glückliche Ehe ist die Erfüllung eines grundlegenden Teils jenes von Weisheit und Liebe getragenen Plans, den Gott für das Leben des Menschen vorsieht.

2.9 Tod und Trauer

Zu zählen unsre Tage so lehre uns, dass wir ein weises Herz erlangen.
   Ps 90,12

In der Tora wird in Gen 2,9 symbolisch dargestellt, dass im Paradies der Baum des (ewigen) Lebens dicht neben dem Baum der Erkenntnis stand. In diesem Zusammenhang ist erstmals von der Erkenntnis der Sterblichkeit des Menschen als einer Tatsache die Rede. Sterben und Tod treten ins menschliche Bewusstsein: »[…] denn Staub bist du und zum Staube wirst du zurückkehren« (Gen 3,19), »Und zurückkehrt der Staub zur Erde, wie er [diese] gewesen, und zurückkehrt der Geist zu Gott, der ihn gegeben« (Koh 12,7) – aus dem letzten Vers spricht auch bereits der Glaube an ein Weiterleben der Seele in einer anderen Welt.

Die Tora selbst ist eine Lebenslehre: »So haltet meine Satzungen und meine Rechte. Welcher Mensch sie tuet, lebet durch sie« (Lev 18,5). Die Rabbinen folgerten daraus, dass der Mensch nicht an den Geboten zugrunde gehen soll. Alle Gebote mit Ausnahme derer, die Götzendienst, Unzucht und Mord betreffen, treten außer Kraft, wenn es darum geht, Leben zu retten, und sei es am Schabbat: »Unsere Meister lehrten: Man sei am Schabbat um Lebensrettung besorgt, und zwar je schneller, desto lobenswerter ist es […]« (bTJoma 84,6). Der hebräische Begriff für dieses Konzept der unbedingten Lebensrettung heißt *pikuach nefesch*. Aus der Heiligung des Lebens und der Achtung des menschlichen Körpers ergibt sich, dass nicht nur Mord und Selbstmord in jedem Fall untersagt sind, sondern dass man traditionell auch Obduktionen und Organtransplantationen, Tätowierungen oder auch die Einäscherung von Leichen ablehnt. Im liberalen Judentum haben sich im Übrigen auch besondere Rituale im Falle von Totgeburten und Fehlgeburten oder von Suiziden entwickelt.

Der Krankenbesuch – bikkur cholim

Zedaka tazil mimawet – »Wohltätigkeit rettet vom Tod«. Ein Krankenbesuch, so heißt es in der jüdischen Tradition, stellt ein Sechzigstel der Gesundheit des Patienten wieder her. Der Kranke hat die Aufgabe, wieder gesund zu werden. Seine Umgebung ist zum Krankenbesuch *(bikkur cholim)* als Ausdruck der Nächstenliebe verpflichtet. Gott selbst hat den kranken Abraham am dritten Tag nach seiner Beschneidung besucht (Gen 18,1), und in Ps 41,4 heißt es dazu: »Der Ewige stützt ihn auf dem Siechbett.« Wie wichtig der Krankenbesuch ist, geht aus folgender Talmudstelle hervor: »Als Raw Chelbo bestraft wurde, ging Raw Kahana hinaus und machte bekannt: Raw Chelbo ist übel dran! Aber es gab niemand, der kam. Er sagte zu ihnen: Ist es nicht so geschehen, dass einer von den Schülern Rabbi Akibas erkrankte und die Weisen nicht eintraten, um ihn zu besuchen? Da trat Rabbi Akiba ein, um ihn zu besuchen. Weil sie dann vor ihm fegten und sprengten, lebte er auf. Er sagte zu ihm: Meister, du hast mich aufleben lassen. Rabbi Akiba ging hinaus und trug vor: Jeder, der nicht Kranke besucht, ist, als ob er Blut vergieße.« Um die Krankenbetreuung, die Beerdigung und die Gräberpflege kümmern sich in einer jüdischen Gemeinde in der Regel Vereinigungen wie die *chewra kaddischa*, die »heilige Bruderschaft«. Ihr gehören Gemeindemitglieder an, die sich nach Möglichkeit auch um die finanziellen Aspekte der Wohlfahrt kümmern und Spenden sammeln.

Einen Sterbenden sollte man einerseits nicht berühren: Er gleicht einer Kerze, die in Gefahr ist, durch eine Bewegung zu verlöschen. Man lässt ihn aber auch nicht allein und versucht, seine Schmerzen zu lindern und ihm die Angst zu nehmen. Diese Zeit des Abschieds wird von Gebeten begleitet, die nach Möglichkeit gemeinsam mit dem Sterbenden gesprochen werden, allen voran das *Schma Jisrael*. Wenn nötig, werden die Gebete unterbrochen, sodass idealerweise mit dem letzten Atemzug das Wort *echad* (»einer«, »einzig«) aus dem *Schma* gesagt werden kann. Nach Eintritt des Todes, von dem man sich mittels einer Feder überzeugt, die man dem Sterbenden auf die Oberlippe legt, soll der Verstorbene nicht berührt werden. Man sagt: »*Baruch dajan ha-emet*« (»Gepriesen sei der, der in Wahrheit richtet«) und schließt dem Toten die Augen, da der Tod nach alter Vorstellung dem Schlaf gleichkommt. Diese Handlung obliegt nach dem Beispiel von Rachels erstem Sohn Josef (Gen 46,4) traditionell dem ältesten Sohn.

1. Trauerbräuche

Bestimmte Trauerrituale nach dem Tod naher Verwandter sind seit talmudischer Zeit üblich, sie variieren aber nach Zeit und Ort. Grundlagen sind jedoch stets der Respekt vor dem Toten *(kawod ha-met)* und die Rücksicht auf die Hinterbliebenen *(kawod ha-chaj)*.

Die Heiligkeit des Menschen endet nach jüdischem Verständnis nicht mit dem Tod, und viele Bräuche bringen den Respekt vor ihr zum Ausdruck. So gilt das Betrachten eines Verstorbenen als unstatthaft. Unmittelbar nach Eintreten des Todes beginnt für die nahen Angehörigen eine Trauerzeit *(aninut)*, die bis zum Zeitpunkt der Bestattung reicht und während der sie von allen religiösen Pflichten befreit sind.

Es ist üblich, gleich nach Eintritt des Todes alle Spiegel im Trauerhaus zu verhängen, um nicht zwei Tote zu sehen, die Lichter zu löschen und Wassergefäße auszuschütten, in denen der Todesengel dem Volksglauben nach sein Schwert gespült haben könnte: Bräuche zur Abwehr böser Mächte, die auf abergläubischen Vorstellungen beruhen, die in ähnlicher Form auch in christlichen Kreisen noch weit verbreitet sind und dem allgemein menschlichen Bedürfnis entspringen, der Krisensituation mit kleinen Ritualen zu begegnen. Die traditionelle Totenwache, die den Leichnam ursprünglich vor Tieren und Leichenräubern schützen sollte, erübrigt sich heute eigentlich, wird aber aus Respekt gegenüber dem Verstorbenen oft von Angehörigen und Freunden übernommen.

Tahara: Rituelle Reinigung des Leichnams

Nach orthodox-jüdischem Verständnis ist es streng verboten, dass Nichtjuden den Körper eines verstorbenen Juden berühren. Diese Regelung stammt noch aus der Antike und diente der Abgrenzung von damaligen heidnischen Ritualen. Im nichtorthodoxen Judentum spielen derartige Bedenken keine Rolle mehr. Es spricht also nichts dagegen, dass das nichtjüdische Krankenhauspersonal den Leichnam eines Juden oder einer Jüdin umbettet, wäscht und die Gliedmaßen ausrichtet, solange die Hände nicht nach christlichem Brauch auf der Brust gekreuzt oder gefaltet werden. Die rituelle Waschung der Leiche wird aber von dafür ausgebildeten Mitgliedern der jüdischen Gemeinde oder der *chewra kaddischa* (der bereits erwähnten »heiligen Bruderschaft«), die auch als Begräbnisgesellschaft der Gemeinde fungiert, ausgeführt. Dabei wird der Körper auf vorgeschriebene Art und Weise gewaschen und abgetrocknet, mit einem Totengewand bekleidet und in einen schlichten Sarg gelegt. Die rituelle Ganzkörperwaschung des Verstorbenen findet kurz vor der Beerdigung – nach den Vorschriften innerhalb von drei Stunden vor der Beerdigung – statt, um zu gewährleisten, dass der Leichnam bis zur Beerdigung im Zustand ritueller Reinheit bleibt und nicht wieder verunreinigt wird.

Die Totenpflege gilt als ein Ehrenamt und wird bei männlichen Verstorbenen von Männern, bei weiblichen Verstorbenen von Frauen übernommen. Dabei wird besonderer Respekt geübt. So soll bei den Waschungen beispielsweise nicht der ganze Körper bloßgelegt werden. In der Regel findet dieser Liebesdienst am

Die hebräische Inschrift bezeichnet den Sitz einer Chewra Kaddischa.

Verstorbenen in einem entsprechenden Raum auf dem Friedhofs-
areal statt, der *bet ha-tahara* (»Haus der Reinheit«). Wenn die
Person an einer ansteckenden Krankheit gestorben ist oder die
Ausflüsse des Körpers diejenigen gefährden könnten, die den
Körper waschen, ist die rituelle Reinigung des Leichnams nicht
erforderlich. Das Totengewand besteht aus einem einfachen weißen Baumwoll- oder Leintuch ohne Taschen; die Farbe Weiß ist
seit dem 16. Jahrhundert gang und gäbe. Die Tradition, dass alle
Juden in einem schlichten Tuch bestattet werden, geht auf Rabbi
Gamlicl zurück, der im 1. Jahrhundert u. Z. lebte, und soll deutlich machen, dass vor Gott alle Menschen, Arme und Reiche,
gleich sind. Aus diesem Grund sollen auch die Särge einfach
und schmucklos sein. Im Judentum ist ein Totenkult verpönt.

Trauernde zerreißen ihre Kleidung: *Keria*

Der Brauch, dass Trauernde nach der Bestattung ihre Kleidung
einreißen, hat seine Ursprünge in der Hebräischen Bibel. Jakob
etwa zerriss sein Gewand, als er hörte, dass sein Sohn Josef von
wilden Tieren getötet worden sei. David zerriss seine Gewänder
bei der Nachricht vom Tod König Sauls, Hiob seinen Mantel als

Zeichen der Trauer um seine Kinder und Mordechai seine Kleider, als er von Hamans Befehl hörte, die Juden »zu vertilgen, umzubringen und zu vernichten« (Est 3,13). Die Verse aus dem Buch Hiob sind auch der Grund dafür, dass die Trauernden während dieses Rituals stehen: »Da stand Ijow auf und zerriss sein Gewand« (Hiob 1,20). Ist ein Elternteil gestorben, so wird die linke Seite des Jackets oder Kleides zerrissen, denn dies ist die Seite des Herzens, das den Eltern zugewandt ist; dies geschieht traditionell mit der Hand. In der Regel nimmt der Rabbiner oder der Kantor, der bei der Bestattung amtiert, den Schnitt oder Riss vor. Für Kinder, Geschwister und Ehegatten wird die Kleidung auf der rechten Seite eingerissen. Um keine guten Kleidungsstücke zu beschädigen, ist es auch üblich, stattdessen Bänder zu benutzen. Bei der *keria* wird wie bei allen anderen religiös bedeutungsvollen Handlungen auch ein Segensspruch gesagt, in diesem Falle wieder »*Baruch dajan ha-emet*« (»Gepriesen sei der wahrhafte Richter«). Heutzutage ist das Zerreißen der eigenen Kleider für viele Menschen aber kein angemessener Ausdruck ihrer Trauer mehr, und in nichtorthodoxen Kreisen ist die *keria* zur Ausnahme geworden.

Die trauernden Angehörigen und alle, die an einer Beerdigung teilnehmen, tragen in der Regel schwarze Kleidung, zumindest aber gedeckte Farben. Dies galt gelegentlich als Nachahmung christlicher Bräuche, ist aber tatsächlich eine Tradition, die bereits im Talmud Erwähnung findet (bTSchab 114a; bTJoma 39b), wo Rabbi Jannai zwischen den schwarzen Gewändern der Leidtragenden und den weißen Gewändern von Bräutigamen unterscheidet. Im Mittelalter war es laut Rabbiner Ascher ben Jechiel (genannt Ascheri oder Rosch, 1250–1327) etwa üblich, nach dem Tod des Schwiegervaters oder eines Freundes zwölf Monate lang Schwarz zu tragen (*Rabbenu Ascher* 27,9), doch dieser Brauch wurde später in Galizien aufgegeben, um nicht als Nachahmung christlicher Gepflogenheiten missverstanden zu werden.

2. *Bestattung*

Traditionell findet die Beerdigung so früh wie möglich nach dem Tod statt (bTSanh 46b), im Allgemeinen jedoch nicht am gleichen Tag. Das deutsche Recht verlangt zudem eine Zeitdauer von 72 Stunden zwischen der Feststellung des Todes und der Bestattung. In einigen Fällen kann die Bestattung aufgeschoben werden, um zum Beispiel im Ausland lebenden Angehörigen die Teilnahme zu ermöglichen. Beerdigungen finden ferner nicht am Schabbat und an Festtagen statt. Im alltäglichen hebräischen Sprachgebrauch ist für den Friedhof, den »guten Ort«, der Ausdruck *bet kwarot* (»Haus der Gräber«) geläufig. Der religiöse Ausdruck ist aber *bet ha-chajim* (»Haus des Lebens«) oder *bet olam* (»Haus der Ewigkeit«). Eine jüdische Grabstätte ist auf ewig unverletzlich, eine »beschränkte Friedhofsruhe« wie auf kirchlichen oder kommunalen Friedhöfen unbekannt.

Der Beerdigungsgottesdienst ist kurz und schlicht. Er besteht aus einigen Gebeten und Psalmen, die zum Anlass passen, in denen also die Hilfsbedürftigkeit des Menschen und der Schmerz der Trauernden zum Ausdruck kommen: »Gott, du bist unsere Stärke. Hilf uns in unserer Schwachheit. Tröste uns in unserem Kummer. Gib uns Orientierung in unserer Fassungslosigkeit. Ohne dich ist unser Leben nichts. Aber mit dir haben wir die Fülle des Lebens bis in Ewigkeit.«

Die üblichen Gebete werden in nichtorthodoxen Gemeinden vom Rabbiner oder Kantor oft um eine Meditation oder um kurze literarische Texte ergänzt. Der Gottesdienst findet, so wie in der Synagoge auch, zum Teil in der Landessprache statt. In der Regel wird eine Traueransprache, ein *hesped*, gehalten, um die verstorbene Person zu würdigen. In traditionellen Kreisen sieht man von dieser Trauerrede dann ab, wenn die Beerdigung auf Rosch Chodesch, in den Monat Nissan oder die ersten sieben Tage des Monats Siwan, in die Tage vor Rosch Ha-Schana und Jom Kippur oder auf Chanukka oder Purim fällt, um diese Tage nicht zu überschatten. In streng orthodoxen Kreisen wird es Frauen verwehrt, an der Beerdigung teilzunehmen. Nach orthodoxem Verständnis ist es auch Kohanim verboten, unmittelbar an einer Beerdigung teilzunehmen, um sich nicht zu verunreinigen; ein Kohen darf sich nur dann einem Grab nähern, wenn es sich um einen nahen Angehörigen handelt.

Wenn der Sarg ins Grab versenkt wurde, gibt jeder Anwesende drei Schaufeln Erde darauf: »Staub bist du und zum Staube kehrst du heim.« Die Trauergemeinde wünscht den Hinterbliebenden und einander »auf simches«: auf dass man sich bei einer freudigen Gelegenheit wiedersehen möge. Ist der Sarg ganz mit Erde bedeckt, so sprechen traditionell die männlichen Hinterbliebenen – gegebenenfalls auch ein Mann, der nicht zur Familie gehört – das Kaddischgebet der Leidtragenden, *kaddisch jatom* (vgl. Kapitel 2.1.1.). Im liberalen Judentum ist es üblich, dass auch die Witwe oder die Tochter eines Verstorbenen Kaddisch sagt. Schließlich ist es Brauch, sich beim Verlassen des Friedhofs rituell die Hände zu waschen.

Ein Leichenschmaus, wie man ihn etwa im Anschluss an christliche Bestattungen kennt, ist im Judentum nicht gebräuchlich. Alkohol wird bei Trauerfeiern traditionell vermieden, um das nüchterne Wesen des Anlasses zu wahren und eine Störung der Trauer zu vermeiden. Die erste reguläre Mahlzeit nach der Beerdigung wird üblicherweise von Nachbarn ausgerichtet und heißt *se'udat ha-wara* (»Stärkungsmahl«) oder »Mahlzeit der Erleichterung«. Unter den Speisen sind traditionell runde Teigwaren und hartgekochte Eier: Symbole dafür, dass das ewige Leben keinen Anfang und kein Ende hat.

3. Trauerzeiten

Die Trauer der Hinterbliebenen um den Verstorbenen, der sein Leben nicht erhalten konnte und deshalb Gottes Gebote nicht mehr ausführen wird, ist im Judentum mit genau festgelegten

Trauerriten und Gebeten verbunden. Sie ist mit psychologischem Verständnis geregelt: Auf die strengen Trauerriten in der ersten Woche folgt ein weniger strikter Trauermonat, für die Nächstverwandten des Verstorbenen danach ein ganzes Trauerjahr. Darüber hinaus wird der Toten auch weiterhin gedacht, und zwar am jährlichen Todestag, der »Jahrzeit«, und in Gedenkgebeten (*jiskor*), die viermal im Jahre in die Feiertagsgebete eingeschaltet werden. Außerdem wird die Trauerzeit in all ihren Phasen vom Kaddischgebet begleitet, das Gottes Walten trotz der Trauer der Leidtragenden verherrlicht.

Die Trauerzeit wird in verschiedene Zeitabschnitte unterteilt und markiert durch

*   die *aninut*,
*   die Schiwa,
*   die *schloschim*,
*   die Steinsetzung und
*   die Jahrzeit.

Aninut

Die Zeit zwischen dem Tod und dem Begräbnis wird als *aninut* bezeichnet. Die Hinterbliebenen sind in diesem Zeitraum von den religiösen Pflichten (Gebetszeiten) weitestgehend befreit.

Schiwa

Durch eine Auslegung des Verses Am 8,10 gelangten die Rabbinen zu dem Schluss, dass die erste Periode der Trauerzeit genauso lange dauern soll wie die Wallfahrtsfeste zu Pessach und Sukkot, also sieben Tage. Daneben besteht ein Bezug zu Gen 50,10: Josef trug nach dem Tod seines Vaters sieben Tage lang Trauer. In biblischen Zeiten saß man während dieser Zeit auf dem Boden. Inzwischen ist es üblich, dass die Hinterbliebenen auf Schemeln oder umgestürzten Bänken oder anderen niedrigen Möbeln

»Schiwe sitzen« (*schewa* heißt »sieben« und meint die besagten sieben Trauertage). Die im Mittelalter noch übliche schwarze Trauerkleidung wurde wegen der Verwechselbarkeit mit christlichen Gepflogenheiten zunächst aufgegeben, ist inzwischen aber wieder gebräuchlich. Die Tradition sieht vor, dass das Haupt verhüllt wird, dass man die Kleidung einreißt (die bereits erwähnte *keria*), die Körperpflege auf das Nötigste reduziert, allen Luxus meidet und Gebete und andere Texte rezitiert. Oft bringen Besucher während der Schiwa Nahrungsmittel mit, sodass die Trauernden nicht selbst einkaufen und kochen müssen. Von Fall zu Fall lässt sich die Schiwa-Woche auf drei Tage verkürzen, etwa wenn es vor Ort keine jüdische Gemeinde gibt und die Trauernden zu Hause isoliert wären: Die ersten drei Tage nach der Beerdigung gelten als die wichtigste Zeit. Während dieser intensiven Trauerperiode ist es üblich, eine Kerze in Erinnerung an den verstorbenen Menschen brennen zu lassen.

Schloschim

Während des Monats nach der Beerdigung wird auf einen neuen Haarschnitt und auf bessere Kleidung verzichtet. Man meidet öffentliche Veranstaltungen und freudige Anlässe wie etwa Hochzeiten. Nach diesen dreißig Tagen *(schloschim)* ist ein Sohn traditionell verpflichtet, täglich beim öffentlichen Gottesdienst Kaddisch zu sagen, und zwar für eine Periode von elf Monaten. In liberalen Gemeinden ist es üblich, dies jede Woche im Schabbatgottesdienst zu tun.

Steinsetzung

Die orthodoxe Sitte, ein Jahr nach dem Todesfall einen Grabstein zu setzen, ist ein Brauch, aber keine Verpflichtung. In Israel ist es üblich, den Stein schon im Anschluss an die *schloschim* zu setzen.

Es bietet sich aber an, drei Monate zu warten, bis sich das Erd-
reich gefestigt hat. Die Steinsetzung, die im Kreis von Angehörigen und Freunden erfolgen sollte, wird oft mit einem kurzen
Gottesdienst verbunden, bei dem es heißt:

*Möge dieser Stein alle, die sich in der Zukunft um ihn versammeln, an
die Liebe und Zuneigung erinnern, die nie verlöscht. Möge er ihre Verbundenheit zu ihren Familien stärken. Mögen sich alle, die diesen Stein
sehen, nicht nur an den Toten erinnern, sondern ebenso an dich, Gott
allen Lebens. Du bist bei ihnen in ihrem Schmerz. Mögen sie dich in
allen Prüfungen und Versuchungen dieser Welt nicht vergessen. Lehre
sie, dass die Liebe niemals stirbt und dass der Tod für immer vom
ewigen Leben verschlungen wird. Gott, wir vertrauen auf dich.*

Die Steinsetzung markiert auch das Ende der Trauerzeit und soll
auf den Weg zur Erneuerung des Lebens verweisen. Im Judentum
gibt es verschiedene Auffassungen über das, was nach dem Tod
kommen wird: Seele und Körper sterben, aber eine leibliche Auferstehung erfolgt dann, wenn der Messias kommt – so geht es
beispielsweise aus Dan 12,2 oder MSanh 10,1 hervor – während
Textstellen wie Spr 12,28 oder bTSchab 152b auf die Unsterblichkeit der Seele schließen lassen: Die Seele verlässt demnach den
Körper und lebt unabhängig von ihm weiter.

Jahrzeit

Am Todestag, der »Jahrzeit« des Verstorbenen (nach dem jüdischen Kalender), wird das Grab besucht und ein Jahrzeit-Licht
gezündet. Der erstgeborene Sohn (im liberalen Judentum auch
die Tochter) schränkt sich traditionell beim Essen ein, nimmt
weder Fleisch noch Wein zu sich und sagt das *Kaddisch*. Man
spricht außerdem ein passendes Gebet, etwa: »Ich denke heute
an ..., der in die Ewigkeit eingegangen ist, und halte seine Erinnerung in Ehren. So wie dieses Licht rein und klar brennt, so

möge die Erinnerung an seine Güte in meinem Herzen scheinen und mich stärken, dass ich nach deinem Willen, Gott, handle. Amen.« Die Hinterbliebenen gedenken der Verstorbenen außerdem im *Jiskor*, insbesondere am Versöhnungstag, an Jom Kippur.

4. Jenseitsvorstellungen: Was kommt nach dem Tod?

Und zurückkehrt der Staub zur Erde, so wie er gewesen, und der Geist kehrt zu Gott, der ihn gegeben.
Koh 12,7

Das Judentum kennt anders als das Christentum keine eindeutigen Aussagen oder Lehrmeinungen über das Jenseits. Es haben sich aber aufgrund einiger Hinweise in der Hebräischen Bibel zwei verbreitete Überzeugungen herausgebildet: zum einen die Vorstellung von der Unsterblichkeit der Seele, zum anderen die Vorstellung von einer Auferstehung oder Wiederbelebung der Toten in der messianischen Zeit. Um auf die Frage nach der jüdischen Auffassung vom Schicksal des Menschen nach dem Tod eine befriedigende Antwort zu geben, ist es unerlässlich, einen kurzen Blick in die Geschichte der diesbezüglichen Lehrmeinungen zu werfen.

Aus der Hebräischen Bibel spricht eine diesseitsbezogene Sicht, wie sie dem Judentum überhaupt eigen ist. In der Tora selbst findet sich keinerlei Verweis auf das Jenseits. Im Buch Daniel heißt es: »Und viele von den im Erdstaube Schlafenden werden erwachen, diese zum ewigen Leben und diese zu Schanden, zu ewigem Abscheu« (Dan 12,2). Im ersten Buch Samuel ist schließlich von der Hexe von Endor die Rede, die vor König Saul den Geist Samuels und mit ihm Zukunftswissen heraufbeschwört (1 Sam 28,13–14), eigentlich ein von der Tora strikt verbotenes Tun (Dtn 18,10–11).

Wenn der Psalmist spricht: »Denn nicht überlässt du meine Seele der Unterwelt [*sche'ol*], lässt nicht deinen Frommen die Grube schauen. Den Pfad des Lebens wirst du mir kundtun; Fülle der Freuden ist vor deinem Antlitz, Wonn' in deiner Rechten immerdar« (Ps 16,10–11), dann wird daraus das Bedürfnis des biblischen Judentums deutlich, ein glückseliges Leben in und mit Gott zu führen. Der Zweck des Daseins liegt nicht in einem vermuteten Jenseits, sondern in einem Leben auf Erden, das möglichst vollkommen ausgestaltet werden soll. Tugend, Weisheit, Gerechtigkeit und Frömmigkeit bedeuten wahres Leben; Torheit, Bosheit und Sünde dagegen führen zu Vernichtung und Tod. Dieser Kontrast begegnet uns ständig, gleichviel, ob ihn die Weisheit des Volkes, der Propheten oder der Priester ausspricht.

Mit der Zeit allerdings verlangte die Frage nach dem Zustand des Menschen jenseits des Todes eine zufriedenstellende Antwort, die eine Lösung für das Problem der Ungerechtigkeit auf Erden bot. Wenn Fromme und Gerechte trotz ihrer Tugend Not, Elend und auch Verfolgung erleiden mussten, so erhofften sie sich doch Lohn vom Gott der Gerechtigkeit in einer besseren Zukunft. Eng verknüpft damit war die messianische Erwartung. Als deren Erfüllung auf sich warten ließ, drängte sich der Gedanke auf, das Schattenreich der Unterwelt, die *sche'ol*, könne nicht das Ende sein. Wenn Jesaja sagt: »Es mögen aufleben deine Toten, mein Leichnam wieder erstehen!« (Jes 26,19), dann zeigt dies einen bedeutenden Wandlungsprozess innerhalb des Judentums an.

Die Grundlage für dieses Unsterblichkeitsdenken bietet die Genesis-Erzählung. Mit der Aussage »Gott schuf den Menschen in seinem Bilde« (Gen 1,27) drängt sich implizit der Gedanke an eine unvergängliche, göttliche Kraft im Menschen auf. In Gen 15,15 heißt es darüber hinaus: »Du aber wirst kommen zu deinen Vätern.« Die Vorstellung, dass eine Seele *(nefesch)* in den menschlichen Körper gesenkt wird und ihn nach dem Tode wieder verlässt, eröffnet uns grundsätzlich zwei Möglichkeiten für den Zustand nach dem Tod: die auf den Geist bezogene Unsterblichkeit und die Vorstellung einer körperlichen Auferstehung.

Die Seele

Die biblischen Bezeichnungen für die Seele lauten *nefesch*, *neschama* oder *ruach* und sind Bezeichnungen für den Lufthauch, Geist oder Odem, der dem Menschen bei seiner Erschaffung von Gott eingehaucht wurde (Gen 2,7). Nach älteren Vorstellungen wohnt die Seele im Blut oder wurde sogar mit ihm identifiziert (Gen 9,4; Lev 17,11; Dtn 12,23). Die Seele gilt in beiden Fällen als Träger aller Lebensfunktionen und schließlich auch des geistigen Lebens. Der Geist, der dem Menschen innewohnt, erhebt ihn über die Tierwelt und verbindet ihn mit Gott. In den letzten vorchristlichen Jahrhunderten entwickelte sich mit der Vorstellung von der Trennung von Körper und Seele auch der Gedanke von der Unsterblichkeit der Letzteren. Unter dem Einfluss von platonischem Gedankengut entwickelte sich eine Seelenlehre, die zwischen vernünftigen und sinnlichen Seelenkräften unterschied, ohne dass diese Teile (mit Philo von Alexandrien) unbedingt als Gegensatz gedacht werden mussten. Im Talmud ist darüber hinaus auch von der Präexistenz der Seele die Rede, wenn es heißt, dass bei der Weltenschöpfung auch alle Einzelseelen mit erschaffen wurden und sich bei der Geburt von Menschen mit dem für sie bestimmten Körper verbinden.

bTJew 62 a

In der Bibel

Ausgehend von der bereits erwähnten Messiashoffnung entwickelte sich zunächst die Lehre von der Auferstehung der Toten, die noch der alten israelitischen Vergeltungslehre nahekam. Belohnung und Bestrafung des Einzelnen wie des Volkes im Ganzen war zunächst auf das diesseitige Leben bezogen. Dieses idealische Denken, dessen logische Folge die Herrschaft des Guten auf Erden hätte sein müssen, erwies sich jedoch als unrealistisch. Ähnlich wie später beim Ausbleiben der Wiederkunft Jesu im Frühchristentum erfolgte daraufhin eine Projektion idealistischer Hoffnung in eine immer fernere Zukunft unter der Herrschaft eines »Gottesgesalbten« (Messias), der an die verklärten Erfolge eines König David oder Salomon anknüpfen würde. Was aber würde mit denjenigen geschehen, die die Messiaszeit nicht erleben könnten? Auch diesen sollte Belohnung oder Strafe im Diesseits nicht vorenthalten werden, denn der Gott, der »tötet und wiederbelebt, der in die *sche'ol* senkt und wieder heraufführt« (vgl. 1 Sam 2,6), würde einst die Toten aus dem Staub erwecken und die so zum Leben Wiedererstandenen nach ihren Verdiensten richten.

Während diese Auferstehungserwartung zunächst nur auf das Volk Israel bezogen wurde, nicht jedoch auf seine Feinde, gestaltete sie sich mit der Zeit im Zuge der allgemeinen theologischen Entwicklung im Judentum mehr und mehr universal. Der Tod erschien nun wie ein langer Schlaf: Ebenso wie Gott des Nachts die Seele zu sich nimmt und für den kommenden Tag stärkt, verlässt die Seele nach dem Tod den Körper, um zur Zeit der Auferstehung wieder in ihn zurückzukehren, so wie es in den Segenssprüchen zu Beginn des Morgengebets heißt: »Mein Gott, die Seele, die du mir gegeben, rein ist sie. Du hast sie geschaffen, du hast sie gebildet, du hast sie mir eingehaucht, du bewahrst sie in mir. Und du wirst sie von mir nehmen und mir in der Zukunft wiedergeben.«

Das Problem der Verwesung des Körpers wurde auf verschiedene Weise erklärt und überwunden. So heißt es in Ez 37,5–6, dass Gott den Gebeinen neues Fleisch verleihen wird: »So spricht der Herr, der Ewige, zu diesen Gebeinen: Siehe, ich bringe Geist in euch, und ihr werdet belebt. Und ich lege Sehnen auf euch und schaffe Fleisch auf euch und ziehe Haut über euch und bringe Geist in euch, und ihr werdet belebt und erkennen, dass ich der Ewige bin.« Die geheimnisvolle Vision des Propheten Ezechiel von einem Totenfeld, das durch den Atem Gottes lebendig wird, dürfte die erste Vorstellung persönlicher Auferstehung in der Hebräischen Bibel sein. Daneben findet sich aber auch die Rede von einem Unsterblichkeitsknochen *(luz)* im Rückgrat als Basis des neuen Körpers. In den *Pirke de-Rabbi Elieser* 37 (um 700 u. Z.) wird schließlich die vollständige Auflösung des Körpers akzeptiert und betont, dass diese das Auferstehungswunder nur noch vergrößere.

Der Unsterblichkeitsglaube der Hebräischen Bibel lässt sich somit in drei Entwicklungsstufen ordnen: Zunächst begegnet uns der Glaube an die *sche'ol*, das Totenreich, in dem die Seele nach ihrem Erdendasein als wesenloser Schatten fortlebt. Dieser Glaube, der sich vor allem in den älteren Schriften findet, entwickelt sich zum Unsterblichkeitsglauben, einmal als Auferstehungserwartung, andererseits als ein Glauben an das Fortleben der menschlichen Seele, wie es sich vor allem in den prophetischen Schriften ausmachen lässt. Zuletzt deutet sich eine dritte Möglichkeit an, so in Hiob 34,14–15, nämlich das vollständige Aufgehen der Einzelseele im Gesamtgeist Gottes: »Wenn sein Herz er auf ihn legte: so nähm' er seinen Geist und Odem zu sich. Es würde alles Fleisch zugleich verscheiden, und in den Staub der Mensch zurückkehren.«

In nachbiblischer Zeit

Der Auferstehungsglaube wurde vor allem im rabbinischen Judentum wichtig und war einer der Hauptunterschiede zwischen den Pharisäern und den Sadduzäern. Zwischen dem Mosaismus der Sadduzäer und dem Rabbinismus der Pharisäer, aus deren Vorstellungen sich schließlich auch der Gedanke an ein göttliches Strafgericht nach dem Tode entwickelte, besteht dabei eine große Diskrepanz. Während die Bösen in die *sche'ol* eingehen, die nun als Ort der Vergeltung aufgefasst wird, führt Gott die Gerechten zum ewigen Leben. Damit ist der Gedanke an ein bewusstes Jenseits gegeben. Der Garten Eden, das Paradies, in dem der erste Mensch bis zu seiner Vertreibung gelebt haben soll, gilt auch als Aufenthaltsort der Gerechten nach ihrem Tod. Manchen

rabbinischen Erzählungen nach kommen sie dort auch in den
Genuss von allerlei Annehmlichkeiten und tun sich etwa an goldenen Tischen an einer Art Walfisch gütlich, am Leviathan
(bTBB 75a und bTTaan 25a). Von den Sündern hingegen sagen
die talmudischen Legenden, dass sie sich nach ihrem Tod im Ge-
hinnom wiederfänden, einem Tal im Süden Jerusalems, das in Jos
15,8 und Jer 7,31 erwähnt wird und Inbegriff von Feuer, Kälte und
Dunkelheit ist. Ein mittelalterlicher rabbinischer Kommentar zu
den Sprüchen Salomos erklärt zu dem Auflösungsprozess der Seelen derjenigen, die sich im Leben nicht bewährt haben: »Wir
haben gelernt, dass das Strafgericht über die Schlechten im Ge-
hinnom zwölf Monate dauert« (*Midrasch Mischlej* 17,1).

Die zwei Lehrmeinungen von der Unsterblichkeit der Seele
und von der Auferstehung verschmolzen mit der Zeit zu dem
Glauben, dass die Seele eines Menschen den Tod des Körpers
überlebe und bis zur messianischen Zeit weiterlebe, in der sie sich
schließlich wieder mit dem Körper vereinigen und die Person
leibhaftig auferstehen werde. Dazu sagt der Midrasch: »Jeder
wird mit den Fehlern, die er im Leben hatte, auferstehen. Der
Blinde wird blind auferstehen, der Taube wird taub auferstehen,
der Lahme wird lahm auferstehen, und der Stumme wird stumm
auferstehen. Sie werden so gekleidet auferstehen, wie sie es im
Leben waren« (*Midrasch Tanchuma*, Wa'jigasch 9).

Der Auferstehungsgedanke gelangte über die pharisäische
Tradition auch in die jüdischen Liturgie, etwa in die zweite Bene-
diktion der *Amida*, die täglich gesagt wird und mit den Sätzen
schließt: »Du bist für immer mächtig, Ewiger, belebst die Toten,
bist stark im Helfen. Du lässt Wind wehen und Regen fallen. Du
erhältst die Lebenden in Gnade. In großem Erbarmen belebst du
die Toten, du stützt die Fallenden, heilst die Kranken, befreist die
Gefesselten und hältst selbst denen die Treue, die im Staub schlafen. Wer ist wie du, Allmächtiger? Wer gleicht dir, Gebieter, der
du über Tod und Leben gebietest und wohlgehen lässt.«

Im Talmud heißt es zur Unsterblichkeit der Seele: »Die Rab-
banan lehrten: Und der Geist kehrt zu Gott zurück, der ihn ge-

geben hat« (bTSchab 152b). Auch der Auferstehungsgedanke wird in Talmud und Midrasch weiter fortgeführt. Ein Traktat der Mischna schließt diejenigen, die nicht daran glauben, vom Heil aus: »Ganz Jisrael hat einen Anteil an der zukünftigen Welt, denn es heißt: Dein Volk besteht aus lauter Gerechten; [...] Folgende haben keinen Anteil an der zukünftigen Welt: Wer sagt, die Auferstehung der Toten sei nicht in der Gesetzeslehre angedeutet, wer sagt, die Gesetzeslehre sei nicht vom Himmel, und der Gottesleugner« (bTSanh 10,11b). Die Auferstehung wird hier aus der rettenden Allmacht und Gnade Gottes sowie seiner Treue zu allem Leben abgeleitet.

Eine Erzählung im Talmud (bTTaan 25a) macht deutlich, dass die Menschen um 550 u. Z. sich die kommende Welt in ganz realen Farben ausmalten:

Chanina ben Dossa lebte in großer Armut. Eines Tages hielt seine Frau ihn dazu an, aufgrund seiner guten Taten den Himmel doch um einen Vorschuss auf die kommende Welt (»le'alma de'atej«) zu bitten. In der Nacht erhielt er prompt ein goldenes Tischbein. In der darauffolgenden Nacht träumte die Frau, wie alle Gerechten in der Zukunft an goldenen, dreibeinigen Tischen sitzen, sie und ihr Mann jedoch an einem zweibeinigen (recht wackeligen) Tisch. Daher bat sie ihren Mann erschrocken darum, dass der Ewige dieses eine goldene Tischbein doch wieder zurücknehme. Über die zukünftige Welt (ha-olam ha-ba) befanden die babylonischen Gelehrten: »In der zukünftigen Welt gibt es weder Essen und Trinken noch Fortpflanzung und Vermehrung noch Kauf und Verkauf noch Neid, Haß und Streit. Vielmehr sitzen die Gerechten mit ihren Kronen auf ihren Häuptern und weiden sich an dem Glanz der Göttlichkeit« (bTBr 17a). Die Rabbinen betonten dabei aber auch stets den Wert der diesseitigen Welt (ha-olam ha-se). So sind von Rabbi Jakob folgende Worte überliefert: »Besser ist eine Stunde in Bußfertigkeit und guten Werken als das ganze Leben der zukünftigen Welt.«
MAw 4,22

Seelenwanderung

Möglichkeiten wie die Seelenwanderung *(gilgul ha-nefesch)* wurden zwar seit Saadja Gaon diskutiert, im Allgemeinen aber von den jüdischen Religionsphilosophen verworfen; eine Ausnahme stellen die Lehren der Karäer und der Volksglauben der Chassidim dar. In dieser Form der jüdischen Mystik erhalten Sünder gewissermaßen die Gelegenheit, in einem zweiten Dasein ihre Dinge zu ordnen und ihr Fehlverhalten aufzuwiegen. Die Idee von der Seelenwanderung hilft auch das Phänomen sogenannter Besessenheit zu erklären: Von multiplen Persönlichkeiten wird angenommen, dass sie ein *dibbuk* in Beschlag genommen habe, eine unglückliche Seele, die sich in einen bereits besetzten Körper hineinsenkt.

Mittelalterliche Religionsphilosophie

Während es dem Begründer der jüdischen Religionsphilosophie, Saadja Gaon, sogar gelang, die Anschauungen von der Unsterblichkeit der Seele und von der Auferstehung miteinander zu verbinden *(Emunot we'Deot* 7, um 930), favorisierten die mittelalterlichen jüdischen Philosophen, ob nun Platoniker oder Aristoteliker, die Vorstellung von der unsterblichen Seele, wobei sie formal jedoch die Auferstehung stets in ihre Überlegungen mit einbezogen, um den talmudischen Meinungen nicht direkt zu widersprechen. Das beste Beispiel für dieses Vorgehen ist Moses Maimonides, der in seinem Werk dem Unsterblichkeitsgedanken breiten Raum gibt *(More Newuchim* [»Führer der Verwirrten«] 2,27; 3,54). Und tatsächlich passt der Auferstehungsgedanke nicht recht in sein philosophisches Lehrgebäude. Trotzdem erhebt ihn der Aristoteliker Maimonides zu einem Grundprinzip des jüdischen Glaubens und fügt ihn seinen dreizehn Glaubensartikeln ein: »Ich glaube mit einem vollkommenen Glauben, dass die Toten wiederauferstehen werden.« Maimonides folgte dabei aber nicht mehr der talmudischen Vorstellung einer körperlichen Auferstehung in einem Abbild unserer Welt: »In der künftigen Welt gibt es keine Körper, sondern nur die Seelen der Rechtschaffenen ohne Körper, wie die Engel. Da es in der kommenden Welt keine Körper gibt, wird dort weder gegessen noch getrunken noch irgendetwas anderes getan, dessen die Körper der Menschen in dieser Welt bedürfen. Nichts geschieht in der kommenden Welt, was einen Körper voraussetzt, wie etwa Sitzen und Stehen, Schlaf und Tod, Trauer und Gelächter« (*Hilchot Teschuwa* 8,8).

Allgemein kann man sagen, dass in der Sicht der Neuplatoniker der Weg der Seele zu Gott im Mittelpunkt steht. Die von dieser philosophischen Richtung vertretene Abwertung des Körpers zugunsten des Geistes bietet keinerlei Raum für eine wie auch immer geartete Auferstehungstheologie. Damit stimmen sie mit den jüdischen Aristotelikern überein, deren Ausgangspunkt allerdings ein etwas anderer ist. Ihnen gilt allein der erworbene, zur Vollkommenheit geführte Intellekt als das Unsterbliche im Menschen.

Die neuzeitliche jüdische Theologie

Trotz einer gewissen Ambivalenz erfuhr die Unsterblichkeitslehre durch die mittelalterliche jüdische Religionsphilosophie eine besondere Betonung, die später noch mehr Gewicht bekommen sollte, etwa in der Schrift *Nischmat Chajim* (»Seele des Lebens«, Amsterdam 1652) des Menasse ben Israel (1604–1657), in der alle Gesichtspunkte aus Bibel, Talmud, Philosophie und Kabbala zu einem Beweis der Unsterblichkeit der Seele vereinigt sind. Der Religionsphilosoph Moses Mendelssohn folgt dieser Tendenz mit seiner Schrift *Phaedon* (1767). An die Leibniz'sche Monadentheorie anknüpfend, belegt er darin die Unzerstörbarkeit der Seele und behauptet, dass Gottes Güte ihr Bewusstsein aufrechterhalte, denn »wenn unsere Seelen sterblich wären, wäre die Vernunft lediglich ein Traum […] Wir wären Tieren gleich dazu bestimmt, Futter zu suchen und zu vergehen« (Sp. 1330). In der weiteren Folge beschäftigte sich die jüdische Theologie fast ausschließlich mit dem Unsterblichkeitsbegriff. So sprach beispielsweise der Neukantianer Hermann Cohen (1842–1918) von der Auferstehung »als dem Hebel für die Formulierung der Unsterblichkeit«.

Die jüdische Reformbewegung hatte den Auferstehungsgedanken im 19. Jahrhundert verworfen. Im liberalen Judentum hielt man nicht am Glauben an die Auferstehung des Leibes fest, sondern prägte den Glauben an die Unsterblichkeit der Seele. Der Unterschied zwischen den Auffassungen des progressiven Judentums und der Orthodoxie spiegelt sich heute in divergierenden Übersetzungen in einigen Gebetbüchern wider, etwa im *Seder Ha-Tefillot*, wo es abweichend vom traditionellen Wortlaut in der liberalen Fassung heißt: »Gepriesen seist du, Ewiger. Du schenkst Leben angesichts des Todes.«

In seinem Aufsatz *Etwas über Glauben und Beten* (1868) sprach Abraham Geiger von einem »sinnlichen und widerspruchsvollen Glauben, der wankend geworden, von jedem Denkenden ganz still zu den Toten gelegt worden ist, über den man ohne allen Streit zur Tagesordnung übergegangen, in Bezug auf welchen ein entschieden Freisinniger, der einmal das Wort aus allen Herzen, von allen Lippen nimmt, offen ausspricht: Ich glaube nicht an die Auferstehung des Leibes.« Geiger trug diesem Grundsatz in seiner Übersetzung der betreffenden Gebetsstellen ins Deutsche vollauf Rechnung. Bei ihm ist immer nur von der Unsterblichkeit der Seele, von der Verpflichtung, die Seele rein zu erhalten, und von dem Fortleben in der jenseitigen Welt die Rede. Im hebräischen Text aber hielt Geiger sich bei der Redaktion seines neuen Gebetbuches immer an die überlieferte Fassung.

Leo Baeck sprach in seinem Aufsatz *Tod und Wiedergeburt* (1933) von der ständigen Wiedergeburt des Menschen an den Zäsuren seines Lebens, deren tiefste neben der Geburt wohl nur der Tod sei: »Ereignisse werden geboren und sterben, und die in ihnen nur sind, sterben wie sie. Schicksale kommen und gehen, und wer von ihnen umfangen ist, endet mit ihnen. Aber die Tatsache des Lebens, sein Grund, sein Problem, seine Aufgabe bleibt. Im Ursprunge ragt das Unendliche ins Leben hinein, im Gebot dringt das Unendliche ins Leben hinaus. Wer darin lebt, wird immer neu, von Zäsur zu Zäsur und von Geschlecht zu Geschlecht. Wer mit dem Ewigen verbunden ist, wird wieder geboren.«

Ob Auferstehung, Unsterblichkeit der Seele, Seelenwanderung oder das Weiterleben in den Gedanken der Nachwelt: All dies bleibt uns zutiefst verschlossen. Das Judentum kann keine eindeutige Antwort auf Fragen danach geben, wenn es seine Glaubwürdigkeit behalten will. Eugene B. Borowitz befand dazu 1977 in *Reform Judaism Today. What We Believe* treffend: »Perhaps that is the way of modern Jewish faith. We find ourselves unable to say very much. But we are able to say something. So what we do say is very important.«

5. Der jüdische Friedhof: »Haus des Lebens«

Die rituelle Bestattung von Verstorbenen gehört zu den frühesten Kulten der Menschheit. Von Abraham wissen wir, dass er für Sara und sich eine Höhle bei Hebron als Grablege kaufte (Gen 23,19); diese Grabstätte besteht noch immer, hat für Juden, Christen und Muslime besondere Bedeutung und ist zu einem Politikum im Nahostkonflikt geworden. Von Jakob ist überliefert, dass er das Grab Rachels mit einen säulenähnlichen Stein bezeichnete (Gen 35,20). Die hebräische Bezeichnung für diese Grabstele, *mazewa*, ist bis heute für Grabsteine auf jüdischen Friedhöfen gebräuchlich. Aus biblischer Zeit stammt auch der Ausdruck »versammelt werden zu den Vätern«, also die Bestattung im Familiengrab wie in der Abrahamsgeschichte (Gen 25,8). Jakob verlangte, dass man seinen Leichnam von Ägypten zur Familiengrabstätte überführen möge (Gen 47,30; Gen 49,29ff). Josefs

Gebeine wurden beim Exodus aus Ägypten mitgenommen und schließlich auf dem von Jakob erworbenen Grundstück bei Sichem bestattet (Jos 24,32).

Anders als die Bestattung ist die Errichtung eines Grabsteines keine religiöse Vorschrift. Zunächst dürfte die Befestigung von Gräbern der Abwehr von Tieren gedient haben. Die Markierung kennzeichnet außerdem einen Ort, den Kohanim wegen der Reinheitsgebote meiden müssen; sie schafft Orientierung für die Hinterbliebenen und dient der Respektbezeugung gegenüber den Verstorbenen. Zu den Trauerbräuchen gehört es, bei einem Besuch am Grab Steine niederzulegen, um so das Andenken der Verstorbenen symbolisch zu erhöhen. Es heißt, das Steine der Ewigkeit am nächsten kommen, während Pflanzen vergehen. Blumenschmuck ist verpönt, denn man soll sich am Tod nicht mittelbar erfreuen; Schnittblumen verbieten sich, weil Lebendiges nicht Totem zuliebe geopfert werden soll. Nichtsdestoweniger hat es sich in der Neuzeit in nichtorthodoxen Kreisen durchgesetzt, die Grabstellen zu bepflanzen und gelegentlich auch mit Blumen zu schmücken. An dieser Stelle sei auch daran erinnert, dass Christen und Heiden einst Blumen und Gewürze oder andere Duftstoffe darbrachten, um vom Verwesungsgeruch der Leichen abzulenken – eine Vorkehrung, die sich auf jüdischer Seite wegen der möglichst raschen Bestattung nach dem Todesfall erübrigte.

Im Unterschied zu christlichen oder kommunalen Friedhöfen bestehen Grabstätten auf jüdischen Friedhöfen auf ewige Zeit; sie sind nicht verkäuflich oder übertragbar und werden auch nicht aufgelassen. Bei Platzmangel legt man eine Schicht Erde – mindestens sechs Fuß – über ein Grab und bestattet einen Toten über dem anderen, so etwa auf dem Alten Jüdischen Friedhof von Prag. Ein Friedhof ist im jüdischen Verständnis ein »Haus des ewigen Lebens«, ein »guter Ort« (hebr. *bet ha-chajim* oder *makom tow*). Selbst die kleinste jüdische Gemeinde ist dazu verpflichtet, einen Friedhof anzulegen, um ihre Toten in angemessener Weise zu bestatten. Die Anlage eines Begräbnisplatzes hat auch Vorrang vor der Errichtung einer Synagoge.

Der jüdische Friedhof am Ölberg vor den Toren der Altstadt von Jerusalem.

Der prominenteste jüdische Friedhof überhaupt ist der am Ölberg vor den Toren der Altstadt von Jerusalem. Der Überlieferung nach wird der Messias vom Ölberg aus nach Jerusalem einziehen, sodass diejenigen, die dort bestattet sind, diesem Geschehen und der Auferstehung am nächsten sind. Die frühesten Gräber dort stammen noch aus biblischer Zeit. Der älteste erhaltene jüdische Friedhof in Deutschland ist der Heilige Sand in Worms am Rhein, der auf das 11. Jahrhundert zurückgeht; der größte jüdische Friedhof befindet sich mit gut 115.000 Gräbern auf gut 400.000 m² Fläche in Berlin-Weißensee.

Friedhofsanlagen

Neben der Wahrung der immerwährenden Totenruhe ist unbedingt auch auf die Vermeidung ritueller Unreinheit durch die Berührung von Toten zu achten. Die Rabbinen legten deswegen unter anderem einen Mindestabstand des Friedhofs vom Wohnort fest. Dass sich mittelalterliche jüdische Friedhöfe oftmals weit außerhalb von Ansiedlungen befinden, hat aber auch damit zu tun, dass den jüdischen Gemeinden von den christlichen Grundherren oft nur ein minderwertiges Areal für ihren Grabplatz zugewiesen wurde. So wurde ihnen häufig ein weit entferntes Landstück überlassen, das nicht anders genutzt werden konnte, etwa Sumpfland, ein Berghang oder eine Richtstätte.

In der voremanzipatorischen Zeit wurden die Gräber noch in unregelmäßigen Reihen angelegt; der Gedanke an eine repräsentative Wirkung spielte damals noch keine Rolle. Entscheidend war, dass die Toten mit den Füßen in Richtung Osten liegen. Die Grabsteine stehen dabei traditionell am Kopfende. Erst nachdem im Zuge der Aufklärung auch das jüdische Bestattungswesen ins Blickfeld der Obrigkeit geriet und die innerjüdische Reformbewegung und die allgemeine Verbürgerlichung der jüdischen Gemeinschaft auch das Friedhofswesen zu einer öffentlichen Angelegenheit machten, fand im 19. Jahrhundert eine bewusste Aufwertung und Gestaltung von Friedhofsanlagen statt. So sprach der hannoversche Landesrabbiner Samuel Ephraim Meyer anlässlich einer Friedhofseinweihung 1864 davon, dass Juden nunmehr »als gleichberechtigte Bürger des uns allen gleich teuren Vaterlandes betrachtet werden«. Diese Gleichberechtigung kam nun auch im Nebeneinander christlicher und jüdischer Begräbnisplätze zum Ausdruck, wie es etwa der Braunschweiger Landesrabbiner Schlomo Rülf 1914 betonte: »Die hervorragende Lage des neuen Friedhofs unmittelbar neben dem christlichen ist ein Zeichen dafür, dass die Vorurteile schwinden und dass die Schranken, die so unübersteigbar schienen, fallen.«

Innerjüdisch wird auf Friedhöfen zwischen verschiedenen Gruppen von Verstorbenen unterschieden. Um die besonderen Reinheitsgebote für Kohanim zu beachten, finden sich die Gräber von Nachkommen dieser Priesterfamilien oftmals am Rande des Friedhofs. Prominente Gemeindevertreter, Rabbiner und Kantoren werden häufig mit einem Grabplatz in einer Ehrenreihe gewürdigt. Nachfahren sefardischer Juden haben auch im deutschsprachigen Raum oftmals an der Tradition liegender

Eingang zum Jüdischen Friedhof von Groß Neuendorf am Rande des Oderbruchs.

Grabplatten festgehalten (Beispiele dafür finden sich in Hamburg-Altona und in Glückstadt), die sich von den aufrecht stehenden Grabsteinen aschkenasischer Juden deutlich unterscheiden. Aus dem Talmud (bTSanh 47) abgeleitet ist die Unterteilung in Gräberfelder für »Fromme« *(kiwrot zaddikim)* einerseits und für Verstorbene von minderem Status wie Selbstmörder. Urnenbestattungen finden auf jüdischen Friedhöfen ebenfalls an besonderen Plätzen statt, sofern sie von der jüdischen Ortsgemeinde nicht gänzlich verboten sind. Aus der jüngsten Geschichte heraus ergibt sich, dass einige Großgemeinden wie die Jüdische Gemeinde zu Berlin besondere Gräberfelder für gemischtreligiöse Ehepaare eingerichtet haben, um zum Beispiel nichtjüdische Ehepartner, die sich im »Dritten Reich« als Lebensretter ihrer jüdischen Ehefrauen oder -männer bewährt haben, nach dem Tod nicht von ihnen trennen zu müssen.

Ein jüdischer Friedhof ist grundsätzlich mit einer Mauer, einem Zaun oder einer Hecke umfriedet. Auf größeren Anlagen finden sich auch eine Reinigungshalle, in der die *chewra kaddischa* die Leichen für die Bestattung vorbereitet, und eine Trauerhalle.

Inschriftenkunde, Epigrafik

Interessant ist, dass sich hebräische Grabinschriften in der Diaspora erst im 8. Jahrhundert durchgesetzt haben; zuvor war die jeweilige Landessprache gang und gäbe, und auf bildlichen Schmuck wurde bis zum ausgehenden Mittelalter im Allgemeinen ganz verzichtet. Auf neuzeitlichen jüdischen Friedhöfen finden sich in der Regel keine Grabsteine mit ausschließlich hebräischer Inschrift. Die im deutschsprachigen Raum vorherrschende Form sind für die Zeit bis zum Ende des 19. Jahrhunderts Grabsteine mit hebräischer Vorder- und deutscher Rückseite. Zur hebräisch beschrifteten Vorderseite gehören Einleitung, Namensnennung, Eulogie, Sterbedatum und Segensformel. Im hebräischen Wortlaut finden sich generell keine weltlichen Titel und keine Berufsbezeichnungen, die nicht mit dem Kultus und dem Gemeindeleben verbunden sind; soziale Bezüge bleiben zumeist auf die Nennung des Vatersnamens oder des Ehemannes beschränkt. Im Regelfall wird der Sterbetag, nicht aber der Tag der Bestattung genannt; die Angaben folgen dabei dem jüdischen Kalender. Als Einleitungsformeln haben sich *p"n* oder *p"t* durchgesetzt, Akronyme für »*po nitman / nitmena*« (»hier ist begraben«) beziehungsweise »*po tamun / temuna*« (»hier liegt geborgen«). Die Segensformel *t'n'z'b'h*, Akronym für »*tehi nafscho / nafscha zrura bizror ha-chajim*« (»Möge seine / ihre Seele eingebunden sein in das Bündel des Lebens«), gehört seit dem Mittelalter zum festen Bestand von Grabinschriften; sie findet sich bereits in 1 Sam 25,29. Zwischen Einleitungs- und Segensformel findet sich oftmals ein kunstvolles hebräischsprachiges Totenlob, die Eulogie, deren Zeilenenden sich beispielsweise reimen können. Sehr geschätzt war auch ein Akrostichon aus den Buchstaben des Namens des Verstorbenen am Zeilenbeginn sowie der Rückgriff auf Bibel- und Talmudzitate.

Die Gestaltung der deutschsprachigen Texte ist freier: Hier tauchen ausführlichere Familienbezüge und der Ausdruck emotionaler Verbundenheit mit dem Verstorbenen auf, was den Gepflogenheiten christlicher Zeitgenossen und dem bürgerlichen Zeitgeist entspricht. Auch der Berufsstand wird des Öfteren genannt. Seit Ende des 19. Jahrhunderts herrschen schließlich zweisprachige, also hebräisch-deutsche Grabinschriften vor, und in akkulturierten Großgemeinden wird zunehmend auf alles Hebräische verzichtet oder aber eine Umkehrung vorgenommen: Der traditionelle hebräische Wortlaut kommt nun auf die Rückseite des Grabsteins. Einleitung und Segensformel auf Hebräisch bleiben aber oft auf der Vorderseite erhalten und werden gleichsam zum Dekor.

Die Grundlagen zu einer eigenständigen jüdischen Epigrafik legten Vertreter der Wissenschaft des Judentums im frühen 19. Jahrhundert. Leopold Zunz erkannte bereits 1823 in der *Zeitschrift für die Wissenschaft des Judentums* »Leichensteine« als wertvolle »Zeugen der Geschichte« an, »die über Aufenthalt, Lebensalter, Freiheit, Beschäftigung etc. Aufschluss geben«. Auch heute werden Grabinschriften wieder als aufschlussreiche Quelle jüdischer Sozial-, Kultur- und Religionsgeschichte wahrgenommen und untersucht.

Symbolik

Als erste bildliche Darstellung auf einem Grabstein im deutschsprachigen Raum gilt eine Rosette von 1365 in Speyer. Der Davidstern als vermeintlich typisch jüdisches Symbol taucht bemerkenswerterweise erst Anfang des 20. Jahrhunderts als Grabschmuck auf. Genau genommen ist »Davidschild« die korrekte Übersetzung des hebräischen Begriffs *magen david*, der erstmals im Talmud-Traktat Pesachim als Schlusswort eines Segensspruches genannt wird. Das Hexagramm ist auch in anderen Kulturkreisen als magisches Zeichen bekannt und wurde für das alte Israel erstmals auf einem Siegel aus Sidon aus dem 7. Jahrhundert v. u. Z. nachgewiesen. Um 1530 wurde der Davidstern zum Wappenzeichen der Prager jüdischen Gemeinde, im ausgehenden 19. Jahrhundert zum Symbol der jüdischen Nationalbewegung. Inzwischen hat er denselben Stellenwert wie das Kreuz oder der Halbmond. Nach der Schoa ist der Davidstern als Identifikationszeichen und infolge der Rückbesinnung auf die Tradition wieder häufig auf jüdischen Grabsteinen zu finden; in einigen jüdischen Gemeinden ist er sogar zum verpflichtenden Motiv geworden.

Weil im Tode alle Menschen gleich sind, finden sich bis Mitte des 18. Jahrhunderts nur gleichförmig schlichte Grabsteine. Erst mit der Verbürgerlichung im 19. Jahrhundert kommt es zu individuell gestalteten Grabsteinen und aufwendigen Familiengrabstätten, ja Mausoleen. Scheinsarkophage und Wandgrabmäler entsprechen dabei dem Zeitgeist von Klassizismus und Historismus und sind beispielsweise auf dem jüdischen Friedhof in Berlin-Weißensee zahlreich vertreten.

Zu den frühesten überlieferten Symbolen auf jüdischen Grabsteinen zählen Leuchter, die auf das Fortleben der Seele verweisen: »Eine Leuchte des Ewigen ist des Menschen Seele« (Spr 20,27). Zwei einzelne Leuchter oder die Menora schmücken zumeist die Gräber von Frauen, denn ihnen obliegt es, die Schabbatlichter anzuzünden; daher auch das Motiv der verloschenen oder geknickten Kerzen. Jüdische Vornamen wurden gerne in Bilder umgesetzt oder mit den Attributen der biblischen Vorbilder verbunden: So wurden Frauennamen wie Rebekka oder Rachel mit Bezug auf die biblischen Erzählungen mit der Darstellung eines Brunnens illustriert.

Ein häufiges Motiv sind die segnenden Hände, Verweis auf den aaronitischen Segen und damit auf einen Kohen, dessen Stand als Nachkomme von Tempelpriestern auch in Namen wie Cohn, Kahn, Kagan oder Katz zum Ausdruck kommen. Analog findet sich auf den Grabsteinen von Leviten (die man an Familiennamen wie Levi, Lewy oder auch Weyl, Segal erkennt) eine Kanne, gelegentlich zusammen mit einer Schale – als Verweis auf die einstige Aufgabe der Leviten, beim Tempeldienst den Kohanim bei den rituellen Waschungen zur Hand zu gehen.

Dass der Verstorbene einen religiösen Lebenswandel geführt hat, kann durch Motive wie Torarollen, Gesetzestafeln oder ein Schofar (Widderhorn) angezeigt werden: Das Schofarblasen zu den Hohen Feiertagen ist ein Ehrenamt. Das Schofar ist zugleich auch Zeichen der Heilshoffnung, beim göttlichen Gericht auch durch das Verdienst Abrahams und Isaaks bestehen zu können. Eine Zedaka- oder Spendenbüchse verweist wiederum auf besondere Wohltätigkeit. Messer und Klemme verweisen auf den Beruf des Mohels, des Beschneiders, und damit auch generell auf den Bund Abrahams.

Eine Sonne ist Zeichen für die Offenbarung Gottes, für die messianische Erwartung und für die Gerechtigkeit. Seltener ist der Mond: »Er [Gott] schuf den Mond für die Zeiten, die Sonne kennt ihren Niedergang« (Ps 104,19). In der Neuzeit finden sich auch Abbildungen mechanischer Uhren oder Zifferblätter mit Angabe der Todesstunde. Die Krone ist ein spätes Symbol, denn die israelitischen Könige wurden gesalbt, nicht gekrönt. In Hiob 19,9 findet sich allerdings die bis heute gerne zitierte Wendung: »und die Krone meinem Haupt entrissen«. In talmudischer Zeit wird dann bewusst auf die Krone verwiesen: »Es gibt drei Kronen: die Krone der Tora, die Krone des Priestertums und die Krone des Königtums. Aber die Krone des guten Namens übertrifft sie alle« (MAw 4,17).

Tierdarstellungen und die Attribute bestimmter Tiere finden sich bereits in der Tora. Der Talmud fordert: »Sei mutig wie ein Leopard, behend wie ein Adler, schnell wie ein Hirsch und heldenhaft wie ein Löwe, den Willen deines Vaters im Himmel zu vollbringen« (MAw 5,22). Der Löwe verweist auf die Zugehörigkeit zum Stamm Juda, zum jüdischen Volk, und illustriert jüdische Vornamen wie Ari, Loeb oder Low. Auch die übrigen elf Stämme, deren Namen bis heute gebräuchliche Vornamen sind, haben ähnlich den Sternzeichen ihr eigenes Symbol. Andere symbolische Bezüge ergeben sich beispielsweise aus den Tiergestalten des Hohelieds: So kommt dort der Hirsch *(zwi)* als Liebhaber vor. In den Psalmen eilt die Seele wie ein Hirsch zu Gott, und das

Land Israel gilt um seiner Schönheit willen als das Land der Hirsche *(erez ha-zwi)*. Und die sich selbst in den Schwanz beißende Schlange symbolisiert die Unvergänglichkeit.

Pflanzen sind ebenfalls ein beliebtes Motiv. So steht die Weintraube für die Großartigkeit Gottes sowie für die Autonomie Israels und die der zwölf Stämme, vor allem Josef und Juda: »An Weinstock bindet er sein Füllen, an Edelrebe seiner Eselin Sohn; er wäscht in Wein sein Kleid, im Traubenblute sein Gewand« (Gen 49,11). Der Weinstock gilt als Sinnbild des Volkes Israel und als Baum des Messias; auch der Messias selbst wird mit einem Weinstock verglichen. Das auserwählte Volk Israel entspricht einem von Gott gepflanztem Weinberg, etwa bei Jes 5,1–7.

Mohnkapseln geben die Vorstellung vom Tod als Schlaf wieder, und die Lilie ist gleichermaßen Symbol für Schönheit, Fruchtbarkeit und Reichtum: »Ich bin die Rose von Scharon, die Lilie der Täler« (Hld 2,1); »Ich werde wie Tau für Jisrael sein, es blüh' wie die Lilie, es schlage Wurzeln wie der Lewanon« (Hos 14,6). Die Zapfen der immergrünen Pinie sprechen von Langlebigkeit, so wie auch die Palme für das lange, erfüllte Leben eines Gerechten steht (Ps 92,13). Der Baum generell ist Zeichen der Toraliebe, wird doch die Tora als Baum des Lebens *(ez chajim)* bezeichnet (Gen 2,9). Geknickte (Lebens-)Bäume, Baumstümpfe und abgebrochene Säulen künden vom vorzeitigen Tod. Gewundene Kränze und Eichenlaubgirlanden zeigen Trauer an und entstammen wie Urnen, Amphoren oder Vasen, die den Leib als Gefäß der Seele beschreiben, eigentlich erst dem Zeitgeist des 19. Jahrhunderts. Wie so häufig im Judentum gibt es jedoch auch für diese neuen Traditionen eine Rückbindung zur Tora: In Ex 25,11 heißt es beispielsweise zur Anfertigung der Bundeslade: »Und mache oben einen goldenen Kranz ringsum.«

Auf sefardischen Grabsteinen in Deutschland, den sogenannten Portugiesengräbern, finden sich ganz im Stil spanischer Traditionen auch Symbole der Vergänglichkeit wie ein Totenschädel oder eine Sanduhr, aber auch wappenähnliche Familiensymbole mit heraldischem Gepränge. Abbildungen von Menschen sind im

Judentum und damit auch auf Grabsteinen traditionell nicht gestattet, doch auch hier bestätigt die Ausnahme die Regel: Frühe
Beispiele dafür sind die Lebensalterdarstellungen auf dem Alten
Jüdischen Friedhof in Prag, die je nach Sterbealter ein junges
Mädchen, einen Jungen, eine erwachsene Frau oder einen Greis
zeigen. In der Neuzeit kommen in nichtorthodoxen Kreisen
vereinzelt Fotos und Porträtreliefs vor. Heute sind Fotos auf
jüdischen Friedhöfen in den Nachfolgestaaten der früheren Sowjetunion weit verbreitet, und dieser Brauch hat mit den russischsprachigen Zuwanderern inzwischen auch in Deutschland Einzug gehalten.

Es ist Brauch, dass Männer auf einem jüdischen Friedhof eine
Kopfbedeckung tragen (2 Sam 15,30; Jer 14,3–4). Nach dem Besuch des Friedhofes wäscht man sich die Hände, weil die Nähe
der Toten kultisch unrein macht. Jüdische Friedhöfe sind am
Schabbat nicht zugänglich.

Kapitel 3: Die Gebote

3.1 Jüdische Ethik: Die Goldene Regel

»Was dir nicht lieb ist, das tue auch deinem Nächsten nicht. Das ist die ganze Tora, und alles andere ist nur die Erläuterung; geh und lerne sie!

So wie alle großen Religionen kennt auch das Judentum ethische Grundnormen und handlungsleitende Maximen, die von einem Unbedingten, einem Absoluten her begründet werden. Dazu gehört vor allem die Regel der Humanität. Die Goldene Regel »Was du nicht willst, dass man dir tu', das füg auch keinem anderen zu« findet sich sinngemäß im Zusammenhang eines Doppelgebots gegenüber Gott und den Menschen bereits in der Hebräischen Bibel, wo es heißt: »Ihn [Gott] sollen seine Kreaturen fürchten, und keiner soll dem Nächsten tun, was er nicht will, dass man's ihm tue!«

Hillel (um 30 v. u. Z. – 10 u. Z.) ging von der Anerkennung dieser Regel auch unter Nichtjuden aus, als er auf die Frage eines Proselyten nach dem alle übrigen Gebote erfüllenden Hauptgebot antwortete: »Was dir nicht lieb ist, dass tue auch deinem Nächsten nicht. Das ist die ganze Tora, und alles andere ist nur die Erläuterung; gehe und lerne sie!« (bTSchab 31a). Der Überlieferung nach hat auch Akiba einem Fragesteller, der die ganze Tora auf einmal hören wollte, diese Goldene Regel als Hauptregel *(kil)* genannt.

Das rabbinische Schrifttum formuliert eine Reihe von konkreten Beispielen für die Umsetzung der Goldenen Regel, etwa: »Wenn du wünschst, dass man dir nicht das Deine wegnehme, nimm du nicht deinem Nächsten das Seine weg. Wenn du wünschst, dass man nicht hinter deinem Rücken ein [verleumderisches] Wort sagt, sage auch du nicht ein Wort hinter seinem Rücken« (*Awot de Rabbi Natan* B, 45,29). Daneben finden sich immer wieder Sprüche der Weisheit, die sich auf das Gebot der Nächstenliebe beziehen, so »Die Ehre deines Nächsten sei dir so lieb wie die deine« (MAw 2,15). Im *Targum Jeruschalmi I* heißt es schließlich in der Übersetzung von Lev 19,18: »Du sollst deinen Nächsten lieben; denn was dir unlieb ist, sollst du ihm nicht tun.«

1. Das ethische Profil des Judentums

Der jüdische Philosoph und liberale Rabbiner Salomon Formstecher (1808–1889) prägte in seinem Werk *Die Religion des Geistes* (1841) den Begriff des ethischen Monotheismus, um das Judentum in Abgrenzung zum Christentum und zum Islam zu charakterisieren. Seine Beschreibung der jüdischen Religion als einer Religion des Geistes, die den Menschen über die Natur erhebt und so zum sittlichen Handeln freimacht, zielte darauf ab, das Judentum angesichts der Moderne philosophisch zu rechtfertigen. Gleichwohl beschreibt der Begriff treffend den Kern des jüdischen Selbstverständnisses, denn von den biblischen Ursprüngen bis zur Gegenwart ist die Ethik – als Prinzip wie als Ziel – von zentraler Bedeutung für die jüdische Religion. Ein Jude kann sich nicht als Gläubigen bezeichnen, wenn er nicht die ethischen Grundsätze seiner Religion befolgt. Ihre Kraft erhalten diese Grundsätze aus ihrem göttlichen Ursprung: Gott hat dem Menschen seinen Willen vollständig offenbart. Gleichzeitig zeigt sich hier aber auch die Freiheit des gläubigen Menschen, denn es handelt sich nicht um einen einseitigen Akt der Aufnötigung. Es ist vielmehr eine wesentliche Überzeugung des jüdischen Glaubens, dass der Mensch im Bilde Gottes geschaffen und mit der Fähigkeit ausgestattet wurde, sowohl Gutes als auch Böses zu tun. Der Bundesschluss am Berg Sinai wurde erst vollendet durch die Erklärung des Volkes Israel, es wolle die Offenbarung annehmen. Ebenso werden Gottes Gebote für einen sittlichen Lebenswandel erst durch die freie Entscheidung des Menschen in der Welt wirksam, wenn der Mensch diese Gebote zur Richtschnur seines Handelns macht. Ethisches Verhalten ist im Judentum deshalb nicht nur Ausdruck der Demut gegenüber Gott, es ist auch und vor allem als bewusste Nachfolge auf Gottes Wegen zu verstehen, wie sie in der Hebräischen Bibel immer wieder gefordert wird (Dtn 10,12; 11,22; 13,5).

Doch bevor der Mensch als Partner den göttlichen Willen umsetzen kann, muss er sich zuerst Kenntnis über die göttlichen Gebote verschaffen. Aus diesem Grund fordert das Judentum von den Gläubigen das ausgiebige Studium der Tora. Es bietet Orientierung und geistige Anregung und schafft so erst die Basis für ein sittliches Verhalten. In Bezug auf die dabei zu berücksichtigenden Schriften und den Umfang des ethischen Wertekanons bestehen zwischen den unterschiedlichen Richtungen der jüdischen Religion allerdings bedeutende Differenzen. Die Orthodoxie sieht alle 613 Ge- und Verbote der Tora und die mündliche Tradition als Grundlage der jüdischen Ethik an. Da sowohl die schriftliche als auch die mündliche Tora göttliche Offenbarung sind, ist es für das traditionelle Judentum ausgeschlossen, auch nur eines der Gebote wegzulassen oder eine Hierarchie der Normen aufzustellen: Den Speisegesetzen gebührt die gleiche Aufmerksamkeit wie etwa dem Gebot der Nächstenliebe. Lässt sich ein ethisches Problem mit den überlieferten Auslegungen nicht lösen, so sind allein die höchsten Autoritäten berechtigt, eine Neuinterpretation des jeweiligen Gebots vorzunehmen. Dagegen stimmen die anderen Richtungen des Judentums darin überein, dass sie sich bei der Konkretisierung der Ethik stärker von der schriftlichen und mündlichen Tora lösen. Aus ihrer Perspektive sind die rituellen Gesetze etwas, wodurch sich die Gläubigen an ihre Verantwortung gegenüber Gott erinnern. Es besteht die Notwendigkeit, diese Normen durch Neuauslegung an die jeweils aktuelle Situation anzupassen. Die liberalen Bewegungen stellen es dem Individuum oder der Gemeinschaft anheim, eigenständig zu entscheiden, welche der Gebote einen sinnvollen religiösen Zweck erfüllen und deshalb befolgt werden. Nur den ethischen Pflichten kommt der Charakter einer göttlichen Offenbarung zu; sie werden deshalb als dauerhaft verbindlich angesehen.

Dennoch gilt: Das Studium der ethischen Regeln ist in allen jüdischen Glaubensrichtungen die Grundlage für ein richtiges Leben. Entscheidend ist dabei, die Erkenntnisse auch im Alltagsleben praktisch umzusetzen. Wie der jüdische Aufklärer Moses Mendelssohn bereits deutlich gemacht hat, zeigt sich jüdische Frömmigkeit nicht im Glauben an bloße Lehrsätze, sondern im Handeln, also im Vollzug des göttlichen Willens.

Im Mittelpunkt dieses Willens steht Gottes Zuwendung und Liebe zu den Schwachen in der Gesellschaft. Nach den biblischen Texten fällt es dem Gläubigen zu, die Interessen der Witwen und Waisen zu achten (Ex 22,21–23; Dtn 10,18), die Armen zu unterstützen (Dtn 15,7–11), die Hungernden und Nackten zu versorgen (Jes 58,7; Ez 18,7) und auch mit dem Fremden gerecht umzugehen. Es wird sogar von ihm erwartet, das Eigentum des Feindes zurückzugeben und diesem, wenn nötig, zu helfen (Ex 23,4–5). Man kann die Ausrichtung der jüdischen Ethik auf den richtigen Umgang der Menschen miteinander nicht besser zusammenfassen als mit der biblischen Forderung: »Hasse deinen Bruder nicht in deinem Herzen [...], sondern liebe deinen Nächsten wie dich selbst« (Lev 19,17–18). Indem Barmherzigkeit und Nächstenliebe in das Zentrum des sittlichen Handelns gerückt werden, reicht die jüdische Ethik zugleich über rationale Motive hinaus. Es geht ihr nicht nur darum, durch Almosen Konflikte zwischen den unterschiedlichen Gruppen der Gesellschaft zu verhindern. Auch der Vorstellung, man solle die Gebote nur um einer Belohnung willen einhalten, steht das Judentum ablehnend gegenüber. Für die jüdische Religion zählt nicht allein, wie viele Gebote ein Gläubiger mit welcher Gewissenhaftigkeit erfüllt. Entscheidend ist vielmehr, dass der oder die Gläubige die Gebote aufgrund der rechten inneren Einstellung, der religiösen Verpflichtung (kawana) gegenüber Gott, befolgt.

Auf die Ebene allgemeiner Verantwortung ist für den Gläubigen im Judentum das Konzept der Heiligung der Welt *(tikkun olam)* wesentlich. Demnach ist es seine Aufgabe, durch das eigene Wirken soziale Probleme lösen zu helfen und dadurch zu einer Besserung der Welt insgesamt beizutragen. In der Vergangenheit haben Juden aus dieser Vorstellung die Motivation gewonnen, sich für soziale Gerechtigkeit und die Erhaltung der Welt einzusetzen, und so ist es auch in der Gegenwart.

Krieg und Frieden

Im Judentum steht ein friedliches Zusammenleben aller Menschen an oberster Stelle. Der Talmud zählt den Frieden neben dem Recht und der Wahrheit zu den drei Eckpfeilern, auf denen die Welt ruhe. Welche Bedeutung dem Frieden beigemessen wird, lässt sich auch daraus erschließen, dass die jüdische Liturgie kein Gebet kennt, das nicht die Bitte um Frieden beinhalten würde. Dabei bedeutet Frieden herzustellen in der jüdischen Tradition zuallererst, die oft gegensätzlichen Positionen zu versöhnen. Das Streben nach einem gewaltlosen Miteinander sehen die rabbinischen Gelehrten des Talmud auf allen Ebenen menschlicher Beziehungen als erstrebenswert an: Frieden solle sowohl zwischen den Ehepartnern, zwischen Eltern und Kindern und zwischen Nachbarn herrschen als auch zwischen Städten und Nationen. Gleichwohl verbietet es sich, die Position der jüdischen Tradition als rein pazifistisch zu kennzeichnen. Die rabbinischen Autoritäten kennen den universalen Frieden nur als Verheißung für das messianische Zeitalter, in dem der Krieg als Mittel der Auseinandersetzung verbannt sein wird. Allein schon ein Blick in die Geschichte zeigt, dass sich das Israel des Altertums in zahlreiche Kriege verwickelte. Damit ging aber keine besondere Wertschätzung des Krieges einher: Er galt als ein notwendiges Übel, und die Ausübung des Kriegshandwerks führte zum Ausschluss von Teilen des religiösen Kults. Nach dem Verlust der Eigenstaatlichkeit im Jahre 70 u. Z. war das Judentum nicht mehr an gewaltsamen Konflikten zwischenstaatlicher Art beteiligt, und die Frage nach der Rechtfertigung eines Krieges stellte für die Rechtsgelehrten eine vornehmlich akademische Frage dar. Dennoch ist die im Talmud entwickelte Position bemerkenswert: Demnach ist die Tötung des Feindes im Fall der Selbstverteidigung nicht als Mord einzustufen. Andere Stimmen meinen, die Tötung eines Feindes sei dann Mord, wenn auch eine Verstümmelung genügt hätte, ihn außer Gefecht zu setzen. Moderne Auslegungen des Religionsgesetzes knüpfen an diese Distanz zu Krieg und Gewalt an, wenn sie den Frieden für einen der höchsten Werte erachten und aufgrund der jüdischen Religion, Geschichte und Mission von jedem Gläubigen einen konsequenten Einsatz für den Frieden erwarten.

Gerechtigkeit und Solidarität

Das Judentum zeichnet sich dadurch aus, dass es versucht, die ökonomischen Bestrebungen in Bahnen zu lenken, die mit den ethischen Prinzipien der Religion vereinbar sind. Grundlegend ist hierbei die Vorstellung, dass Reichtum seinen Ursprung in der Güte Gottes hat, der seinen Geschöpfen das Notwendige zur Befriedigung ihrer Bedürfnisse zuteilwerden lässt. Daraus erwächst für den mit Vermögen Gesegneten nach jüdischem Verständnis die Verpflichtung, sein ökonomisches Handeln nach dem Willen Gottes auszurichten. Der Verkäufer trägt aus Sicht des jüdischen Religionsgesetzes beispielsweise die volle Verantwortung, den Käufer über etwaige Mängel des verkauften Gegenstandes zu informieren. Gegenüber seinen Angestellten ist der Arbeitgeber verpflichtet, für gesundheitlich unbedenkliche Arbeitsbedingungen zu sorgen. Diese Richtlinien sind nicht nur für natürliche Personen, sondern auch für juristische Personen bindend, insofern Juden Anteilseigner des Unternehmens sind. Aus dem erworbenen Vermögen erwächst für den Unternehmer die Pflicht, die Schwächeren und die Gemeinschaft zu unterstützen.

Das Judentum bezeichnet das religiöse Gebot der Wohltätigkeit mit dem hebräischen Wort *zedaka* (»Frömmigkeit«, »Gerechtigkeit«) und drückt damit aus, dass die Armen und Schwachen gegenüber den Reichen einen Anspruch auf Unterstützung besitzen. Andererseits wendet sich die jüdische Rechtsprechung dagegen, den Lebensunterhalt allein durch Almosen zu bestreiten; die Unterstützung soll es den Benachteiligten ermöglichen, wieder in das normale Leben zurückzufinden.

Zedakabox für Spenden aus der Jerusalemer Silberschmiede Yemini.

Im Verlauf der jüdischen Geschichte – die frühesten Belege aus Frankreich und Spanien stammen aus dem 14. Jahrhundert – bildeten sich Strukturen und Institutionen der kollektiven Wohltätigkeit heraus, etwa vertrauenswürdige Männer, die in der Gemeinde Geld sammelten und es an die Armen verteilten. Die Mitglieder des *bikkur cholim* (des Vereins zum Besuchen der Kranken) pflegten die Erkrankten, die *chewra kaddischa* bestattete verarmte Juden. Seit dem 19. Jahrhundert veränderte sich die Haltung zur Wohltätigkeit und ihren etablierten Formen. An deren Stelle sind in den jüdischen Gemeinden nun weitgehend Institutionen der Sozialhilfe mit professionellem Personal wie Krankenhäuser, Altersheime und Schulen getreten. Und auf überregionaler Ebene gibt es Agenturen, Vereine und Verbände, die dieses Sozialsystem organisieren und aufrechterhalten.

Mensch und Natur

Bereits die Hebräische Bibel setzt sich mit dem Umgang des Menschen mit der Natur auseinander. Es ist dem Menschen von Gott aufgegeben, sich die Erde und alle auf ihr existierenden Lebewesen untertan zu machen (Gen 1,26–30; 9,1–3). Dies bedeutet aber keine Ermächtigung zum Gebrauch oder gar Missbrauch der Schöpfung nach menschlichem Gutdünken. Vielmehr hat der Mensch die Aufgabe, die Schöpfung für die nachfolgenden Generationen zu erhalten. Ein verantwortungsbewusster Umgang mit den Ressourcen wird beispielsweise in der landwirtschaftlichen Regel, den Ackerbau jedes siebte Jahr ruhen zu lassen (Lev 25,1–5), oder in dem Verbot, in Kriegszeiten früchtetragende Bäume zu fällen (Dtn 20,19), eingefordert.

Im Umgang mit Tieren vertritt das Judentum den Grundsatz, dass Tieren keine unnötigen Grausamkeiten zugefügt werden dürfen. In diesem Sinne sind auch die biblischen Verbote einzuordnen: dass Jung- und Muttertier nicht gleichzeitig gefangen werden dürfen (Dtn 22,6–7) oder dass es untersagt ist, einem Ochsen beim Dreschen das Maul zuzubinden (Dtn 25,4).

2. Offenbarung und Ethos im Judentum

»Durch die Erforschung des Einzelnen zur Erkenntnis des Allgemeinen, durch Kenntnis der Vergangenheit zum Verständnis der Gegenwart, durch Wissen zum Glauben« – aus diesem Motto von Rabbiner Abraham Geiger spricht ein großes Vertrauen in die Erkenntnisfähigkeit der menschlichen Vernunft. Abraham Geiger steht aber im Judentum mit diesem Zutrauen nicht allein. So entwickelte Hermann Cohen, der Gründer der Marburger Schule des Neukantianismus, einen Ansatz, bei dem die geschaffene Vernunft geradezu das Ursprungsprinzip der Offenbarung wird. »Die Vernunft fängt nicht mit der Geschichte an, sondern

die Geschichte muss mit der Vernunft anfangen. Denn der Anfang soll mehr als ein zeitlicher Anfang sein; er soll einen ewigen
Ursprung bedeuten.«[1] Das Offenbarungsgeschehen am Sinai
wurde von Cohen also ganz in das Herz der Menschen verlegt.
Programmatisch ist dabei der Titel von Cohens Hauptwerk von
1919: *Die Religion der Vernunft aus den Quellen des Judentums*. Dort
und in seiner *Ethik des reinen Willens* wird deutlich, dass für Hermann Cohen das Judentum das beste – wenn auch nicht das einzige – Beispiel einer Religion der Vernunft war.

»Geglaubt« kann nur werden, was zuvor als Gebot erfahren
und als Antwort auf die Fragen des eigenen Lebens gehört worden ist. Diese Relativierung zeigt sich vor allem in der talmudischen Zeit, in der halachische Prinzipien lebhaft diskutiert
und kritisch geprüft wurden. Bräuche, die nicht mehr durchführbar waren, wurden durch die besondere Lesart der Rabbinen erfolgreich abgeschafft sowie durch einen Interpretationsprozess,
der dem Wortsinn des Toratextes andere Bedeutungen verlieh.
So wurde die Todesstrafe, die in der biblischen Literatur üblich
ist, an so viele Bedingungen geknüpft, dass es unmöglich wurde,
sie zu vollstrecken. In ähnlicher Weise löste man den Satz »Auge
um Auge, Zahn um Zahn« (Ex 21,24) von jeglicher körperlichen
Vergeltung und bezog ihn auf einen finanziellen Ausgleich.
Später wandte man rabbinische Beschlüsse an, um Gesetze außer
Kraft zu setzen, die negative Auswirkungen hatten. Zum Beispiel
machte es Hillels Prosbul möglich, dass Kredite auch während
des Schabbatjahres zurückgezahlt werden müssen und nicht verfallen, wie es die Bibel gebietet.

Das Judentum glaubt also an einen fortschreitenden Offenbarungsprozess. Es geht von der Vorstellung aus, dass sich der
Wille Gottes fortwährend entfaltet und abweichend von den
Interpretationen der Vergangenheit gedeutet werden kann. Dieser Offenbarungsbegriff ermöglicht eine Relativierung der

---

[1] Hermann Cohen, *Religion der Vernunft aus den Quellen des Judentums*,
Leipzig 1919, 98.

schriftlichen Tora durch das Korrektiv der mündlichen Tora – also durch interpretatorische Eingriffe, die die Brücke zwischen vernunftmäßiger Einsicht und Offenbarungstext schlagen. Wir können davon ausgehen, dass solche Fragen von den talmudischen Gelehrten in freiem weltanschaulichem Austausch mit Vertretern der zeitgenössischen Philosophie behandelt worden sind. Die unterschiedlichen Denominationen innerhalb des Judentums unterscheiden sich in der Intensität, mit der sie diesen interpretatorischen Eingriff zulassen. Doch schon vorher können wir diese interpretatorische Flexibilität feststellen. Diese geistige Beweglichkeit muss ihren Grund in dem Verhältnis von Schrift und Tradition haben. Es stellt sich also die Frage, welche Auffassung die rabbinische Literatur zum Verhältnis von Vernunft und Offenbarung vertritt. In der Mischna, den Midraschim und den beiden Talmuden treten verschiedene Positionen zu diesem Verhältnis hervor. Ihnen gemeinsam ist, dass die unabhängige menschliche Vernunft die Offenbarung stets begleitet.

Es gibt die Meinung, dass Mose bereits die gesamte Offenbarung übergeben worden sei. Dies beinhalte auch bereits die in ihr eingeschlossene Bandbreite der Interpretation. So lesen wir in MAw 5,25 die schon zitierten Sätze: »Ben Bag Bag sagte: Wende und wühle in ihr, denn in ihr [der Tora] ist alles; schaue in sie und werde in ihr alt und verbraucht, und weiche nicht von ihr, denn es gibt nichts Besseres als sie.« Ganz entgegengesetzt ist die Aussage, die wir etwa in der Geschichte finden, in der Mose das Lehrhaus Rabbi Akibas besucht: »Rabbi Jehuda sagte im Namen Rabs: Als Mose in die Höhe stieg, traf er den Heiligen, gepriesen sei er, dasitzen und Kränze für die Buchstaben winden. Da sprach er zu ihm: Herr der Welt, wer hält dich zurück? Er erwiderte: Es ist ein Mann, der nach vielen Generationen sein wird, namens Akiba ben Josef; er wird dereinst über jedes Häkchen Haufen über Haufen von Lehren vortragen. Da sprach er vor ihm: Herr der Welt, zeige ihn mir. Er erwiderte: Wende dich um. Da wandte er sich um und setzte sich hinter die achte Reihe; er verstand aber ihre

Unterhaltung nicht und war darüber bestürzt. Als jener zu einer Sache gelangte, worüber seine Schüler ihn fragten, woher er dies wisse, erwiderte er ihnen, dies sei eine Mose am Sinai überlieferte Lehre. Da wurde er beruhigt.«

Hier finden wir die Position, dass die Offenbarung am Sinai nur einen gewissen Rahmen gesetzt hat. Dieser wird von Generation zu Generation durch die Interpretationen der Gelehrten entfaltet und angereichert, ja auch modifiziert oder relativiert. Damit wird der menschlichen Vernunft ein sehr hoher Anteil eingeräumt in der Erkenntnis dessen, was Gott von den Menschen fordert. Während unser erster Text dem Offenbarungsgeschehen eine zentrale Bedeutung beimisst, zeigt die Reaktion des Mose auf Rabbi Akiba im zweiten Beispiel, dass in der rabbinischen Literatur die menschliche Vernunft als ebenso bedeutsam gewertet worden ist. Die häufigste Position jedoch liegt irgendwo dazwischen. Ein bekanntes Beispiel ist die schon zitierte Geschichte von Rabbi Elieser, der die anderen Gelehrten im Lehrhaus von der Richtigkeit seiner religionsgesetzlichen Meinung zu überzeugen versucht (bTBM 59b). Weil es ihm nicht gelingt, greift er zu Wundern, um die Richtigkeit seiner Auslegung zu untermauern. Und schließlich appelliert er an den Himmel selbst, ihm und der Wahrheit, wie er sie sieht, zu Hilfe zu kommen. Doch die Gegenseite verweist auf das Prinzip der Mehrheitsentscheidung und lehnt jeden transzendenten Eingriff in die Entwicklung der Interpretation ab. Die rechte Entscheidung wird also auf Erden getroffen, nicht im Himmel. Und das Prinzip der Mehrheitsentscheidung lässt die Frage aufkommen, welchen Begriff von »Wahrheit« das Judentum vertritt. Sehr anschaulich wird dies durch die folgende Geschichte:

Rabbi Abba sagte im Namen Schemuels: Drei Jahre stritten die Schule Schammais und die Schule Hillels: Eine sagte, die Halacha sei nach ihr zu entscheiden, und eine sagte, die Halacha sei nach ihr zu entscheiden. Da ertönte eine Hallstimme und sprach: [Die Worte] der einen und der anderen sind Worte des lebendigen Gottes; jedoch ist die

Halacha nach der Schule Hillels zu entscheiden. – Wenn aber [die Worte] der einen und der anderen Worte des lebendigen Gottes sind, weshalb war es der Schule Hillels beschieden, dass die Halacha nach ihr entschieden wurde? – Weil sie verträglich und bescheiden war und sowohl ihre eigene Ansicht als auch die der Schule Schammais studierte; noch mehr, sie setzte sogar die Worte der Schule Schammais vor ihre eigenen.

In seinem Kommentar zu diesem Text (bTEr 13b) schreibt der im 14. Jahrhundert wirkende Rabbi Jom Tow ben Awraham Ischbilly aus Sevilla (auch Ritba genannt) so wie schon ausführlicher ausgeführt Folgendes:

Als Mose den Heiligen – gepriesen sei er! – um endgültige Entscheidungen bat, wurde ihm gesagt, dass derartige Entscheidungen den Weisen Israels in jeder einzelnen Generation vorbehalten seien und dass die Entscheidungen, die sie dann jeweils träfen, die gültigen Entscheidungen seien.

In beiden Texten wird sehr deutlich, wie wichtig es den Rabbinen ist, im Diskurs die Position des anderen zu respektieren und die eigene Meinung nicht absolut zu setzen: Das sind die Schlüssel zur Wahrheit in einem pluralen Sinn. Der Offenbarungsinhalt ist nach beiden Lehrhäusern – Hillel und Schammai – seit dem Offenbarungsereignis am Sinai bekannt. Jedoch bedarf sein rechtes Verständnis der vernunftmäßigen Auseinandersetzung der Menschen untereinander. Keine der hier dargestellten Positionen deutet das Offenbarungsgeschehen am Sinai im Sinne der Verbalinspiration. Alle drei vertreten die Auffassung, dass die Offenbarung interpretiert werden muss, dass man in ihr »wühlt«, sie »hin und her wendet«, »über jedes Häkchen Haufen über Haufen von Lehren vorträgt«, sie also erforscht und auslegt. Jedoch weichen die dargestellten Standpunkte im Hinblick auf den genauen Gehalt der Offenbarung voneinander ab. Einer sieht das Sinaigeschehen als vollständige Offenbarung der Tora an, der andere betrachtet es als Offenbarung von gewissen allgemeinen Inhalten, die zur weiteren Entfaltung der menschlichen Vernunft bedürfen. Jedenfalls aber betrachtet das Judentum – um das noch einmal zu betonen – die Offenbarung als etwas, dessen Inhalt mittels menschlicher Vernunft verschieden interpretiert werden kann. Der andauernde Prozess der Interpretation wird so zum stetigen Offenbarungsprozess, der im Sinaigeschehen verwurzelt ist, aber auch darüber hinausgeht. Bisher verborgene Wahrheiten und Ansichten werden entdeckt, Neuerungen, durch die der Interpret zum Mitschöpfer wird, entstehen.

Das liberale Judentum betrachtet die Tora als göttlich inspiriert, aber nicht als unwandelbar. Damit vertritt es die Position, die Tora sei das Zeugnis einer prägenden Erfahrung. Die religiöse Botschaft wurde von Generation zu Generation daraus gehört, musste aber auch jeweils neu ausgelegt werden. Ihre Heiligkeit besteht in dem, was sie bezeugt, nicht in der Art und Weise, wie sie etwas darstellt. Jeder Mensch soll sich so betrachten, als sei er bei der Befreiung aus Ägypten unmittelbar selbst dabei gewesen. Es ist damit für jeden Juden die Möglichkeit, aber auch die Pflicht gegeben, sich um ein Verständnis der Forderungen Gottes zu bemühen und sie je in seiner Zeit umzusetzen. Das Talmudzitat aus bTEr 13b zeigt, wie bedeutsam es dabei ist, dass man sich konstruktiv mit den von der eigenen Auffassung abweichenden Positionen auseinandersetzt, diese achtet und respektiert. Im Judentum hat keine Lehrmeinung und keine Generation ein Monopol auf das Verständnis des Willens Gottes.

Dieser Ansatz erfordert ein hohes Maß an Dialogbereitschaft und Lernwillen: sich auch um Verständnis für die andere Seite zu bemühen und auf dieser Basis verantwortlich seine eigene Sicht der Dinge zu vertreten. Das macht den Charakter der mündlichen Tora aus und begründet den Wert einer fortschreitenden Offenbarung. Innerhalb des Judentums ist der Respekt vor der Vielfalt der Meinungen ein konsequenter Ausdruck dieses Offenbarungsverständnisses.

∎ 3. *Bedeutung und Möglichkeit sittlichen Handelns* ∎

Rabbiner Leo Baeck hat formuliert, was das Ziel unseres Lebens vor Gott sein sollte: Gerechtigkeit. Diese aber wird durch Werke und Leistungen, durch Pflichterfüllung und das Ringen um das Gebot erlangt. Religion soll nicht ein gutes Gewissen schenken, sondern das Gewissen in einen ständigen Zustand der Unruhe und Herausforderung versetzen. Nur dann ist sie wahrhaft Religion. Sie muss fähig und entschlossen sein, jeder geschöpflichen Macht Widerstand anzusagen und zu leisten, wenn es gilt, das Ewige zu verteidigen. Mit der Orientierung auf die sittliche Tat tritt die Frage nach der geglaubten »Wahrheit« im Judentum in den Hintergrund. »Der Jude«, so Baeck, »ist aufgefordert, den Sprung der Tat zu wagen, nicht so sehr den Sprung des Denkens.«

Was aber ist mit der moralischen Zweideutigkeit des menschlichen Wesens, dem Ringen zwischen Gut und Böse? Wollen wir mit unserem freien Willen immer das wählen, was gut ist? Über eines wenigstens war sich das Judentum durch alle Jahrhunderte hindurch stets im Klaren: Das Gute in uns ist die Folge davon, dass wir im Bilde Gottes geschaffen wurden. Gott, so sagt das erste Kapitel der Genesis, habe Adam geschaffen »im Bilde Gottes« (1,27, vgl. 5,1). Und einer der größten Rabbinen, Rabbi Akiba, merkte an: »Geliebt ist der Mensch, denn er wurde nach Gottes Bild erschaffen. Größere Liebe war es, dass ihm mitgeteilt wurde, dass er nach Gottes Bild erschaffen wurde.« Diese Lehre ist für das jüdische Verständnis des Menschen zentral. Sie wurde nie aufgegeben und galt als notwendige und ausreichende Erklärung des guten Triebes, der die Stimme in uns ist, die uns veranlasst, das zu wählen und zu tun, was richtig ist. Die jüdische Interpretation der Geschichte von Adam und Eva im Garten Eden unterscheidet sich deshalb auch von der christlichen: Vor dem Sündenfall besaßen Adam und Eva die absolute Fähigkeit, Wahrheit von Lüge zu unterscheiden. Nachdem sie vom Baum der Erkenntnis gegessen hatten, sahen sie aber, dass sie nackt waren. Moses Maimonides meinte dazu: Schon vorher hatten sie gesehen, dass sie nackt waren, aber sie hatten keine Ahnung von der Bedeutung dieser Tatsache. Das Naschen vom Baum der Erkenntnis führte dazu, dass von da an der Mensch in einem ständigen Widerstreit von Wahrheit und Lüge dem Guten immer wieder neu zum Sieg verhelfen muss. Der Mensch kann nur dann ein sittlich verantwortliches Wesen sein, wenn die Fähigkeit zur Verantwortung zu seinem Wesen gehört. Dabei sind die Möglichkeit zum Guten und die Wahlfreiheit notwendige Folgen der Gottesebenbildlichkeit des Menschen.

Dieser Gedanke findet sich bereits in der frühjüdischen Literatur, zum Beispiel bei Ben Sira: »Gleich sich selbst bekleidete er sie mit Stärke und machte sie zu seinem Ebenbild [...] Er bildete Zunge und Auge und Ohren und gab ihnen ein Herz zum Nachdenken. Er erfüllte sie mit verständiger Einsicht und zeigte ihnen, was gut und was böse ist« (Sir 17,3–7). Die Menschen werden also von Ben Sirach ausnahmslos als verantwortlich für ihr Tun und Lassen angesehen. Wenn dem aber so ist, dann verlangt das Gegenstück zum »guten Trieb« um so mehr nach einer Erklärung. In einfachsten Worten gesagt ist die Antwort des rabbinischen Judentums folgende: So wie Gott den guten Trieb schuf, so schuf er ebenso auch den bösen Trieb *(jezer ha-ra)*, damit die Menschen die Möglichkeit und die Verantwortung haben, zwischen beiden zu wählen.

Der gute und der böse Trieb

Das Substantiv *jezer* leitet sich von dem Verb *jazar* (»bilden«) her und bedeutet daher etwas wie »einen fundamentalen Aspekt der menschlichen Beschaffenheit« oder »eine grundlegende menschliche Disposition«. Natürlich wirft dies die Frage auf, wie ein guter Gott einen bösen Trieb schaffen kann. Die Antwort ist, dass der böse Trieb trotz seines Namens zumindest zum großen Teil nicht von Grund auf böse ist. Ein oder zwei Belege für diese Vorstellung finden sich auch in der jüdischen Literatur der römisch-hellenistischen Zeit, zum Beispiel wenn Ben Sira sagt: »Die Werke Gottes sind alle gut, für jeden Zweck stellt er bereit zu seiner Zeit« (Sir 39,16). Oder: »Er hat am Anfang den Menschen erschaffen und ihn der Macht der eigenen Entscheidung überlassen« (Sir 15,14). (In den hebräischen Fragmenten des Sirach-Buches steht für »Entscheidung« das Wort *jezer.*) Wenn aber alle Werke Gottes gut sind, kann der *jezer ha-ra* nicht an sich böse sein. So erreicht die Schöpfungsgeschichte ihren Höhepunkt in der Erschaffung der Menschen. An dieser Stelle sagt der Text: »[...] und siehe, es war sehr gut« (Gen 1,31). Hier wird das (logisch überflüssige) Wort »und« als Hinweis darauf verstanden, dass die Menschen mit zwei Trieben geschaffen wurden, einem guten und einem bösen; und die Bewertung »sehr gut« beziehe sich auf beides. »Aber«, so fährt der *Midrasch Bereschit Rabba* 9,7 fort, »kann der böse Trieb ›sehr gut‹ genannt werden? Das wäre erstaunlich!« Und dann erklärt er: »Gäbe es diesen Trieb nicht, würde niemand ein Haus bauen, heiraten, Kinder zeugen oder geschäftliche Interessen verfolgen.«

Durch diesen erhellenden Text wird deutlich, dass der *jezer ha-ra* ein Oberbegriff ist für Selbsterhaltung, Gefallen(wollen), Macht, Besitz, Ansehen, Beliebtheit und so weiter. Diese Triebe sind nicht an sich böse. Im Gegenteil, sie sind gut in dem Sinne, dass sie biologisch nützlich sind. Aber sie sind extrem mächtig, und wenn sie nicht durch ein waches Gewissen kontrolliert werden, können sie uns schnell dahin bringen, das Recht und die Bedürfnisse anderer außer Acht zu lassen und ihnen Schaden zuzufügen. In diesem Sinne – weil er uns so oft dazu treibt, das Falsche zu tun – ist der *jezer ha-ra* böse. Aber er braucht es nicht zu sein; die psychische Energie, für die er steht, kann auch auf gute Ziele hingelenkt werden. »Niemandem befahl er zu sündigen, noch verlieh er Sündern Stärke (Sir 15,20).« Es ist den Menschen möglich, den *jezer ha-ra* in sich zu kontrollieren. Aber es wird nicht davon ausgegangen, dass dies einfach sei – im Gegenteil. »Wer ist ein Held?«, fragt Ben Soma in der Mischna (MAw 4,1) und antwortet: »Derjenige, der seinen (bösen) Trieb bezwingen kann.« Das Problem ist, einfach gesagt, wie man den guten

Trieb pflegt und aktiviert, sodass er die notwendige Kontrolle ausüben kann. Und die rabbinische Antwort ist: Durch Studium, Gebet und Beachtung der Gebote. Sich mit der Tora zu beschäftigen hat im rabbinischen Judentum eine doppelte Bedeutung. Es bedeutet einerseits, ihre Lehren zu studieren, denn dadurch ist man im Kontakt mit dem Denken Gottes. Deshalb ist solches Studium sowohl eine spirituelle als auch eine intellektuelle Beschäftigung. Aber sich mit der Tora zu beschäftigen bedeutet andererseits ebenso, jenen Weg des Lebens zu praktizieren, den die Tora vorschreibt: einen Weg, der sowohl einen ethischen Kodex beinhaltet als auch religiöse Disziplin erfordert.

Die noachidischen Gebote als Ethos für alle Menschen

Was aber tun die, die nicht als Juden geboren sind oder zum Judentum gefunden haben? Die der jüdischen Religion wesentliche Vorstellung der Gottesebenbildlichkeit aller Menschen bedeutet für Juden wie Nichtjuden, dass beiden ein Erkenntnisweg zu Gott offensteht und beide die Möglichkeit besitzen, die Vernunft als Mittel zur ethischen Vollendung anzuwenden, also zur Erlangung der Freiheit. Philo von Alexandrien gibt uns hier eine Antwort aus frühjüdischer Sicht: »[…] nichts [ist] miteinander so sehr verwandt wie selbstständiges Handeln und Freiheit. Dem schlechten Menschen nämlich steht vieles im Weg, Gier nach Geld, nach Ruhm, nach Vergnügen; den Tüchtigen dagegen hindert gar nichts, weil er sich gegen Liebe, Furcht, Feigheit, Trauer und Ähnliches erhebt und über sie triumphiert wie der Sieger im Ringkampf über die Besiegten. Er nämlich lernte, die Befehle zu missachten, welche die ungesetzlichsten Herrscher über die Seele erteilen, weil er inbrünstig nach Freiheit verlangt, deren besonderes Erbteil darin besteht, sich selbst zu befehlen« (Philo, *Über die Freiheit des Tüchtigen*, § 21). Diese Möglichkeit zu haben beinhaltet auch die Verantwortung, das Gute zu erstreben. Nach biblischer Auffassung kann nämlich jeder Mensch unabhängig von einem spezifischen Offenbarungsverständnis auf diskursivem Weg zu philosophisch-theologischen Erkenntnissen gelangen. Denn der Mensch ist im Bilde Gottes geschaffen worden und hat daher Anteil an der göttlichen Vernunft. Und wer immer sich ethisch verhält, hat Anteil an der kommenden Welt. Hier wird deutlich, dass Juden keineswegs glauben, die allein selig machende Offenbarung zu besitzen. Der Fremdling, der im Judentum als »Sohn Noachs« betrachtet wird, ist dabei ganz genauso Geschöpf Gottes wie der Jude selbst. Durch die allen Menschen gegebene Möglichkeit, vor Gott Gerechtigkeit zu erlangen, wird aus dem theologischen Begriff des Menschen als Geschöpf Gottes der politische Begriff des Mitmenschen, des Mitbürgers. Damit tritt die Idee der »Frommen der Völker der Welt« in eine interessante Spannung zum jüdischen Erwählungsbegriff.

Die Erwählung Israels kann so erkannt werden als das, was sie ist: Die Auswahl für eine bestimmte Aufgabe und Funktion im Verhältnis mit Gott führt keineswegs dazu, dass andere Menschen nicht ebenso fromm gegenüber Gott leben und vor ihm Gerechtigkeit erlangen könnten. Eine radikale Meinung geht allerdings davon aus, dass mit den noachidischen Geboten nur ein Minimum definiert und zum Heil schließlich auch der Übertritt erforderlich sei. So wird Izates, dem König von Adiabene in der Mitte des 1. Jahrhunderts u. Z., von einem Juden zur Konversion geraten, während ein anderer meint, es genüge, wenn er »Gottesfürchtiger« *(ger toschaw)* bleibe. Besonders deutlich wird dieses Problem in einer Kontroverse zwischen Rabbi Elieser ben Hyrkanus und Rabbi Josua ben Chananja um die Frage, ob die Gerechten der Völker Anteil an der kommenden Welt haben würden. Für Rabbi Elieser haben nur geborene Juden oder vollständig zum Judentum übergetretene Menschen Anteil an der kommenden Welt, weil sie dem jüdischen Gesetz in seiner Gänze unterliegen. Dagegen vertritt Rabbi Josua die Ansicht, alle Gerechten, ob jüdisch oder nichtjüdisch, hätten Anteil an der kommenden Welt. Dieser Ansicht Rabbi Josuas schloss sich auch Moses Maimonides in der *Mischne Tora* an. Die Deutung der noachidischen

Gebote als rein naturrechtliche Bestimmungen und Vernunft-
gebote ist dabei in der rabbinischen Tradition nicht unumstritten: Nach Maimonides soll die Beobachtung der noachidischen
Gebote nicht bloß natürlicher Motivation unterliegen, sondern
auch Ausdruck des Gehorsams der nichtjüdischen Menschheit
gegenüber dem Gott Israels sein.

Die Schwankungen in der Beurteilung sollten aber nicht da-
rüber hinwegtäuschen, dass der Übertritt zum Judentum in der
Geschichte oft eine illusorische Alternative gewesen ist. In der
Situation der Diaspora mit einer nichtjüdischen Mehrheitsgesell-
schaft kam der naturrechtlichen Begründung der noachidischen
Gebote verstärkte Bedeutung zu.

Doch um welche Normen handelt es sich überhaupt? In der
rabbinischen Tradition entwickelte sich schon bald die Vorstellung, dass die Zahl der Gebote dieser universalen Fundamentalmoral sieben sei. Sechs dieser sieben Gebote seien schon Adam
gegeben worden – was ihren universellen Charakter noch unter-
streicht – und das siebte Noach (vgl. Gen 9,1–6):

> Sechs Gebote wurden Adam mitgeteilt: a) das Verbot des Götzendiens-
> tes, b) das Verbot, Gott zu lästern, c) das Verbot, Blut zu vergießen,
> d) das Verbot der Blutschande, e) das Verbot des Raubes, f) das Gebot
> der Gerichtsbarkeit. (…) dem Noach wurde noch das Verbot, Glieder
> von lebendigen Tieren zum Essen wegzuschneiden, hinzugesetzt, denn
> es heißt: ›Aber Fleisch, in dessen Blute noch Leben ist, sollt ihr nicht
> essen‹, folglich sind es zusammen sieben Gebote.[2]

Das rabbinische Judentum forderte vom Nichtjuden, der mit Juden in einem Gemeinwesen und auf dem gleichen Territorium
zusammenleben möchte, nicht den Übertritt zur herrschenden
Religion, nicht den Glauben an den Gott Israels, nicht die Unter-
werfung unter die 613 Ver- und Gebote der Tora. Es forderte le-

---

[2] Zitiert nach Moses Maimonides, *Mischne Tora, Hilchot Melachim* 9.1
(St. Petersburg 1850–1852, Bd. 5, 501 f.).

diglich die Einhaltung dieser sieben Gebote. Der Andere *(acher)* wird zum Bruder *(ach)* durch die Verantwortung *(achrajut)*, mit der er im Gemeinwesen handelt. Und für Maimonides war es sogar möglich, das noachidische Recht mithilfe vernünftiger Betrachtung *(bechinat ha-da'at)* zu erkennen.

Auch Moses Mendelssohn berief sich auf die noachidischen Gebote, als er 1769 von dem Zürcher Prediger Johann Caspar Lavater zu einem Religionsdisput aufgefordert wurde, der das Ziel hatte, Mendelssohn zum Christentum Calvins zu bekehren. Im Dezember 1769 antwortete Mendelssohn mit dem Verweis auf die tolerante Haltung des Judentums, die jegliche Missionierung ablehnt:

> *Nach den Grundsätzen meiner Religion soll ich niemand, der nicht nach unserm Gesetz geboren ist, zu bekehren suchen. Dieser Geist der Bekehrung, dessen Ursprung einige so gern der jüdischen Religion aufbürden möchten, ist derselben gleichwohl schnurstracks zuwider. Alle unsere Rabbinen lehren einmütig, dass die schriftlichen und mündlichen Gesetze, in welchen unsere geoffenbarte Religion bestehet, nur für unsere Nation verbindlich seien. Mose hat uns das Gesetz geboten, es ist ein Erbteil der Gemeinde Jacob. Alle übrigen Völker der Erde, glauben wir, seien von Gott angewiesen worden, sich an das Gesetz der Natur und an die Religion der Patriarchen zu halten [Anm. Mendelssohns: ›Die sieben Hauptgebote der Noachiden‹]. Die ihren Lebenswandel nach den Gesetzen dieser Religion der Natur und der Vernunft einrichten, werden tugendhafte Männer von anderen Nationen genennet, und diese sind Kinder der ewigen Seligkeit.*[3]

Die Vision einer universalen Verbundenheit wurde bereits von den Rabbinen im *Midrasch Tanhuma* bekräftigt: »Zu Sukkot opferten die Israeliten siebzig Ochsen für die siebzig Nationen der Erde.« Im Opferkult des alten Israel waren also alle mitgedacht

---

[3] Georg Benjamin Mendelssohn (Hrsg.), *Moses Mendelssohn's gesammelte Schriften*, Bd. 3, Leipzig 1843, 42 f.

und mitbedacht. Die reiche schriftliche und mündliche Tradition des Judentums verfügt mit Noach und den ihm zugeschriebenen sieben Geboten über Verhaltensregeln, die es in eine Diskussion über die Grundlagen einer gemeinsamen menschlichen Ethik einbringen kann. Das Judentum hat in den Jahrhunderten seiner Entwicklung zu einer Zwei-Wege-Lehre gefunden, die der Erwählung Israels und seiner Entscheidung für die Tora Gottes eine legitime Alternative an die Seite stellt: den Gerechten der Völker. Dem Anderen wird seine Identität nicht genommen, er wird gerecht durch die vernunftmäßige Erkenntnis einer universalen Fundamentalmoral, die alle Menschen verbindet und aus dem Fremdling den Nächsten macht. In den noachidischen Geboten liegt nach jüdischer Auffassung das Heil aller Völker begründet. Damit besitzt die jüdische Tradition also ein Fundament für die Offenheit gegenüber pluralistischer Existenz und Anerkennung des Anderen als Anderes.

Urteilsbildung in der jüdischen Ethik – Beispiel Stammzellenforschung

»Wer nur ein einziges Leben rettet, der hat die ganze Welt gerettet«, heißt es im Talmud. Aus jüdischer Sicht ist unbestritten, dass dem Menschen das Recht und zum Teil auch die Pflicht zur Heilung von Krankheiten erteilt wurde. Doch welcher Mittel darf er sich dazu bedienen? Die Frage nach dem Wert menschlichen Lebens, die sich dabei implizit stellt, weckt lebhafte Emotionen, und der Streit um die Zulässigkeit der Forschung an embryonalen Stammzellen ist auch in Europa noch nicht ausgestanden. Als der Deutsche Bundestag im Jahre 2008 über eine gesetzliche Erleichterung der Stammzellenforschung debattierte, forderten vor allem Industrie und Forschungsinstitutionen eine Gesetzesnovelle. Kirchliche Organisationen treten dagegen für ein Verbot der Stammzellenforschung ein. Ganz anders ist die Situation in Israel. Der Biotech-Bereich gehört dort zu den größten Wachstumsmärkten; das israelische Haifa

ist heute eines der Zentren der embryonalen Stammzellenforschung. Ist es also für Juden ethisch vertretbar, sich in
diesem Bereich zu engagieren? Darf man die Stammzellenforschung gutheißen? In den USA hat es in den letzten
Jahren bereits bedeutende Gesetzesvorhaben zu diesem
Thema gegeben. Damals war es die einmütige Empfehlung
liberaler, konservativer und orthodoxer Juden, die embryo-
nale Stammzellenforschung zu erlauben.

Aus Sicht des Judentums gilt grundsätzlich: Das ungeborene Leben besitzt im Judentum nicht schon ab der Befruchtung volle Rechte; Abtreibungen können unter gewissen
Umständen vorgenommen werden, allerdings immer nur
dann, wenn Lebensgefahr für die Mutter besteht. Der Fö-
tus, so befand Maimonides, erlangt erst dann den Personen-
status und damit gleiche Rechte wie die Mutter, wenn der
Kopf geboren wurde. Man steht heute somit in einer langen
Tradition der Auslegung. Was heißt es, wenn der Talmud
sagt, dass die befruchtete Eizelle bis zum 40. Tag »bloß Wasser« *(majim be-alma)* sei? In der Praxis kann dies bedeuten,
dass eine Abtreibung gegebenenfalls in den ersten 40 Tagen
nach der Befruchtung erfolgen soll. Und doch gilt, dass
schon dieser Prä-Embryo traditionsgemäß als potenzielle
nefesch gilt, als potenzielle Person und damit als schützens-
wert. Dieses ungeborene Leben pauschal zu opfern, weil das
Leben eines Dritten in Gefahr ist, ist vor diesem Hintergrund auch für viele Juden heute eigentlich nicht mehr vertretbar.

Ein Prä-Embryo vor der Implantation in den Uterus besäße
aber nach jüdischem Verständnis einen Sonderstatus, da er
sich einerseits außerhalb des Mutterleibs befindet und andererseits sowieso nicht lebensfähig ist und sich auch noch
keine 40 Tage entwickelt hat. Kann ein solcher Prä-Embryo
ohnehin nicht weiterverwendet werden, so dürfte seine
Zerstörung demnach religionsgesetzlich zulässig sein. Daraus lässt sich folgern: Es ist aus religionsgesetzlicher Sicht

sicherlich besser, am Prä-Embryo zu forschen und daraus
potenziell lebensrettenden Nutzen zu ziehen, als ihn bloß
zu zerstören. Das meint auch das Bio-Ethics Advisory Committee der Israel Academy of Science and Humanities, dem
neben Ärzten und Juristen auch Philosophen und Rabbiner
angehören und das die Möglichkeit in Betracht zieht, durch
therapeutisches Klonen Stammzellen zu gewinnen: Beim
Zellkerntransfer entstehe kein Embryo im herkömmlichen
Sinne. Aber wie lässt sich dieses Züchten von Embryonen zu
Forschungszwecken mit dem biblischen Gebot vereinbaren,
dass kein Samen sinnlos verschüttet werden soll, also auch
nicht in Form befruchteter Eizellen?

Aus liberaler jüdischer Perspektive kommt man heute zu
dem Schluss, dass man lieber andere Methoden der Stammzellenforschung bevorzugen sollte als diejenige, die sich
überzähliger oder durch Klonen hergestellter Prä-Embryo-
nen bedient. Aus religionsgesetzlicher Sicht bestehen weit
weniger Probleme bei der Forschung an adulten Stammzellen oder an bereits vorhandenen Zelllinien. Der jüdische
Gelehrte Moses ben Nachman (1194/97–1270), genannt
Nachmanides, befand im 13. Jahrhundert, dass der Gebrauch wissenschaftlicher Erkenntnisse zum Wohle des
Menschen ein biblischer Auftrag sei. Generell gilt also, dass
die jüdische Religion auch neuen biologischen Entwicklungen gegenüber positiv eingestellt ist, vor allem wenn der
potenzielle Nutzen die Bedenken überwiegt. Die jüdische
Bioethik repräsentiert einen über Jahrtausende hinweg un-
unterbrochen praktizierten Prozess ethischer Auseinandersetzung zu verschiedensten Fragen der Medizin. Bedeutende rabbinische Gelehrte waren Ärzte, so etwa Maimonides.
Ein Spannungsverhältnis von Theologie und Naturwissenschaft ist dabei unbekannt; der Erwerb und die Erweiterung von Wissen, das uns zur Vermeidung und Heilung
von Krankheiten dienen kann, ist sogar ausdrücklich geboten: Die vorhandenen medizinischen Kenntnisse sollen mit

aller zu Gebote stehenden Anstrengung dazu verwendet werden, Kranken zu helfen, sonst macht man sich nach dem *Schulchan Aruch* des Blutvergießens schuldig.

Wenn der Mensch in natürliche Prozesse eingreift, so spielt er dabei noch nicht Gott. Er ist vielmehr Partner der Schöpfung und dient ihr dadurch auch. Eine entsprechende Zurückhaltung gehört zu den Leitlinien, die schon der Talmud fordert: Jede Entscheidung soll sich am konkreten Fall orientieren. Die Anwendung jeder neuen Technologie kann Segen und Fluch zugleich sein: Zum Segen wird sie, falls sie zum Guten angewandt wird. Zum Fluch kann sie entarten, wenn sie durch verantwortungsloses Machtgefühl missbraucht wird. Zum Selbstverständnis religiöser Juden gehörte es also auch, jenseits von bloßen Emotionen und gemeinsam mit den Experten in diesem Bereich diese Gewissensentscheidung immer wieder einzufordern.

3.2 Der jüdische Haushalt

Was zeichnet einen jüdischen Haushalt aus? Geht man heute durch frühere jüdische Wohnviertel wie Kazimierz in Krakau, so sind es oft nicht mehr als die Vertiefungen an Türsturzen oder Spuren im Mauerwerk oder Putz, die daran erinnern, dass hier einst Mesusot die Eingänge zu jüdischen Wohnungen und Häusern markiert haben.

Die Tradition, eine Mesusa an die Außenseite des Türrahmens seines Hauses anzubringen, geht auf Dtn 6,9 zurück, auf einen Satz, der zum ersten Abschnitt des *Schma Jisrael* gehört: »Und schreibe sie auf die Pfosten deines Hauses und an deine Tore.« Die Kapsel mit dem darin befindlichen Pergamentstreifen *(klaf)* sollte an der rechten Seite (im oberen Drittel) so angebracht werden, dass das obere Ende zur Tür zeigt, jedoch nicht höher, als ein normalwüchsiger Mensch mit seiner Hand greifen kann. Dies ist ein erstes Indiz dafür, dass ein Haushalt jüdisch ist.

Der hebräische Buchstabe schin *auf der Mesusa steht für den ersten Buchstaben von* schaddai, *»Allmächtiger«.*

Mesusot sind eine Erinnerung daran, dass man verpflichtet ist, die Traditionen und Werte des Judentums zu bewahren; sie werden in der Regel auch an allen Wohn- und Schlafräumen angebracht. Ihre Anbringung bei der »Weihung des Hauses« *(chanukkat ha-bajit)* wird mit entsprechenden Segenssprüchen begleitet:

> *Wir bringen eine Mesusa am Türrahmen dieses Hauses an, um das Gebot Gottes, unseres Schöpfers, zu erfüllen und um uns selbst und alle, die dieses Haus betreten, daran zu erinnern, Gott von ganzem Herzen, von ganzer Seele und mit ganzer Kraft zu lieben. Gott, wir bitten dich*

um deinen Segen für dieses Haus und für alle, die darin leben werden. Mögen die Türen dieses Hauses immer offen sein für Menschen in Not. Mögen seine Zimmer mit Freundlichkeit erfüllt sein. Möge Frieden zwischen seinen Wänden wohnen und möge es Freude durch die Fenster hinaus verbreiten. Dein Friede beschütze dieses Haus. Deine Gegenwart möge nie von ihm weichen.

Der Brauch, die Mesusa beim Passieren mittelbar zu küssen, indem man die Finger von den Lippen zur Mesusa und zurück zum Mund führt, ist ein möglicher Ausdruck individueller Frömmigkeit; die Vorstellung, dass die Mesusa gleich einem Amulett auch eine Schutzfunktion habe, ist aber nicht mehr als volkstümlicher Aberglaube. Zu Chanukka zeugen auch die Lichter auf der Fensterbank davon, dass es sich um einen jüdischen Haushalt handelt, zu Sukkot ist es vielleicht die Laubhütte auf dem Balkon, auf der Terrasse oder im Garten.

Auf den ersten Blick unterscheidet einen jüdischen Haushalt in seiner Grundausstattung nichts von den Wohnungen nichtjüdischer Nachbarn. Wenn beispielsweise die israelische Gedenkstätte Yad Vashem in ihrer Dauerausstellung ein jüdisches Wohnzimmer aus den 1930er Jahren zeigt (dabei handelt es sich größtenteils um Möbel aus dem Arbeitszimmer des Berliner Mediziners Professor Hermann Zondek), so soll damit jüdisches Leben und jüdische Kultur im deutschsprachigen Mitteleuropa vor der Schoa dargestellt werden. In der konkreten Gestaltung der Wohnung kommt aber mindestens ebenso sehr der jeweilige Zeitgeist zum Ausdruck wie gelebtes Judentum. In der zweiten Hälfte des 19. Jahrhunderts waren es Ansichten aus dem Zyklus *Bilder aus dem altjüdischen Familienleben* des Malers Moritz Daniel Oppenheim (1800–1882), die in jüdischen Haushalten reißenden Absatz fanden. Diese Drucke mit ihren Motiven aus dem häuslichen Bereich und aus der Synagoge gaben in standardisierter und typisierter Form ein vermeintliches Ideal wider und wurden bis zum Ersten Weltkrieg immer wieder neu aufgelegt.

Das jüdische Wohnzimmer in Yad Vashem oder die Drucke

von Oppenheim zeigen, dass nicht die Einrichtung einen jüdischen Haushalt ausmacht, sondern dass die Lebensführung entscheidend ist. Ein jüdischer Haushalt sollte von Familiensinn und von Gastfreundschaft geprägt sein. Dazu kommt der individuelle Grad an Traditionsbewusstsein und religiöser Praxis bei seinen Mitgliedern, wenn es um Kaschrut, Schabbatruhe und – insbesondere in orthodoxen Familien – die *zniut* (»Anstand«) im Verhältnis von Mann und Frau geht. Das Leitmotiv für ein jüdisches Familienleben ist in jedem Fall der Hausfrieden, der *schalom bajit*, der auch sexuelle Erfüllung mit einschließt. Der Hausfrieden ist der Segen für jedes Paar, um den man betet, auf dass sie »ein gemeinsames Heim in Treue zu Israel errichten« mögen. In vielen jüdischen Haushalten ist auch ein Haussegen *(birkat bajit)* als Wandschmuck angebracht, beispielsweise mit Worten aus Ps 122,2 oder Ps 137,5.

Kerzenhalter für die Schabbatlichter und Kidduschbecher aus der Jerusalemer Silberschmiede Yemini.

Zur jüdischen Lebensführung gehören auch die mit der Religionspraxis verbundenen Ritualgegenstände. In nahezu jedem jüdischen Haushalt finden sich daher Schabbatleuchter, Kidduschbecher und ein Hawdala-Set, Utensilien wie Deckchen zum Verdecken der Challa, Sederteller und gegebenenfalls auch Geschirr, das für Pessach tauglich ist, sowie Chanukka-Leuchter. Zu einer koscheren Küche gehören nicht nur zweierlei Geschirr und Besteck, Töpfe und Pfannen für Milch- und Fleischprodukte, sondern auch zweierlei Geschirrtücher sowie koschere Spülmittel und Seifen. Familien, die die Schabbatruhe strikt befolgen, werden als *schomrej schabbat* oft Wärmeplatten, Zeitschaltuhren und ähnliche Hilfsmittel verwenden, um am Schabbat nicht allzu vielen Einschränkungen ausgesetzt zu sein.

Ein Misrach aus Papier (Scherenschnitt, Odessa 1890) mit deutschsprachiger Widmung, der als Wandschmuck nach Osten weist.

Als Wandschmuck dient oft auch eine Tafel oder ein besticktes Tuch, der sogenannte Misrach (»Osten«), der Gebetsrichtung gemäß 1 Kön 8,44, Dan 6,11 und MBr 4,5. Besitzt ein Ehepaar eine künstlerisch gestaltete Ketubba, so schmückt diese in der Regel das gemeinsame Schlafzimmer. Für das Volk des Buches ist es selbstverständlich, die wesentliche religiöse Literatur im Haus zu haben, also die Hebräische Bibel, Gebetbücher für den Schabbat, die Festtage und die Hohen Feiertage, gegebenenfalls auch eine Talmud-Ausgabe und Handbücher zur jüdischen Religionspraxis und Tradition. In vielen Haushalten findet man darüber hinaus eine Zedaka-Büchse für Spenden, Reisesouvenirs aus Israel sowie Familienfotos, die zusammen mit anderen geretteten Erinnerungsstücken auf die oft wechselvolle Geschichte und die Herkunft der Eltern und Großeltern verweisen.

Was man nt findet: Im Haushalt streng orthodox beziehungsweise orthoprax lebender Familien wird es keine nichtreligiöse Musik geben, oftmals auch keinen uneingeschränkten Zugang zu Telefon und Internet. Der angemessene Abstand zwischen den Betten im ehelichen Schlafzimmer ist (mit Bezug auf die *nidda*) ebenso geklärt wie die Auswahl von zulässigen Bildern als Wandschmuck. Haustiere, insbesondere Hunde, sind in orthodox geführten Haushalten in der Regel verpönt. Es gibt dabei genau genommen keine halachischen Gründe, die gegen Hunde sprechen; ähnlich wie im Islam gelten sie aber als unrein, sie werden traditionell als niedere Kreaturen bezeichnet (Spr 26,11, 2 Sam 3,8) und wecken manches Mal womöglich auch noch Assoziationen an Pogrome und Konzentrationslager. In säkularen Kreisen, etwa in Tel Aviv, gehören Hunde heute aber ganz selbstverständlich zum modernen Lifestyle.

Einen jüdischen Haushalt macht in jedem Fall aus, dass er mit jüdischem Leben gefüllt ist. Neben der durch Kaschrut und Schabbatruhe geprägten Lebensführung gehören dazu der Sinn für Gemeinschaft, etwa der Freitagabend inmitten der Familie oder unter Freunden, das gemeinsame Lernen – oder auch ein Spaziergang – am Schabbatnachmittag und die bewusste Pflege sozialer Kontakte überhaupt. Lebendiges Judentum fordert auch die Anbindung an eine Synagogengemeinde und an eine gewisse jüdische Infrastruktur, sodass die Nähe zu jüdischen Einrichtungen bei der Suche nach einer neuen Wohnung in der Regel eine große Rolle spielt.

Die jüdischen Speisegebote gehören ebenso wie etwa das Schabbatgebot zur Ethik des Judentums und darüber hinaus zu denjenigen Besonderheiten, die die jüdische Religionsgemeinschaft von ihrer Umgebung deutlich unterscheiden. Sie leiten sich aus den biblischen Vorschriften über die zum Verzehr freigegebenen Tiere ab (Lev 11; 17,10–12; Dtn 14,3–21) und folgen der Unterscheidung von rein und unrein sowie dem Gebot zur Heiligung des Lebens: »[…] um zu unterscheiden zwischen Heiligem und Gemeinem und zwischen Unreinem und Reinem« (Lev 10,10). Neben den biblischen Geboten gehören zu den Speisevorschriften auch rabbinische Gebote, die sich teils auf Bibelstellen beziehen, teils unabhängig von biblischen Quellen fixiert wurden.

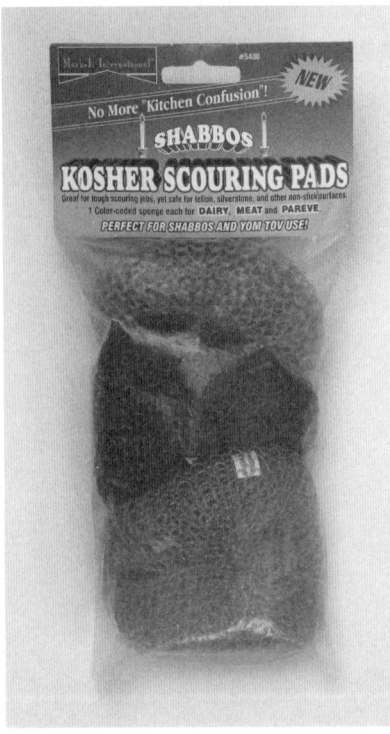

Für einen koscheren Haushalt werden auch koschere Küchenutensilien benötigt, etwa Topfschrubber.

Die Gebote beziehen sich auf Tiere; Früchte, Getreide und Gemüse sind generell erlaubt. Milchiges und Fleischiges wird strikt getrennt, Schweinefleisch und Meeresfrüchte sind verpönt: Auf den ersten Blick wirken die jüdischen Speisegesetze kompliziert und rätselhaft. Nahrungstabus und Reinheitsgebote gibt es aber bei wohl allen Völkern und Kulturen. Vor allem auch im Islam gibt es vergleichbare Speisevorschriften sowie den Begriff »halal« für rituell reine Nahrungsmittel.

Zu den biblischen Geboten gehört, dass der Genuss von Aas und von Blut grundsätzlich verboten ist, denn das Blut ist der Sitz der Seele und ein Symbol des Lebens. In Dtn 12,23 heißt es dazu: »Sei nur fest, nicht das Blut zu essen, denn das Blut ist das Leben, und du sollst nicht das Leben mit dem Fleische verzehren« (vgl. bTMak 23b).

Die rituelle Reinheit wird mit dem hebräischen Begriff *kascher* (umgangssprachlich »koscher«) bezeichnet. Ursprünglich wurde dieses Wort gar nicht für Nahrungsmittel benutzt. In der Bibel kommt es zunächst als Begriff für »gut« oder »angemessen« vor, so in: »Wenn es dem Könige gefällt und wenn ich Gunst vor ihm gefunden« (Est 8,5). In der rabbinischen Literatur wird *kascher* auf rituelle Gegenstände bezogen, die für den rituellen Gebrauch »tauglich« sind – etwa der Gebetsschal (Tallit) oder die Gebetsriemen (Tefillin) –, oder auf eine Person, die als Zeuge vor Gericht taugt. Heute bezeichnet man nicht nur die Nahrungsmittel als »koscher«, die den jüdischen Speisevorschriften entsprechen, sondern auch den Ort, an dem sie zubereitet oder verkauft werden: eine koschere Küche, ein koscheres Restaurant. Speisen, die von Nichtjuden ohne die Aufsicht eines Maschgiachs zubereitet werden, gelten als unrein. An sich koschere Nahrungsmittel können durch die Vermischung mit Flüssigkeiten wie Wasser, Tau, Wein, Milch, Honig, Öl oder Blut verunreinigt werden.

Ist etwas untauglich, weil es den rituellen Anforderungen nicht entspricht, so lautet die Bezeichnung dafür *tame* und speziell bei Nahrungsmitteln *terefa* oder umgangssprachlich *treife*, was wörtlich so viel heißt wie »durch ein wildes Tier zerrissen« (vgl. Ex 22,30). Im Talmud erhält der Begriff *terefa* eine neue Bedeutung: Dort ist damit ein Vierfüßler oder auch ein Vogel gemeint, dessen Verzehr an sich erlaubt ist, der aber an einer Krankheit, Mangelerscheinung oder Verletzung leidet, die binnen eines Jahres zu seinem Tod führen kann.

Die Kaschrut, das Regelwerk zum rituell korrekten Umgang mit Nahrungsmitteln, basiert auf den biblischen Geboten, umfasst darüber hinaus aber auch Vorschriften zur Zubereitung der Speisen und über den Umgang mit den Küchenutensilien. Sie ist im Talmud sowie in späteren rabbinischen Kodizes festgeschrieben. Für die Kontrolle der Zutaten und der vorschriftsmäßigen Zubereitung der Speisen ist ein sogenannter Maschgiach zuständig. Jedes koschere Restaurant, jede koschere Großküche beschäftigt einen solchen Fachmann, der die Verantwortung dafür trägt, dass die Kaschrut eingehalten wird. Genau genommen beziehen sich die Reinheitsgebote auch auf die Herstellung von Textilien (vgl. Kap. 3.4).

Die Speisevorschriften treten außer Kraft, wenn mit dem eigentlich unreinen Nahrungsmittel das Leben von hungernden oder kranken Menschen gerettet werden kann.

1. Kaschrut

Reine und unreine Tiere

Die Unterscheidung zwischen unreinen und reinen Tieren (und innerhalb der Gruppe der reinen Tiere wiederum zwischen den einst als Opfer tauglichen und den mit einem Makel behafteten Tieren) stammt aus biblischen Zeiten und spielte zunächst für den Tempeldienst eine Rolle. Grundlage für die Klassifizierung sind die Listen in Lev 11 und Dtn 14 (wobei sich einige der dort genannten Tierarten aber heute nicht mehr genau identifizieren lassen). Grundsätzlich gilt dabei Folgendes: Unter den Landtieren sind Wiederkäuer mit gespaltenen Hufen zum Verzehr erlaubt, etwa Rinder (Lev 11,7). Für Schweine, die zwar gespaltene Hufe haben, aber nicht wiederkäuen, gilt ohnehin ein direktes Verbot. Schweinefleisch ist *treife*, unrein. Kamele wiederum sind zwar Wiederkäuer, weisen aber keine vollständig gespaltenen Hufe auf und sind so ebenfalls unrein. Von den Meerestieren sind nur diejenigen zum Genuss freigegeben, die über Schuppen und Flossen verfügen (vgl. bTChul 3,6f); Haie, Aale und Meeresfrüchte jeglicher Art (Hummer, Langusten, Muscheln, Tintenfische und Schnecken) scheiden damit aus. Der Stör ist eine unreine Fischart, was zur Folge hat, dass auch der vom Stör stammende Kaviar nicht zum Genuss geeignet ist.

Die talmudischen Ausführungen zur Essbarkeit von Tieren sind höchst detailliert. So haben reine Vögel eine Hinterzehe, einen Kropf und einen doppelhäutigen Muskelmagen. Zu den 24 unreinen Vogelarten gehören unter anderem Greifvögel (Raubvögel sind schließlich auch Aasfresser), aber auch der Strauß und der Storch. Die Eier unreiner Vögel sind ebenfalls unrein, ebenso befruchtete Eier gleich welcher Art. Manches Mal tun sich zwischen biblischem Gebot und rabbinischer Auslegung auch Widersprüche auf. So verbietet Lev 11,3 den Hasen, der aber laut Talmud (bTChul 59a) ein Wiederkäuer ist; der Targum versteht unter »wiederkäuen«, dass die Nahrung breiig wird (bTBK 28b). Fleischfressende Tiere kommen als Nahrung grundsätzlich nicht in Frage. Reptilien, Frösche, Würmer, Muscheln, Schnecken, Spinnen und Insekten sind ebenfalls unrein. Lev 11,21f führt auch vier Arten von zum Verzehr geeigneten Heuschrecken auf, doch da diese nicht ohne Weiteres identifizierbar sind, werden Heuschrecken generell nur selten gegessen. Bienen gehören zu den unreinen Insektenarten; Honig ist hingegen als Nahrungsmittel erlaubt, da er als »umgewandelter Blütenstaub« gilt (bTBech 7b).

Aas ist in jedem Fall verboten. Der hebräische Begriff für Aas lautet *newela* (»Kadaver«) und schließt auch diejenigen Tiere ein, die eines natürlichen Todes gestorben sind oder nicht in vorgeschriebener Form geschlachtet wurden. Dabei kann es sich auch um Wild handeln, das bei der Jagd durch Schüsse oder Schlingen erlegt wurde.

Milchiges und Fleischiges

Eine wesentliche Vorschrift bei der Zubereitung von Speisen ist die unbedingte Trennung von Milchigem und Fleischigem, die von dem Gebot »Koche nicht ein Böcklein in der Milch seiner Mutter« abgeleitet wird, das in der Tora gleich dreimal genannt wird (Ex 23,19; 34,26; Dtn 14,21). Milch und Milchprodukte dürfen nicht mit Fleisch und Fleischprodukten in Kontakt kommen und nicht zusammen verspeist werden. Milchiges und Fleischiges soll auch getrennt voneinander aufbewahrt werden. Diese Trennung führt dazu, dass ein koscherer Haushalt über zweierlei Geschirr, Besteck und Kochutensilien verfügt, die ebenfalls nicht vermischt werden dürfen. Eine koschere Küche hat auch getrennte Spülbecken für milchiges und fleischiges Geschirr. Eine zweite Geschirrspülmaschine erübrigt sich allerdings: Das Wasser einer Spülmaschine ist in der Regel so heiß, dass sie sich selbst reinigt und koscher macht. Das Geschirr für Fleischiges und für Milchiges muss allerdings in getrennten Körben untergebracht werden. Eine Besonderheit ist Glas: Da es eine nichtabsorbierende Oberfläche hat, können Glasteller eigentlich gleichermaßen für Milchiges und Fleischiges benutzt werden. (Allerdings erlauben dies nicht alle rabbinische Autoritäten.)

Zwischen dem Verzehr von Fleisch- und von Milchgerichten muss eine gewisse Zeit vergehen. Wie lang diese Zeitspanne ist, hängt von den jeweiligen örtlichen Traditionen ab: Sie schwankt zwischen einer Stunde und sechs Stunden. Bei den Juden im deutschsprachigen Raum war es üblich, zwischen fleischigen und milchigen Mahlzeiten drei Stunden verstreichen zu lassen; diese Eigenheit ist mit dem Holocaust abgebrochen, ebenso wie der Brauch der niederländischen Juden, eine Stunde und zwölf Minuten zu warten. Orthodoxe osteuropäische Juden warten in der Regel sechs Stunden.

Pflanzliche Nahrungsmittel

Früchte und Gemüse bilden eine dritte Kategorie von Nahrungsmitteln. Sie gelten in Bezug auf fleischige und milchige Nahrungsmittel als neutral *(parwe)*, können also sowohl mit Milchigem wie mit Fleischigem kombiniert werden. Soja beispielsweise ist *parwe* und dient häufig als Milchersatz. Auch diejenigen Fische, die als koscher gelten, sind *parwe*. Pflanzliche Lebensmittel gelten meist als koscher. Verboten ist allerdings die Kombination von *kilajim*, das heißt von unterschiedlichen Pflanzenarten, die zusammen gewachsen sind, etwa Getreide und Gemüse. Man soll demnach auch kein Gemüse in der Nähe eines Weinstocks anbauen. Eine wichtige Ausnahme ist auch der von Nichtjuden gekelterte Wein. Flüssigkeiten wie Wein und Öl sind in besonderem Maße verunreinigungsgefährdet.

Es gibt auch Nahrungsmittel, die lediglich zu bestimmten Zeiten oder unter bestimmten Umständen verboten sind, beispielsweise Hülsenfrüchte und alles Gegorene zu Pessach oder Produkte, die nicht verzehnt wurden: Solange die traditionellen Abgaben wie der Zehnte nicht von der Gesamtmasse abgesondert sind, gilt das Ganze in orthodoxen Kreisen als nicht zum Verzehr geeignet.

Koscherer Wein

Wein aus nichtjüdischer Produktion und aus nichtjüdischem Besitz ist traditionell verpönt. Ursprünglich war wenigstens ein wesentlicher Grund dafür die Sorge, dass es sich um Wein handeln könnte, der als Trankopfer (Libation) für fremde Kulte benutzt wird. Diese Vorbehalte gelten auch für den Messwein, der bei der Eucharistiefeier in der Kirche benutzt wird. Im Talmud wird derartiger Wein, der dort mit Götzenanbetung in Verbindung gebracht wird, als *jajin nessach* bezeichnet, als »gespendeter Wein«, und für Juden verboten. Später wurde dazu auch Wein gezählt,

Flaschen für koscheren Wein für Pessach und für die Hawdala aus den USA.

der für den jüdischen Gebrauch hergestellt worden war, aber mit Nichtjuden in Berührung gekommen ist. So kann es auch heute passieren, dass ein orthodoxer Jude, der in einem nichtjüdischen Haushalt zu Gast ist, darauf besteht, eine Flasche koscheren Weines selbst zu öffnen.

Das generelle Verbot des sogenannten Libationsweines wurde von den Rabbinen auch auf den *jajin stam* ausgeweitet, auf den gewöhnlichen von Nichtjuden produzierten Wein. Ein Grund dafür dürfte der Wunsch nach Absonderung gewesen sein, dem die Sorge vor einem zu engen sozialen und womöglich auch sexuellen Kontakt mit Nichtjuden zugrunde lag. Im Talmud (bTSanh 106a) heißt es dazu: »[…] sprach sie [die Hure] zu ihm: Du bist ja bereits wie ein Familienangehöriger, setze dich und suche dir etwas aus. Krüge mit ammonitischem Wein standen vor ihr; und da damals (ammonitischer und) nichtjüdischer Wein noch nicht verboten war, sprach sie zu ihm: Willst du vielleicht ein Glas Wein trinken? Hatte er getrunken, so geriet er in Erregung und sprach zu ihr: Gib dich mir hin. Da zog sie ihre Gottheit aus dem Busen und sprach zu ihm: Verehre diese. Er erwiderte ihr: Ich bin ja Jude. – Was schadet dies […] außerdem entlasse ich dich nicht eher, als bis du die Lehre deines Meisters Mose verleugnet hast.«

Damit ein Wein als koscher gilt, müssen zwei Voraussetzungen erfüllt sein: Er muss ausschließlich koschere Zutaten enthalten und darf nicht von einem Nichtjuden berührt worden sein. Genau genommen ist der *jajin stam* jedoch für geschäftliche Angelegenheiten zulässig, nicht aber für das Vergnügen oder für den Kiddusch.

Von diesem Verbot des mit Nichtjuden in Berührung gekommenen Weines ausgenommen ist gekochter Wein, *jajin mewuschal*. Damit ist ein Wein gemeint, der kurze Zeit so stark erhitzt wird, bis »die Hand zuckt« (bTSchab 40b), und der nicht mehr als Trankopfer für andere Kulte verwendet werden kann. Der *Schulchan Aruch* bemerkt dazu: »Wenn koscherer Wein gekocht worden ist, das heißt, man hat ihn so weit erhitzt, dass durch das Erhitzen seine Menge geringer geworden ist, und dann hat ihn ein Nichtjude berührt, darf man ihn sogar trinken.« Das ist etwa in Restaurants von Vorteil, weil es so nichtjüdischen Angestellten möglich wird, Weinflaschen für jüdische Gäste zu öffnen. (Ob das Kochen dem Geschmack des Weines zuträglich ist, ist eine andere Frage.)

Im Übrigen ist die Sorge, dass Wein mit Nichtjuden in Berührung kommen könnte, heute wegen der vollständigen Automatisierung der Weinproduktion vom Zeitpunkt der Traubenlese bis hin zu den versiegelten Flaschen eigentlich hinfällig.

Traditionell sind bei der Produktion koscheren Weines die folgenden Punkte zu beachten:

• Die Frucht eines neuen Weinstocks darf erst vier Jahre nach der Einpflanzung verwendet werden.

• Es darf kein Obst oder Gemüse zwischen den Weinreben wachsen.

• An der Weinproduktion dürfen nur Männer beteiligt sein, die den Schabbat einhalten.

• Alle Geräte, die zur Weinerzeugung verwendet werden, müssen sauber und steril sein.

- Die Substanzen, die bei der Produktion von Wein Verwendung finden, müssen als koscher akzeptiert sein und dürfen keine tierischen Stoffe enthalten.

In Israel muss zudem ein Teil des Weinertrags, der symbolische Zehnte, weggegossen werden. Bei der Weinlese ist zudem das Schmitta-Jahr einzuhalten, also das Jahr, in dem die Landwirtschaft ruhen soll und nicht geerntet werden darf. All dies trifft ausschließlich für Traubenwein zu, nicht für Obstweine, die auch dann erlaubt sind, wenn sie von Nichtjuden hergestellt wurden. Als Zeitpunkt, von dem an die Weinproduktion unter jüdischer Aufsicht zu erfolgen hat, wird in der Regel der Moment angegeben, in dem die Trauben versaftet werden. Historisch gesehen ist der Weinanbau und -handel in Europa ein wichtiger jüdischer Berufszweig gewesen, und inzwischen gibt es auch in Deutschland und Österreich wieder Weingüter, die unter rabbinischer Aufsicht koscheren Wein produzieren.

Für mehr und mehr liberale Juden und Jüdinnen hat die strikte Unterscheidung zwischen Weinen jüdischer und nichtjüdischer Winzer jedoch heute keine Bedeutung mehr. Liberale Gemeinden tragen aber dafür Sorge, dass der Kiddusch-Wein koscher ist, um allen Anwesenden unabhängig von ihrer religiösen Ausrichtung die Teilnahme am Kiddusch zu ermöglichen.

Die Zertifizierung von koscheren Produkten

Damit man sich beim Einkauf vergewissern kann, dass es sich um koschere Produkte handelt, wird die Herstellung und Verpackung dieser Produkte von orthodoxen Rabbinern kontrolliert, die dann ein entsprechendes Zertifikat (hebr. *hechscher*) ausstellen. Diese *hechscharim* sind wie Siegel auf den Verpackungen und Flaschenetiketten angebracht. Je nach der Strenge dieser orthodoxen Rabbinate bei der Einhaltung der Regeln gibt es auch verschiedene Grade von Kaschrut und damit entsprechende Abstufungen bei den Reinheitszertifikaten. Daher wird auf dem *hechscher* auch vermerkt, unter wessen Aufsicht der entsprechende Artikel hergestellt beziehungsweise geprüft wurde. In Nordamerika bieten nicht weniger als sieben Institutionen ein derartiges Zertifikat an; die bekannteste ist die Union of Orthodox Jewish Congregations, deren Zeichen der Buchstabe U in einem Kreis ist. Von besonders hoher Autorität ist in Israel das »Badatz«-Zertifikat der ultraorthodoxen Gemeinde Eda Haredit in Jerusalem, wobei »Badatz« für die Anfangsbuchstaben von *bet din zedek* (»gerechter Gerichtshof«) steht. Da die Rabbinate auch Zertifikate für Restaurants und Hotels ausstellen, können solche Bescheinigungen finanziell lukrativ sein und zu einer gewissen Konkurrenz führen. Gelegentlich tragen auch Produkte wie Salz, Zucker oder Kaffee, die eigentlich *parwe* sind, eine Koscherbescheinigung, um die Käufer zu beruhigen.

Koscher ist dabei nicht gleich koscher. Streng orthodoxe Juden kennen eine Reihe von Abstufungen und zusätzlichen Gütekriterien. Neben den regulären Zertifikaten, auf denen sich der Vermerk »koscher« oder »koscher le'Pessach« findet (das heißt, dass keine Substanz vorliegt, die einen Fermentierungsprozess durchlaufen hat oder bewirken kann), wird von ultraorthodoxen Rabbinern das Siegel »koscher le'Mehadrin« verliehen. Diese Lebensmittel sind insbesondere für streng observante Menschen geeignet. Dazu gehören besonders strikte Richtlinien beim Schächten und bei der Fleischverarbeitung, aber auch beim Prozess der Herstellung von Milch oder beim Umgang mit Fisch. Streng orthodoxe Juden nehmen nur dann Milchprodukte zu sich, wenn ein Jude beim Melken und bei der Abfüllung zugegen war und gewährleistet ist, dass die Milch eines koscheren Tieres nicht mit der eines nichtkoscheren Tieres vermengt wurde. Diese besonders sorgfältig kontrollierte Milch wird *chalaw Jisrael* genannt.

Erklärungsversuche für die Speisevorschriften

Die Speisevorschriften dienten zunächst als Zeichen der Absonderung: In der Tora heißt es, das Volk Israel werde durch die Vermeidung der unreinen Nahrungsmittel geheiligt (Lev 11,44). Die Absonderung galt zunächst für die Priester und das Tempelpersonal und schließlich für das Volk Israel überhaupt, das sich so von den Kulten der Nachbarvölker abgrenzte. Zur Zeit des Zweiten Tempels, in der ein Großteil der Juden in einer nichtjüdischen Mehrheitsgesellschaft oder unter nichtjüdischer Herrschaft lebte, erhielten die Speisegesetze auch einen identitätsstiftenden Charakter. Das Verbot des Genusses von Schweinefleisch (Lev 11,7; Dtn 14,8) geht vermutlich schon auf vorisraelitische Zeit zurück. Das Schwein galt im Alten Orient als dämonisches Tier und verkörperte in Ägypten als Symbol von Seth die Macht des Bösen. Wahrscheinlich wurde das Tabu von diesen Kulturen übernommen, dann von den Israeliten zur Abwehr zeitgenössischer fremder Riten mit einer neuen Begründung beibehalten und schließlich in den israelitischen JHWH-Kult integriert (vgl. Jes 65,4–5; 66,3.17).

Die Speiseregeln gehören zu den *chukim*, zu denjenigen Gesetzen, für die es keine logische Erklärung gibt und deren Befolgung für die jüdische Gemeinschaft obligatorisch ist, selbst wenn sie den menschlichen Verstand überfordern und bewirken, dass »der Satan und die weltlichen Völker Einwendungen erheben«, wie es der Talmud (Joma 67b) formuliert. Maimonides beschreibt den Sinn der Speisevorschriften folgendermaßen: »Wer sie befolgt, erweist nicht diesen Ehre, sondern dem, der sie gegeben hat, um Israel vor Wandeln im Dunkeln zu bewahren. Die Gebote sind die Lampen, die den Pfad erhellen.«

Alle Erklärungen der Speisegebote haben einen rein spekulativen Charakter, und die Begründung der Kaschrut mit hygienisch-medizinischen Kenntnissen geschah erst nachträglich und oft aus einer Haltung der Rechtfertigung heraus. Schon Isaak Abravanel rückte von medizinischen Deutungsversuchen wieder ab und stellte fest, dass es genügend Menschen gebe, die Schweinefleisch äßen und dennoch gesund und wohlauf seien. Für ihn hatte die Offenbarung der Speisegebote nicht die Heilung des Körpers, sondern vielmehr die der Seele zum Ziel.

In den letzten Jahrzehnten ist es im Sinne von *tikkun ha-olam*, der Idee der Bewahrung oder Heilung der Welt, zu einer Neudeutung der Kaschrut gekommen. Die Speisevorschriften werden dabei gerade in nichtorthodoxen, ja auch in säkularen Kreisen mit dem gesellschaftlichen Auftrag der Hebräischen Bibel in Verbindung gebracht. So spielen bei der Produktion und beim Verzehr der Nahrung nun zunehmend Aspekte wie Ökologie und Nachhaltigkeit eine Rolle. Aus dem rabbinischen Verbot des *oschek*, der Ausbeutung von Arbeitskräften, wird so das Verbot abgeleitet, die Früchte ausbeuterischer Arbeit zu genießen. Der vorgeschriebene Respekt gegenüber Lebewesen führt dazu, dass Schlachtvieh aus Massentierhaltung und aus sogenannten Tierfabriken als nicht koscher begriffen wird. Das Gebot, mit der Erde und nicht gegen sie zu leben, wird so verstanden, dass Produkte nicht als koscher gelten können, wenn sie auf Kosten der Natur hergestellt worden sind. Das Gebot, Armen die Möglichkeit zu geben, die Früchte ihrer eigenen Arbeit zu ernten, wird mit der Forderung nach Arbeitsplätzen für sozial Benachteiligte im Produktionsprozess verknüpft. Mit diesem ethischen Anspruch bekommen die Ernährungsvorschriften die Bedeutung, die sie in der deutschen Umgangssprache bereits haben: Was koscher ist, das ist in Ordnung.

Die Befolgung der Speisevorschriften

Die Einhaltung der Ernährungsvorschriften ist heute einfacher denn je. Pflanzenfette und Seifen aus Pflanzenöl, tiefgefrorenes koscheres Geflügel und koschere Fertiggerichte sind auch im deutschsprachigen Raum ohne Weiteres erhältlich. Das ändert jedoch nichts an der Tatsache, dass die Speisevorschriften in der nichtorthodoxen Mehrheit der jüdischen Haushalte nicht mehr durchgängig beachtet werden.

Im konservativen Judentum wird die Kaschrut nicht als Anordnung Gottes begriffen, sondern als ein Mittel, die jüdische Identität und die Einheit des jüdischen Volkes zu bewahren. Liberale Juden meiden in der Regel Schweinefleisch und Meeresfrüchte; viele entscheiden sich auch für eine vegetarische Ernährung. Diese Beachtung von grundsätzlichen Regeln kann aus Gewissensgründen erfolgen, aus Respekt vor orthodoxen Angehörigen oder Gästen oder aus Verbundenheit mit der jüdischen Gemeinschaft.

Im Jahre 1885 stellte eine Versammlung führender nordamerikanischer Reformrabbiner, die Pittsburgh Platform, dazu sinngemäß fest: »Wir glauben, dass alle diese mosaischen und rabbinischen Gesetze, die priesterliche Reinheit und Kleidung betreffen, in Zeiten und unter dem Einfluss von Vorstellungen entstanden sind, die von unserem heutigen Bewusstsein und religiösen Empfinden gänzlich verschieden sind. Sie können heute bei einem modernen Juden nicht mehr den Geist priesterlicher Heiligkeit wecken. In unserer Zeit behindert ihre Einhaltung eher ein geistiges Wachstum, als dass es es fördert.« In jedem Fall bleibt die Entscheidung, ob und wie die Speisevorschriften beachtet werden, im nichtorthodoxen Judentum dem Einzelnen überlassen. Rabbiner Ludwig Philippson (1811–1889) kommentierte die rein äußerliche und oftmals sinnentleerte Einhaltung der Speisevorschriften einst so: »Die Berliner Neu-Orthodoxen, die mit der Schinkenstulle in der Hand für den Schulchan Aruch schwärmen!« (Schweineschinken gilt selbstverständlich als unrein.)

2. Schechita – die rituelle Schlachtung

Die koschere Schlachtung ist ein religiöses Gebot. »Und jedermann aus dem Hause Jisrael und von den Fremden, die sich auf-

halten in ihrer Mitte, der irgend Blut isst: Ich werde mein Angesicht richten wider jemand, der Blut verzehrt, und ihn ausrotten
aus der Mitte seines Volkes«, heißt es in Lev 17,10. Dieses Verbot
wird in Dtn 12,23 bekräftigt, und es hat zu einer Schlachtmethode
geführt, der *schechita*, die als die einzige rituell einwandfrei gilt:
Der Verzehr des Fleisches von Tieren, die nicht auf diese Weise
geschlachtet worden sind, ist ebenso verboten wie der Genuss von
Aas.

Beim Schächten – so der von *schechita* abgeleitete deutschsprachige Begriff – handelt es sich um eine Schlachtmethode, bei
der die Halsschlagader und die Luftröhre des Tieres mit einem
einzigen Schnitt durchtrennt werden. Das Tier wird anschließend
mit dem Kopf nach unten aufgehängt, sodass es vollständig aus-
blutet, so wie es das Verbot des Blutgenusses fordert. Das Schächten wird von einem Fachmann, dem Schochet, vorgenommen. Er
kontrolliert auch die Beschaffenheit des Messers und die Qualität
des Fleisches. Das Messer, *chalaf* genannt, darf keine Scharte aufweisen. Die Regeln für die Beschau der Innereien sind bereits im
Talmud festgelegt. Eine vorhergehende Betäubung des Tieres ist
unzulässig, da man früher wohl befürchtete, dass dem Tier damit
innerer oder äußerer Schaden zugefügt werden könne.

Auch von einem koscheren Tier, das vorschriftsmäßig ge-
schächtet wurde und vollständig ausgeblutet ist, dürfen nicht alle
Teile gegessen werden. Verboten bleiben eine bestimmte Hüftsehne sowie bei Säugetieren die Fettanlagerungen rund um
Magen, Pansen, Nieren und weitere Innereien (vgl. Lev 7,23). Die
Speisevorschrift verlangt, dass die Hüftsehne beziehungsweise
der Ischiasnerv und die mit ihm verbundenen Blutgefäße vollständig vom Fleisch abgetrennt werden müssen. Dies ist aber so
aufwendig, dass die meisten koscheren Fleischer die Hinterteile
der Schlachttiere gar nicht erst zum Verkauf anbieten oder gleich
zum Verkauf an Nichtjuden freigeben. Das Verbot hat zum einen
mit der starken Durchblutung des Hinterteils zu tun, wird aber
auch mit der biblischen Geschichte in Zusammenhang gebracht,
die den Kampf Jakobs mit dem Engel erzählt. Dabei verrenkte sich

Jakob die Hüfte: »Darum essen die Söhne Jisraels nicht die Spannader, die auf der Hüftpfanne sitzt, bis auf diesen Tag, weil er stieß auf die Hüftpfanne Ja'akows, auf die Spannader« (Gen 32,33).

Von Fall zu Fall ist auch die Zubereitung entscheidend: Die Leber etwa kann niemals vollständig ausbluten und ist daher nur dann zum Verzehr geeignet, wenn sie gebraten wurde.

Fleisch von optimaler Qualität wird gerne als »glatt koscher« bezeichnet. Im talmudischen Sinn bezieht sich dies auf die Beschaffenheit der Lunge eines vorschriftsmäßig geschlachteten Tieres. War die Lunge vernarbt oder anderweitig beschädigt, also nicht glatt, so galt das ganze Fleisch dieses Tieres als nicht koscher. Der Begriff ging dann als Gütesiegel auf alle fleischigen Speisen über, wird heute aber auch für alle anderen Nahrungsmittel gebraucht.

Die pauschale Kritik am Schächten gehörte im christlichen Abendland schon im Mittelalter zusammen mit dem Ritualmord-Vorwurf und der Unterstellung von Hostienschändungen zum Repertoire der judenfeindlichen Polemik. Die Nationalsozialisten griffen diese Vorurteile auf, als sie im April 1933 ein Schächtverbot verhängten. Auch Tierschützer haben immer wieder ein Verbot eingefordert, ohne aber den Nachweis für Tierquälerei erbringen zu können. In der Schweiz besteht seit 1893 ein Schächtverbot für Säugetiere; der Deutsche Bundestag hat entsprechende Gesetzesvorlagen wiederholt diskutiert. Gegner eines Schächtverbotes machen geltend, dass eine Unterbindung des rituellen Schlachtens dem Grundsatz der Religionsfreiheit widerspricht.

▬ 3. Fasten im Judentum: Demütigung der Seele ▬

Das Judentum kennt kein Ideal der Enthaltsamkeit. Dass Askese im Judentum traditionell keinen hohen Stellenwert hat, zeigen die Regelungen für den Nasiräer (Nasir) in Num 6,1–21. Dort ist die Rede vom »Enthaltsamen«, einem »Geweihten«, der gelobt hat, eine Zeit lang ein Gott geweihtes Leben zu führen, und dafür auf Wein verzichten muss. Am Ende der festgelegten Zeit muss er ein Tieropfer bringen. Er muss also für seine Enthaltsamkeit büßen. Warum das? Rabbi Elieser Hakappar, der zu den bedeutenden Auslegern des jüdischen Religionsgesetzes im 2. Jahrhundert u. Z. zählte, sagte dazu: »Gegen welche Seele hat er sich denn versündigt? Gegen die eigene, denn er hat sich des Weins enthalten! Ein Schluss vom Leichten auf das Schwere: Wenn schon dieser ›Sünder‹ genannt wird, der sich nur des Weins enthielt, wie erst jener, der sich einer jeden Sache enthält? Dem Asketen kann man also entgegenhalten: Genügt es dir nicht an dem, was die Tora verboten hat, dass du noch andere Dinge verbieten willst?«

Maimonides, der Verfechter des goldenen Mittelwegs, übernimmt diese antiasketische Einstellung: »Möglicherweise spricht einer: ›Weil Eifersucht, Begierde, Sucht nach Ehre und Ähnliches den Menschen aus der Welt bringen, so will ich mich von ihnen möglichst absondern und ihrem Gegenteil zuneigen‹, wobei er dann kein Fleisch mehr isst, keinen Wein mehr trinkt, nicht heiratet, in keiner schönen Wohnung lebt, keine schönen Kleider anzieht, sondern sich nur mit einem Sackgewand aus harter Wolle bekleidet [...] Auch dies ist ein schlechter Weg. Wer auf ihm geht, heißt Sünder.«

Schon der Prophet Secharjah (Sacharja) stellte fest, dass nicht Askese Besserung bringt, sondern dass allein ein entschiedenes Umdenken, eine Wende im sozialen Leben und eine Rückbesinnung auf die Tora und auf die Propheten die Rückkehr nach Zion ermöglichen: »Dies sind die Dinge, die ihr tun sollet: Redet Wahrheit, einer mit dem andern; nach Wahrheit und Gericht des Friedens richtet in euren Toren. Und sinnet keiner das Unheil des andern in eurem Herzen«. Und weiter: »Also spricht der Ewige der Heerschaaren: Das Fasten des vierten und das Fasten des fünften und das Fasten des siebenten und das Fasten des zehnten

[Monats] wird dem Hause Jehuda zu Wonne und Freude und zu fröhlichen Festen werden; nur liebet die Wahrheit und den Frieden« (Sach 8,16–21).

Wann und wie werden aber Fastentage zu Festtagen? Im Talmud wird Raw Chana zitiert: »Wenn es Frieden gibt, sollen sie Wonne und Freude sein. Wenn es keinen Frieden gibt, Fasttage. Dies bedeutet, wenn Verfolgung herrscht, dann bleibt es beim Fasten. Wenn es aber weder Verfolgung noch Frieden gibt, so kann man nach Belieben fasten oder nicht fasten.« Maimonides betont in seinen Entscheidungen zum Fasten, dass dabei das leibliche und seelische Gleichgewicht des Menschen im Vordergrund stehen soll, so wie die Tora sagt: »Nur hüte dich und achte auf dein Leben wohl« (Dtn 4,9). Und Rabbi Josse befand schon um 150 u. Z. dazu: »Der Einzelne darf sich nicht durch Fasten quälen.« Maimonides befand schließlich: »Ebenso wie die Gemeinschaft in ihrer Not fastet, so faste auch der Einzelne in seiner Bedrängnis.« Er folgerte, dass die Fastentage im messianischen Zeitalter aufgehoben sein werden.

3.4 Regeln für die Kleidung

Kleidung ist in allen Kulturkreisen Ausdruck persönlicher Identität und der Zugehörigkeit. Dazu gehören auch die Bart- und Haartracht. In diesem Kapitel wird erläutert, welche jüdischen Bekleidungsformen und -vorschriften sich auf biblische Gebote beziehen und welche Ausdruck lokaler Moden und Bräuche sind oder waren.

Ursprünglich scheinen sich Juden in ihrer Kleidung nicht von ihrer Umgebung unterschieden zu haben. Eine Kennzeichnung erfolgte erst im Mittelalter, und zwar durch die islamische Gesetzgebung im 9. Jahrhundert und später durch Papst Innozenz III. (im Jahre 1235). Nach der islamischen Eroberung des Nahen und Mittleren Ostens, Nordafrikas und der Iberischen Halbinsel setzte sich eine (von allen drei monotheistischen Religionen erstrebte) sichtbare Absonderung durch, die vor allem in den christlichen Ländern nach und nach auch diskriminierenden Charakter annahm. So legte das 4. Laterankonzil von 1215 bestimmte Unterscheidungsmerkmale fest. In islamischen Ländern trugen Juden einen gelben Turban. Papst Klemens VII. schrieb im Jahre 1525 den Juden das Tragen eines grünen Hutes vor; diese Vorschrift wurde nach Protesten von jüdischer Seite jedoch wieder zurückgenommen. Manches Mal entwickelte sich aus den Kleidungsvorschriften der nichtjüdischen Obrigkeit eine Gewohnheit, etwa aus der päpstlichen Anordnung, im Kirchenstaat Hut zu tragen. Dass sich die Juden in der Neuzeit in ihrem Auftreten und ihrer Kleidung von ihrer Umgebung nicht eindeutig unterschieden, war auch der Hintergrund dafür, dass die Nationalsozialisten den gelben Judenstern als Zwangskennzeichnung für die Juden einführten: vom September 1939 an im besetzten Polen, ab September 1941 dann auch im Deutschen Reich selbst und in anderen besetzten Staaten.

1. Religiös bedingte Bekleidungsvorschriften

Nach Gen 3,7 ist die Einführung der Kleidung eine Folge des Sündenfalls, als das erste Menschenpaar begann, sich seiner Nacktheit zu schämen. Die deutliche Trennung von Männer- und Frauenkleidung wurde schon in talmudischen Zeiten gefordert und kommt heute etwa darin zum Ausdruck, dass orthodoxe Jüdinnen keine Hosen tragen.

In der Antike unterschieden sich die Juden im Übrigen, was die Bekleidung betraf, nur durch religiöse Utensilien wie die Gebetsriemen *(tefillin)* und durch die Vermeidung von Mischgeweben (vgl. Lev 19,19, Dtn 22,11 und den Mischna-Traktat Kilajim) von ihrer Umgebung. Der Gebetsmantel oder -schal *(tallit)* und die Schaufäden *(zizijot)* wurden erst später obligatorisch. Generell soll sich die Kleidung an Festtagen von der an Werktagen unterscheiden; für Hochzeiten, den Sederabend vor Pessach und für die Bestattung der Toten gibt es besondere Bräuche.

Heute sind es vor allem die Schaufäden, die unter der Oberbekleidung orthodoxer Männer heraushängen, und die Kippa als männliche Kopfbedeckung, durch die sich die Juden im Alltag von Nichtjuden unterscheiden. Dass verheiratete orthodoxe Frauen oftmals eine Perücke tragen, erschließt sich manchmal erst auf den zweiten Blick; Perücke oder Tuch werden in orthodoxen Kreisen aus Gründen des Anstands *(zniut)* getragen, denn kein fremder Mann soll das Haar einer verheirateten Frau sehen und sich deshalb zu ihr hingezogen fühlen. Das Haar der Frau gehört zur Intimsphäre der Ehe. Die traditionellen Kleidungsvorschriften werden heute aber nur noch von einer orthodoxen Minderheit befolgt.

Im Spätmittelalter und in der frühen Neuzeit setzten sich besondere Kopfbedeckungen durch, zunächst der Judenhut, dann in Osteuropa der pelzverbrämte und in chassidischen Kreisen zusammen mit dem Kaftan der alten polnischen Tracht bis heute übliche Streimel (Strejml). Dabei handelt es sich um eine breite und mit Pelzstreifen besetzte Samtmütze, die vor allem in

Am Schabbat und an Feiertagen tragen verheiratete chassidische Männer einen Streimel mit Fuchsschwanzbesatz.

Galizien und Polen am Schabbat und an Feiertagen aufgesetzt wurde. Unter den chassidischen Gruppierungen gibt es heute in Sachen Feiertagskleidung ganz unterschiedliche Bräuche. So werden beispielsweise von den Wischnitzer Chassidim nur am Schabbat oder an Feiertagen weiße Strümpfe getragen.

Der Stoffgürtel (jiddisch *gartl*) wurde schon in talmudischen Zeiten wichtig als Trennungslinie zwischen der edleren oberen Körperhälfte und dem Unterkörper; chassidische und viele andere orthodoxe Juden tragen ihn insbesondere während des Gebets. Die Äußerung von Maimonides (zu MAS 11,1), wonach man den Nichtjuden in der Kleidung nicht ähnlich sein dürfe, wurde später so ausgelegt, dass ein Jude die Kleidung eines Nichtjuden dann nicht tragen solle, wenn diese ihn ausdrücklich als einen Nichtjuden kennzeichnet.

Die Abbildungen deutscher Juden und Jüdinnen im Mittelalter zeigen keine Unterschiede zu der Tracht der übrigen Bürger und Bürgerinnen etwa von Frankfurt, Nürnberg oder Worms, und in Verfolgungszeiten war es naheliegend, sich auch mit Gewändern christlicher Kleriker zu tarnen. Der Minne-

Der Minnesänger Süßkind, »Jude von Trimberg«, mit typischem Judenhut.

sänger Süßkind beschreibt im 13. Jahrhundert eine besondere jüdische Tracht. Er selbst ist auf einer Miniatur der Manessischen Liederhandschrift aber nur durch den Judenhut und einen Bart gekennzeichnet. Im *Sefer Minhagim* (»Buch der Bräuche«, 13. Jahrhundert) heißt es: »Gute Aufführung ist es für jeden Israeliten, dass er keine Prachtgewänder anlegt, als da sind Muraiola-Rosen und andere Farbenkleider, sondern nur Kleider der Demut, der Bescheidenheit, Kleider derer, die sich zu gering achten, um Genüsse dieser Welt zu haben …« Diese Ermahnung lässt darauf schließen, dass Luxus und Prachtentfaltung durchaus üblich waren. In der jüdischen Moralliteratur finden sich viele Ermahnungen gegen übertriebene Kleiderpracht.

2. Gebetskleidung: Tallit und Zizijot

Und der Ewige sprach zu Moscheh, indem er sagte: Rede zu den Söhnen Jisraels und sprich zu ihnen, dass sie sich Schaufäden machen an den Zipfeln ihrer Kleider bei ihren Geschlechtern und an die Schaufäden des Zipfels eine Schnur von tiefblauer Wolle setzen. Dies soll euch zu Schaufäden sein, dass ihr es anschaut und eingedenk seid aller Gebote des Ewigen und sie vollziehet und nicht nachspüret eurem Herzen und euren Augen, denen ihr nachbuhle – auf dass ihr gedenket und vollziehet all meine Gebote und heilig seid eurem Gotte.

Num 15, 37–40

Der Gebetsmantel

Der Tallit, der Gebetsmantel oder -schal, wird beim Morgengebet getragen; man legt ihn noch vor den Gebetsriemen an. Ursprünglich ein weißes Wolltuch mit den vorgeschriebenen Fransen oder Schaufäden in blau-weiß an den vier Ecken, diente der Tallit wohl zunächst als eine Art Gelehrtentracht. Heute tragen traditionell alle männlichen Beter beim Morgengebet den Tallit, sei es nun zu Hause oder in der Synagoge, und zwar mit Ausnahme von Tischa Be'Aw. Man verwendet den Tallit nur bei Tage, denn es heißt ja mit Blick auf die Schaufäden als Zeichen: »wenn ihr es anschaut«. Lediglich zum Kol-Nidre-Gottesdienst zu Jom Kippur trägt man auch am Abend Tallit. Der Kantor oder Vorbeter, der eine liberale Gemeinde im Gebet anführt, trägt auch zum Abendgebet des Schabbats oder an Festtagen einen Gebetsschal.

Die Gebetsschals sollen traditionell so groß sein, dass man darin ein Kind einwickeln kann, das gerade laufen gelernt hat. Anders als orthodoxe Juden, die meinen, dass der Tallit als Gewand den größten Teil ihres Körpers bedecken sollte, beschränken sich liberale Juden oft auf einen schmalen Schal. Schließlich ist das Tragen von Schaufäden (das wiederum nur bei Kleidungsstücken mit mindestens vier Ecken vorgeschrieben ist) ein biblisches Gebot, nicht das Tragen des Tallit an sich. Maimonides bemerkt hierzu: »Obgleich man nicht verpflichtet ist, ein viereckiges Gewand zu kaufen und zu tragen, nur um es mit Schaufäden zu versehen, ist es auch nicht richtig für einen frommen und gottesfürchtigen Mann, sich der Erfüllung dieses Gebotes zu entziehen. Er soll danach trachten, ein Kleidungsstück zu tragen, das Schaufäden erfordert, um dieses Gebot zu erfüllen. Und besonders während der Zeit des Gebets soll man dafür Sorge tragen« (*Hilchot Zizit* 3,11).

Orthodoxe Männer tragen alltags oft auch ein Untergewand mit Schaufäden. Diese Art Unterhemd ist im Alltag praktischer als der Gebetsmantel, der, wie gesagt, nur zu den Morgenandachten angelegt wird. Wegen seiner Fransen, die aschkenasische

Juden deutlich sichtbar zwischen Hemd und Hose heraushängen lassen, wird dieses Untergewand »kleiner Tallit« *(tallit katan)* oder auch »vier Quasten« *(arba kanfot)* genannt. Frauen dürfen nach traditionellem Verständnis keinen Tallit tragen, da dieser als Männerkleidung gilt, die für Frauen nach Dtn 22,5 unstatthaft ist. Im konservativen und liberalen Judentum ist dies anders: Hier entscheiden sich oft auch Mädchen (nach der Bat Mizwa) und Frauen dafür, im Morgengottesdienst einen Tallit anzulegen.

Die Schaufäden

In der jüdischen Zahlensymbolik haben die Schaufäden eine besondere Bedeutung: Das Wort *zizit* hat im Hebräischen (wo die Buchstaben zugleich Zahlzeichen sind) den Zahlenwert 600. Rechnet man die acht Fäden und die fünf Doppelknoten an der Quaste hinzu, so kommt man auf die Zahl 613, also auf die Summe aller biblischen Gebote und Verbote. Die Zizijot waren einst blau; dieser Farbton heißt *techelet*. Da man heute nicht mehr mit Sicherheit sagen kann, um was für eine Farbe es sich dabei genau handelte, verzichtet man auf eine »blaue Schnur« unter den Schaufäden und verwendet stattdessen Blau als Farbe für die Streifen auf dem Tallit selbst. Einer anderen Tradition zufolge verwendet man für diese Streifen Schwarz statt Blau. Nichtorthodoxe Juden und Jüdinnen greifen auch auf eine Vielzahl anderer Farben und Muster zurück. Auf den Tallit ist in der Regel auch eine *atara* (wörtlich: »Diadem«) aufgenäht, die wie ein Kragen das Halsstück des Gebetsschals bezeichnet. Sie ist aufwendig dekoriert, und auf ihr ist oft der Segensspruch eingestickt, der beim Umlegen des Tallit gesprochen wird: »Gepriesen seist du, Ewiger, unser Gott; du regierst die Welt. Du hast uns durch deine Gebote geheiligt und hast uns aufgetragen, uns in ein mit Zizit gewebtes Kleidungsstück einzuhüllen.«

Schatnes: das Vermischungsverbot

Betrachtet man die Fransen am Tallit genauer, so stellt man fest, dass diese Zizijot mal aus Wolle, mal aus Seide oder Kunstfasern sind. Ein Tallit aus tierischen Materialien wie Seide oder Wolle hat nur Zizijot aus eben diesen Materialien, während ein Tallit aus Baumwolle niemals seidene oder wollene Fransen aufweist. Die Tora verbietet es nämlich, bestimmte Textilien, Pflanzliches und Tierisches, zu mischen. Ein Gebot in Dtn 22,11 besagt: »Bekleide dich nicht mit Scha'atnes: Wolle und Leinen zusammen«.

Das Vermischungsverbot für unterschiedliche Gewebe ist analog den Vorschriften für eine koschere Küche. Es erinnert ebenso wie der folgende Vers (Lev 19,19) an die strikte Trennung von milchigen und fleischigen Lebensmitteln, aber auch an das Verbot, im Land beim Säen und Pflanzen unterschiedliche Samen zu vermischen oder unterschiedliche Baumsorten zu pfropfen, ferner daran, Arbeiten nicht mit zwei unterschiedlichen Tierarten auszuüben, indem man beispielsweise einen Ochsen und einen Esel vor einen Wagen spannt: »Meine Satzungen haltet: Dein Vieh lass nicht begatten von zweifacher Art, dein Feld besäe nicht mit zweifacher Art und ein Kleid von zweierlei Zeug, Wolle und Leinen, komme nicht auf dich.« Der Begriff für diese Art von verbotener Vermischung lautet *schatnes*. Seine Herkunft und ursprüngliche Bedeutung ist ungeklärt. Eine rabbinische Lesart erklärt das hebräische Wort *schatnes* als Akronym der drei Worte *schua*, *tawui* und *nus*, »gekämmt«, »gesponnen« und »gewoben«; doch dabei mag es sich wohl um eine nachträgliche Bedeutungszuweisung handeln.

Orthodoxe Juden und Jüdinnen lassen ihre Kleidung im Zweifelsfall in einem Schatnes-Labor untersuchen, um sicher zu gehen, dass sich in einem Kleidungsstück, das als rein wollen ausgewiesen ist, auch tatsächlich keine Leinen- oder Baumwollfäden befinden. Ein Tallit aus Kunstfaser kann sowohl mit Fransen aus tierischem wie aus pflanzlichem Material versehen werden, denn synthetische Stoffe gelten als neutral. Bei Textilien, die nicht als

Kleidung dienen, ist ein Mischgewebe im Übrigen durchaus gestattet.

3. Kopfbedeckung: Traditionelle Verpflichtung, nicht Gebot

»Es ist üblich, unter dem Himmel nicht barhäuptig zu gehen«, heißt es (*Orach Chajim* 2,6). Die Tora verpflichtete jedoch lediglich die Priester, ihr Haupt zu bedecken. Eine Kopfbedeckung ist eigentlich ein Zeichen der Trauer (2 Sam 15,30; Jer 14,3–4). Der Brauch, sie auch sonst zu tragen, folgt also keinem biblischen Gebot, ist aber inzwischen zu einem Zeichen jüdischer Frömmigkeit geworden. Man ist insbesondere beim Gebet und während der Segenssprüche verpflichtet, seinen Kopf zu bedecken, außerdem in Synagogen (aus Respekt gegenüber der Tora) sowie auf Friedhöfen. Für Frauen gilt diese Regel nicht, wohl aber für nichtjüdische Männer. Zur Not tut es hier auch ein Taschentuch.

Welchen Ursprung dieser Brauch hat, ist unklar. Im alten Rom gingen freie Bürger barhäuptig umher, während das Tragen einer Kopfbedeckung Zeichen der Unfreiheit war. Vielleicht sollte die Kopfbedeckung in der Synagoge zeigen, dass man Diener Gottes ist und ihm so Respekt bezeugt: »Bedecke dein Haupt, damit du Gottesfurcht habest« (bTSchab 156b). Orthodoxe Männer tragen ständig eine Kippa (außer beim Schlafen). Jüdische Männer trugen traditionell bis in die Neuzeit hinein Hut oder Turban. Die Kippa in Form eines Käppchen setzte sich in Mitteleuropa erst im 19. Jahrhundert durch, vielleicht als orthodoxe Reaktion auf den Brauch liberaler Juden, im Alltag Hut und an Feiertagen auch Zylinder zu tragen.

Form und Größe der Kippa unterscheiden sich je nach Herkunft und religiöser Ausrichtung. Die weißen oder blassgelben Kippot der Bratzlawer Chassidim sind sehr breit, bedecken den ganzen Kopf und haben eine Art Troddel. Orthodoxe Sefardim tragen in der Regel eine gestrickte schwarze Kippa und darüber oft einen Hut; orthodoxe Aschkenasim tragen ebenfalls Hut, verwenden darunter aber eine schwarze Kippa aus Stoff. Nationalreligiöse Juden zeichnen sich durch gehäkelte bunte Kippot aus; daneben gibt es Kippot in allen denkbaren Farben und Motiven und aus unterschiedlichen Materialien: Stoff, Samt, Wildleder, Wolle oder Leinen, Filz und Satin. Bucharische Juden so-

Die ungewöhnliche Kippa mit Edelweiß, Enzian und Almrausch wurde in den 1950er Jahren in Tel Aviv hergestellt.

wie Juden aus dem Jemen und aus dem Kaukasus sind für ihre farbenfrohen, gewebten, hohen Kippot bekannt. Eine Faustregel ist: Je größer die Kippa, desto frommer der Träger. In Israel ist die Kopfbedeckung so auch zur Bezeichnung für unterschiedliche religiöse Gruppen geworden: die *Kippot Schkorot*, die »schwarzen Kippot«, sind ultraorthodoxe Juden, die *Kippot Srugot*, die »gehäkelten Kippot« die religiösen Zionisten. Auch wie man seine Kippa trägt – plakativ oder eher lässig –, kann ein Statement sein. Befestigt wird sie in der Regel mit einer Metallklammer oder mit einem Klettstreifen. Für kleine Jungen gibt es Kippot mit kindgerechten Motiven à la Micky Maus. Beliebte Souvenirs sind Kippot, die man bei der Bar-Mizwa-Feier, bei der Hochzeit oder bei anderen Festen als Geschenk erhält. An den Hohen Feiertagen werden zumeist weiße Kippot getragen, denn Weiß ist die Farbe der Reinheit.

Während die jüdische Orthodoxie heute also verlangt, dass der Kopf eines Mannes ständig bedeckt ist, meinen die meisten konservativen Juden, dass dies nur während des Gebets notwendig ist, während es in liberalen jüdischen Gemeinden der Entscheidung des Einzelnen überlassen bleibt, ob er beim Gebet den Kopf bedeckt. In der Reformbewegung ist dabei aber eine Rückbesinnung auf die Tradition deutlich. In egalitären jüdischen Gemeinden tragen auch Frauen eine Kippa. Ein in Nordamerika üblicher jiddischer Begriff für Kippa ist »Jarmulke« *(yarmulke)*. Die Herkunft dieses Begriffs ist unklar: Scholem Alejchem leitete das Wort von hebr. *jareta me-eloheicha* (»Gottesfurcht«) ab, doch es kann auch slawische oder kirchenlateinische Ursprünge haben.

Schläfenlocken

Die Schläfenlocken (hebräisch *peot*, jiddisch *pejes*) orthodoxer jüdischer Jungen und Männer sind Folge des biblischen Gebots, wonach das Haupt zwischen Stirn und Ohren bedeckt sein muss. Der Talmud definiert die Region genauer: um die und über den Ohren bis zu den Koteletten auf dem Niveau der Nase. Das Tragen der Schläfenlocken (und später das eines Bartes) geht wiederum auf das Verbot zurück, das Gesicht mit scharfen und schneidenden Gegenständen zu berühren: »Schneidet nicht rund ab den Rand eures Haupthaars und verdirb nicht die Seitenecken deines Bartes« (Lev 19,27). Maimonides bezog dies auf die Praxis der heidnischen Priester, bartlos zu erscheinen: »Daher hat die Tora dies verboten […] aber man sündigt darin nur, wenn man ein Rasiermesser benutzt […] wenn also jemand seinen Bart mit einer Schere schneidet, so macht er sich keiner Übertretung schuldig« (*Hilchot Awodat Kochawim* 12,7).

Der Gebrauch von Scheren zum Kürzen der Haare und zum Stutzen des Bartes ist also gestattet, und damit auch der von elektrischen Rasierapparaten mit zwei Klingen. Im zaristischen Russland war das Tragen von Schläfenlocken zeitweise verboten; das Abschneiden der Peot kam früher einem radikalen Bruch mit der Tradition gleich. Genau genommen brauchen die Schläfenlocken nicht gelockt zu sein, lediglich 40 Seitenhaare müssen darin zusammengefasst sein. So wie die Kippot variieren auch die Peot. Bei Chabad Lubawitsch trägt man stets Ohrlänge, unter den chassidischen Juden lässt man die Schläfenlocken lebenslang unbeschnitten. Jemenitische Juden trugen das Seitenhaar früher traditionell bis auf Armlänge. Die Gurer Chassidim stecken die Haar-enden üblicherweise unter der Kippa zusammen. Man kann sie aber auch vor dem Ohr knoten oder hinter die Ohren stecken.

Perücken und Tücher

Einen Schleier zur ständigen Verhüllung des Gesichts in der Öffentlichkeit hat es im alten Israel nie gegeben: Frauen bedeck-ten ihr Gesicht nur in besonderen Fällen, etwa bei der Eheschlie-ßung (Gen 24,65; 38,14f). Das offene Haupthaar galt jedoch schon im alten Israel als Merkmal von Huren. Auch nach heutigem orthodoxem Verständnis muss das weibliche Haupthaar als ein Sexualattribut vor der Öffentlichkeit verborgen bleiben.

Jede Gruppe im orthodoxen Judentum hat ihre eigenen Re-geln darüber, wie die Kopfbedeckung der Frau aussehen soll. Bei Nationalreligiösen genügt meistens ein Hut oder die sogenannte *midpachat* (eine Art Netz, das das gesamte Haar bedeckt). Verhei-ratete orthodoxe Frauen tragen heute in der Regel Perücken, *scheitel*, die sie von den Mädchen unterscheiden. Das Verhüllen des Haupthaars der verheirateten Frauen durch Hauben oder Kopftücher war und ist auch in vielen christlichen Kirchen und Kulturkreisen verbreitet. Die Rabbinen waren der Ansicht, dass eine verheiratete Frau die Schönheit ihrer Haare nicht zeigen soll, um die Männer nicht von ihrem Torastudium und vom Gebet abzulenken. Die Mischna bezeichnet es sogar als Scheidungs-grund, wenn eine verheiratete Frau barhäuptig außer Haus geht (MKet 7,6). In einigen streng orthodoxen Gruppierungen, die ur-sprünglich aus Ungarn stammen, ist es außerdem üblich, dass sich die Frauen unmittelbar nach der Heirat das Haar scheren lassen. Als ein Grund dafür wird das rituelle Tauchbad genannt, die Mikwe, denn das Wasser solle an jede Körperstelle gelangen.

Im Mittelalter wurde es üblich, dass sich jüdische Frauen nach der Hochzeit ihr Haar abschnitten und stattdessen eine Haube oder einen Haarreif mit Kopftuch, das *tichel,* trugen. Ein biblischer Bezug ergibt ich dafür durch Jesaja 3,17: »[…] wird der Herr den Scheitel der Töchter Zions kahl machen und der Ewige entblößen ihre Scham.« Beides, Haube und Tuch, wurde in Osteuropa schließlich durch den *scheitel* abgelöst. Diese Perücke wird aus Eigenhaar, fremden Haaren oder aus künstlichen Haaren hergestellt; in der Vergangenheit war eine derartige Perücke auch ein Zeichen von Wohlstand. Orientalische und sefardische Jüdinnen trugen nach der Hochzeit traditionell einen Turban, ein Kopftuch oder einen Schleier über dem Haar. (Im Jüdischen Museum Wien wird eine Sammlung sogenannter Sterntichel aus Osteuropa aufbewahrt.) Diese Art Hauben folgten der lokalen Mode und wurden am Schabbat und an Feiertagen getragen. Manche sind wie ein Diadem geformt, andere bestehen aus zwei mit Perlen verzierten Hälften. Der kostbare Kopfschmuck zeugt vom sozialen Status der Trägerin. In streng orthodoxen Kreisen tragen Frauen auch heute noch ein einfaches Tichel auf ihrer Perücke als Signal dafür, dass sie verheiratet sind. Eine Perücke aus Menschenhaar hält etwa zwei Jahre und kostet um die 1000 Euro, wenn das Haar aus Europa oder Nordamerika stammt. Perücken mit Haar aus Indien kosten nur die Hälfte, gelten aber in streng orthodoxen Kreisen nicht als koscher, seitdem bekannt geworden ist, dass viele Inderinnen ihre Haare als Opfergabe oder für ein Gelübde in Hindu-Tempeln scheren lassen, sodass dieses Haar gewissermaßen das Produkt eines Götzendienstes ist.

4. Kleidung als Ausdruck von Identität

Die Tora (Dtn 22,5) verbietet es Männern, Frauenkleider zu tragen, und Frauen, sich Männersachen überzuziehen, denn die Kleidung macht die Identität eines Menschen mit aus. Dieses Verbot bezieht sich auch auf ein einzelnes Kleidungsstück, selbst wenn man klar und deutlich erkennen kann, welches Geschlecht die Person hat, die es trägt. In orthodoxen Kreisen gilt deshalb, dass eine Frau keine Hosen tragen darf, selbst wenn diese speziell für Frauen hergestellt sind. Neben der Tatsache, dass man Hosen als männliches Kleidungsstück ansieht, gelten sie bei Frauen als nicht sittlich, da eine Hose die Figur der Frau betont. Nach verbreiteter Meinung ist es jedoch einer Frau erlaubt, unter ihrem Rock eine Hose zu tragen, wenn es beispielsweise kalt ist.

Sogar ein Verhalten, das für das andere Geschlecht spezifisch ist, ist nach diesem Verbot untersagt. Zum Beispiel sollte ein Mann sich nicht vor einem Spiegel schön machen, sich nicht unter seinen Achseln oder – anders als etwa im islamischen Kulturkreis – im Genitalbereich rasieren und sich nicht seine Haare färben. Nach Meinung einiger Gelehrter ist dies aber dort, wo die meisten jüdischen Männer es gewohnheitsmäßig tun, durchaus gestattet.

3.5 Geschlechterrollen

Toragelehrsamkeit und Gottesdienst waren im Judentum traditionell von Männern bestimmt, während weibliche Spiritualität gemeinhin im persönlichen Gebet und im häuslichen Umfeld zum Ausdruck kam. Dieses Rollenverhältnis brach erst im 19. Jahrhundert auf. So ist beispielsweise für Berlin erstmals aus dem Jahre 1813 eine Einsegnungsfeier für Mädchen belegt.

»Wenngleich die Unterdrückung der Frauen ein realer und bedeutsamer Aspekt des jüdischen Lebens ist, so ist sie doch nur eine Seite der Situation jüdischer Frauen«, schreibt Judith Plaskow (geb. 1947) in ihrem wegweisenden Buch *Und wieder stehen wir am Sinai. Eine jüdisch-feministische Theologie* (Luzern 1992). »Andererseits war die Kontrolle des Handlungsspielraums und der Spiritualität der Frauen nie wirklich umfassend. Obwohl die Rollen der Frauen eingeschränkt und unsichtbar gemacht wurden, haben Frauen faktisch als Handelnde gewirkt und für ihre Spiritualität an erlaubten oder verbotenen Orten Betätigungsfelder gefunden. Die Identifikation normativen Jüdischseins mit Männlichsein hatte eine tiefgreifende Wirkung auf Frauen. Dies kann aber die Tatsache nicht ändern, dass jüdische Menschen Männer und Frauen sind, und wir können Israel und seine Geschichte nur kennen, wenn wir auf die Erfahrung beider schauen.«

Jüdische Frauen bestanden aber schon seit biblischen Zeiten immer wieder darauf, in ihrer Gesellschaft gerecht und gleichberechtigt behandelt und selbst als Handelnde anerkannt zu werden. Ein frühes Beispiel dafür sind die Töchter Zelafchads, die ihre Erbberechtigung durchsetzten: Als sie hörten, dass das Land ihres Vaters ausschließlich unter den Männern verteilt werden solle, versammelten sie sich und fordern Gleichbehandlung. Mose erhielt daraufhin diese göttliche Weisung: »Und zu den Söhnen

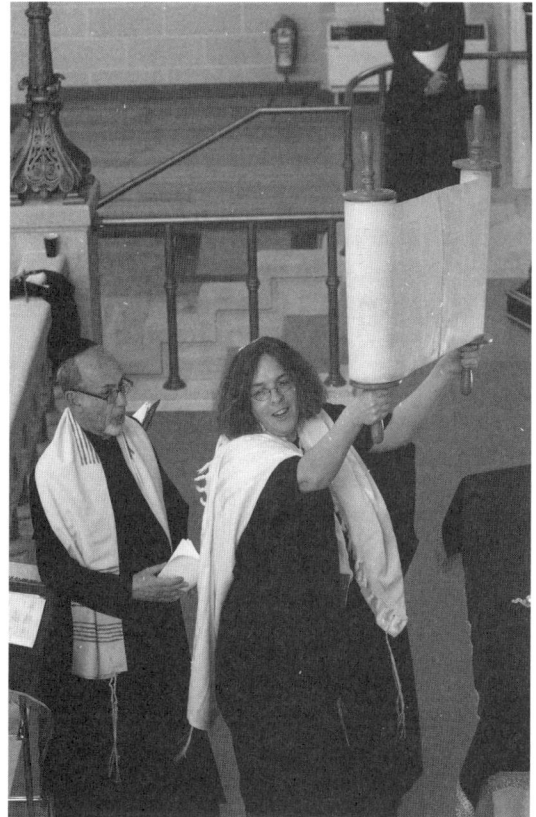

Rabbinerin Gesa Ederberg (Berlin) bei der Hagba'a, *der Präsentation der Torarolle nach der Toralesung.*

Jisraels rede, indem du sprichst: So jemand stirbt und hat keinen Sohn, sollt ihr sein Erbe übertragen auf seine Tochter« (Num 27,8).

Grundsätzlich sind Mann und Frau einander gleichgestellt: »Und Gott schuf den Menschen in seinem Bilde, im Bilde Gottes schuf er ihn; männlich und weiblich schuf er sie« (Gen 1,27). Das rabbinische Judentum lehrt die Notwendigkeit der ehelichen Partnerschaft als des Weges zum ganzen Menschsein. Die Frau ist nicht dem Manne untertan, sie ist seine Gefährtin: »[…] was

Sara zu dir sprach, hör auf ihre Stimme«, heißt es schon in der Abrahamsgeschichte (Gen 21,12). Die Tora kannte noch keine Beschränkung der Frau auf »Küche, Kirche, Kinder«; diese Rollenzuweisung setzte sich erst in talmudischer Zeit durch. Innerhalb patriarchalischer Gesellschaften waren Frauen dann auch im Judentum ihren Vätern und Männern untergeordnet. Anders als in christlichen Gesellschaften galten Frauen aber als geschäftsfähig, und für jüdische Mädchen und Frauen bot sich stets ein Zugang zu religiöser und schließlich auch weltlicher Bildung.

1. Rituelle Einschränkungen

Wenn ein jüdischer Mann beim Morgengebet in traditioneller Weise dafür dankt, dass er nicht als Nichtjude, als Frau oder als Sklave erschaffen wurde, so wird das im heutigen Verständnis als diskriminierend begriffen. Im positiven Sinn verweist dieses Gebet aber darauf, dass Frauen anders als Männer nicht das »Joch der Tora« auf sich nehmen müssen. Sie sind von jenen Geboten befreit, die an eine feste Zeit gebunden sind, da sie durch die Menstruation, durch Geburten und die Fürsorge für ihre kleinen Kinder und durch die Versorgung des Haushalts an deren Einhaltung gehindert werden: Den häuslichen Pflichten der Frauen wird traditionell so viel Bedeutung beigemessen, dass diese Pflichten Vorrang gegenüber der Erfüllung anderer Gebote erhalten.

Diejenigen Gebote, die nicht zeitgebunden sind, gelten für Frauen ebenso wie für Männer. Frauen sollen also beten, weil sie dies jederzeit tun können. Sie sind hingegen von der Teilnahme am Gottesdienst freigestellt, da sie vielleicht gerade zu dieser Zeit ihren besonderen Verpflichtungen nachkommen müssen. Grundsätzlich ist es Frauen aber unbenommen, auch die zeitbedingten Gebote zu erfüllen, sofern es dadurch zu keiner Pflichtenkollision kommt. Im Synagogengottesdienst kommt die Zurückstellung

*Lily Montagu war von 1955 bis 1959 Präsidentin
der World Union for Progressive Judaism.*

der Frau in der Geschlechtertrennung zum Ausdruck. In orthodoxen Gemeinden sitzen Frauen bis heute auf einer Empore oder
hinter einer Trennwand und verfolgen von dort aus das von Männern getragene Geschehen. Im liberalen und im konservativen
Judentum ist die Geschlechtertrennung aufgehoben.

> *Die jüdische Religionsgemeinschaft wird nicht überleben können, wenn
> wir weiterhin aus pseudoreligiösen Gründen Frauen die ihnen ge-
> bührenden Rechte absprechen.*
> Jeschajahu Leibowitz

Eines der Schlagworte in der Auseinandersetzung um die rituelle
Gleichberechtigung jüdischer Frauen heißt *kol ischa* (»die Stimme der Frau«). In orthodoxen Kreisen gilt die Frauenstimme bis

heute als anstößig, weshalb Frauen im Gottesdienst traditionell nicht laut beten oder gar singen sollen. Ein Grund dafür ist die Annahme, dass eine Frauenstimme sexuell attraktiv sei und so die Männer beim Gebet um ihre Konzentration bringe.

Erst im frühen 20. Jahrhundert haben sich Frauen im Gottesdienst zu Wort gemeldet: 1928 stand mit Lily Montagu (1873–1963) in Berlin erstmals eine Frau auf einer Synagogenkanzel, der Bima. Und 1935 wurde in Berlin mit Regina Jonas die weltweit erste Frau zur Rabbinerin ordiniert. Seit ihrer Ordination haben vor allem liberale und konservative Gemeinden in den USA Frauen als Rabbinerinnen akzeptiert: Im Juni 1972 erhielt Sally Priesand als erste Frau in der amerikanischen Reformbewegung ihre Smicha, und 1985 folgte Amy Eilberg als erste konservative Rabbinerin. 2010 wurde mit Alina Treiger erstmals nach Regina Jonas wieder eine Frau ordiniert, die in Deutschland für das Rabbinat ausgebildet worden war. Die Fragen, die sich aus dem traditionellen Rollenverständnis heraus stellen, lauten: Kann eine freiwillig erfüllte Mizwa obligatorisch werden? Und wenn es so ist, ist das Handeln einer Frau demjenigen der Männer gleichgestellt? Kann eine Frau die Rolle des *schaliach* übernehmen und die Gemeinde im Gebet als *schlichit zibbur* vor Gott vertreten?

> *Fähigkeiten und Berufungen hat Gott in unsere Brust gesenkt und nicht nach dem Geschlecht gefragt. So hat ein jeder die Pflicht, ob Mann oder Frau, nach den Gaben, die Gott ihm schenkte, zu wirken.*
> Rabbinerin Regina Jonas

2. Gesellschaftliche Besonderheiten

Die jüdische Frau herrscht traditionell im Hause, wie es schon in Ps 45,14 heißt. Sie ist für die Erziehung der Kinder und für die Vorbereitung der Töchter auf ihre Rolle als Ehefrauen und Mütter verantwortlich, gewährleistet die Zubereitung der Nahrung im Sinne der Kaschrut und bereitet den Schabbat und die häuslichen Feiertage vor. Der Überlieferung zufolge wurden den Frauen zuliebe Änderungen im Ritual und im Jüdischen Recht durchgesetzt. So wurden im Haushalt als Pendant zum Tempelleuchter Schabbatlampen eingeführt, die am Freitagabend von der Hausfrau angezündet werden. – Zur Selbstbestimmung der Frau gehört im Übrigen auch, dass ihre Zustimmung zur Eheschließung nötig ist.

Aus dem Sefer Chassidim *(»Buch der Frommen«, um* 1200*)*
Auch die Mädchen soll man in der heiligen Lehre unterrichten. Wohl hat der Talmud gelehrt [MSota 3,4]: Man soll Mädchen nicht im Talmud unterrichten. Damit ist aber nur gemeint, dass sie ein gelehrtes Studium nicht zu betreiben brauchen, aber in Religion und guter Sitte müssen auch die Mädchen unterrichtet sein. Überhaupt müssen bei den Juden alle in der Lehre Gottes unterwiesen werden, Männer, Frauen und Kinder und auch die Dienstboten, selbst heidnische Sklaven. Jeder Mensch muss wissen, was Gottes Gebot ist. Die Gotteslehre soll die männliche Jugend in der heiligen Sprache lernen, hingegen soll man Frauen und Mädchen in der Muttersprache unterweisen. Man soll den Unterricht der Mädchen leicht und angenehm gestalten.
Jehuda ben Samuel he-Chassid

Der *Schulchan Aruch* verlangt von Frauen, dass sie all das studieren, was nötig ist, um die ihnen auferlegten Gebote befolgen zu können. Daraus ergibt sich ein umfangreiches Wissensgebiet, zu dem die Vorschriften zum Schabbat, zur Kaschrut, zur rituellen Reinheit für den Geschlechtsverkehr und vieles mehr gehören. Es hat in allen Generationen Frauen gegeben, die über ein umfassendes Torawissen verfügten. Berichte aus dem Mittelalter belegen, dass damals viele Frauen die Texte ihres Ehemanns korrigierten. Im ausgehenden Mittelalter und in der frühen Neuzeit führten jüdische Frauen oftmals die Geschäfte ihrer Ehemänner, die sich dem Torastudium widmeten.

Ein anschauliches Beispiel für diese Selbstständigkeit ist Glückel von Hameln (1646–1724), auch Glikl bas Judah Leib genannt; ihre *Denkwürdigkeiten* gelten als die früheste erhaltene Autobiografie einer Frau im deutschsprachigen Raum. Gelegentlich gab es auch im Mittelalter und in der Neuzeit toragelehrte Frauen, die darin zumeist dem Beispiel ihrer Väter folgten. In der Regel stand jüdischen Frauen aber nicht die rabbinische Bildung, sondern eher die Kultur der Umgebungsgesellschaft offen. Das war auch eine Voraussetzung für die Salons gebildeter Jüdinnen zur Zeit der Aufklärung und der Emanzipation. Diese Salonkultur mit ihrem klassen-, religions- und geschlechtsübergreifenden Charakter wurzelte in der (vor allem französischen) Aufklärung. Sie markierte das Erstarken des Bürgertums und sein Streben nach politischer Teilhabe. Der französisch-jüdische Philosoph Emmanuel Lévinas (1906–1995) sah im »Weiblichen« das »wesenhaft Andere« und definiert so den männlichen Blick auf die Frau, einen Blick, der verzerrt und doch die gesellschaftliche Realität der vergangenen Jahrtausende widerspiegelt.

Das moderne Judentum kennt viele weibliche Lebenswege. Ob weltlich oder orthodox, rebellisch oder angepasst, der Sozialdemokratie, dem Kommunismus, dem bürgerlichen Lager oder dem Zionismus in seinen verschiedenen Varianten nahestehend: So wie das Judentum an sich kein Monolith ist, so gibt es auch kein allgemeingültiges jüdisches Frauenbild. Frauen sind heute in allen religiösen Strömungen aktiv am Gemeindeleben beteiligt. »Ich möchte die Behauptung wagen, dass die einzige Chance, andere beeinflussen zu können, in der Kraft unserer persönlichen Religion liegt«, sagte Lily Montagu 1928. »Ist sie wirklich und wirksam, kann es hier und dort unser herrliches Vorrecht sein, durch das Licht unserer Begeisterung eine andere, wankende, suchende Seele zu entzünden.«

3. Jüdischer Feminismus

Es hat im Laufe der Geschichte immer wieder jüdische Frauen gegeben, die die Grenzen der ihnen von Männern vorgegebenen weiblichen Sphäre überschritten haben. So verbindet man den Namen von Bertha Pappenheim (1859–1936) zunächst mit Sigmund Freud. Sie war seine viel besprochene hysterische Patientin »Anna O.«. Nach ihrer Genesung ging Bertha Pappenheim als Frauenrechtlerin, jüdische Sozialpionierin und Gründerin des Jüdischen Frauenbundes in die Geschichte ein. Sie wagte sich an damalige Tabuthemen wie Prostitution und Mädchenhandel heran.

Bertha Pappenheim ließ sich 1925 von Leopold Pilichowski im Kostüm ihrer Vorfahrin Glückel von Hameln porträtieren.

»Die Tora spricht die Sprache der Menschen«, lautet ein berühmtes Talmudzitat. Dass biblische Gestalten und überkommene religiöse Texte zu jeder Generation wieder auf neue und andere Weise sprechen können, zeigen Gestalten wie Lilith und Miriam. Geboren unmittelbar nach Adam, war Lilith die Erste aller Frauen. Das *Alphabet des Ben Sira*, ein mittelalterlicher Text, erzählt, dass Lilith sich Adam nicht sexuell unterordnen wollte und ihn deshalb im Streit verließ. Gott ließ sie durch drei Engel suchen, um sie zur Rückkehr zu überreden. Sie lehnte jedoch ab und wurde deshalb dazu verurteilt, als kindermordender Dämon weiterzuexistieren. Von ihrer Höhle aus unternahm sie nächtliche Flüge, um die Menschen zu plagen. Neugeborene haben sie der Legende nach besonders zu fürchten, weshalb die Zimmer von Wöchnerinnen früher mit Schutzamuletten ausgestattet wurden. Auch Männern wird Lilith durch nächtliche Heimsuchungen gefährlich: Sie raubt ihnen den Samen zwecks Zeugung weiterer Dämonen. Erst im 20. Jahrhundert verbesserte sich Liliths schlechter Ruf, als Feministinnen begannen, ihre Unabhängigkeit positiv zu bewerten. So trägt auch ein jüdisch-feministisches Magazin seit 1976 ihren Namen. Dennoch fasziniert vor allem Liliths dunkle Seite und regt bis heute unterschiedliche Fantasien an.

Miriam, die Prophetin und Schwester von Mose und Aaron, ist eine der zentralen Frauenfiguren der Bibel. Sie sorgte dafür, dass der gemäß dem Befehl des Pharao in einem Schilfkörbchen ausgesetzte und von der Pharaonentochter gerettete Moses wieder seiner leiblichen Mutter zurückgegeben wurde, die ihn dann als »Amme« aufzog. Beim Auszug aus Ägypten zog sie den Frauen mit Paukenschlag und Tanz durchs Schilfmeer voran. Im weiteren Verlauf der Wüstenwanderung strafte Gott sie mit Aussatz, da sie verleumderische Reden gegen Mose und seine kuschitische Frau geführt hatte. Durch das Gebet des Mose wurde sie jedoch wieder geheilt. Im Laufe der Zeit entstand die Legende von Miriams Brunnen, dessen Wasser besondere Kräfte habe. Ausgehend von dieser Tradition haben jüdische Feministinnen den Brauch eingeführt, zu Pessach neben dem mit Wein gefüllten Elija-Becher einen mit Wasser gefüllten Becher für Miriam in die Seder-Zeremonie zu integrieren.

Das Thema Homosexualität und gleichgeschlechtliche Partnerschaft ruft in der jüdischen Gemeinschaft heute ganz unterschiedliche Reaktionen hervor. Zum einen gibt es im liberalen
Judentum formell keine Vorbehalte mehr: »Die Entscheidung
kam nach langen Diskussionen zustande, im Geiste der Werte
des progressiven Judentums: alle Juden aufzunehmen, unabhängig von Geschlecht, sexueller Orientierung oder Herkunft«, hieß

Mahnwache für die Rechte von Homosexuellen
auf dem Zionsplatz in Jerusalem.

es etwa 2007 vonseiten der South African Union for Progressive
Judaism zur Anerkennung der gleichgeschlechtlichen Partnerschaft, und inzwischen hat auch das konservative Rabbinerseminar in New York, das Jewish Theological Seminary, Schwule und
Lesben zum Studium zugelassen. Andererseits drohen orthodoxe
Juden insbesondere in Israel angesichts von Gay-Pride-Paraden
mit offener Gewalt, und vor einigen Jahren machten ultraorthodoxe Demonstranten die Homosexuellen sogar für den Krieg im

Libanon verantwortlich. Rabbiner Moshe Sternbuch, der Kopf der ultraorthodoxen aschkenasischen Gemeinschaft Eda Haredit in Jerusalem, sagte dazu: »Wir haben im Libanon nicht unsere Ziele erreicht, weil im Heiligen Land Unzüchtigkeit und sexuelle Freizügigkeit um sich greift.« Der frühere israelische Oberrabbiner Ovadia Josef stritt gar gegen die »unzüchtige Schmutzparade von Amalekitern, die die Heilige Stadt besudeln wollen«. (Die Amalekiter sind ein biblischer Stamm im Land Kanaan und gelten als Feinde des Volkes Israels schlechthin.)

▰▰▰ 1. *Homosexualität in der Hebräischen Bibel* ▰▰▰

Die Hebräische Bibel hat eine unerbittlich negative Einstellung zur Homosexualität. Interessant ist dabei, dass es in der jüdischen Tradition keinen direkten Begriff für gleichgeschlechtliche Beziehungen gibt, sondern dass sie stets mit einem ganzen Satz umschrieben werden. Außerdem ist in der Tora ausschließlich von Männern die Rede, die eine sexuelle Beziehung pflegen: »Und bei einem Manne sollst du nicht liegen, wie man bei einer Frau liegt; ein Gräuel ist es«, heißt es in Lev 18,22. Diese Verurteilung wird dann in Lev 20,13 sogar noch schärfer formuliert. Dort wird allen, die es tun, die Todesstrafe angedroht: »Und wenn ein Mann einen Mann beschläft, wie man eine Frau beschläft, einen Gräuel haben sie beide verübt. Sie sollen getötet werden, ihr Blut über sie.«

Wichtig ist in diesem Zusammenhang, dass sich das Verbot gleichgeschlechtlicher Beziehungen auf ein anderes Gebot im 3. Buch Mose bezieht: »So wahret meine Wacht, nichts auszuüben von diesen gräuelhaften Satzungen, welche vor euch geübt worden, und verunreinigt euch nicht damit: Ich bin der Ewige, euer Gott« (Lev 18,30). Die Tora ahndet Homosexualität also ausdrücklich mit der Todesstrafe, und dies in Zusammenhang mit dem Aufkommen der Vorstellung von der *kedduscha*, der Heiligung oder Absonderung des Volkes Israel, einerseits und der Kritik an den Verhaltensweisen der »Völker«, also der Gojim, namentlich der Ägypter und der Kanaaniter, andererseits. In der Hebräischen Bibel gibt es neben den expliziten Verboten auch zwei Erzählungen, in denen die Ablehnung männlicher Homosexualität zum Ausdruck kommt. Die erste von beiden erzählt, wie Engel bei Lot in Sodom einkehren. Es ist Abend geworden, und: »Noch hatten sie sich nicht gelegt, da umgaben die Männer der Stadt, die Männer Sedoms, das Haus, von Jung bis Alt, das ganze Volk von jedem Ende, und riefen Lot und sprachen zu ihm: Wo sind die Männer, welche zu dir gekommen in der Nacht? Führe sie heraus zu uns, dass wir sie erkennen« (Gen 19,4–5).

Die zweite Geschichte ist unter dem Titel »Die Konkubine von Gilea« bekannt (Ri 19). Darin ist ein Mann nachts mit seiner Konkubine, seinem Knecht und zwei Eseln im Lande des Stammes Benjamin unterwegs und sucht nach einer Unterkunft. Ein alter Mann aus dem Stamm Ephraim bemerkt den Fremden; er ist selbst ein Zugereister und bietet ihm an, die Nacht bei ihm zu verbringen. »Sie ließen ihr Herz fröhlich sein, doch siehe, die Männer der Stadt, nichtswürdige Leute, umringten das Haus, klopften an die Türe und sagten zu dem Manne, dem Herrn des Hauses, dem Alten, indem sie sprachen: Führe heraus den Mann, der in dein Haus gekommen, dass wir ihn erkennen« (Ri 19,22). Die Erzählung endet mit einer Tragödie: Die Konkubine wird grausam ermordet, und zwischen den Stämmen Israel und Benjamin bricht ein Bruderkrieg aus.

2. Homosexualität im rabbinischen Judentum

Als sich die Rabbinen im 5. Jahrhundert u. Z. mit dem Thema auseinandersetzten, mussten sie eine Bezeichnung für die gleichgeschlechtliche Beziehung zwischen Männern formulieren. In der Gemara (bTBr 43b) heißt es dann sinngemäß: »gleichgeschlechtlicher männlicher Beischlaf«; Goldschmidt übersetzte:

»In Orten, wo man der Päderastie verdächtig ist.« Der Talmud-Traktat Sanhedrin 54a bekräftigt die Verurteilung des Beischlafs samt Androhung der Todesstrafe. Wenn es sich um zwei erwachsene Partner handelt und sie beide einvernehmlich handeln, dann müssen beide sterben, andernfalls nur der erwachsene Partner oder der Vergewaltiger. An einer anderen Stelle allerdings erklärt der Talmud kurzerhand, dieses Problem existiere für das Judentum nicht, da es keine jüdischen Homosexuellen gebe. Dies ist wieder eine Abgrenzung von den Gojim und ihren Bräuchen.

In der mündlichen Überlieferung sowie in allen halachischen Rechtsentscheiden verbieten die Rabbinen die Homosexualität als Schandtat, für die als biblische Strafe die Steinigung vorgesehen ist. »Schandtat« *(to'ewa)* meint eine gegen alle religiöse, moralische und gesellschaftliche Norm verstoßende Tat. Die Rabbinen erklärten den biblischen Ausdruck *to'ewa* als eine *Art* Wortspiel mit *to'e ata,* wobei die Buchstaben für »Schandtat« und die für »irren«, also »den falschen Weg beschreiten«, dieselben sind. Diese Lesart: »Du irrst, beschreitest den falschen Weg« entschärft die biblische Deutung der Homosexualität als vorsätzlicher Sünde.

Im Mittelalter fasste Maimonides die Haltung seiner Zeitgenossen der Sexualität gegenüber so zusammen: »Die sexuellen Vergehen, für die das Bet Din die Todesstrafe verhängt, Todesstrafe durch Steinigung, sind, wer männlichen Beischlaf begeht, wer tierischen Beischlaf begeht [...] Wer allerdings eine solche Nähe scheut, dem gebührt ein Lob.« Das Verbot gewisser sexueller Verbindungen geht aus der Kabbala hervor (Halacha 4, Paragraf 22), also aus der tradierten Norm. Interessant ist auch eine Bemerkung des spanischen Torakommentators Rabbi Abraham Ibn Esra zu Lev 18,29: Er weist darauf hin, dass es für die Menschen ratsam sei, ihre sexuellen Vorlieben nicht hinauszuposaunen, sondern für sich zu behalten. Hier wird also zwischen Privatheit und Öffentlichkeit unterschieden.

Im *Schulchan Aruch* steht: »Das Volk Israel wird des männlichen Beischlafs nicht verdächtigt.« Lesbische Beziehungen werden in der Hebräischen Bibel nicht erwähnt. Sie erscheinen zum ersten Mal in einem rabbinischen Kommentar aus der Mischna-Zeit, der das biblische Verbot in Lev 18 und 20 nun ausdrücklich auch auf lesbische Praktiken bezieht (*Sifra Acharei Mot* 9,8). Mangels eines biblischen Begriffs für lesbische Liebe wird dabei ersatzweise unter Bezug auf Lev 18,3 auf die Sittenlosigkeit in Ägypten und Kanaan hingewiesen, zu der auch die sexuelle Liebe zwischen Frauen gehöre; diese dürfe Israel nicht nachahmen. Der Talmud sieht in Liebesakten zwischen Frauen zwar keinen Gräuel, aber doch eine Obszönität *(perisut)*. Obwohl nun auch diese Beziehungen verurteilt werden, fällt doch auf, dass sie nicht mit Strafen verbunden sind und die Abneigung gegen lesbische Beziehungen schwächer ist. Möglicherweise liegt dies daran, dass der körperliche Akt weniger deutlich ist und dabei kein Samen vergossen wird. Die mittelalterlichen *Tosafot* (»Kommentare«) fassen es so zusammen: »Auf jeden Fall handelt es sich um etwas Hässliches.« Auch Maimonides und der *Schulchan Aruch* betrachten lesbische Beziehungen als etwas Verbotenes.

In der Tradition finden sich mehrere Begründungen für diese Verurteilung. Erstens sei schon bei der Erschaffung der ersten Menschen festgelegt worden, dass der Mann seiner Frau »anhängen« werde (Gen 2,24), sodass eine sexuelle Vereinigung zwischen Männern dem Talmud als widernatürlich erscheint. Zweitens: Homosexualität sei verwerflich, weil diese Praxis die Zeugung von Kindern ausschließe und somit gegen das erste Gebot der Bibel verstoße: »Seid fruchtbar und mehret euch!« (Gen 1,28). Darum sagt die Mischna lapidar: »Kein Mann darf sich der Erfüllung dieses Gebotes entziehen, es sei denn, er habe schon Kinder.« Der Talmud untersagt schließlich jede sexuelle Handlung, ob allein oder mit anderen ausgeübt, bei der Samen verloren geht, der doch für die Zeugung bestimmt sei. Darüber hinaus wird Homosexualität in der jüdischen Tradition schon deswegen verworfen, weil sie die normale, intakte Familie zerstöre, denn der homosexuelle Mann verlasse Frau und Kinder, um sich mit einem Mann zu verbinden.

▬ 3. *Der heutige Umgang mit der Homosexualität* ▬

Die negative Einstellung gegenüber schwulen und lesbischen Beziehungen stellt die klassische Position des Judentums zu diesem Thema dar und wurde bis vor einigen Jahrzehnten nicht hinterfragt. Wenn die Orthodoxie daran festhält, dass alles, was in der Bibel steht, buchstäbliches und verbindliches Gotteswort ist und dass auch die mündliche Lehre, also der Talmud, gottgegeben ist, dann leben homosexuelle Juden und Jüdinnen nach dieser orthodoxen Auffassung in beständiger Verfehlung. Dabei wird jedoch zwischen homosexueller Veranlagung und gelebter Homosexualität unterschieden. Schon die antiken Texte verbieten ausdrücklich nur homosexuelle Praktiken, nicht die entsprechende Anlage. Orthodoxe Zeitgenossen begreifen diese Veranlagung heute allerdings manches Mal als krankhaft und fordern eine ärztliche Behandlung oder den Verzicht auf gelebte Sexualität. Diese Position kennen wir beispielsweise aus der Filmdokumentation *Trembling Before God* von Sandi Simcha Dubowski aus dem Jahr 2001. Dieser Film führte dazu, dass orthodoxe Rabbiner am Amiel-Institut in Jerusalem im Jahr 2004 erstmals über ein Thema diskutierten, das bislang tabu war: Wie sollen den Traditionen verbundene Rabbiner mit offen homosexuellen Gemeindemitgliedern umgehen, die trotz ihrer sexuellen Orientierung am Gemeindeleben teilnehmen wollen? Neben unreflektierter Homophobie gibt es in der Orthodoxie eine Bewegung hin zur Relativierung des Übels: Homosexuelle Praktiken dürften nicht schärfer verurteilt werden als etwa der Bruch der Schabbatruhe, die Missachtung der Speisegesetze oder soziales Fehlverhalten.

Die historisch-kritische Lesart der Hebräischen Bibel außerhalb der Orthodoxie erlaubt es, die harschen biblischen Verbote infrage zu stellen. So wie die Verfehlung der Sodomiter vor allem im Bruch des Gastrechtes lag, so bezieht sich der Verweis auf die Bräuche der Ägypter und der Kanaaniter vielleicht in erster Linie auf die dortige männliche Tempelprostitution, von der sich das Volk Israel um seiner Heiligkeit willen deutlich distanzieren sollte. Und muss man nicht jeden Menschen, auch den Homosexuellen, im Licht der übergeordneten biblischen Aussage sehen, wonach jeder Mann und jede Frau nach dem Bild und Entwurf Gottes geschaffen worden sind (Gen 1,27)? Schon der antike rabbinische Lehrer Schimon ben Assai bekräftigte, dass diese Gottesebenbildlichkeit die zentrale Aussage der Tora sei, von der her alle anderen Gebote interpretiert werden müssten.

In liberalen Synagogengemeinden gibt es seit Ende der 1960er Jahre die Bereitschaft, das Thema im Licht moderner Erkenntnisse neu zu untersuchen. Woran liegt das? Zum einen spielte dabei die Solidarität von KZ-Überlebenden eine Rolle, die anmerkten, dass homosexuelle und heterosexuelle Personen in denselben Gaskammern und von denselben Verfolgern ermordet worden waren. Auch das Umfeld der Frage hat sich erheblich gewandelt. Nach gegenwärtigen medizinischen Erkenntnissen gilt Homosexualität als eine Anlage, die die betreffende Person seit ihrer Geburt hat. Man schätzt, dass etwa 5–10 Prozent der Bevölkerung homosexuell sind, und es gibt keinerlei Anzeichen dafür, dass der jüdische Anteil hier eine Ausnahme bildet. Daher wäre es falsch, diejenigen, deren Homosexualität zu ihrem natürlichen Leben gehört, als sündhaft zu betrachten. Sie sind, wie sie geboren wurden. Trotz dieser vernünftigen Erklärung tun sich viele heterosexuelle Juden und Jüdinnen äußerst schwer mit dem Thema Homosexualität. Daher ist es wichtig, die Rechtslage anzuerkennen, die individuelle Voreingenommenheiten überwindet. Im Judentum gilt traditionell *dina de-malchuta dina* (»Das Gesetz des Staates ist das Gesetz«), und so muss etwa auch der jüdische Staat die orthodoxen Eiferer in ihre Schranken weisen und seine homosexuellen Bürger und Bürgerinnen vor ihren mit dem Religionsgesetz argumentierenden Mitbürgern schützen.

Zur Sexualität gibt es im Judentum wie zu fast allen Dingen keine allein selig machende Lehrmeinung. Dennoch wäre es wohl angemessen, zu sagen: Aus jüdischer Sicht sollten alle sexuellen Handlungen erlaubt sein, wenn sie zwischen erwachsenen Menschen in gegenseitigem Einvernehmen und im privaten Bereich geschehen – so wie das Judentum schon immer eine Vielfalt von Handlungen zwischen heterosexuellen Ehepartnern in der Intimität ihres ehelichen Lebens erlaubt. Umgekehrt werden alle Formen der Untreue, Promiskuität oder sexuellen Ausbeutung verurteilt, unabhängig davon, ob es sich um Hetero- oder um Homosexuelle handelt. Außerdem wäre es sicherlich im Sinne der jüdischen Ethik, der Doppelmoral ein Ende zu setzen, nach der Menschen, die das sechste Gebot übertreten und Ehebruch begehen, ungeschoren davonkommen können, während man Schwule und Lesben ganz pauschal verurteilt, auch wenn sie treue Beziehungen leben.

Ein positives Selbstverständnis jüdischer Homosexueller brachte 1989 die Anthologie *Twice Blessed: On Being Lesbian or Gay and Jewish* zum Ausdruck: Die Vorstellung, »zweifach gesegnet« zu sein, zeigte neue Perspektiven auf. Insbesondere in den USA und in Großbritannien haben sich inzwischen eigene Synagogengemeinden für Schwule und Lesben gegründet, die anfangs vor allem dazu dienen sollten, ihren Mitgliedern die Herausbildung einer stabilen Identität als religiöse Juden zu ermöglichen. Die Frage, in welcher Form Lebenspartnerschaften von Lesben oder Schwulen religiös vollzogen werden können, wurde und wird in Europa in den jüdischen Gemeinden ähnlich lebhaft diskutiert wie etwa in den evangelischen Kirchen. Die liberalen jüdischen Gemeinden in Großbritannien haben inzwischen eine Gottesdienstordnung für die Segnung gleichgeschlechtlicher Paare vorgelegt, den *brit ahawa* oder »Covenant of Love«. Eine einfache Form, eine Lebensgemeinschaft auf religiöse Weise zu bekräftigen, ist das Anbringen einer Mesusa in der gemeinsamen Wohnung. Das jüdische Glaubensbekenntnis am Pfosten der gemeinsamen Haustür symbolisiert dabei die Gründung eines jüdischen Zuhauses mit der Hoffnung, dass diejenigen, die hier wohnen, in Harmonie zusammenleben mögen.

Kapitel 4: Die Geschichte

4.1 Erez Jisrael: Das verheißene Land

Denn von Zijon geht die Lehre aus, und das Wort des Ewigen von Jeruschalajim.

Jes 2,3

Der Gott Israels, das Volk Israel und das Land Israel, Erez Jisrael, stellen im traditionellen jüdischen Verständnis eine Einheit dar. Israel (»Gotteskämpfer«) war zunächst der Name des Stammvaters Jakob, den er erhielt, als er mit dem Engel Gottes rang (Gen 32,25–31). Der Name ging auf seine Nachkommen über und bezeichnete später das nördliche Königreich der zehn Stämme im Gegensatz zum südlichen Königreich Juda. Das Königreich Israel ging 722 v. u. Z. unter, als die Assyrer seine Einwohner deportierten; der Name hat sich aber erhalten und über die Zeiten eine religiöse Färbung angenommen. Der Begriff Erez Jisrael (»Land Israel«) wurde und wird jüdischerseits als Alternative zu dem von den Römern festgelegten Namen Palästina gebraucht.

Die Verheißung des Landes, die auf den Bund Gottes mit dem Stammvater Abraham zurückgeht, ist allen geschichtlichen Ereignissen zum Trotz ungebrochen. Nach religiösem Verständnis ist die Landgabe aber abhängig von der Erfüllung der Gebote durch das Volk Israel. Seine Bindung an das Land kommt in vielen biblischen Bildern zum Ausdruck. So heißt es im Buch Jesaja 62,4, dass das Land die Braut des Volkes sei. »Zion« ist seit biblischer Zeit ein Synonym für Jerusalem und seinen Tempel geworden und steht schließlich auch für das Land Israel selbst. Auch nach der Vertreibung der Juden aus Jerusalem durch die Römer im Jahr 135 u. Z. hat es stets eine jüdische Präsenz in Erez Jisrael gegeben. Mit dem Aufkommen des politischen Zionismus und den verstärkten Einwanderungswellen wurden Ende des 19. Jahr-

*Proklamation der Unabhängigkeit Israels am 14. Mai 1948
(links: David Ben-Gurion).*

hunderts die Grundlagen für einen jüdischen Nationalstaat in
Erez Jisrael geschaffen. Im Jahre 1948 erfolgte schließlich die Un-
abhängigkeitserklärung und damit die Gründung des Staates
Israel.

1. Zion

»Zion« ist ursprünglich der Name für die Anhöhe des Tempelbergs in Jerusalem mit dem daran anschließenden Königspalast.
Später wurde dieser Name auf die Festung der Davidstadt übertragen und dann auf die ganze Davidstadt, die außerhalb der
heutigen Stadtmauern südlich des Tempelberges lag. In byzanti-

nischer Zeit gerieten die topografischen Gegebenheiten in Vergessenheit, sodass heute nach christlicher Tradition ein Hügel südlich der Stadtmauer den Namen Zion trägt. Dort befindet sich vor dem sogenannten Zionstor das vermeintliche Grab König Davids in Form einer Gebäudeanlage, in der sich neben einer Synagoge auch die Reste einer christlichen Kapelle aus der Kreuzfahrerzeit sowie die Gebetsnische einer früheren Moschee erhalten haben. Schon im Babylonischen Exil nach der Zerstörung des Ersten Tempels im Jahre 586 v. u. Z. wurde Zion zur Chiffre für die Hoffnung auf ein vereinigtes jüdisches Volk in seiner ursprünglichen Heimat. »An den Strömen Bawels, da saßen wir und weinten, da Zijons wir gedachten«, heißt es in Ps 137. Insbesondere in der synagogalen Poesie wurden Zion und Jerusalem vom 7. Jahrhundert u. Z. an zu weiblichen Symbolfiguren.

2. Jerusalem

Das Judentum kennt eigentlich keine »heiligen Stätten«, sieht man einmal vom Areal des Allerheiligsten des im Jahre 70 u. Z. zerstörten Tempels ab, das Jerusalem (hebr. *Jeruschalajim*) zum Zentrum jüdischen Glaubens macht. Dieser Tempel war einst auch Ziel der drei jährlichen Wallfahrtsfeste, der *schalosch regalim*, nämlich Pessach, Schawuot und Sukkot. Die westliche Außenseite der Einfassungsmauer des herodianischen Tempels ist erhalten geblieben und dient seit dem Mittelalter als Gebetsstätte, die seit dem Sechstagekrieg von 1967 auch nationales Symbol des Staates Israel ist.

Die Verehrung von Heiligen und von Reliquien ist dem Judentum grundsätzlich fremd; doch seit der talmudischen Zeit sind die Gräber der Patriarchen, der Propheten und großer Gelehrter auch im jüdischen Volksglauben zu Pilgerzielen geworden, sodass das israelische Religionsministerium heute zahlreiche jüdische Stätten unter seiner Obhut hat.

Die Stadt Jerusalem, die zuerst in Gen 14,8 als »Salem« erwähnt wird, ist auch Christen und Muslimen heilig. Im Islam gilt sie als Ziel der legendären Nachtreise des Propheten und wird »El Kuds« (»die Heilige«) genannt. Die Hoffnung auf Erlösung ist in der jüdischen Tradition unmittelbar mit Zion verbunden, also mit der Stadt Jerusalem: »So ich dein vergäße, Jeruschalajim, so versage meine Rechte!«, heißt es in Psalm 137. In manchen jüdischen Haushalten in der Diaspora hängen Tafeln oder Textilien als Wandschmuck, die (mit dem hebräischen Wort für Osten) als »Misrach« bezeichnet werden: Sie weisen damit – nicht immer geografisch korrekt – in die Richtung, in der Jerusalem liegt, und lenken so immer wieder die Gefühle, Gedanken und Gebete der Bewohner dorthin. Gelegentlich findet man in traditionell ausgerichteten Haushalten auch noch ein Stück unverputzte oder untapezierte Wand als Verweis auf den zerstörten Tempel. Zum Beten wenden sich Juden stets nach Zion, nach Jerusalem (vgl. auch Kapitel 2.1).

Beim Sederabend vor Pessach (vgl. auch Kapitel 2.7) sagt man: »Heute sind wir noch hier, aber nächstes Jahr vielleicht im Lande Israel.« Der Wunsch bringt eine Sehnsucht zum Ausdruck, die sich über zwei Jahrtausende erhalten hat. Diese Sehnsucht geht mit einer endzeitlichen Erwartung einher: Nach Jes 22 sollen alle Völker am Ende der Tage nach Jerusalem ziehen, um dort das endgültige Friedensreich zu empfangen. Liberale Juden mögen dabei ein anderes Verhältnis zum Lande Israel haben als orthodoxe, doch für alle gilt: »Das Judentum ist die Seele, deren Körper Israel ist.« Mit Psalm 122 sagt man: »Erkundiget euch nach dem Wohle Jeruschalajims! Wohl geh' es deinen Freunden! Möge Friede sein in deinen Mauern, Sicherheit in deinen Palästen.«

3. Die Ererbung des Landes

Das Land wurde der Überlieferung nach bereits Jakobs Großvater Abraham von Gott verheißen. In Gen 15,18 heißt es dazu: »An jenem Tage schloss der Ewige mit Awram einen Bund, indem er sprach: Deinem Samen gebe ich dieses Land vom Strome Mizrajims [Ägyptens] bis zum großen Strome, dem Strome Perat [Euphrat].« In Gen 17,8 wird der biblische Bericht spezifischer: »Und ich gebe dir und deinem Samen nach dir das Land deines Aufenthaltes, das ganze Land Kena'an, zum ewigen Eigentum, und ich werde ihnen zum Gotte sein.« In Num 33,51–53 ist von Gottes Verkündung an Mose zu lesen: »So ihr über den Jarden [Jordan] ziehet in das Land Kena'an, sollt ihr austreiben alle Bewohner des Landes vor euch und vernichten all ihre Bilder, und all ihre gegossenen Bilder sollt ihr vernichten und all ihre Höhen zerstören; und nehmet das Land ein, dass ihr darinnen wohnet, denn euch habe ich das Land gegeben, es zu besitzen.« Diese Verse stehen in Verbindung mit den biblischen Sätzen »So du in das Land kommst, das der Ewige, dein Gott, dir geben wird [...]« (Dtn 17,14; 26,1), »Und es soll geschehen, so dich der Ewige, dein Gott, bringet in das Land, wohin du gehest, es einzunehmen [...]« (Dtn 11,29) sowie »So ihr aber in das Land kommet [...]« (Lev 19,23). Das Gebot, das Land zu erben oder zu erobern, indem die bisherigen Bewohner vertrieben werden, wird wiederholt und mit dem warnenden Zusatz verknüpft, dass es den Israeliten niemals gelingen wird, im Land in Sicherheit zu leben, wenn es ihnen nicht gelingt, seine Bewohner zu vertreiben – Sätze, die sich heutzutage mit Bezug auf den andauernden Nahost-Konflikt nicht unbefangen lesen lassen, aber auch die Haltung mancher jüdischer Fundamentalisten erklären helfen.

Der mittelalterliche Gelehrte Moses ben Nachman, auch Nachmanides oder Ramban genannt, interpretierte diese Verse folgendermaßen: »Meiner Meinung nach handelt es sich um ein positives Gebot der Tora, in dem Er uns gebietet, im Land zu wohnen und es zu erben. Er gab es ihnen, und sie sollten das Erbe des Ewigen nicht zurückweisen! Wäre es ihnen eingefallen, zum Beispiel das Land Schinar [Babylon] oder Assyrien oder irgendein anderes Land zu erobern, dann hätten sie ein Gebot des Ewigen übertreten.« Mit den biblischen Geboten sind demnach nicht Vertreibung und Enteignung der Einwohner gemeint, sondern eher das Erben des vorväterlichen Erbbesitzes. Die Betonung liegt laut Nachmanides nicht auf dem Sicherheitsproblem, sondern auf der Übernahme des göttlichen Erbes: »Er gab es ihnen, und sie sollten das Erbe des Ewigen nicht zurückweisen.« So wie Juden nicht die moralische Freiheit besitzen, mit ihrem Leben zu tun, was ihnen gefällt, sondern die Pflicht haben, es zu bewahren, so können sie auch nicht wohnen, wo immer sie wollen: Der Ort, an dem sie ihre Gottesgabe, ihr Leben, verbringen sollen, ist ihnen somit nach traditionellem Verständnis vorgeschrieben: »Das Wohnen im Land wiegt alle anderen Gebote auf« (*Sifre Zutta* 80).

Für das rabbinische Judentum lag die besondere Bedeutung des Landes Israel auch darin, dass viele Gebote, etwa die zum Ackerbau, nur »vor Ort« erfüllt werden können, beispielsweise das Abgeben eines Teils der Getreideernte zu Pessach, die Einhaltung des Schmitta-Jahrs als Ruhejahr in der Landwirtschaft und das Stehenlassen von Getreide bei der Ernte als Gabe für Bedürftige. Traditionell wird bereits die Offenbarung am Sinai auf ein künftiges Leben in Erez Jisrael bezogen, auch wenn Moses selbst ja auf dem Weg ins Land Kanaan war. Im Talmud heißt es aber dazu: »Rabbi Schimlaj trug vor: Warum begehrte Mosche, in das Jisraelland zu kommen; brauchte er etwa von seinen Früchten zu essen oder etwa sich von seinem Gute zu sättigen? Vielmehr sprach Mosche also: Viele Gebote sind den Jisraeliten auferlegt worden, die nur im Jisraellande ausgeübt werden können, ich möchte daher in das Land kommen, damit sie alle durch mich ausgeübt werden können« (bTSota 14a). Auch der Minderheitenstatus war für die Rabbinen kein Grund, von einem Leben in Palästina unter Fremdherrschaft abzusehen: »Man soll im Land Israel wohnen, selbst in einer Stadt, die vorwiegend von Heiden bewohnt ist, und man soll nicht außerhalb des Landes wohnen, selbst in einer Stadt, die ganz von Juden bewohnt ist« (MAS 4,3). Im Mittelalter gab es konkurrierende Ansichten, was die Bindung an das Land betraf. Ein entscheidender religionsgesetzlicher Streitpunkt in den Auseinandersetzungen zwischen den Schulen von Maimonides und Nachmanides war die Frage, ob der Verlust des Landes ein hinreichender Grund für einen Krieg sein könne. Während Maimonides in der *Mischne Tora* den *casus belli* im Falle des Landverlustes gegeben sah, war für Nachmanides die dem Land innewohnende Heiligkeit von Belang, nicht der Boden selbst. Doch auch Nachmanides machte in seinen Anfügungen zum *Sefer Ha-Mizwot* des Maimonides deutlich, dass Num 33,53 gebiete, »dass wir das Land nicht den Händen anderer Völker überlassen sollen«. Diese Frage nach der Bedeutung von Land und Frieden spielt auch heute bei der Suche nach ethischen Lösungen für den Nahost-Konflikt eine große Rolle.

4. Rückkehr nach Erez Jisrael: Der alte Jischuw

Die jüdische Ansiedlung im Land wird auf Hebräisch *jischuw* genannt. Nach der Niederschlagung des Bar-Kochba-Aufstands im Jahr 135 u. Z. hatte Kaiser Hadrian jede jüdische Präsenz in Jerusalem verboten. Die Zionssehnsucht führte aber immer wieder zur Rückwanderung nach Erez Jisrael. Spätestens in der Mitte des 5. Jahrhunderts kamen wieder Juden auch nach Jerusalem. Aber auch schon vorher hatten sich immer wieder jüdische Gelehrte aus Babylon auf den Weg nach Erez Jisrael gemacht, und 520 ließ sich schließlich Mar Sutra, ein Nachkomme des babylonischen Exilarchen, in Tiberias nieder, wo er zum Leiter der Talmudakademie ernannt wurde. Im 11. Jahrhundert gehörten Salomon ben Jehuda aus Marokko, Leiter der Akademie in Jerusalem und Ramle, und Nasi Daniel ben Azariah, ebenfalls ein Nachkomme des babylonischen Exilarchen, zu den bedeutendsten Neuankömmlingen. Das Massaker im Zuge der Eroberung Jerusalems durch die Kreuzfahrer im Jahre 1099 machte der jüdischen Gemeinde dort aber für fast 100 Jahre ein Ende. Erst nachdem die Kreuzritter im Königreich Jerusalem im Jahre 1187 von Sultan Saladin geschlagen worden waren, kehrten Juden in die Stadt zurück. Jehuda ha-Levi, ein spanisch-jüdischer Arzt, Philosoph und Dichter, der seine grenzenlose Liebe zu Zion in Gedichte fasste und in einem philosophischen Werk namens *Kusari* auch auf Zion zu sprechen kam, starb der Überlieferung nach um 1142 vor den Toren Jerusalems, wo er von einem Reiter zu Tode getrampelt wurde.

Nachdem im späten 12. Jahrhundert bereits Flüchtlingsgruppen aus Nordafrika angekommen waren, führten auch die zunehmenden Verfolgungen in Europa zu einer verstärkten Einwanderung. So wanderten der Überlieferung nach in den Jahren 1210 und 1211 300 französische und englische Rabbinen nach Erez Jisrael ein. Der wichtigste Zuwanderer dieses Jahrhunderts war aber zweifellos Nachmanides. Der Ramban, der aus dem spanischen Gerona stammte, konnte am Ende seines Lebens seine Liebe zu Erez Jisrael, dessen jüdische Besiedlung er als Gebot Gottes begriff, in die Tat umsetzen. Er kam im Sommer 1267 in Akko an und gelangte bald darauf nach Jerusalem, das sieben Jahre nach dem Tatarenüberfall in einem desolaten Zustand war. Obwohl er dort nur wenige Juden antraf, errichtete er eine Synagoge und reorganisierte das Gemeindeleben. Es heißt, dass seit seiner Ankunft wieder eine ununterbrochene jüdische Präsenz in Jerusalem herrsche. 1268 siedelte er nach Akko über, wo er bis zu seinem Tod im Jahre 1270 geistiges Oberhaupt der jüdischen Gemeinde war.

Im ausgehenden 13. Jahrhundert kam die Einwanderung wegen der heftigen Kämpfe zwischen Kreuzfahrern und Muslimen vorübergehend zum Erliegen. Im 14. Jahrhundert gelangten dann Juden aus Spanien und Deutschland nach Erez Jisrael, im 15. Jahrhundert italienische Juden, aber auch Juden aus Mesopotamien, Persien, Indien, China, dem Jemen und Nordafrika. Einer von ihnen war Jizchak Karo (1458–1535), der Verfasser eines philosophischen Kommentars zur Tora, der *Toldot Jizchak*. Er hatte in

Toledo und Lissabon unterrichtet, bevor er sich 1494 auf die Flucht vor der Inquisition machen musste, nach Erez Jisrael gelangte und in Jerusalem starb.

Auf die osmanische Eroberung von 1516 folgte die Einwanderung vieler Juden aus dem Orient sowie aus Sizilien, dem übrigen Italien, Frankreich und Deutschland. Gemeinsam mit ihnen kamen auch Flüchtlinge aus Spanien und Portugal ins Land, nachdem die Juden von dort vertieben worden waren. Einige ließen sich in Jerusalem nieder, die meisten jedoch siedelten sich in Safed in Galiläa an, das zur Hochburg der kabbalistischen Lehre wurde.

Im Jahr 1700 ließ sich eine Gruppe von 1500 polnischen, mährischen und deutschen Juden unter der Führung von Rabbi Jehuda he-Chassid Segal ha-Levi nach einer strapaziösen Reise in Jerusalem nieder, wo damals etwa 200 aschkenasische und 1000 sefardische Juden lebten. Jehuda he-Chassid starb kurz nach seiner Ankunft. Seine Anhänger errichteten 1720 die bekannte Hurva-Synagoge in der Altstadt von Jerusalem.

Mitte des 17. Jahrhunderts kam es zu einer starken Zuwanderung von Juden aus dem Osmanischen Reich. Das Ende des 18. Jahrhunderts brachte schließlich den Beginn der Einwanderung der Chassidim, die die *alija*, den »Aufstieg« zum Tempel in Jerusalem beziehungsweise nach Erez Jisrael, zu einem Grundsatz ihrer Lehre machten. Die erste organisierte chassidische Einwanderung fand 1764 statt und wurde von Schülern des Baal Schem Tow, des »Herrn des guten Namens«, Rabbi Israel ben Elieser (1699/1700–1760), des Begründers des Chassidismus, angeführt. In der nächsten Generation folgten weitere chassidische Zuwanderergruppen. 1808 organisierten auch die *peruschim*, die Schüler des Gaon von Wilna, Elijah ben Salomon Zalman Kramer (1720–1797), eines entschiedenen Gegners des Chassidismus, eine Alija und begründeten so eine eigenständige Gemeinde in Jerusalem.

1830 begann schließlich die Einwanderung aus den deutschen Ländern. Auch aus den Niederlanden und Ungarn trafen große Gruppen ein, ebenso aus orientalischen Ländern, namentlich aus der Türkei, Nordafrika, dem Irak, Persien, Buchara (Usbekistan), Kurdistan, Afghanistan, dem Kaukasus und dem Jemen. Das Zusammenleben von Juden und Muslimen gestaltete sich dabei nicht immer friedlich. Die wiederholten muslimischen Übergriffe auf die jüdischen Gemeinden von Jerusalem, Tiberias und Safed wurden auf Hebräisch als *me'oraot* bezeichnet, als »Ereignisse«. Vom 15. Juni bis zum 17. Juli 1834 kam es etwa in Obergaliläa zu einem Massaker an den dortigen Juden, dem Pogrom von Safed, wo damals etwa 2000 Juden lebten.

5. Der politische Zionismus

Die Sehnsucht des jüdischen Volkes nach einer Rückkehr nach Zion ist so alt wie die Diaspora, hat ihre Gestalt aber in den 2000 Jahren des Exils immer wieder verändert und erst infolge der europäischen Nationalstaatsbewegungen als politische Idee institutionelle Gestalt angenommen, und zwar gegen Ende des 19. Jahrhunderts. Bis Mitte des 19. Jahrhunderts herrschte eine religiöse Ausrichtung vor, die auf eine Erlösung in der Endzeit hoffte, etwa in Form der Chibbad-Zion-Bewegung (auch *chowewej Zion*). Zu den großen Befürwortern dieser »Zionsliebe«-Bewegung gehörte auch Naftali Zwi Jehuda Berlin (1817–1893), der Leiter der berühmten Jeschiwa von Waloschyn in Litauen. Bemerkenswerterweise folgten ihnen bald nichtjüdische pietistische Gruppen aus Württemberg nach: Die evangelische Württembergische Tempelvereinigung gründete in Palästina eine Reihe von Siedlungen, die bis heute Akzente im Stadtbild von Jerusalem, Haifa und Tel Aviv setzen. Neben diesen religiösen »Zionsliebenden« gab es auch areligiöse jüdische Gruppen wie die Bilu-Bewegung, die unter dem biblischen Motto »Haus Jakob, geht, lasst uns aufbrechen!« (auf Hebräisch: *Bet Ja'akov Lechu We-nelcha*, kurz *Bilu*) und mit sozialreformerischen Ideen die Ansiedlung in Palästina vorantrieb.

Porträt von Theodor Herzl.

Der Schriftsteller und Philosoph Moses Hess (1812–1875) hatte mit seinem Buch *Rom und Jerusalem* (1862) als Erster zu einer nationalstaatlichen Lösung der sogenannten Judenfrage in Palästina aufgerufen, doch dieser Appell blieb zunächst ohne große Resonanz. Es war der österreichisch-ungarische Schriftsteller und Journalist Theodor Herzl, der mit seiner programmatischen Schrift *Der Judenstaat* (1896) zum Begründer des Zionismus als Sammelbewegung aller jüdischen Gruppierungen wurde, die die Juden als Volk definierten und ein eigenes Territorium im »Land der Väter« anstrebten. 1897 fand auf Herzls Initiative in Basel der 1. Zionistische Weltkongress statt. Sein Plan, für die Opfer der Pogrome in Russland eine jüdische Heimstätte in Uganda einzurichten, wurde von den osteuropäischen Delegierten abgelehnt. Unter deren Einfluss gewann die religiös motivierte Landtheologie auf dem 7. Zionistischen Weltkongress 1905 in Basel die Oberhand, und das führte naturgemäß zur Fixierung auf das Land der Väter. Diese Verschränkung von religiöser Endzeithoffnung und zionistischer Politik wurde zur Grundlage der kontinuierlichen und zielgerichteten Besiedlung Palästinas, also eines praktischen Zionismus.

6. Das jüdische Aufbauwerk in Palästina: Der neue Jischuw

In der Zeit von 1882 bis zur Gründung des Staates Israel 1948 gab es fünf Einwanderungswellen oder *alijot* nach Erez Jisrael. Das jüdische Aufbauwerk in Palästina wird *jischuw* genannt, also »Ansiedlung«. Die *Jewish Agency for Israel* (ursprünglich *Jewish Agency for Palestine*), die 1929 als Verwaltungsorganisation gegründet wurde, um das Aufbauwerk zu unterstützen, hat die Geschichte der jüdischen Einwanderung bis hin zur Staatsgründung in fünf Alijot unterteilt:

- die erste Alija (1882–1903), ausgelöst durch Pogrome in Russland;
- die zweite Alija (1904–1914), ausgelöst durch das Pogrom von Kischinew (1903);
- die dritte Alija (1919–1923) nach der Russischen Revolution und den Nachkriegspogromen;
- die vierte Alija (1924–1928), ausgelöst durch die Wirtschaftskrise u. a. in Polen;
- die fünfte Alija (1929–1939), getragen insbesondere von Flüchtlingen aus Mitteleuropa.

Der Jüdische Nationalfonds (Keren Kayemeth Le'Israel) wurde 1[...] gegründet, um mit Spenden Land im damaligen Palästina zu erwerben zu kultivieren. Heute ist die Organisa[...] vor allem für die Aufforstung Israels zuständig.

Die Balfour-Deklaration

Die Briten sicherten den Juden 1917 in einem offiziellen Brief von Außenminister Lord Balfour an Lord Rothschild, den Präsidenten der Zionistischen Föderation in Großbritannien, die »Schaffung einer nationalen Heimstätte in Palästina« zu. Zugleich stellten sie aber auch den Arabern das Ende der osmanischen Herrschaft und die Errichtung eines arabischen Nationalstaats in Aussicht. In diesem Schreiben wurde erstmals der Begriff des *national home* gebraucht. Im Juni 1922 stellte die britische Regierung in einem sogenannten Weißbuch erneut fest, dass »die Juden kraft eigenen Rechts und nicht aus Duldung« im Lande seien.

Großbritannien übernahm 1920/22 das Völkerbundsmandat für Palästina, und 1923 unterteilten die Briten das Mandatsgebiet in zwei Verwaltungsbereiche – links und rechts einer Grenzlinie, die den Jordan entlang über das Tote Meer bis zum Roten Meer verlief. Die Verwaltung des größeren östlichen Teils (Transjordanien genannt) übertrugen sie der arabischen Familie der Haschemiten; 1946 wurde das Gebiet als Königreich Jordanien unabhängig. Die Abtrennung Transjordaniens hatte auf zionistischer Seite 1925 zur Abspaltung der sogenannten Revisionisten von der zionistischen Organisation geführt: Sie sahen in der Loslösung dieses Gebietes einen Verrat an der Balfour-Erklärung. Der kleinere Westteil Palästinas blieb zunächst unter direkter britischer Verwaltung und wurde 1947/48 zur Grundlage für den Teilungsplan der Vereinten Nationen.

Die vierte Alija hatte 67.000 Immigranten ins Land gebracht (die Hälfte von ihnen aus Polen), die sich zumeist in den Städten niederließen. Eine Wirtschaftskrise zwang einen Teil von ihnen dazu, das Land wieder zu verlassen. 1929 kam es in Hebron zu einem arabischen Massaker an der dortigen jüdischen Gemeinde. Martin Buber schrieb in diesem Zusammenhang am 31. Oktober 1929 in Berlin: »Wir haben in Palästina nicht mit den Arabern, sondern neben ihnen gelebt. Das Nebeneinander zweier Völker auf dem gleichen Territorium muss aber, wenn es sich nicht zum Miteinander entfaltet, zum Gegeneinander ausarten. So droht es auch hier zu geschehen. Zum bloßen ›Neben‹ führt kein Pfad zurück. Aber zum ›Mit‹ kann, so groß sich auch die Hindernisse aufgetürmt haben, immer noch vorgedrungen werden. Ich weiß nicht, wie lange noch. Ich weiß nur, dass wir, wenn wir dahin nicht gelangen, nicht zu unserm Ziel gelangen werden.«

7. Die fünfte Alija

Die fünfte Einwanderungswelle brachte über eine Viertelmillion Einwanderer nach Palästina und veränderte den Charakter des Jischuw. Die neuen Immigranten kamen aus verschiedenen Ländern: aus Polen, Deutschland, Österreich, Rumänien, Griechenland, dem Jemen und dem Irak. Die Einwanderung hatte 1929 als kleines Rinnsal begonnen und wurde 1933, als die Nationalsozialisten in Deutschland an die Macht kamen, zur Flut. In den Jahren 1933–1936 wanderten 164.000 Juden legal in Palästina ein, Tausende weitere Flüchtlinge kamen als illegale Einwanderer. Die Mehrheit (80 Prozent) ließ sich in Städten nieder (die Hälfte davon in Tel Aviv). Die deutschen und österreichischen Einwanderer, die über ein Viertel der Gesamtzahl ausmachten, trugen entscheidend zur Entwicklung des Jischuw bei. Sie waren die erste größere Einwanderergruppe aus West- und Mitteleuropa. Viele von ihnen hatten eine medizinische oder andere akademische Ausbildung; sie machten beispielsweise auch die Mehrheit der Musiker im neuen Philharmonischen Orchester aus. Am Vorabend des Zweiten Weltkrieges lebten 475.000 Juden in Palästina, ca. 40 Prozent der Gesamtbevölkerung des Landes. Nach der Schoa gelangten mit Unterstützung der geheimen Fluchthilfeorganisation *Bricha* 136.000 Überlebende im Zuge der *alija bet* (der zweiten, das heißt inoffiziellen Einwanderung) von Westdeutschland aus über Österreich und Italien nach Palästina.

Leo Baeck äußerte sich als Zeitgenosse folgendermaßen: »Für Palästina gilt die Frage: Wie soll sich dort das jüdische Leben entwickeln: Soll Palästina übergeben werden einerseits der Orthodoxie, andererseits dem russischen Nihilismus? Hier erwachsen dem religiösen Liberalismus wichtige Pflichten.«[1]

---

[1] Leo Baeck, *Werke*, Bd. 6, 475.

Die Irrfahrt der Exodus *1947*

Am 18. Juli 1947 erreichte das Flüchtlingsschiff *Exodus 47*
mit 4515 Holocaust-Überlebenden von Frankreich aus die
Küste Palästinas (das damals noch britisches Mandatsgebiet
war). Die Landung wird den illegalen Einwanderern von
den Briten mit allen Mitteln verwehrt: Sie schleppen die
Exodus in den Hafen von Haifa und bringen die Passagiere
auf britische Schiffe, die Frankreich anlaufen. Die Displaced Persons weigern sich drei Wochen lang, im Hafen
von Port-de-Bouc von Bord zu gehen, und werden dann
schließlich gewaltsam nach Deutschland zurückgebracht,
und zwar in ein britisches Internierungslager bei Lübeck:
Pöppendorf statt Palästina.

Die internationalen Reaktionen auf dieses Vorgehen sind
verheerend. Selbst der Präsident der USA, Harry S. Truman,
schaltet sich ein, um die britische Regierung zum Umdenken zu bewegen. Innerhalb des Internierungslagers geht der
Widerstand weiter; am 6. Oktober ziehen die Wachen
schließlich ab und lassen die Exodus-Passagiere frei. Viele
von ihnen schlagen sich wiederum nach Südfrankreich
durch und fahren von dort aus erneut nach Palästina. Ihr
hartnäckiger Widerstand trägt dazu bei, die internationale
Meinung gegen eine weitere Verlängerung des britischen
Mandats über Palästina zu wenden und die Gründung des
Staates Israel voranzutreiben. Einige Mitglieder der UN-
Untersuchungskommission verfolgen im Juli im Hafen von
Haifa, wie die illegalen Einwanderer auf die britischen
Schiffe gezwungen werden. In ihrem Abschlussbericht
empfiehlt die Kommission: »Die jüdische Einwanderung
ist heute eines der zentralen Probleme in Palästina ... Die
Schaffung eines jüdischen Staates nach dem Teilungsplan
bietet die einzige Hoffnung, es zu lösen.« Die Irrfahrt der
Exodus 47 stellt so die britische Palästinapolitik an den
Pranger und wird zum Gründungsmythos des Staates Israel.
Yoram Kaniuks Buch *Und das Meer teilte sich. Der Komman-*

dant der Exodus sowie der *Exodusroman* von János Kőbányai zeichnen das Geschehen nach, das bereits 1958 auch von Leon Uris in seinem Roman *Exodus* verarbeitet wurde (in sehr freier Form). 1960 erschien die gleichnamige Verfilmung mit Paul Newman in der Hauptrolle.

8. Die Staatsgründung

Im Jahre 1948 wurde das äußere Ziel der zionistischen Bewegung, die Schaffung eines jüdischen Staates, erreicht – gut fünfzig Jahre nachdem Theodor Herzl dieser Bewegung mit seinem Buch *Der Judenstaat* ihr ideologisch-theoretisches Fundament gegeben hatte. »Er fand den Zionismus in seinem Herzen«, sagte Max Nordau 1905 in seiner Gedenkrede auf Theodor Herzl. »Er baute ihn in seinem Geiste systematisch aus [...] Als er den Gedanken fasste, dem jüdischen Volk den Weg zur Erlösung aus tausendjähriger Schmach zu weisen, da kannte er genau, von seinen Eltern abgesehen, eigentlich nur einen einzigen Juden – sich selbst.«

Herzl hatte den Zionismus aber nicht erfunden: Vor ihm gab es Moses Hess (1812–1875) und Leon Pinsker (1821–1891) sowie als modernen religiösen Vorläufer Rabbiner Judah ben Salomon Alkalai (1798–1878), der dafür eintrat, nach Zion zurückzukehren, ohne auf einen Messias zu warten. Bereits seit 1839 hatte er sich dafür eingesetzt, »dass ganz Israel in das Land unserer Väter zurückkehren solle«. Alle diese Autoren hatte Herzl aber gar nicht gekannt, als er seinen Zionismus auch gegen eine widerstrebende und ablehnende jüdische Umgebung konzipierte. Gemeinsam mit Nordau organisierte Herzl schließlich 1897 den ersten Zionistenkongress in Basel, auf dem eine Bank und ein Fonds zum Ankauf von Land in Palästina eingerichtet wurden. Das »Basler Programm« enthielt die zentrale Forderung: »Der Zionismus erstrebt für das jüdische Volk die Schaffung einer öffentlich-rechtlich gesicherten Heimstätte in Palästina.«

Wie das Judentum selbst ist auch der Zionismus pluralistisch angelegt: Der sozialistische Weg mit seinen auch agnostischen Bezügen steht im Gegensatz zur jüdischen Orthodoxie, die bestrebt ist, im Lande der Väter eine Art theokratischen Staat mit stark religiösen Zügen zu errichten, der Kulturzionismus von Achad Ha-Am und Martin Buber steht wiederum dem revisionistischen Zionismus von Zeev Jabotinsky (1880–1940) und seinen heutigen geistigen Erben gegenüber. Zionismus kann religiös und apolitisch ein, aber auch mit einem extremen Nationalismus und Chauvinismus einhergehen.

»Zeitgeschichte muss man mit dem Bleistift schreiben«, so lautet ein Zitat, das der ersten Ministerpräsidentin Israels, Golda Meir (1898–1978), zugeschrieben wird. Die jüngste Geschichte des Nahen Ostens ist voller Brüche und Widersprüche. Gültig ist und bleibt aber jedenfalls eine Feststellung, die Rabbiner Leo Baeck so formulierte: »Wo immer ein Jude auf der Welt lebt, der neue Staat Israel geht ihn an, ja muss ihn angehen. Und er wirkt auch auf ihn ein, ob er will oder nicht.«[2]

Seit der Staatsgründung am 14. Mai 1948 hat Israel viel erreicht: Millionen Einwanderer, auch aus islamisch geprägten Gesellschaften Nordafrikas und des Nahen und Mittleren Ostens, wurden erfolgreich integriert. Zu ihnen gehört allein eine Million Zuwanderer aus der früheren Sowjetunion. Israel ist in jüngerer Zeit zu einer der führenden Hightech-Nationen weltweit geworden. Die gesellschaftlichen Spannungen und Auseinandersetzungen zwischen liberalen und orthodoxen sowie zwischen europäischen und orientalischen Juden, zwischen arabischen und jüdischen Israelis und zwischen Befürwortern und Gegnern eines Ausgleichs mit den Palästinensern nehmen zu. Die Kluft zwischen Arm und Reich ist ebenso gewachsen wie die Individualisierung der Gesellschaft, und Säkulare machen inzwischen die Mehrheit der Bürger des jüdischen Staates aus.

---

[2] Leo Baeck, *Werke*, Bd. 6, 463.

Der Antizionismus wurde nach dem Sechstagekrieg von 1967 zum ideologischen Kampfmittel gegen den Staat Israel, ja gegen die westliche Welt überhaupt. So formulierte das Zentralkomitee der Kommunistischen Partei der Sowjetunion 1971: »Unsere Partei betrachtet den Zionismus nicht als nationale Strömung der Juden, für die sich der Zionismus ausgeben möchte, sondern als klassenfeindliche Kraft, die den Interessen der Werktätigen aller Nationalitäten […] gegenübersteht.« Ähnlich pauschal verurteilte die UN-Resolution 3379 aus dem Jahre 1975 den Zionismus als eine Form des Rassismus. Diese Resolution, die von allen Ostblockstaaten, allen islamischen Staaten und vielen blockfreien Staaten getragen wurde, ist von UN-Generalsekretär Kofi Annan 1998 als ein »Tiefpunkt« in der Geschichte der Vereinten Nationen bezeichnet worden.

Israels existenzielle Bedrohung von außen ist dabei allgegenwärtig. 1993 hatten sich Israelis und Palästinenser in Oslo auf ein Grundsatzabkommen über die palästinensische Selbstverwaltung geeinigt, doch die Aussichten auf eine Entspannung im Nahost-Konflikt haben sich seit dem Ausbruch der Al-Aqsa-Intifada im September 2000 als Illusion erwiesen. Ein Kernproblem ist der künftige Status von Jerusalem.

Der Zionismus stellt nach wie vor die Frage nach der eigenen Identität. Er hat erreicht, dass ein jüdischer Mensch in Israel leben kann, ohne dass ihm sein Judesein zum grundsätzlichen Problem wird und ihn in eine Randexistenz drängt, so wie ja auch die Emanzipationsbewegung das Ziel hatte, dass Juden als freie Menschen an der Gesellschaft teilhaben und teilnehmen sollten. Der Zionismus stärkt somit auch der jüdischen Gemeinschaft in der Diaspora den Rücken. Für liberale Juden und Jüdinnen geht es bei der Landverheißung und ihrer Erfüllung nicht einfach um ein Besitzrecht, sondern vor allem um eine Aufgabe. Das wird auch in der Unabhängigkeitserklärung des an sich säkularen Staates Israel deutlich. Denn dort heißt es über den jüdischen Staat, er werde sich auf Freiheit und auf Gerechtigkeit und Frieden im Sinne der Visionen der Propheten stützen. Damit ist ein

Konzept vorgegeben, auch wenn es – schaut man auf die aktuelle Politik – nicht immer verwirklicht wird.

Die nordamerikanische Reformbewegung formulierte in ihrer *Miami Platform* (1997) ihr Verhältnis zu Israel und zum Zionismus so: »Die Errungenschaften des modernen Zionismus: die Schaffung des Staates Israel, die Wiederbelebung der hebräischen Sprache, die Aufnahme von Millionen Immigranten, die Verwandlung verwüsteter Orte in blühende Wälder und Felder, die Entwicklung einer blühenden neuen Wirtschaft und Gesellschaft, sie sind ein Sieg des jüdischen Geistes, für den es keine Parallele gibt. Wir halten an unserer Liebe zu Zion fest. Wir sind entschlossen, auf den Tag hinzuwirken, an dem jedes jüdische Herz voller Stolz und Zuversicht ist, weil die Verheißung erfüllt ist (Ps 126,1–2): ›Führte der Ewige Zions Rückkehrende zurück: wie Träumende wären wir! Dann wär' voll Lachens unser Mund und unsere Zunge jubelvoll; dann spräche man unter den Völkern: Großes tat der Ewige an diesen!‹«

Gerade liberale Juden halten die Freiheit und Menschenwürde des Einzelnen hoch und wehren allen Tendenzen, hier Eingriffe vorzunehmen. Das liberale Judentum verbindet sein volles Ja zum Staat Israel deshalb gegebenenfalls auch mit starker Kritik an konkreten Missständen. Jerusalem ist seit 1973 auch der Hauptsitz der Weltunion für Progressives Judentum. Das ist Ausdruck der Solidarität mit dem Staat Israel, der in einer wirklich prophetischen Situation, nach der Schoa, zur realen Heimstätte für das jüdische Volk geworden ist. Doch unsere Solidarität als Juden der Diaspora muss durch Israel auch solidarisch beantwortet werden. Das heißt, dass man unsere Treue und Anhänglichkeit nicht auf existenzielle Proben stellen darf. Denn wir halten auch für wahr, was der Oberste Gerichtshof in Jerusalem in seinen Entscheidungen immer wieder deutlich macht: Israel ist sowohl ein jüdischer Staat als auch ein Staat aller seiner Bürger, die nichtjüdischen Bürger eingeschlossen.

4.2 Jüdische Lebenswelten im Mittelalter: Sefarad und Aschkenas

Die Diaspora hat eine Vielzahl jüdischer Lebensformen hervorgebracht. So wie sich die gesellschaftliche Existenz und die sozialen Rahmenbedingungen der jüdischen Gemeinden auf der Iberischen Halbinsel vor der Vertreibung aus Spanien (1492) und Portugal (1497) beispielsweise von denen im Rheinland im Mittelalter oder im osteuropäischen Schtetl der Neuzeit unterschieden, so gab und gibt es bis heute eine große Vielfalt jüdischer Lebenswelten. Selbst wenn man sich bei der Beschreibung der Siedlungsformen auf mehrheitlich jüdische Orte beschränkt, stößt man bis zur Emanzipationszeit auf ein breites Spektrum zwischen Freizügigkeit und Absonderung, und an manchen Orten waren Gemeindeautonomie und Ghettoisierung durchaus vereinbar. Dabei wird oft vergessen, dass bis in die Neuzeit hinein ein großer Teil der jüdischen Bevölkerung im deutschsprachigen Raum nicht in der Stadt, sondern auf dem Lande lebte. Diese vielfältigen Lebensformen einzelner jüdischer Gemeinden sind auch ein Ausdruck der Vielfalt jüdischen Lebens.

Im frühen Mittelalter hatten die Juden noch einen mehr oder minder sicheren Platz in der hierarchischen Ordnung der christlichen Gesellschaft inne und genossen oft auch beträchtliche wirtschaftliche Privilegien. Die Kreuzzüge von 1096 und 1146/47 löschten dann aber ganze Gemeinden aus, und im Zuge des »Schwarzen Todes« in der Mitte des 14. Jahrhunderts, insbesondere der Pestepidemie von 1349, kam es im deutschsprachigen Raum erneut zu Massakern in jüdischen Gemeinden. Bis zum Ende des 15. Jahrhunderts waren schließlich die meisten westeuropäischen Juden aus ihren Siedlungsräumen vertrieben wor-

den. Hatte das germanische Frühmittelalter, das im Rückblick oft
als barbarisch bezeichnet wird, noch einen gewissen Pluralismus
gekannt, so hatte das Christentum um 1100 die breite Bevölkerung
im deutschsprachigen Raum durchdrungen. Die Juden wurden in
Geschäftsfelder wie den Geldverleih abgedrängt. Als die Lehre
des Kirchenvaters Augustinus, die besagte, die Juden sollten gewissermaßen als Zeugen für das christliche Heilsgeschehen und
den Triumph der Kirche inmitten der christlichen Gesellschaft
leben können, zunehmend in Vergessenheit geriet, kam es zu
weiterer Ausgrenzung, und die allmähliche politische Vereinheit-
lichung der europäischen Nationen, insbesondere Englands,
Frankreichs und Spaniens, machte aus den Juden die Außenseiter
schlechthin. Die Ghettoisierung, die durch einige Städte betrieben wurde, hatte die Separierung der jüdischen von den christlichen Wohnbereichen zum Ziel. Kontrollen an den Toren, Ausgehverbote und »Schließzeiten« ermöglichten den Städten
daneben auch eine Begrenzung des jüdischen Handels und Erwerbs. Damit verbunden waren Maßnahmen zur Begrenzung
des Immobilienerwerbs durch Juden sowie Verbote, die jüdischen
Siedlungen weiter auszudehnen. Schließlich kam es zur Vertreibung der Juden aus Territorien wie Württemberg (1496) und
Brandenburg (1510) sowie aus deutschen Reichsstädten, beispielsweise 1499 aus Ulm und Nürnberg oder 1519 aus Regensburg.

Bis zu dieser Vertreibungswelle hatten sich im europäischen
Mittelalter zwei ganz unterschiedliche jüdische Lebenswelten
ausgeformt, nämlich das sefardische Judentum im arabisch geprägten Spanien und das aschkenasische Judentum im deutschsprachigen Raum, insbesondere im Rheinland. Flucht und Vertreibung brachten viele Juden aus den deutschen Ländern ins
damalige Königreich Polen, während die Ausweisung aus Spanien zur Ausbildung der sefardischen Diaspora im Mittelmeerraum führte. So entstanden über die Jahrhunderte hinweg in Europa vielfältige jüdische Milieus, deren Lebensbedingungen sich
in einem breiten Spektrum zwischen Autonomie und Ghettoisierung bewegten.

1. *Das Goldene Zeitalter in Spanien*

Das 10. und das 12. Jahrhundert gelten als die Blütezeit des spanischen Judentums. Diese Blüte des sefardischen Judentums ist mit der arabischen Herrschaft und dem Aufstieg des Islams verbunden. Die Arabisch sprechenden Juden nutzten die geistige Freiheit, die sich ihnen bot, und nahmen an der Lebensweise dieser Zeit lebendigen Anteil: Sie waren tief in der arabischen Gesellschaft und Kultur verwurzelt und gestalteten deren Philosophie, Naturwissenschaft, Medizin, Schriftgelehrsamkeit und Poesie mit. Die spanischen Juden lebten zunächst in einem Zeitalter der Koexistenz, der *convivencia*. Unter den islamischen Kalifen genossen die jüdischen Untertanen einen besonderen Schutz, von dem die Juden im christlichen Europa oft nur träumen konnten.

Freilich hieß das nicht, dass die Juden im Mittelalter den Muslimen gleichgestellt gewesen wären: Sie waren Untertanen zweiter Klasse und wurden ebenso wie andere religiöse Minderheiten als Ungläubige eingestuft und Einschränkungen unterworfen. So wurde die Errichtung von neuen Synagogen verboten oder erschwert, eine bestimmte Kleiderordnung vorgeschrieben und das Verwenden muslimischer Ehrentitel untersagt. Diese Einschränkungen bezweckten aber nicht den Ausschluss aus der Gesellschaft, sondern dienten der hierarchischen Unterscheidung innerhalb ihrer. Als »Schutzbefohlene« *(ahl al-dhimma* oder *dhimmi)* konnten Juden sich grundsätzlich ihres Lebens und Eigentums sicher sein. Sie genossen Religionsfreiheit, wurden nicht zur Konversion gezwungen, waren im Geschäftsleben gleichberechtigt und genossen in religiösen Belangen eine Art Gemeindeautonomie. Dies ist nicht zuletzt dem pluralistischen Kern des Islams zu verdanken, aber auch der großen Nähe von Islam und Judentum. Beide Religionen haben grundsätzlich mehr gemein als etwa Judentum und Christentum, und der strikte jüdische Monotheismus führte zu größerer Toleranz den Juden gegenüber, während die Dreifaltigkeitslehre der Kirche für Muslime den Beigeschmack des verpönten Polytheismus hatte und hat. Juden und Muslime haben auch ähnliche Vorschriften für die rituelle Schlachtung und ähnliche Speisegebote. Gewaltausbrüche und Übergriffe richteten sich in der Regel gegen die *dhimmis* und nicht ausdrücklich gegen die Juden als Juden.

In den von den Christen zurückeroberten Gebieten regelten Stadtrechte *(fueros)* das Zusammenleben zwischen der jüdischen, der muslimischen und der christlichen Bevölkerung; darin verstreut waren auch die Rechte der Juden festgehalten. Schon 1176 bezeichnet der *fuero* der aragonesischen Stadt Teruel die dort lebenden Juden als »Königsknechte« *(servi regis)*, »allezeit dem königlichen Fiskus zugehörig« *(semper fisco regio deputati)*.

Die spanischen Juden lebten unter christlicher Herrschaft in Judenvierteln (auf Kastilisch *judería* oder auf Katalanisch *call* genannt), in denen es ihnen auch möglich war, religionsgesetzliche Vorschriften umzusetzen. Das Leben innerhalb der Gemeinden regelte die *al-jama* (arab. »Versammlung«), die jüdische Gemeinschaft eines begrenzten geografischen Gebietes, die im Gegensatz zur *judería* die folgenden Einrichtungen aufzuweisen hatte: Synagoge, Friedhof, Schule, Ritualbad, Schlachterei. Die *al-jama* besaß einen Rechtsstatus, der mit vom König gewährten Privilegien wie der Steuererhebung verbunden war. Für die Regelung innerjüdischer Streitigkeiten waren rabbinische Gerichte zuständig. Den jüdischen Gemeinden stand das Recht zu, Synagogen zu errichten. Juden hatten das Recht zum Erwerb von Privat- und Grundbesitz einschließlich Feldern und Weinbergen und waren in allen Berufsfeldern vertreten, insbesondere im Geldhandel und in der Medizin.

> *Hier leben die Juden glücklich […]*
> *Unser Land ist fruchtbar, reich an*
> *Quellen, Flüssen und Zisternen […]*
> *Unser König häuft Schätze von Gold, Silber*
> *und allerlei Kostbarkeiten an […]*
> *Alle Herrscher der Welt […] senden ihm Gaben,*

um sich sein Wohlwollen zu sichern.
            Chasdai Ibn Schaprut

Die spanischen Juden hatten auch am politischen Leben Anteil.
So spielte der Arzt Chasdai Ibn Schaprut (um 915–970) am Hof
von Emir Abd ar-Rahman III. in Córdoba eine besondere Rolle als
Diplomat und Förderer jüdischer Wissenschaftler. Dass er den
süditalienischen Flüchtling Moses ben Chanoch zum Rabbiner
von Córdoba machte, hatte weitgehende Konsequenzen, nämlich
die Loslösung des spanischen Judentums vom Führungsanspruch
der babylonischen Geonim. Chasdai Ibn Schaprut ist vor allem
auch durch seinen Briefwechsel mit dem König der Chasaren
(eines Volkes am Kaspischen Meer) bekannt, der mit der Füh-
rungsschicht seines Reiches zum Judentum konvertierte. Eine
noch höhere Position bekleidete Samuel Ibn Nagrela (993–1056),
der Großwesir des Königreichs von Granada wurde und sich als
Samuel ha-Nagid als Kommentator, Philologe und Dichter in arabischer und hebräischer Sprache einen Namen machte. Er war
auch der erste weltliche Dichter der hebräischen Literatur-
geschichte. Ihren Höhepunkt erreichte die spanisch-jüdische
Geistesgeschichte aber mit dem Dreigestirn Salomo Ibn Gabirol,
Jehuda ha-Levi und Moses Maimonides.

Gabirol war ein liturgischer Dichter von hohem Rang, der als
Philosoph und Verfasser des Werkes *Mekor Chajim* (»Quell des
Lebens«) bekannt wurde. Sein Werk beruht auf einer neuplato-
nisch geprägten Philosophie, in der die Vorgänge in der materiellen und sittlichen Welt als Kampf zwischen Materie und Form
dargestellt werden.

Ha-Levi ist der berühmte Dichter der Zionssehnsucht und
wurde von Heinrich Heine in einer Romanze verewigt. Er hinter-
ließ neben vielen Gedichten ein religionsphilosophisches Werk,
das Buch *Kusari*. Darin zeigt er in einem imaginären Gespräch
zwischen dem Chasarenkönig und einem jüdischen Gelehrten
die göttliche Basis des Judentums, der hebräischen Sprache und
Zions auf.

Maimonides ist die bedeutendste Erscheinung des jüdischen Mittelalters, und zwar gleichermaßen als Gesetzeslehrer wie als die Vernunft betonender Religionsphilosoph. Sein Werk *Mischne Tora* (»Wiederholung der Tora«) ist die erste systematische Darstellung des jüdischen Religionsgesetzes; sein *More Newuchim* (»Führer der Verwirrten«) ist eine an Aristoteles orientierte jüdische Religionsphilosophie.

Infolge der Eingliederung des arabischen Spaniens in das Almoravidenreich erlebten die Juden um 1090 einen ersten Statusverlust. Die Herrschaft der Almohaden machte dem Goldenen Zeitalter dann Mitte des 12. Jahrhunderts ein Ende. Die Zwangsbekehrung von Andersgläubigen durch die sektiererischen Almohaden führten zur Massenflucht von Juden und Christen aus Südspanien in die christlichen Königreiche Nordspaniens. Einige Juden wanderten in den Nahen Osten aus, so etwa die Familie des Maimonides. Andere Juden, insbesondere in Nordafrika, hielten heimlich an ihrem Judentum fest, bis sie sich schließlich unter der Herrschaft von Al-Ma'mun (1227–1232) wieder offen dazu bekennen durften. Die katholische Reconquista und die Ausweisung der Juden aus Spanien 1492 beziehungsweise ihre Zwangsbekehrung zum Christentum in Portugal 1497 wurden zu Schlusspunkten für das jüdische Leben auf der Iberischen Halbinsel. In der Folgezeit entwickelten sich an den Zufluchtsorten der spanischen und portugiesischen Juden neue Zentren des sefardischen Judentums, in Hamburg und Amsterdam ebenso wie im gesamten Mittelmeerraum. Eines dieser neuen Zentren war Saloniki, das damals zum Osmanischen Reich gehörte. Die Hafenstadt war das Ziel von zunächst 20.000 Juden, die 1492 Spanien verlassen mussten; auf sie folgten die Juden aus dem spanisch regierten Sizilien und Süditalien und nach 1497 Vertriebene aus Portugal. Sultan Bejasid II. schätzte vor allem die handwerklichen und intellektuellen Fähigkeiten dieser Flüchtlinge. 1506 wurde in Saloniki die erste hebräischsprachige Druckerei auf dem Balkan eingerichtet, und bald galt die Stadt als Hochburg der religiösen und weltlichen Dichtung sowie der jüdischen Gelehrsamkeit schlechthin.

Lob auf Saloniki

1537 pries der aus Italien stammende jüdische Zuwanderer Samuel Uskue seine neue Heimat, das »große Türkenreich«, als das »gelobte Land«, in dem der Sultan Religionsfreiheit gewährte, und sparte nicht mit Lob für das osmanische Saloniki: »Du bist der glaubensstarke Baum von Torafrömmigkeit und Arbeit, voller Blumen und beeindruckenden Gewächsen zur Ehre Israels. Deine Erde ist fruchtbar, bewässert von den Flüssen des Mitgefühls und der Gastfreundlichkeit. Hier ist es, wo eine jegliche erniedrigte oder arme Seele, vertrieben aus Europa oder von irgendeinem anderen Ort der Welt, eine Zuflucht findet. Und du wirst sie empfangen mit der Liebe einer Mutter, Mutter des Volkes Israel, wie einst Jerusalem in den Tagen seines Glanzes.

2. Speyer, Worms, Mainz: Gemeindeleben im Rheinland

In den ostfränkischen, im Rheinland gelegenen Städten wimmelt es von jüdischen Gemeinden.

Aus den Annales Egmundani, 12. Jahrhundert

In der Dauerausstellung des Jüdischen Museums in Berlin findet sich im zweiten Ausstellungssegment, das die mittelalterliche Welt der aschkenasischen Juden dokumentiert, ein übergroßes Modell einer Knoblauchknolle. Der Grund dafür liegt in dem Akronym Schum, das aus den hebräischen Anfangsbuchstaben der drei bedeutendsten aschkenasischen Gemeinden im Mittelalter, nämlich Speyer, Worms und Mainz, besteht. Schum aber ist das hebräische Wort für Knoblauch, und so wurde die Region am Rhein umgangssprachlich zum Knoblauchland. Die drei Städte waren vom 11. Jahrhundert an Zentren jüdischer Gelehrsamkeit, in denen Juden und Christen friedlich zusammenlebten, bis im 14. Jahrhundert bei den durch die Pestepidemien der Jahre 1348–1350 ausgelösten Judenverfolgungen Tausende Juden ermordet wurden, so wie zuvor schon während der Kreuzzugs von 1096.

Eine jüdische Präsenz in Mainz lässt sich bereits für das 2. Jahrhundert u. Z. nachweisen. Die ersten Belege für Worms stammen aus der Zeit um 960, und selbst die kurzfristige Vertreibung von nicht taufwilligen Juden aus Mainz im Jahre 1012 beeinträchtigte nicht das Wachstum und den Wohlstand dieser Gemeinde. Als die Mainzer Juden im Jahre 1084 nach Ausschreitungen die Stadt erneut verlassen mussten, fanden sie in Speyer offene Arme: Der dortige Bischof lud die Mainzer Juden ein, sich im Vorort Altspeyer (und später auch innerhalb der Stadt selbst) niederzulassen, und begründete seine Einladung damit, dass die Anwesenheit der Juden »tausendfach das Ansehen der Stadt erhöhe«. Von Bischof Rüdiger stammt die erste schriftlich niedergelegte Garantie, den Juden weitgehende Rechte und Schutz zu gewähren. Im Jahr 1090 wird diese Garantie von Heinrich IV. bestätigt und erweitert. Der Kaiser begünstigte auch die Wormser Juden, indem er ihnen zusammen mit denen aus Speyer Handelsfreiheit im gesamten Reichsgebiet gewährte.

Als das Kreuzfahrerheer 1096 auf seinem Weg nach Palästina das Rheinland erreichte, wurden in Worms und Mainz all diejenigen Juden, die sich nicht von ihrem Judentum lossagen wollten, ermordet. Nachdem der kaiserliche Schutz in Speyer wiederhergestellt worden war, wurde 1104, also acht Jahre nach den Verwüstungen, eine zweite Synagoge in der Innenstadt sowie ein Ritualbad errichtet. Die jüdische Gemeinde von Speyer, die damals etwa 300–400 Personen zählte, verfügte über Handelsfreiheit und eigene Gerichtsbarkeit und hatte das Recht, Grundbesitz zu erwerben und einen Friedhof anzulegen; geleitet wurde sie von einem vom Bischof ernannten Archisynagogus. In anderen Gemeinden lautet die damalige Bezeichnung für dieses Amt »Judenbischof«.

Mainz war im ausgehenden 10. Jahrhundert ebenso wie Speyer, wo es eine Reihe von Talmudschulen gab, zu einem Zentrum jüdischer Kultur und Gelehrsamkeit geworden. Besonderen Anteil daran hatte die wohl aus dem italienischen Lucca eingewanderte Familie Kalonymos. Mit Moses ben Kalonymos dem Älteren gelangte die Kenntnis der liturgischen Dichtung des östlichen Mittelmeerraums an den Rhein. Mit der Talmudschule von Mainz ist der Name von Rabbi Jehuda ben Meir (genannt Leontin, um 975) eng verbunden: Er begründete das systematische Talmudstudium in Mitteleuropa. Sein Schüler Gerschom ben Juda (ca. 960– 1028/40) verfasste als »Leuchte der Diaspora« für das aschkenasische Judentum richtungsweisende Gutachten zu religiösen Rechtsfragen. Zu den bedeutendsten Schülern der Wormser Jeschiwa gehörte Rabbi Schlomo ben Jizchak, der unter dem Akronym Raschi bekannt gewordene Talmudkommentator. Aus der besonderen Gelehrtentradition von Mainz, Worms und auch Speyer ergab sich bald eine Führungsrolle unter den aschkenasischen Gemeinden: die Rabbinerversammlung von Troyes gestand im Jahre 1146 den Gemeinden »Spira«, »Warmasia« und »Magenzia« die höchste Autorität in rituellen und rechtlichen Fragen zu. Die in diesen drei Städten erarbeiteten Vorschriften und Bräuche wurden zur Richtschnur und im Jahre 1220 auf einer Mainzer Rabbinersynode als »Takkanot Schum« festgeschrieben. So entwickelte sich vom Rheinland aus auch ein vereinheitlichter Ritus für das aschkenasische Judentum.

3. Das Ghetto: Zwischen Autonomie und Gefängnis

Häufig wurden die mittelalterlichen Ansiedlungen zu einem Ghetto, also einem abgesonderten jüdischen Wohnbezirk. Dieser Wohnbereich um Synagoge, Lehrhaus und Ritualbad konnte im Spätmittelalter bereits von Mauern umgeben sein – manches Mal auch auf Wunsch der jüdischen Gemeinde, die dies als Schutz verstand. Im 13. Jahrhundert wurde dann aber vonseiten der Kir-

che die Forderung nach einer räumlichen Abtrennung der Juden von
der christlichen Bevölkerungsmehr-
heit laut, und zwar zuerst beim Pro-
vinzialkonzil von Breslau im Jahr 1267.
Schon vorher hatte die Kirche auf
dem 3. Laterankonzil von 1179 das Zusammenleben zwischen Christen und
Juden untersagt – ein Indiz dafür, dass
ein Miteinander der Religionsgemeinschaften damals noch gang und gäbe
war. Kontrollen an den Stadttoren,

*Das »Gheto vechio« war seit 1541
die Erweiterung des 1516 eingerichteten
Ghettos von Venedig.*

Ausgehverbote und »Schließzeiten« ermöglichten den Städten
auch eine Beschränkung der Handels- und Erwerbstätigkeit von
Juden und die Begrenzung ihres Immobilienbesitzes. Auch wenn
die Kirche im Jahre 1434 auf dem Basler Konzil erneut die Separierung der Juden forderte, gab es dazu in den deutschen Städten
zunächst noch unterschiedliche Vorschriften. Eigenständige
Wohnviertel für die Juden wurden erst im 15. Jahrhundert üblich;
es gab sie beispielsweise auch in Spanien und Savoyen und
schließlich auch in ganz Italien. Sie wurden in der Regel abends
verschlossen, sodass ihre Einwohner nur bei Tage Zugang zum
übrigen Stadtbereich hatten. Außerhalb ihres Wohnbezirkes
mussten Juden vielerorts besondere Kennzeichen tragen. In den
deutschen Ländern setzten sich für diese Quartiere die Begriffe
»Judengasse« oder »Judenstadt« durch. Trotz der bedrückenden
Wohnverhältnisse und der vielen Restriktionen handelte es sich
dabei keineswegs um Elendsquartiere; in ihnen waren alle soziale
Schichten vertreten, auch wohlhabende jüdische Händler und
Handwerker, die immer wieder zum Ziel von Übergriffen und
Plünderungen wurden. Vorteile des Ghettos waren das Recht
auf Selbstverwaltung samt eigener Gerichtsbarkeit und die Möglichkeit des Erwerbs von Grundbesitz. Als Vertreter dieser auto-
nomen jüdischen Gemeinden fungierte der sogenannte Juden-
meister, der Magister Judaeorum, der die jüdische Gemeinschaft

gegenüber der Obrigkeit vertrat. Dieses Amt wurde oft von einem Rabbiner ausgeübt, der auch die Gerichtsbarkeit für innerjüdische Angelegenheiten innehatte und zudem mit der Versorgung kranker und hilfsbedürftiger Gemeindemitglieder sowie von Talmudstudenten und durchreisenden Juden betraut war.

Die Bezeichnung »Ghetto« für diese abgesonderten Wohnbezirke leitet sich sehr wahrscheinlich von dem Wort *getto* (venezianisch *ghèto*) ab, das »Guss« oder auch »Gießerei« bedeuten kann: Die Republik Venedig beschloss 1516 per Dekret, die jüdische Gemeinschaft der Stadt in einem einzigen Stadtviertel zusammenzufassen, das im Stadtteil Cannaregio lag, wo auch die Metallgießer wohnten. Im Jahr 1555 ließ Papst Paul IV. dann das römische Ghetto errichten und verpflichtete die Juden darauf, fortan in diesem besonderen Bereich zu leben. Papst Pius V. wies schließlich am 25. Februar 1569 alle Juden seines Herrschaftsbereiches aus, mit Ausnahme der Ghettos von Rom und Ancona. Im 17. Jahrhundert waren die italienischen Städte Livorno und Pisa, die über kein eigenes Ghetto verfügten, zur Ausnahme geworden. Die Französische Revolution machte der räumlichen und rechtlichen Absonderung der Juden ein Ende, in der Folge auch in Deutschland. Das letzte bestehende Ghetto war schließlich das von Rom, das erst 1870 im Zuge der Besetzung des Kirchenstaates durch den italienischen König Viktor Emanuel II. aufgelöst wurde.

Im 20. Jahrhundert bekam der Begriff Ghetto eine neue, schreckliche Bedeutung, als er zum Synonym für die Sammellager wurde, die die Nationalsozialisten vor der Deportation der jüdischen Bevölkerung in die Vernichtungslager einrichteten. In Osteuropa existierten zwischen 1939 und 1944 ungefähr 950 Ghettos, davon etwa 400 auf polnischem und etwa 400 auf sowjetischem Territorium.

4. Die Mellahs: Judenviertel in Marokko

In der arabischen Welt entspricht die Mellah, das traditionelle jüdische Viertel in den marokkanischen Städten, dem Ghetto des christlichen Europa. Die erste Mellah wurde 1438 von den Meriniden in Fes eingerichtet, um so einerseits die Wirtschaftskraft der jüdischen Bevölkerung zu nutzen und sie andererseits vor möglichen Ausschreitungen der muslimischen Mehrheitsgesellschaft zu schützen. Die Bezeichnung wird Mitte des 16. Jahrhunderts auch in Marrakesch und 1682 in der kurzzeitigen Hauptstadt Meknès verwandt. Im 19. Jahrhundert waren abgesonderte jüdische Wohnviertel dann in ganz Marokko üblich. Wenn Juden sich außerhalb der Mellah bewegten, unterlagen sie strengen Beschränkungen: Sie durften kein übliches Schuhwerk tragen, sondern mussten entweder barfuss oder mit besonderen Schuhen gehen, so etwa in Fes mit Strohsandalen. Bemerkenswert ist, dass die Vorschriften für Andersgläubige in Marokko strenger gehandhabt wurden als anderswo. Im osmanischen Orient gab es keine so strikten Beschränkungen für Juden.

4.3 Messianismus

Wir mögen leben, wir mögen sehen, wir mögen erben Güte und Segen bis zu den Tagen des Messias und der künftigen Welt.
Aus dem werktäglichen Morgengebet

Der Ausdruck »Messias« bezeichnet im heutigen Sprachgebrauch eine Erlösergestalt, durch deren Erscheinen der als ungerecht empfundene gegenwärtige Zustand der Welt überwunden wird. Im Judentum wurde mit dieser Gestalt auch die Hoffnung auf eine Befreiung aus Fremdherrschaft und eine Rückführung aus dem Exil ins Land Israel verbunden. Da sich diese Erlösung nach jüdischem Verständnis in dieser Welt vollziehen wird, hatten und haben messianische Bewegungen auch immer eine politische Dimension. Eine der bedeutendsten messianischen Bewegungen war der (nach Sabbatai Zwi benannte) Sabbatianismus im 17. Jahrhundert. Eine säkularisierte Form des Messianismus stellt der Zionismus dar, dessen Anhänger die Hoffnung auf eine Rückkehr nach Erez Jisrael quasi aus eigener Kraft erfüllen.

Messias (*maschiach, moschiach*) heißt »Gesalbter« und war ursprünglich eine Bezeichnung für den gesalbten König Israels. Später wurde dieser »Gesalbte« eine Idealgestalt aus dem Stamm Davids: Messias, Sohn Davids.

Der frühe Niedergang und schließlich der Untergang der beiden Reiche Israel und Juda, das Leben in der Diaspora sowie die Auseinandersetzungen mit Griechen und Römern führten dazu, dass alle Sehnsüchte des jüdischen Volkes auf diese eine Erlösergestalt projiziert wurden, die das einstige goldene Zeitalter zur Zeit König Davids spiegelte und die damit verbundene Selbstbestimmung wiederherstellen sollte. Der Messianismus wurde schließlich zu einem wesentlichen Bestandteil der jüdischen Glaubenslehre und von Maimonides in seine 13 Glaubensartikel aufgenommen: »Ich glaube mit voller Überzeugung an das Kommen des Messias, und obgleich er noch säumt, will ich trotzdem jeglichen Tag harren, dass er kommen werde.«

Im heutigen Judentum finden sich widersprüchliche Vorstellungen darüber, was denn die messianische Zeit ausmachen wird. Die einen Definitionen sind rein politisch, andere gehen von Phänomenen wie der Auferstehung der Toten aus. Und braucht es tatsächlich einen personifizierten Messias, der die Erlösung bringt, oder soll man sich eher einen abstrakten historischen Prozess denken, der zu einer gerechten und befriedeten Gesellschaft führt? Ultraorthodoxe Juden in Israel stehen zudem vor dem Dilemma, dass sie in einem Staat leben, dessen Gründung eigentlich erst mit der Ankunft des Messias erfolgen darf. Einer der Wortführer der antizionistischen Satmarer Chassidim, Joel Teitelbaum (1888–1979), sagte dazu: »Selbst wenn die Abgeordneten der Knesset gerecht und heilig wären, ist es ein schrecklicher, verbrecherischer Frevel, nach Erlösung und Gottesherrschaft zu greifen, bevor die Zeit gekommen ist.«

1. Messiaserwartungen

Nach Dan 7,13–14 soll der Messias in siegreicher, strahlender Glorie sein von Gott gegebenes Königsamt antreten, nach Sach 9,9 dagegen als König, der in niedriger Demut wirkt. Diese Spannungen in der Messiasverheißung der Propheten führten dazu, dass sich die Vorstellung herausbildete, es werde zwei Messiasgestalten geben, nämlich den Sohn Davids und den Sohn Josefs. Beide sollen in der Endzeit nacheinander erscheinen. Der Sohn Josefs stirbt im Kampf mit den Widersachern Israels, und der Sohn Davids führt das Volk Israel zum Sieg und in die messianische Erlösung.

Was kennzeichnet nun aber den Messias? In der Hebräischen Bibel findet sich eine ganze Reihe von Aussagen, die auf seine Gestalt und sein Wirken bezogen werden. Demnach muss er

- Israelit sein (Dtn 17,15; Num 24,17)
- dem Stamm Juda angehören (Gen 49,10)
- ein direkter männlicher Nachkomme von König David (1 Chr 17,11; Ps 89,29–38; Jer 33,17; 2 Sam 7,12–16) und König Salomon sein (1 Chr 22,10; 2 Chr 7,18)
- das jüdische Volk aus dem Exil in Israel versammeln (Jes 11,12; 27,12–13)
- den Tempel in Jerusalem wiederaufbauen (Mi 4,1)
- den Weltfrieden bringen (Jes 2,4; 11,6; Mi 4,3))
- die ganze Menschheit dazu bringen, den einen und einzigen Gott anzuerkennen und ihm zu dienen (Jes 11,9; 40,5; Zef 3,9).

Eine Zusammenfassung all dieser Charakteristika findet sich im biblischen Buch Ezechiel:

> *Und mein Knecht David wird König über sie und über alle ein Hirt sein; und in meinen Rechten werden sie wandeln und meine Satzungen wahren und üben. Und sie werden in dem Lande wohnen, das ich meinem Knecht Jaakow verliehen, darin eure Väter gewohnt; und sie werden in ihm wohnen [...] Und ich schließe mit ihnen einen Friedensbund, ein ewiger Bund mit ihnen wird es sein, und ich bringe und vermehre sie und setze mein Heiligtum in ihre Mitte auf ewig. Und meine Wohnung wird bei ihnen sein, und ich werde ihnen zum Gotte sein und sie mir zum Volke. Und die Völker werden erkennen, dass ich, der Ewige, Jisrael heilige, wenn mein Heiligtum in ihrer Mitte sein wird ewiglich.*
> Ez 37,24–28

In der Zeit des Zweiten Tempels entwickelt sich die Messiasvorstellung in einem vielschichtigen Prozess weiter. Am Ende dieses Prozesses stand die Erwartung einer von Gott in der eschatologischen Entscheidungszeit nach Israel gesandten Gestalt mit (in verschiedener Gewichtung) königlichen, priesterlichen und prophetischen Attributen. Ab etwa 200 v.u.Z. wurden nur noch Personen der vorstaatlichen Heilsgeschichte und das ganze Gottesvolk Israel, aber nicht mehr Könige »Gesalbte« genannt: auch nicht König David, selbst dort nicht, wo die Psalmen seine Salbung mit »heiligem Öl« erwähnen. Keiner von Israels Königen hat seinen Auftrag als Messias erfüllt. Nach dem Untergang des Königtums und des Ersten Tempels verschob sich die Bedeutung des Ausdrucks immer weiter. Die späteren Propheten konzipierten den wahren Messias als Befreier von Unterdrückung und Verbannung. So erklärt es sich auch, dass der Prophet des Babylonischen Exils, der heute als Deuterojesaja bezeichnet wird, den persischen König Cyrus als den Gesalbten Gottes bezeichnete: Der Perserkönig gestattete den Juden nämlich die Rückkehr nach Juda. Auch Serubbabel selbst, der die Exilanten heimführte, wurde offenbar als Messias betrachtet, denn er erhält von den babylonischen Juden eine Krone. Der Gesalbte werde ein neuer Lehrer sein, ähnlich wie Mose und Elija, lautete eine weitere Vorstellung, während andere schließlich einen politischen Befreier der Juden von der Fremdherrschaft erwarteten. Neben die Hoffnung auf einen persönlichen Messias aus dem Hause Davids, dem von Gott die ewige Herrschaft verheißen ist, tritt schließlich die Vision von den Tagen des Messias, von der messianischen Zeit. Beides findet sich bereits im Buch Jesaja. Die messianische Zeit wird teilweise partikularistisch allein auf das jüdische Volk bezogen: Nach innerer Umkehr und Rückkehr zu Gott werden die Nachkommen der getrennten Stämme wieder vereinigt, die Zerstreuten werden von den vier Enden der Welt versammelt und in ihr Vaterland zurückgeführt, und Israel ist nicht mehr fremder Herrschaft unterworfen. Daneben steht eine universalistische Vision, die alle Völker umfasst und gemäß der in der Erfüllungszeit Gotteserkenntnis, Gerechtigkeit, Barmherzigkeit und Frieden (selbst unter den Tieren) in der Welt herrschen.

In der Mischna und im Talmud sowie in den Gebeten und Liturgien erhält diese Messiashoffnung einen wichtigen Platz. Die Rabbinen haben aber noch keine systematische Lehre vom Ende der Zeiten, sondern halten mehrheitlich an der Erwartung eines persönlichen Messias fest. Das Achtzehnbittengebet bittet in der 14. Bitte um die Wiederherstellung der Tempelstadt Jerusalem und des Davidsthrons. In der 15. Bitte heißt es dann: »Den

Spross deines Gottesdienstes lass sprießen.« Auch im *Kaddisch* findet man eine ähnliche Bitte. Im Morgengebet am Schabbat heißt es: »Keiner ist dir zur Seite zu stellen, Ewiger, unser Gott, in dieser Welt, und keiner ist außer dir, unser Gebieter, im Leben der zukünftigen Welt. Nichts gibt es neben dir in den Tagen des Messias, und wer gleicht dir, der du die Toten belebst.«

Im Mittelalter nahm Moses Maimonides das Kommen des Messias in seine 13 Glaubensartikel auf, lehnte aber alle materialistisch-anschaulichen Ausdeutungen und die volkstümlich-fantastischen Anschauungen über die messianische Zeit entschieden ab. Die meisten jüdischen Religionsphilosophen folgen seinem Beispiel. Der Dichter Jehuda ha-Levi hatte noch vor Maimonides erklärt, dass die messianische Zeit erst dann anbreche, wenn Israel seine Mission erfüllt habe, nämlich die Verbreitung des Monotheismus unter den Völkern.

Diesem Rationalismus trat schließlich die jüdische Mystik entgegen. Für den mittelalterlichen Messianismus waren die Kabbala und ihr Hauptwerk, der *Sohar*, entscheidend. Sie lehrten, Gott selbst sei im Exil, und die Erlösung der Menschen sei Teil der Wiedereinsetzung Gottes. Der Mystiker Isaak Luria prägte die Vorstellung, dass das göttliche Licht bei der Erschaffung der Welt im Zuge einer Katastrophe über die ganze Schöpfung zerstreut worden sei und dass die Funken dieses Lichts nun in den Schalen unserer materiellen Welt gefangen seien. Erst dann, wenn die Juden Gottes Gebote befolgten, könnten sie diese Funken nach und nach befreien, sodass Gott zu seiner ursprünglichen Einheit zurückzufinden vermöge. »Wenn Israel nur einen einzigen Schabbat genau nach den Vorschriften beachtet, dann wird der Messias kommen«, lautet eine volkstümliche Vorstellung.

Auch das liberale Judentum folgt den Vorstellungen von einem messianischen Zeitalter. Leo Baeck schreibt: »Nicht die Hand nur, sondern die Seele auch soll im Sozialen lebendig bleiben. Die Gemeinschaft soll eine Gemeinschaft innerlich Verbundener, eine Gemeinschaft des Friedens sein.«[1] Dieser Gedanke projiziert sich im Judentum in die Zukunft: Er kommt in der messianischen Idee und Hoffnung zum Ausdruck, die Gottes Reich auf Erden anstrebt und erwartet.

2. Messianische Bewegungen im Judentum

Die Erwartung des Messias ist mit der Hoffnung auf die Erlösung Israels aus allem Unheil verbunden. Die Aufgabe des Messias besteht dann in der vollständigen Durchsetzung der Gottesherrschaft, und zwar unter allen Völkern. Das Volk Israel wird aus seinem Leid und der Bedrängnis erlöst: Alle Verfolgung, Entwürdigung und Verachtung hören auf, und es findet zu seinem Recht in dieser Welt. Mit Erlösung ist nicht die von Sünde und Schuld gemeint (anders als das Christentum kennt das Judentum keine Vorstellung von einer Erbsünde), sondern vielmehr eine Art nationale Befreiung und Friede (*schalom* bedeutet allumfassendes Heil) für alle Völker. Gott selbst wird nach Verwirklichung des Friedens König: »Und der Ewige wird König sein über die ganze Erde; an selbigem Tage wird der Ewige einig und sein Name einig sein« (Sach 14,9).

Man erwartet die Erlösung immer dann, wenn das jüdische Volk in großer Bedrängnis lebt; der Größe des Leids entspricht die Größe des Retters und Erlösers, also des Messias. Man bezeichnet derartige Zeiten auch als die der »messianischen Wehen«. Sie sind eine Zeit der Sittenlosigkeit, der Not und Armut. Legendäre Nationen, so die endzeitliche Vorstellung, ziehen unter den Königen Gog und Magog gegen Jerusalem zu Felde und werden besiegt. In diesem Kampf wird, so heißt es, der *maschiach ha-milchama*, der Kriegsmessias, ein Nachkomme Josefs, getötet. Danach

---

[1] Leo Baeck, *Der soziale Charakter des Judentums*, in: *Die Lehren des Judentums nach den Quellen*, Dritter Teil, Leipzig 1930, 11.

erschlägt Elija, der Vorläufer des wahren Messias aus dem Haus Davids, Samael, den Satan. Erst dann sollen die Tage des Messias anbrechen, die gekennzeichnet sind durch die Rückführung des jüdischen Volkes aus der Diaspora und die Wiederherstellung Jerusalems und seines Tempels sowie des Thrones Davids, also der jüdischen Souveränität.

Die Erwartung, dass diese »Geburtswehen des Messias« bald einsetzen würden, wurde in Zeiten nationalen Unglücks besonders lebhaft, etwa nach der Zerstörung des Tempels in Jerusalem durch die Römer im Jahr 70 u. Z. Damals lag die Hoffnung auf dem Freiheitskämpfer Bar Kochba, dem »Sternensohn«. Sein Befreiungskampf gegen Rom endete aber 135 mit einer katastrophalen Niederlage.

Im 12. Jahrhundert wollte David Alroy aus Kurdistan zusammen mit einer Gruppe kriegerischer Bergjuden Palästina den Muslimen entreißen. Er wurde aber gefangen genommen, vor den Sultan gebracht und schließlich auf dessen Geheiß von seinem eigenen Schwiegervater umgebracht. Unterdessen sollen Betrüger die Gelegenheit ausgenutzt und sich alles Hab und Gut der Bagdader Juden angeeignet haben, während diese auf den Dächern der Stadt den Messias erwarteten. Während der Verfolgung der Marranen (der zwangsgetauften Juden auf der Iberischen Halbinsel) im 16. Jahrhundert trat der arabische Jude David Reubeni (1485–1538) als Messiasanwärter auf. Er gab vor, er komme als ein Abgesandter seines Bruders Josef, der als König über die verlorenen Stämme Ruben, Gad und Menasse in der Wüste von Khaibar nordwestlich des arabischen Medina herrsche. Er bewog Papst Klemens VII. und den König von Portugal tatsächlich dazu, ihn dabei zu unterstützen, das Land Israel von den Osmanen zu befreien. Als aber die Erwartungen der verfolgten Marranen auf eine Erlösung des Judentums immer lauter wurden und der Marrane Salomo Molcho aus Begeisterung für Reubeni offen zum Judentum zurückkehrte, wurde Reubeni inhaftiert und verlor schließlich seinen Rückhalt unter den Juden.

Während der massiven Judenverfolgungen in Osteuropa im

17. Jahrhundert ernannte sich Sabbatai Zwi (1626–1676) aus Smyrna selbst
zum Messias und prophezeite den
18. Juni 1666 als den Tag der Erlösung.
Er versetzte damit das ganze jüdische
Europa in Erregung, das noch unter
den Folgen des Dreißigjährigen Krieges litt. Zudem hatten der Kosaken-
aufstand von Chmelnicki und die
damit verbundenen Pogrome die jüdische Gemeinschaft in Polen 1648/49
in Angst und Schrecken versetzt, und
das jüdische Leben war in dieser Zeit
von Bußstimmung und messianischer
Erwartung gezeichnet – ein Phänomen, das durchaus dem Zeitgeist ent-
sprach: Auch die christliche Bevölkerung lebte nach dem Dreißigjährigen
Krieg in Erwartung des 1000-jährigen
Reiches. Sabbatai Zwi wurde aber im
vermeintlich messianischen Jahr 1666

*Sabbatai Zwi. Kupferstich eines
unbekannten Künstlers, vor 1669.*

in Adrianopel als Gefangener zum Übertritt zum Islam gezwungen, was in der jüdischen Welt zu tiefer Enttäuschung und großen

Personenkult der Chabad-Bewegung um ihren Rebben.

Glaubenszweifeln führte, von denen etwa Glückel von Hameln in ihren *Denkwürdigkeiten* sehr anschaulich berichtet.

Auch im Chassidismus gab und gibt es Formen des Messianismus: Nachman Ben Simcha von Bratzlaw (um 1772–1810) scheint geglaubt zu haben, entweder er selbst oder sein Sohn sei der Messias, und in jüngster Zeit wird dem Lubawitscher Rebbe Menachem Mendel Schneerson (1902–1994) von seinen Anhängern zugeschrieben, als Messias infrage zu kommen.

4.4 Jüdische Mystik: Kabbala und Chassidismus

»Im 17. und dann im 18. Jahrhundert hatte die jüdische Seele neue Form der Frömmigkeit in sich aufgenommen: die Mystik war in den jüdischen Menschen eingetreten«, sagt Leo Baeck in seinem Vortrag *Das Judentum auf alten und neuen Wegen* von 1948. »Zwar ist die Mystik im Judentum alt, sie geht auf die talmudische Zeit zurück, und sie hat seitdem eine fast ununterbrochene lebendige Geschichte, die ihren Platz in allen Ländern hatte, in denen jüdisches Leben erwachsen war oder neu erwuchs. Aber sie war lange nur das Besitztum enger, esoterischer Kreise gewesen. In ihnen war sie gepflegt und war sie mündlich oder hier und dort auch in kurzen Niederschriften weitergegeben worden. Die breiteren Kreise wussten zwar von ihr, aber kannten ihre Inhalte kaum. Erst um die Mitte des 16. Jahrhunderts, dieses Jahrhunderts der Entwicklung des Buchdrucks und der, fast revolutionären, Ausbreitung des Buches, begann die Welt der Mystik sich zu dehnen, sie gelangte nun nach und nach zu allen in den Gemeinden hin.«

1. Vom Paradies, vom Thronwagen und himmlischen Palästen

Die jüdische Mystik erfasste also erst in der frühen Neuzeit die breite jüdische Bevölkerung Osteuropas, die nach dem Leid der Kosakenaufstände nach spiritueller Orientierung suchte. Ähnlich war es den sefardischen Juden zwei Jahrhunderte vorher nach ihrer Vertreibung von der Iberischen Halbinsel ergangen. Jetzt stand aber der neu entwickelte Buchdruck zur Verfügung, um esoterische Ideen zu vermitteln und volkstümlich zu machen. Die Ursprünge dieser Lehren liegen aber bereits in biblischen Zeiten. So kommen bereits in der Hebräischen Bibel mystische Erfahrungen zum Ausdruck, etwa in Ezechiels Vision vom göttlichen Thronwagen (Ez 1–3), die während des Babylonischen Exils formuliert wurde. Das erste Kapitel beschreibt, wie der Herr auf seinem Thronwagen, der *merkawa*, zusammen mit den Cherubim Ezechiel erscheint:

> *Und ich sah, und siehe! Sturmwind kam von Mitternacht, großes Gewölk und wogendes Feuer und ein Glanz daran, ringsum, und aus seiner Mitte wie Golderzschein, mitten aus dem Feuer. Und in seiner Mitte eine Form von vier Lebenden, und dies ihr Aussehen: Menschenform hatten sie. Und vier Gesichter hatte jedes, und vier Flügel hatte jedes von ihnen. [...] Und ich sah die Lebenden, und siehe, ein Rad auf der Erde neben den Lebenden an ihren vier Vorderseiten. Das Aussehen der Räder und ihre Verfertigung wie der Schein von Tarschisch, und einerlei Form hatten die vier, und ihr Aussehen und ihre Verfertigung war, wie wenn ein Rad mitten durch das Rad wäre. Nach ihren vier Seiten gingen sie in ihrem Gange, sie wandten sich nicht in ihrem Gange. Und ihre Felgen hatten eine furchterregende Höhe, und ihre Felgen waren voller Augen ringsum, alle vier. [...] Und eine Form war über den Häuptern der Lebenden, eine Wölbung, wie der Schein von erhabenem Kristall, ausgespannt über ihre Häupter von oben. [...] Und oberhalb der Wölbung, die über ihrem Haupte, war wie das Aussehen von Saphirstein, die Form eines Thrones, und auf der Form eines Thrones eine Form wie das Aussehen eines Menschen oben darauf.*
>
> Ez 1,4–5.15–18.22.26

Die rabbinische Tradition entwickelte aus dieser Thronvision Ezechiels, der Weltschöpfung (*ma'asse bereschit*, Gen 1,1–2,4) und schließlich der Beschreibung der Verkörperung Gottes bei Ezechiel und Jesaja 6,1 (*schiur koma* – »Maß des Körpers«) bereits vor der Entstehung der Kabbala drei Modelle religiöser Spekulation. Aus der Spekulation über das »Thronwerk« (*ma'asse merka-*

wa) entwickelte sich dann eine reiche Tradition, die sogenannte Hechalot-Tradition oder Hechalot-Mystik (hebr. *hechal* – »Tempel«, »Palast«), in der die Welt der sieben Himmel mit ihren Engeln und mit dem Gottesthron im Zentrum beschrieben wird. Diese Lehre geht davon aus, dass der Mystiker sich nach umfassenden Vorbereitungen auf den Weg macht zur unmittelbaren Anschauung der Majestät Gottes auf seinem Thron. Bei diesem »Aufstieg in die Thronwelt« muss der Mystiker mithilfe bestimmter Formeln und Hymnen eine Reihe von Hindernissen überwinden und Prüfungen bestehen, bis er in den siebten Himmel gelangt.

Die Himmelsreise des Mystikers erfolgte offenbar im Zustand der Ekstase. Die Rabbinen wussten um die Gefahren, die mit der seelischen Erschütterung bei diesen Reisen verbunden sind. So verbietet die Mischna (MChag 2,1) es, einer Person auch nur die Einleitung in das Buch Ezechiel zu vermitteln, wenn diese Person nicht weise und gefestigt genug ist, diesen Stoff von sich aus zu begreifen. Für Maimonides galt dieses Verbot schließlich als verbindliche Halacha. Dass sich in der Mischna noch weitere Verbote dieser Art finden, zeugt von der damaligen Vertrautheit mit der mystischen Überlieferung. So heißt es, dass auch die »Arbeitsweisen der Schöpfung« *(ma'asse bereschit)* nicht in Gegenwart von zwei Studenten ausgelegt werden dürfen.

Ähnliches galt auch für die Exegese als mystisches Erlebnis. Es geht dabei um die vier Interpretationsebenen für jeden Aspekt der Tora, die mit einem Akronym kurz *pardes* (»Obstgarten«) genannt werden (vgl. Kap. 1.3.5). Die vier hebräischen Buchstaben des Wortes *pardes* stehen für die Anfangsbuchstaben der vier Worte *pschat* (einfache Bedeutung), *remes* (»Andeutung«, die Interpretation durch die Zahlenwerte der Buchstaben), *drascha* (die erzählende Auslegung) und *sod* (»Geheimnis«, die mystische Dimension). Das Wort *pardes* erscheint bereits in der biblischen Erzählung vom Garten Eden und bezeichnet dort das »Paradies«, in dem die ersten Menschen wohnen. In der rabbinischen Tradition stellt dieser Ausdruck dann Bezüge her zu der talmudischen

Erzählung von den vier Gelehrten, die mithilfe der Gottesnamen vor den himmlischen Thron Gottes zu gelangen versuchen – eine Erzählung, die auch von den Gefahren mystischen Strebens spricht: »Vier betraten den Pardes: Ben Assai, Ben Zoma, Aher und Rabbi Akiba. Ben Assai erhaschte einen Blick und starb. Ben Zoma erhaschte einen Blick und wurde verrückt. Aher schnitt die Pflanzen. Rabbi Akiba kam heraus in Frieden.« Von diesen vieren trat also nur einer wieder unversehrt aus dem Pardes heraus. (Tosefta Chag 2,3–4; jTChag 2,1; bTChag 14–15b; *Hechalot Zutarti*, Par. 339). Das Wort *pardes* bezeichnet in solchen Zusammenhängen einerseits den vierfachen Schriftsinn, andererseits spielt es auf den Höhepunkt mystischen Erlebens mit all seinen Gefahren an. Dazu schrieb Esra von Gerona (1160–1238) im *Perusch Ha-Aggadot* (»Erklärung der Erzählungen«): »Wenn du es wagst, darüber zu meditieren, wohin sich das Denken nicht ausdehnen kann, wirst du einer von zwei Folgen entgehen: Entweder wirst du deinen Geist verwirren und deinen Körper zerstören oder aber, indem du das Denken dazu zwingst, das zu erfassen, was nicht verstanden werden kann, wird deine Seele aufsteigen, abgetrennt werden und zu ihrer Wurzel zurückkehren.«

2. Kabbala: Die empfangene Tradition

Kabbala bedeutet zunächst »das Empfangene« im Unterschied zur *masora*, der überlieferten Tradition, und ist eine Bezeichnung für die jüdische Mystik. Der Begriff, der seit dem 13. Jahrhundert gebräuchlich ist, soll besagen, dass die Mystik ebenso wie das Religionsgesetz Bestandteil der Tradition und göttlichen Ursprungs sei. Die Kabbala nahm ihren Ursprung als spekulativ-mystische Strömung in Südfrankreich und Nordspanien. Sie beruht zunächst auf einem neuplatonischen Weltbild, das mehrere Seinsstufen kennt, die durch Emanation aus einer verborgenen Gott-

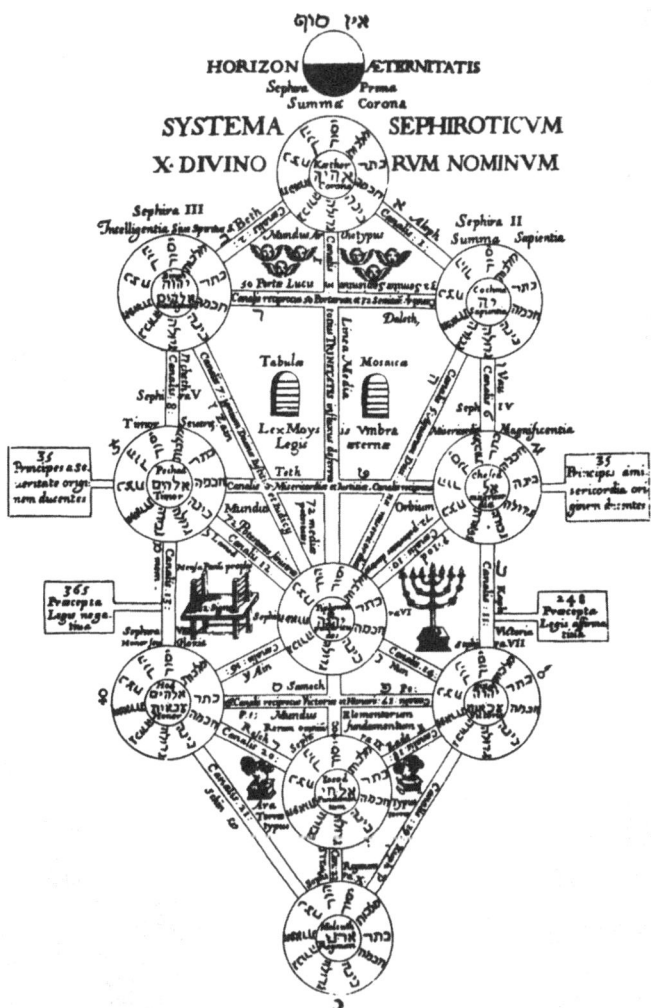

Athanasius Kircher schuf 1652 mit seiner Systema Sephiroticum
das fortan gültige Bildmodell für die christliche Rezeption der Kabbala.

heit hervorgehen. Ziele der Kabbala sind das mystische Einssein
mit Gott, die geistige Erkenntnis der letzten Verborgenheiten sowie irdischer Messianismus. Das Wesentliche ist das Geheimnis.
Daher darf man sich traditionell nur im reifen Alter mit ihr be-

fassen. Die Kabbala galt zunächst als Alternative zu Exegese und Philosophie bei der Erfassung des wahren Wortsinnes der jüdischen Schriften. Sie bediente sich dazu einer besonderen Symbolsprache und eines eigenen Weltbildes, das unter anderem in den *sefirot* zum Ausdruck kommt, in zehn schöpfungsmächtigen Potenzen, die aus den traditionellen Gottesattributen abgeleitet und auch als Phasen göttlicher Emanation verstanden wurden. Dieses System wurde bereits im 6. Jahrhundert im *Sefer Jezira* (»Buch der Formung«) formuliert, das in Babylon entstanden ist und zu den Grundlagen der Kabbala gehört. Der erste namentlich bekannte Kabbalist ist Jizchak Saggi Nehor (Isaak der Blinde), der um 1200 in der Provence wirkte. Die sogenannte deutsche Kabbala *(kabbala aschkenasit)* datiert zurück auf Jehuda he-Chassid (um 1140–1217) in Regensburg; die spanische Kabbala hatte ihre Blüte unter Nachmanides.

Die Kabbala wurde im Mittelalter neben der Textauslegung (in Form des Midrasch) und der Religionsphilosophie zur dritten Methode, um den Gehalt der Hebräischen Bibel zu deuten. Sie soll dazu dienen, mithilfe von Buchstaben- und Zahlensymbolik den verborgenen Sinn biblischer Sätze und Zeichen aufzuzeigen und zu klären, was vor dem Schöpfungswerk war und was jenseits des sichtbaren Himmels besteht. Die Kabbalisten bedienten sich dazu bestimmter Systeme, die in der Literatur beispielsweise als Lebensbaum dargestellt werden.

Die zehn Potenzen

Der vorkabbalistische *Sefer Jezira* kennt bereits zehn schöpfungsmächtige Potenzen, nämlich die vier Elemente

- Geist als Äther des lebendigen Gottes
- Geist als Lufthauch aus Geist
- Wasser aus Luft
- Feuer aus Wasser

sowie als weitere sechs Dimensionen die vier Himmelsrichtungen sowie oben und unten. Diese *sefirot* haben im *Sefer Jezira* aber anders als in den späteren kabbalistischen Werken noch keine Eigennamen.

Die vier Welten

Ein wesentlicher Inhalt der Kabbala ist die Lehre von den vier Welten, von denen die vierte *(assija)* die niedrigste ist:

- *azilut* (»Emanation«), die Welt des Überirdischen, die die Verbindung zwischen den drei unteren Welten und dem *ejn sof*, dem Unendlichen, herstellt
- *brija* (»Wesenhaftigkeit«)
- *jezira* (»Formung«)
- *assija* (»tätige Kraft«).

Die zehn sefirot

Neben diesen vier Welten gibt es in der kabbalistischen Lehre zehn Sphären *(sefirot)*, die vom Göttlichen durchlaufen werden. Diese zehn Sphären heißen:

- *keter* (»Krone«), der erste aufleuchtende Punkt im *ejn sof*, dem Unendlichen
- *chochma* (»göttliche Weisheit«)
- *bina* (»Einsicht«)
- *chesed* oder *gedula* (»Güte«, »Langmut«)
- *din* oder *gewura* (»Gesetz«, »Stärke«)
- *tiferet* (»Pracht«)
- *nezach* (»Ewigkeit«)
- *hod (*»Glanz«)
- *jesod* (»Grundlage«)
- *malkut* oder *schechina* (»Herrschaft«).

Die zehn Urziffern beziehungsweise *sefirot* werden den 22 Buchstaben des hebräischen Alphabets und ihrer jeweiligen schöpfungsmächtigen Symbolik zugeordnet, wobei die Buchstaben wiederum in drei Gruppen eingeteilt sind, nämlich in sieben Buchstaben mit doppelter Aussprache *(bet, gimel, dalet, kaf, peh, resch, taw)*, zwölf Buchstaben mit einfacher Aussprache *(heh, waw, sajin, chet, tet, jod, lamed, nun, samech, ajin, zade, kuf)* und darüber als die sogenannten Mütter die drei Buchstaben *alef, mem* und *schin*, die wiederum für Luft, Wasser und Feuer stehen. Die Siebener- und die Zwölfergruppe entsprechen erstens dem Kosmos mit seinen sieben Planeten und den zwölf Tierkreiszeichen, zweitens dem Zeitlauf mit seinen sieben Wochentagen und zwölf Monaten sowie drittens den sieben Sinnesöffnungen des menschlichen Antlitzes und den zwölf menschlichen Organen. Zusammen mit den zehn *sefirot* ergeben diese 22 Buchstaben wiederum die »32 verborgenen Bahnen der Weisheit«.

Einige *sefirot* wurden auch mit biblischen Charakteren identifiziert, etwa mit den Stammvätern Abraham, Isaak und Jakob, mit Josef und mit König David. Darüber hinaus kennen die Kabbalisten (mit Bezug auf *Midrasch Rabba, Bereschit* 14,9) auch fünf Stufen der menschlichen Seelenentwicklung, nämlich

- *nefesch* (»Seele«): der Antrieb allen physischen Lebens
- *ruach* (»Geist«): das emotionale Ich und die individuelle Persönlichkeit
- *neschama* (»Atem«): das intellektuelle Ich
- *chaja* (»Leben«): das überrationale Ich, der Wille
- *jechida* (»Einheit«): die Einheit mit dem Ursprung.

Die Kabbala beinhaltet außerdem eine umfassende Lehre von Engeln und Dämonen sowie eine dualistische Vorstellung von zwei rivalisierenden Mächten, nämlich dem Guten und dem Bösen, der sogenannten anderen Seite (aram. *sitra achra*), die ebenfalls von Gott geschaffen wurde, um den Menschen die freie Wahl zwischen Gut und Böse zu geben. Schließlich geht die kabbalistische Lehre von der Wiederverkörperung der Seele *(gilgul)* aus.

Auf der Suche nach Weisheit ist die erste Stufe, zu schweigen, die zweite, zuzuhören, die dritte, sich zu erinnern, die vierte, zu praktizieren, und die fünfte, die Lehren weiterzugeben.

Salomo Ibn Gabirol

Das *Buch Bahir*

Im 12. Jahrhundert erschien in Südfrankreich der *Sefer ha-Bahir* (»Buch des [hellen] Glanzes«), ein exegetischer Midrasch im typischen Frage-Antwort-Stil als Dialog zwischen Schülern und ihren Lehrern. Das Buch besteht aus fünf Teilen mit insgesamt 200 kurzen Abschnitten und beinhaltet Kommentare, die die Bedeutung kosmogonischer und kosmologischer Bibelverse erklären, sich also auf die Weltschöpfung beziehen. Einen Schwerpunkt bildet dabei das Grundverhältnis zwischen Gott und Welt im Buch Genesis. Mithilfe der Analogie zu einem König wird zudem in Gleichnissen das Wesen und das Handeln Gottes beschrieben. Daneben greift der *Bahir* Vorstellungen aus dem *Sefer Jezira* auf und deutet die Form und Bedeutung hebräischer Buchstaben.

Das *Buch Bahir* wird traditionell dem Tannaiten Nechonja ben ha-Kana zugeschrieben, einem Zeitgenossen von Jochanan ben Sakkai im 1. Jahrhundert, stammt aber von einem unbekannten mittelalterlichen Autor. Ob es sich dabei, wie oft angenommen wird, um Isaak den Blinden (auch Jizchak Saggi Nehor genannt) handelt, ist fraglich, weil der Ausdruck *ejn sof* (»das Unendliche«) als Gottesbezeichnung anders als in den gesicherten Schriften von Rabbi Jizchak Saggi Nehor in diesem Werk nicht vorkommt. Der *Bahir* stellt eine Vorform der Lehre von den zehn Emanationen Gottes dar und war zunächst weit verbreitet, wurde dann aber vom *Sefer Sohar* verdrängt.

Das *Buch Sohar*

Ende des 13. Jahrhunderts wurde das *Buch Sohar* (»Glanz«, nach Dan 12,3) zum Kanon der Kabbala. In Aramäisch und zu geringen Teilen in Hebräisch verfasst, enthält dieses Werk vor allem Kommentare zu Texten der Tora in Form von homiletischen Meditationen, Erzählungen und Dialogen. Der *Sohar* wird traditionell dem Mischna-Lehrer Rabbi Schimon bar Jochaj (2. Jahrhundert) zugeschrieben, wurde aber zum größten Teil von dem Kabbalisten Moses ben Schemtow de Leon (um 1250–1305) verfasst und später noch um zwei Teile ergänzt. Der *Sohar* versucht das Wesen Gottes zu erfassen und dieses dem Menschen mitzuteilen. Da Gott verborgen ist, kann dies aber nur in höchst spekulativer und kontemplativer, nicht in beschreibender oder lehrhafter Form geschehen. Erstmalig gedruckt wurde der *Sohar* 1558 in Cremona.

Die theoretische Kabbala fand ihren Höhepunkt im 16. Jahrhundert in der Schule von Safed in Galiläa. Sie gründete sich im Wesentlichen auf das *Buch Sohar* und beschäftigt sich mit der spirituellen Dynamik und mit der Welt der *sefirot*, der Engel und der Seelen. Neben der theoretischen Kabbala *(ijjunit)* entstand schließlich die meditative Kabbala, aus der wiederum die praktische Kabbala *(ma'assit)* hervorging, zu der die Beschwörung und Austreibung von Geistern sowie die Magie des unverstellten Gottesnamens, Alchimie, Amulette und auch Zauber gehörten.

Jüdische Magie

Der *Sefer Ha-Rasim* (»Buch der Geheimnisse«) gilt als das klassische Werk der jüdischen Magie und liegt sowohl in einer orientalischen Fassung (Fragmente aus der Kairoer Genisa) als auch in einer europäischen Überlieferung in Form von mittelalterlichen und frühneuzeitlichen Handschriften vor. Beide Fassungen gehen auf die Spätantike zurück, sind überlieferungs- und redaktionsgeschichtlich eng miteinander verwandt und wurden sowohl innerjüdisch als auch von Christen rezipiert. Während es sich beim *Sefer Ha-Rasim I* um ein magisches Handbuch handelt, das eminent magisches Material in das traditionelle kosmologische Schema der sieben Himmel eingearbeitet hat, finden sich im *Sefer Ha-Rasim II* vor allem angelologische Namenlisten, die sich auf die zwölf Monate beziehen und magischen Zwecken dienen sollen. Unter den magischen Passagen überwiegen Schadens-, Liebes- und Heilungszauber sowie Beschwörungsformeln; sie geben Zeugnis von einer Volksfrömmigkeit außerhalb der jüdischen Tradition. Neben dem hebräischen Text sind auch jüdisch-arabische und lateinische Übersetzungen bekannt. Der *Sefer Ha-Rasim* weist nicht nur inhaltliche Bezüge zu der schon erwähnten Hechalot-Literatur auf, sondern auch eine große sprachliche Nähe zu den griechischsprachigen Zauberpapyri aus dem griechisch-römisch geprägten Ägypten. Im Mittelalter übernahmen die *chassidej Aschkenas* Textpassagen aus dem *Sefer Ha-Rasim*, der in Teilen auch Eingang in andere mystische Werke wie den *Sefer Rasiel Ha-Malach* (»Buch des Engel Raziel«) oder den *Mafteach Schlomo* (»Schlüssel Salomos«) fand. In der Renaissance wurde das Werk ins Lateinische übersetzt und beeinflusste so auch die christliche Kabbala und Magie.

Leo Baeck brachte freilich eine grundsätzliche Distanz gegenüber dem Okkulten zum Ausdruck, als er am 13. März 1925 in der *Jüdisch-liberalen Zeitung* schrieb: »Am Gottesgebot scheidet sich Religion von der Ersatzreligion. Die wahre Frömmigkeit hat den Respekt vor jeder Wissenschaft, vor jeder neuen Erkenntnis, vor der des Okkulten wie vor der jeden anderen Gebietes. Aber ihr Eigenes vernimmt sie in dem Worte: ›Es ist dir gesagt, o Mensch, was gut und was der Ewige von dir fordert, nicht anderes, als Recht zu tun, Liebe zu üben und in Demut zu wandeln mit deinem Gotte.‹«

Buchstabenmystik

Die hebräischen Buchstaben haben ebenso wie die griechischen auch einen Zahlenwert. Gemäß der kabbalistischen Buchstabenmystik sind die Worte und Buchstaben der Tora Chiffren oder Zahlen, wobei zwischen »synthetisierender« und »identifizierender« Zahlenmystik unterschieden wird. Eine »Synthese« liegt dann vor, wenn ein Wort andere Wörter in sich birgt, die durch Erweiterung oder Teilung des Zahlenwerts oder durch Umstellung der Buchstaben deutlich werden; die Identität von Begriffen ergibt sich daraus, dass sie denselben Zahlenwert haben, oder aus den mystischen Beziehungen zwischen ihren Buchstaben. Diese Zahlenlehre oder Gematrie dient als eine der hermeneutischen Regeln der Toraauslegung und entspricht der 19. Regel der 32 *middot* des Elieser ben Jose ha-Gelil aus dem 2. Jahrhundert. Mithilfe der Gematrie erklärt sich für die Kabbalisten beispielsweise die Verwendung des Ausdrucks *makom* (»Ort«) als Gottesname dadurch, dass das Tetragramm aus den Ziffern 10, 5, 6 und 5 besteht, deren Potenzen in ihrer Summe dem Zahlenwert von *makom* entsprechen. Weitere Methoden der Gematrie sind die Aufschlüsselung der Zahlenwerte (der Buchstabe *dalet* hat selbst den Zahlenwert 4; die Ziffer 4 aber beinhaltet die Ziffern 1, 2 und 3, sodass sich daraus der Gesamtwert 10 ergibt) und die Auffüllung (der Buchstabe *bet* hat den Zahlenwert 2, besteht jedoch ausgeschrieben aus den drei Buchstaben *bet, jod* und *taw*, was in der Summe den Zahlenwert 412 ergibt, zu dem eventuell noch die drei Buchstaben selbst addiert werden können). Bei der sogenannten Notarikon-Methode werden Wörter in mehrere Teile zerlegt, sodass sich neue Bedeutungszusammenhänge ergeben. So wird aus *polin* (»Polen«) *po-lin* (»hier sollte man wohnen«).

Die Kabbalisten von Safed

Das obergaliläische Städtchen Safed, in dem es im 14. Jahrhundert bereits eine große jüdische Gemeinde gab, wurde im 15. Jahrhundert zum Zufluchtsort zahlreicher Vertriebener aus Spanien und zu einem Zentrum jüdischer Gelehrsamkeit. Die Vertreibung der Juden aus Spanien (1492) und Portugal (1497) wurde als eine Katastrophe erfahren, für die Erklärungen gebraucht wurden. Die Kabbala stillte dieses Bedürfnis, das sich mit apokalyptischen Ängsten und messianischen Erwartungen verband, indem sie der vermeintlichen Sinnlosigkeit jüdischer Existenz eine neue heilsgeschichtliche Deutung gab. Die kabbalistische Spekulation über die Einheit von Heil und Unheil in Gott, die von Safed ausging, fand bald auch anderswo im Osmanischen Reich, in Italien und in Polen Anhänger. Zu ihren bedeutendsten Repräsentanten gehören Isaak Luria Aschkenasi und sein Lehrer und Antagonist Mose ben Jakob Cordovero (1522–1570).

Sein charismatischer Schüler Isaak Luria Aschkenasi gilt als einer der einflussreichsten jüdischen Mystiker. Er wurde in Jerusalem geboren und verbrachte seine letzten beiden Lebensjahre in Safed. Mit seinen Lehren revolutionierte Luria sowohl das Verständnis von Gott und der Schöpfung als auch die religiöse Praxis. Sein Weltbild war geprägt von Vorstellungen wie dem »Sich-Zurückziehen Gottes« *(zimzum)*, das der Schöpfung durch die Selbstkontraktion des göttliches Wesens *(ejn sof)* Raum gibt, dem »Zerbrechen der Gefäße« *(schewirat ha-kelim)* als Katastrophe bei der Entstehung der oberen Welt im Zuge des Weltentstehungsprozesses sowie von Spekulationen über die vier Lichtarten, die dem Schädel des »Urmenschen« *(adam kadmon)* entströmen, der das geistige Urbild des Menschen darstellt. Ziel aller Bemühungen des Menschen, auch in den verschiedenen Wiederverkörperungen seiner Seele, ist die Wiederherstellung der göttlichen Harmonie *(tikkun)*, die Rückkehr Gottes und der Menschen aus dem Exil. Dabei sollen durch Treue zur Tora und Gebet die verstreuten Funken der Schechina eingesammelt und die fünf Gesichter oder Gestalten *(parsufim)* des Urmenschen neu gebildet werden.

Die lurianische Kabbala wurde hauptsächlich von Isaak Lurias bedeutendstem Schüler Chajim ben Josef Vital Calabrese (1542–1620) in einem umfangreichen Textkorpus (*Kitwej ha-Ari* – »Die Schriften des Ari«) handschriftlich überliefert. Seine Sammlung *Ez Chajim* (»Baum des Lebens«) durchlief eine Vielzahl von Fassungen, bis sie 1890 in Warschau erstmals gedruckt wurde. Der Lebensbaum ist wiederum eine Darstellung der zehn *sefirot* und der 22 Pfade, die sie verbinden; die Zahl der Pfade entspricht dabei den 22 Buchstaben des hebräischen Alphabets.

Die lurianische Kabbala ist die wirkmächtigste Ausformung der jüdischen Mystik und prägte das chassidische Judentum zu einer Zeit, als die jüdische Gemeinschaft in Polen im Zuge der Kosakenaufstände mit Verfolgung und Zerstörung konfrontiert wurde.

3. Der Chassidismus

Chassidut bedeutet so viel wie »die Welt in Gott lieben«. *Chassid* ist die allgemeine Bezeichnung für einen frommen Menschen, meint daneben aber auch einen Anhänger bestimmter jüdischer Frömmigkeitsbewegungen. Die erste dieser Bewegungen kam um 1200 im Rheinland auf und ist eng mit Jehuda he-Chassid und seinem *Sefer Chassidim* verbunden. Das hebräische »Buch der Frommen« ist eines der bedeutendsten Werke des mittelalterlichen deutschen Judentums. Es ist nicht nur ein herausragendes Zeugnis für die religiösen Entwicklungen bei den aschkenasischen Juden, insbesondere den *chassidej Aschkenas* (den »Frommen Deutschlands«), sondern darüber hinaus auch eine in ihrer Art einmalige Quelle für das jüdische Leben und dessen christliche Umwelt im ausgehenden 12. und beginnenden 13. Jahrhundert. Ein besonderer Stellenwert kommt dabei den in dem Buch beschriebenen Kontakten zwischen Juden und Christen in der Epoche der Kreuzzüge zu.

Der neuzeitliche Chassidismus ist eine mystische religiöse Erneuerungsbewegung im Judentum. Sie wurde unter dem Einfluss kabbalistischer Strömungen von dem in Polen wirkenden charismatischen Wanderprediger und Wundertäter Rabbi Israel ben Elieser aus Miedzyborz begründet, der in allen Erscheinungsformen der Welt Einkleidungen der Göttlichkeit erkannte.

Der Chassidismus bildete spezifische Formen eines Gemeinschaftslebens im Sinne der Formung einer religiösen Elite aus und hat eine eschatologische Naherwartung. Er stellte eine Gegenbewegung zu dem seit der Spätantike vorherrschenden Rabbinismus und dessen Ideal des lebenslangen Studiums dar, zu einem Gelehrtenideal, dem die verarmte und wenig gebildete jüdische Bevölkerung Osteuropas nicht mehr zu entsprechen vermochte. Israel ben Elieser, genannt Baal Schem Tow (»Meister des guten Namens«, kurz Bescht), ermöglichte es durch einen Rückgriff auf Vorstellungen der jüdischen Mystik auch dem einfachen Juden, nach der Verbindung mit Gott *(dewekut)* zu streben. Dafür ist kein aufwendiges Studium erforderlich, auch im täglichen Gebet soll diese Verbindung gelingen. Nicht mehr der Schriftgelehrte ist der Idealtypus dieser neuen Bewegung, sondern der charismatisch begabte Gemeindeführer *(zaddik)*, der Mittler zwischen den oberen und unteren Welten. Der Zaddik widmet sich persönlich den spirituellen Anliegen seiner Anhänger und tritt aufgrund seiner mystischen Fähigkeiten als Mittler der Gottesgegenwart auf, während die Frommen, die Chassidim, seine Nähe und seinen Rat suchen und den Zaddik dafür materiell unterstützen. Rabbi Elimelech Weisblum von Lyschansk (1717–1786), der aus der dritten Generation der chassidischen Rebbes stammte und zum Ahnherren vieler chassidischer Dynastien wurde, leitete beispielsweise in dem galizischen Ort Lyschansk (polnisch: Leżajsk) einen Gerichtshof, der durch sogenannte Lösegelder *(pidjonot)* finanziert wurde, interne Abgaben, die dem Zaddik geleistet wurden und denen die Chassidim Quittungen *(kwitlach)* beifügten, auf denen sie ihre materiellen und spirituellen Nöte schilderten. Rabbi Nachman von Bratzlaw (1772–1810), ein Urenkel des Bescht, hing einer asketischen Richtung des Chassidismus an und war angesichts des immer stärker werdenden Zaddikismus darum bemüht, die ursprüngliche Innerlichkeit wiederherzustellen. Er wurde durch Erzählungen und allegorische Märchen bekannt, die Martin Buber 1906 in einer freien Nachdichtung veröffentlichte. Rabbi Nachman ließ sich 1802 in dem ukrainischen Städtchen Bratzlaw nieder und starb in Uman, ohne einen Erben zu hinterlassen. Uman ist zum Wallfahrtsort seiner Anhänger geworden, die ihn als ihren einzigen Zaddik verehren und auf seine Wiederkunft hoffen.

Innerhalb weniger Generationen etablierte sich mit dem Chassidismus eine in Opposition zur traditionellen Gemeindeform stehende bedeutende religiöse Bewegung und Gemeinschaftsform, die im 19. Jahrhundert das Judentum in Osteuropa prägte (mit Ausnahme Litauens). Im 20. Jahrhundert verbreitete sich die Bewegung dann auch in Nordamerika und in Palästina beziehungsweise im Staat Israel. Sie richtet sich in ihrer Liturgie nach dem sefardischen Ritus von Isaak Luria.

Die unterschiedlichen chassidischen Gruppierungen betonen ihre direkte Verbindung mit dem Baal Schem Tow, dem Begründer der Bewegung, und mit seinen Schülern sowie deren Schülern, Jaakow Josef von Polonoje (Polna) und Dow Bär Friedman (»der Maggid von Mesritsch«), Schemuel von Nikolsburg und Elimelech von Lyschansk. Nur ganz wenige Gruppierungen führen sich nicht in direkter Linie auf den Bescht zurück. Es kam und kommt immer wieder zu Abspaltungen und zu Nachfolgestreitigkeiten, so unter den Wischnitzer, den Bobower und den Satmarer Chassiden. Die Bratzlawer Chassidim sind seit dem Tod ihres Gründers Nachman ohne einen Rebben. Viele chassidische Dynastien sind heute in New York zu Hause, darunter die Satmarer in Williamsburg und die Lubawitscher in Crown Heights (Brooklyn).

Der Chassidismus unterscheidet sich von anderen fundamentalistischen Strömungen im Judentum durch die Intensität der

religiösen Erfahrung, die er vermitteln will. Der Chassid soll beispielsweise durch ekstatische Tänze und Gebete in Trance fallen
und dadurch möglichst nahe zu Gott vordringen. Israel ben Elieser beschreibt dies selbst so:

*Ich stieg Stufe auf Stufe hinauf, bis ich den Palast des Messias betrat,
wo der Messias mit allen Tannaiten und Zaddikim Tora lernt, und ich
wurde eines sehr großen Jauchzens bewusst, dessen Ursache ich nicht
kannte, und ich glaubte, der Grund möchte in meinem ekstatischen
Abscheiden aus der Welt liegen. Doch später wurde mir vertraut, dass
ich noch nicht sterben sollte, denn die in der Höhe freuen sich, wenn ich
Handlungen der mystischen Vereinigung auf Erden vollziehe, indem ich
über ihre Lehren sinne. Aber die wahre Natur dieses Jauchzens kenne
ich bis auf den heutigen Tag nicht. Und ich fragte den Messias, wann er
kommen werde, und er antwortete: Daran sollst du es erkennen: Wenn
deine Lehre weithin durch die Welt bekannt und offenbar sein wird und
das, was ich dich lehrte, mit deinen Mitteln verbreitet wird. Und wenn
auch diese fähig sein werden, Handlungen der mystischen Vereinigung
und des Aufstiegs zu vollziehen wie du. Und dann werden alle leeren
Hülsen [die Mächte des Bösen] vergehen und die Zeit der Rettung wird
gekommen sein. Und ich war ob dieser Antwort verwirrt und wurde
traurig angesichts der langen Zeit, bis dies geschehen würde.*

Wollte der Chassidismus zunächst die starre Gesetzeskasuistik
durchbrechen, so erstarrte er im Laufe der Zeit wie viele andere
Erweckungsbewegungen auch selbst in einer Mischung aus Dog-
matismus und Volksglauben und spaltete sich in miteinander
konkurrierende Dynastien auf. Aus der Vielzahl dieser Gruppen
entwickelte sich Chabad Lubawitsch zur heute größten und wichtigsten Strömung. Der Name Chabad ist ein Akronym aus *chochma* (»Weisheit«), *bina* (»Einsicht«) und *da'at* (»Wissen«), den drei
grundlegenden Prinzipien dieser Bewegung, deren Dynastie
ihren Namen von dem Wohnort ihres zweiten Rebben ableitet,
der sich 1813 im weißrussischen Lubawitsch niederließ. Begründet
wurde die Bewegung von Rabbi Schneur Zalman von Ljady

(1745–1813), einem in den Norden entsandten Schüler des »großen Maggid«. Er entwickelte in der Auseinandersetzung mit seinen litauischen Gegnern ein philosophisch-esoterisches System, das die rationalen Elemente des traditionellen rabbinischen Judentums auf kabbalistischer Grundlage mit der Mystik des Chassidismus zu einer Synthese zusammenführen sollte. Es wurde 1797 in der Schrift *Tanja* (aramäisch: »wir haben gelernt«) zusammengefasst. Unter dem letzten Lubawitscher Rebben Menachem Schneerson, der von vielen seiner Anhänger als möglicher Messias angesehen wird, sandte Chabad Emissionäre in die ganze jüdische Welt, um säkulare Juden mit modernsten Mitteln für eine Rückkehr zur Religion zu gewinnen, genau genommen für ihr Verständnis von Judentum. Für die einen ist Chabad ein Segen, für andere eine Sekte.

Der Glaube an den personifizierten Messias hat immer wieder chassidische Gemeinschaften erschüttert. Israel J. Singer beispielsweise beschreibt in seinen Memoiren *Von einer Welt, die nicht mehr ist,* wie die Krisen um das Jahr 1905 in seiner Heimatgemeinde als Zeichen für das Kommen des Messias gedeutet wurden.

Die wissenschaftliche Auseinandersetzung mit der jüdischen Mystik setzte im Übrigen erst spät ein. 1957 zeichnete Gershom Scholem (1897–1982) in seinem Werk *Die jüdische Mystik in ihren Hauptströmungen* ein lebendiges Bild einer geistesgeschichtlichen Epoche von ihren Anfängen in der Spätantike bis in die Zeit der chassidischen Sektenbildung im 18. Jahrhundert und begründete so einen neuen Forschungszweig.

4.5 Jiddisch

Das Wort »jiddisch« stammt aus dem Englischen (es ist erstmals 1886 in den USA belegt), meinte ursprünglich nicht viel mehr als »jüdisch« und bezeichnet erst seit gut 100 Jahren auch im deutschen Sprachgebrauch das Jüdisch-Deutsch, das im Altjiddischen wiederum »Teitsch« genannt wurde und auf mittel- und oberdeutsche Dialekte zurückgeht. Im Mittelalter und in der frühen Neuzeit bildeten sich zwei große Sprachgruppen heraus: das in den deutschsprachigen Ländern und in den Niederlanden gesprochene Westjiddisch und das in Osteuropa verbreitete Ostjiddisch. Jiddisch war die Volkssprache der Juden in Osteuropa und gelangte mit deren Massenauswanderung im 19. und 20. Jahrhundert auch nach Nordamerika. Neben dem Jiddischen haben jüdische Gemeinschaften noch weitere eigene Mischsprachen entwickelt, darunter Ladino (kastilisches Spanisch jüdischer Prägung), Judäo-Arabisch oder auch Judäo-Persisch. Hebräisch wurde in der jüdischen Diaspora so gut wie nie als Umgangssprache benutzt und erst in den Bildungseinrichtungen der osteuropäischen Tarbut-Bewegung (hebr. *tarbut* – »Kultur«) zwischen den beiden Weltkriegen wieder als Alltagssprache unterrichtet.

Sprachgeschichte

Das Jiddische ist im Mittelalter unter den deutschen Juden insbesondere im Rheinland und im alemannischen Raum entstanden. Als diese jüdischen Gemeinden im 13. Jahrhundert und besonders nach der großen Pest von 1348 vertrieben wurden, wurde im Zuge dieser Wanderung auch ihre Umgangssprache nach Polen, Litauen und Böhmen verpflanzt, wo es sich zur eigenen Sprache der aschkenasischen Juden entwickelte, die die Eigenheit des

Idioms trotz anderssprachiger Umgebung bis in die Gegenwart bewahren konnten. Das Ostjiddische formte sich je nach Umgebung zu einer Reihe von Dialekten aus, sodass man heute klar unterscheiden kann, ob der Sprecher litauischer, galizischer oder rumänischer Herkunft ist. Im deutschsprachigen Raum einschließlich Böhmens ist das Jiddische seit der Zeit der Aufklärung und der Emanzipation verschwunden. Kleine jiddische Sprachinseln haben sich erst Anfang des 20. Jahrhunderts infolge des Zuzugs sogenannter Ostjuden in Wien, Berlin und im Ruhrgebiet ausgebildet; die Schoa hat ihnen aber ein Ende gemacht. Heute sind es in Europa vor allem Mitglieder orthodoxer jüdischer Gemeinden in Zürich, Paris, London und Antwerpen, die im Alltag noch Jiddisch sprechen. In Deutschland sprechen heute neben älteren Zuwanderern aus der früheren Sowjetunion nur noch Kinder von sogenannten Displaced Persons, osteuropäischen Überlebenden der Schoa, im Familienkreis gelegentlich noch Jiddisch. Die Sprache ist in Deutschland zum Gegenstand einer akademischen Disziplin geworden, der Jiddistik.

Das Jiddische ist eine Mischsprache. Ihr Hauptbestandteil ist das deutsche Element (zum Teil noch mit mittelhochdeutschen Vokabeln und Formeln), bis zu einem Viertel stammt aus dem Hebräischen und Aramäischen, knapp ein Zehntel ist aus dem Slawischen entlehnt. Daneben finden sich einige romanische und griechische Einsprengsel. In der Neuzeit sind auch mehr und mehr englischsprachige Begriffe ins Jiddische eingeflossen. Geschrieben wird Jiddisch von rechts nach links mit hebräischen Buchstaben der Quadratschrift; an die Stelle der im Jiddischen nicht verwendeten Vokalzeichen treten hebräische Halbkonsonaten (*alef* für a und o, *ajin* für e). Im aus dem Hebräischen stammenden jiddischen Wortschatz bleibt jedoch dessen ursprüngliche Orthografie erhalten. Die Betonung folgt – auch bei den hebräischen Wörtern – den Gepflogenheiten des Deutschen. Das gilt weitgehend auch für die Flexion: Hebräische (und auch slawische) Verben erhalten durchweg deutsche Endungen, beispielsweise *passkenen* von *passak* (»Gesetzesentscheidungen treffen«). Andererseits haben hebräische Nomina fast durchgängig hebräische Pluralendungen, und gelegentlich wird sogar deutschen Wörtern eine hebräische Pluralendung angehängt, so im Fall von *narronim* (»Narren«). Ein besonderes syntaktisches Merkmal ist die Regel, dass das Subjekt auch im Nebensatz unmittelbar auf das Prädikat folgt.

Charakteristisch, ja einzigartig ist die organische Verbindung heterogener Sprachbestandteile im Jiddischen, zum Beispiel in *mammeloschen* (»Muttersprache«, die volkstümliche Bezeichnung des Jiddischen), eine Zusammensetzung aus *mamme* (»Mutter«) und dem hebräischen *laschon* (»Zunge, Sprache«). Das Jiddische enthält außerdem einige altdeutsche Wörter, die die Bedeutungsverschiebungen, die sie auf dem Weg zum modernen Deutsch erfahren haben, nicht mitgemacht haben.

Der Beginn des Neujiddischen fiel mit der jüdischen Aufklärung zusammen, in der die jiddische Sprache oftmals als Emanzipationshindernis galt. Der Philosoph Moses Mendelssohn legte Wert darauf, dass die Juden der Enge des Ghettos entflohen, um in die europäische Geisteswelt (die er mit der deutschen gleichsetzte) eintreten zu können. Sie sollten das Jiddische abwerfen und die Sprachen ihrer Umgebung annehmen. So übersetzte er die Tora ins Deutsche, wenngleich mit hebräischen Buchstaben, um eine Brücke zu bauen. Die intellektuellen Juden im Osteuropa befanden sich in einem Dilemma: Sie sympathisierten mit der jüdischen Aufklärung, der Haskala, mussten dabei aber weiterhin das Jiddische als Brücke gebrauchen, um wirksam gegen das Jiddische des geistigen Ghettos zu agitieren.

Literaturgeschichte

Jiddischsprachige Literatur ist seit dem 13. Jahrhundert bezeugt; der erste bekannte Druck stammt von 1534. Diese Literatur bestand parallel zur hebräischsprachigen rabbinischen Literatur bis ins 19. Jahrhundert fast ausschließlich aus religiösem Schrifttum; der Schritt von der volkstümlichen Erbauungs- hin zur Unterhaltungsliteratur ist dabei aber nicht groß. Die Lebenserinnerungen von Glikl bas Judah Leib (Glückel von Hameln, 1646–1724) sind die erste Autobiografie einer Frau, die in Deutschland erhalten geblieben ist. Ihre in westjiddischer Sprache geschriebenen Memoiren wurden inzwischen in viele Sprachen übersetzt.

Nach Moses Mendelssohns Übertragung der Tora ins Deutsche (1780–1783) wurden Bibeltexte auch ins Jiddische übertragen. Die Aufklärung führte einerseits dazu, dass das Jiddische nunmehr als Jargon verpönt wurde, andererseits entstand aber nun auch eine weltliche jiddischsprachige Literatur. Das erste rein weltliche Werk dürfte die Übersetzung einer deutschen Darstellung der Entdeckungsgeschichte Amerikas aus dem Jahr 1817 sein. Als erster Berufsschriftsteller, der auf Jiddisch schrieb, gilt Isaak Meir Dick (1814–1893). Von da an entwickelte sich ein reiches Schrifttum, dass von Lyrik bis zu sozialkritisch-revolutionären Schriften reicht – die Verwendung des Jiddischen als Schriftsprache vor allem auch in Zeitschriften war ein Mittel, auch breite Volksschichten zu erreichen. Durch diese Verwendung als Schriftsprache ergaben sich wiederum eine Standardisierung des Jiddischen und eine gewisse Sprachpflege. Jiddisch wurde so zu einer modernen Schriftsprache mit einer Literatur, in der vor der Schoa etwa zwölf Millionen Menschen zu Hause waren.

Jiddisch als Nationalsprache

Der Antisemitismus und die Pogromwellen in Russland führten nicht nur zur Emigration, sondern auch zur Politisierung der jüdischen Bevölkerung. Es entstanden verschiedene Bewegungen, die religiös-orthodoxe und zionistische, aber auch sozialistische Positionen vertraten. 1908 berief Nathan Birnbaum (1864–1937, Pseudonym Mathias Acher) in Czernowitz (damals Österreich-Ungarn, heute Tscherniwizi in der Ukraine) unter Mitwirkung namhafter jiddischer Schriftsteller und Kulturaktivisten wie Jiz-

chok Leib Perez, Schalom Asch, Abraham Reisen, Chaim Schit-
lowsky und Matthias Mieses eine internationale Sprachkonferenz
ein, auf der Jiddisch – neben Hebräisch – als eine Nationalsprache
der Judenheit anerkannt wurde. Das wiederum beflügelte die jiddische Literatur, das Theater und die Kunstmusik. In Berlin wurde 1925 das Jiddische Wissenschaftliche Institut *(Yidisher visnshaftlekher institut)* gegründet, das seinen Hauptsitz im damals
polnischen Wilna (heute Vilnius in Litauen) hatte und 1940 nach
New York verlegt wurde. Dieses Institut befasst sich bis heute mit
der Sammlung und Erforschung jeglicher kulturellen und sozialen Lebensäußerungen der jüdischen Diaspora in Osteuropa.

Untergang und Zukunft

Die Träger der jiddischen Sprache und Literatur wurden größtenteils in der Schoa ermordet. Im jungen Staat Israel wurde Jiddisch zwar gesprochen, offiziell aber durch das moderne Hebräisch verdrängt. Jiddisch galt als Sprache der Ghettos und der
Schtetl. Erst seit einigen Jahren gibt es in Israel wieder ein wach-
sendes Interesse an dieser lebendigen Kultur und eine Bewegung,
die sich selbst *Yung Jiddisch* nennt. Daneben hat sich das Jiddische
weltweit in orthodoxen und insbesondere in chassidischen Kreisen bewahrt (so in einigen Vierteln von Jerusalem und in der
israelischen Stadt Bnei Brak), die das Neu-Hebräische nicht als
profane Sprache nutzen mögen, vor allem aber im New Yorker
Stadtteil Brooklyn, wo es mehr und mehr mit Anglizismen versetzt wird. Ansonsten ist die *mammeloschen* weitgehend auf den
akademischen Bereich beschränkt: Jiddisch kann man heute vornehmlich an den Universitäten in Jerusalem, Oxford, in Nordamerika und auch wieder in Deutschland lernen.

>*»Geh über Wörter wie über ein Minenfeld«*
>Abraham (Avrom) Sutzkever, geboren am 15. Juli 1913 in
>Smorgon bei Vilnius (Wilna) und gestorben am 19. Januar

2010, ist der bedeutendste jiddische Dichter unserer Zeit. Die Smorgoner Juden wurden während des Ersten Weltkriegs 1915 von den Russen vertrieben. Sutzkevers Familie ging nach Omsk in Sibirien, dessen Landschaft den Jungen nachhaltig prägte. Nach dem Tod des Vaters 1920 zog seine Mutter mit den Kindern zurück nach Wilna. Dort besuchte Sutzkever das polnisch-jüdische Gymnasium und war Mitglied der jüdischen Pfadfinder-Gruppe *Bin* (»Biene«), in deren Zeitschrift 1932 seine ersten Gedichte erschienen. Er studierte an der Wilnaer Universität und belegte Kurse am YIVO *(Yidisher visnshaftlekher institut)*. Seit 1934 war er mit dem avantgardistischen jüdischen Dichter- und Künstlerkreis *Jung-Wilne* verbunden. Im 1941 errichteten Wilnaer Ghetto wurden seine Mutter und sein neugeborener Sohn ermordet; er selbst gehörte dem Widerstand an und rettete seltene jiddische Bücher vor dem Zugriff der Deutschen. 1943 flüchtete er mit seiner Frau zu den Partisanen. 1946 war er Zeuge bei den Nürnberger Prozessen. Seit 1947 lebte er in Israel, wo er bis ins hohe Alter ein poetisches Zeugnis von der Schoa ablegte. Von 1948 bis 1995 gab er die jiddische literarische Zeitschrift *Di goldene Keyt* heraus. Sutzkever wurde für den Nobelpreis vorgeschlagen.

»Schmiere stehen« und Klezmer

Im Deutschen gibt es heute etwa 1000 Jiddismen, also Lehnwörter, die aus dem Jiddischen stammen; viele dieser Wörter sind hebräischen Ursprungs. Zu den bekannteren Begriffen gehören Chuzpe, Ganove, Kaff, Kassiber, Massel (und Schlamassel), meschugge, Mischpoke, petzen, Pleite, Reibach, Schickse, Schmiere, Schmock, Schmonzes, Schmonzette, Stuss, Tacheles, Tinnef oder auch Haberer (österr. für »Kumpel«, »Freund«). Der Ausdruck »Schmiere stehen« ist von dem hebräischen Wort *schmira* (»Wache«) abgeleitet.

Seit den letzten Jahrzehnten des 20. Jahrhunderts erlebte die traditionelle osteuropäische Klezmer-Musik gerade in Deutschland eine manchmal fragwürdige Renaissance. Diese traditionellen jiddischen Volks-, Hochzeits- und Klagelieder haben im deutschsprachigen Raum eigentlich gar keine Tradition, sodass ihre heutige Allgegenwart auf deutschen Bühnen eher kurios anmutet.

4.6 Rechtlich-politische Emanzipation

In der Zeit vom Jahre 70 u. Z. bis zum 18. Jahrhundert lebte die jüdische Gemeinschaft als geduldete Minderheit in vordemokratischen Staatsgebilden. Erst die Emanzipationsbewegungen im späten 18. und im 19. Jahrhundert eröffneten den Juden in West- und Mitteleuropa die Teilhabe und Teilnahme an der Kultur und Politik der Mehrheitsgesellschaft. Nun wurde es ihnen auch schrittweise möglich, sich aktiv in die Institutionen einer sich entwickelnden Demokratie einzubringen, ohne dafür zum Christentum konvertieren zu müssen, wie das vorher der Fall war. In diesem Kapitel werden die Meilensteine, aber auch die Rückschläge auf diesem Weg hin zur rechtlichen Gleichstellung der Juden in Deutschland nachgezeichnet. Die den jüdischen Bürgern in der Weimarer Republik zugesprochene vollkommene Gleichberechtigung hatte keine lange Dauer. Das nationalsozialistische »Reichsbürgergesetz« vom 15. September 1935 sprach den deutschen Juden ihre staatsbürgerlichen Rechte wieder ab und machte sie zu Menschen zweiter Klasse.

Meilensteine jüdischer Emanzipation
Zu den Meilensteinen jüdischer Emanzipation im deutschsprachigen Raum gehören die folgende Schriften, Ereignisse und Verordnungen:
- das *Plädoyer für die Judenemanzipation* von Levi Israel (1753)
- das Toleranzpatent Kaiser Josephs II. (1781)
- das Buch *Über die bürgerliche Verbesserung der Juden* von Christian Wilhelm Dohm (1781)
- die Einrichtung des Oberrates der Israeliten Badens (1809)

- das Preußische Emanzipationsedikt von 1812
- die völlige Gleichberechtigung der Juden im Norddeutschen Bund (1869)
- die Übernahme der Emanzipationsgesetze in die Reichsverfassung (1871)
- die Weimarer Reichsverfassung (1919).

Die jüdische Bevölkerung war bis um 1800 in Landesjudenschaften organisiert. Das waren auf Betreiben der jeweiligen Territorialfürsten ins Leben gerufene Selbstverwaltungsorgane, die den Landesherren in allen die Juden betreffenden Angelegenheiten als Ansprechpartner dienten und für die Eintreibung der Abgaben und die steuerliche Einschätzung der Juden sorgen sollten. Die Selbstverwaltungsstruktur konnte je nach dem Umfang der jüdischen Bevölkerung innerhalb des jeweiligen Territoriums einen Vorstand, einen Oberrabbiner, einen Urkundenschreiber, lokale Vorsteher und ein rabbinisches Gericht aufweisen.

Die jüdische Aufklärung, die Haskala, trieb auch die rechtliche Besserstellung der Juden voran. Es setzten sich schließlich zwei Konzepte durch, die zur Emanzipation führen sollten. Das erste Konzept, ein aufgeklärt-etatistischer Ansatz, zielte auf einen langwierigen erzieherischen Prozess, an dessen Ende idealerweise die volle Gleichberechtigung stand. Durchgeführt wurde dieser Prozess von einer fortschrittlich gesinnten Beamtenschaft, die die erzieherischen Maßnahmen im Sinne einer bürgerlichen Verbesserung auch selbst formulierte. Das zweite, eher liberal-revolutionäre Konzept gewährte die vollständige Emanzipation in einem einmaligen gesetzgeberischen Akt, ohne diesen an die Bedingung der gesellschaftlichen Integration zu binden. Ein Beispiel dafür ist das revolutionäre Frankreich. Auf sozialer Ebene ging man dabei davon aus, dass der Integrationsprozess eine selbstständige, eigendynamische Entwicklung darstellt, die keiner staatlichen Regelung bedarf.

In Preußen war der Gelehrte und Staatsmann Wilhelm von Humboldt (1767–1835) ein vehementer Befürworter der Emanzipation nach französischem Vorbild; er trat beispielsweise als preußischer Unterrichtsminister 1809 in einer Denkschrift für die Gleichberechtigung der Juden ein. In den deutschen Ländern bevorzugte man allerdings das aufgeklärt-etatistische Modell in einer etwas abgewandelten Form: Die meisten deutschen Staaten verliehen den Juden alle Bürgerrechte ad hoc per Gesetz, knüpften aber bestimmte Bedingungen daran, die die Juden erfüllen mussten.

Bereits aus der zweiten Hälfte des 18. Jahrhunderts existieren jedoch Dokumente, die den Emanzipationswillen einiger deutscher Kleinterritorien und christlicher Gelehrter bezeugen. Dazu gehört auch das unter dem Pseudonym Levi Israel erschienene *Plädoyer für die Judenemanzipation* von 1753. Diese Schrift – die wohl erste in Deutschland, die sich für die rechtliche Gleichstellung der Juden einsetzte – stammt in Wirklichkeit vermutlich von einem christlichen Autor aus dem Umfeld von Gotthold Ephraim Lessing und Friedrich Nicolai.

Breite Aufmerksamkeit erfuhr das Thema allerdings erst mit der 1781/83 publizierten Streitschrift von Christian Wilhelm von Dohm (1751–1820) für die Emanzipation der Juden. Veranlasst wurde die Schrift durch die elsässische Judenheit, die 1781 Moses Mendelssohn darum gebeten hatte, dass er sich doch schriftlich an den französischen Staatsrat wenden möge, um eine wirtschaftliche und rechtliche Verbesserung ihrer Lage zu bewirken. Mendelssohn wandte sich wiederum an den mit ihm befreundeten Theologen und Juristen Dohm, der als Geheimer Kriegsrat am Hofe Friedrichs des Großen in Berlin tätig war. Dieser verfasste eine Denkschrift zur Lage der Juden im Elsass, dem er eine ausführliche Streitschrift mit dem Titel *Über die bürgerliche Verbesserung der Juden* beifügte, in der er die Emanzipationsfrage allgemein erörterte. Seine Schrift trug wesentlich zur öffentlichen Diskussion bei. Als der Göttinger Theologe und Orientalist Johann David Michaelis eine Gegenschrift veröffentlichte, verfasste Dohm 1783 eine zweite, detailliertere Erörterung des Sachverhalts, die er zusammen mit den Stellungnahmen, die er erhalten hatte, publizierte. Er führt darin alle Vorwürfe, die man den Juden zu machen pflegte, auf deren rechtliche Situation zurück – mit der Konsequenz, dass man sie durch religiöse, rechtliche, berufliche, schulische und wirtschaftliche Gleichstellung zu »nützlicheren Gliedern der bürgerlichen Gesellschaft« machen könne. Dohm strebte nicht etwa demokratische Rechte oder gar politische Souveränität an, sondern die »bürgerliche Verbesserung« der Juden als ökonomisch nützliche Untertanen. Er konkretisierte in dem Programm, das als Leitfaden für die Integration der Juden als vollwertige Bürger dienen sollte, seine Vorstellung dahingehend, dass sie bei gleichzeitiger Einbindung in alle Berufssparten durch den Staat »sittlicher Bildung« zugeführt werden sollten.

Moses Mendelssohn: Religion als Privatsache

Durch staatliche Einflussnahme auf das Schul- und Erziehungswesen wollte man also versuchen, die Ziele der Aufklärungsbewegung den Juden zu vermitteln. Dohm sprach sich aber auch dafür aus, Juden weiterhin von öffentlichen Ämtern auszuschließen. Er begriff die Umsetzung der von ihm formulierten Ziele als einen langsamen, aber konstanten Erziehungsprozess, der mehrerer Generationen bedürfe.

Während Dohm die Autonomie der jüdischen Gemeinden und ihre rabbinische Gerichtsbarkeit erhalten wissen wollte, sah der deutsch-jüdische Philosoph Moses Mendelssohn selbst keinen Grund dafür. Mendelssohn war der Meinung, dass die jüdische Gemeinschaft endlich damit aufhören solle, ihr Religionsgesetz in den Synagogengemeinden mit strafrechtlichen Mitteln durchzusetzen. Ihre bürgerliche Gleichstellung könnten die Juden nämlich nur dann erreichen, wenn sie alle hoheitlichen Befugnisse dem Staat überließen. Das bedeutete aber, die Autonomie ihrer Gemeinden aufzugeben. Nur der weltliche Staat dürfe, so Mendelssohn, seine für alle Bürger – unabhängig von ihrer Reli-

Moses Mendelssohns Brille diente ihm vor allem als Staubschutz.

gion – verbindliche Rechtsordnung notfalls auch mit Zwang durchsetzen. Die Religion dagegen ist für ihn lediglich eine »moralische Person«: »Sie treibet nicht mit dem eisernen Stabe, sondern leitet am Seile der Liebe [...] Ihre Waffen sind Gründe und Überführung.« Wenn Religion aber für Mendelssohn Privatsache war, so schloss das die Forderung nach voller Religionsfreiheit in einem säkularen Staat mit ein.

Moses Mendelssohn
Moses Mendelssohn (1729–1786) gilt als Wegbereiter der jüdischen Aufklärung. Geboren in Dessau, eignete sich Mendelssohn an der Berliner Talmudschule – neben seinen Talmudstudien bei seinem nach Berlin umgezogenen Dessauer Lehrer David ben Mose Fränkel – mehrere Sprachen und umfassende philosophische Kenntnisse an. Bekannt und befreundet mit Gotthold Ephraim Lessing und Friedrich Nicolai, wurde Mendelssohn zu einem der einflussreichsten Literaturkritiker Deutschlands und gewann 1763 mit einem philosophischen Aufsatz den ersten Preis der Königlichen Akademie (der späteren Preußischen Akademie der Wissenschaften). Zugleich setzte sich Mendelssohn für die bürgerliche Gleichstellung der Juden ein. Eine in einem offenen Brief formulierte Aufforderung Johann Caspar Lavaters, entweder das Christentum zu widerlegen oder zur christlichen Religion überzutreten, wies Mendelssohn auf kluge und diplomatische Weise zurück (Lavater-Mendelssohn-Kontroverse, 1769/70). Lessing hat Moses Mendelssohn mit seinem Drama *Nathan der Weise* ein literarisches Denkmal gesetzt.

Israel Jacobson

Am 17. Juli 1810 wurde der Jacobstempel in Seesen (einer Klein-
stadt im westlichen Harzvorland) mit einem ungewöhnlichen
Gottesdienst eröffnet, der heute als der erste jüdische Reformgot-
tesdienst überhaupt gilt. »Das Fest war originell und einzig in
seiner Art«, beschrieb ein zeitgenössischer Beobachter diese Feierstunde mit Chorgesang und Orgelbegleitung sowie Ansprachen
auf Deutsch. Initiator war der Unternehmer Israel Jacobson, der
aus Halberstadt stammte, 1808 von König Jérôme als Präsident
des Konsistoriums der Israeliten in
Kassel eingesetzt worden war und so
Gelegenheit hatte, im Königreich
Westphalen seine Ideale von einer religiösen Reform und von der kulturellen Angleichung des Judentums an
seine Umgebung umzusetzen.

Israel Jacobson. Kupferstich-Porträt von
Franz Karl Tielker, 1809.

Für Jacobson war dieser Tag der
Höhepunkt seiner langjährigen Bemühungen um die Emanzipation der
Juden. »Von allen meinen Braunschweiger Bekannten hat nur einer
wirklich Geist, nämlich Jacobson«, befand der französische Schriftsteller
Stendhal über den vermögenden Ban-
kier, der die Aufhebung des Juden-
leibzolls in Braunschweig, Baden und
Hessen-Darmstadt durchgesetzt und den in Frankfurt residieren-
den Fürstprimas Dalberg zur Rücknahme der diskriminierenden
Judengesetzgebung gedrängt hatte. Goethe tat Jacobson hingegen als »Braunschweigischen Judenheiland« ab.

Die Gleichstellung des Judentums mit dem Christentum und
»der gemeinschaftliche Fortschritt zum Besseren« waren erklärte
Ziele Jacobsons. Er selbst hatte in Halberstadt eine traditionelle
religiöse Erziehung erhalten, die vorgesehene rabbinische Lauf-

bahn dann aber ausgeschlagen; stattdessen widmete er sich als Autodidakt aufgeklärten Studien und wurde zu einem begeisterten Verfechter der Ideen Moses Mendelssohns. Wie später auch Abraham Geiger war Jacobson an der Unterscheidung zwischen dem ewigen Religiösem und dem vergänglichen Nationalen gelegen. Der Historiker Ismar Elbogen bezeichnete ihn später als den »Vater des Konfessionalismus innerhalb des Judentums«.

Jacobson setzte im repräsentativen Jacobstempel in Seesen und dann auch in Kassel die Neuerungen um, die er auch schon im Schulgottesdienst seiner 1801 gegründeten »Religions- und Industrieschule« in Seesen eingerichtet hatte. Er strich nur einige *pijutim* (poetische Einschaltungen aus dem Mittelalter) aus der Liturgie, behielt aber die traditionellen hebräischen Gebete unverändert bei und ließ sie mit deutschsprachigen Gebeten abwechseln; die Gottesdienstlieder sang ein Knabenchor teils auf Deutsch, teils auf Hebräisch. Vor allem machte Jacobson, der in Seesen auch die Konfirmation für jüdische Jungen und Mädchen einführte, die Predigt zum wesentlichen Bestandteil des Schabbatgottesdienstes. Manche Formen waren dabei aus dem deutschen Kulturprotestantismus übernommen; die christliche Reformation war für Israel Jacobson ein Beispiel für eine geglückte Emanzipation. Er ließ aber keinen Zweifel daran, dass seine Orientierung am Protestantismus ihre Grenzen hatte, und versicherte orthodoxen Kritikern: »Fern sei es, dass ich mich selbst an der Religion wie an euch zum Verräter [mache].«

Nach dem Ende des Königreichs Westphalen, das ein napoleonischer Modellstaat hatte sein sollen, ging Israel Jacobson 1814 nach Berlin, wo er im Palais Itzig liberale Gottesdienste hielt, an denen bis zu 400 Beter teilnahmen. Wegen des großen Andrangs musste man schließlich in das geräumigere Haus von Jacob Beer ausweichen, das Platz für 1000 Gottesdienstbesucher bot. Leopold Zunz beschrieb 1815, wie wirkungsvoll diese Gottesdienste waren: »Gestern oder vielmehr Sonnabend war ich in Jacobsons Synagoge. Menschen, die 20 Jahre keine Gemeinschaft mit Juden hatten, verbrachten dort den ganzen Tag: Männer, die über die religiöse

Rührung schon erhaben zu sein glaubten, vergossen Tränen der Andacht; der größte Teil der jungen Leute fastete.« Von Berlin aus machten die liberalen Gottesdienste über Hamburg, Leipzig und Frankfurt am Main bald in ganz Deutschland und schließlich auch in Nordamerika Schule. Als Israel Jacobson im September 1828 in Berlin gestorben war, hielt Gotthold Salomon in Hamburg eine Predigt, die mit *Der wahrhaft Fromme stirbt nicht* überschrieben war. In der Berliner Burgstraße erinnert heute eine Gedenktafel an diesen Wegbereiter jüdischer Emanzipation in Deutschland.

Das Preußische Emanzipationsedikt von 1812

Am 11. März 1812 wurde in Preußen unter der Regierung von Staatskanzler Karl August von Hardenberg ein königliches Edikt über die bürgerliche Gleichstellung der Juden erlassen. In dessen erstem Paragrafen heißt es: »Die in Unseren Staaten jetzt wohnhaften, mit General-Privilegien, Naturalisations-Patenten, Schutzbriefen und Konzessionen versehenen Juden und deren Familien sind für Einländer und Preußische Staatsbürger zu achten.« Auch wenn die Gewährung der Staatsbürgerschaft bei den Juden der Provinzen Brandenburg, Pommern, Ostpreußen und Schlesien zunächst Hochstimmung auslöste, so beinhaltete dieses Edikt doch auch Demütigungen. So behielt sich der König in Paragraf 9 die Entscheidung über die Zulassung von Juden zum Staatsdienst vor. Zudem gehörten die nach 1812 neu erworbenen oder zurückgewonnenen Provinzen Preußens nicht zum Geltungsbereich des Edikts. 100 Jahre später, 1912, resümierte der Historiker Martin Philippson (1846–1916):

Freilich bedeutete das Edikt von 1812 lediglich ein Programm: Es ist niemals zur vollen Ausführung gelangt … Noch heute sind einige seiner Bestimmungen tote Buchstaben geblieben. Um die Verwirklichung der Gleichstellung im Einzelnen müssen wir noch immer, noch nach

Postkarte mit dem antisemitischen »Borkum-Lied«,
herausgegeben von Fremdenverkehrsamt Borkum, um 1905.

einem Jahrhundert, mühsam ringen. In keinem anderen Lande, wie im
Reich der frommen Sitte und der deutschen Treue, wird uns gegenüber
das verfassungsgemäße Recht mit so viel Unaufrichtigkeit und Hinter-
hältigkeit verletzt, wie in Deutschland unter preußischer Führung. Das
wichtigste Verlangen ist die endliche Wiederzulassung der jüdischen
Soldaten, vorzüglich zum Offizierstum.

Die Weimarer Reichsverfassung von 1919

Erst nach dem Ende des Ersten Weltkrieges und dem Zusammenbruch des Kaiserreichs gelang mit der Gründung der Weimarer Republik der Schritt von der verfassungsmäßig garantierten Gleichberechtigung hin zur praktischen Gleichbehandlung aller Staatsbürger. In der Verfassung des Deutschen Reiches vom 11. August 1919 heißt es in Artikel 135: »Alle Bewohner des Reiches genießen volle Glaubens- und Gewissensfreiheit. Die ungestörte Religionsausübung wird durch die Verfassung gewährleistet und steht unter staatlichem Schutz. Die allgemeinen Staatsgesetze bleiben davon unberührt.« Und Artikel 136 sagt: »Die bürgerlichen und staatsbürgerlichen Rechte und Pflichten werden durch die Ausübung der Religionsfreiheit weder bedingt noch beschränkt. Der Genuss bürgerlicher und staatsbürgerlicher Rechte sowie die Zulassung zu öffentlichen Ämtern sind unabhängig von dem religiösen Bekenntnis …«

Die »Machtergreifung« durch die Nationalsozialisten im Jahre 1933 bedeutete dann aber das jähe Ende der Emanzipation.

Ornamente über dem Toraschrein der 1827–1829 in Breslau (heute Wrocław) errichteten Synagoge zum Weißen Storch.

Das wissenschaftliche Interesse für die jüdische Literatur und Geschichte kam zu Beginn des 19. Jahrhunderts auf, als aufgeklärte jüdische Gelehrte wie Leopold Zunz und Abraham Geiger die Auseinandersetzung mit den Zeugnissen der jüdischen Geschichte auch als Mittel der eigenen Emanzipation verstanden. Die sogenannte »Wissenschaft des Judentums« entwickelte sich aus der Verknüpfung von biblischer und klassischer Philologie mit dem deutschen Idealismus und der Romantik. In diesem Kapitel werden die Entstehung und das Programm dieser neuen Wissenschaftsdisziplin erläutert, die in Deutschland nach der Schoa als »Wissenschaft vom Judentum« zur Grundlage für die moderne Judaistik wurde.

Porträt von Leopold Zunz in seinem 90. Lebensjahr.

Israels dritter Staatspräsident Salman Schasar (1889–1974), der in Berlin studiert hatte, bezeichnete die Wissenschaft des Judentums als »die bedeutendste Gabe, die das deutsche Judentum dem Gesamtjudentum schenkte«. Was aber bedeutet »Wissenschaft des Judentums«?

Der jüdische Historiker Leopold Zunz war der Erste, der das Judentum mithilfe der modernen wissenschaftlichen Methoden untersuchte, um das geistige Wesen des Judentums zu erfassen. Von der Aufklärung geleitet, betrieb Zunz Philologie unter historischen Gesichtspunkten und nicht mehr aus einem rein religiösen Anliegen. Seine Abhandlung *Etwas über die rabbinische Literatur* (1818) wurde wegweisend für den systematischen, historisch-kritischen Umgang mit den rabbinischen Texten. In seiner Schrift *Israels gottesdienstliche Poesie* (1870) heißt es: »Von allem, was wir denken und wollen, was wir empfinden und tun, liegt die bewegende Kraft in der Menschennatur: Nur aus Gedanken und Taten der Menschen sind ebensowohl Religion und Poesie als Wissenschaft und Philosophie hervorgegangen.« Zunz, der aus Detmold stammte und die Samsonsche Freischule in Wolfenbüttel besucht hatte, studierte die Werke des mittelalterlichen Judentums, um sie in ihren geschichtlichen Zusammenhang einzuordnen und dabei Kontinuitäten und Einflüsse zu erkennen. Zusammen mit Abraham Geiger wurde Zunz zu einem der Gründerväter der Wissenschaft des Judentums, einer Disziplin von Juden für Juden, der der Nationalsozialismus in Deutschland in den 1930er Jahren ein jähes Ende machte.

Der Ertrag der Aufklärung

Das Bemühen um eine Verschränkung modernen wissenschaftlichen Denkens und jüdischer Tradition nahm im ausgehenden 18. Jahrhundert stark zu. Die Haskala, die jüdische Aufklärung, wurde von einer ganzen Reihe von Denkern getragen. Dazu zählen Jacob Emden (1697–1776), Israel ben Mosche ha-Levi aus Zamość (ca. 1700–1772), Isaac de Pinto (1717–1787), Moses Mendelssohn, Marcus Herz (1747–1803), David Friedländer (1750–1834), Salomon Maimon (1753–1800), Sabattja Josef Wolff (1756–1832), Isaac Abraham Euchel (1756–1804), Lazarus Bendavid (1762–1832), Saul Ascher (1767–1822), Nachman Kohen Krochmal (1785–1840), Isaak Baer Levinsohn (1788–1860) und Salomon Jehudah Löb Kohen Rapoport (1790–1867).

Das Werk dieser jüdischen Aufklärer, der *maskilim*, mündete in die Begründung der »jüdischen Wissenschaft« Anfang des 19. Jahrhunderts durch Leopold Zunz. Die jüdische Aufklärung betrachtete noch die Philosophie, nicht die Geschichte als den geeigneten Weg, das Judentum zu einem neuen Selbstverständnis zu führen: Die Vernunft sollte sowohl die Vorurteile gegen die Juden als auch die Elemente des sogenannten Aberglaubens innerhalb des Judentums besiegen. Indem sie die Säkularisierung großer Teile der jüdischen Bevölkerung beschleunigte, bereitete die jüdische Aufklärung aber durchaus den Weg hin zur neuen Geschichtsschreibung. Das bekannteste Medium der Haskala war die hebräischsprachige Zeitschrift *Ha-Me'assef* (»Der Sammler«), die zwischen 1783 und 1811 unregelmäßig erschien, zunächst in Königsberg, dann in Berlin. Zwischen 1806 und 1843 diente dann *Sulamith. Eine Zeitschrift zur Beförderung der Kultur und Humanität unter der jüdischen Nation* – die erste deutschsprachige Zeitschrift, die sich an eine jüdische Leserschaft wandte – der Verbreitung eines säkularisierten, weltoffenen und toleranten Judentums.

Die jüdische Aufklärung ging von dem Berliner Kreis um Moses Mendelssohn aus. Von Berlin aus verbreitete sie sich rasch in Preußen und in den österreichischen Kronländern, in Frankreich und schließlich auch in Russland, wo Isaak Baer Levinsohn als »russischer Mendelssohn« bezeichnet wurde. Die *maskilim* sprachen und schrieben Jiddisch, Hebräisch und Deutsch, eigneten sich aber auch Englisch, Französisch und Latein an, um sich mit nichtjüdischer Bildung vertraut zu machen und an den Diskursen der Mehrheitsgesellschaft teilhaben zu können.

Abraham Geiger: Plädoyer für eine jüdische Theologie

Am 7. Februar 1870 hielt Abraham Geiger seine Antrittspredigt in der Neuen Synagoge in Berlin, an die er kurz zuvor berufen worden war. Vorher war dieser bedeutende Theologe, Historiker und Reformer des Judentums Rabbiner in Wiesbaden, Breslau und Frankfurt am Main gewesen. Am darauffolgenden Tag schrieb die *Allgemeine Zeitung des Judentums* dazu: »Das große Gebäude war gedrängt voll, wie sonst nur an hohen Festtagen. Der Redner sprach 1 ½ Stunden. Der Eindruck war ein sehr günstiger. Er […] machte Front gegen das Christentum wie gegen die sg. Orthodoxie in entschiedener Weise.«

Abraham Geiger war ein bedeutender Vorkämpfer für eine Reform des Judentums und forschte auf dem Gebiet der sich gerade erst entwickelnden Wissenschaft des Judentums. Er gab die *Wissenschaftliche Zeitschrift für Jüdische Theologie* (1835–1847) und die *Jüdische Zeitschrift für Wissenschaft und Leben* (1862–1874) heraus und veröffentlichte zahlreiche Schriften, darunter *Was hat Mohammed aus dem Judentume aufgenommen?* (1833) und *Urschrift und Übersetzungen der Bibel in ihrer Abhängigkeit von der inneren Entwicklung des Judentums* (1857). In der *Urschrift*, seinem Haupt-

Berliner Porträtfoto Abraham Geigers, um 1865.

werk, brachte Geiger die Übersetzungen der Hebräischen Bibel in einen Zusammenhang mit der Geschichte der religiösen Strömungen im Judentum zur Zeit des Zweiten Tempels und schlug dabei den Bogen in die Gegenwart: »Was die Wissenschaft«, so heißt es im Vorwort dieses klassischen Werkes, »als eine geschichtliche Wahrheit für die Vergangenheit aufnimmt, das muss sie dann auch als einen neuen Fruchtkeim ausstreuen für die Fortentwicklung des Judentums. Wenn der Boden der Geschichte aufgelockert wird und die Mächte aufgewiesen werden, die unablässig an ihm gearbeitet haben: so muss auch weiter der geschichtliche Trieb wieder lebendig werden und der Lebenssaft weiter den Stamm durchströmen, um in neuer Frische geistige Früchte zu erzeugen.«

Auftrag des liberalen Judentums ist es laut Geiger, die Glaubensgemeinschaft von den letzten Resten der Identifikation mit der Volksgemeinschaft loszulösen und das Judentum zur sitt-

lichen Vernunftreligion zu machen. Er wurde so zum Fürspre-
cher einer Fortentwicklung des Judentums im Sinne einer Reform der Gebräuche bei Wahrung des historischen Kerns. Er ver-
wahrte sich aber gegen Abbau und Liquidation und war der
schärfste Gegner des 1842 in Frankfurt am Main gegründeten
Reformvereins radikaler Laien. Erneuerung bedeutet für Geiger
»nicht also jenes blinde reformatorische Treiben, durch welches
das Äußere vielleicht aufgestutzt wird, das Innere kalt und leer
bleibt, sondern das Bemühen, aus dem Judentum heraus die Judenheit neu und frisch belebt zu gestalten«. Zur Erneuerung gehörte für ihn auch die Gleichberechtigung der Geschlechter. So
trat er schon 1837 in seinem Aufsatz *Die Stellung des weiblichen
Geschlechtes in dem Judentume unserer Zeit* für die völlige Gleichberechtigung von Frauen im Gottesdienst ein.

Die Eröffnung der Hochschule für die Wissenschaft des Judentums am 6. Mai 1872 in Berlin ist auch auf Geigers langjäh-
riges Bemühen um die Errichtung einer jüdisch-theologischen
Fakultät zurückzuführen. Bereits 1836 hatte er für eine »jüdisch-
theologische Fakultät« an einer deutschen Universität plädiert,
und sogar noch früher, um 1830, hatte er als Student in Bonn die
Vision geäußert: »Wenn doch einst ein jüdisches Seminar an
einer Universität errichtet würde, wo Exegese, Homiletik und
für jetzt noch Talmud und jüdische Geschichte in echt religiösem
Geiste vorgetragen würde; es wäre die fruchtbarste und be-
lehrendste Anstalt!«

Seine Hoffnung, zum Direktor des bereits 1854 in Breslau gegründeten Jüdisch-Theologischen Seminars berufen zu werden,
hatte sich dann jedoch ebenso wenig erfüllt wie sein Wunsch,
dass in Frankfurt am Main eine wissenschaftlich-theologische Fakultät gegründet würde. So hatte er die Annahme seiner Berufung als Rabbiner nach Berlin von der Errichtung einer Hochschule abhängig gemacht. Zwei Jahre lang, bis zu seinem Tod im
Herbst 1874, war Abraham Geiger als Dozent an der Hochschule
für die Wissenschaft des Judentums tätig. Er hatte für sein sechs-
tes Semester dort bereits eine Vorlesung über *Stellung, Lehrinhalt*

und Aufgabe des Judentums in der Gegenwart angekündigt. Was das Ziel aller seiner Bemühungen war, hatte Geiger ein gutes Jahr vor seinem Tod formuliert: »die Gleichberechtigung des Judentums mit den anderen Konfessionen«.

In der Neuen Synagoge, »der Hauptstätte seiner bisherigen Wirksamkeit«, wie die *Allgemeine Zeitung des Judentums* am 3. November 1874 schrieb, fand am 26. Oktober 1874 die Trauerfeier für den Rabbiner statt. Abraham Geiger hatte drei Leitmotive des Handelns: Er glaubte zutiefst an die Freiheit des Gewissens und des Glaubens, an die Freiheit der Wissenschaft und an die Freiheit aller Menschen.

Die Entwicklung der modernen Rabbinerausbildung

Eine Rabbinerordination im heutigen Sinne war bis Mitte des 19. Jahrhunderts noch unbekannt. »Es hat sich alles mehr nach den einzelnen Individualitäten, nach den Umständen gebildet«, beschrieb Abraham Geiger 1838 die damalige allgemeine Situation. Tatsächlich lebte das vormoderne jüdische Bildungskonzept, wonach das Rabbinat keine Berufskarriere sein sollte, bis zu Geigers Zeit fort. Die Approbation *(smicha)* eines Lehrers und Richters mit der Verleihung des Titels »Rabbi« erfolgte in der jüdischen Tradition ursprünglich durch Handauflegung: Dadurch sollte der Schüler zum Glied in einer Traditionskette werden, die sich ohne Unterbrechung auf die Offenbarung am Sinai zurückführen ließ. Das talmudische Studium stand traditionsgemäß entweder ganz im Dienste der religiösen Praxis *(lo ha-talmud ha-ikar, ella ha-ma'asse* – »nicht die Theorie, sondern die Praxis ist das Wesentliche«) oder war Selbstzweck *(tora lischema),* und wer einmal zum Rabbiner ordiniert war, durfte im Sinne der Traditionskette selbst Rabbiner ausbilden und diplomieren.

Geigers Forderung nach einer verbindlich organisierten Verbindung von rabbinischen und akademischen Studien anstelle individueller und oft autodidaktischer Bildungswege bedeutete ein Umdenken. Es fehlte ihm an einer Koordination der Bildungsgänge und Denkweisen von Jeschiwa und Universität. Ebenso konstatierte er, dass die herkömmliche Ausbildung in Form kritiklosen Talmudstudiums für die neue Zeit unzureichend sei, dass es den Gemeinderabbinern aber ebenso an Muße wie an zeitgenössischen Schriften fehle, um sich Wissen »im Geiste der jetzigen Bildung« anzueignen. An den Universitäten wiederum werde angehenden Rabbinern nichts geboten, was sie auf ihren Beruf vorbereiten könne. Die jüdisch-theologische Fakultät sollte die gleichen Aufgaben erfüllen wie eine christlich-theologische: Sie sollte der Wissenschaft dienen und jüdische »Geistliche« ausbilden.

1854 wurde unter der Leitung des Dresdner Rabbiners Zacharias Frankel das Jüdisch-Theologische Seminar in Breslau eröffnet, das der konservativen Richtung im Judentum verpflichtet war. Frankel behandelte die rabbinische Tradition zwar als von Menschen gestaltete Überlieferung, nahm die Tora aber ganz aus dem Bereich historisch-kritischer Betrachtung heraus. Er gilt als Begründer der »positiv-historischen« Strömung innerhalb des deutschen Judentums. Das Seminar war, wie sein bayerischer Absolvent Jakob Immanuel Neubürger es 1868 ausdrückte, damals »die einzige Anstalt in Deutschland, an der alles dem Rabbiner Nötige gleichzeitig und öffentlich gelehrt wird«. 1931 gestattete die preußische Regierung dem Seminar, den Zusatz »Hochschule für Jüdische Theologie« zu führen.

Abraham Geigers Idee einer Kombination der Rabbinerausbildung mit einem Studium an einer wissenschaftlichen Hochschule konnte erst 1872 umgesetzt werden, als die Hochschule für die Wissenschaft des Judentums in Berlin eröffnet wurde, eine »neutrale Pflanzschule jüdischen Geistes«. Bereits der Titel »Hochschule« drückt das Selbstbewusstsein aus, mit dem sich die Gründer in eine Reihe mit den Universitäten stellten. Die Hochschule war mit einem Bildungsauftrag ausgestattet; ihr Ziel war es, eine religiöse Unterweisung anzubieten, die in der Lage war, die überkommenen subjektiven Bindungen an die Religion zu hinterfragen und eine objektivierte Wissenschaft daraus entstehen zu lassen. Sie wollte die jüdische Kultur in einem pluralistischen Umfeld entwickeln. Durch die Übernahme des bürgerlichen Bildungsideals revolutionierte die Hochschule das traditionelle Konzept jüdischen Lernens, wie es in den Jeschiwot praktiziert wurde. Eindeutig erklärtes Ziel Geigers war »die Gleichberechtigung des Judentums mit den anderen Konfessionen«. In Reaktion auf die Hochschule folgten bald weitere Seminargründungen, so 1873 das Berliner Rabbinerseminar für das orthodoxe Judentum unter der Leitung von Rabbiner Esriel Hildesheimer. Ziel dieses Seminars als »Zentrum einer modern-orthodoxen Intelligenz« war die »Rettung des toratreuen Judentums in Deutschland«. Hildesheimer führte 1897 ein Dokument ein, das die mit dem Rabbinerdiplom verbundenen Befugnisse für null und nichtig erklärte, falls sein Inhaber eine Rabbinerstelle in einer Orgel- oder Reformsynagoge annehmen sollte. Dieses Rabbinerseminar wurde am 10. November 1938 durch die Nationalsozialisten geschlossen.

Mit der Prüfungsordnung der von Geiger gegründeten Berliner Hochschule wurde erstmals ein akademisches Prozedere zur Erlangung der Smicha festgelegt, also für die Approbation als Lehrer und Richter und die Verleihung des Titels »Rabbiner«. Dies war ein Novum. Legte ein Student ein Rabbinatsexamen ab, so erhielt er eine hebräischsprachige Lehrbefugnis und Ordination, die auch vom Talmuddozenten unterzeichnet wurde. Dieses Berliner Modell hat weltweit Schule gemacht und findet an liberalen und konservativen Seminaren bis heute Anwendung, etwa am Hebrew Union College – Institute of Jewish Religion mit Sitz in Cincinnati, New York, Los Angeles und Jerusalem, am konservativen Jewish Theological Seminary in New York und der American Jewish University mit ihrer Ziegler School of Rabbinic Studies in Los Angeles, am Leo Baeck College in London sowie am liberalen Abraham Geiger Kolleg und dem konservativen Zacharias Frankel College an der Universität Potsdam.

Das Selbstverständnis und Amt des akademisch gebildeten

Gemeinderabbiners, so wie es sich in Mitteleuropa und den USA in der Folge der Aufklärung entwickelt hat, unterscheidet sich also grundsätzlich von demjenigen, das sich aus dem orthodoxen Ausbildungsweg ergibt. An den orthodoxen Jeschiwot bekommt jeder, der ein gewisses Talmudpensum gelernt hat, eine *smicha* zu exakt diesem Thema, die wiederum zum Unterricht allein darüber berechtigt. Diese Form der Ausbildung und Approbation hat im nichtorthodoxen Judentum keine Autorität. Heute ist es das 1999 gegründete Abraham Geiger Kolleg an der Universität Potsdam, das als Zentrum für das jüdisch-geistliche Amt nach der Schoa das geistige Erbe des liberalen deutschen Judentums mit den Herausforderungen der Gegenwart zu vermitteln sucht. Es folgt bei der Rabbinerausbildung dem Motto Abraham Geigers: »Durch Erforschung des Einzelnen zur Erkenntnis des Allgemeinen, durch Kenntnis der Vergangenheit zum Verständnis der Gegenwart, durch Wissen zum Glauben«.

Judentum als Fach an deutschen Universitäten

Leopold Zunz kämpfte in Berlin vergeblich für die Etablierung der Wissenschaft des Judentums an der Berliner Universität, und zwar in Gestalt eines jüdischen Lehrstuhls innerhalb der philosophischen Fakultät. Sein Antrag auf Errichtung einer ordentlichen Professur für jüdische Geschichte und Literatur wurde 1848 abgelehnt. Die Begründung: Es sei »nicht zweckmäßig [...], dass die jüdische Geschichte aus dem wissenschaftlichen Verbande mit der allgemeinen herausgerissen werde«. Im Kaiserreich florierte die Wissenschaft des Judentums. Jüdische Studien wurden jedoch weiterhin an deutschen Universitäten nicht als eigenes Fach gelehrt; jüdische Professoren kamen höchstens in anderen Fachgebieten unter. Intensive Forschung im Bereich der Wissenschaft des Judentums wurde daher vor allem an den Rabbinerseminaren in Breslau und Berlin betrieben, vor allem an der 1872 eröffneten Hochschule für die Wissenschaft des Judentums.

Der Campus der 1925 eröffneten Hebräischen Universität
am Skopusberg in Jerusalem.

Auch die neu gegründete Universität Frankfurt wurde 1914
nach langen Diskussionen noch ohne eine jüdisch-theologische
Fakultät und ohne einen Lehrstuhl für die Wissenschaft des Judentums eröffnet. Sie richtete aber schließlich im Jahre 1921 auf
Antrag der dortigen Israelitischen Gemeinde eine Dozentur für
jüdische Religion und Ethik ein, die aber erst 1924 mit Martin
Buber besetzt werden konnte. 1930 wurde Buber in Frankfurt
die Ehrenprofessur verliehen, jedoch im Fach Allgemeine Reli-
gionswissenschaften. Unabhängig von der Frankfurter Debatte
um eine jüdisch-theologische Fakultät richtete 1915 der Königs-
berger Alttestamentler Max Löhr eine Eingabe an das Preußische
Kultusministerium, die die Schaffung eines Lehrstuhls zur Erforschung des nachbiblischen Judentums verlangte – immerhin mit
dem Erfolg, dass Jahre später an drei preußischen Universitäten
Honorarprofessuren errichtet wurden.

Angesichts der enttäuschten Hoffnungen auf eine Teilhabe
an der universitären Forschung und Lehre kam es während des
Ersten Weltkriegs und mit Beginn der Weimarer Republik zu
einer Neuorientierung: Gelehrte aus allen Wissenschaftsberei-
chen gründeten auf Initiative von Hermann Cohen 1919 eine Akademie für die Wissenschaft des Judentums, die bis 1934 junge
Wissenschaftler unterstützte. Die Akademie sollte zeigen, dass
das Judentum eine lebendige Kraft ist und auch in Zukunft sein

wird, die erforscht werden will. »Als dankbare Erben wollen wir ihr Vermächtnis uns zu dauerndem Besitz erhalten, es daher auch in einer dem heutigen Stande der Wissenschaft angemessenen Form ausbauen«, so würdigte der Historiker und Judaist Ismar Elbogen (1874–1943) Zunz und seine Zeitgenossen. 1925 wurden überdies die Hebräische Universität in Jerusalem sowie das *Yidisher visnshaftlekher institut* (YIVO) mit Hauptsitz in Wilna zur Erforschung der Geschichte und Kultur der osteuropäischen Juden gegründet.

Jüdisch-Sein und Jüdisch-Lernen

Während des Ersten Weltkriegs kam es zu einem weiteren Bewusstseinswandel. Man beschäftigte sich nicht mehr so wie vor dem Krieg mit der Frage nach dem Wesen des Judentums, sondern eher mit der nationalen Bestimmung. Martin Buber gründete 1916 die Zeitschrift *Der Jude*, deren zahlreiche Mitarbeiter, wie zum Beispiel Leo Baeck, Gustav Landauer, Franz Rosenzweig, Arnold Zweig oder Hermann Cohen, eine neue Selbstkonzeption begründeten, die sich – wenn auch nicht unbedingt aus zionistischer Motivation – immer mehr gegen die Assimilation stellte. Dadurch vollzog sich ein leiser, aber radikaler Bruch mit der im 19. Jahrhundert tonangebenden Selbstdefinition.

Die Forderung junger Zionisten lautete, sich wieder auf die eigene Stimme zu konzentrieren und der Assimilation entgegenzuwirken. Das Ostjudentum wurde zur Quelle und zum Vorbild eines vitalen Judentums stilisiert. Viele junge jüdische Intellektuelle, die von der Aufklärung und der modernen Zivilisation enttäuscht waren und auch im liberalen Religionsverständnis nur unkritische Geschichts- und Vernunftgläubigkeit fanden, suchten nun nach den irrationalen Seiten von Kultur und Glauben im Judentum.

Für Franz Rosenzweig gehören Jude-Sein und Jüdisch-Lernen aufs Engste zusammen. Gemeinsam mit Martin Buber begründe-

te er 1920 in Frankfurt am Main das
Freie Jüdische Lehrhaus, das die traditionelle Idee des Lehrhauses mit moderner Pädagogik verband. Das Ziel
war klar: Juden zu helfen, aus der Ent-
fremdung herauszufinden und ein
neues Bewusstsein für ihre jüdische
Identität zu entwickeln. In seinen
Schriften *Zeit ist's, Bildung und kein
Ende* und *Die Bauleute* entwickelte Rosenzweig sein Programm eines neuen
jüdischen Lernens, das eine jüdische
Existenz anstrebt, die sich nicht auf
fertiges Wissen stützt, sondern auf
eine bestimmte Art zu fragen. Eine
Frage Rosenzweigs lautete, »wie
Christ-Juden, Nationaljuden, Religi-
onsjuden, Abwehrjuden, Sentimenta-

*Porträtfoto von Martin Buber,
um 1940/50.*

litätsjuden, Pietätsjuden, kurzum Bindestrich-Juden, wie sie das
19. Jahrhundert geschaffen hat, ohne Lebensgefahr für sich und
das Judentum wieder Juden werden können«.

Auf der Basis der Ideen Leo Baecks und Franz Rosenzweigs
entstand in den 1920er Jahren das fünfteilige Werk *Die Lehren des
Judentums nach den Quellen*, herausgegeben vom Verband der
deutschen Juden und 1928–1930 erschienen. Die führenden Köpfe
des deutschen Judentums legten damit eine umfassende, systematische Synthese jüdischen Denkens vor: Die Grundlagen der
jüdischen Ethik, die sittlichen Pflichten des Einzelnen und der
Gemeinschaft, die Lehre von Gott und die Beziehungen des Judentums zu den christlichen Kirchen sind die wesentlichen Themen. Zweiter Weltkrieg und Schoa machten der Wissenschaft
des Judentums in ihrem Ursprungsland schließlich ein Ende.

Judaistik im Nachkriegsdeutschland

Seit dem Sommersemester 1952 fanden an der Freien Universität Berlin regelmäßig Vorlesungen zur jüdischen Geschichte und Literatur statt, für die zunächst Adolf Leschnitzer gewonnen werden konnte, der schon vor seiner erzwungenen Emigration in Berlin studiert und gewirkt hatte. Im Mittelpunkt standen dabei vor allem das deutsch-jüdische Verhältnis und der Antisemitismus. Seit Mitte der fünfziger Jahre lehrten dann Ernst Ludwig Ehrlich, Hermann Goldschmidt, Johann Maier und Jacob Taubes an der Fakultät, wobei nunmehr Themen aus sehr unterschiedlichen Bereichen der »Wissenschaft vom Judentum« (so die offizielle Bezeichnung im Vorlesungsverzeichnis seit dem Wintersemester 1960/61) zum Lehrangebot gehörten. 1963 wurde dann ein Institut für Judaistik begründet, dessen Direktor 1966 Jacob Taubes wurde, ein 1987 verstorbener Philosoph und Hermeneutiker, der vorher an der Columbia University in New York gelehrt hatte.

Unter Judaistik versteht man heute die wissenschaftliche Erforschung des Judentums in allen seinen Erscheinungsformen (Geschichte, Kultur, Religion). Ausgangspunkt ist dabei die philologische Analyse jüdischer Quellen, das heißt die Beschäftigung mit schriftlichen Zeugnissen, die in den Sprachen der Juden (Hebräisch in seinen unterschiedlichen Ausformungen, Aramäisch, Judäo-Arabisch, Jiddisch, Ladino, Judäo-Persisch und Judäo-Griechisch) abgefasst sind. Da die Judaistik dadurch ein sehr umfangreiches Forschungsgebiet aufweist, findet an den verschiedenen Orten naturgemäß eine Spezialisierung auf bestimmte zeitlich, räumlich oder inhaltlich abgegrenzte Aspekte statt.

Die Judaistik steht mit ihrem philologischen und kulturhistorischen Anspruch zwar in der Tradition der Wissenschaft des Judentums, unterscheidet sich von ihr aber in einem wesentlichen Punkt: Während die Wissenschaft des Judentums eine Disziplin von Juden für Juden war, die unter anderem auch der Bewahrung der eigenen Identität diente, wird in der heutigen

Die Emanzipation der Juden in Deutschland sei, so Abraham Geiger, erst dann vollendet, wenn Jüdische Theologie gleichberechtigt mit den christlichen Religionen an den Universitäten gelehrt werde. Dieses Ziel ist seit dem 19. November 2013 endlich erreicht. An der Universität Potsdam wurde die School of Jewish Theology mit einem Festakt eröffnet.

Judaistik Wert darauf gelegt, das Judentum von einem neutralen Standpunkt aus zu erforschen. Deswegen ist die Judaistik zumeist in der Philosophischen Fakultät und nicht in den Theologischen Fakultäten angesiedelt.

Die Berechtigung des Faches Judaistik liegt darin, dass es das Judentum nicht nur als ein passives Objekt äußerer Einflüsse, sondern als einen aktiv handelnden Träger der menschlichen Kultur untersucht. Das grundlegende Ziel des Faches ist es, das Judentum als kulturelles Phänomen in seinen unterschiedlichen Facetten zu verstehen. Die Judaistik ist heute in Deutschland eine säkulare Disziplin, die anders als etwa in den USA oder in Israel in einem ganz überwiegend christlichen Kontext verortet ist.

In Deutschland gibt es heute drei Modelle zur Verankerung der Judaistik im Fächerkanon der modernen Universität:

- die judaistischen Institute (zum Beispiel in Berlin, Köln, Frankfurt am Main, Düsseldorf), die besonders die Eigenständigkeit ihrer Disziplin betonen
- die interdisziplinär angelegten Jüdischen Studien (vor allem in Potsdam)
- Lehrstühle und Institute, die sich der jüdischen Geschichte der Neuzeit widmen (so etwa der Lehrstuhl für Jüdische Geschichte und Kultur innerhalb des Historischen Seminars der Ludwig-Maximilians-Universität München).

Mit der Einrichtung des Faches Jüdische Theologie an der Universität Potsdam und der Berufung bekenntnisbezogener Professuren hat sich nun auch Abraham Geigers Forderung nach der Gleichberechtigung des Judentums mit den anderen Konfessionen erfüllt.

4.8 Juden in der Weimarer Republik

Das ausgehende 19. Jahrhundert hatte eine Verbürgerlichung und Urbanisierung des deutschen Judentums mit sich gebracht. Die neue Metropole Berlin wurde zu einem Hauptanziehungspunkt für die jüdische Bevölkerung, die großen Anteil an dem zeitgenössischen Modernisierungsschub hatte. Es gab bemerkenswerte unternehmerische Initiativen, wissenschaftliche Leistungen in neuen naturwissenschaftlichen Disziplinen, eine neue Zeitschriftenkultur und entscheidende Impulse für Kunst, Literatur und Architektur.

Nach ihrem Durchbruch am Theater 1917 wurde Elisabeth Bergner (1897–1986) auch zum verehrten Filmstar der Weimarer Republik (hier in »Geliebter Lügner«, 1963).

Die Weimarer Reichsverfassung vollendete 1919 die umfassende bürgerlich-rechtliche und staatsbürgerliche Gleichstellung der jüdischen Gemeinschaft in Deutschland (vgl. Kap. 4.6). Die Synagogengemeinden blieben gemäß Art. 137 Abs. 5 S. 1 WRV wie die Großkirchen öffentlich-rechtlich organisiert. Die jüdische Bevölkerung nahm allerdings in der Weimarer Republik trotz der Zuwanderung von sogenannten Ostjuden von gut 615.000 (1910) über 560.000 (1925) auf etwa 525.000 (1933) ab. Das lag weniger an den Gebietsabtretungen (nach der Abtretung der Provinzen Posen und Westpreußen an Polen im Jahre 1919 zog der Großteil der dortigen Juden in das verbliebene Reichsgebiet), sondern vielmehr an einem Geburtenrückgang infolge zunehmender Überalterung und Verstädterung der jüdischen Familien, an Übertritten zum Christentum und an der Tatsache, dass die Kinder gemischtkonfessioneller Ehen oft nicht mehr in der jüdischer Religion erzogen wurden.

Jüdische Persönlichkeiten und Verbände

Die Ausprägung besonderer jüdischer Identitäten, die im Kaiserreich begonnen hatte (Beispiele dafür sind die Gründung des *Centralvereins deutscher Staatsbürger jüdischen Glaubens* 1893, des patriotisch gesinnten *Kartell-Convents der Verbindungen deutscher Studenten jüdischen Glaubens* 1896, der *Zionistischen Vereinigung für Deutschland* 1897 oder religiöser Verbände wie der *Vereinigung für das liberale Judentum* 1908), setzte sich in der Weimarer Republik fort. Die Identitätsdebatte wurde durch die Auseinandersetzung mit den sogenannten Ostjuden, die Gründung des rechtskonservativen *Verbandes nationaldeutscher Juden* 1921 oder auch durch die Neuausrichtung der Wissenschaft des Judentums noch verstärkt. Die Mehrheit der jüdischen Gemeinschaft blieb diesen verschiedenen Gruppierungen gegenüber jedoch indifferent. Häufig war die formelle Mitgliedschaft in einer Synagogengemeinde, in populärwissenschaftlichen Kulturvereinigungen oder in einer Loge des *Unabhängigen Ordens Bnei Brith* (dort verband man Geselligkeit und Wohltätigkeit mit einem kulturellen Vortragswesen) die letzte Verbindung der akkulturierten jüdischen Mittelschicht mit ihren religiösen Traditionen. Jüdische Familien waren zum Prototyp von Bürgerlichkeit geworden, ihr Judentum war Privatsache. »Kein Gedanke an Judentum kommt auf, diesen

Leuten gegenüber«, schrieb Thomas Mann (1875–1955) über seine Schwiegereltern. »Man spürt nichts als Kultur.« Und immer wieder wurde im Spannungsfeld von Deutschtum und Judentum die Frage diskutiert: Wie lässt sich das Wesen jüdischer Existenz in der modernen säkularen Gesellschaft definieren? Das Prinzip Bildung versprach die freie Entfaltung der Persönlichkeit jenseits von Religion, Nationalität und Stand und führte zu derjenigen deutsch-jüdischen Wahlverwandtschaft, aus der heraus gerade Intellektuelle jüdischer Herkunft zu Schrittmachern der künstlerischen Moderne wurden. Die vermeintliche jüdische Dominanz hatte aber schon vor dem Ersten Weltkrieg zu öffentlichen Debatten geführt. So löste der jüdische Journalist und Schriftsteller Moritz Goldstein (1880–1977) einen wahren Kulturkampf aus, als er 1912 in einem Aufsatz in der Zeitschrift *Der Kunstwart* die Rolle der Juden im deutschsprachigen Kulturbetrieb beschrieb:

> *Wir Juden verwalten den geistigen Besitz eines Volkes, das uns die Berechtigung und Fähigkeit dazu abspricht. […] Aber mögen wir uns immerhin ganz deutsch fühlen, die anderen fühlen uns ganz undeutsch. […] Wir mögen Max Reinhardt heißen […] oder Max Liebermann […]: wir mögen uns deutsch nennen, die andern nennen es jüdisch, sie hören das ›Asiatische‹ heraus, sie vermissen das germanische Gemüt.*

Die politische Orientierung der jüdischen Wähler richtete sich in der Weimarer Republik vor allem auf die DDP und die SPD, schloss aber auch alle anderen Parteien einschließlich des katholischen Zentrums ein. Die Identifikation mit der deutschen Gesellschaft und dem deutschen Staat wurde jedoch in der Weimarer Republik immer wieder erschüttert. Eine Zäsur war bereits vorher, nämlich 1916, also mitten im Ersten Weltkrieg, die sogenannte Judenzählung gewesen, bei der mehr oder weniger unterschwellig der Vorwurf der »Drückebergerei« gegen die deutschen Juden eine Rolle spielte. Nach dem Ende des Krieges häuften sich in Deutschland antisemitische Vorfälle. Es hieß, die Juden trügen eine Hauptschuld an der Niederlage der angeblich »im Feld unbesiegten kaiserlichen Armee«; die Zahl von 12.000 jüdischen Gefallenen wurde ausgeblendet. Die Juden wurden schließlich zum Sündenbock für die Folgen der Revolution, für Inflation und soziale Verelendung. Deutsch-völkische Kreise hetzten gegen demokratische und linke Politiker und gegen die als »verjudet« bezeichnete Republik überhaupt.

Der wachsende Antisemitismus führte zu einem verstärkten Abwehrkampf vonseiten jüdischer Organisationen und Persönlichkeiten. So setzte sich beispielsweise der Bibelwissenschaftler und Gemeinderabbiner Benno Jacob (1862–1945) seit 1919 in öffentlichen Vorträgen mit der Hetzpropaganda auseinander, die Kriegsniederlage sei von Juden verschuldet und die neue Weimarer Republik von Juden beherrscht:

> Deutschland ist weder ein christlicher Kirchenstaat noch ein germanischer Rassestaat, sondern eine Gemeinschaft im Geiste. Wir Juden sind keine Germanen, sondern Semiten, aber um nichts weniger Deutsche. [...] Ein Deutscher ist, wer ein Deutscher sein will. [...] Wir deutsche Juden sind und bleiben von Religion Juden, von Nation Deutsche. Welcher anderen Nation könnten wir denn angehören, welches andere Land kann unser Vaterland sein, als dasjenige, in dem unsere Wiege stand und die Gräber unserer Väter liegen, dessen Luft wir seit Kindesbeinen atmen, dessen Bildung wir in uns aufgenommen haben? Nein, wir sind auf Gedeih und Verderb mit diesem Land und dieser Nation verbunden.

An anderer Stelle erklärte Jacob: »Das alte Reich liegt am Boden. Wenn wir das neue aufrichten, dann wüsste ich keine schönere Inschrift über seinem Portal als das Wort: Wir alle sind das Vaterland!«

Die Hoffnungen Jacobs, der jahrzehntelang dem Vorstand des *Centralvereins deutscher Staatsbürger jüdischen Glaubens* angehörte, erfüllten sich jedoch nicht. Am 24. Juni 1922 fiel Walther

Rathenau (geb. 1867) in Berlin einem Attentat zum Opfer. Der Außenminister jüdischer Herkunft wurde von Angehörigen der rechtsextremen Organisation Consul ermordet. Für die nationalistische Presse und die völkische Rechte war Rathenau nach der Unterzeichnung des Vertrages von Rapallo mit der Sowjetunion am 16. April 1922 zum Inbegriff der ihnen verhassten »Judenrepublik« geworden, deren Verfassung von dem Staatsrechtler Hugo Preuß (DDP) entworfen worden war, einem Verwandten von Walther Rathenau und Max Liebermann (1847–1935). Rathenau selbst hatte zeit seines Lebens mit seiner jüdischen Herkunft gehadert und in seinem Aufsatz *Höre, Israel!* (1897) gegen das moderne Judentum polemisiert. Bereits gut drei Jahre vor Rathenau, am 21. Februar 1919, war der designierte bayerische Ministerpräsident Kurt Eisner, der ebenfalls aus einer jüdischen Familie stammte, von Graf Anton von Arco auf Valley (1897–1945) im antisemitisch aufgeheiztem Klima Münchens erschossen worden. Der Attentäter hatte aber seinerseits mit Emmy von Oppenheim eine Mutter jüdischer Herkunft und wurde so selbst als »junger Jude« bezeichnet, der seine nationale Gesinnung habe beweisen wollen.

Verehrt und verfemt
Friedrich Hollaender schrieb 1931 zur populären Melodie der *Habanera* aus Bizets Oper *Carmen* ein Chanson, dessen Text ironisch die gängigen judenfeindlichen Klischees seiner Zeit zum Thema machte. Der Refrain lautete: »An allem sind die Juden schuld! Die Juden sind an allem schuld! Wieso, warum sind sie dran schuld? Kind, das verstehst du nicht, sie sind dran schuld. Und Sie mich auch! Sie sind dran schuld! Die Juden sind, sie sind und sind dran schuld! Und glaubst du's nicht, sind sie dran schuld, an allem, allem sind die Juden schuld! Ach so!«

Liberales Judentum in der Weimarer Republik

1914 hatten sich die Repräsentanten der deutschen *Vereinigung für das liberale Judentum* an Rabbiner Israel Mattuck in London gewandt und die Gründung eines internationalen Verbandes angeregt, der die liberalen Juden in aller Welt, insbesondere in Deutschland, Großbritannien, Frankreich und den USA, vertreten sollte. Der Kriegsausbruch machte diesen Plan erst einmal zunichte. 1926 kam es dann schließlich in London zu einem ersten Treffen und zur Gründung der *World Union for Progressive Judaism*, in der die deutschen Mitglieder eine führende Rolle spielten. Die erste offizielle internationale Konferenz der *Weltunion für Progressives Judentum* fand dann im August 1928 unter Leitung von Leo Baeck im ehemaligen Preußischen Herrenhaus in Berlin statt. Der gemeinsame Gottesdienst wurde in der Neuen Synagoge in der Oranienburger Straße abgehalten. In der Synagoge der Jüdischen Reformgemeinde in der Berliner Johannisstraße hielt Lily Montagu aus London als erste Frau in Deutschland eine Predigt, und Leo Baeck forderte in seinem Vortrag *Die Botschaft des liberalen Judentums an den Juden von heute* die Delegierten auf: »Beginnt, die Zukunft zu bauen.« Nach dem Tod von Claude Montefiore (1858–1938) wurde Baeck 1938 zum zweiten Präsidenten der Weltunion gewählt, was auf die zentrale Position des deutschen Judentums innerhalb der liberalen Bewegung hinweist.

Der Großteil der deutschen Juden gehörte in der Weimarer Republik dem liberalen Judentum an. Die Mitglieder der 1898 gegründeten *Vereinigung der liberalen Rabbiner Deutschlands* amtierten in den Hauptsynagogen aller deutschen Großstädte. Die Jüdische Gemeinde zu Berlin war die bei Weitem größte Gemeinde in Deutschland; im Jahre 1925 zählte sie 171.912 Mitglieder. An zweiter Stelle stand Frankfurt am Main mit 29.658 Mitgliedern, gefolgt von Breslau (23.452) und Hamburg (16.885). Die Jüdische Gemeinde zu Berlin unterhielt in den 1930er Jahren als Einheitsgemeinde neun liberale und vier orthodoxe Gemeindesynagogen.

Die 1845 gegründete Jüdische Reform-Gemeinde zu Berlin mit ihrer Synagoge in der Johannisstraße bestand als Synagogenverein unter dem Dach der Einheitsgemeinde.

Künstlerische Avantgarde zu Beginn des 20. Jahrhunderts
Das biblische Idolatrieverbot darf nicht zu der Annahme verleiten, es gebe im Judentum ein kunstfeindliches Bilderverbot. Leo Baeck stellte um 1900 klar, dass das Bildverbot sich ausschließlich auf Jenseitiges, auf den »Materialismus des Jenseits und des Kommenden« beziehe. Die Kunst erleb-

Maurycy Gottlieb (1856–1879) in seiner Galerie.

te in der ersten Hälfte des 20. Jahrhunderts insbesondere in den europäischen Metropolen eine Blütezeit. Viele Künstler und Intellektuelle jüdischer Herkunft wurden zu Protagonisten dieser dynamischen Entwicklung, brachen Traditionen auf und machten sich daran, das Verhältnis von Kunst und Gesellschaft neu zu formulieren. Oft spricht die jüdische Herkunft der Künstler erst auf den zweiten Blick aus ihren Werken. Der impressionistische Maler Max Liebermann wurde 1920 zum Präsidenten der Preußischen Akademie der Künste gewählt. Er gab dieses Amt aber nach der nationalsozialistischen Machtergreifung aus Protest gegen die neue Kunstpolitik auf und starb einsam in Berlin. Die von Martin Buber proklamierte »jüdische Renaissance« fand in Deutschland wesentlich in Berlin statt und war durch die zionistische Bewegung motiviert. Jüdische Künst-

Selbstbildnis von Ephraim M. Lilien (1874–1925);
im Hintergrund sein Widmungsblatt
für den 5. Zionistenkongress 1901.

ler waren an nahezu allen modernen Kunstströmungen
maßgeblich beteiligt, seien es nun Art Deco und Bauhaus,
der Suprematismus und andere Stile der russisch-jüdischen
Avantgarde, Kubismus, Impressionismus und Expressionismus oder auch Minimalismus, Surrealismus und die Wiener Schule des Phantastischen Realismus. Schon in den
1920er Jahren bezogen gerade jüdische Künstler Position
gegen Krieg, Gewalt und jegliche Form der sozialen Ausgrenzung, indem sie eine kritische, politisch engagierte
Kunst schufen. Die Machtergreifung der Nationalsozialisten setzte dieser Kultur 1933 ein jähes Ende und diffamierte
die Avantgarde als »entartet«.

4.9 Das »Dritte Reich«: Verfolgung und Selbstbehauptung 1933–1943

Die Ernennung Adolf Hitlers zum Reichskanzler am 30. Januar 1933 durch Reichspräsident Paul von Hindenburg und die Reichstagswahlen vom 5. März 1933, bei denen die NSDAP und ihr Koalitionspartner eine parlamentarische Mehrheit bekamen, bedeuteten auch das Ende der rechtlichen Gleichberechtigung der Juden in Deutschland. »Der Jude ist wohl Rasse, aber nicht Mensch«, hatte Hitler bereits 1923 verkündet. Aufgrund des am 23. März 1933 vom Reichstag beschlossenen Ermächtigungsgesetzes, das einer Selbstausschaltung des Reichstags gleichkam, konnte die Reichsregierung unter Hitler praktisch autonom Gesetze erlassen. Die nationalsozialistische Politik zielte von Anfang an auf die konsequente Entrechtung der jüdischen Bürger und ihre Ausgrenzung aus der Gesellschaft. Dazu wurden insgesamt mehr als 2000 antijüdische Gesetze und Verordnungen erlassen.

Die nationalsozialistische »Machtergreifung« bedeutete also das Ende der jüdischen Emanzipation in Deutschland. Der Maler Max Liebermann schrieb am 6. Juni 1933, gut einen Monat nach seinem Rücktritt als Ehrenpräsident der Preußischen Akademie der Künste: »Wie ein furchtbarer Alpdruck lastet die Aufhebung der Gleichberechtigung auf uns allen, besonders aber den Juden, die, wie ich, sich dem Traume der Assimilation hingegeben hatten […] So schwer es mir auch wurde, ich bin aus dem Traume, den ich mein langes Leben geträumt habe, erwacht.« Die Niederlegung all seiner öffentlichen Ämter im Mai 1933 hatte er so begründet: »Ich habe während meines langen Lebens mit allen meinen Kräften der deutschen Kunst zu dienen gesucht. Nach meiner Überzeugung hat Kunst weder mit Politik noch mit Abstammung etwas zu tun, ich kann daher der Preußischen Akademie der Künste [...] nicht länger angehören, da dieser mein Standpunkt keine Geltung mehr hat.«

Dieses Kapitel skizziert die Entwicklung von der Entlassung jüdischer Beamter im April 1933 über die Ausgrenzung der Juden als Gruppe minderen Rechts durch die Nürnberger Gesetze 1935 hin zur Verdrängung der Juden aus der deutschen Wirtschaft 1938 und zu ihrem vollständigen Ausschluss aus der deutschen »Volksgemeinschaft«, aber auch die Versuche der Selbstbehauptung unter den damals rund 525.000 Juden in Deutschland. Zu den Verfolgungsmaßnahmen gehörten:

- der Boykott jüdischer Geschäfte am 1. April 1933
- der sogenannte »Arierparagraf«
- die sogenannten Nürnberger Gesetze vom September 1935
- die Pogromnacht vom 9./10. November 1938
- die sogenannte Arisierung jüdischer Unternehmen
- die Kennzeichnung durch den »Judenstern«
- Zwangsarbeit und Deportation.

Der Boykott jüdischer Geschäfte am 1. April 1933

»Deutsche! Wehrt Euch! Kauft nicht bei Juden!«, lautete eine der Parolen des reichsweiten Boykotts jüdischer Geschäfte, Rechtsanwälte und Ärzte, der am 1. April 1933 um 10 Uhr auf Initiative des »Zentral-Komitees zur Abwehr der jüdischen Gräuel- und Boykotthetze« unter Führung des fränkischen Gauleiters Julius Streicher begann. Der Boykott sollte eine Antwort auf einen möglichen amerikanischen Handelsboykott gegen Deutschland sein. Die Repressalien von SS und SA trafen dabei auch die Kunden jüdischer Geschäfte, die als Verräter abgestempelt wurden.

Mancherorts gab es Zeichen der Solidarität, des Mitleids und der Betroffenheit für die jüdischen Geschäftsleute. Die Aktion hatte allerdings auch zur Folge, dass mehr und mehr Läden als »deutsche Geschäfte« für sich warben. Robert Weltsch (1891–

Eingang zur Gedenkstätte und zum Museum auf dem Gelände des 1936 errichteten Konzentrationslagers Sachsenhausen bei Oranienburg nördlich von Berlin.

1982), der Chefredakteur der *Jüdischen Rundschau*, appellierte in Anbetracht des Boykotts am 4. April 1933 an seine Leser: »Tragt ihn mit Stolz, den gelben Fleck!« An die spätere Zwangskennzeichnung durch den sogenannten Judenstern war dabei zu dieser Zeit noch gar nicht zu denken.

Der »Arierparagraf«

Mit dem »Gesetz zur Wiederherstellung des Berufsbeamtentums« vom 7. April 1933 wurde in Deutschland erstmals seit 1869 wieder ein Sonderrecht für Juden eingeführt. Aufgrund dieses Gesetzes wurden deutsche Beamte »nichtarischer Abstammung« vom Staatsdienst ausgeschlossen. Beamte (einschließlich Hochschullehrer und Lehrer), aber auch Angehörige der freien Berufe, etwa Rechtsanwälte und Ärzte, verloren ihre Anstellung beziehungsweise Zulassung allein deshalb, weil sie Juden waren. § 3 des Gesetzes, der sogenannte Arierparagraf, schuf die Grundlage für die »legale« Segregation der Gesellschaft in »Arier« und »Nicht-

Arier«. Er lautete: »Beamte, die nicht arischer Abstammung sind, sind in den Ruhestand zu versetzen.« »Nichtarisch« war nach dem Gesetz vom 7. April 1933, wer von einem Eltern- oder Großelternteil jüdischen Glaubens abstammte. Eine Ausnahmeregelung für jüdische Frontkämpfer des Ersten Weltkriegs galt nur bis zur Verabschiedung der Rassegesetze anlässlich des Reichsparteitags der NSDAP in Nürnberg am 15. September 1935. Nahezu alle Organisationen und Verbände übernahmen den Arierparagrafen in ihre eigenen Statuten und Regelungen, so auch die Evangelische Kirche der Altpreußischen Union.

Infolge dieses Paragrafen verloren zahllose Juden ihre Erwerbsmöglichkeit. Um der damit verbundenen wirtschaftlichen Not zu begegnen, organisierten die großen jüdischen Verbände zur Unterstützung in Not geratener Gemeindemitglieder den *Zentralausschuss für Hilfe und Aufbau* unter Vorsitz des liberalen Berliner Rabbiners Leo Baeck. Seine Hauptaufgaben waren Wohlfahrtspflege und Wirtschaftshilfe. 1935 ging der Zentralausschuss in der *Reichsvertretung der Juden in Deutschland* auf.

Das Reichskulturkammergesetz vom 22. September 1933 diente zur Gleichschaltung und Kontrolle des Kulturbetriebes; wer keinen Ariernachweis erbringen konnte, wurde nicht in die Reichskulturkammer aufgenommen beziehungsweise wieder ausgeschlossen. Das Gesetz kam einem Berufsverbot für jüdische Kulturschaffende gleich und verbot Juden auch jede Teilnahme und Teilhabe an nichtjüdischen Kultureinrichtungen. Als Reaktion darauf wurde der *Jüdische Kulturbund* gegründet. Er bot von 1933 an in ganz Deutschland ein alternatives Kulturangebot zum NS-Kulturbetrieb, wurde aber am 11. September 1941 (also kurz vor der Einführung des Judensterns) zwangsweise aufgelöst.

Die Bücherverbrennung

Als Höhepunkt der Kampagne »wider den undeutschen Geist« verbrannten Studenten am 10. Mai 1933 in über 70 deutschen Universitätsstädten, darunter München, Frankfurt am Main und Greifswald, in spektakulären Inszenierungen sogenanntes »undeutsches Schrifttum«. Auf dem Berliner Opernplatz begleitete Reichspropagandaminister Josef Goebbels die Bücherverbrennung mit einer Schmährede gegen die »verfemten« jüdischen, sozialistischen und demokratischen Autoren, die in der NS-Kunst und -Kultur keinen Platz finden sollten. Bei der »Säuberung« öffentlicher Bibliotheken wurden allein in Berlin bis Ende Mai 1933 rund 10.000 Zentner Literatur beschlagnahmt. Ein Jahr später umfassten die »Schwarzen Listen« mehr als 3000 Titel verbotener Bücher und Schriften. Seit 1995 erinnert auf dem Berliner Bebelplatz – dem früheren Opernplatz – die versunkene Bibliothek des israelischen Künstlers Micha Ullmann mit leeren Buchregalen unter einer Glasplatte an die Bücherverbrennung. Auf Bronzetafeln wird ein Vers aus Heinrich Heines Trauerspiel *Almansor* von 1820 zitiert: »Das war ein Vorspiel nur, dort wo man Bücher verbrennt, verbrennt man am Ende auch Menschen.« (Heine hatte sich dabei auf die Koran-Verbrennungen im christlichen Spanien bezogen.)

Die »Nürnberger Gesetze«

Auf dem Nürnberger »Reichsparteitag der Freiheit« der NSDAP wurde 1935 eine gesetzliche Regelung zum Verhältnis von »Ariern« und »Nichtariern« ausgearbeitet. Am 15. September 1935 wurden das »Reichsbürgergesetz« und das »Gesetz zum Schutze des deutschen Blutes und der deutschen Ehre« verabschiedet. Diese beiden »Nürnberger Gesetze« erklärten die jüdische Bevölkerung zu Menschen minderen Rechts, die nicht länger Reichsbürger waren, sondern lediglich Staatsangehörige ohne politische Rechte. Dabei wurde zwischen sogenannten »Volljuden« und »Mischlingen« unterschieden: Als »Volljude« galt nun, wer mindestens drei jüdische Großeltern hatte. Derselbe Rechtsstatus galt für sogenannte »Mischlinge« mit einem oder zwei jüdischen Großeltern, die der jüdischen Religionsgemeinschaft angehörten oder mit einem »Volljuden« verheiratet waren. Allen übrigen »jüdischen Mischlingen« wurde ein vorläufiges Reichsbürgerrecht eingeräumt. Dass die Zugehörigkeit zur »jüdischen Rasse« von der Konfession der Großeltern abhängig gemacht wurde, ist dabei nur eine der Ungereimtheiten und Absurditäten der nationalsozialistischen Rassentheorie.

Das »Blutschutzgesetz« verbot Eheschließungen zwischen Juden und Nichtjuden. Es stellte auch den als »Rassenschande« bewerteten Geschlechtsverkehr zwischen Juden und Nichtjuden unter Strafe, ebenso die Beschäftigung »arischer« weiblicher Hausangestellter unter 45 Jahren in jüdischen Haushalten oder das Hissen der Hakenkreuzfahne durch Juden.

Im September 1935 wurde auch der »Rassenkunde«-Unterricht im gesamten Deutschen Reich verbindlich gemacht. Dazu hieß es: »Der preußische Kultusminister hat angeordnet, dass in den Abschlussklassen sämtlicher Schulen unverzüglich Vererbungslehre, Rassenkunde, Familienkunde und Bevölkerungspolitik zum Pflicht- und Prüfungsfach erhoben wird, notfalls auf Kosten der Mathematik und der Fremdsprachen.«

Die antijüdischen Gesetze der kommenden Jahre betrafen alle Lebensbereiche. »Die Taufe von Juden und der Übertritt zum Christentum hat keine Bedeutung für die Rassenfrage« (1936) zählt ebenso dazu wie »Straßen, die Namen von Juden tragen, werden umbenannt« (1937), »Arischen und nichtarischen Kindern wird das Spielen miteinander untersagt« (1938) oder schließlich »Juden sind Zigaretten oder Zigarren nicht mehr erlaubt« (1942). Besonders einschneidend war eine Bekanntmachung vom 23. Oktober 1941, mit der jede weitere Emigration aus Deutschland verboten wurde. Ein Ausnahmejahr war 1936, das Jahr der Olympischen Sommerspiele in Berlin. So schrieb eine öffentliche Bekanntmachung vom 29. Januar 1936 vor, dass öffentliche Bekanntmachungen mit extrem judenfeindlichem Inhalt zu entfernen seien, um auf auswärtige Besucher keinen ungünstigen Eindruck zu machen. Formulierungen wie »Juden sind hier nicht erwünscht« seien ausreichend, hieß es damals vorübergehend.

Das Alijah-Spiel *wurde 1935 vom Jüdischen Nationalfonds in Berlin erstellt und sollte Kinder und Jugendliche spielerisch auf die Einwanderung nach Palästina vorbereiten.*

Der Abriss der Münchner Hauptsynagoge im Sommer 1938

Der Reichspogromnacht vom 9./10. November 1938 gingen überall in Deutschland öffentlichkeitswirksame antijüdische Maßnahmen voraus. Ein markantes Ereignis war der Abriss der Münchner Hauptsynagoge im Sommer 1938: »Am Nachmittag versammelte sich in größter Bewegung […] die ganze Gemeinde in dem Gotteshaus. Es wurden die Awino Malkenu gesagt, ein letztes *Kaddisch*, und die Torarollen wurden in feierlichem Zuge in das Verwaltungsgebäude getragen. Am Tage darauf begann der Abbruch des Gotteshauses. Ich stand mit unserem Oberkantor, Professor Kirschner, auf der Treppe des Verwaltungsgebäu-

des und schaute auf das Werk der Zerstörung. An unser Ohr
tönte der Ruf: ›Achtung, es wird gesprengt.‹ […] So fiel das Gotteshaus nach 50-jährigem Bestand, eine Zierde der Stadt, ein Opfer des fanatischen Hasses.«[1] Mit diesen eindringlichen Worten
beschrieb Alfred Neumeyer, der Vorsitzende der Münchner Israelitischen Kultusgemeinde, einen Vorgang, der selbst in einer Zeit
des aggressiven Antisemitismus eine neue Dimension der Angriffe gegen die jüdische Bevölkerung in Deutschland markierte.
Nur einen Tag zuvor, am 8. Juni 1938, hatten ihn Beamte des
Bayerischen Innenministeriums zu sich zitiert und ihm eröffnet,
dass die liberale Münchner Hauptsynagoge in der Herzog-Max-
Straße abgerissen werden solle. Über Nacht konnten die Gemeindemitglieder in aller Eile noch einen Teil des Inventars und wichtige Ritualgegenstände retten. Wenige Stunden später, am Vormittag des 9. Juni 1938, begann die bekannte Münchner Baufirma
Leonhard Moll im Auftrag der Stadt mit den Abbrucharbeiten.
Nach drei Wochen war das prächtige Gebäude im Zentrum Münchens beseitigt; die frei gewordene Fläche diente fortan als Park-
platz.

Die angeblichen »verkehrstechnischen Probleme«, aufgrund
deren die Behörden den Abbruch der Synagoge angeordnet hatten, waren jedoch nur vorgetäuscht. Eine persönliche Anweisung
Adolf Hitlers, der sich bei einem Besuch in München Anfang Juni
1938 durch das Haus gestört fühlte, war der eigentliche Grund
für die Entscheidung. Die Hauptsynagoge von München war damit – fünf Monate vor der sogenannten Reichskristallnacht – die
erste von den Nationalsozialisten in Deutschland zerstörte Synagoge. Gegen diesen durch staatliche Behörden offiziell legitimier-
ten Akt des Vandalismus regte sich unter der nichtjüdischen Bevölkerung Münchens kein spürbarer Widerstand.

---

[1] Zitiert nach: Stadtarchiv München (Hrsg.), *Beth ha-Knesseth – Ort der
Zusammenkunft. Zur Geschichte der Münchener Synagogen, ihrer Rabbiner
und Kantoren*, München 1999.

»Arisierung jüdischen Vermögens«

Für die Nationalsozialisten galt: Alles Vermögen diente als »Volksvermögen« der Volksgemeinschaft. Das begründete spätestens seit den Nürnberger Gesetzen vom September 1935 die wirtschaftliche Enteignung jüdischer Bürger, die nun nicht mehr zur deutschen Volksgemeinschaft zählten und damit keinen Anspruch auf ihr Vermögen mehr haben sollten. Damals war aber schon gut ein Viertel aller jüdischen Geschäftsinhaber im Deutschen Reich enteignet worden; zu den ersten Großunternehmen, die »arisiert« wurden, gehörte im Sommer 1933 die Warenhauskette Hermann Tietz, die von Georg Karg übernommen wurde. Karg gründete 1939 zusammen mit Josef Neckermann die »Zentrallagergemeinschaft für Bekleidung GmbH«. Der spätere Versandhaus-König Neckermann hatte das Textilversandunternehmen von Karl Amson Joel für weniger als ein Fünftel des eigentlichen Wertes erworben, Joel die vereinbarte Summe von 2,3 Millionen Reichsmark aber nie ausgezahlt. Die rechtliche und wirtschaftliche Ausgrenzung der jüdischen Unternehmer durch die Nationalsozialisten setzte zunächst auf deren Auswanderung, die wiederum mit strengen Zoll- und Devisenvorschriften verbunden war, darunter auch die schon 1931 eingeführte »Reichsfluchtsteuer«, die nun faktisch zur Sondersteuer für jüdische Emigranten wurde: Bis 1936 verließen 110.000 Juden Deutschland und bescherten so dem deutschen Staat 153 Millionen Reichsmark an Einnahmen aus dieser Steuer. Bis 1938 wurden dann etwa 60 Prozent aller jüdischen kleinen und mittelständischen Unternehmen enteignet, darunter Warenhäuser, Arzt- und Anwaltspraxen, Werkstätten und Einzelhandelsgeschäfte. Die »Verordnung über die Anmeldung des Vermögens von Juden« vom 26. April 1938 zielte darauf, den Finanzämtern Einsicht in Vermögen über 5000 Reichsmark zu gewähren und gegebenenfalls eine Umwandlung in Reichskreditkassenscheine durchzusetzen. Die Behörden hatten nun direkten Zugriff auf diese Vermögenswerte und setzten auch den Verkauf von Schmuck, Antiquitäten,

Immobilien, Kunstgegenständen und Aktien weit unter Wert oder gar deren Konfiszierung durch. Kurz darauf begann mittels der »Verordnung gegen die Tarnung jüdischer Gewerbebetriebe« vom 22. April die systematische »Arisierung« aller noch verbliebenen jüdischen Wirtschaftsbetriebe. Am 6. Juli 1938 folgte das Gesetz über die Auflösung jüdischer Grundstücks- und Immobilienagenturen. An Emigration war unter diesen Umständen oft gar nicht mehr zu denken; die meisten Auswanderungspläne wurden mit dem Kriegsbeginn am 1. September 1939 ohnehin nichtig, und am 23. Oktober 1941 erging schließlich für sämtliche in Deutschland lebenden Juden ein Ausreiseverbot.

Die Novemberpogrome von 1938

Am 9. und 10. November 1938 zerstörten Angehörige der SA, der SS, der Hitlerjugend und Mitglieder anderer Parteigliederungen der NSDAP in ganz Deutschland – auch in dem seit März 1938 angeschlossenen Österreich – über 1200 Synagogen und jüdische Betsäle. 7500 jüdische Geschäfte wurden geplündert und demoliert, mehrere Hundert jüdische Bürger wurden misshandelt, nicht wenige von ihnen ermordet, 30.000 Männer in Konzentrationslager verschleppt. Diese Ausschreitungen – gelegentlich verharmlosend als »Reichskristallnacht« bezeichnet – markierten den für alle sichtbaren Übergang von der Diskriminierung und Ausgrenzung der deutschen Juden zu ihrer systematischen Verfolgung und stellten einen entscheidenden Schritt auf dem Weg zur späteren Ermordung der europäischen Juden dar. Den Pogromen war im Oktober die brutale Abschiebung von etwa 17.000 als »polnischstämmig« bezeichneten Juden nach Polen vorausgegangen. Darunter war auch die Familie des 17-jährigen Herschel Grynszpan aus Hannover, der in Paris von der Misere seiner Familie hörte, die (wie alle anderen Abgeschobenen auch) zunächst nicht nach Polen eingelassen worden war und im Grenzgebiet umherirren musste. Grynszpan verübte daraufhin am 7. November 1938 ein Attentat auf den deutschen Botschaftsrat Ernst vom Rath, dessen Tod zwei Tage später für Propagandaminister Goebbels den willkommenen Vorwand für einen »spontanen Sühneakt« bot. Auf das Pogrom folgten weitere Maßnahmen, die die jüdische Bevölkerung endgültig jeglicher Existenzgrundlage beraubten. Für Ernst Ludwig Ehrlich (1921–2007) bedeutete die Pogromnacht die Konfrontation mit dem »Teuflischen« als einem Phänomen, das der nationalsozialistischen Bewegung inhärent gewesen sei, »vor allem in diesem einen Individuum und den vielen, die ihm bedingungslos folgten und genau wussten, was sie taten, keineswegs nur kleine Mitläufer und Opportunisten waren«. Er selbst habe das am 9. November 1938 erfahren, »als ein Mann von der deutschen Arbeitsfront zu uns kam und meine Mutter ausplünderte. Er beschlagnahmte unsere Grundstücke, setzte Zwangsverwalter ein, zwang meine Mutter, eines zu verkaufen, weil wir die ›Judenmilliarde‹ mitbezahlen mussten; als sie zögerte,

In Gdánsk erinnert ein Denkmal von Frank Meisel an die Kindertransporte von 1938/39, mit denen sich 140 jüdische Kinder aus dem damaligen Danzig nach Großbritannien retten konnten.

erklärte er, sie habe da einen Sohn, den könnte man ja vielleicht in das Konzentrationslager stecken …«

»Judenmilliarde« war die gängige Bezeichnung für die sogenannte Judenvermögensabgabe von einer Milliarde Reichsmark als »Sühneleistung« für »die feindliche Haltung des Judentums gegenüber dem deutschen Volk«. Hermann Göring schrieb dazu in einem Vermerk an den Reichsverteidigungsrat am 18. November 1938: »Sehr kritische Lage der Reichsfinanzen. Abhilfe zunächst durch die der Judenschaft auferlegte Milliarde und durch die Reichsgewinne bei der Arisierung jüdischer Unternehmen.« Neben der sogenannten »Sühneleistung« musste die jüdische Bevölkerung auch für die in der Pogromnacht entstan-

Studentenausweis von Ernst Ludwig Ehrlich (1921–2007).

denen Schäden selbst aufkommen. Die Plünderungen in den jüdischen Geschäften, beispielsweise am Berliner Kurfürstendamm, dauerten mehrere Tage an und waren der Auftakt für den staatlich verordneten Raub von jüdischem Eigentum. Die »Verordnung zur Ausschaltung der Juden aus dem Wirtschaftsleben« vom 12. November 1938 sollte gewissermaßen die durchgängige »Arisierung« der Wirtschaft legalisieren: Sie verbot Juden den Betrieb von Einzelhandelsgeschäften und Handwerksbetrieben sowie das Feilbieten von Waren aller Art. Schließlich wurde alles jüdische Kapitalvermögen eingezogen; Grundbesitz, Grundeigentum, Wertpapiere und Schmuck wurden zwangsveräußert.

Zu dieser Zeit boten Einrichtungen wie die Berliner Lehranstalt für die Wissenschaft des Judentums einen halbwegs geschützten Raum. Dazu sagt Ernst Ludwig Ehrlich:»1940, als neunzehnjähriger Student in Berlin, war Leo Baeck das große menschliche Erlebnis, damals, während des Krieges, zur Zeit der Judenverfolgung und des gelben Sterns. [...] Der Eindruck ist unvergesslich: Ein vitaler Siebzigjähriger, der angesichts des Untergangs der Juden in Deutschland von der Aufgabe des Tages sprach, von der Größe des Judentums und von seiner Hoffnung, trotz allem.«

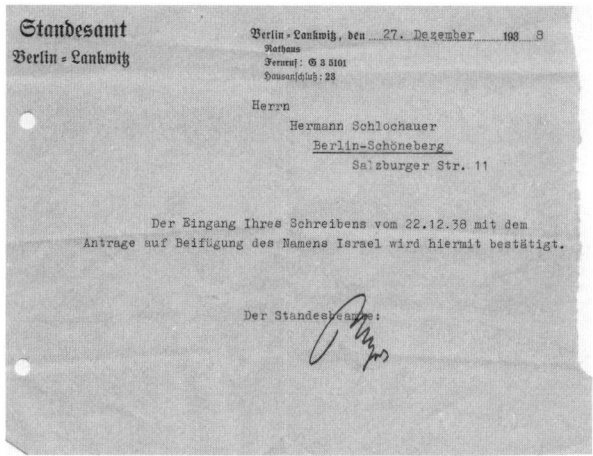

Juden und Jüdinnen waren mit Verordnung vom 17. August 1938
dazu gezwungen, ab dem 1. Januar 1939 zusätzlich
den Vornamen »Israel« bzw. »Sara« zu tragen.

Zwangskennzeichnung

Der »Judenstern«, laut Polizeiverordnung vom 1. September 1941
»sichtbar auf der linken Brustseite des Kleidungsstückes zu tragen«, trug ebenso wie schon die Vorschrift, dass Juden zwangsweise den Vornamen »Sara« beziehungsweise »Israel« ihrem Namen hinzufügen mussten, und die Einführung einer besonderen
Kennkarte mit aufgedrucktem »J« zur Kennzeichnung und Ausgrenzung von Juden und Jüdinnen bei. Diese Maßnahmen sind
ein weiteres Indiz dafür, dass diese diskriminierte Minderheit
sich von der nichtjüdischen Mehrheitsgesellschaft nicht wirklich
unterscheiden ließ. Im besetzten Polen war für über sechs Jahre
alte Juden und Jüdinnen schon seit dem 23. November 1939 ein
gelber, aus zwei schwarz umrandeten Dreiecken bestehender
Stoffstern auf der linken Brustseite vorgeschrieben gewesen.

Die Berliner Konditorei Teschendorff in der Schlüterstraße war auch ein Treffpunkt für den jüdischen Gestapo-Spitzel Stella Kübler-Isaakson.

Zwangsarbeit und Deportation

Die Rekrutierung von Juden zur Zwangsarbeit, die im Oktober 1940 im gesamten Reichsgebiet einsetzte, betraf vor allem auch Berlin. Jüdische Männer und Frauen wurden vermehrt in der Industrie eingesetzt, und zwar getrennt von sogenannten Ariern. Die Zwangsarbeit deutscher Juden im Altreich wurde allerdings erst am 3. Oktober 1941 mit der »Verordnung über die Beschäftigung von Juden« allgemein eingeführt. Die ersten Deportationen hatten aber schon ein Jahr zuvor begonnen, so im Oktober 1940 für den Großteil der jüdischen Gemeinschaft in Baden, der Pfalz und dem Saarland: Am 22. Oktober 1940 wurden auf Veranlassung der Gauleiter Robert Wagner und Joseph Bürckel etwa 6500 Personen in einer bis dahin beispiellosen Aktion in das am Rande der Pyrenäen im unbesetzten Frankreich gelegene Internierungslager Gurs verschleppt. Im Oktober 1941 setzten auch die ersten Deportationen von Berliner Juden und Jüdinnen mit Sonderzügen der Reichsbahn ein; unter den Personen, die bis zum 5. November 1941 in das Ghetto Litzmannstadt (Łodz) verschleppt wurden, befanden sich auch 4187 Berliner und Berlinerinnen. Am 20. Juni 1942 wurde die Reichsvereinigung der Juden in

Deutschland (wie die frühere »Reichsvertretung« seit 1939 hieß) dazu angehalten, ihr seit 1939 separat organisiertes Schulwesen mit Wirkung zum 30. Juni 1942 einzustellen. Jüdische Schüler ab 14 Jahren wurden den Arbeitsämtern zum Zwangseinsatz gemeldet.

Die Berliner »Fabrik-Aktion« und der Widerstand in der Rosenstraße

Am 27. Februar 1943 kam es im Deutschen Reich zu einer großen Verhaftungsaktion. Sie war der Beginn der Deportation aller noch im Reichsgebiet befindlichen sogenannten nichtprivilegierten deutschen Juden sowie der Erfassung der sogenannten »Mischlinge« und der in »Mischehe« lebenden Juden. Allein in Berlin wurden im Zuge dieser sogenannten Fabrik-Aktion ungefähr 10.000 Juden und Jüdinnen verhaftet und in vier Sammellagern interniert. Bis zum 6. März wurden nahezu 7000 von ihnen in das Vernichtungslager Auschwitz deportiert. Ein Teil der über 1000 bei der »Fabrik-Aktion« verhafteten »Mischlinge« oder in »Mischehe« lebenden jüdischen Männer wurde in einem Verwaltungsgebäude der zur Jüdischen Kultusvereinigung degradierten Jüdischen Gemeinde zu Berlin in der Rosenstraße 2–4 festgehalten. Nachdem dort Hunderte von nichtjüdischen Angehörigen, zumeist Ehefrauen der verhafteten jüdischen Zwangsarbeiter, tagelang demonstriert und die Freilassung ihrer Angehörigen gefordert hatten, wurden diese am 6. März 1943 aus der Haft entlassen. Dabei ist nicht geklärt, ob tatsächlich der Protest der nichtjüdischen Ehefrauen die Freilassung der »arisch versippten« Männer bewirkte oder ob das NS-Regime in der Frage, ob man auch Juden aus »Mischehen« deportieren wollte, zu dieser Zeit noch intern uneins war. Manch einer hatte auch damals, also 1942, schon von dem Mord an den Juden in Polen gehört. So berichtet Ernst Ludwig Ehrlich, dass er eine Hebräischlehrerin hatte, deren nichtjüdischer Schwager als Außenhandelskaufmann

*Fahrerlaubnis von 1942 für Hermann Schlochauer
mit dem Zwangsnamen »Israel«.*

oft in Polen war und der von systematischen Ermordungen, auch von Vergasungen berichtete. Sie erzählte, sie habe gehört, dass es in Polen Badeanstalten gebe, aus deren Duschen kein Wasser, sondern Gas komme; auf diese Weise würden die Juden umgebracht. »Ich glaubte dieser Erzählung sofort«, sagte Ehrlich 1959 zu diesem Bericht, den er auf März 1942 oder kurz danach datierte. »Für mich stand jetzt fest, dass etwas zu geschehen habe, damit wir überleben könnten.« Er selbst ging in den Untergrund; seine Mutter Eva Ehrlich wurde im Zuge der »Fabrik-Aktion« nach Auschwitz deportiert und dort Anfang März 1943 ermordet.

4.10 Schoa:
Der Mord an den Juden Europas

Der hebräische Begriff »Schoa« heißt übersetzt »Katastrophe« oder »Zerstörung« und bezeichnet die Verfolgung, Deportation und Ermordung von etwa zwei Dritteln der in Europa lebenden jüdischen Bevölkerung durch die Nationalsozialisten und ihre Helfer.

Das nationalsozialistische Deutschland organisierte diese Massenvernichtung mithilfe eines systematisch operierenden bürokratischen Apparats. Sechs Millionen Menschen jüdischer Herkunft – ein Drittel der damaligen jüdischen Gemeinschaft weltweit – wurden im von Deutschland besetzten Europa erst um ihr Hab und Gut gebracht, dann als Arbeitskräfte ausgebeutet und schließlich ermordet; ein Teil der Leichen wurde zudem einer »industriellen Verwertung« zugeführt.

Der weit verbreitete Begriff »Holocaust«, der ebenfalls dieses Verbrechen bezeichnet und den zunächst der Schriftsteller Elie Wiesel und dann die gleichnamige vierteilige amerikanische Fernsehserie *Holocaust – Die Geschichte der Familie Weiß* (1978 in den USA, 1979 auch in Deutschland) bekannt gemacht hatten, kann unter Umständen im Sinne eines Gott wohlgefälligen Brandopfers (nach Gen 22 und anderen biblischen Texten) missverstanden werden: Das griechische Wort *holokautoma* ist seit der ersten bekannten griechischen Bibelübersetzung (ca. 200 v. u. Z.) bezeugt und bedeutet »Ganzverbrennung« im Sinne eines »Ganzopfers« (hebräisch *ola* oder *kalil*). Bei einem Brandopfer wurde einst ein makelloses männliches Opfertier nach erfolgter Schlachtung auf einem Altar vollständig für Gott verbrannt. Vor diesem Hintergrund ist es verständlich, dass der Ausdruck »Holocaust« fragwürdig ist; der Begriff »Schoa« als Ausdruck für die sinnlose Vernichtung benennt das Geschehen hingegen aus

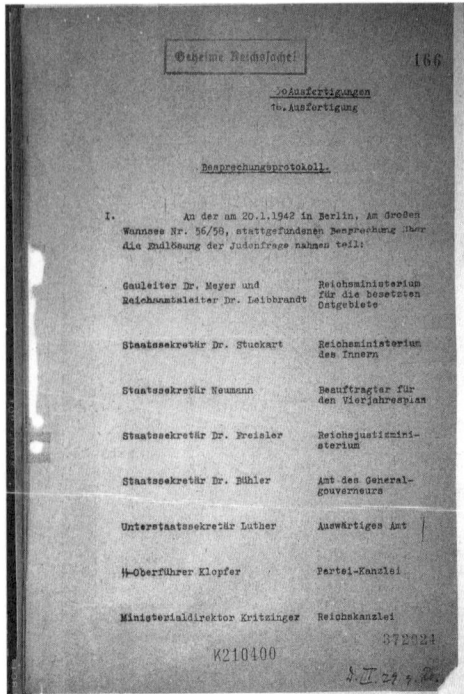

Von den 30 Ausfertigungen des Protokolls der sogenannten Wannsee-Konferenz vom 20. Januar 1942 ist nur eine überliefert. Robert Kempner, Stellvertreter des US-Chefanklägers in den Nürnberger Prozessen, entdeckte das Schriftstück 1947 im Archiv des Auswärtigen Amtes und machte es zum Beweismittel im Wilhelmstraßen-Prozess.

der Perspektive der Opfer. Ein anderes hebräisches Wort für diesen Massenmord ist *churban* (»Zerstörung«).

Zu den Maßnahmen, die die Nationalsozialisten im Zuge des Zweiten Weltkriegs zur sogenannten »Endlösung der Judenfrage« unternahmen, gehören

- die Entrechtung und Verfolgung der Juden in den vom Deutschen Reich besetzten Gebieten
- die Verbrechen der sogenannten »Einsatzgruppen« in der Sowjetunion
- die Wannsee-Konferenz vom 20. Januar 1942
- die »Aktion Reinhardt« 1942/43 im besetzten Polen
- die bürokratisch organisierte massenhafte Ermordung von Juden in den Vernichtungslagern, beispielsweise in Auschwitz.

Konzentrationslager Auschwitz Art der Haft: Sch. Jude Gef. Nr. 116155

Name und Vorname: Nachama Estrougo, Israel. (244)
geb.: 1918 zu: Saloniki
Wohnort: Saloniki, T. Omikranestr. 1
Beruf: Arbeiter
Staatsangehörigkeit: Griechenland — Rel.: mos.
Name der Eltern: Menachem u. Melkunia geb. Andziel Stand: verh.
Wohnort: O. im kl. Au M. geel. Rasse: jüd.
Name der Ehefrau: Rozine, geb. Gelili Rasse: jüd.
Wohnort: im kl. Au.
Kinder: keine Alleiniger Ernährer der Familie oder der Eltern: ja
Vorbildung: 6 kl. Volkssch. 2 kl. Gymn.
Militärdienstzeit: — von – bis
Kriegsdienstzeit: — von – bis
Grösse: 156 Nase: völlig Haare: schwarz Gestalt: schlank
Mund: normal Bart: keinen Gesicht: oval Ohren: normal
Sprache: gr. sp. fr. Augen: braun Zähne: gol. l/fehlt
Ansteckende Krankheiten oder Gebrechen: keine
Besondere Kennzeichen: keine
Rentenempfänger: nein
Verhaftet am: 11.3.43. wo: Saloniki
1. Mal eingeliefert: 17.4.43 2. Mal eingeliefert:
Einweisende Dienststelle: RSHA, IV B 4a 2427/42g 6148
Grund:
Parteizugehörigkeit: keine von – bis
Welche Funktionen: keine
Mitglied v. Unterorganisationen: nein
Kriminelle Vorstrafen: ang. keine
Politische Vorstrafen: ang. keine

Ich bin darauf hingewiesen worden, dass meine Bestrafung wegen intellektueller Urkundenfälschung erfolgt, wenn sich die obigen Angaben als falsch erweisen sollten.

v. g. u. Der Lagerkommandant KL.-Au.
i. A.

Formblatt (sogenannter Häftlings-Personalbogen), mit dem Estrongo Nachama (1918–2000) nach seiner Ankunft im Konzentrationslager Auschwitz erfasst wurde.

Die Verfolgung und Ermordung der europäischen Juden wird in einer Vielzahl von Büchern, Filmen und anderen Medien behandelt. Einige Standardwerke sind unter den Literaturempfehlungen aufgeführt.

Die jüdischen Opfer des NS-Völkermords aus den einzelnen europäischen Ländern (in den Grenzen von 1937)
Deutsches Reich (»Altreich«): 165.000
Belgien: 28.500
Dänemark: 116
Estland: 1000
Frankreich: 76.100
Griechenland: 59.200

Italien: 6500
Jugoslawien: 60–65.000
Lettland: 67.000
Litauen: 220.000
Luxemburg: 1200
Niederlande: 102.000
Norwegen: 760
Österreich: 65.500
Polen: 3.000.000
Rumänien: 270.000
Sowjetunion: 1.000.000
Tschechoslowakei: 260.000
Ungarn: 200.000.

Jüdische Reaktionen auf die Schoa

Aufgrund der Erfahrung der Schoa wurde auch darüber nach-
gedacht, ob hier der Bund Gottes mit Israel (von Gott) gebrochen
worden sei. So schrieb der jiddischsprachige Dichter Jacob Glatstein (1896–1971):

> *Wir empfingen die Torah am Sinai,*
> *Und in Lublin gaben wir sie zurück.*
> *Die Toten preisen Gott nicht.*
> *Und so gewiß wir alle zusammenstanden*
> *Bei der Übergabe des Gesetzes,*
> *So wahr starben wir alle in Lublin.*[1]

Der jiddische Poet Abraham Sutzkever (1913–2010) hat diesem
Thema in seinem Gedicht *Ver wet blaybn* eine andere Wendung
gegeben. In der deutschsprachigen Übertragung heißt es:

---

[1] Vgl. *The Selected Poems of Jacob Glatstein*, übersetzt von Ruth Whitman,
New York 1972.

Wer wird bleiben, was wird bleiben? [...]
Mehr als all die vielen Sterne über diese Welt
Jener Stern wird bleiben, der in einer Träne fällt.
Auch ein Tropfen Wein wird bleiben, hier in seinem Krug.
Wer wird bleiben? Gott wird bleiben. Ist dir's nicht genug?[2]

Die traditionelle Form der Rechtfertigung von Leid »wegen unserer Sünden« wird im geschichtstheologischen Denken nach Auschwitz weitestgehend abgelehnt, sieht man einmal von einigen ultaorthodoxen Stimmen ab, die die Säkularisierung und Akkulturation als Auslöser für die Katastrophe geltend gemacht haben. Andererseits wurde aber auch eine Mystifizerung des Holocaust abgelehnt, so etwa von Eliezer Berkovits, der in *Faith after the Holocaust* (1973) für eine theologische Einordnung der Schoa in das jüdische Geschichtsdenken plädierte. Der liberale Rabbiner und Religionsphilosoph Emil Fackenheim (1916–2003), der wohl einflussreichste Autor unter den jüdischen Holocaust-Theologen, schrieb, dass man in der Schoa nie einen Sinn werde finden können; möglich sei allein eine Antwort auf den Holocaust. Fackenheim hatte in Halle sowie an der Berliner Hochschule für die Wissenschaft des Judentums unter Leo Baeck studiert und wurde 1938 zum Rabbiner ordiniert. Für Fackenheim war der Holocaust ein »epochemachendes Freignis«. Die Menschen müssten aber weiterhin ihren Glauben an Gott und Gottes kontinuierliche Rolle in der Welt bekräftigen. Fackenheim machte die ethnische Selbstbehauptung als Antwort auf die nationalsozialistische Vernichtungspolitik zum Auftrag. Die Erfahrung der Schoa offenbare ein elftes Gebot: Juden sei es verboten, Hitler posthume Siege zu überlassen.

Ihnen ist geboten, als Juden zu überleben, damit das jüdische Volk nicht zugrunde geht. Ihnen ist geboten, der Opfer von Auschwitz zu gedenken, damit die Erinnerung an sie nicht erlischt. Ihnen ist verboten, am

---

[2] Abraham Sutzkever, *Gesänge vom Meer des Todes*, Zürich 2009.

Replika (1979) des Dachauer Internationalen Mahnmals von Nandor Glid von 1968 in der Jerusalemer Holocaust-Gedenkstätte Yad Vashem.

Menschen und seiner Welt zu verzweifeln und entweder in Zynismus oder in Jenseitigkeit zu flüchten, damit sie nicht mithelfen, die Welt an die Mächte von Auschwitz auszuliefern. Schließlich ist ihnen verboten, am Gott Israels zu verzweifeln, damit das Judentum nicht zugrunde geht. Ein säkularisierter Jude kann sich nicht durch einen bloßen Willensakt zum Glaubenden machen, noch kann ihm ein solcher Aspekt geboten werden [...] Und ein religiöser Jude, der bei seinem Gott geblieben ist, mag zu neuen, vielleicht revolutionären Beziehungen zu Ihm gezwungen sein. Eine Möglichkeit ist jedoch völlig undenkbar. Ein Jude darf nicht auf Hitlers Versuch, das Judentum zu zerstören, antworten, indem er selbst an seiner Zerstörung mitarbeitet. In der Antike war die schlechthin undenkbare Sünde Götzendienst. Heute besteht sie darin, Hitler zu antworten, indem man sein Werk tut.[3]

---

[3] Vgl. Emil Ludwig Fackenheim, *God's Presence in History*, New York 1970, 74; deutsche Übersetzung zitiert nach Christoph Münz, *Der Welt ein Ge-*

Der Holocaust-Gedenktag der Vereinten Nationen

Im Januar 2000 unterzeichneten 46 Regierungen, darunter 41 Teilnehmerstaaten der OSZE, eine Erklärung des »Stockholm International Forum on the Holocaust«, in der unter anderem festgelegt wurde: »Der Holocaust (die Schoa) hat die Zivilisation in ihren Grundfesten erschüttert. In seiner Beispiellosigkeit wird der Holocaust für alle Zeit von universeller Bedeutung sein. Nach [mehr als] einem halben Jahrhundert ist er zeitlich noch immer so nah, dass Überlebende Zeugnis ablegen können über die Schrecken, die Juden erleiden mussten. Das schreckliche Leid von Millionen weiterer Opfer der Nazis hat ganz Europa mit einer unauslöschlichen Narbe gezeichnet. [...] Wir haben die gemeinsame Verpflichtung, der Opfer des Holocaust zu gedenken und diejenigen zu ehren, die Widerstand leisteten. Wir werden in unseren Staaten angemessene Formen des Erinnerns an den Holocaust fördern und einen jährlichen Holocaust-Gedenktag einführen.«

Darüber hinaus beschlossen die Vereinten Nationen während der 60. Vollversammlung im November 2005, den 27. Januar zum internationalen Tag des Gedenkens an die Opfer des Holocaust zu erklären, und forderten die Mitgliedstaaten auf, pädagogische Programme zu entwickeln, um die Erinnerung an das Geschehene an kommende Generationen weiterzugeben.

Jüdische Kunst nach der Schoa
Nach 1945 entwickeln vor allem die New York School und die London School neue Bildsprachen, wobei von immigrierten Künstlern wichtige Impulse ausgehen. In den 1940er Jahren begründen Barnett Newman und Mark Rothko den »abstrakten Expressionismus«: In der Ausdehnung des Farbfeldes bestimmt sich die Malerei als sakraler Raum

---

dächtnis geben. Geschichtstheologisches Denken im Judentum nach Auschwitz, Gütersloh 1995.

Mark Rothko: »Untitled« (Öl auf Leinwand, 1951)

und fordert eine nahezu andächtige Aufmerksamkeit des Betrachters heraus. In London wenden sich jüdische Künstler erneut einer figurativen Malerei zu, die sie gleichsam aus der menschlichen Asche heraus schufen (R. B. Kitaj, Leon Kossoff, Lucian Freud, Frank Auerbach). Die Erfahrung der Schoa ist in der zeitgenössischen Kunst auf vielfältige Weise gegenwärtig (Christian Boltanski, Rebecca Horn, Menashe Kadishman). Kadishmans Installation *Shalechet – Gefallene Blätter* im Jüdischen Museum Berlin deutet der niederländische Rabbiner Edward van Voolen folgendermaßen: »Die Toten gehören der Vergangenheit an und sind zugleich Teil der Gegenwart, und sie zwingen uns, entweder stumme Stimmen aus dem Jenseits zu sein oder Menschen, die hörbar nach einer humaneren Welt rufen.«

4.11 Jüdisches Leben in Deutschland nach der Schoa

Bereits wenige Wochen nach der Befreiung Deutschlands durch die alliierten Truppen im Mai 1945 bildeten sich in den vier Besatzungszonen der Amerikaner, Briten, Sowjets und Franzosen jüdische Gemeinden. Zu den wenigen Überlebenden deutscher Herkunft kamen sogenannte Displaced Persons aus Osteuropa, die nicht mehr in ihre alte Heimat zurückkehren konnten oder wollten, und Rückwanderer aus dem Exil. Ende 1946 gab es bereits wieder 67 jüdische Gemeinden in Deutschland. Der Alltag der Juden, die sich im »Land der Täter« wiederfanden, war von großer Ambivalenz geprägt. In den ersten Nachkriegsjahrzehnten hatten viele Juden das Gefühl, in Deutschland auf den sprichwörtlichen gepackten Koffern zu leben.

In diesem Kapitel wird beschrieben, wie sich das jüdische Leben im Nachkriegsdeutschland gestaltete, wie sich die jüdischen Gemeinden neu organisierten und wie die Zuwanderung russischsprachiger Juden aus der ehemaligen Sowjetunion seit 1990 die jüdische Gemeinschaft in Deutschland verändert hat.

Neuanfang – Leben nach dem Überleben

Vor 1933 lebten etwa 570.000 Juden in Deutschland; von ihnen hatten im Reich selbst etwa 1500 Menschen im Versteck und 15.000 Menschen in Ehen mit nichtjüdischen Partnern überlebt. Dieser kleinen Gruppe sind noch etwas 9000 Überlebende zuzurechnen, die als ehemals deutsche Staatsbürger nicht in die Lager für die sogenannten Displaced Persons aufgenommen wurden und so auch nicht in den Genuss von Unterstützung durch amerikanisch-jüdische Wohltätigkeitseinrichtungen kamen. Einen

Die Ruine der in der Pogromnacht vom 9./10. November 1938
schwer beschädigten liberalen Synagoge in der Fasanenstraße
in Berlin wurde 1957/58 abgerissen.

besonderen Stellenwert hatten deutsch-jüdische Rückwanderer.
So kehrten im August 1947 gut 300 Remigranten aus Schanghai
nach Berlin zurück. Andere entschlossen sich zur Rückkehr aus
Bolivien, Venezuela oder Kenia, wohin sie sich nur mit Mühe und
Not hatten durchschlagen können.

Mancherorts kam es zur Gründung konkurrierender Gemeinden von deutschen Juden und sogenannten Ostjuden, die
sich erst nach langem Hin und Her vereinigten. Diese Übergangs-
gemeinden hatten zunächst das Ziel, den in Deutschland verbliebenen Juden ihren vorübergehenden Aufenthalt zu erleichtern
und sie bei der Emigration zu unterstützen, und sollten sich zu
gegebener Zeit selbst auflösen. Zu denjenigen, die dieses Konzept
der sogenannten Liquidationsgemeinde schließlich zugunsten
der Entwicklung einer Aufbaugemeinde aufgaben, gehörte
Heinz Galinski (1912–1992), der langjährige Vorsitzende der Jüdischen Gemeinde zu Berlin.

Die hebräische Bezeichnung für die jüdischen Überlebenden der nationalsozialistischen Vernichtungspolitik lautet *sche-
rit ha-pleta*, das heißt »Rest der Geretteten«. Rabbiner Leo Baeck,

Rabbiner Leo Baeck predigte im Oktober 1951 in der Synagoge Pestalozzistraße in Berlin.

der das KZ Theresienstadt überlebt hatte, betonte schon 1946, kurz nach der Katastrophe: Solange Juden in Deutschland lebten, müssten hier auch jüdische Gemeinden bestehen, und sie sollten so gut wie möglich sein und dürften sich nicht als von der jüdischen Welt draußen abgeschrieben betrachten. Zu denjenigen, die sich für eine Erneuerung jüdischen Lebens in Deutschland aussprachen, gehörte auch Hans-Erich Fabian, der nach seiner Befreiung aus Theresienstadt zu den Mitbegründern der Berliner Nachkriegsgemeinde gehörte. Er forderte im Oktober 1947, sich Gedanken um die Zukunft zu machen: »Es hat keinen Sinn, Häuser zu bauen, wo Hütten genügen, und es hat keinen Zweck, Synagogen zu errichten, […] um sie in kurzer Zeit zu verlassen. Die jüdischen Gemeinden in Deutschland müssen sich klar werden, dass sie nicht nur vorübergehende Gebilde sind.«

Im Jahre 1952 hatten die jüdischen Gemeinden in Deutschland laut einer Statistik des American Jewish Joint Distribution Committee nur noch 20.886 Mitglieder. Jüdisches Leben nach der Schoa, das bedeutete vor allem Solidarität und die Möglichkeit, einander in einem geschützten Raum ein Stück Heimat zu geben. Ein anschauliches Beispiel dafür sind die Worte des ersten Präsidenten der Leo-Baeck-Traditionsloge anlässlich ihrer Einrichtung in Berlin im Dezember 1959: »Aufgabe der Loge muss es jetzt sein, mitzuhelfen, dass die geschlagenen Wunden heilen. Wer wollte es den Brüdern, die aus den Lagern zurückgekehrt sind, verdenken, wenn sie ihr inneres Gleichgewicht noch nicht völlig wiedergefunden haben? Das Gleiche gilt von den Brüdern, die aus den verschiedenen Ländern zurückkehren und niemand von ihren Verwandten oder ihren alten Freunden wiederfinden. Ihnen wollen wir unsere brüderliche Hand entgegenstrecken.« Die Frage, die sich in der Nachkriegszeit in den Gemeinden stellte, war nicht, ob Juden in Deutschland leben können, sondern wie sie hier ein jüdisches Leben führen können.

Die internationale jüdische Gemeinschaft beobachtete diesen Aufbau nach dem Untergang, die Konsolidierung jüdischen Lebens im »Land der Täter«, indes mit Skepsis, ja Unverständnis, zumal der neu gegründete Staat Israel eine Alternative zu bieten schien.

Das am 10. November 1947 verkündete Rückerstattungsgesetz trug zu einer ersten Existenzsicherung der Juden im Nachkriegsdeutschland bei. Die Wiederherstellung des Rechts auf dem Weg hin zur sogenannten Wiedergutmachung sorgte dafür, dass Juden deutscher Herkunft wieder die Möglichkeit hatten, sich mithilfe ihres rückerstatteten Eigentums ihren Lebensunterhalt zu verdienen. Im Zuge der Feststellung des ehemaligen jüdischen Eigentums zeigte sich aber auch, dass die Substanz des deutschen Judentums vernichtet worden war.

Alte antijüdische Ressentiments blieben auch nach dem Untergang des Dritten Reiches bestehen. So ließ der spätere stellvertretende bayerische Ministerpräsident und Landwirtschafts-

minister Josef Baumgartner seinen Gefühlen 1947 vor Nach-
wuchspolitikern der CSU (laut Protokoll bei zustimmendem Gelächter) freien Lauf: »Ich bin leider gezwungen gewesen, an dem
Judenkongreß in Bad Reichenhall teilzunehmen: Das einzig Er-
freuliche an der Tagung war für mich die einstimmig gefaßte
Resolution: ›Raus aus Deutschland‹.« Angesichts von derartigen
Äußerungen stellte sich immer wieder die Vertrauensfrage:

> *Das Problem, vor dem jeder einzelne Jude sich befindet, der Bürger*
> *Deutschlands ist oder in diesem Land lebt, kann auf einen ganz ein-*
> *fachen Nenner gebracht werden: Inwieweit kann ich, darf ich, soll ich*
> *Vertrauen haben?*
>   Ernest Landau[1]

Die rechtliche Aufarbeitung der NS-Verbrechen erfolgte im
Nachkriegsdeutschland nur zögerlich und hing oftmals vom Zu-
fall und vom persönlichen Einsatz der (wenigen) engagierten
Staatsanwälte ab. Der hessische Generalstaatsanwalt Fritz Bauer
(1903–1968), der 1949 aus der Emigration nach Deutschland zurückgekehrt war, gab dem israelischen Auslandsgeheimdienst
Mossad den entscheidenden Hinweis auf den Aufenthaltsort von
Adolf Eichmann, sodass Eichmann 1960 in Argentinien gefasst
und nach Israel gebracht werden konnte, wo ihm 1961 der Prozess
gemacht wurde. Bauer war auch für die Anklageerhebung im
Auschwitz-Prozess verantwortlich, der in den Jahren 1963–1965
in Frankfurt am Main stattfand. Mit diesem Prozess gewann die
Auseinandersetzung mit dem Holocaust in Deutschland erstmals
eine öffentliche Dimension.

> *Die Auseinandersetzung mit unserer jüngsten Vergangenheit erfordert*
> *gewiss ein Wissen um Fakten, aber das genügt nicht, nötig ist auch der*

---

[1] Ernest Landau, *Wir Juden in unserer Umwelt*, in: Hans Ganther (Hrsg.):
Die Juden in Deutschland. Ein Almanach, Hamburg 1959, 241.

Versuch ihrer Deutung, ohne die keine Folgerung und keine Lehre ge-
zogen werden können.

Fritz Bauer[2]

Displaced Persons

Unmittelbar nach der Befreiung Deutschlands im Mai 1945 befanden sich auf dem Gebiet der späteren drei westlichen Besatzungszonen etwa sieben Millionen sogenannte Displaced Persons
(DPs), zum Großteil Zwangsarbeiter, Kriegsgefangene und ehe-
malige KZ-Häftlinge, die heimatlos geworden waren. Rund
50.000 dieser heimatlos gewordenen Menschen waren Juden;
von ihnen begaben sich 40.000 in die amerikanische Besatzungszone, wo sie sich Unterstützung und gegebenenfalls auch ein
Visum erhofften.

Die Rückkehr nach Osteuropa kam für viele Juden wegen der
dort herrschenden Pogromstimmung nicht infrage. Die amerikanischen und britischen Militärbehörden richteten deshalb
Camps zur Unterbringung und Versorgung dieser Überlebenden
ein. Die Zahl der jüdischen Displaced Persons nahm dramatisch
zu, als es in Polen 1945 und 1946 zu gewalttätigen Ausschreitungen gegenüber Juden kam: Traditioneller Antisemitismus und die
Angst, die Juden würden ihr Eigentum zurückfordern, führten
zu zahlreichen Pogromen. Allein in Kielce wurden am 4. Juli 1946
über 40 Juden ermordet.

Berlin wurde in der Nachkriegszeit ähnlich wie München zu
einem wichtigen Flucht- und Sammelort für osteuropäische Juden. In den drei Berliner Transitlagern, die bis zu ihrer Auflösung
im Sommer 1948 von 120.000 Menschen durchlaufen wurden,
blühte für kurze Zeit vielfältiges jüdisches Leben auf. Dazu zähl-

---

[2] Zitiert nach: Fritz Bauer Institut (Hrsg.), *Die Humanität der Rechtsord-*
nung. Zur Erinnerung an Fritz Bauer, Frankfurt am Main 1998.

*Das Gemeindehaus der Jüdischen Gemeinde zu Berlin wurde 1959
anstelle der Synagoge in der Fasanenstraße in Charlottenburg eröffnet.*

ten jiddischsprachige Theatergruppen, Zeitungen und Schulen
sowie zionistische Gruppierungen. In Bayern war es das »Zentralkomitee der befreiten Juden in der US-Zone«, das alle kulturellen
Aktivitäten koordinierte. Die zahlreichen Kultur- und Bildungs-
programme vermittelten den Überlebenden einerseits eine kollektive Identität und halfen andererseits, die Erlebnisse im Zusammenhang mit der Schoa zu verarbeiten und den Lageralltag
bis zur Ausreise zu bewältigen. Das Ziel der meisten war die Auswanderung in die USA oder nach Palästina. Als der zionistische
Politiker David Ben-Gurion 1946 durch die Camps der Displaced
Persons reiste, appellierte er an die Überlebenden, sich als jüdische Nation und politische Macht zu begreifen: »In dem be-
vorstehenden Kampf werdet ihr eine entscheidende Rolle spielen.« Für die gut 250.000 osteuropäischen Displaced Persons war
Deutschland lediglich eine Durchgangsstation. Eine bemerkenswerte Ausnahme bildete das bayerische Camp Föhrenwald, das
von amerikanischer in deutsche Verwaltung überging und bis
1957 bestand.

Der Zentralrat der Juden in Deutschland
Die Gründung und konstituierende Versammlung des Zentralrats der Juden in Deutschland fand am 19. Juli 1950 in Frankfurt am Main statt. Die Delegierten kamen aus den jüdischen Gemeinden der vier Besatzungszonen, die unter US-amerikanischer, britischer, französischer und sowjetischer Verwaltung standen. Die Führung des jüdischen Dachverbands übernahm ein vierköpfiges Direktorium. 15 Gemeindevertreter bildeten den sogenannten Rat. Erster Sitz des Zentralrats der Juden in Deutschland wurde Frankfurt am Main; in späteren Jahren befand sich der Sitz dann in Düsseldorf und im Anschluss daran in Bonn. Seit dem 1. April 1999 befindet sich der Hauptsitz des Zentralrats der Juden in Deutschland, der sich heute aus einem neunköpfigen Präsidium und einem Direktorium zusammensetzt und einen Generalsekretär als Sprecher hat, in Berlin. Der Zentralrat der Juden vertrat 2009 23 Landesverbände mit 107 jüdischen Gemeinden und etwa 120.000 Mitgliedern. Unter seinem Dach sind zudem die Orthodoxe Rabbinerkonferenz Deutschlands sowie die Allgemeine Rabbinerkonferenz Deutschlands organisiert. Der Zentralrat ist als Einrichtung mit Alleinvertretungsanspruch nicht unumstritten. So fragte der jüdische Publizist Ernst Cramer (1913–2010), »ob ein Zentralrat in der bisherigen Form dem modernen, religiös und kulturell vielschichtigen Judentum, das jetzt auch in Deutschland entsteht, überhaupt noch gemäß ist« und »ob der Zentralrat gewillt, ja in der Lage ist, über sein Selbstverständnis überhaupt nachzudenken«. Im Sommer 2009 schlug die damalige Präsidentin des Zentralrats, Charlotte Knobloch, vor, den Namen ihres Verbandes in »Zentralrat der deutschen Juden« zu ändern. Ihr Vorschlag wurde aber nicht umgesetzt.

Juden in Westdeutschland

Bei der Neuorganisierung jüdischen Lebens gab es in der Nachkriegszeit viele Hürden zu überwinden. So kam es gerade in München zwischen den Juden osteuropäischer Herkunft mit ihren mehrheitlich orthodoxen Traditionen und den assimilierten deutschen Juden zu erheblichen Spannungen. Mancherorts entstanden auch konkurrierende Gemeinden, so etwa in Hannover. Auch in Hamburg hatten sich die Überlebenden im Sommer 1945 in mehreren miteinander konkurrierenden Vereinigungen organisiert, die sich dann aber doch zusammenschlossen. Da in Hamburg nur wenige osteuropäische Juden lebten, kam es hier weniger als in anderen Gemeinden zu Konflikten zwischen verschiedenen Traditionen. Das Gefühl, im Nachkriegsdeutschland »fremd im eigenen Land« zu sein, und die Ansicht, dass dieser Aufenthalt ohnehin nur vorübergehend sei, gingen für viele Juden mit einer zionistisch geprägten Identifikation mit dem jungen Staat Israel einher.

Anfang der 1950er Jahre lebten in der neu gegründeten Bundesrepublik Deutschland kaum mehr als 25.000 Jüdinnen und Juden; die Zahl der jüdischen Gemeindemitglieder betrug am 1. April 1955 laut einer Statistik der Zentralwohlfahrtsstelle der Juden in Deutschland nur noch 15.684 Personen. Der Zuzug aus einigen Ostblockländern – etwa 1956 im Gefolge des Ungarn-Aufstands und in den 60er Jahren aus Polen und der Tschechoslowakei – konnte den steten Mitgliederschwund nicht wirklich auffangen. Manche Gemeinden wurden schließlich aufgelöst, darunter Emden, Gelnhausen, Goslar und Rheydt. Eine nennenswerte Zuwanderung konnte man in den 70er Jahren lediglich in West-Berlin verbuchen. Der Berliner Senat hatte sich nach zahlreichen Interventionen des Vorsitzenden der Jüdischen Gemeinde zu Berlin, Heinz Galinski, bereit erklärt, 3000 Zuwanderer aus der Sowjetunion aus »humanitären Gründen« in unbürokratischer Weise aufzunehmen; 1980 wurden dann allerdings Einreisebeschränkungen erlassen. Von den 80er Jahren an kam es mehr und mehr zu einer positiven Identifikation mit der Bundesrepublik; die zweite Generation verabschiedete sich schließlich allmählich von der Vorstellung, auf gepackten Koffern zu sitzen. So bildete sich Ende der 70er Jahre in Frankfurt am Main eine Gruppe von jüdischen Nachwuchswissenschaftlern, die den Zustand der jüdischen Gemeinden, die Politik des Staates Israel und ihr eigenes Verhältnis zur deutschen Umwelt zum Thema ihrer Diskussionen machte.

Im Oktober 1985 sollte in Frankfurt das Theaterstück *Der Müll, die Stadt und der Tod* von Rainer Werner Fassbinder uraufgeführt werden. Das Stück wurde und wird als antisemitisch eingestuft. Der damalige Frankfurter Gemeindevorsitzende Ignatz Bubis besetzte mit anderen Mitgliedern der Jüdischen Gemeinde die Bühne und verhinderte so die geplante Premiere des Stücks. Diese sogenannte Fassbinder-Kontroverse spielte im Emanzipationsprozess der jüdischen Nachkriegsgemeinschaft in Deutschland eine wichtige Rolle.

Ich wünsche mir sehr, dass der Satz »Ich bin ein deutscher Staatsbürger jüdischen Glaubens« einmal für viele in Deutschland lebende Juden selbstverständlich wird. Und ich wünsche mir, dass die nichtjüdischen Deutschen ihn zunehmend akzeptieren. Aber ich weiß, dass es noch Generationen dauern kann, bis das gelingt. Bis dahin leben meine Familie und ich als Juden in Deutschland.

Ignatz Bubis[3]

Als der spätere Frankfurter Gemeindevorsitzende Salomon Korn, der als Kind in einem Lager für Displaced Persons in Zeilsheim aufgewachsen war, 1986 das von ihm entworfene neue jüdische Gemeindezentrum eröffnete, sagte er: »Wer ein Haus baut, will bleiben.« Zum ersten Mal wurde deutlich ausgesprochen, was bereits zu diesem Zeitpunkt einen guten Teil der Realität widerspiegelte: Längst nicht alle Juden in Deutschland saßen noch auf

---

[3] Ignatz Bubis, *Juden in Deutschland*, Berlin 1996.

Ignatz Bubis beim Besuch der damaligen provisorischen Ausstellung der Stiftung Topographie des Terrors in Berlin am 11. November 1996.

gepackten Koffern, bei den meisten waren sie sozusagen längst ausgepackt.

Im Wendejahr 1989 zählten die gut 50 jüdischen Gemeinden in der Bundesrepublik einschließlich West-Berlins etwa 26.000 Mitglieder. Es gab Gottesdienste, Kulturprogramme und Sozialarbeit, doch jüdisches Leben spielte sich in der Regel hinter verschlossenen Türen und unbemerkt von der Öffentlichkeit ab. Mit dem Zusammenbruch der DDR und der Öffnung der Grenzen änderte sich diese Situation dramatisch. Im Dezember 1990, knapp ein Jahr nach der Wende, wurden die fünf Landesverbände beziehungsweise Gemeinden in der ehemaligen DDR in den Zentralrat der Juden in Deutschland aufgenommen. Deutschland wurde zudem zum Einwanderungsland für Juden aus der damaligen Sowjetunion.

Die besondere politische Situation Berlins wirkte sich auch auf die dortige Jüdische Gemeinde aus. Gleich nach der Befreiung im Mai 1945 bildeten sich selbstständige Gemeindeinitiativen heraus, die dann im Oktober 1945 eine gemeinsame Gemeindeleitung wählten. Diese in den sieben Jahren nach Kriegsende mühsam aufgebaute Einheitsgemeinde spaltete sich, als die antisemitische Politik der SED infolge der stalinistischen »Säuberungskampagnen« im Jahre 1952 eine Fluchtwelle auslöste, bei der etwa 550 Juden aus der DDR und Ost-Berlin in den Westteil der Stadt kamen. Zur Zeit der Wiedervereinigung gehörten 6400 Menschen der Westberliner Gemeinde an. Die »Jüdische Gemeinde zu Berlin« im Westteil der Stadt setzte sich für die Aufnahme der Flüchtlinge ein und nahm fortan eine offen antisowjetische Haltung ein, während sich im Ostteil unter massivem Druck der SED die eigenständige »Jüdische Gemeinde von Groß-Berlin« gründete.

Jüdisches Leben in der DDR

Kurz nach der Befreiung Berlins durch die Sowjetarmee waren die ersten Juden in die damalige sowjetische Besatzungszone zurückgekehrt; viele dieser Rückkehrer wollten ihren Traum von einem besseren Deutschland im Rahmen einer sozialistischen Gesellschaftsordnung verwirklichen. Das Bekenntnis zur jüdischen Religion brachte aber oftmals Konflikte mit der sowjetischen Besatzungsmacht und dann mit dem Staatsapparat der 1949 gegründeten Deutschen Demokratischen Republik mit sich. Nach dem Tod Stalins am 5. März 1953 wurden die Maßnahmen gegen Juden in der DDR eingestellt, inhaftierte Gemeindemitglieder freigelassen und die Mehrheit der jüdischen Ex-Parteimitglieder rehabilitiert. Die kleinen Gemeinden erhielten finanzielle Unterstützung für die Erneuerung ihrer Synagogen, zum Unterhalt eines Altersheims und einer koscheren Metzgerei sowie für die Instandhaltung von Friedhöfen.

Von 1961 an erschien das *Nachrichtenblatt* als Informationsorgan der jüdischen Gemeinschaft in der DDR. Das jüdische Leben in der DDR wurde allerdings von einer antiisraelischen Propaganda von staatlicher Seite überschattet, die auch antisemitische Vorurteile mit einschloss. Ende der 80er Jahre zählte die jüdische Gemeinschaft in der DDR nur noch 400 Mitglieder,

Die neue Dresdner Synagoge von 2001 mit dem
Gedenkstein für die 1938 zerstörte Semper-Synagoge.

von denen der Großteil in Berlin lebte. Diese geringe Zahl erklärt
sich dadurch, dass viele Kinder und Enkelkinder jüdischer Rückkehrer in der DDR areligiös und ohne Gemeindeanbindung auf-
wuchsen.

Nach der Wende, am 12. April 1990, wurde dann schließlich
eine Entschuldigung für die »offizielle DDR-Politik gegenüber
dem Staat Israel« beschlossen. Die Mitglieder der Volkskammer
baten zudem die »jüdischen Mitbürger« für die in der DDR erlit-
tene Diskriminierung um Verzeihung. Bis 1989 war in der DDR
keine Rückgabe der von den Nationalsozialisten »arisierten«, also
enteigneten Betriebe und Immobilien an die früheren jüdischen
Eigentümer oder deren Erben erfolgt. Die DDR bekannte sich
erst nach der Wende unter der Regierung Lothar de Maizière
»zur Mitverantwortung für Demütigung, Vertreibung und Ermordung jüdischer Frauen, Männer und Kinder« und »zu dieser
Last der deutschen Geschichte«.

Zuwanderung und Integration seit 1990

Im Jahre 1990 begann die Zuwanderung von Juden aus der Sowjetunion und dann aus ihren Nachfolgestaaten nach Deutschland. Ab April 1990, also in den letzten Monaten der DDR, wurde ein vereinfachtes Verfahren für die Einreise jüdischer Sowjetbürger angewandt. Damit wollte die Regierung der DDR nach der Wende auch dem Unrecht Rechnung tragen, das das SED-Regime dadurch begangen hatte, dass es sich gegenüber dem Judentum jeglicher Verantwortung für eine Wiedergutmachung entzogen hatte. Eine entsprechende Aufforderung an die Modrow-Regierung, jüdischen Sowjetbürgern die bedingungslose Einwanderung in die DDR zu ermöglichen, war am 12. Februar 1990 vom Jüdischen Kulturverein in Berlin vorgetragen worden.

An diese Praxis der letzten DDR-Regierung lehnt sich der Beschluss der Innenministerkonferenz vom 9. Januar 1991 an, gemäß dem das Gesetz über Maßnahmen für im Rahmen humanitärer Hilfsaktionen aufgenommene Flüchtlinge auch auf jüdische Emigranten aus den GUS-Staaten angewandt wird. In den folgenden Jahren wurden diese sogenannten jüdischen Kontingentflüchtlinge auf Bundesländer und Landkreise in Deutschland verteilt. Damit wuchs der Bedarf an jüdischer Infrastruktur (Synagogen, Freizeiteinrichtungen und so weiter) in vielen Landkreisen, in denen es bislang keine jüdischen Gemeinden gegeben hatte.

Allein im Land Brandenburg entstanden acht neue jüdische Gemeinden. Die Jüdische Gemeinde zu Berlin war wegen der Zuwanderung in den 90er Jahren die weltweit am schnellsten wachsende jüdische Gemeinde. 2014 gehörten gut 10.000 Juden der Berliner Jüdischen Gemeinde an. Von ihnen stammten bald 70 Prozent aus den Nachfolgestaaten der ehemaligen Sowjetunion. In den anderen jüdischen Gemeinden in der Bundesrepublik beträgt der Anteil jüdischer Zuwanderer zwischen 90 und 100 Prozent.

Ein Staatsvertrag als Integrationshilfe

Am 27. Januar 2003 wurde ein Staatsvertrag zwischen der Bundesrepublik Deutschland und dem Zentralrat der Juden in Deutschland unterzeichnet. Die Erwartung, dass die Bundesregierung der wachsenden Konsolidierung und dem damit verbundenen neuen Pluralismus innerhalb der jüdischen Gemeinschaft auch in diesem Staatsvertrag Rechnung tragen würde, wurde zwar zunächst enttäuscht. Aber jedenfalls verpflichtete sich die Bundesregierung unter Bundeskanzler Schröder, dem Zentralrat der Juden in Deutschland jährlich einen Betrag von 3 Millionen Euro zu zahlen, um so zur Erhaltung und Pflege des deutsch-jüdischen Kulturerbes, zum Aufbau einer jüdischen Gemeinschaft und zur Erfüllung der integrationspolitischen und sozialen Aufgaben des Zentralrats in Deutschland beizutragen.

Die liberalen jüdischen Gemeinden, die in der Union progressiver Juden organisiert sind, blieben allerdings bei diesem Vertrag außen vor, ungeachtet eines eindeutigen Urteils des Bundesverwaltungsgerichts vom Februar 2002 und einer entsprechenden Beschlussempfehlung des Innenausschusses des Deutschen Bundestags, dass dieser Vertrag der gesamten jüdischen Gemeinschaft zugutekommen sollte. Bei der Erneuerung des Staatsvertrags wurde der Förderbetrag des Bundes 2008 auf jährlich 5 Millionen Euro aufgestockt; inzwischen beläuft er sich auf 10 Millionen Euro im Jahr. Daneben bestehen Staatsverträge auf Länderebene, die dafür sorgen, dass die jüdischen Gemeinden in den jeweiligen Bundesländern finanziell abgesichert sind. Grundsätzlich wird die Integrationsarbeit der jüdischen Gemeinschaft, bei der eine Minderheit von Alteingesessenen eine Mehrheit von Neuankömmlingen aufnehmen soll, vom Bund, den Ländern und Kommunen sowie von zahlreichen karitativen und kirchlichen Organisationen unterstützt.

Die Zuwanderung von Juden aus den Ländern der ehemaligen Sowjetunion wurde bis zum 31. Dezember 2004 durch das Kontingentflüchtlingsgesetz geregelt. Dieses wurde am 1. Januar

2005 durch das neue Zuwanderungsgesetz abgelöst. Seit 1989 sind über 212.000 jüdische Menschen als sogenannte Kontingent-flüchtlinge nach Deutschland gekommen. Etwa die Hälfte von ihnen konnte in die jüdischen Gemeinden Deutschlands inte-griert werde. Viele Zuwanderer, die in der Sowjetunion in einem ethnischen Sinne als Juden galten und deswegen diskriminiert wurden, wurden in Deutschland mit der Tatsache konfrontiert, dass sie keine Kinder einer jüdischen Mutter und damit im reli-gionsgesetzlichen Sinne auch nicht jüdisch sind – wobei das Ber-liner Büro des Weltkongresses russischsprachiger Juden auch die Interessen dieser Zuwanderer vertritt. So fand nur gut die Hälfte der jüdischen Kontingentflüchtlinge in Deutschland Zugang zu einer jüdischen Gemeinde. Nach zwei Generationen in der athe-istischen Sowjetunion hatten viele Einwanderer zudem den Be-zug zu ihren jüdischen Wurzeln völlig verloren und stattdessen eine russische Identität angenommen, an der sie nun festhalten. Die russischsprachigen Zuwanderer müssen sich in Deutschland also in zweifacher Weise integrieren: einerseits in die deutsche Mehrheitsgesellschaft, andererseits in die jüdische Gemeinschaft

Ein Punktekatalog zur Integration
Nach langen Verhandlungen des Zentralrats der Juden und der Union progressiver Juden in Deutschland mit den In-nenministern der Länder über die Neuregelung der jü-dischen Zuwanderung einigte man sich am 1. Juli 2006 auf einen Kompromiss, der eine positive Integrationsprognose voraussetzt. Vor einer Einreiseerlaubnis für die Bundes-republik Deutschland müssen demzufolge auf der Grund-lage eines Punktekatalogs unter anderem Alter, Sprach-kenntnisse und berufliche Qualifikationen bewertet wer-den. Nur wer gemäß diesen Kategorien eine Mindestzahl von 50 Punkten (bei 105 möglichen) erreicht, darf noch mit einer offiziellen Einreiseerlaubnis nach Deutschland kommen. Ausgenommen von dieser Regelung sind Opfer nationalsozialistischer Verfolgung.

Einheit in der Vielfalt

Nach Jahren der Stagnation gibt es heute in Deutschland auch wieder eine religiöse Vielfalt, wie sie für das Judentum typisch ist. Das Spektrum reicht von der orthodoxen Chabad-Lubawitsch-Bewegung über traditionell orthodoxe und konservative Gemeinden hin zu liberalen Gemeinden, von denen ein Großteil der 1997 gegründeten Union progressiver Juden in Deutschland angehört. Viele dieser liberalen Gemeinden werden inzwischen auch vom Zentralrat der Juden in Deutschland mit vertreten.

Der wachsende Pluralismus kommt auch durch die zunehmende Zahl von jüdischen Bildungseinrichtungen zum Ausdruck, darunter die Hochschule für Jüdische Studien in Heidelberg und die Ronald S. Lauder Foundation mit Sitz in Berlin. Seit 1999 bildet das Abraham Geiger Kolleg an der Universität Potsdam Rabbiner aus. 2006 fand erstmals nach der Schoa wieder eine Rabbinerordination in Deutschland statt. Inzwischen bietet das Rabbinerseminar, das zu gleichen Teilen vom Bund, von den Ländern, vom Zentralrat und von der Leo Baeck Foundation finanziert wird, auch eine Kantorenausbildung an.

Im Herbst 2009 wurde schließlich mit Unterstützung des Bundesministeriums für Bildung und Forschung das Ernst Ludwig Ehrlich Studienwerk als jüdisches Begabtenförderungswerk eröffnet. Dieses zwölfte Begabtenförderungswerk des Bundes ist auch Ausdruck dafür, dass die jüdische Gemeinschaft in Deutschland als gesellschaftliche Kraft ihren gleichberechtigten Platz neben den großen Kirchen findet.

In Deutschland sind heute etwa 110.000 Juden und Jüdinnen Mitglied einer Synagogengemeinde. Die jüdische Gemeinschaft in Deutschland ist damit nach denjenigen in Frankreich und Großbritannien die drittgrößte in Europa; sie war in den 90er Jahren sogar die weltweit am schnellsten wachsende Gemeinschaft. Zum Vergleich: In Österreich bekannten sich 2001 bei der Volkszählung 8140 Personen zum jüdischen Glauben. Der Bundesverband Israelitischer Kultusgemeinden in Österreich zählt

*Die langjährige Präsidentin der Israelitischen Kultusgemeinde von
München und Oberbayern, Charlotte Knobloch, ist Schirmherrin des 2009
eröffneten Ernst Ludwig Ehrlich Studienwerks für jüdische Begabtenförderung.*

rund 7300 Mitglieder, davon 6915 in Wien. In der Schweiz gehörten laut Volkszählung im Jahr 2000 17.914 Personen dem jüdischen Glauben an. Von einer wirklichen jüdischen Renaissance
kann aber allein aufgrund dieser Mitgliedszahlen noch keine Rede sein. Die jüngsten demografischen Daten zeigen, dass diese
Zahlen wieder sinken, und Statistiker befürchten, dass es in
knapp 30 Jahren zwei Drittel der jetzigen jüdischen Gemeinden
nicht mehr geben wird.

*Leo Baeck (1873–1956), ein Repräsentant des liberalen deut-
schen Judentums*
»Wir sind fortschrittliche, liberale Juden«, sagte Rabbiner
Leo Baeck einmal, »nicht um des liberalen Judentums willen, sondern um des Judentums als eines großen Ganzen
willen. Liberales Judentum kann seine Stärke nur inmitten
des ganzen Judentums haben, inmitten *klal Jisrael*. Wir wollen keine Partei sein, keine große oder kleine, sondern eine
Bewegung; keine Sekte, sondern eine Kraft innerhalb des
Judentums. Das liberale Judentum sollte das lebendige Gewissen des Judentums sein. Aber wir müssen auch immer
wissen, dass der jüdische Standpunkt erst durch die große

Geschichte geworden ist, die Geschichte der Offenbarung und des
Geistes. Judentum hat seine geschichtlichen Wurzeln, es ruht auf
der Tradition. [...] Verständnis und
Ehrfurcht sollen das Wesen des Liberalen Judentums ausmachen.
Jüdisches Lernen und das Wissen
um den Bund zwischen Israel und
seinem Gott sind die beiden Aufgaben, die dem Judentum unserer
Tage gestellt sind.«[4]
Leo Baeck war eine der großen geistigen Persönlichkeiten des liberalen deutschen Judentums. Der Sohn
von Rabbiner Dr. Samuel Baeck
und dessen Ehefrau Eva wurde in

Rabbiner Leo Baeck.

Lissa (heute Leszno in Polen) geboren. Mit 18 Jahren begann Baeck sein Studium am konservativen Jüdisch-Theologischen Seminar in Breslau und schrieb sich zusätzlich an
der Philosophischen Fakultät der Universität Breslau ein;
1894 setzte er seine Ausbildung an der Hochschule für die
Wissenschaft des Judentums in Berlin fort und studierte
zugleich Philosophie, Geschichte und Religionsphilosophie.
1895 promovierte er bei seinem Förderer Wilhelm Dilthey
(1833–1911) über *Spinozas erste Einwirkungen auf Deutschland*
und trat seine erste Stelle als Gemeinderabbiner im schlesi-
schen Oppeln an.
Für Baeck war religiöser Liberalismus – nicht zu verwechseln mit bloßer Toleranz – gleichzusetzen mit liberalem

---

[4] Zitiert nach Ernst Ludwig Ehrlich, *Leo Baeck, der Mensch und sein Werk*,
in: *Begegnungen. Zeitschrift für Kirche und Judentum*, hrsg. vom Evangelisch-
Lutherischen Zentralverein für Begegnung von Christen und Juden, Nr. 1,
2001.

Konservativismus: dem Bemühen um Bewahrung und eine
Erinnerung, die offen ist für das Neue und dem prophetischen Wort Rechnung trägt: »Denn nicht meine Gedanken
sind eure Gedanken, und nicht eure Wege meine Wege«
(Jes 55,8).

1905 ziehen Baeck und seine Frau Nathalie nach Duisburg.
Im selben Jahr erscheint seine religionsphilosophische Arbeit *Das Wesen des Judentums*, in der er sich auf den pro-
testantischen Theologen Adolf von Harnack (1851–1937)
und dessen Werk *Das Wesen des Christentums* bezieht und
zugleich davon abgrenzt.

Von 1907 an ist Leo Baeck Rabbiner in Düsseldorf; 1912 wird
er als Rabbiner nach Berlin berufen und amtiert in der neu
errichteten Synagoge in der Fasanenstraße. Daneben lehrt
er Homiletik und Midrasch an der Hochschule für die Wissenschaft des Judentums. Während des Ersten Weltkriegs
wird er als Feldrabbiner erst an der West- und dann an der
Ostfront eingesetzt. Zwischen 1919 und 1933 übernimmt
Baeck zahlreiche repräsentative Aufgaben in der Jüdischen
Gemeinde zu Berlin. Er ist für jüdische Fragen im preußischen Kultusministerium zuständig, vermittelt als Vorsitzender des Allgemeinen Deutschen Rabbinerverbandes
zwischen dem orthodoxen und dem liberalen Flügel des
Verbandes und wird 1924 Präsident des deutschen Distrikts
des Unabhängigen Ordens Bne Briss [B'nai B'rith]. Er ist
zudem im Central-Verein deutscher Staatsbürger jüdischen
Glaubens, dem Palästina-Fonds Keren Hajessod, in der Zentralwohlfahrtsstelle der deutschen Juden und für die Jewish
Agency aktiv und wird 1933 Vorsitzender der »Reichsvertretung der Deutschen Juden« (die auf Anordnung der Nationalsozialisten seit September 1935 »Reichsvertretung der
Juden in Deutschland« und seit Februar 1939 »Reichsvereinigung der Juden in Deutschland« heißt und 1943 schließlich von der Gestapo geschlossen wird).

Am 27. Februar 1943 wird Leo Baeck in Berlin verhaftet und

am nächsten Tag in das Konzentrationslager Theresienstadt deportiert. Dort versucht er den Menschen durch Predigten und Vorträge in ihrer hoffnungslosen Situation zu helfen. Er erlebt am 8. Mai 1945 die Befreiung Theresienstadts durch sowjetische Truppen und übersiedelt im Juli 1945 zu der Familie seiner Tochter Ruth nach London. Dort nimmt er sein Amt als Präsident der World Union for Progressive Judaism, das er seit 1938 innehat, wieder wahr und leitet das Council of Jews from Germany. Von 1948 bis 1953 unterrichtet er als Gastdozent am Hebrew Union College – Institute of Jewish Religion in Cincinnati, Ohio.

Baeck hatte schon 1933 die Auffassung ausgesprochen, dass die Geschichte der Juden in Deutschland im Sinne eines kulturellen Miteinanders zu Ende sei, besucht aber dennoch von 1948 an mehrfach die Bundesrepublik und die wiedererstehende jüdische Gemeinschaft. Er betont auch nach der Katastrophe immer wieder, dass hier jüdische Gemeinden bestehen müssten, solange Juden in Deutschland leben. Diese Gemeinden sollten so gut wie möglich sein und dürften sich nicht als von der jüdischen Welt draußen abgeschrieben betrachten. »Die Idee bleibt, um in neuen Formen weiterzuwirken«, schreibt Baeck 1946.

Am 2. November 1956 stirbt Rabbiner Leo Baeck in London. Jüdische Institutionen in aller Welt tragen seinen Namen, und sein Werk wirkt bis heute nach. Es ist das klassische Denkmal einer liberalen jüdischen Theologie des 20. Jahrhunderts.

»Die Bedeutung seiner Persönlichkeit tritt erst ans Licht, wenn man versucht, ihn als einen der großen Lehrer des Judentums zu beschreiben – der er gewesen ist. Nur so ist auch seine Wirkung und Ausstrahlung zu verstehen und die Stärke der Erinnerung, die die Menschen an ihn haben, die mit ihm zusammengetroffen sind. Seine Persönlichkeit enthielt all das, was das Beste des deutschen Judentums in sich aufgenommen und ausgedrückt hat« (Ernst Ludwig Ehrlich).

4.12 Jüdisches Leben in den USA

Die Entwicklung der jüdischen Gemeinschaft in den USA unterscheidet sich vom Schicksal der Juden in Europa so sehr wie die Geschichte der Neuen Welt von der der Alten. Sie ist eine Entwicklung zwischen Integration und Selbstbehauptung. Arthur Hertzberg formuliert es in seiner Chronik *Schalom Amerika!* so: »Die amerikanische Geschichte ist die Saga der Armen, die frei von ständischen Normen eine neue Gesellschaft im neuen Land schufen. […] Die amerikanisch-jüdische Geschichte ist ein Teil davon. Auch sie ist eine Saga der Armen: der jüdischen Armen Europas, ihres beispiellosen Aufstiegs und ihrer neuen jüdischen Identität.«

Das geistige Zentrum des Judentums liegt seit der Schoa in Nordamerika. Im Jahre 2010 lebten in den Vereinigten Staaten laut einem Bericht der University of Connecticut schätzungsweise 6–6,4 Millionen Juden; das entspricht 2,2 Prozent der Gesamtbevölkerung. Der *Pew Research Center Survey of U.S. Jews* von 2013 geht von gut 6,7 Millionen Juden aus, nämlich 5,3 Millionen Erwachsenen und über 1,3 Millionen Kindern.

Die jüdische Immigration in die Neue Welt erfolgte in fünf großen Wellen:

- die Niederlassung sefardischer Juden in Westindien ab 1654
- die Einwanderung deutschsprachiger Juden ab 1820
- die Einwanderung von Juden aus Osteuropa ab 1880
- die Flucht vor den Nationalsozialisten von 1933 bis 1945
- die Einwanderung von Juden aus der damaligen Sowjetunion seit 1970.

Social Action *als jüdisches Markenzeichen*

Anders als etwa in Deutschland ist es in den USA nicht zwingend notwendig, Mitglied einer jüdischen Gemeinde zu sein, um formell als Jude zu gelten und religiös heiraten oder auf einem jüdischen Friedhof bestattet werden zu können. Nur eine Minderheit der amerikanischen Juden gehört tatsächlich einer Synagogengemeinde an; signfikanter als die Zugehörigkeit zu einer Institution ist die ethische Ausrichtung der jüdischen Gemeinschaft. So wie ihr Bildungsstand liegt auch das soziale Engagement der amerikanischen Juden deutlich über dem amerikanischen Durchschnitt. So sind Juden seit der Zeit von Rabbiner David Einhorn (1809–1879), einem glühenden Verfechter der Abschaffung der Sklaverei, überproportional in der amerikanischen Bürgerrechtsbewegung aktiv und unterstützen in großzügiger Weise soziale Belange. Für das Wahlverhalten gilt, dass die amerikanischen Juden seit den Zeiten von Franklin D. Roosevelt und dessen New Deal mehrheitlich liberal eingestellt sind und auf der Seite der Demokraten stehen, auch wenn von Fall zu Fall die Haltung der Präsidentschaftskandidaten zu Israel eine Rolle spielt.

Social Action ist manches Mal an die Stelle der traditionellen religiösen Praxis getreten, entspricht aber als gesellschaftlicher Auftrag der Propheten auch ganz und gar den jüdischen Idealen. Die Reformbewegung hatte bereits in der Erklärung von Pittsburgh 1885 deutlich gemacht, dass die Tora die Quelle universaler Moral und Israels Mission das Engagement für Gerechtigkeit sein solle. Das Religious Action Center of Reform Judaism mit Sitz in Washington widmet sich insbesondere auch dem Kampf gegen Armut.

Religiöser Pluralismus

Die zwei stärksten religiösen Strömungen im amerikanischen Judentum, die Reformbewegung und das konservative Judentum

(Masorti), haben ihre Ursprünge in Deutschland, so wie auch die modern-orthodoxen und chassidischen Gemeinschaften ihre Wurzeln in Mittel- und Osteuropa haben. Die jüngste Richtung im aschkenasischen Judentum, der Rekonstruktionismus, ist hingegen erst in den 1920er Jahren in den USA entstanden. Sein Begründer, Rabbiner Mordechai M. Kaplan (1881–1983), sah im Judentum eine sich stetig ändernde religiöse Zivilisation. Das Ziel des Rekonstruktionismus ist es, eine Erneuerung der Religion und der Werte einzuleiten, zu der sich die Anhänger der unterschiedlichen Richtungen bekennen können; er bezieht dabei auch säkulare Traditionen und kulturelle Errungenschaften mit ein. Der Rekonstruktionismus ging aus dem konservativen Judentum hervor und wurde in den 50er Jahren zur eigenständigen Richtung, die mit dem Reconstructionist Rabbinical College in Philadelphia über ein Rabbinerseminar verfügt und bislang ausschließlich in den USA organisiert ist.

In den 1970er Jahren entstand schließlich die Jewish-Renewal-Bewegung mit starken Querverbindungen zum Rekonstruktionismus und zum Chassidismus. Die spirituellen Führer dieser Bewegung, deren Anhänger sich nicht als eine eigenständige Richtung (»denomination«) verstehen, sondern Impulse für eine umfassende Erneuerung des Judentums geben wollen, sind Zalman Schachter-Shalomi (1924–2014) und Arthur Waskow. Zu ihren führenden Köpfen zählt auch Michael Lerner (geb. 1943), der Herausgeber der Zeitschrift *Tikkun*. Mit ihrer kreativen Spiritualität hat Jewish Renewal auch alle anderen Strömungen beeinflusst. Die Renewal-Bewegung ist seit 1993 in der Alliance for Jewish Renewal (»Aleph«) organisiert und bietet eine eigene unkonventionelle Rabbinerausbildung an.

Geistig verwandt mit dem Rekonstruktionismus und der Renewal-Bewegung sind die Rabbinerseminare Academy for Jewish Religion in Riverdale im Bundesstaat New York und das Hebrew College bei Boston. In gewisser Weise setzt ihr Anspruch einer »Erneuerung« die Tradition der jüdischen Renaissance zu Beginn des 20. Jahrhunderts in Deutschland fort.

Das religiöse Spektrum heute

In seinem letzten *Survey of U.S. Jews: A Portrait of Jewish Americans* von 2013 kam das Pew Research Center zu folgendem Bild: Die erwachsene jüdische Bevölkerung in den USA macht 5,3 Millionen Menschen aus, von denen sich 78 Prozent dem Judentum religiös verbunden fühlen und beispielsweise den Pessach-Seder oder Chanukka feiern. 39 Prozent der amerikanischen Juden leben in einem Haushalt, in dem wenigstens eine Person Mitglied einer Synagogengemeinde ist. 10 Prozent der religiös gebundenen Juden gehören dem orthodoxen Judentum in all seinen Schattierungen an, 18 Prozent dem konservativen Judentum und 35 Prozent der Reformbewegung, während 30 Prozent keinerlei Zugehörigkeit zu einer bestimmten religiösen Richtung oder Denomination angaben. Generell lässt sich sagen: Unter den konservativen Juden sind überdurchschnittlich viele ältere Menschen, während bei den jüdischen Familien unter 35 Jahren das liberale Judentum die vorherrschende Richtung ist. Gut die Hälfte der amerikanischen Juden, die in konservativen Familien aufgewachsen sind, gehören inzwischen anderen Denominationen an, die meisten davon der Reformbewegung. Zur Union of Reform Judaism gehören die mit 75.000 Mitgliedern stärkste jüdisch-religiöse Frauenvereinigung, die 1913 gegründeten Women for Reform Judaism, und die Central Conference of American Rabbis, der mit 2000 Mitgliedern größte rabbinische Berufsverband weltweit. Die konservativen Rabbiner sind in der Rabbinical Assembly organisiert. Für Kantoren gibt es eigene Verbände. Der Bericht stellt auch fest, dass die jüdische Gemeinschaft in den USA älter, ärmer und säkularer wird. Der Anteil der Ehen zwischen Juden und nichtjüdischen Partnern lag 2013 bei 44 Prozent, wobei vier Fünftel der Kinder aus diesen gemischten Ehen nicht als im religiösen Sinne jüdisch erzogen wurden.

4.13 Was heißt »liberal«?

»Ich bin liberaler Rabbiner«, antwortete Georg Salzberger (1882–1975), der Rabbiner der Hauptsynagoge von Frankfurt am Main, als er nach seiner Verhaftung am 13. November 1938 in der Frankfurter Festhalle von einem Sturmbannführer der SA befragt wurde. Von Frankfurt wurde Rabbiner Salzberger in das Konzentrationslager Dachau verschleppt; im April 1939 gelang ihm die Ausreise nach London. Die Reichspogromnacht von 1938 markiert auch den Untergang des liberalen Judentums in Deutschland. Die großen Gemeindesynagogen waren zerstört, und wer irgendwie konnte, versuchte sich noch ins Ausland zu retten. Rabbiner Salzberger amtierte fortan in der Liberal Jewish Synagogue in London, die zu einem Zufluchtsort für Flüchtlinge wurde: »Manchen Besuchern traten Tränen in den Augen, als sie die von Kindheit an gewohnten Lewandowski's'chen Melodien und eine Predigt in der Muttersprache wieder hörten.«

Inzwischen gibt es auch hierzulande wieder zahlreiche liberal ausgerichtete jüdische Gemeinden. Dass sich das liberale Judentum, das weitweit die stärkste religiöse jüdische Bewegung darstellt, in seinem Ursprungsland Deutschland aber immer wieder erklären und gegenüber Ahnungslosigkeit und Besserwissen behaupten muss, zeugt von dem großen Bruch, den Verfolgung und Schoa bedeuten. Umso bedeutsamer war die Teilnahme des deutschen Bundespräsidenten am Festgottesdienst in der liberalen Synagoge Pestalozzistraße in Berlin im November 2010. In diesem Gottesdienst, in dem auch die erste in Deutschland ausgebildete Rabbinerin seit 1935 ordiniert wurde, erinnerte man daran, dass die jüdische Reformbewegung ihren Anfang vor 200 Jahren in Deutschland genommen hatte. Bundespräsident Christian Wulff sagte dazu: »Jüdisches Leben hat auf intensive Weise wieder Wurzeln geschlagen in unserem Land.«

Der chassidische Rabbi Ahron aus Karlin (1802–1872) formulierte einmal: »Wer nicht jeden Tag etwas erneuert, zeigt, dass er auch nichts Altes hat.« Dies ist ein gutes Beispiel dafür, dass im Judentum der Prozess religiöser Innovation nichts Schlechtes ist. Im Judentum heißt diese spirituelle Kreativität *kawana*. Dieses Wort besagt das zwanglose Ausschütten des Menschenherzens vor dem himmlischen Gegenüber. Solche Gebete reiner Innerlichkeit waren gängig bis weit ins 9. Jahrhundert u. Z., als durch das erste jüdische Gebetbuch eine festere Ordnung etabliert wurde. Festlegung und Traditionsbildung sind für das religiöse Leben notwendig, wenn es in der Gemeinschaft stattfinden soll. Und doch ist die religiöse Identität ständig im Fluss. Sie drückt sich als Beziehung aus: zwischen dem Denken der Vergangenheit, der Selbstvergewisserung der eigenen religiösen Gemeinschaft und den Herausforderungen der Gegenwart. Religion muss also immer neu den Brückenschlag leisten zwischen dem Althergebrachten, dem Festgelegten und dem Bleibenden auf der einen Seite und dem notwendigen Wandel, der Aktualisierung, dem Schöpferischen auf der anderen.

Seit der Aufklärung hat sich das Judentum in vier religiöse Grundrichtungen differenziert. Heute ist die World Union for Progressive Judaism mit Sitz in Jerusalem als liberaler Dachverband von 1200 jüdischen Gemeinden mit zwei Millionen Mitgliedern in 42 Ländern die weltweit stärkste religiöse Strömung im Judentum.

Das liberale Judentum glaubt an die Möglichkeit und Notwendigkeit einer Entwicklung der jüdischen Religion in Bezug auf Form und Inhalt, ganz im Sinne der Begründer der jüdischen Reformbewegung im 19. Jahrhundert. Ihre Devise war: »Wir wollen positive Religion.« Die Folgen dieses Appells vor 200 Jahren hat der jüdische Historiker Michael A. Meyer so beschrieben: »Die Gottesdienste sind nun würdiger, es wird eine moralisch erbauliche Predigt in deutscher Sprache gehalten, einige Gebete werden eher auf Deutsch als auf Hebräisch gesprochen, eine Orgel begleitet die Feier, und gewisse Gebete, insbesondere diejenigen, die von der Hoffnung auf die Rückkehr ins Land Israel, vom Wiederaufbau des Tempels in Jerusalem und der Wiedereinführung des Opferdienstes handeln, werden ganz und gar weggelassen.«

Die kastenartige Unterscheidung von Kohanim (Priestern), Leviten und einfachen Israeliten, die sich einst aus dem Tempeldienst ergab, wurde im liberalen Judentum ebenso abgeschafft wie die Notwendigkeit eines *minjan*, eines Quorums von zehn Betern, für den öffentlichen Gottesdienst. Daneben ist vor allem die religiöse Gleichberechtigung von Männern und Frauen kennzeichnend.

Liberale Juden legen großen Wert auf die Einübung von Verantwortung und die persönliche Gewissensentscheidung. Wir müssen selbst im Wissen um die Tradition abwägen, welches Gebot uns im Konfliktfall wichtiger ist. Ist es wichtiger, am Schabbat den öffentlichen Gottesdienst zu besuchen, oder wichtiger, am Schabbat nicht Auto zu fahren? Sollten wir an den Hohen Feiertagen durch den Ruf des Schofarhorns zur Buße angehalten werden, oder ist es besser, das Schofar nicht zu hören, weil es an einem Schabbat nicht getragen werden darf? Sollten wir Gebetstexte der Vergangenheit unangetastet lassen, auch wenn sie schon lange nicht mehr das aussagen, was wir für wahr halten? Und wenn wir sie ändern, dann nur in der deutschen Übersetzung oder auch im hebräischen Originaltext? Für die Lösung dieser und anderer Fragen fordert das liberale Judentum den mündigen und am Wissen interessierten Menschen. Mit »Judentum light« hat das nichts zu tun. Leo Baeck sagte es 1928 so: »Den Orthodoxen macht der Schulchan Aruch vieles leichter, nur scheinbar schwerer: Er hat die fertige Antwort, er hat die fertige Entscheidung; er weiß in jeder Stunde, was er tun soll und wie er es tun soll. Liberal zu sein ist so viel schwerer.«

Leo Baeck steht auch für den Bewusstseinswandel des liberalen Judentums in Bezug auf Erez Jisrael und den jüdischen Staat. Zionismus war dem liberalen deutschen Judentum, aber auch der klassischen jüdischen Reformbewegung im Nordamerika des

19. Jahrhunderts fremd. Baeck aber konstatierte 1927: »Für uns ist Palästina kein Problem mehr, sondern eine Tatsache, die Gott vor uns hingestellt hat«, und folgerte, wie schon zitiert: »Für Palästina gilt die Frage: Wie soll sich dort das jüdische Leben entwickeln: Soll Palästina übergeben werden einerseits der Orthodoxie, andererseits dem russischen Nihilismus? Hier erwachsen dem religiösen Liberalismus wichtige Pflichten.«[1] Diese Sätze sind nach wie vor aktuell.

Heute gibt es hier neben pluralistisch geprägten Einheitsgemeinden wie der Jüdischen Gemeinde zu Berlin auch über 25 liberale jüdische Gemeinden, die zum großen Teil von Zuwanderern aus der früheren Sowjetunion getragen werden. »Dem Indifferentismus gilt der schärfste, der eigentliche Kampf des Liberalismus«, schrieb einst Rabbiner Max Dienemann. Für die gut 212.000 russischsprachigen Zuwanderer jüdischer Herkunft, die seit 1990 nach Deutschland gekommen sind, trifft zu, dass sie meist ohne viel jüdisches Wissen aufgewachsen sind. Die jüdischen Gemeinden müssen sie heute an Formen jüdischer Religiosität heranführen und abwarten, in welche religiöse Tradition sie sich stellen.

Das liberale Judentum fordert von uns Treue: Treue zu den Schriften vergangener religiöser Erfahrung, Treue zu den maßgeblichen Elementen, die unsere Religionsgemeinschaft wesentlich und existenziell ausmachen, und Treue gegenüber der »Wahrheit«, die in unserem eigenen Traditionsgut verborgen ist und immer wieder an neue Generationen überliefert werden muss. Religiöser Pluralismus bedeutet, mit der Koexistenz unterschiedlicher Lesarten fertigzuwerden. Dies gilt innerhalb des Judentums, aber auch darüber hinaus. Deshalb ist es dem liberalen Judentum auch wichtig, die Identität anderer Religionen zu ehren und anzuerkennen. Denn die Tradition lehrt uns: »Gott liebt die Gerechten. Warum? Weil ihre Tugend nichts Ererbtes ist. Selbst ein Heide kann aber ein Gerechter werden. Denn die Ge-

---

[1] Leo Baeck, *Werke*, Bd. 6, 468 f.

Die Synagoge der Liberalen Jüdischen Gemeinde Hannover,
die 2014 750 Mitglieder zählte, wurde 2009 feierlich eröffnet.

rechten kommen nicht aus einem bestimmten Stamm, sie haben sich diesen Vorzug erworben« (*Midrasch Tehillim* zu Psalm 146,8).

Noch nachdem er das KZ Theresienstadt überlebt hatte, äußerte Leo Baeck die Überzeugung, dass das deutsche Judentum noch nicht an sein Ende gekommen sei: »Denen, die dort gelebt haben, die am Leben geblieben und über viele Länder verstreut sind, ist etwas anvertraut worden, was nicht verloren gehen darf: ein Sehnen nach geistigen Dingen, nach dem Menschlichen, Messianischen, nach allem, was groß, schön und harmonisch ist. Dies wertzuschätzen ist zur weltweiten Aufgabe aller Juden geworden.« Das Menschliche wiederum definiert Baeck so: »Im sozialen Gedanken werden die Menschen zur Menschheit.« Es ist dieser soziale Auftrag der Propheten, der liberales Judentum bis heute prägt. Liberales Judentum in Deutschland, das ist Tradition im Einklang mit der Moderne.

KAPITEL 5: IM GESPRÄCH

5.1 Juden und Christen

»Wir sind Erben einer langen Geschichte von gegenseitiger Verachtung unter den Religionen und Konfessionen, von religiösem Zwang, Streit und Verfolgung« – so charakterisiert der jüdische Religionsphilosoph Abraham Joshua Heschel (1907–1972) das Verhältnis von Juden und Christen.

Allein schon durch die Hebräische Bibel und den Juden Jesus von Nazareth sind Judentum und Christentum unlösbar miteinander verbunden. Die Abgrenzung voneinander erfolgte aber von beiden Seiten: Mit der Entstehung des Christentums, die zeitlich mit der Zerstörung des Zweiten Tempels verbunden ist, formierte sich auch das Judentum in einer Art Gegenbewegung neu; es entstand das rabbinische Judentum. Das Verhältnis von Kirche und jüdischer Gemeinschaft war zunächst von geschwisterlicher Rivalität geprägt, bis sich das Christentum seit Konstantin dem Großen (gestorben 337) als eine Staatsreligion gegen das Judentum durchsetzte.

Die weit verbreitete Vorstellung, dass das Judentum die ältere, ja reinere Religion sei, auf der das Christentum aufbaue, trifft genau genommen nicht zu. Aus den vielfältigen Wechselbeziehungen zwischen Judentum und Kirche ergaben sich einerseits immer wieder Abgrenzungen des rabbinischen Judentums vom frühen Christentum, andererseits aber auch viele kulturelle Anleihen der jüdischen Minderheit bei der christlich geprägten Mehrheitsgesellschaft.

Wenn Kirchengemeinden heute das jüdische Pessach-Fest feiern und sich bei diesem Seder in der Tradition der frühen Christen sehen, so verkennen sie dabei die historische Entwicklung des Judentums. Die Grundform des Seders, wie er heute gefeiert wird, hat sich bis zum 9. Jahrhundert entwickelt und ist quasi eine rabbinische Neuschöpfung. Eine Annäherung an den historischen Jesus ist über die Imitation jüdischer Rituale nicht möglich (und für viele christliche Theologen auch unstatthaft).

Dass in der Pessach-Haggada, die die Geschichte vom Auszug des jüdischen Volkes aus Ägypten erzählt, Mose namentlich gar nicht vorkommt, ist auch in einer deutlichen Abgrenzung vom Christentum begründet: Anders als die Christen bedürfen die Juden in ihrem unmittelbaren Verhältnis zu Gott keiner Mittlergestalt, wie sie Jesus von Nazareth darstellt. Die Fragen nach der Messianität und Göttlichkeit Jesu sind das, was Juden und Christen am deutlichsten voneinander trennt.

Die Entwicklung des Israel-Sonntags, den die evangelischen Kirchen am zehnten Sonntag nach Trinitatis begehen, macht die Problematik der Geschichte der Kirche in ihrem Verhältnis zum Judentum deutlich: Seit dem 16. Jahrhundert wurde dieser Sonntag als Gedenktag der Zerstörung Jerusalems gefeiert, im 19. Jahrhundert warb und sammelte man an diesem Tag für die Mission unter Jüdinnen und Juden. Nach der Schoa gestalten viele Kirchengemeinden diesen Tag als Bußtag oder als Tag des christlich-jüdischen Dialogs.

■ 1. Juden und Christen in Spätantike und Mittelalter ■

Bis in das Mittelalter hinein war es keineswegs so, dass Christen allein als die geistigen Aggressoren auf der einen Seite und Juden ausschließlich als die verfolgte Minderheit auf der anderen Seite auftraten. So konnten sich weder der Apostel Paulus noch der Patriarch von Konstantinopel und Kirchenlehrer Johannes Chrysostomos mit ihrer plakativen Ausdrucksweise und ihrem Konfrontationskurs allgemein durchsetzen.

Johannes Chrysostomos (gestorben 407) bezeichnete die Juden in seinen polemischen Predigten als Verrückte, Gotteslästerer und Schweine; Papst Gregor der Große (gestorben 604) garantierte den Juden hingegen freie Religionsausübung und rechtliche Gleichstellung, denn »wir sind als Hirten eingesetzt, nicht als Verfolger«. Papst Alexander II. (gestorben 1073) setzte fest: Die Juden sind zu schützen, und ihr Blut ist nicht zu vergießen. Später wurde diese Schutzpflicht sogar verbindliches Kirchenrecht. In der Folgezeit erließ über vier Jahrhunderte hin jeder Papst eine spezielle Schutzbulle, die die Juden allerdings als Minderheit kennzeichnete, also als Gruppe minderen Rechts.

Marcion (geboren um 85), der von 135 an in Rom lebte, war der erste Theologe, der systematisch einen Unterschied zwischen dem Gott der Juden und dem der Christen definierte. Er stellte einem guten Gott der Liebe des Neuen Testamentes, den Jesus von Nazareth als Vater beschrieb, einen bösen Gott des Alten Testaments beziehungsweise der Hebräischen Bibel gegenüber, der für Schöpfung, Gesetz und Gericht verantwortlich sei. Infolgedessen lehnte Marcion das gesamte Alte Testament ab, da es einen Gott des Gesetzes verkünde. Marcion wurde noch zu Lebzeiten von der römischen Kirche exkommuniziert, seine Lehre wurde aber später von den sogenannten Deutschen Christen im Dritten Reich wieder aufgegriffen.

Gegen Juden gerichtete Streitschriften, die sogenannten »Adversus-Judaeos-Texte«, haben in der christlichen Literatur eine lange Tradition. Der antike Autor und Marcion-Gegner Tertullian (um 150 – um 230) verfasste einen Traktat, der sich gegen die Weigerung der Juden richtete, Jesus als den Messias anzuerkennen. Was bei den frühen Kirchenvätern wie dem in Rom wirkenden Apologeten, Philosophen und Märtyrer Justin (gestorben um 165) in seinem *Dialog mit dem Juden Tryphon* noch eine dialogisch angelegte Kontroverse um die Messianität Jesu war, wurde in mittelalterlichen Disputationen über die Religion (wie beispielsweise denen von Barcelona 1263 oder Tortosa 1413/14) schließlich zu einem christlichen Kampfinstrument gegen das nachbiblisch gewachsene jüdische Messiasverständnis. Für das 9. und 10. Jahrhundert ist aber auch belegt, dass jüdische Gelehrte die damaligen christlichen Glaubensüberzeugungen kannten und ihren Glaubensgenossen zu vermitteln versuchten. Die Kreuzzüge machten dieser ersten theologischen Auseinandersetzung aber ein jähes Ende. Von 1096 an lautete die ideologische Kurzformel im Umgang mit den Juden: »Taufe oder Tod«. Die christlichen Kreuzfahrer, die Palästina von Ungläubigen befreien wollten, begannen damit im Rheinland, und es kam zu Überfällen, Plünderungen und vielfachem Mord. Manche Bischöfe und Priester gerieten angesichts dieser Gräueltaten in Gewissenskonflikte, denn der Zwang zur Taufe widersprach dem kanonischen Recht.

Unter dem abwertenden Schlagwort »Spätjudentum«, mit dem die christliche Theologie das Judentum der nachexilischen Zeit bezeichnete, wurde immer wieder behauptet, dieses Judentum sei nichts mehr als Abfall vom Baume der Prophetie. Im deutschen Sprachraum entstand schließlich seit dem 14. Jahrhundert ein argumentatives Schrifttum gegen die Juden. Dabei ging es aber weniger um eine antijüdische Agitation als um den Versuch einer argumentativen Verteidigung des christlichen Glaubens gegenüber dem Judentum.

2. Juden und Christen nach der Reformation

Zur Geschichte der christlichen Judenfeindschaft gehört auch der »treue Rat« des Reformators Martin Luther (1483–1546), »dass man ihre Synagogen oder Schulen mit Feuer anstecke«. Luther trat zunächst mit seiner Schrift *Dass Jesus Christus ein geborener Jude sei* (1528) gegen die Judenfeindschaft auf, die weder der christlichen Lehre noch den Regeln für ein christliches Leben entspreche, und wandte sich auch gegen das Vorurteil von den jüdischen Gottesmördern. In einem seiner Passionslieder heißt es denn auch: »Unsere große Sünde und schwere Missetat Jesum, den wahren Gottessohn, ans Kreuz geschlagen hat. Darum wir dich, armer Judas, dazu der Juden Schar nicht feindlich dürfen schelten, die Schuld ist unser gar.« Luthers Haltung änderte sich aber radikal, als er erkennen musste, dass auch die neue lutherische Form der christlichen Verkündigung keineswegs dazu führte, dass sich die Juden nun zum Christentum bekehrten. Diese Bekehrung wäre aber ein willkommener Beweis für die Richtigkeit der lutherischen Theologie gegenüber der traditionellen römischen Lehre gewesen. 1543 formuliert der Reformator aus Zorn über den vermeintlich bösen Willen der Juden in seiner Schrift *Von den Juden und ihren Lügen*, der Grundfehler der Juden sei ihr Glaube, dass ihre Erwählung sie bereits vor Gott rechtfertige.

In einer Bußpredigt griff Luther die traditionelle antijüdische Polemik auf: Die Juden seien alle verstockt, blutdürstig, rachsüchtig, geldgierig, leibhaftige Teufel (und dergleichen mehr), die die christliche Jugend wider besseres Wissen verführten und auf einen rein weltlichen Erlöser warteten. Jedem Christenmenschen, der sich in irgendeiner Form mit Juden einlasse, drohte Luther nun mit Fegefeuer und ewiger Verdammnis.

Die Resonanz auf diese Ausfälle war groß, und der Leipziger Thomaskantor und Komponist Johann Sebastian Bach (1685–1750) wurde mit den Judenchören in seiner Johannes-Passion zum Gestalter lutherischer Judenpolemik.

Auch der Genfer Reformator Johannes Calvin (1509–1564) neigte zu judenfeindlichen Stereotypen. Er schrieb 1561: »Oft habe ich mit vielen Juden gesprochen, niemals [aber] einen Tropfen Frömmigkeit, ein Körnchen Wahrheit oder Geisteskraft [bei ihnen] wahrgenommen. Ja, ich habe sogar nichts an gesundem Menschenverstand jemals bei irgendeinem Juden entdeckt.«[1] Calvin teilte die Auffassung, dass Gott die Juden mit Blindheit geschlagen habe und deshalb nur bei einzelnen Juden Hoffnung auf eine Bekehrung bestehe. Das größte Hindernis für diese Bekehrung sah er in der jüdischen Schriftauslegung, durch die das christologische Verständnis der Hebräischen Bibel unterdrückt werde. Erst der Pietismus stellte die harsche Verurteilung der Juden durch Luther und Calvin infrage. Ein Beispiel für diese

---

[1] *Calvini Opera*, Bd. 40 (Corpus Reformatorum 68), 605.

Wende sind die Überlegungen von Philipp Spener (1635–1705) in seiner Programmschrift *Pia Desideria* von 1675: »Wie können wir Christen der Treue Gottes gewiss sein, wenn wir den entscheidenden Erweis dieser Treue in Gestalt der bleibenden Erwählung seines Volkes Israel leugnen?«

Im 19. Jahrhundert bildeten sich schließlich die religiösen, ökonomischen und psychosozialen Voraussetzungen für den modernen Antisemitismus heraus. Der Theologe Friedrich Schleiermacher (1768–1834) sprach dem Judentum die bleibende Erwählung ab: »Das Christentum steht zwar in einem besonderen geschichtlichen Zusammenhange mit dem Judentum; was aber sein geschichtliches Dasein und seine Abzweckung betrifft, so verhält es sich zu Judentum und Heidentum gleich.« Der Philosoph Johann Gottlieb Fichte (1762–1814) wollte den Juden Menschenrechte zugestehen, wandte sich dabei aber gegen ihre rechtliche Gleichstellung: »Aber ihnen Bürgerrechte zu geben, dazu sehe ich wenigstens kein Mittel als das, ihnen allen die Köpfe abzuschneiden und ihnen andere aufzusetzen, in denen auch nicht eine jüdische Idee ist.« Der Historiker Heinrich von Treitschke (1834–1896) prägte schließlich 1878 die Parole »Die Juden sind unser Unglück!«, während der Berliner Hofprediger Adolf Stoecker (1835–1909) sich rühmte, derjenige gewesen zu sein, »der die Judenfrage aus dem literarischen Gebiet in die politische Praxis der Volksversammlungen eingeführt hat«.

3. Juden und Christen im »Dritten Reich«

Der Flensburger Pastor Friedrich Andersen (1860–1940), einer der Vordenker der nationalistisch ausgerichteten Deutschen Christen im Dritten Reich, wurde unter dem Einfluss von Houston Stewart Chamberlain (1855–1927), dem späteren Schwiegersohn des Komponisten Richard Wagner, zum Rasse-Antisemiten. Andersen forderte 1904 die Abschaffung des Alten Testaments und »aller jüdischen Trübungen der reinen Jesuslehre« und berief sich in Auseinandersetzungen mit den Kirchenbehörden auf das Marcion-Buch des renommierten Berliner Theologen Adolf von Harnack. Infolge der »Entjudaisierung« Christi im 19. und zu Beginn des 20. Jahrhunderts bildeten sich sogar Theorien heraus, in denen Jesus von Nazareth eine sogenannte arische Herkunft zugeschrieben wurde. Das judenfeindliche Gedankengut von Martin Luther kam im »Dritten Reich« erneut zum Tragen. So schrieb der Thüringer Landesbischof Martin Sasse, ein führendes Mitglied der Deutschen Christen, kurz nach den nationalsozialistischen Novemberpogromen 1938: »Am 10. November, an Luthers Geburtstag, brennen in Deutschland die Synagogen […] In dieser Stunde muss die Stimme des Mannes gehört werden […], der der größte Antisemit seiner Zeit geworden ist.«

Im »Dritten Reich« leistete die Bekennende Kirche zwar Widerstand gegen das Naziregime und die Deutschen Christen, interessierte sich bis auf wenige Ausnahmen aber nicht für die Juden. Selbst getaufte Juden wurden von den Kirchen weitgehend im Stich gelassen. Eine Ausnahme war Pfarrer Heinrich Grüber, der 1938 in Berlin eine Hilfestelle für evangelische Rasseverfolgte einrichtete, um Christen jüdischer Herkunft eine Anlaufstelle und Schutz vor der Verfolgung durch die Nationalsozialisten zu bieten. Das »Büro Grüber« kümmerte sich von 1938 bis 1940 mit bis zu 40 Mitarbeitern um Christen jüdischer Herkunft. Mehr als 1100 zum Christentum konvertierte Juden und deren Ehegatten oder Nachkommen konnten dank dieses Einsatzes aus Deutschland emigrieren. Der evangelische Theologe Dietrich Bonhoeffer (1906–1945) nannte die Haltung der Bekennenden Kirche zur sogenannten Judenfrage »Leisetreterei«. Er wurde schließlich wegen seiner Beteiligung am Widerstand gegen das NS-Regime von den Nationalsozialisten inhaftiert und am 9. April 1945 im Konzentrationslager Flossenbürg hingerichtet. In seiner Gefängniszelle schrieb er: »Wer zu schnell und zu direkt neutestamentlich sein und empfinden will, ist meines Erachtens kein Christ. Gibt es im Alten Testament die Frage nach dem Seelenheil überhaupt? Ist nicht die Gerechtigkeit und das Reich Gottes auf Erden der Mittelpunkt von allem?«

Die Haltung der katholischen Kirche sorgt noch immer für Diskussionen. Ernst Ludwig Ehrlich sagt dazu: »Der Vatikan hat sich vor und nach Kriegsausbruch für die Juden so wenig interessiert wie das Internationale Komitee vom Roten Kreuz (IKRK). Dem Schicksal der Juden gegenüber herrschte eine gewisse Gleichgültigkeit. Der eigentliche Feind war nicht der Nazismus, sondern der Bolschewismus.«[2]

Das grausame Schicksal der inzwischen heiliggesprochenen Nonne Edith Stein (1891–1942), die in Auschwitz wegen ihrer jüdischen Herkunft ermordet wurde, zeigt am Beispiel einer einzigen Person die tragische Hilflosigkeit der Kirche gegenüber dem nationalsozialistischen Terror. Auch wenn Pius XII. sich in seiner Weihnachtsansprache 1942 auf den Mord an den europäischen Juden bezogen haben wird, als er sagte: »Dieses Gelöbnis schuldet die Menschheit den Hunderttausenden, die persönlich schuldlos bisweilen nur um ihrer Volkszugehörigkeit oder Abstammung willen dem Tode geweiht oder fortschreitender Verelendung preisgegeben sind«, so kam ihm das Wort »Juden« dabei nicht über die Lippen. Die Wirkung seiner Worte wurde zudem durch zahlreiche Relativierungen wieder abgeschwächt. Von dem damaligen britischen Gesandten beim Heiligen Stuhl, Francis Osborne, ist überliefert, dass »eine solch umfassende Verurteilung, die ebenso gut das Bombardement deutscher Städte gemeint haben könnte, nicht dem entspricht, was die englische Regierung erbeten hat«. Papst Benedikt XVI. sah das anders: Nur ein »schweigend« handelnder Papst habe im Zweiten Weltkrieg Juden retten können.

---

[2] Ernst Ludwig Ehrlich in einem Brief vom 27. Juni 1951 an Franz Schürholz (Dossier Franz Schürholz, Stiftung Gedenkstätte Deutscher Widerstand, Berlin).

4. Die evangelische Kirche nach der Schoa

Im »Stuttgarter Schuldbekenntnis« der evangelischen Kirche vom Herbst 1945 wurden die Juden mit keinem Wort erwähnt. In der katholischen Kirche sah es nicht anders aus. Es kam zu keinem allgemeinen Schuldbekenntnis, also auch nicht gegenüber den Juden. Der spätere Bundeskanzler Konrad Adenauer resümierte am 23. Februar 1946 in einem Brief: »Nach meiner Meinung trägt das deutsche Volk und tragen auch die Bischöfe und der Klerus eine große Schuld an den Vorgängen in den Konzentrationslagern. Das deutsche Volk, auch Bischöfe und Klerus zum großen Teil, sind auf die nationalsozialistische Agitation eingegangen. Es hat sich fast widerstandslos, ja zum Teil mit Begeisterung gleichschalten lassen. Darin liegt seine Schuld.«[3]

Die Grundlagen für eine europaweite christlich-jüdische Zusammenarbeit wurden 1947 auf einer Dringlichkeitskonferenz gegen den Antisemitismus in Seelisberg im Schweizer Kanton Uri geschaffen. Hier wurde versucht, durch zehn einfache, auf historischen Tatsachen beruhende Thesen die ärgsten theologischen Vorurteile über die Juden und das Judentum abzubauen und der Frage nachzugehen, wie das Judentum im christlichen Religionsunterricht behandelt werden sollte. Auf Initiative der amerikanischen Besatzungsmacht wurde ferner im August 1947 die Gründung deutscher Gesellschaften für christlich-jüdische Zusammenarbeit vereinbart. Ihre Arbeit sollte mit einer langfristigen Umerziehung der Deutschen zu am amerikanischen Vorbild orientierten Demokraten einhergehen.

Die deutschen Kirchen sahen schließlich ein, dass sie selbst keineswegs nur Opfer des NS-Regimes gewesen waren, sondern dass sie oftmals auch auf der Seite der Täter gestanden hatten, indem sie die Geringschätzung des Judentums zugelassen, ja ge-

---

[3] Brief Konrad Adenauers vom 23. Februar 1946 an Bernhard Custodis, Bonn; vgl. http://www.konrad-adenauer.de/dokumente/briefe/brief-custo dis (25.07.2015).

fördert hatten. Diese Einsicht führte zu einer selbstkritischen Rückfrage an ihre eigene theologische Position gegenüber dem Judentum und zu einer Rückbesinnung auf die gemeinsamen religiösen Wurzeln. Die Erklärung der Synode der Evangelischen Kirche Deutschlands in Berlin-Weißensee vom April 1950 steht für dieses neue Nachdenken. Darin heißt es: »Wir sprechen es aus, dass wir durch Unterlassen und Schweigen vor dem Gott der Barmherzigkeit mitschuldig geworden sind an dem Frevel, der durch Menschen unseres Volkes an den Juden begangen worden ist.« Und weiter: »Wir glauben, dass Gottes Verheißung über das von ihm erwählte Volk Israel auch nach der Kreuzigung Jesu Christi in Kraft geblieben ist.« Dies waren wegweisende Worte, die allerdings erst 1975 in der Studie *Christen und Juden I* der EKD zur Gänze umgesetzt werden sollten.

Die Evangelische Kirche in Hessen und Nassau bezog 1966 die Theologische Erklärung von Barmen in ihren Grundartikel ein und ergänzte sie durch ein neues Zeugnis im Blick auf das christliche Verständnis der Erwählung des Judentums und des Bundes Gottes mit ihm. Demnach steht das Bekenntnis zu Jesus Christus der Erwählung und dem Bund Gottes mit dem jüdischen Volk nicht entgegen. Bemerkenswert war auch die Erklärung der Rheinischen Landessynode vom Januar 1980, die fordert, aus »geschichtlicher Notwendigkeit« »ein neues Verhältnis der Kirche zum jüdischen Volk zu gewinnen«. Jesus von Nazareth wurde quasi kontextualisiert; seine Bergpredigt wird seither offiziell als ein Stück jüdischen Lehrgutes verstanden, das sich organisch in die Tradition des rabbinischen Judentums einfügt. Die Württembergische Landessynode von 1988 griff in ihrer Beschreibung des Verhältnisses von Christen und Juden ein Bild des Apostel Paulus auf: »Nicht du trägst die Wurzel, sondern die Wurzel trägt dich« (Röm 11,18). Hier kommt deutlich der Gedanke vom ungekündigten Bund zum Ausdruck, wie ihn Paulus in Röm 11,29 formuliert. Dieser Gedanke war in der christlichen Theologie viele Jahrhunderte lang verschüttet gewesen.

Eine organisierte, auf Bekehrung zielende Mission gegenüber

Juden findet in der Evangelischen Kirche in Deutschland offiziell nirgends statt. Wohl aber gibt es das Glaubensgespräch auch mit Juden. Die Evangelikalen halten indes an der Judenmission fest. Die Deutsche Evangelische Allianz hat ihre Position erst im September 2008 bekräftigt: »Gott ruft Gläubige auf, das Evangelium in die Welt zu tragen. Jeder muss diese Botschaft hören – auch das jüdische Volk.« Besonders problematisch ist, dass das jüdisch-messianische Missionswerk eng mit der Deutschen Evangelischen Allianz verbunden ist.

5. Die katholische Kirche nach der Schoa

Im Oktober 1965 verabschiedete das Zweite Vatikanische Konzil eine Erklärung über das Verhältnis der katholischen Kirche zu den nichtchristlichen Religionen, die den Titel *Nostra Aetate* (»In unserer Zeit«) trägt. Seit dieser Erklärung haben sich Juden und römisch-katholische Christen besser kennen und verstehen gelernt, zahlreiche alte Missverständnisse und Vorurteile abgebaut und bei aller Verschiedenheit auch viele Gemeinsamkeiten entdeckt. Zwanzig Jahre nach *Nostra Aetate* veröffentlichte die Päpstliche Kommission für die religiösen Beziehungen zum Judentum 1985 ihre *Hinweise für eine richtige Darstellung von Juden und Judentum in der Predigt und in der Katechese der katholischen Kirche:* »Die religiöse Unterweisung, die Katechese und die Predigt müssen nicht nur zu Objektivität, Gerechtigkeit und Toleranz erziehen, sondern zum Verständnis und zum Dialog. Unsere beiden Traditionen sind miteinander so verwandt, dass sie voneinander Kenntnis nehmen müssen. Man muss gegenseitige Kenntnis auf allen Ebenen fördern.«

Papst Johannes Paul II. setzte die Konzilsgedanken in Worten und Taten um, als er 1986 als erster Papst in Rom eine Synagoge besuchte. Er bewertete die Bedeutung seines Besuches so: »Man muss sagen, dass der eingeschlagene Weg sich noch in seinem Anfang befindet und dass es daher zu den bereits von beiden Seiten unternommenen noch vieler weiterer Anstrengungen bedarf, um jede Ausdrucksweise anzupassen und dadurch immer und überall uns und den andern das wahre Antlitz der Juden und des Judentums wie auch das der Christen und des Christentums zu präsentieren, und das auf allen Ebenen der Mentalität, der Lehre und der Kommunikation.« Der Papst formulierte, dass die Juden »bevorzugte Brüder und in gewisser Weise ältere Brüder« seien, und stellte fest, dass jede Rechtfertigung von diskriminierenden Maßnahmen oder gar von Verfolgungen, auch mit angeblichen theologischen Argumenten, keine Grundlage habe: »Es ist auch nicht legitim, die Juden als ›verstoßen und verflucht‹ zu bezeichnen, als ob solche Äußerungen aus der Bibel abgeleitet werden könnten. Es bleibt dabei, dass die göttliche Verheißung unwiderruflich ist«. Als der Papst 2000 Israel besuchte, hinterlegte er an der Westmauer des Jerusalemer Tempelbergs eine Bitte um Vergebung: »Gott unserer Väter, du hast Abraham und seine Nachkommen auserwählt, deinen Namen zu den Völkern zu tragen. Wir sind zutiefst betrübt über das Verhalten aller, die im Laufe der Geschichte deine Söhne und Töchter leiden ließen. Wir bitten um Verzeihung und wollen uns dafür einsetzen, dass echte Brüderlichkeit herrsche mit dem Volk des Bundes.«

Zu den wichtigsten Erträgen der Diskussionen, die die Erklärung *Nostra Aetate* ausgelöst hat, zählen die Anerkennung christlicher Schuld, die Wiederentdeckung der theologischen Aussage über den nie gekündigten Bund Gottes mit Israel und die Betonung der immerwährenden Bedeutung des Judentums als eines eigenständigen Heilswegs, der nicht auf das Niveau einer Vorstufe oder das einer bloßen Ankündigung des Christentums reduziert werden darf. Damit sollte eigentlich auch die Frage nach einer Missionierung von Juden hinfällig geworden sein, ganz im Sinne von Johannes Paul II.: »In vollem Bewusstsein der zwischen ihnen bestehenden Bande wünscht jede Gemeinschaft, in ihrer eigenen Identität anerkannt und respektiert zu werden, außerhalb jeglichen Synkretismus und jeglicher zwielichtigen Appropriation.«

Im Unterschied zu Johannes Paul II. waren für Papst Benedikt XVI. die Juden gerade nicht »unsere älteren Brüder«, sondern lediglich »Brüder aus dem jüdischen Volk, mit dem wir durch ein großes gemeinsames geistliches Erbe verbunden sind«. Das vatikanische Staatssekretariat sprach 2008 nunmehr von den Juden als dem »Stamm Abrahams« und stellte ihm das »Volk des Neuen Testaments« gegenüber. Die Frage nach der Priorität ist hinfällig geworden. Die Neuformulierung der Karfreitagsfürbitte durch Benedikt XVI. stellte einen Bruch mit der nachkonziliaren katholischen Theologie dar. Der vom Papst autorisierte neue Text, eigentlich als Kompromiss gedacht, lautet in deutscher Übersetzung: »Lasst uns auch beten für die Juden. Dass unser Gott und Herr ihre Herzen erleuchte, damit sie Jesus Christus erkennen, den Heiland aller Menschen. Allmächtiger, ewiger Gott, der du willst, dass alle Menschen gerettet werden und zur Erkenntnis der Wahrheit gelangen [vgl. 1 Tim 2,4], gewähre gnädig, dass beim Eintritt der Fülle aller Völker in deine Kirche ganz Israel gerettet wird [vgl. Röm 11,25–26]. Darum bitten wir durch Christus, unseren Herrn.«

Die Tatsache, dass der Papst eine eigene Formulierung gefunden hat, anstatt die lateinische Version der Fürbitte von 1970 vorzuschreiben, lässt nur den Schluss zu, dass die neue Fürbitte in ihrer Aussage der spezifischen Theologie von Benedikt XVI. entspricht. Damit ist auch eine bedenkliche theologische Akzentverschiebung verbunden. Selbst wenn der Text nur die endzeitliche Hoffnung der Kirche ausdrücken sollte, so wird der jüdische Glaube in dieser Fürbitte als defizitär bezeichnet.

Schon die vereinfachte Zulassung des vorkonziliaren Missale von 1962 mit der darin enthaltenen alten Version der Karfreitagsfürbitte hatte für große Verstimmung in der jüdischen Gemeinschaft gesorgt. Diese Enttäuschung wurde durch die Neufassung durch den Papst im Februar 2008 noch weiter verstärkt. Schien eine Judenmission nach der Fürbitte des ordentlichen

Ritus von 1970 nicht mehr möglich, so ist sie in der neuen Fürbitte nicht ausgeschlossen. Die Abwendung von der Annahme,
die Juden bedürften Jesu als ihres Heilandes, ist aber die Grundlage für einen Dialog auf gleicher Augenhöhe. In jüngster Zeit ist
in der katholischen Kirche auch von einer Gleichzeitigkeit von
Dialog und Mission die Rede, obwohl Dialog Begegnung bedeuten muss, nicht Bekehrung.

6. »Redet Wahrheit«

Zu den Lichtblicken im interreligiösen Dialog im Gefolge des
Zweiten Vatikanischen Konzils gehört die Erklärung *Dabru Emet*
(»Redet Wahrheit«), eine jüdische Stellungnahme zu Christen
und Christentum, die im September 2000 im Namen des National
Jewish Scholars Project von vier amerikanischen jüdischen Gelehrten – Tikva Frymer-Kensky (University of Chicago), David
Novak (University of Toronto), Peter Ochs (University of Virgi-
nia) und Michael Signer (University of Notre Dame) – initiiert
und von weiteren 200 jüdischen Wissenschaftlern und Rabbinern unterzeichnet wurde.

In dieser Stellungnahme heißt es eingangs: »In den vergangenen Jahren hat sich ein dramatischer und beispielloser Wandel in
den christlich-jüdischen Beziehungen vollzogen. Während des
fast zwei Jahrtausende andauernden jüdischen Exils haben Christen das Judentum zumeist als eine gescheiterte Religion oder bes-
tenfalls als eine Vorläuferreligion charakterisiert, die dem Christentum den Weg bereitet habe und in ihm zur Erfüllung
gekommen sei. In den Jahrzehnten nach dem Holocaust hat sich
die Christenheit jedoch dramatisch verändert. Eine wachsende
Zahl kirchlicher Gremien, unter ihnen sowohl römisch-katholische als auch protestantische, haben in öffentlichen Stellungnahmen ihre Reue über die christliche Misshandlung von Juden
und Judentum ausgedrückt. Diese Stellungnahmen haben zudem

erklärt, dass christliche Lehre und Predigt reformiert werden können und müssen, um den unverändert gültigen Bund Gottes mit dem jüdischen Volk anzuerkennen und den Beitrag des Judentums zur Weltkultur und zum christlichen Glauben selbst zu würdigen. Wir sind davon überzeugt, dass diese Veränderungen eine wohlbedachte jüdische Antwort verdienen. Als eine Gruppe jüdischer Gelehrter unterschiedlicher Strömungen – die nur für sich selbst spricht – vertreten wir die Überzeugung, dass es für Juden an der Zeit ist, die christlichen Bemühungen um eine Würdigung des Judentums zur Kenntnis zu nehmen. Wir meinen, es ist für Juden an der Zeit, über das nachzudenken, was das Judentum heute zum Christentum zu sagen hat. Als einen ersten Schritt wollen wir in acht kurzen Punkten erläutern, auf welche Weise Juden und Christen miteinander in Beziehung stehen können.«

Diese acht Punkte, die im Text der Stellungnahme noch erläutert werden, sind:

- Juden und Christen beten den gleichen Gott an.
- Juden und Christen stützen sich auf die Autorität ein und desselben Buches – der Bibel (das die Juden »Tanach« und die Christen das »Alte Testament« nennen).
- Christen können den Anspruch des jüdischen Volkes auf das Land Israel respektieren.
- Juden und Christen anerkennen die moralischen Prinzipien der Tora.
- Der Nationalsozialismus war kein christliches Phänomen.
- Der nach menschlichem Ermessen unüberwindbare Unterschied zwischen Juden und Christen wird nicht eher ausgeräumt werden, bis Gott die gesamte Welt erlösen wird, wie es die Schrift prophezeit.
- Ein neues Verhältnis zwischen Juden und Christen wird die jüdische Praxis nicht schwächen.
- Juden und Christen müssen sich gemeinsam für Gerechtigkeit und Frieden einsetzen.

Neben dem Deutschen Koordinierungsrat der Gesellschaften für Christlich-Jüdische Zusammenarbeit ist es vor allem die Aktion Sühnezeichen Friedensdienste (ASF), die sich bundesweit und auch auf internationaler Ebene für Begegnung, Dialog und einen Perspektivwechsel einsetzt.

7. Der jüdische Jesus

Der britische Judaist und Kirchenhistoriker William Horbury beschreibt in dem Lexikon *Die Religion in Geschichte und Gegenwart* die jüdische Position gegenüber Jesus von Nazareth so: »Es gibt kein einheitliches Bild von Jesus Christus; man kann das Judentum darstellen, ohne ihn überhaupt zu erwähnen. Aus der Antike sind nur wenige talmudische und andere jüdische Berichte über Jesus erhalten. Später befassen sich mittelalterliche Verfasser, oft in apologetischem Kontext, intensiver mit ihm. Schließlich haben moderne jüdische Forscher wichtige Einsichten zur Leben-Jesu-Forschung beigetragen.«

Offensichtlich war und ist ein unverstellter Blick auf Jesus von jüdischer Seite zunächst nur schwer möglich. Die erste jüdische Auseinandersetzung mit dem christlichen Jesus-Bild wird für die griechisch-jüdische Diaspora angenommen. Unter Kaiser Konstantin trat das Christentum Anfang des 4. Jahrhunderts als ernsthafte Herausforderung für das Judentum in Erscheinung, und zwar als Nachfolgerin der Weltmacht Rom. Nach der Christianisierung des Römischen Reiches und der Verschärfung der antijüdischen Gesetze übertrugen die Rabbinen die negativen Bilder von Esau und von Edom auf das Christentum und erwarteten weiterhin die Erfüllung des Wortes Gottes an Rebekka: »Stamm mächtiger als Stamm« (Gen 25,23).

Mehrere kurze rabbinische Texte verweisen auf die Abstammung, die Lehre und die Wirkung Jesu. Er wurde in der jüdischen Tradition nachträglich auch mit anderen Gestalten der

*Max Liebermann: »Der zwölfjährige Jesus im Tempel«
in der überarbeiteten Fassung (um 1883).*

jüdischen Geschichte gleichgesetzt; schließlich wurde auch der
legitimierende Anspruch seiner Abstammung aus dem Hause David polemisch infrage gestellt. Schalom Ben-Chorin befand dazu
kurz und knapp: »Diese relativ späten, oft gehässigen Ausfälle
besitzen aber keinen historischen Wert, sondern bilden bereits
den Niederschlag der Kontroverse zwischen den Judenchristen
und dem normativen Judentum.«

In der frühen Neuzeit kam es zu einer ersten Annäherung
von Juden und Christen. Rabbiner Jacob Emden meinte, Jesus
habe seine Botschaft nicht an das jüdische Volk gerichtet, sondern ausschließlich an die »Völker«, um diese zur Einhaltung
der noachidischen Gebote zu bewegen. Auch der Wegbereiter
der jüdischen Aufklärung, der Philosoph Moses Mendelssohn,
wandte sich gegen die Polemik des Mittelalters und schrieb:
»Jesus von Nazareth hat selbst nicht nur das Gesetz Mosches, son-

dern auch die Satzungen der Rabbinen beobachtet, und was in den von ihm aufgezeichneten Reden und Handlungen dem zuwider zu sein scheint, hat doch in der Tat nur dem ersten Anblick nach diesen Schein. Genau untersucht, stimmt alles nicht nur mit der Schrift, sondern auch mit der Überlieferung völlig überein.«

Im Zuge der Aufklärung und der jüdischen Emanzipation konnte die apologetisch-polemische Vergangenheit Stück für Stück überwunden werden. Der französische Arzt Joseph Salvador (1796–1873) legte 1838 die erste jüdische Jesus-Monografie vor. Im Rahmen der entstehenden Wissenschaft des Judentums eröffnete Isaak Markus Jost (1793–1860) durch seine anerkennende Einordnung Jesu in seiner *Geschichte der Israeliten* einen Weg, der im 19. und 20. Jahrhundert weiter beschritten wurde. Seitdem gibt es jüdische Denker, die sich konstruktiv mit Jesus beschäftigt haben: Abraham Geiger, Joseph Klausner, Leo Baeck, Claude G. Montefiore, Robert Eisler, Joel Carmichael, Martin Buber, Schalom Ben-Chorin, Pinchas Lapide, David Flusser, Ben-Zion Bokser, Robert Raphael Geis, Samuel Sandmel, Hyam Maccoby, Hans-Joachim Schoeps, Ernst Ludwig Ehrlich, Michael Wyschogrod, Jacob Neusner – das sind nicht einmal alle Namen derjenigen, die man hier aufführen müsste, wenn man die neuzeitliche Beschäftigung des Judentums mit Jesus darstellt. Es ist die Geschichte einer seit dem 19. Jahrhundert zu beobachtenden »Heimholung Jesu« in das Judentum: als exemplarischen Juden, als mahnenden Propheten, als Revolutionär und Freiheitskämpfer, als großen Bruder und messianischen Zionisten.

Abraham Geiger steht am Anfang der jüdischen Leben-Jesu-Forschung, die zu einer angemessenen religionsgeschichtlichen Würdigung der jüdischen Quellen aufforderte. Gerade in der ureigensten Domäne der christlichen Theologie, der Interpretation der Gestalt Jesu, sollten Juden als maßgebliche Partner bei der Erforschung des Frühjudentums wahrgenommen werden. Im Jahr 1938, auf dem Höhepunkt des Nationalsozialismus, veröffentlichte Leo Baeck sein Buch *Das Evangelium als Urkunde der jüdischen Glaubensgeschichte*, in dem er nachzuweisen versuchte, dass Jesus sein ganzes Leben lang ein strenggläubiger Jude geblieben sei, dem es niemals in den Sinn gekommen wäre, eine neue Religion zu begründen, geschweige denn sich als Gott verehren zu lassen: »Einen Mann sehen wir […] vor uns, der in allen den Linien und Zeichen seines Wesens das jüdische Gepräge aufzeigt, in ihnen so eigen und so klar das Reine und Gute des Judentums offenbart, einen Mann, der als der, welcher er war, nur aus dem Boden des Judentums hervorwachsen konnte und nur aus diesem Boden hervor seine Schüler und Anhänger, so wie sie waren, erwerben konnte, einen Mann, der hier allein, in diesem jüdischen Bereiche […] durch sein Leben und in seinen Tod gehen konnte – ein Jude unter Juden.«[4]

Schalom Ben-Chorin (1913–1999) im Jahr 1975.

Geigers und Baecks Ansätze, den historischen Jesus als Juden zu verstehen, sind exemplarisch für zahlreiche weitere jüdische Versuche, die Lehre Jesu als integralen Bestandteil der jüdischen Tradition und Geschichte zu begreifen. Sie münden in die griffige Einsicht von Schalom Ben-Chorin:

Der Glaube Jesu einigt uns,
aber der Glaube an Jesus trennt uns.[5]

Um des gemeinsamen Erbes willen müssen Christentum und Judentum einander gerade bei der Person Jesu Rede und Antwort

---

[4] Leo Baeck, *Werke*, Bd. 4, 401 ff.
[5] Schalom Ben-Chorin, *Bruder Jesus. Der Nazarener in jüdischer Sicht*, München 1967, 12.

stehen. Wenn es wahr ist, dass Gott der Herr der Geschichte ist, dann ist auch die Wirkungsgeschichte des Christentums anzuerkennen als einer mit dem Judentum eng verbundenen Religion. Für Juden gilt: War Jesus Pharisäer und Schriftgelehrter? Vielleicht. War er bedeutend? Ohne Zweifel. War er der Messias oder gar der Sohn Gottes? Aus jüdischem Verständnis nein.

Der spanisch-jüdische Dichter und Philosoph Salomo Ibn Gabirol stellte in einer Beschreibung der Alhambra in Granada Beziehungen zum einstigen salomonischen Tempel in Jerusalem her. Das ist nur ein anschaulicher Ausdruck der engen kulturellen Verbundenheit. Im Judentum wie im Islam offenbart Gott seinen Willen in seinem Wort an die Menschen.

1. Gemeinsamkeiten zwischen Juden und Muslimen

Im Koran heißt es: »Wir haben die Tora hinabgesandt, in der Rechtleitung und Licht enthalten sind, damit die Propheten, die gottergeben waren, für die, die Juden sind, danach urteilen, und so auch die Rabbinen und Gelehrten, aufgrund dessen, was ihnen vom Buche Gottes anvertraut wurde und worüber sie Zeugen waren. […] Und wir ließen nach ihnen Jesus, den Sohn Marias, folgen, damit er bestätige, was von der Tora vor ihm vorhanden war. Und wir ließen ihm das Evangelium zukommen, das Rechtleitung und Licht enthält und das bestätigt, was von der Tora vor ihm vorhanden war, und als Rechtleitung und Ermahnung für die Gottesfürchtigen. […] Und wir haben zu dir [Muhammad] das Buch mit der Wahrheit hinabgesandt, damit es bestätige, was vom Buch vor ihm vorhanden war, und alles, was darin steht, fest in der Hand habe« (Sure 5 – Al-Maida, 44–48).

Nach der Vorstellung des rabbinischen Judentums führt der Weg zu Gott nur über seine Offenbarung. Sie befindet sich aber »nicht im Himmel«, sondern wurde den Menschen als einzige Quelle ihrer Auslegung und ihres Weltverstehens gegeben. Diese

Offenbarung schreitet voran durch die menschliche Auslegung, für Juden in der »mündlichen Tora«. Oft wird außer Acht gelassen, dass es wie im Judentum auch im Islam eine mündliche Lehre gibt, die aber nicht der Systematik der jüdischen Mischna entspricht. Der arabische Begriff *hadith* (»Mitteilung, Erzählung, Bericht«) umfasst die Überlieferungen über Mohammed, nämlich all die Anweisungen des Propheten, seine nachahmenswerten Handlungen, seine Billigungen von Handlungen Dritter, seine Empfehlungen, Verbote und religiös-moralischen Warnungen, die nicht schon im Koran fixiert wurden. Die Summe all dieser Überlieferungen mit ihrem normativen Charakter bildet die *sunna* (»Lebensweise«) des Propheten und ist damit Teil des islamischen Religionsgesetzes; sie ist so nach dem Koran die zweite Quelle der islamischen Jurisprudenz *(fiqh)*. Als koranischer Terminus meint *hadith* auch die Offenbarung Gottes.

Judentum wie Islam suchen die Wege von Gottes Gerechtigkeit im religiösen Recht (hebr. *halacha*, wörtlich »die zu gehende Wegrichtung«). Die Halacha markiert hierbei nicht das Ziel, sondern einen Weg. Sie verlangt Handeln, die Selbstheiligung durch Gebotserfüllung, nicht Glauben. Im Judentum wie im Islam ist der Mensch vor Gott für sein Tun verantwortlich, er hat den freien Willen, sich für das Gute zu entscheiden. »Wer der Rechtleitung folgt, folgt ihr zu seinem eigenen Vorteil. Und wer irregeht, der geht irre zu seinem eigenen Schaden. Und keine lasttragende Seele trägt die Last einer anderen« (Sure 17 – Al-Isra, 13 ff). Im Vordergrund stehen im Judentum wie im Islam das Leben mit Gott, das Studium seiner Schrift und die Einhaltung der Gebote Gottes. Gott ist für Juden wie Muslime ein rettender, beschützender, barmherziger Gott, der den Menschen ewige Treue und Liebe entgegenbringt. Die Muslime haben immer schon gewusst, dass hier derselbe Gott angesprochen wurde und wird. »Wir glauben an das, was zu uns herabgesandt und zu euch herabgesandt wurde. Unser Gott und euer Gott ist einer. Und wir sind ihm ergeben« (Sure 29 – Al-Ankabut, 47). Die Gemeinsamkeiten von Judentum und Islam finden sich im Alltag beispielsweise auch in den besonderen Speisevorschriften, im Gebot der Wohltätigkeit und in den täglichen Gebetszeiten wieder.

Im Koran wurde die Geschichte der Bindung Isaaks durch Abraham allerdings umgeschrieben: Nicht Isaak, sondern Ismael wurde nach dem Koran an den Brandaltar am Berg Moria angebunden und erst kurz vor der Opferung auf wundersame Weise gerettet. So geht die Verheißungslinie nicht mehr über Isaak und Jakob, sondern geht nun über Ismael auf die Araber über und durch sie auf die *umma*, die Gemeinschaft der Muslime. Judentum und Islam sind sich aber einig in einem gemeinsamen Gottesbild und in ihrer Kritik an der christlichen Trinitätslehre als Abschwächung des Monotheismus. Christen müssen sich dabei erinnern, dass ihre Trinitätslehre dem Judentum ferner liegt als die Lehre des Islams und dass Juden und Muslime lange Phasen gemeinsamer Erfahrungen verbinden, etwa die der Kreuzzüge oder der Reconquista. Juden müssen sich daran erinnern, dass die vorherrschende jüdische Philosophie im Mittelalter im islamischen Raum und in arabischer Sprache entstanden ist und dass die Festschreibung jüdischer Glaubensgrundsätze *(ikkarim)* durch den mittelalterlichen Rechtsgelehrten und Religionsphilosophen Maimonides im 12. Jahrhundert dem Beispiel Mohammeds folgte. Die Formel »Gott ist einer und einzig, und Mose ist sein Prophet« entspricht der Formel, die jeder Muslim als Glaubensbekenntnis kennt: »Es gibt keinen Gott außer Gott, und Mohammed ist sein Gesandter.«

Die Sultane gewährten den Juden oft Freiheiten und Rechte, die im christlichen Abendland keineswegs selbstverständlich waren. So lud Rabbiner Isaak Zarfati 1470 alle deutschsprachigen jüdischen Gemeinden ein, sich im Osmanischen Reich anzusiedeln. 1492 schickte Sultan Bejasid II. sogar Schiffe und nahm viele Juden aus Spanien auf, die vor der Kirche fliehen mussten. Ähnliche positive Beispiele finden sich auch in jüngster Zeit. Die israelische Gedenkstätte Yad Vashem ehrte den früheren türkischen Generalkonsul Selahattin Ülkümen als »Gerechten unter den Völkern«, weil er 1944 Juden auf Rhodos unter Lebensgefahr zur Flucht verholfen hatte. Atatürk ermöglichte vielen jüdischen Professoren aus Nazideutschland, in der Türkei weiterzuarbeiten. Mehr als siebzehn »Raoul Wallenbergs« gab es unter den Diplomaten der Türkei, die in Europa zur Zeit des Nationalsozialismus Menschlichkeit bewiesen, so etwa den Generalkonsul in Marseille, Behiç Erkin. Er verlieh 18.000 Juden die türkische Staatsbürgerschaft und rettete sie damit vor der Ermordung.

▬ 2. Die Anfänge der modernen Koranwissenschaft ▬

Die moderne Koranwissenschaft geht auf Abraham Geiger zurück, der sich in seiner Dissertation 1832 mit der Frage *Was hat Mohammed aus dem Judentume aufgenommen?* beschäftigte. Geiger betrachtete den Koran nicht als göttliche Offenbarung, sondern analysierte ihn als menschliche Schöpfung. Seine Fragestellung war: »Was wollte, konnte und durfte Mohammed aus dem Judentume aufnehmen?« Er wandte sich dabei gegen die islamfeindliche Tradition der christlichen Orientalistik, die Mohammed stets als Scharlatan, falschen Propheten und Betrüger diffamiert hatte. Für Abraham Geiger war Mohammed ein Erneuerer der vor ihm existierenden Religionen, aber kein Religionsstifter. Sein Ziel »war eine Vereinigung aller Religions-Ansichten zum Heile der Menschen«.

In seinem Vorwort zum Nachdruck von Geigers Schrift von 2005 konstatierte Friedrich Niewöhner: »Geigers Darstellung der Entstehung der koranischen Botschaft liest sich wie die Entstehung des Islams aus den Quellen des Judentums. Die Entstehungsgeschichte des Koran ist zwar weitaus komplizierter, als Geiger sie darstellt, sie trifft im Kern aber dennoch etwas, was gerade auch heute noch (wieder) gültig und unumstritten ist: die enge Verbindung zwischen jüdischen (und den von Geiger nicht berücksichtigten christlichen) Lehren und dem Koran.« Das Ergebnis des Versuches, den Koran philologisch zu sehen, ist die Anerkennung des Islams als eine Art Schwesterreligion. Viel später schrieb Abraham Geiger in der letzten seiner 1864 gedruckten zwölf Vorlesungen über *Das Judentum und seine Geschichte* zur Entstehung des Islams weniger unvoreingenommen als noch in seiner Dissertation: »An der Wiege dieser neuen Kultur stand gleichfalls das Judentum mit seiner Lehre. Was Gutes am Islam ist, was als ein haltbarer Gedanke in ihm scheint, das ist ihm aus dem Judentum übernommen. Mit dem Rufe ›Es gibt keinen Gott als den einzigen Gott‹ stürmte der Araber mit seinem wilden Rosse durch die Welt, und diesen Ruf, er hat ihn nicht selbst vom Sinai vernommen, er hat ihn von denjenigen übernommen, die ihn als ihr Erbe durch die Welt getragen. Das ist der einzige fruchttragende und weltüberwindende Gedanke, welchen der Islam in sich trug. Er schmückte ihn aus und wiederholte ihn mit leeren tautologischen Formen, er verbrämte ihn, und auch dies mit jüdischen Anschauungen und Erzählungen.«

Über die Methode der historischen Kritik gelangte Geiger schließlich auch zur Auseinandersetzung mit Jesus als Juden und Menschen. Die Beschäftigung mit dem Christentum hatte klare apologetische Züge und war damit Pflicht, die mit Mohammed und dem Koran dagegen war Kür, geschah quasi aus Liebe. Die Wissenschaft des Judentums stellte im 19. Jahrhundert fest, dass es die islamische Umwelt gewesen war, die den Juden das griechische Denken einst neu erschlossen und sie so in Europa zu Wegbereitern für die Wiederbelebung der klassischen Antike gemacht hatte. Um es mit Geiger zu sagen: »Ja, man spöttelt gar oft über die Juden als Vermittler von Geschäften, als über die, die die alten, abgelegten Kleider zum Verkaufe ins Haus brachten. Ja, sie haben die abgelegten Kleider der alten Bildung den Völkern Europas ins Haus gebracht, und wenn sich diese nicht mit jenen Überresten bekleidet hätten, so wären sie ganz nackt gewesen.« Dass die islamisch-jüdische Symbiose aber nicht lange währen sollte, hat Abraham Geiger in seinem Werk über Salomo Ibn Gabirol deutlich gemacht, in dem er auch auf den Untergang der islamischen Vorherrschaft in Europa »als Frucht der inneren Haltlosigkeit« zu sprechen kommt.

Bis zur Schoa waren es immer wieder europäische Orientalisten jüdischer Herkunft, die sich aus dem Bewusstsein der größeren Verwandtschaft heraus mit der Erforschung des Islams befassten. Einer der bekanntesten von ihnen war Ignaz Goldziher (1850–1921) in Budapest. Die Wissenschaft des Judentums als eine sich zusehends säkularisierende Selbstdeutung der Juden trug wesentlich dazu bei, den Juden den Eintritt in die Geschichte beziehungsweise in die moderne Gesellschaft zu eröffnen. Analog zur historisch-kritischen Wissenschaft des Judentums könnte also auch eine aufgeklärte islamische Minderheitenjurisprudenz und ein kritischer Umgang mit dem *fiqh* dazu beitragen, Muslimen den Weg zu einer nichtsakralen Weltdeutung zu weisen, ohne dass sie dafür mit der Tradition brechen müssten.

===== *3. Interreligiöse Begegnung* =====

Dass die Gründung des Staates Israels die Vertreibung der Juden aus vielen arabischen Staaten zur Folge hatte, machte ebenso wie die palästinensische Erfahrung der *nakba* (»Katastrophe«) dem Miteinander von Juden und Muslimen vielerorts ein Ende. Es gibt aber auch immer wieder Zeichen der Verständigung: So setzte die nordamerikanische Union of Reform Judaism mit ihren 900 Gemeinden und 1,5 Millionen Mitgliedern im September 2007 ein besonders bedeutungsvolles Zeichen. Ihr damaliger Präsident Eric Yoffie rief in seiner Rede auf der 44. Jahrestagung der Islamic Society of North America in Chicago als erster prominenter jüdischer Vertreter überhaupt dazu auf, dass die amerikanische Gesellschaft ihre eindeutigen Tendenzen zur Diskriminierung von Muslimen« überwinden müsse. Ein Mehr an Dialog sei zu versuchen, um – Juden und Muslime gemeinsam – eine Zweistaatenlösung im Nahen Osten voranzubringen. Im deutschsprachi-

Rabbiner Leo Baeck am Hebrew Union College
in Cincinnati/USA, 1949.

gen Raum gibt es bereits seit den 1970er Jahren Ansätze für ein jüdisch-christlich-islamisches Gespräch, so etwa auf alljährlichen Tagungen zunächst in Bendorf und nunmehr in Wuppertal.

Leo Baeck wusste um die Bedeutung des sogenannten Trialogs, als er in seiner wegweisenden Brüsseler Rede vom 22. April 1956 mit dem Titel *Judentum, Christentum und Islam* die Muslime in das interreligiöse Gespräch einbezog. Seine Vision vom gemeinsamen Weg der drei monotheistischen Religionen ist messianisch zu nennen: »Dann werden gute Tage kommen. Menschen und Völker und Bekenntnisse werden geschieden bleiben, werden in ihrer Besonderheit weiterleben, aber sie werden wissen, dass sie zusammengehören, Teil der einen Menschheit sind, zusammenleben sollen auf dieser unserer Erde, einander sehend und einander verstehend, und, wenn es nottut, einander helfend.«

ANHANG

Glossar

Aaronide siehe *Kohen*.

Acheronim siehe *Rischonim*.

Achtzehn(bitten)gebet siehe *Amida*.

Aggada (aram. »Erzählung«), nichtgesetzliche rabbinische Schriften einschließlich Bibelkommentare, Parabeln, Anekdoten etc. Hebräisch *haggada*.

Aguna (hebr. »Gebundene«), Frau, deren Ehemann verschollen ist oder dessen Tod unbestätigt ist, sodass sie als gebunden oder »angekettet« gilt und nach dem Religionsgesetz nicht erneut heiraten kann.

Akeda (hebr. »das Binden«, »die Bindung«), die Bindung Isaaks nach Gen 22,1–29.

Alenu (hebr. »es ist an uns«, »es ist unsere Pflicht«), Gebet am Ende aller Wochentags-, Schabbat- und Festtagsgottesdienste, das nach seinen Eröffnungsworten »An uns ist es, den Schöpfer des Alls zu preisen« benannt ist und einer Zeit entgegenblickt, in der die Menschheit den einen wahrhaftigen Gott anerkennen wird. Seit dem Mittelalter Bestandteil des Siddurs.

Almemor (arab. »Kanzel«), umgrenzter Platz in der Mitte der Synagoge (nach Dtn 31,11: »[…] sollst du vorlesen diese Unterweisung in Gegenwart ganz Jisraels […]«); siehe auch *Bima*.

Alija (hebr. »Aufstieg«), die Einwanderung nach Israel; auch der Aufruf zur Tora-Lesung im Gottesdienst.

Amida (hebr. »das Stehen«), das Hauptgebet, das beim Morgen-, Mittags- und Abendgebet traditionell im Stehen gesprochen wird und 19 (ursprünglich 18) Brachot zählt, deswegen auch Schmone Esre oder Achtzehn(bitten)gebet genannt.

Amoräer (aram. »die Sagenden«), Überlieferer und Kommentatoren der rabbinischen Lehrtraditionen Palästinas und Babyloniens seit Abschluss der Mischna.

Aron ha-kodesch, Toraschrein, in der Regel ein Wandschrank in der Synagoge an erhöhter Stelle, in dem die Torarollen aufbewahrt werden.

Aschkenasim, seit dem Mittelalter in der rabbinischen Literatur die Bezeichnung für Juden aus dem deutschsprachigen Raum, Mittel- und Osteuropa (abgeleitet von der biblischen Bezeichnung eines Volks im Norden in Gen 10,3) – im Gegensatz zu den Sefardim, den Juden spanisch-portugiesischer Herkunft.

Awoda sche-ba-lew (hebr. »Gottesdienst des Herzens«), der synagogale Gottesdienst im Gegensatz zum Opferdienst im damaligen Tempel in Jerusalem.

Awot (hebr. »Väter), die drei Erzväter; auch Bezeichnung des ersten Teils der Amida sowie des Mischna-Traktats »Sprüche der Väter«.

Baal teschuwa (hebr. »Meister der Umkehr«), jemand, der zum traditionellen Judentum zurückfindet.

Bannfluch siehe *Cherem*.

Bar mizwa, Bat mizwa, (»Sohn / Tochter des Gebots«), Jungen und Mädchen im Alter von 13 beziehungsweise 12 Jahren, die erstmals zur Toralesung aufgerufen werden und somit religiös mündig sind. Auch Bezeichnung für die Zeremonien selbst.

Bracha (Pl. *brachot*), Segensspruch; Begriff für Gebete, die die Wendung *baruch ata Adonai* enthalten und so Gott preisen und ihm danken.

Brit (hebr. »Bund«), biblischer Ausdruck für ein Treueverhältnis, insbesondere zwischen Gott und dem Volk Israel.

Bet ha-chajim (hebr. »Haus des Lebens«), ein Friedhof.

Bet din (Pl. *batei din*), Gerichtsstätte, das rabbinische Gericht und Gerichtskollegium, das sich heute vor allem mit Statusfragen wie Konversionen, Adoptionen und Scheidungen beschäftigt. Der *aw bet din* steht dem Gericht vor.

Bet Hillel / Bet Schammai, zwei nach ihren Gründern Schammai und Hillel benannte Gelehrtenschulen, die im 1. Jahrhundert u. Z. den Grundstein zur Entwicklung des Studiums der Halacha gelegt haben.

Benschen, jiddische Bezeichnung für das Sprechen des Tischgebets, abgeleitet von lat. *benedicere* (»segnen«).

Besamim, wohlriechende Gewürze für die Hawdala-Zeremonie zum Schabbatausgang.

Bet ha-knesset (hebr. »Haus der Versammlung«), die Synagoge. »Knesset« ist auch die Bezeichnung für das israelische Parlament.

Bet midrasch (hebr. »Lehrhaus«). Die erste Erwähnung des Ausdrucks findet sich in Sir 51,23.

Bet tefilla (hebr. »Haus des Gebets«), die Synagoge.

Bikkur cholim, der Krankenbesuch.

Bima (von griech. *bema*, »Stufe«), das Lesepult für die Toralesung; siehe auch *Almemor*. Die traditionell zentrale Position der Bima inmitten des Synagogenraums ist seit Mitte des 19. Jahrhunderts Kennzeichen orthodoxer aschkenasischer Synagogen im Gegensatz zur Praxis liberaler jüdischer Gemeinden, die die Bima nach dem Vorbild der Sefardim an der Ostseite des Synagogenraums platzieren.

Birkat erussin, der Antrauungssegen.

Birkat ha-mason, Tischgebet, das Dankgebet nach dem Essen.

Chabad, Akronym für *chochma, bina, da'at* (hebr. »Weisheit«, »Einsicht«, »Wissen«), Bezeichnung für die orthodoxe Gemeinschaft der Lubawitscher Chassidim, eine weltweit tätige innerjüdische Missionsbewegung.

Chag, der Feiertag.

Challa (hebr. »Teighebe«), ursprünglich der Teil des Brotteiges, der gemäß Num 15,17–21 als Opfergabe abgesondert und den Tempelpriestern überlassen wurde; heute Bezeichnung für die Schabbat-Brote, geflochtene Brote aus Weißmehl, Hefe, Eiern und etwas Fett, von denen ein symbolisches Stück beim Teigzubereiten abgesondert wurde.

Chaliza (hebr. »[das] Ausziehen [des Schuhs]«), Zeremonie, die einen Mann von der Verpflichtung befreit, die kinderlose Witwe seines verstorbenen Bruders im Sinne der Leviratsehe zu heiraten, und die es der Witwe gestattet, eine andere Ehe einzugehen. Die Zeremonie bezieht sich auf Dtn 25,9 und wurde im liberalen Judentum im 19. Jahrhundert abgeschafft.

Chamez, Gesäuertes, dessen Verzehr an Pessach verboten ist (Ex 12,15.19–20). Das Verbot bezieht sich zunächst auf Getreide, aber darüber hinaus auch auf alle Lebensmittel, die mit ihm in Berührung gekommen sein könnten.

Chanukka (hebr. »Weihung«), achttägiges Fest, an dem die Wiedereinweihung des Tempels in Jerusalem durch die Makkabäer im Jahr 167 v. u. Z. (und damit auch das Überleben des jüdischen Glaubens) gefeiert wird. Auch als Lichterfest bezeichnet.

Chanukkat ha-bajit (hebr. »Weihe des Hauses«), kurze Zeremonie, bei der die Mesusa an den Türpfosten einer neu bezogenen Wohnung angebracht wird.

Chasan, der Vorbeter, Vorsänger oder Kantor im Gottesdienst.

Chassidismus (von hebr. *chassid*, »der Fromme«), jüdische Frömmigkeitsbewegungen, 1. im Mittelalter im Rheinland *(chassidej Aschkenas)*, 2. seit Ende des 18. Jahrhunderts von Osteuropa ausgehend, begründet von Israel ben Elieser (1699/1700–1760), genannt Baal Schem Tow (»Meister des guten Namens«), dessen Lehren es unter Rückgriff auf Vorstellungen der jüdischen Mystik auch einfachen Gläubigen möglich machen, nach einer Verbindung mit Gott zu streben.

Chatuna, die Hochzeit; die Brautleute sind, davon abgeleitet, die *chitunnim*.

Cheder (hebr. »Zimmer«; Pl. *chadarim*), in Mittel- und Osteuropa die traditionelle jüdische Elementarschule, die der Talmud-Tora-Schule vorausgeht.

Cherem (hebr. »Bann«), der Ausstoß aus der Gemeinde, die Exkommunikation von Ketzern, Abtrünnigen und Unbotmäßigen durch die Gemeinde oder durch Rabbinersynoden (Beispiele: Acosta, Spinoza, Sabbatai Zwi). Die Androhung des *cherem* diente der Bekräftigung neuer Gesetze, so der *cherem* von Rabbi Gerschom ben Juda.

Chewra kaddischa (hebr. »heilige Bruderschaft«), Vereinigung, die trauernde Angehörige bei einem Todesfall unterstützt und auch den Leichnam für die Bestattung vorbereitet.

Chol ha-mo'ed, die Halb- oder Zwischenfeiertage (von *chol*, »profan«) vom dritten bis zum vorletzten Tag von Pessach und Sukkot, an denen das Arbeitsverbot erleichtert und die Liturgie verändert ist.

Chumasch (hebr. »die Fünf«), Buch mit den fünf Büchern Mose.

Chuppa (hebr. »Gemach«, nach Joel 2,6), heute der Trauhimmel, unter dem Braut und Bräutigam zusammengegeben werden; im übertragenen Sinne auch die Trauung selbst.

Code Napoléon, der Code Civil von 1804, das erste Gesetzbuch Europas, das keine eigene Judengesetzgebung mehr aufwies und in den deutschen Staaten des Rheinbundes die vorübergehende Gleichberechtigung der jüdischen Einwohner mit sich brachte.

Dezisoren siehe *Rischonim*.

Diaspora (griech. »Zerstreuung«), die Ausbreitung der Juden außerhalb von Erez Jisrael. Die hebräischen Begriffe für Diaspora sind *galut* (»Verbannung«) und *tefuza* (»Zerstreuung«).

Din (hebr. »Recht«), Norm für das Rechtsverhältnis der Menschen untereinander; bezeichnet im Plural *(dinim)* Normen im Verhältnis der Menschen zu Gott. Das Wort *din* weist im Gegensatz zu *mischpat* mehr auf den geschriebenen Rechtssatz hin. In Dtn 17,8 wird es auf die eigentliche zivile Rechtssache begrenzt; in Est 1,13 werden Religionssatzungen und Recht *(dat wa-din)* verbunden.

Drascha (von hebr. *drasch*, »Suche«, »Interpretation«), ein mündlicher Vortrag über ein religiöses Thema, insbesondere über den aktuellen Tora-Abschnitt, außerdem die Predigt des Rabbiners im Schabbatmorgengottesdienst.

Ed (hebr. »Zeuge«, Pl. *edim*). Nach dem jüdischen Religionsgesetz müssen zwei erwachsene Männer eine Ketubba unterschreiben. Im nichtorthodoxen Judentum sind auch Frauen als Zeugen zugelassen. Zeugen sind auch für den Besuch des Tauchbads vor dem Eintritt in das Judentum nötig.

Emanzipation, in Bezug auf das Judentum der Erlass oder die Geltung gesetzgeberischer Akte, die die Gleichberechtigung der Juden zur Folge haben. Im Zuge der Französischen Revolution wurde im Jahre 1790 in der Nationalversammlung die Gleichberechtigung der Juden beschlossen. In Preußen wurde das Emanzipationsedikt vom 11. März 1812, das die Juden als Staatsbürger anerkannte, später rechtlich und praktisch wieder eingeschränkt. 1869 beziehungsweise 1871 war die Emanzipation formell in ganz Deutschland erreicht.

Erussin, erster Teil des Antrauungsritus mit der Ankündigung der rechtswirksamen Eheversprechen. Der angetraute Bräutigam, die angetraute Braut heißen *erus* beziehungsweise *erusa*.

Etrog, eine Zitrusfrucht, Bestandteil des *lulaw*, des Feststraußes für Sukkot.

Ez chajim (hebr. »Baum des Lebens«), Name für den Holzstab, um den die Torarolle gebunden ist; auch Synonym für die Tora.

Galut (hebr. »Verbannung«), Bezeichnung für das Exil, insbesondere für die Diaspora nach der Zerstörung des Zweiten Tempels in Jerusalem im Jahr 70 u. Z.

Gaon (hebr. »Majestät«; Pl. Geonim), Oberhaupt der Gelehrtenschulen oder Akademien und geistiger Führer des Judentums in nachtalmudischer Zeit (gaonäische Zeit), dem Exilarchen unterstellt und für die ganze Diaspora religionsgesetzlich richtungsgebend. Die ersten Geonim wirkten in Sura und Pumbedita in Babylonien um 590; der berühmteste Gaon war Saadja im 10. Jahrhundert, die letzten Geonim Scherira und Hai im 12. Jahrhundert. Danach gab es noch Ausläufer in Bagdad. Im Mittelalter und in der Neuzeit ist der Gaon-Titel ein Ehrenname für rabbinische Autoritäten, so etwa im 18. Jahrhundert für Elijah ben Salomon Zalman Kramer, den »Gaon von Wilna«.

Gemara (aram. »das Erlernte«, auch »das Vollendete«), die aramäischsprachigen Erläuterungen der Mischna durch die Amoräer (»Sprecher«, »Interpreten«), die etwa 3000 palästinischen und babylonischen Gesetzeslehrer, deren Diskussionen die beiden Talmude ausmachen.

Gematrie, die hermeneutische Technik der Interpretation von Wörtern mithilfe ihres Zahlenwertes; Grundlage der Zahlenmystik.

Genisa (pers./hebr. »Schatzkammer«, »Aufbewahrungsort«), Magazin für unbrauchbar gewordene religiöse Schriften und Dokumente sowie Ritualgegenstände in Synagogen. In der Genisa von Fostat (Kairo) wurden ca. 100.000 Fragmente zur jüdischen Kultur und Geschichte insbesondere der gaonäischen Zeit gefunden.

Ger (hebr. »Fremder«). Ein *ger toschaw* ist ein Fremder, der als Beisasse unter Juden lebt und die noachidischen Gebote achtet, während ein *ger zeddek* ein Fremder ist, der unter Juden lebt, sich integriert und einer jüdischen Lebensweise folgt; *ger zeddek* bezeichnet auch jemanden, der ins Judentum eingetreten ist.

Get (Pl. *gittin*), der Scheidebrief, ein Dokument, das die religiöse Scheidung eines Paares bezeugt und die Gelöbnisse der Eheschließung aufhebt. Der Ehemann überreicht der Ehefrau den Get und vollzieht so die Scheidung. Die biblische Grundlage ist Dtn 24,1. In Mischna und Talmud werden die Ehescheidung und ihre Formalien im Traktat Gittin behandelt.

Ge'ula (hebr. »Erlösung«), etwa aus dem Exil.

Giur, der formelle Eintritt ins Judentum; siehe auch *Ger*.

Goj (hebr. »Volk«; Pl. *gojim*), im biblischen Sprachgebrauch jedes Volk, auch das jüdische Volk bezeichnend; später hauptsächlich Bezeichnung für Nichtjuden, auch für Einzelpersonen. Der Ausdruck *chukkat ha-goj* meint, sich wie ein Nichtjude zu verhalten.

Grand Sanhédrin (von griech. *synedrion*, »Rat«, »Gerichtshof«), von Napoleon I. in Anlehnung an den Sanhedrin gegründete Gesamtvertretung der Juden in Frankreich. Das Gremium, das vom 9. Februar bis zum 9. März 1807 in Paris tagte, bestand aus Rabbinern und Laien. Mit seinen Beschlüssen zur Integration der jüdischen Bevölkerung in den Nationalstaat verband sich die Forderung, die religionsgesetzlichen Pflichten den staatsbürgerlichen Pflichten unterzuordnen.

Haggada (hebr. »Erzählung«), insbesondere die Erzählung am Sederabend, dem Vorabend von Pessach, die den Auszug aus Ägypten vergegenwärtigt und praktische Anweisungen zur Liturgie beinhaltet.

Haftara (hebr. »Verabschiedung«, »Abschluss«), Bezeichnung der Abschnitte aus den Prophetenbüchern, die als Abschluss der Toralesung am Schabbat oder den Festtagen nach dem jeweiligen Wochenabschnitt vorgetragen werden.

Hakafa (hebr. »Umzug«, Pl. *hakafot*), Prozession in der Synagoge oder auch um sie herum, etwa zu Simchat Tora.

Halacha (hebr. »der Wandel«, von *halach*, »gehen«), der normative Teil der mündlichen Lehre (im Gegensatz zur Aggada) und das Ergebnis der religiösen Praxis; das jüdische Religionsgesetz. Die *halachot* oder *hilchot* (so der Plural) sind die einzelnen im Talmud verstreuten verbindlichen Religionsgesetze, die von den Dezisoren in Kodizes vereinigt wurden, etwa die *Halachot Gedolot* (»Große Halachot«) im 9. Jahrhundert u. Z. Eine *halacha de-oraita* ist ein biblisches Gesetz, eine *halacha de-rabbanan* ein rabbinisches Gesetz. *Halacha le-Mosche mi-Sinai* bezeichnet ein Gesetz der mündlichen Lehre, das Mose am Sinai gegeben wurde. *Halacha l'ma'aseh* meint das Fallrecht.

Hallel, eine Lobliturgie, bestehend aus den Psalmen 113–118, die an traditionellen Festtagen gesagt werden.

Haskala (von hebr. *sechel*, »Verstand«), die jüdische Aufklärung des 18. und 19. Jahrhunderts in Europa, zu deren bekanntesten Vertretern *(maskilim)* Moses Mendelssohn und David Friedländer gehören.

Hasmonäer siehe *Makkabäer*.

Hechscher, ein Kaschrut-Zertifikat.

Hesped, die Eulogie, die Trauerrede auf eine(n) Verstorbene(n) bei der Bestattung zum Trost für die Hinterbliebenen (bTSanh 46b–47a).

Jad (hebr. »Hand«), der Zeiger für das Lesen der Torarolle.

Jamim nora'im (hebr. »die ehrfurchtsvollen Tage«), Rosch Ha-Schana und Jom Kippur, an denen man die im alten Jahr begangenen Sünden bereut und um Vergebung für das neue Jahr bittet. Bereits vor Rosch Ha-Schana beginnt man mit den *slichot*, Vergebungsgebeten aus dem Mittelalter, die auch an den zehn Tagen der Umkehr *(asseret jemej teschuwa)* zwischen Rosch Ha-Schana und Jom Jippur gebetet werden.

Jeschiwa (hebr. »Sitz«), talmudische Hochschule zur Gelehrten- und Rabbinerausbildung, im orthodoxen Judentum in der Regel bis heute ohne Einbezug säkularer Fächer, der historisch-kritischen Methode oder akademischer Standards; Bezeichnung der Akademien im Altertum sowie der rabbinischen Lehrhäuser im Mittelalter und in der Neuzeit.

Jibbum siehe *Leviratsehe*.

Jigdal (hebr. »gepriesen«), Hymne, die auf den 13 Glaubensartikeln des Maimonides beruht, wohl aus dem 14. Jahrhundert stammt und heute als Schlusslied am Ende des Freitagabendgebets gesungen wird.

Jiskor (hebr. »er möge gedenken«), Anfang und Bezeichnung von Gebeten für das Seelenheil von Verstorbenen. Das Gebet, das den Beter auch an die eigene Hinfälligkeit erinnert, hat im 11. Jahrhundert Eingang in die Jom-Kippur-Liturgie gefunden. Es wird außerdem an den letzten Feiertagen von Pessach und Sukkot sowie zu Schawuot gesprochen.

Jobel(-Jahr), Erlassjahr, das fünfzigste Jahr nach sieben Schmitta-Jahren, in denen traditionell nicht gesät und geerntet werden darf, verkauftes Land zu seinen ursprünglichen Eigentümern zurückkehrt und Sklaven freigelassen werden müssen (Lev 25,8–31). Der Begriff ist auch der Ursprung des Wortes »Jubiläum«.

Jom Kippur (»Tag der Sühne«, »Tag des Loses«), der Versöhnungstag am 10. Tischri, ernster Fest- sowie strenger Fast- und Bußtag, Abschluss der zehn *jamim nora'im*, an dem das göttliche Urteil über die Menschen besiegelt wird.

Kabbala (hebr. »das Empfangene«), Bezeichnung für die esoterischen Lehren des Judentums, insbesondere für die jüdische Mystik, die sich seit dem 12. Jahrhundert u. Z. entwickelt hat und Torafrömmigkeit, Askese, Magie und Zauber umfasst. Wichtige Schriften der jüdischen Mystik sind das *Buch Bahir* und der *Sohar*. Die kabbalistische Tradition hatte großen Einfluss auf den Chassidismus.

Kaddisch (aram. »Heiligung«), Gebet zum Lobpreis Gottes, das einer Zeit des Friedens entgegensieht, in der Gottes Name von allen geheiligt werden wird, und das am Ende von Wochentags-, Schabbat- und Festtagsgottesdiensten gesagt wird. Tradionell wird der erste Teil des Kaddischs, *chezi kaddisch*, auch am Ende der Kabbalat Schabbat vor dem Barchu (hebr. »preist!«) sowie vor der Mussaf-Amida gesprochen; nach der Amida folgt das volle Kaddisch, *kaddisch schalem*. Trauernde sprechen das Kaddisch-Gebet auch im ersten Jahr nach dem Tod eines Angehörigen am Ende eines Gottesdienstes zu dessen Gedenken.

Karäer, jüdische Sekte, deren Anhänger nur die Hebräische Bibel anerkennen, aber den Talmud ablehnen. Die Sekte entstand im 8. Jahrhundert u. Z. in Vorderasien und breitete sich bis nach Ägypten und Spanien sowie über das damalige Byzanz zur Krim und nach Polen und Litauen aus. Die Karäer haben ein vom Talmud unabhängiges Religionsgesetz entwickelt, das zum Teil strenger ist als das jüdische (etwa Ausdehnung des Inzest-Verbotes auf rabbinisch erlaubte Verwandtschaftsgrade). Die etwa 25.000 Karäer, die heute in Israel leben, werden dort als nichtreligiöse Juden eingestuft.

Kaschrut (hebr. »Eignung«), insbesondere die Speisegesetze über verbotene und erlaubte Nahrungsmittel, darunter das Verbot von unreinem Fleisch (etwa Schwein) und Meeresfrüchten, das Verbot von Blutgenuss und das Gebot der Trennung von Milch- und Fleischprodukten.

Ketubba (hebr. »das Geschriebene«), die Heiratsurkunde, die Braut und Bräutigam unterschreiben und die während der Heiratszeremonie vorgelesen wird. Die Formel in aramäischer Sprache enthält die Verpflichtungen des Ehemanns und regelt die Mitgift für den Todes- und Scheidungsfall. Sie wird von Zeugen und dem Bräutigam unterschrieben. Im nichtorthodoxen Judentum kann die Ketubba auch auf Hebräisch oder in der Landessprache abgefasst sein.

Kedduscha (hebr. »Heiligung«), die dritte Bracha der Amida, vor allem die Erweiterung bei der Wiederholung des Gebets.

Kiddusch (hebr. »Heiligung«), Segensspruch über einen Becher Wein zu Beginn des Schabbats und der Feiertage.

Kiddusch ha-Schem (hebr. »Heiligung des Göttlichen Namens«), Märtyrertod.

Kidduschin (hebr. »Heiligungen«), der Vorgang der Antrauung der Frau durch den Mann, der den *erussin* einschließt.

Kodizes, Sammlungen des jüdischen Gesetzes, die seit dem Abschluss des Talmuds von den Dezisoren immer wieder neu zusammengestellt wurden. Sie folgten ursprünglich der pentateuchischen (Sche'eltot von Achaj Gaon) oder der talmudischen Anordnung *(Halachot Gedolot)*. Alfasi stellte die Halacha des Talmuds in einem großen Kompendium zusammen; eine völlig selbstständige Anordnung trafen Maimonides *(Mischne Tora)* und Jakob ben Ascher *(Tur)*, dem wiederum Josef Karo *(Schulchan Aruch)* folgte.

Kohen (hebr. »Priester«; Pl. Kohanim), Aaronide. Die Kohanim sind eine Untergruppe der Leviten, des priesterlichen unter den zwölf Stämmen Israels, und gelten als direkte Nachfahren Aarons, des Bruders des Mose, in der männlichen Linie. Seit der Zerstörung des Tempels im Jahr 70 u. Z. und dem Ende des Tempeldienstes sind die Aufgaben der Kohanim weitestgehend aufgehoben. Für Kohanim gelten aber traditionell noch besondere Regeln und Reinheitsgebote. So dürfen Kohanim nur »jungfräuliche«, also keine geschiedenen oder verwitweten Frauen heiraten und keine Friedhöfe betreten. Im Morgengottesdienst der Wallfahrtsfeste sprechen sie in orthodoxen Synagogen auch die *birkat kohanim*, den Priestersegen.

koscher (hebr. *kascher*, »recht«, »tauglich«), der Ritualvorschrift genügend, zum Genuss erlaubt; siehe auch *Kaschrut*.

Lag Ba'Omer, der 33. Tag der Omerzeit, Halbfeiertag am 18. Ijar im jüdischen Kalender. Die Omerzeit sind die fünfzig Tage des *omer* (»Garbe«, ein Getreidehohlmass für das Feldfruchtopfer) zwischen Pessach und Schawuot, zwischen Gersten- und Weizenernte, die mit der Darbringung dieses Getreideopfers im Tempel begannen. Die Omer-Tage gelten mit Ausnahme des 33. Tages als Trauerzeit, in der Hochzeiten oder auch das Haareschneiden nicht gestattet sind. Lag Ba'Omer gilt als Freudentag, weil der Überlieferung nach (bTJew 62b) an diesem Tag im 2. Jahrhundert u. Z. eine tödliche Seuche unter den Schülern Rabbi Akibas endete.

Lecha Dodi (hebr. »Komm, mein Freund«), Hymne von Schlomo Alkabez, der in der ersten Hälfte des 16. Jahrhunderts in Safed lebte, mit der der Schabbat im Freitagabendgottesdienst gleich einer Braut empfangen wird.

Leipziger Synode, die erste israelitische Synode, zu der sich 1869 in Leipzig unter dem Vorsitz von Hermann Lazarus Rabbiner, Wissenschaftler und führende Laien aus sechzig Gemeinden Deutschlands, Österreichs, anderen europäischen Staaten und den USA versammelten, um Reformbestrebungen im Judentum zu diskutieren. Die Leipziger Synode billigte beispielsweise den Gebrauch der Orgel in der Synagoge.

Leviratsehe, hebr. *jibbum*, bezeichnet die Ehe einer kinderlosen Witwe mit dem Bruder ihres verstorbenen Mannes. Sie gilt als Schutzbestimmung für die Erhaltung der erbberechtigten männlichen Nachkommenschaft und kommt beispielhaft erstmalig in Gen 38 vor, als Gesetz in Lev 18,16 und 20,21 sowie in Dtn 25,5–10. In Mischna und Talmud wird der *jibbum* ausführlich im Traktat Jewamot (in der Ordnung Naschim) behandelt. Falls der nächste Bruder nicht in der Lage war, die Schwägerin zu heiraten, ging die Pflicht auf den folgenden Bruder über. Wenn der einzig mögliche Bruder noch nicht heiratsfähig war, musste die Witwe bis zu dessen Volljährigkeit warten. Ziel dieser Ehe war es, einen männlichen Nachkommen zu zeugen, der den Namen und die Rechtsstellung des verstorbenen Gatten erhielt und rechtlich als dessen Sohn galt. Falls einer der beiden Beteiligten nicht einwilligte, wurde die *chaliza* vollzogen.

Machsor (hebr. »Kreislauf«), der Name für das Gebetbuch für Festtage. Manche Synagogengemeinden benutzen fünf Machsorim, je einen für die drei Wallfahrtsfeste (Pessach, Schawuot, Sukkot) sowie für Rosch Ha-Schana und Jom Kippur, andere lediglich einen Machsor für die Wallfahrtsfeste und einen für die Hohen Festtage.

Makkabäer (auch Hasmonäer), Priestergeschlecht aus Modi'in, unter dessen Führung sich Judäa von der Fremdherrschaft der hellenistischen Seleukiden befreite. Die Bezeichnung »Hasmonäer« bezieht sich auf den Ahnherren Asamonaios, »Makkabäer« auf Judas Makkabäus, einen der Helden der Chanukka-Erzählung.

Mamser, Mamseret, »illegitime Person«, volkstümlich »Bastard«, Kind aus einer religionsgesetzlich verbotenen Beziehung zwischen zwei Juden, etwa einer ehebrecherischen Beziehung eines Mannes mit einer verheirateten Frau, sowie Inzest. Der Mamser-Status *(mamserut)* ist über zehn Generationen und darüber hinaus erblich: Wessen Vater oder Mutter *mamser* ist, gilt ebenfalls als *mamser. Mamserim* gelten als Juden, dürfen aber traditionell keine Juden heiraten, es sei denn andere *mamserim*. In der jüdischen Reformbewegung wurde dieser Status abgeschafft.

Megilla (hebr. »Rolle«; Pl. *megillot*), die fünf Schriftrollen der Bücher Ruth, Hohelied, Klagelieder, Prediger Salomon (Kohelet) und Esther; auch als Kurzform für die *Megillat Esther* gebräuchlich, die zu Purim vorgetragen wird.

Megillat Ta'anit, »Fastenrolle«, Verzeichnis aus dem 1. und 2. Jahrhundert u. Z., das diejenigen Tage auflistet, an denen nicht gefastet werden darf.

Mesusa (hebr. »Türpfosten«), Bezeichnung einer Metall- oder Holzkapsel am rechten Türpfosten eines jüdischen Haushalts gemäß der wörtlichen Auffassung des Mesusa-Gebots in Dtn 6,9: »[…] und schreibe sie [die Worte] auf die Pfosten deines Hauses und an deine Tore«. Das handbeschriebene Pergament enthält die Verse Dtn 6,4–9; 11,13–21, die ersten beiden Abschnitte der Proklamation *Schma Jisrael:* »Höre Jisrael, der Ewige unser Gott ist ein einiges ewiges Wesen.« Die meist dekorativ gestalteten Kapseln sind oft mit dem hebräischen Buchstaben *schin* versehen, der für den Gottesnamen *Schaddai* steht, der wiederum als Kürzel für *schomer daltot Jisrael* (»Bewahrer der Türen Israels«) verstanden werden kann.

Midrasch (hebr. »Forschung, Deutung«), die eigentliche Literaturform der Aggada, neben dem Talmud ein Hauptbestandteil der nachbiblischen anonymen jüdischen Literatur; Sammlung der Auslegungen, poetischen Erweiterungen und homiletischen Erklärungen von Tannaiten und Amoräern zur Bibel. Man unterscheidet sogenannte halachische (tannaitische) Midraschim zum Pentateuch von den eigentlichen aggadischen Midraschim.

Mikwa, Mikwe (hebr. »Sammlung [des Wassers]«), Tauch- und Ritualbad; seit der Antike bis heute Bestandteil der jüdischen Gemeindeeinrichtungen. Das Ritualbad ist insbesondere für Frauen nach der Geburt oder Menstruation vorgeschrieben (Lev 15,5; Num 19,19; Dtn 23,12). Die Mikwe darf nur »lebendiges« Wasser (Quell- und Flusswasser oder in Gruben gesammeltes Regenwasser) enthalten und muss mindestens 800 Liter umfassen.

Mila (auch *Brit Mila*), die Beschneidung jüdischer Knaben am achten Tag nach der Geburt, ein Grundgebot des Judentums als Zeichen des Bundes.

Minhag (hebr. »Brauch«), die gewohnheitsrechtliche und liturgische Praxis der jüdischen Gemeinde eines Ortes oder einer Region, die die Halacha ergänzt.

Minjan (hebr. »Anzahl«), das Quorum von zehn religionsmündigen Betern (in nichtorthodoxen Gemeinden auch Beterinnen), das für diejenigen Gebete notwendig ist, die öffentlich gesagt werden sollen; Voraussetzung für die Abhaltung eines öffentlichen Gottesdienstes.

Mischna (hebr. »Wiederholung, Lehre«), der Kern der mündlichen Lehre des Judentums; kanonische Sammlung des Gesetzesschrifttums im 2. Jahrhundert u. Z., die von Jehuda ha-Nasi redigiert wurde: Gesetz und Religionsgesetz in sachlicher Anordnung mit sechs Hauptteilen und 63 Traktaten, auf Hebräisch geschrieben. Die Mischna wird in der aramäischen Gemara kommentiert und bildet zusammen mit ihr den Talmud.

Mischne Tora, Kodifizierung des jüdischen religionsgesetzlichen Regelwerks durch Maimonides.

Mischpat (hebr. »Recht«), gegenüber dem *din* wohl das ältere Recht, das zunächst nur mündlich überliefert wurde und auf das älteste Gewohnheitsrecht zurückgeführt wird. Die Quellen unterscheiden nicht streng zwischen beiden Rechtsbegriffen; gemeinhin gilt *din* als das geschriebene Gesetz und *mischpat* als das ungeschriebene Gesetz. In Spr 2,9 wird »Recht und Gerechtigkeit« *(zedek u-mischpat)* gefordert; in Jer 21,12 werden *din* und *mischpat* verbunden.

Mizwa (hebr. »Gebot«). Das jüdische Religionsgesetz umfasst 613 Gebote, die auf die Tora zurückgehen, davon 248 Gebote im engeren Sinne (»Du sollst!«, *mizwot asse* genannt) und 365 Verbote (»Du sollst nicht!«, *mizwot lo ta'asse*). Unterschieden wird zwischen Geboten gegenüber Gott und gegenüber dem Mitmenschen. Die Aufzählung und der Nachweis der Gebote machen eine besondere Literaturgattung aus, so der auf Arabisch verfasste *Sefer Ha-Mizwot* (»Buch der Gebote«) des Maimonides oder der *Sefer Mizwot Gadol* (»Großes Buch der Gebote«) von Mose aus Coucy. Die Erfüllung eines Gebots wird ebenfalls *mizwa* genannt; umgangssprachlich ist eine *mizwa* auch einfach eine gute Tat.

Nidda (hebr. »die Menstruierende«), der gleichnamige Traktat (in der Ordnung Naschim) behandelt die Reinheits- und Reinigungsvorschriften für die Frau.

Nissuin, die Eheschließung.

Omer siehe *Lag Ba'Omer*.

Pessach (hebr. »vorübergehen«), Fest zur Erinnerung an den Auszug aus Ägypten vom 14. bis 21. Nissan; das erste der drei Wallfahrtsfeste im jüdischen Kalender. Der Name bezieht sich darauf, dass der Engel bei der Tötung der ägyptischen Erstgeburt an den Häusern der Israeliten vorüberschritt.

Possekim siehe *Rischouim*.

Prosbul, der Verwahrungsschein, der beim Gericht deponiert wurde, um der Verjährung von Forderungen im Erlassjahr (Schmitta-Jahr) entgegenzutreten.

Purim (hebr. »Lose«), Freudenfest anlässlich der Errettung der jüdisch-persischen Diasporagemeinschaft vor dem Anschlag Hamans, wie sie im Buch Esther erzählt wird.

Rabbinen, Pl. von *rabbi*, dem Titel ordinierter Tannaiten und Amoräer in Palästina (*raw* oder *mar* in Babylonien); Gelehrtentitel seit der Generation nach Hillel (Mt 23). Die Rabbinen legten die Tora in Halacha und Aggada aus und lehrten an den Akademien.

Rascha, ein Sünder, der aus freien Stücken eine Übertretung begeht, für welche die Tora eine schwere Strafe vorsieht.

Responsen (lat./engl. *responsa*, hebr. *teschuwot*, »Antworten«; Sg. Responsum), Rechtsgutachten, Gattung der rabbinischen Literatur. Gemeinden richteten briefliche Anfragen *(sche'elot)* an die großen talmudischen Gelehrten ihrer Zeit und erhielten in den Responsen autoritative Gesetzesentscheide. Von besonderer Bedeutung für die Entwicklung der Halacha sind die Responsen der Gaonim (*teschuwot ha-geonim*, mehrfach gesammelt), ferner diejenigen des Maimonides und des Salomon ben Adret. Heute stellen beispielsweise auch die rabbinischen Berufsverbände wie die Central Conference of American Rabbis und die Rabbinical Assembly Responsen zu religionsgesetzlichen Fragen aus.

Rischonim (hebr. die »Ersten«), eine Gruppe der *Possekim*, der Dezisoren oder »Entscheider«. Gemeint sind die rabbinischen Autoritäten vom Abschluss des Talmuds bis in die Neuzeit, die das für die religiöse Praxis verbindliche Gesetz *(halacha)* erschließen und zwischen den verschiedenen Überlieferungen und Lehrmeinungen eine in Kodizes und Responsen niedergelegte Entscheidung *(pessak)* treffen. Sie werden eingeteilt in 1. die Kadmonim (die »Frühesten«) bis zum 10. Jahrhundert, 2. die Rischonim (die »Ersten«) bis zum 15. Jahrhundert (Alfasi, Maimonides und 3. die Acharonim (die »Letzten«) im 16.–18. Jahrhundert (Jakob ben Ascher, Josef Karo, Moses Isserles).

Rosch Chodesch (hebr. »Anfang des Monats«), Neumond.

Rosch Ha-Schana (hebr. »Anfang des Jahres«), das Neujahrsfest am 1. (und 2.) Tischri im jüdischen Kalender, der erste der zehn Bußtage *(jamim nora'im)*. Rosch Ha-Schana ist der himmlische Gerichtstag (biblisch auch »Tag des Gedenkens«).

Sanhedrin (von griech. *synhedrion*, »Sitzung«), Bezeichnung des jüdischen Ältestenrats in Jerusalem in der griechisch-römischen Zeit. Als seinen Ursprung sieht die Tradition die 70 Ältesten der Mose-Zeit (Num 11,16) an. Seine Vorgängerinstitution war die »große Versammlung« *(knesset gedola)* der Esra-Zeit. Der Sanhedrin bestand aus dem Hohepriester als Vorsitzendem, dem Aw Bet Din (Leiter des Gerichtshofes) als dessen Stellvertreter sowie aus 70 Priestern und Laien; in seine Kompetenz fielen die allgemeine und die religiöse Gerichtsbarkeit. Der Sanhedrin wurde nach dem Fall Jerusalems durch die Römer aufgelöst; später bestand bis zum Übergang der geistlichen Hegemonie an Babylonien in Jawne in Palästina ein neuer geistlicher Sanhedrin unter Vorsitz des Patriarchen *(nasi)*.

Schabbat (hebr. »Ruhen«), der siebente Tag der Woche, Tag der Ruhe und der Heiligung zur Erinnerung an die göttliche Weltschöpfung (Ex 20,11) und die Befreiung Israels aus der Sklaverei (Dtn 5,15).

Schawuot (hebr. »die Wochen«), das zweitägige Wochenfest am 6. und 7. Siwan, mittleres der drei großen Feste im jüdischen Jahr; traditionell als Tag der Sinai-Offenbarung gefeiert; Verlesung des Buches Ruth.

Schadchan, Heiratsvermittler, »der [gut] Zuredende«, der einen *schidduch* bewirkt. *Schidduchin* meint die Verlobung im Sinne einer Festlegung der Voraussetzungen für die Eheschließung.

Schalom bajit, der Hausfrieden.

Schechina (hebr. »Einwohnung«, »Verweilen«), die göttliche Gegenwart unter den Menschen, insbesondere beim Gebet der Gemeinde. In der Kabbala wird die Schechina auch als ergänzende weibliche Dimension Gottes begriffen.

Schechita (hebr. »Schlachten«), das rituelle Schlachten von koscheren Tieren, insbesondere von Geflügel, Lämmern und Rindern durch einen Halsschnitt gemäß Dtn 12,21. Das anschließende Ausbluten der Tiere ergibt sich aus dem Verbot des Blutgenusses. Die Regeln für das Schächten ergeben sich aus den ersten Kapiteln des Talmud-Traktats Chulin, der *Mischne Tora* (Sefer Keduscha) von Maimonides und dem *Schulchan Aruch* (Jore Dea 1–28).

Schemini Azeret, Fest am 8. Tag von Sukkot, markiert den Beginn der Herbstzeit.

Schewa brachot, die sieben Segenssprüche für die Eheschließung.

Schma, Schma Jisrael (hebr. »Höre Israel«), Bekenntnis der Einzigkeit Gottes, benannt nach seinen Anfangsworten (Dtn 6,4) und zusammengesetzt aus drei Abschnitten: Dtn 6,4–9, Dtn 11,13–21 und Num 15,37–41. Das *Schma* wir im Morgen- und Abendgottesdienst gelesen *(kri'at schma)*.

Schmitta-Jahr (hebr. *schmitta*, »Erlass«), im pentateuchischen Gesetz Brach- oder Ruhejahr des Bodens, alle sieben Jahre wiederkehrend; zu den sozialen Satzungen des Schmitta-Jahres gehören traditionell Schuldenerlass und Sklavenbefreiung. Auf sieben Schmitta-Jahre folgt ein Jobel-Jahr.

Schulchan Aruch (hebr. »der gedeckte Tisch«), Bezeichnung für ein von Josef Karo im 16. Jahrhundert in Safed in Galiläa verfasstes halachisches Kompendium, das sich als verbindlicher Kodex durchgesetzt hat (Erstausgabe Venedig 1564/65). Das Kompendium ist eingeteilt nach dem vierteiligen Prinzip der *arba turim* (»vier Reihen«, daher auch: Kodex Tur) des Jakob ben Ascher: *Orach Chajim* (Alltag, Schabbat, Feiertage); *Jore Dea* (Ritualgesetz); *Even ha-Eser* (Eheschließung und Scheidung); *Choschen ha-Mischpat* (Zivil- und Strafrecht). Der *Schulchan Aruch* stellt in knapper Form aus der unüberschaubar gewordenen und oft widersprüchlichen halachischen Literatur die jeweils gültigen Gesetze beziehungsweise das akzeptierte Brauchtum seiner Zeit zusammen. In den Entscheidungen folgt er den Autoritäten Alfasi, Maimonides und Ascher ben Jechiel. Charakteristisch für das umfassende Nachschlagewerk ist die thematische Gruppierung, die Beschränkung auf diejenigen Gesetze, die auch nach der Tempelzerstörung gelten, und die stilistische Neufassung. Der *Schulchan Aruch* wurde durch Moses Isserles' *Mappa* (»Tischtuch«) um das aschkenasische Brauchtum ergänzt (Erstausgabe Krakau 1578). Der *Schulchan Aruch* ist bis heute der autoritative Kodex des orthodoxen Judentums. Salomon Ganzfried verfasste daraus 1864 ein zweibändiges Handbuch, den *Kizzur Schulchan Aruch*, das als Volksausgabe vielen traditionellen Haushalten bis heute als Richtschnur gilt.

Sefardim, Bezeichnung für die Juden aus Spanien und Portugal im Unterschied zu den Aschkenasim (abgeleitet von der biblischen Bezeichnung eines Volks im Süden in Gen 10,3). Sie wurden im 14. und 15. Jahrhundert im Zuge der Reconquista über Europa, Nordafrika, Lateinamerika und den Orient zerstreut und haben sich einen besonderen Ritus sowie eine reine Aussprache des Hebräischen bewahrt.

Siddur (von hebr. *seder*, »Ordnung«), das Gebetbuch für die Wochentage und für den Schabbat.

Simcha (hebr. »Freude«), ein freudiger Anlass.

Simchat Tora (hebr. »Fest der Torafreude«, auch »Tag der Gesetzesfreude« genannt), Tag, an dem der Lesezyklus der Tora in den Synagogen zu Ende geht, um anschließend von Neuem begonnen zu werden. Der Tag wird in der Gemeinde unter anderem mit einer siebenmaligen Umrundung *(hakafot)* der Bima, des Lesepults, mit den Torarollen begangen.

Sofer (hebr. »Schreiber«; Pl. *soferim*), zunächst ein Schriftgelehrter in der Nachfolge von Esra, Vorgänger der Tannaiten und Verfasser »soferischer« Verordnungen; heute allgemein ein Schreiber von Torarollen, Tefillin und Mesusot.

Sukkot (hebr. »Hütten«), das Laubhüttenfest, Herbstfest vom 15. bis zum 22. Tischri, das dritte und wohl älteste der drei Wallfahrtsfeste im jüdischen Kalender, das mit Simchat Tora, dem »Tag der Torafreude«, endet; in biblischer Zeit »Wasserschöpferfest«. Charakteristikum ist der Aufenthalt in der Laubhütte *(sukka)* in

Erinnerung an das provisorische Hüttenleben der Israeliten während ihrer Wüstenwanderung.

Takkana (hebr. »Verbesserung«), rabbinische Verordnung zur Ergänzung oder Begrenzung des pentateuchischen Gesetzes, so etwa die *takkanot* von Gerschom ben Juda. Manche gebräuchliche Einrichtung wird als alte *takkana* angesehen.

Tallit, Gebetsmantel oder -schal, der beim Morgengebet getragen wird und gemäß Num 15,37–41 mit Schaufäden (hebr. *zizijot*) versehen ist.

Talmid Chacham (hebr. »Schüler eines Weisen«), Bezeichnung eines jüdischen Gelehrten.

Talmud (hebr. »Belehrung, Studium«), neben der Hebräischen Bibel das Hauptwerk des Judentums, in dem die Mischna diskutiert wird. Der Talmud liegt in zwei großen Ausgaben vor: Nach Umfang und inhaltlichem Gewicht ist der *Talmud Bawli*, der Babylonische Talmud, das bedeutendere Werk. Er entstand in Sura und Pumbedita im persischen Exil und gilt als Kanon schlechthin, anders als der weniger umfangreiche *Talmud Jeruschalmi*, der in Palästina entstand und daher Palästinischer oder Jerusalemer Talmud genannt wird. Der Talmud wurde zwischen dem 5. und 8. Jahrhundert abgeschlossen. Anders als die einheitliche Mischna weichen die Fassungen der Gemara in der babylonischen und der palästinischen Talmudausgabe voneinander ab. Der Babylonische Talmud wurde im Mittelalter noch durch Kommentare ergänzt, deren wichtigster derjenige von Rabbi Schlomo ben Jizchak (genannt Raschi) ist. Die ständige Fortentwicklung der Tradition durch Diskussionen, Kommentare und Analysen prägt den durchgängig dialektischen Stil des Talmuds. Das bevorzugte Mittel der Darstellung ist der Dialog zwischen verschiedenen rabbinischen Lehrmeinungen, der am Ende zu einer Entscheidung führt und den maßgeblichen Stand der Tradition wiedergibt.

Tannaiten (aram. *tanna'im*, »Lehrer«), die Rabbinen der später als autoritativ betrachteten, mündlich durch ständige Wiederholung weitergegebenen jüdischen Lehre der mischnaischen

Zeit. Bekannt sind über 250 Gelehrte, die alle in Palästina wirkten, angefangen von den Schulen Hillels und Schammais bis hin zu Jehuda ha-Nasi, dem Redaktor der Mischna, Tosefta, Baraita (tannaitische Fragmente im Talmud) sowie halachischer Midraschim.

Targum (hebr. »Übersetzung, Erklärung«), Bezeichnung der aramäischen Tora (für die frühere synagogale Toralesung) und Bibelübersetzung aus dem 2. bis 8. Jahrhundert u. Z. Der *Targum Onkelos* (Tg O) wird bereits im Babylonischen Talmud zitiert. Der aus Palästina stammende *Targum Neophyti 1* (Tg N) befindet sich in einer vollständigen Abschrift aus dem Jahre 1504 in der Bibliotheca Vaticana.

Tefillin, Gebetsriemen aus Leder, die beim Morgengebet gemäß Dtn 6,6–9 um die linke Hand und um die Stirn gelegt werden. An den Enden der Gebetsriemen sind Gebetskapseln mit Tora-Versen angebracht.

Teschuwa (hebr. »Antwort«; Pl. *teschuwot*) siehe *Responsen*.

Tewila (hebr. »Tauchbad«), der Vorgang des vollständigen Untertauchens beim rituellen Bad in der Mikwa.

Tischa Be'Aw, der 9. Tag im Monat Aw, Trauertag in Erinnerung an die Zerstörung Jerusalems in den Jahren 586 v. u. Z. und 70 u. Z. und an das Dekret zur Vertreibung der Juden aus Spanien 1492 u. Z., an dem im Gottesdienst die Klagelieder gelesen werden, strenger Fastentag. Traditionell gelten auch die drei Wochen vor Tischa Be'Aw vom 17. Tammus an als Trauerzeit, in der in orthodoxen Kreisen beispielsweise keine Hochzeiten stattfinden.

Toldot (hebr. »Geschichte«), die Überlieferung seit der Offenbarung am Sinai.

Tora (hebr. »Lehre«), Bezeichnung für den Pentateuch, die fünf Bücher Mose. Für den gottesdienstlichen Gebrauch wird die Tora auf eine Pergamentrolle geschrieben und im Toraschrein *(aron ha-kodesch)* verwahrt. *Tora sche'be'al'pe* ist die mündliche Tora, die nach Ansicht der Rabbinen (vgl. den Vorspruch zu den Pirke Awot) ebenfalls am Sinai verkündet wurde. Sie ist Grundlage der Mischna und ergänzt die Tora.

Tosafot (hebr. »Zusätze«), Sammlung von Erläuterungen, Exkursen und Ergänzungen zu Einzelstellen des talmudischen Rechtes, zusammen mit Raschis Kommentar den gedruckten Talmudausgaben beigefügt; hervorgegangen aus den Gelehrtenschulen der Tosafisten in Nordfrankreich und Westdeutschland im 12. und 13. Jahrhundert.

Tu Bi'Schwat (hebr. »der 15. im [Monat] Schwat«), das Neujahrsfest der Bäume.

Widdui (hebr. »Bekenntnis«), das Sündenbekenntnis zu Jom Kippur sowie in der Stunde des Ablebens; ein Bekenntnis vor sich selbst, das die Art und die Folgen einer Verfehlung zur Sprache bringt, ohne etwas zu beschönigen.

Zedaka (hebr. »Gerechtigkeit«), Wohltätigkeit in Form von Spenden für das Gemeinwohl und die Förderung des Lernens jüdischer Traditionen; auch die Verpflichtung, Menschen in Not zu helfen.

Zehn Bußtage siehe *Jamim Nora'im.*

Zion, eine Anhöhe in Jerusalem; ursprünglich eine Turmburg (2 Sam 5,7), nach der Eroberung Jerusalems durch König David und nach dem Bau des Salomonischen Tempels Synonym für den Wohnsitz Gottes (Jes 8,18).

Zimzum (hebr. »Konzentration«, »Kontraktion«), in der jüdischen Mystik in der Tradition von Isaak Luria die Vorstellung von der Selbstkontraktion Gottes; im kabbalistischen Verständnis Voraussetzung für die Erschaffung der Welt.

Literaturempfehlungen

Lexika und Nachschlagewerke

Diner, Dan (Hg.), Enzyklopädie jüdischer Geschichte und Kultur. Gesamtwerk in 7 Bänden inkl. Registerband. Leipzig 2011–2015.

Encyclopaedia Judaica. Das Judentum in Geschichte und Gegenwart [erschienen in zehn von fünfzehn Bänden, A–Lyra]. Berlin 1928–1934.

Jüdisches Lexikon. Ein enzyklopädisches Handbuch des jüdischen Wissens in vier Bänden, Berlin 1927–1930.

Maier, Johann, Judentum von A bis Z – Glauben, Geschichte, Kultur, Freiburg i. Br. 2001.

Die Hebräische Bibel und jüdische Primärtexte in deutscher Übersetzung

Böckler, Annette (Hg.), Die Tora nach der Übersetzung von Moses Mendelssohn mit den Prophetenlesungen im Anhang, Berlin ³2004.

Goldschmidt, Lazarus (Hg.), Der Babylonische Talmud [ND der unzensierten 2. Auflage von 1967 bzw. der Erstausgabe von 1929], Königstein ³1980–1981.

Hillel von Verona, Über die Vollendung der Seele, übers. von Yossef Schwartz und Alexander Fidora. Hebräisch – Deutsch, Freiburg i. Br. 2009.

Ibn Gabirol, Salomon, Fons vitae – Lebensquelle. Kapitel I und II, übers. von Ottfried Fraisse. Lateinisch – Deutsch, Freiburg i. Br. 2009.

Landthaler, Bruno / Liss, Hanna (Hg.), Erzähl es deinen Kindern: Die Torah in fünf Bänden, Berlin 2014 ff.

Luzzatto, Mosche Chajim, Der Weg der Frommen. Eine Auswahl, hg. von Walter Homolka, Berlin 2002.

Maimonides, Moses, Wegweiser für die Verwirrten. Eine Textauswahl zur Schöpfungsfrage, übers. von Wolfgang von Abel, Ilya Levkovich und Frederek Musal. Arabisch/Hebräisch – Deutsch, Freiburg i. Br. 2009.

Pape, Walter (Hg.), Die Psalmen. Übertragen von Moses Mendelssohn, Zürich 1998.

Philippson, Ludwig (Übers.), Die Tora. Die fünf Bücher Mose und die Prophetenlesungen (hebräisch-deutsch) [revidierte Übersetzung], hg. von Walter Homolka, Hanna Liss und Rüdiger Liwak, Freiburg i. Br. 2015.

Philippson, Ludwig (Übers.), Die Propheten [revidierte Übersetzung], hg. von Walter Homolka, Hanna Liss, Rüdiger Liwak, Freiburg i. Br. 2016.

Sammter, Ascher (Übers.), Mischnajot – die sechs Ordnungen der Mischa. Hebräischer Text mit Punktuation, deutscher Übersetzung und Erklärung, Basel ³1986.

Tur-Sinai, Naftali Herz (Übers.), Die Heilige Schrift. Ins Deutsche übertragen, Holzgerlingen 1993.

Wilhelm, Kurt (Hg.), Jüdischer Glaube. Eine Auswahl aus zwei Jahrtausenden, Leipzig ²1992.

Zunz, Leopold (Übers.), Die Heilige Schrift. Die vierundzwanzig Bücher der Heiligen Schrift [ND der Erstausgabe von 1837], Hebräisch – Deutsch in einem Band, Basel 1980.

Torakommentare und Bibelexegese, Talmud und Midrasch

Domhardt, Yvonne / Orlow, Esther / Pruschy, Eva (Hg.), Kol Isha. Jüdische Frauen lesen die Tora, Zürich 2007.

Fishbane, Michael, The JPS Bible Commentary. Hebräisch – Englisch, Philiadelphia 2002.

Goldstein, Elyse M. (Hg.), The Women's Torah Commentary: New Insights from Women Rabbis on the 54 Weekly Torah Portions, Woodstock, VT (USA) 2000.

Gradwohl, Roland, Bibelauslegung aus jüdischen Quellen, Stuttgart 1995.

Heschel, Abraham Joshua, The Prophets, Philadelphia 1996.

Jacob, Benno, Das Buch Genesis [ND der Erstausgabe von 1934], Stuttgart 2000.

Ders., Das Buch Exodus, Stuttgart 1997.

Kosman, Admiel, Men's World. Reading Masculinity in Jewish Stories in a Spiritual Context. Würzburg 2009.

Leibowitz, Nechama, Studien zu den wöchentlichen Tora-Vorlesungen, übers. von Alfred Bodenheimer, hg. von Gabriel H. Cohn, Jerusalem 2006.

Liss, Hanna, Tanach. Lehrbuch der jüdischen Bibel, Heidelberg ²2008.

Plaut, W. Gunther (Hg.), Die Tora in jüdischer Auslegung in fünf Bänden. Hebräisch – Deutsch, Gütersloh 1999–2004.

Ders., The Haftarah Commentary, New York 1996.

Salkin, Jeffrey K. (Hg.), The Modern Men's Torah Commentary. New Insights from Jewish Men on the 54 Weekly Torah Portions, Woodstock, VT (USA) 2009.

Stemberger, Günter, Der Midrasch. Vom Umgang der Rabbinen mit der Bibel, München 1989.

Ders., Einleitung in Talmud und Midrasch, München ⁹2011.

Ders., Der Talmud. Einführung, Texte, Erläuterungen, München ³1994.

Gebete und Gebetbücher

Cohen, Jeffrey M., Blessed Are You. A Comprehensive Guide to Jewish Prayer, Northvale NJ und London 1993.

Hammer, Reuven, Entering Jewish Prayer. A Guide to Personal Devotion and the Worship Service, New York 1994.

Hoffman, Lawrence A., My People's Prayerbook. Traditional Prayers, Modern Commentaries, 8 Bände, Woodstock, VT (USA), 1997–2005.

Homolka, Walter / Magonet, Jonathan (Hg.), Seder Ha-Tefilot I. Gebete für Schabbat, Wochentage und Pilgerfeste, Bielefeld 2010 (verbesserter Nachdruck der Erstauflage von 1997).

Dies. (Hg.), Seder Ha-Tefilot II. Gebete für die Hohen Feiertage, Gütersloh 1997.

Homolka, Walter (Hg.), Frieden in Fülle komme vom Himmel. Die schönsten Gebete des Judentums, Freiburg i. Br. 2011.

Nachama, Andreas (Hg.), Gebete für den jüdischen Fest- und Lebenszyklus. Für den Gebrauch in Synagoge, Schule und Haus; aus der Sammlung von Oberkantor Estrongo Nachama, Berlin 2014.

Nachama, Andreas / Sievers, Jonah (Hg.), Jüdisches Gebetbuch – Schabbat und Werktage. Tefillot lechol haschana. Hebräisch – Deutsch, Gütersloh 2009.

Dies. (Hg.), Jüdisches Gebetbuch – Pessach/Schawuot/Sukkot. Tefillot lechol haschana. Hebräisch – Deutsch, Gütersloh 2011.

Dies. (Hg.), Jüdisches Gebetbuch – Jom Kippur. Tefillot lechol haschana. Hebräisch – Deutsch, Gütersloh 2013.

Dies. (Hg.), Jüdisches Gebetbuch – Rosch Haschana. Tefillot lechol haschana. Hebräisch – Deutsch, Gütersloh 2013.

Petuchowski, Jakob J., Wie Juden beten, Gütersloh 1998.

Scheuer, Joseph (Übers.), Siddur Schma Kolenu. Hebräisch – Deutsch, Basel 2000.

Shire, Michael (Hg., zus. mit Walter Homolka, Jonah Sievers und Andreas Nachama), Die Pessach-Haggada. Hebräisch – Deutsch [mit Transliteration], Berlin 2013.

Einführungen in die jüdische Religion

Brumlik, Micha, Was stimmt? Judentum. Die wichtigsten Antworten, Freiburg i. Br. 2007.

Hertzberg, Arthur, Judaismus. Die Grundlagen der jüdischen Religion, München 1993.

Homolka, Walter (Hg.), Die Lehren des Judentums nach den Quellen [hg. vom Verband der Deutschen Juden], 3 Bände [Faksimile der Originalausgabe Leipzig 1928–1930], München 1999.

Jacob, Ernst, Grundbegriffe des Judentums – kurz gefasst. Eine Einführung in die »Israelitische Religionslehre«, hg. von Andreas Nachama [Jüdisches Merkbuch 3], Berlin 2015.

Jacobs, Louis, The Book of Jewish Practice, West Orange, NJ 1987.

Kolatch, Alfred J., Jüdische Welt verstehen Sechshundert Fragen und Antworten, Wiesbaden 2005.

Mayer, Günter (Hg.), Das Judentum [Die Religionen der Menschheit, Bd. 27], Stuttgart 1994.

Modena, Leon, Jüdische Riten, Sitten und Gebräuche, hg. und eingeleitet von Rafael Arnold, Wiesbaden 2007.

Stemberger, Günter, Jüdische Religion, München ²1996.

Jüdischer Gottesdienst, Schabbat und jüdische Festtage

Böckler, Annette, Jüdischer Gottesdienst. Wesen und Struktur, Berlin 2002.

Elbogen, Ismar, Der jüdische Gottesdienst in seiner geschichtlichen Entwicklung [2. ND der 3. Auflage, Frankfurt am Main 1931], Hildesheim 1995.

Heschel, Abraham Joshua, Der Sabbat. Seine Bedeutung für den heutigen Menschen, Neukirchen-Vluyn 1990.

Petuchowski, Jakob J., Prayer Book Reform in Europe. The Liturgy of European Liberal and Reform Judaism, New York 1968.

Spier, Erich, Der Sabbat, Berlin ²1992.

Trepp, Leo, Der jüdische Gottesdienst. Gestalt und Entwicklung, Stuttgart ²2004.

Jüdische Geschichte

Ben-Sasson, Haim Hillel (Hg.), Geschichte des jüdischen Volkes. Von den Anfängen bis zur Gegenwart, München 1992.

Beuys, Barbara, Heimat und Hölle. Jüdisches Leben in Europa durch zwei Jahrtausende. Religion, Geschichte, Kultur, Reinbek 1996.

Breuer, Mordeachai, Jüdische Orthodoxie im Deutschen Reich 1871–1918. Die Sozialgeschichte einer religiösen Minderheit, Frankfurt am Main 1986.

Bringmann, Klaus, Geschichte der Juden im Altertum. Vom babylonischen Exil bis zur arabischen Eroberung, Stuttgart 2005.

Graetz, Heinrich, Geschichte der Juden von den ältesten Zeiten bis auf die Gegenwart [ND der Ausgabe letzter Hand, Leipzig 1908]. 11 Bände, Berlin 1998.

Herzig, Arno, Jüdische Geschichte in Deutschland. Von den Anfängen bis zur Gegenwart, München 1997.

Kaplan, Marion A., Jüdisches Bürgertum. Frau, Familie und Identität im Kaiserreich, Hamburg 1997.

Meyer, Michael A. (Hg.), Deutsch-jüdische Geschichte in der Neuzeit. 4 Bände, München 1996.

Schäfer, Peter, Geschichte der Juden in der Antike, Tübingen ²2010.

Umgang mit der Halacha

Berger, Ruth, Sexualität, Ehe und Familienleben in der jüdischen Moralliteratur (900–1900), Wiesbaden 2003.

Biale, Rachel, Women and Jewish Law. The Essential Texts, Their History, and Their Relevance for Today, New York 1995.

Brody, Robert, The Geonim of Babylonia and the Shaping of Medieval Jewish Culture, New Haven 1997.

Deusel, Antje Yael, Mein Bund, den ihr bewahren sollt. Religionsgesetzliche und medizinische Aspekte der Beschneidung, Freiburg i. Br. 2012.

Dorff, Elliot N. / Rosett, Arthur, A Living Tree – the Roots and Growths of Jewish Law, New York 1988.

Dorff, Elliot N., The Unfolding Tradition. Jewish Law after Sinai, New York 2005.

Gerteil, Elliot / Siegel, Seymour (Hg.), Conservative Judaism and Jewish Law, New York 1977.

Gotzmann, Andreas, Jüdisches Recht im kulturellen Prozess. Die Wahrnehmung der Halacha im Deutschland des 19. Jahrhunderts, Tübingen 1997.

Homolka, Walter, Das Jüdische Eherecht, Berlin 2009.

Homolka, Walter / Seidel, Esther, Nicht durch Geburt allein. Übertritt zum Judentum, München 1996.

Jacob, Walter (Hg.). American Reform Responsa. Collected Responsa of the Central Conference of American Rabbis 1889–1983, New York 1983.

Olmer, Heinrich C., Wer ist Jude? Ein Beitrag zur Zukunftssicherung der jüdischen Gemeinschaft, Würzburg 2010.

Plaut, W. Gunther / Washofsky, Mark, Teshuvot for the Nineties. Reform Judaism's Answers for Today's Dilemmas, New York 1997.

Rayner, John D., Jewish Religious Law. A Progressive Perspective, New York und Oxford 1998.

Siegel, Seymour (Hg.), Conservative Judaism and Jewish Law, New York 1977.

Soloveitchik, Joseph D., Halakhic Man, Philadelphia 1983.

Zemer, Moshe, Jüdisches Religionsgesetz heute. Progressive Halacha, Neukirchen-Vluyn 1999.

Washofsky, Mark, Jewish Living. A Guide to Contemporary Reform Practise, New York 2001.

Jüdische Theologie und Geistesgeschichte

Baeck, Leo, Das Wesen des Judentums [1905], Gütersloh 2006.

Ben-Chorin, Schalom / Lenzen, Verena (Hg.), Lust an der Erkenntnis. Jüdische Theologie im 20. Jahrhundert. Ein Lesebuch, München 1988.

Borowitz, Eugene B., Liberal Judaism, New York 1984.

Ders., Renewing the Covenant. A Theology for the Postmodern Jew, Philadelphia 1991.

Bourel, Dominique, Moses Mendelssohn. Begründer des modernen Judentums, Zürich 2007.

Ehrlich, Ernst Ludwig, Reden über das Judentum [Judentum und Christentum, Bd. 6], Stuttgart 2001.

Ehrlich, Ernst Ludwig / Hans Erler (Hg.), Judentum verstehen. Die Aktualität jüdischen Denkens von Maimonides bis Hannah Arendt, Frankfurt am Main 2002.

Ehrlich, Ernst Ludwig / Erler, Hans / Heid, Ludger, »Meinetwegen ist die Welt erschaffen«. Das intellektuelle Vermächtnis des deutschsprachigen Judentum. 58 Portraits, Frankfurt am Main 1997.

Friedlander, Albert H. / Homolka, Walter, Von der Sintflut ins Paradies. Der Friede als Schlüsselbegriff jüdischer Theologie, Darmstadt 1993.

Gillman, Neil, Sacred Fragments. Recovering Theology for the Modern Jew, Philadelphia 1992.

Grözinger, Karl Erich, Jüdisches Denken. Theologie – Philosophie – Mystik. 4 Bände, Frankfurt am Main 2003–2015.

Guttmann, Alexander, The Struggle over Reform in Rabbinic Literature, Jerusalem und New York 1977.

Guttmann, Julius, Die Philosophie des Judentums [ND der Ausgabe Berlin 1933], mit einer Standortbestimmung von Esther Seidel und einer biographischen Einführung von Fritz Bamberger, Berlin 2000.

Heschel, Abraham Joshua, Gott sucht den Menschen. Eine Philosophie des Judentums, Berlin 2000.

Homolka, Walter / Romain, Jonathan A., Progressives Judentum. Leben und Lehre, München 1999.

Homolka, Walter, Leo Baeck. Jüdisches Denken – Perspektiven für heute, Freiburg i. Br. 2006.

Jacobs, Louis, A Jewish Theology, London 1973.

Ders., The Book of Jewish Belief, West Orange, NJ (USA) 1984.

Navè Levinson, Pnina, Einführung in die rabbinische Theologie, Darmstadt 1993.

Rosenzweig, Franz, Der Stern der Erlösung [1921], Frankfurt am Main ⁴1993.

Rudavsky, David, Modern Jewish Religious Movements. A History of Emancipation and Adjustment, New York 1979.

Samuelson, Norbert S., Moderne jüdische Philosophie. Eine Einführung, Hamburg 1995.

Schulte, Christoph, Die jüdische Aufklärung. Philosophie, Religion, Geschichte, München 2002.

Simon, Heinrich / Simon, Marie, Geschichte der jüdischen Philosophie, Leipzig 1999.

Geschichte der jüdischen Reformbewegung

Bomhoff, Hartmut, Abraham Geiger. Durch Wissen zum Glauben (deutsch und englisch), Teetz und Berlin 2006.

Ders., Israel Jacobson – Wegbereiter jüdischer Emanzipation, Berlin 2010.

Dienemann, Max, Liberales Judentum [ND der Ausgabe Berlin 1935], hg. von Jan Mühlstein, Berlin 2000.

Geiger, Ludwig, Abraham Geiger. Leben und Werk für ein Judentum in der Moderne [ND der Erstausgabe: Abraham Geiger. Leben und Lebenswerk, Berlin 1910], Berlin 2001.

Klapheck, Elisa (Hg.), Fräulein Rabbiner Jonas. Kann die Frau das rabbinische Amt bekleiden?, Berlin 1999.

Meyer, Michael A., Antwort auf die Moderne. Geschichte der Reformbewegung im Judentum, Wien 1999

Norden, Joseph, Grundlagen und Ziele des religiös-liberalen Judentums, Frankfurt am Main 1918.

Plaut, W. Gunther, The Rise of Reform Judaism, New York 1963.

Ders., The Growth of Reform Judaism, New York 1965.

Schwartzman, Sylvan D., Reform Judaism Then and Now, New York 1971.

Seligmann, Caesar, Geschichte der jüdischen Reformbewegung. Von Mendelssohn bis zur Gegenwart, Frankfurt am Main 1922.

Wiener, Max: Jüdische Religion im Zeitalter der Emanzipation [ND der Erstausgabe von 1933], hg. von Daniel Weidner, Berlin 2002.

Jüdische Mystik, Kabbala und Chassidismus

Brocke, Michael (Hg.), Die Erzählungen des Rabbi Nachman von Bratzlaw. Zum ersten Mal aus dem Jiddischen und dem Hebräischen übersetzt, kommentiert und mit einem Nachwort versehen, München 1985.

Davidowicz, Klaus S., Kabbala. Geheime Traditionen im Judentum, Eisenach 1999.

Fishkoff, Sue, Das Heer des Rebben. Einblicke in die Chabad-Bewegung, Zürich 2010.

Maier, Johann, Die Kabbalah. Einführung – Klassische Texte – Erläuterungen, München 1995.

Scholem, Gershom, Zur Kabbala und ihrer Symbolik, Frankfurt am Main 1998.

Ders., Die jüdische Mystik in ihren Hauptströmungen, Frankfurt am Main 2000.

Schäfer, Peter, Die Ursprünge der jüdischen Mystik, Berlin 2011.

Das Christentum aus jüdischer Sicht und der interreligiöse Dialog

Ben-Chorin, Schalom, Die Heimkehr. Jesus, Paulus und Maria in jüdischer Sicht. 3 Bände, München 1983.

Bomhoff, Hartmut, Ernst Ludwig Ehrlich – Prägende Jahre. Eine Biographie, Berlin/München/Boston 2015.

Gardei, Marion / Nachama, Andreas, Du bist mein Gott, den ich suche. Psalmen lesen im jüdisch-christlichen Dialog, Gütersloh 2012.

Grohmann, Marianne / Zakovitch, Yair (Hg.), Jewish and Christian Approaches to Psalms, Freiburg i. Br. 2009.

Heschel, Susannah, Der jüdische Jesus und das Christentum. Abraham Geigers Herausforderung an die christliche Theologie, Berlin 2001.

Hilton, Michael, Wie es sich christelt, so jüdelt es sich. 2000 Jahre christlicher Einfluss auf das jüdische Leben, Berlin 2000.

Homolka, Walter / Zenger, Erich (Hg.), »… damit sie Jesus Christus erkennen«. Die neue Karfreitagsfürbitte für die Juden, Freiburg i. Br. 2008.

Homolka, Walter, Jesus von Nazareth im Spiegel jüdischer Forschung, Berlin 2010.

Ders., Jesus Reclaimed. Jewish Perspectives on the Nazarene, New York und Oxford 2015.

Jacob, Walter, Christianity Through Jewish Eyes. The Quest for Common Ground, Cincinnati 1974.

Jung, Martin H., Christen und Juden. Die Geschichte ihrer Beziehungen, Darmstadt 2008.

Neusner, Jacob, Ein Rabbi spricht mit Jesus. Ein jüdisch-christlicher Dialog, Freiburg i. Br. [2]2008.

Schäfer, Peter, Jesus im Talmud, Tübingen 2010.

Ders., Die Geburt des Judentums aus dem Geist des Christentums, Tübingen 2010.

Thoma, Clemens / Petuchowski, Jakob J. / Hagemann, Ludwig / Khoury, Adel Theodor, Lexikon der Begegnung. Judentum – Christentum – Islam, Freiburg i. Br. 2009.

Jerusalem, Israel, Zionismus

Brenner, Michael, Israel. Traum und Wirklichkeit des Jüdischen Staates. Von Theodor Herzl bis heute, München 2016.

Budde, Hendrik / Nachama, Andreas (Hg.), Die Reise nach Jerusalem. Eine kulturhistorische Exkursion in die Stadt der Städte. 3000 Jahre Davidsstadt, Berlin 1995.

Flores, Alexander, Der Palästinakonflikt. Wissen, was stimmt. Freiburg i. Br. 2009.

Goldberg, David J., This Is Not The Way. Jews, Judaism and Israel, London 2012.

Hagemann, Steffen, Israel. Wissen, was stimmt. Freiburg i. Br. 2011.

Montefiore, Simon Sebag, Jerusalem. Die Biographie, Frankfurt am Main 2011.

Jüdische Musik, Synagogalmusik

Borchers, Susanne / Izsák, Andor (Hg.), »Niemand wollte mich hören«. Magrepha, die Orgel in der Synagoge [Dokumentation zur Ausstellung], Hannover 1999.
Frühauf, Tina, Orgeln und Orgelmusik in deutsch-jüdischer Kultur, Hildesheim 2005.
Idelsohn, Abraham Zvi, Jewish Music. Its Historical Development, New York ²1944.
Nemtsov, Jascha, Jüdische Kunstmusik im 20. Jahrhundert. Quellenlage, Entstehungsgeschichte, Stilanalysen, Wiesbaden 2006.
Nemtsov, Jascha / Simon, Hermann, Louis Lewandowski. »Liebe macht das Lied unsterblich!«, Berlin 2011.

Jüdische Kunst und Kultur

Cohen-Mushlin, Aliza / Thies, Harmen H. (Hg.), Synagogenarchitektur in Deutschland. Dokumentation zur Ausstellung »… und ich wurde ihnen zu einem kleinen Heiligtum …«, Petersberg 2008.
Deppner, Martin Roman / Janke, Karl (Hg.), Die verborgene Spur. Jüdische Wege durch die Moderne (deutsch und englisch), Bramsche 2008.
Heuberger, Georg / Merk, Anton (Hg.), Moritz Daniel Oppenheim. Die Entdeckung des jüdischen Selbstbewußtseins in der Kunst (deutsch und englisch), Köln 1999.
Künzl, Hannelore, Jüdische Kunst. Von der biblischen Zeit bis in die Gegenwart, München 1992.
Van Voolen, Edward, 50 jüdische Künstler, die man kennen sollte, München 2011.
Ders., Jüdische Kunst und Kultur, München 2006.
Ders., Jüdische Identität in der zeitgenössischen Architektur (deutsch und englisch), München 2004.

Antisemitisismus. Nationalsozialismus und Schoa

Benz, Wolfgang (Hg.), Handbuch des Antisemitismus. Judenfeindschaft in Geschichte und Gegenwart. 7 Bände, Berlin 2008–2014.

Friedländer, Saul, Das Dritte Reich und die Juden. 2 Bände, Gesamtausgabe als Taschenbuch in einem Band, München 2008.

Gruner, Wolf, Judenverfolgung in Berlin 1933–1945. Eine Chronologie der Behördenmaßnahmen in der Reichshauptstadt, Berlin ²2009.

Gruner, Wolf (Bearb.), Die Verfolgung und Ermordung der europäischen Juden durch das nationalsozialistische Deutschland 1933–1945. Bd. 1: Deutsches Reich 1933–1937, München 2008.

Nachama, Andreas / Neumärker, Uwe / Simon, Hermann (Hg.), »Es brennt!«. Antijüdischer Terror im November 1938, Berlin 2008.

Nirenberg, David, Anti-Judaismus. Eine andere Geschichte des westlichen Denkens, München 2015.

Stiftung Topographie des Terrors (Hg.), Das Gesicht des Gettos. Bilder jüdischer Photographen aus dem Getto Litzmannstadt 1940–1944, Berlin 2010.

Wiesel, Elie, Die Nacht. Erinnerung und Zeugnis, Freiburg i. Br. ⁴2011.

Jüdisches Leben nach 1945

Belkin, Dmitrij / Gross, Raphael (Hg.), Ausgerechnet Deutschland!. Jüdisch-russische Einwanderung in die Bundesrepublik, Berlin 2010.

Rafael, Eliezer / Glöckner, Olaf / Sternberg, Yitzhak (Hg.), Juden und jüdische Bildung im heutigen Deutschland. Eine empirische Studie im Auftrag des L. A. Pincus Fund for Jewish Education in the Diaspora, Jerusalem 2010.

Brenner, Michael, Nach dem Holocaust. Juden in Deutschland, 1945–1950, München 1995.

Brumlik, Micha / Ederberg, Gesa S. / Knobloch, Charlotte, Wenn nicht jetzt, wann dann?. Zur Zukunft des deutschen Judentums [im Gespräch mit Wilfried Köpke], Freiburg i. Br. 2007.

Ehrlich, Ernst Ludwig / Erler, Hans, Jüdisches Leben und jüdische Kultur in Deutschland. Geschichte, Zerstörung und schwieriger Neubeginn, Frankfurt am Main 2000.

Homolka, Walter / Rosenthal, Gilbert, Das Judentum hat viele Gesichter. Die religiösen Strömungen der Gegenwart [aktualisierte Neuauflage], Berlin 2014.

Jasper, Willi / Schoeps, Julius H. / Vogt, Bernhard (Hg.), Ein neues Judentum in Deutschland?. Fremd- und Eigenbilder der russisch-jüdischen Einwanderer, Potsdam 1999.

Kramer, Stephan J., Wagnis Zukunft. 60 Jahre Zentralrat der Juden in Deutschland, Berlin 2011.

Nachama, Andreas / Schoeps, Julius H., Aufbau nach dem Untergang. Deutsch-jüdische Geschichte nach 1945 [in memoriam Heinz Galinski], Berlin 1992.

Hebräisch

Blohm, Dieter / Stillmann, Rachel, Modernes Hebräisch. Lehrgang für Anfänger, Wiesbaden 2000.

Kowallik, Sabine / Kramer, Johannes, Einführung in die hebräische Schrift, Hamburg 2006.

Nachama, Andreas(Hg.), Alephbeth. Die hebräische Lesefibel für Anfänger. Berlin 2015.

Raveh-Klemke, Smadar, Ivrit. Die hebräische Schrift lesen und schreiben lernen. Hebräisch für Deutschsprachige, Bremen 2004.

Rosengarten, Miriam / Loos, Vera, Ivrit. Schritt für Schritt. Hebräisch für Anfänger, Wiesbaden 2005.

Simon, Heinrich, Lehrbuch der modernen hebräischen Sprache, Leipzig [11]1994.

Bildnachweise und Copyrights

Abraham Geiger Kolleg (Fotos: Tobias Barniske): S. 107, 145, 231, 419. Abraham Geiger Kolleg (Fotos: Beatrice Schubert): S. 211, 588. Abraham Geiger Kolleg (Fotos: Margrit Schmidt): S. 63, 576. Bente Kahan Foundation Wrocław: S. 511. Beit Hatfutsot – The Museum of the Jewish People, Tel Aviv: S. 98. Bildarchiv Hartmut Bomhoff, Berlin: S. 112, 209, 230, 350, 427, 510, 512, 521, 526, 533, 545, 560, 565. Bildarchiv Marianne C. Dreyfus, Chicago: S. 561, 577, 617. Bildarchiv Andreas Nachama, Berlin: S. 109, 171, 177, 227, 243, 249, 256, 266, 270, 287, 287, 329, 383, 388, 394, 465, 475, 537, 547, 548, 550, 553, 569. Harald Bischoff, München: S. 609. Frédéric Brenner (courtesy Howard Greenberg Gallery, New York): S. 20, 22. Central Zionist Archives, Jerusalem: S. 438, 447, 523. Gedenkstätte Haus der Wannsee-Konferenz, Berlin: S. 552. Israeli Government Tourist Office, Jerusalem: S. 272, 348, 407, 556. IKG München und Oberbayern (Foto: Andreas Gregor): S. 214. Joods Historisch Museum Amsterdam: S. 267, 475. Jüdisches Museum Berlin (Fotos: Jens Ziehe): S. 388, 425, 448, 506 (courtesy of the Leo Baeck Institute), 541. Jüdisches Museum Hohenems: S. 413. Jüdisches Museum Wien (Foto: David Peters): S. 215. Kunsthalle Hamburg (Foto: Elke Walford): 607. Leo Baeck Institute New York: S. 323. Liberal Jewish Synagogue London: S. 421. Liberale Jüdische Gemeinde Hannover (Foto: Holger Hollermann): S. 588. Christoph Münch, Dresden: S. 571. Preußen-Museum Wesel, jetzt: Jüdisches Museum München / Schenkung Wolfgang Krebs 2013: S. 534 Ronald S. Lauder Foundation (Foto: Mosche Furer): S. 105. Skirball Museum, Los Angeles (Foto: Lessing Images): S. 386. Städtisches Museum Seesen: S. 507. Stiftung Neue Synagoge Berlin – Centrum Judaicum: S. 108, 515, 546. Irving Ungar, Historicana, Burlingame, CA: S. 278. Union of Reform Judaism: S. 161. Universität Potsdam (Fotos: Karla Fritze): S. 102, 525. Universitätsbibliothek Augsburg (Sammlung Lorand): S. 226. Yemini Silversmiths, Jerusalem: S. 172, 175, 241, 251, 277, 365, 385. Public Domain: S. 25, 29, 73, 162, 205, 220, 408, 481, 558.

Jüdische Dachverbände

Der *Zentralrat der Juden in Deutschland K. d. ö. R.* ist die größte Dachorganisation jüdischer Gemeinden und Landesverbände in Deutschland. Er vertritt die jüdische Gemeinschaft in Deutschland politisch. Derzeit gehören den 108 im Zentralrat vereinigten jüdischen Gemeinden etwa 100.500 Mitglieder an (Stand: Dezember 2014). Der Zentralrat wurde am 19. Juli 1950 von Delegierten der in der Bundesrepublik bereits wieder existierenden jüdischen Gemeinden gegründet. Sitz der Organisation war zuerst Hamburg, ab 1951 Düsseldorf, ab 1985 Bonn und seit dem 1. April 1999 Berlin. Der Zentralrat ist eine Körperschaft des öffentlichen Rechts, Träger der Hochschule für Jüdische Studien in Heidelberg und des dortigen Zentralarchivs zur Erforschung der Geschichte der Juden in Deutschland und Herausgeber der Wochenzeitung *Jüdische Allgemeine* sowie des Informationsblatts *Zukunft*. Unter dem Dach des Zentralrats sind auch die Orthodoxe Rabbinerkonferenz Deutschlands (ORD) sowie die liberal ausgerichtete Allgemeine Rabbinerkonferenz (ARK) angesiedelt. Die Bildungsabteilung im Zentralrat besteht seit 2012.

Eine Übersicht der derzeit 23 jüdischen Landesverbände unter dem Dach des Zentralrats der Juden in Deutschland und ihre Mitgliederzahlen sowie Kontaktinformationen findet sich unter www.zentralratdjuden.de.

Zentralrat der Juden in Deutschland K. d. ö. R.
Leo-Baeck-Haus
Postfach 040207
10061 Berlin
Tel.: +49-(0)30-284 45 60 · Fax: +49-(0)30-284 45 613
E-Mail: info@zentralratdjuden.de · www.zentralratdjuden.de

Die *Zentralwohlfahrtsstelle der Juden in Deutschland e. V. (ZWST)* ist ein freier Träger der Wohlfahrtspflege in Deutschland und Mitglied der Bundesarbeitsgemeinschaft der freien Wohlfahrtspflege. Sie ist als Dachorganisation der Wohlfahrtspflege der jüdischen Gemeinden in Deutschland gesamtverantwortlich für deren Unterstützung in ihrer Sozialarbeit und auch für die Organisation und Koordination der Jugendarbeit. Die ZWST unterhält ein internationales Büro in Berlin und Zweigstellen in Potsdam, Schwerin (mit Rostock und Wismar) sowie Dresden. Der Jüdische Frauenbund ist ebenfalls unter dem Dach der ZWST tätig.

Zentralwohlfahrtsstelle der Juden in Deutschland e. V.
Hebelstrasse 6
60318 Frankfurt am Main
Tel.: +49-(0)69-9 44 37 10 · Fax: +49-(0)69-49 48 17
zentrale@zwst.org · www.zwst.org

Die *Orthodoxe Rabbinerkonferenz Deutschland (ORD)* wurde 2003 in Frankfurt a. M. gegründet. Ihr selbsterklärtes Ziel ist es, sich um das jüdische Leben und den Erhalt und die Weiterentwicklung von jüdischer Tradition und Halacha in Deutschland zu kümmern, wobei vor allem die Zuwanderung der Mitglieder aus den ehemaligen GUS-Staaten eine besondere Aufmerksamkeit erfahren soll.

Orthodoxe Rabbinerkonferenz Deutschland
Roonstr. 50
50674 Köln
Tel.: +49-(0)2 21-92 15 60 20
info@ordonline.de · www.ordonline.de

Die *Allgemeine Rabbinerkonferenz Deutschland* (ARK) ist der Zusammenschluss der nichtorthodoxen (liberalen und konservativen) Rabbiner und Rabbinerinnen in Deutschland. Über die jüdischen Gemeinden unter dem Dach des Zentralrats der Juden in Deutschland hinaus vereinigt die ARK auch alle weiteren Rabbiner und Rabbinerinnen der Union progressiver Juden in Deutschland. Diese erkennt ihrerseits die Zuständigkeit des Bet Din der ARK in halachischen, also in jüdisch-religionsgesetzlichen Fragen an.

Die ARK hat es sich zum Ziel gesetzt, das jüdische Leben und die jüdische Bildung zu fördern, vor allem in den Mitgliedsgemeinden des Zentralrats der Juden in Deutschland und in dessen anderen Einrichtungen. Sie wurde am 3. Februar 2005 in Braunschweig als Reaktion auf die Gründung der ORD und aufgrund struktureller Veränderungen des Judentums in Deutschland seit den 90er Jahren gegründet. Diese bestehen vor allem in der Erstarkung und Neugründung entsprechender Gemeinden des liberalen, Reform- und konservativen Judentums und im Bedürfnis nach einer vollberechtigten Mitgliedschaft von Frauen.

Sie ermöglicht jüdischen Gemeinden, die keinen Rabbiner haben, eine rabbinische Betreuung. Das Bet Din der ARK beschäftigt sich hauptsächlich mit jüdischen Statusfragen.

Allgemeine Rabbinerkonferenz Deutschland (ARK)

Tucholskystraße 9

10117 Berlin

info@a-r-k.de · www.a-r-k.de

www.allgemeine-rabbinerkonferenz.de

Die **Union progressiver Juden in Deutschland K. d. ö. R.** ist eine religiöse Arbeitsgemeinschaft von gegenwärtig 28 jüdischen Gemeinden, Gemeinschaften und Institutionen, darunter auch Jung und Jüdisch Deutschland e. V. und Arzenu Deutschland – Bund progressiver Zionisten e. V. Sie wurde im Juni 1997 in München gegründet und ist Mitglied der 1926 gegründeten Weltunion für progressives Judentum (WUPJ), die weltweit 1,8 Millionen Mitglieder vertritt. Der deutsche Zweig vertritt rund 6000 Mitglieder. Die meisten Mitgliedsorganisationen sind jüdische Gemeinden, die sich ausdrücklich zum liberalen Judentum bekennen. Die Jüdische Liberale Gemeinde Or Chadasch in Wien ist der UPJ assoziiert.

Union progressiver Juden in Deutschland e.V.
Diesterwegstraße 7
33604 Bielefeld
Tel.: +49-(0)521-30 43 18 4, 30 43 18 5 (Jugendabteilung)
Fax: +49-(0)521-30 43 18 6
info@liberale-juden.de · www.liberale-juden.de

Der *Schweizerische Israelitische Gemeindebund (SIG)* wurde 1904 gegründet, um die gemeinsamen Interessen der Juden in der Schweiz zu wahren und zu fördern. Der Dachorganisation sind heute 17 Mitgliedsgemeinden angeschlossen. Bei der letzten Volkszählung im Jahr 2000 gaben knapp 18.000 Personen an, dem jüdischen Glauben anzugehören.

Die Hauptaufgaben des SIG sind die Vertretung jüdischer Interessen gegenüber eidgenössischen Behörden, gesamtschweizerischen Institutionen und den Medien, der Dialog mit anderen Religionsgemeinschaften, die Förderung des Wissens über das Judentum in der Schweiz sowie die Vertretung der Schweizer Interessen in internationalen jüdischen Organisationen. Weiter koordiniert und ergänzt der SIG die Kultur-, Jugend- und Sozialarbeit der Mitgliedsgemeinden.

Schweizer Israelitischer Gemeindebund
Gotthardstr. 65
Postfach 564
8027 Zürich
Tel.: +41-(0)43-3 05 07 77 · Fax: +41-(0)43-3 05 07 66
info@swissjews.org · www.swissjews.org

Die *Plattform der Liberalen Juden der Schweiz PLJS – Plateforme des Juifs Libéraux de Suisse PJLS* ist eine im Dezember 2003 von der Jüdischen Liberalen Gemeinde Or Chadasch Zürich (JLG) und der Communauté Israélite Libérale de Genève GIL (CILG-GIL) gegründete Interessengemeinschaft. Daraus hervorgegangen ist der gleichnamige Dachverband, der im Mai 2010 von den beiden liberalen Gemeinden gegründet wurde.

Plattform der Liberalen Juden der Schweiz PLJS
Postfach 9126
8036 Zürich
Tel. +41-(0)43-3 22 03 14 · Fax +41-(0)43-3 22 03 16
office@liberaljews.ch · www.liberaljews.ch

Der *Bundesverband der Israelitischen Kultusgemeinden in Österreich* ist der Dachverband von fünf orthodox ausgerichteten israelitischen Kultusgemeinden, von denen die Israelitische Kultusgemeinde Wien mit gut 7000 Mitgliedern die weitaus größte ist. Die letzte Volkszählung der Statistik Austria mit Zahlen zum Religionsbekenntnis ergab 2001, dass sich damals in Österreich 14.600 Personen zum Judentum bekannten, ohne aber unbedingt Gemeindemitglied zu sein. Weitere Gemeinden bestehen in Linz, Salzburg, Graz (für die Steiermark, Kärnten und die Bezirke Oberwart, Güssing und Jennersdorf des Burgenlandes) sowie in Innsbruck (für Tirol und Vorarlberg).

Bundesverband der Israelitischen Kultusgemeinden in Österreich
Seitenstettengasse 4
Postfach 145
1010 Wien
Tel.: +43-(0)1-53 10 40 · Fax: +43-(0)1-53 15 77
office@ikg.bv.at · www.ikg-wien.at

Der IKG Wien assoziiert ist die *Liberale Jüdische Gemeinde Or Chadasch,* die seit 1990 besteht.

Or Chadasch
Robertgasse 2
1020 Wien
info@orchadasch.at · www.orchadasch.at

Jüdische Bildungseinrichtungen

Das *Abraham Geiger Kolleg* ist 1999 als erste Rabbinerausbildungsstätte in Deutschland nach der Schoa gegründet worden. Es ist eine außeruniversitäre wissenschaftliche Einrichtung in der Tradition des deutsch-jüdischen Erbes. Im Rang eines An-Institutes der Universität Potsdam wirkt es am Studiengang Jüdische Theologie mit. Etwa 20 Prozent der Studierenden der Jüdischen Theologie streben ein Gemeindeamt an. Darauf bereitet studienbegleitend das Abraham Geiger Kolleg in seinem Zentrum für das jüdisch-geistliche Amt vor. Die Rahmenbedingungen setzt die »Ständige Studienkommission für das jüdisch-geistliche Amt« der Allgemeinen Rabbinerkonferenz. Träger des Abraham Geiger Kollegs ist die Leo Baeck Foundation Potsdam; das Kolleg wird vom Bund, dem Land Brandenburg, der Kultusministerkonferenz, dem Zentralrat der Juden in Deutschland und der Leo Baeck Foundation finanziert. Seine Absolventen können Mitglieder der »Central Conference of American Rabbis« (CCAR) werden. Seit 2008 ist dem Abraham Geiger Kolleg eine Kantorenausbildung angeschlossen.

Abraham Geiger Kolleg
Postfach 120852
10598 Berlin
Tel.: +49-(0)30-31 80 59 10 · Fax: +49-(0)30-31 80 59 110
office@geiger-edu.de · www.abraham-geiger-kolleg.de

Das *Zacharias Frankel College* wurde 2013 als Ausbildungsprogramm für konservative Rabbiner und Rabbinerinnen gegründet. Im Rang eines An-Institutes der Universität Potsdam wirkt es am Studiengang Jüdische Theologie mit, vor allem beim Schwerpunkt Konservatives Rabbinat. Es gewährleistet die berufspraktische Ausbildung für das geistliche Amt. Ein besonderer Schwerpunkt im Curriculum ist dabei die Halacha. Die geistliche Leitung liegt bei der Ziegler School of Rabbinic Studies der American Jewish University in Los Angeles.

Zacharias Frankel College
Postfach 120852
10598 Berlin
Tel.: +49-(0)30-31 80 81 60 · Fax: +49-(0)30-31 80 59 110
office@frankel-edu.de · www.zacharias-frankel-college.de

Mit der *School of Jewish Theology an der Universität Potsdam* gibt es seit dem Wintersemester 2013/14 erstmals an einer staatlichen deutschen Universität Jüdische Theologie als Studienfach. Fast zweihundert Jahre nachdem Abraham Geiger eine entsprechende Forderung formuliert hatte, bewegt sich die Jüdische Theologie damit auf akademischer Augenhöhe mit den christlichen Theologien und den neuen islamischen Zentren. Die School of Jewish Theology umfasst sieben Professuren, deren Lehre und Forschung der facettenreichen, mehr als dreitausendjährigen Geschichte des Judentums von der Antike bis zur Gegenwart verschrieben sind. Die Kernbereiche des Studiums der Jüdischen Theologie sind Religionsphilosophie und Religionsgeschichte, Hebräische Bibel und Exegese, Talmud und rabbinische Literatur, Halacha, Liturgie und Religionspraxis sowie Hebräisch und Aramäisch. Die in Europa einmaligen Bachelor- und Masterstudiengänge stehen allen Interessierten unabhängig von ihrer Religionszugehörigkeit offen. Das Studium vermittelt neben grundlegenden Kenntnissen über das Judentum wesentliche akademische Fachkompetenzen und bietet zudem Einblicke in die jüdische Religionspraxis. Für Studierende jüdischer Religionszugehörigkeit kann das Fach Jüdische Theologie auch mit dem Schwerpunkt liberales Rabbinat, konservatives Rabbinat (Masorti) sowie Kantorat studiert werden.

School of Jewish Theology
Universität Potsdam
Am Neuen Palais 10
14469 Potsdam
Tel.: +(49)-(0)3 31-977 43 12
Fax: +(49)-(0)3 31-977 43 15

kujawa@uni-potsdam.de
www.juedischetheologie-unipotsdam.de

Die 1979 in Heidelberg gegründete *Hochschule für Jüdische Studien* steht in enger Verbindung zu der dortigen Ruprecht-Karls-Universität. Die Hochschule wird vom Zentralrat der Juden in Deutschland getragen und durch Bund und Länder finanziert, ist staatlich anerkannt und steht Bewerbern jeder Konfession offen. Die Hochschule will mit ihren acht Professuren – darunter die Ignatz-Bubis-Stiftungsprofessur für Geschichte, Religion und Kultur des europäischen Judentums und die Ben-Gurion-Gastprofessur für Israel- und Nahoststudien – ihren jüdischen und nichtjüdischen Studierenden die »Vielschichtigkeit und Faszination des Judentums« vermitteln und wissenschaftliche Akzente setzen. Gelehrt werden u. a. Bibel, Talmud, Codices, rabbinische Literatur, Geschichte, Philosophie, Kunst und Religionspädagogik. Zu den praxisorientierten Studiengängen gehört u. a. ein BA Gemeindearbeit; der M.A. Jüdische Studien – Geschichte jüdischer Kulturen wird gemeinsam mit der Karl-Franzens-Universität Graz angeboten. Die Hochschule bildet ferner Lehrer für das Fach Jüdische Religionslehre aus und bietet in Kooperation mit der Fachhochschule Erfurt und der Zentralwohlfahrtsstelle (ZWST) Weiterbildungen für ehrenamtliche Mitarbeiter jüdischer Gemeinden an. Die Hochschule verfügt mit der Albert-Einstein-Bibliothek über die zweitgrößte Judaica-Sammlung Deutschlands. Ihr angeschlossen ist auch das Zentralarchiv zur Erforschung der Geschichte der Juden in Deutschland.

Hochschule für Jüdische Studien Heidelberg
Landfriedstraße 12
69117 Heidelberg
Tel.: +49-(0)62 21-5 41 92 00 · Fa.: +49-(0)62 21-5 41 92 09
info@hfjs.eu · www.hfjs.eu

Das *Ernst Ludwig Ehrlich Studienwerk* (ELES) ist eines der dreizehn Begabtenförderungswerke, die vom Bundesministerium für Bildung und Forschung (BMBF) unterstützt werden. Es wurde auf Initiative der Leo Baeck Foundation gegründet. ELES fördert nach den Richtlinien des BMBF besonders begabte jüdische Studierende und Promovierende mit deutscher Staatsangehörigkeit, der Staatsangehörigkeit eines EU-Mitgliedsstaates oder dem Status eines Bildungsinländers / einer Bildungsinländerin im Sinne des § 8 BAföG für ihre Ausbildung an staatlichen und staatlich anerkannten Hochschulen, d. h. Universitäten, Fachhochschulen sowie Kunst- und Musikhochschulen in Deutschland, der Europäischen Union und der Schweiz. Diese Förderung setzt auf das Engagement und die Selbstentfaltungsmöglichkeiten der Stipendiaten.

Ernst Ludwig Ehrlich Studienwerk
Postfach 120855, 10598 Berlin
Tel.: +49-(0)30-31 99 81 70 0
Fax: +49-(0)30-31 99 81 70 20
info@ELES-studienwerk.de · www.ELES-studienwerk.de

Die *Leo Baeck Foundation* wurde 2006 aus Anlass des 50. Todestages von Rabbiner Leo Baeck errichtet. Sie ist eine rechtsfähige Stiftung des Bürgerlichen Rechts nach dem Stiftungsgesetz für das Land Brandenburg (StiftGBbg) vom 20. April 2004 (GVBl. I S. 150) mit Sitz in Potsdam. Die Stiftung hat sich zur Aufgabe gemacht, das Judentum in Europa zu festigen und eine Perspektive des interreligiösen Dialogs zu schaffen. Das Stiftungsziel wird u. a. erreicht durch die Förderung der Rabbinerausbildung in Deutschland in der Nachfolge der Hochschule für die Wissenschaft des Judentums in Berlin. Die Leo Baeck Foundation ist Trägerin des Abraham Geiger Kollegs und hat das Zacharias Frankel College und das Ernst Ludwig Ehrlich Studienwerk initiiert.

Die Leo Baeck Foundation führt das Anliegen der Natalie und Leo Baeck-Stiftung fort, die 1937 von der Jüdischen Gemeinde zu Berlin zum 25. Amtsjubiläum von Rabbiner Dr. Baeck zur Unterstützung von jüdischen Theologie-Studierenden errichtet worden war.

Leo Baeck Foundation
Postfach 120852
10598 Berlin
Tel.: +(49)-(0)30-31 80 59 10 · Fax: +(49)-(0)30-31 80 59 110
leo.baeck.foundation@t-online.de
www.leo-baeck-foundation.org

Die Bildungsprojekte der **Ronald S. Lauder Foundation** in Deutschland werden unter dem Namen **Lauder Yeshurun** zusammengefasst (*yeshurun / jeschurun* ist hebräisch und meint »der Redliche«). Die gemeinnützige GmbH mit Sitz in Berlin und Außenstellen in Hamburg und Leipzig wird durch ein internationales Beratergremium geleitet. Zu den orthodox ausgerichteten Bildungsangeboten gehören Kindergärten, eine Grundschule, ein Kursprogramm für Mädchen und junge Frauen, die »Midrascha«, sowie ein Lehrhaus für Jungen und junge Männer, an dem Tora und Talmud in traditioneller Weise studiert werden können, die *Yeshivas Beis Zion*. Unter dem Dach dieser Jeschiwa wird in Zusammenarbeit mit dem Zentralrat der Juden in Deutschland seit 2009 auch eine nichtakademische orthodoxe Rabbinerausbildung am *Rabbinerseminar zu Berlin e. V.* angeboten, die seit 2012 durch einen Bachelor-Studiengang in Jüdischer Sozialarbeit an der Fachhochschule Erfurt ergänzt wird. Die Lauder Yeshurun bezeichnet sich selbst als die wichtigste Organisation für jüdische Bildung und Outreach in Deutschland.

Lauder Yeshurun
Rykestr. 53
10405 Berlin
Tel.: +49-(0)30-40 50 46 93 0 ·
Fax: +49-(0)30-40 50 46 93 9
info@lauderyeshurun.de · www.lauderyeshurun.de

Das Lernfestival **Limmud e. V.** baut auf dem erfolgreichen englischen Vorbild auf und ist in wenigen Jahren zur größten jüdischen Bildungsveranstaltung im deutschsprachigen Raum herangewachsen. Limmud ist das Ergebnis ehrenamtlicher Arbeit. Das mehrtägige alljährliche Festival, das im Mai 2010 schon zum dritten Mal in der Nähe von Berlin stattfand, richtet sich ebenso wie die einzelnen Limmudtage an anderen Orten an alle jüdischen Menschen, die in Deutschland leben, und zwar unabhängig von ihrem Alter, ihrer religiösen und politischen Überzeugung, ihrer Nationalität und ihren Interessen. Limmud will mit einem Programm, das so vielfältig ist wie seine Teilnehmer, das Interesse an jüdischer Erziehung im weitesten Sinne wecken und fördern.

Limmud e.V.
c/o Bambinim
Brandenburgische Str. 46
10707 Berlin
info@limmud.de · www.limmud.de

Masorti e.V. – Verein zur Förderung der jüdischen Bildung und des jüdischen Lebens wurde 2002 in Berlin gegründet. Masorti (hebr. »traditionell«) vertritt innerhalb der jüdischen religiösen Strömungen die konservative Mittelposition zwischen liberalem Judentum und der Orthodoxie. Masorti e.V. trägt mit Bildungsangeboten zur Vielfalt jüdischen Lebens in Deutschland bei. Dabei arbeitet der Verein mit dem Zentralrat der Juden in Deutschland und seinen Gemeinden, mit weiteren konservativen jüdischen Institutionen in Europa, Israel und den USA und vielen anderen Partnern zusammen.

Masorti e.V.
Eislebener Str. 4
10789 Berlin
Tel.: +49-(0)30-2101 6551 · Fax: +49-(0)30-2101 6552
info@masorti.de · www.masorti.de

Das *Touro College Berlin* wurde 2003 vom Touro College New York eingerichtet und ist eine in den USA akkreditierte und in Deutschland staatlich anerkannte private jüdische Hochschule mit einem Campus am Rupenhorn in Berlin-Charlottenburg. Un-

terrichtet wird unter anderem ein englischsprachiger Studiengang in Business Management and Administration, der von Lehr-
veranstaltungen zu jüdischer Religion und Geschichte begleitet
wird. Seit 2007 bietet das Touro College an seinem »Lander Institute for Communication about the Holocaust and Tolerance«
auch einen in Europa einzigartigen deutschsprachigen Master-
studiengang zu Holocaust Studies und Jüdischen Studien an. Ziel
dieses Studiums ist die Vertiefung von geschichtswissenschaft-
lichen Kenntnissen (besonders über den Holocaust) und von Ver-
mittlungskompetenzen.

Touro College Berlin
Am Rupenhorn 5
14055 Berlin
Tel.: +49-(0)30-30 06 86 0 · Fax: +49-(0)30-30 06 86 39
info@touroberlin.de · www.touroberlin.de

2. Mischna, Talmud, Tosefta

3. Personen

Andreas Nachama, geb 1951 in Berlin, promovierter Historiker und Judaist (Freie Universität Berlin) ist ein Rabbiner der Synagogengemeinde Sukkat Schalom in Berlin, langjähriger Direktor der Stiftung Topographie des Terrors und war Gründungsdekan und Professor des Studiengangs *Communication about the Holocaust and Tolerance* am Touro College Berlin/New York (2005–2015).

Walter Homolka, geb. 1964, PhD (King's College London), PhD (Trinity Saint David Lampeter), DHL (Hebrew Union College-Jewish Institute of Religion New York) ist deutscher Rabbiner und Rektor des Abraham Geiger Kollegs. Er ist Professor für Jüdische Religionsphilosophie der Neuzeit, Jüdische Denominationen und interreligiösen Dialog an der School of Jewish Theology der Universität Potsdam und Direktor des Ernst Ludwig Ehrlich Studienwerks.

Hartmut Bomhoff M.A., geb. 1965, hat in Göttingen und Berlin Neuere Geschichte, Kunst- und Literaturwissenschaft sowie Holocaust Communications studiert. Er verantwortet seit 1999 die Öffentlichkeitsarbeit des Abraham Geiger Kollegs an der Universität Potsdam und ist Wissenschaftlicher Mitarbeiter der dortigen School of Jewish Theology sowie Redakteur der *Jewish Voice from Germany*.